공수처법
필리버스터

공수처법
필리버스터

초판인쇄  2020년 3월 2일
초판발행  2020년 3월 2일

지은이  한국학술정보 기획편집팀
펴낸이  채종준
펴낸곳  한국학술정보㈜
주소  경기도 파주시 회동길 230(문발동)
전화  031) 908-3181(대표)
팩스  031) 908-3189
홈페이지  http://ebook.kstudy.com
전자우편  출판사업부  publish@kstudy.com
등록  제일산-115호(2000. 6. 19)

ISBN  978-89-268-9860-4  93340

# 공수처법
# 필리버스터

국회 무제한토론

한국학술정보 기획편집팀 엮음

# 머리말

이 책은 2019년 12월 30일 최종 가결된 '고위공직자범죄수사처(이하 공수처) 설치 및 운영에 관한 법률안'에 대하여 벌어진 국회의 무제한토론[1] 회의록을 담고 있다. 더 정확히 말하면, 2019년 12월 27일부터 29일 0시까지 이어진 제373회 국회 본회의의 공수처법 무제한토론과 12월 30일 제374회 본회의에서 이루어진 관련 안건의 최종 의결 과정에 관한 회의록을 담고 있다. 모든 내용은 편집상의 이유로 형식을 수정하는 것 외에는 원문을 보존했고, 토론의 주제가 된 공수처 법률안 원안(백혜련 의원 발의)과 두 개의 수정안(각 권은희 의원, 윤소하 의원 발의)을 부록으로 실었다. 또한 이해를 돕기 위하여 각 토론자, 일부 발언자의 소속 정당과 지역, 홈페이지 정보를 각주로 추가하였다. 모든 정보는 국회의 국회의원 현황 페이지(2020년 1월 기준)를 참조했으며, 관련 정보가 없다면 해당 상세 페이지 주소를 대신 첨부하였다. 단, 현 의원이 아니어서 관련 페이지가 없으며 별도의 공식 채널도 없다면 생략하였다.

공수처법은 대통령 이하 공무원과 경무관 이상 경찰공무원 등 공직자 범죄를 전담 수사하는 기구의 신설과 운영에 관한 기본 내용을 담은 법으로서, 공직선거법 일부개정법률 등과 더불어 2019년 4

---

[1] 일반적으로는 '필리버스터'(filibuster)라는 표현으로 더 잘 알려져 있다. 다만 필리버스터와 무제한토론이 완전히 동일한 것은 아니다. 필리버스터는 의회 안에서 합법적 수단을 이용하여 의사 진행을 저지하는 행위를 뜻하며, 무제한토론은 그러한 '합법적 수단' 가운데 하나이다. 이외에도 출석 거부나 수정안의 연속 제의, 형식 절차의 철저한 이행 등 다양한 수단이 있을 수 있겠으나, 현행 국회법은 무제한토론만을 인정하고 있다.

월 패스트트랙2)으로 지정된 바 있다. 이들을 정기국회 내에 처리하기 위한 여야 4+1 협의체[더불어민주당과 정의당, 민주평화당, 바른미래당(당권파) 및 대안신당]가 최종 수정안을 도출하자, 법안 통과를 막기 위해 자유한국당(현 미래통합당)은 무제한토론을 신청한다. 그리하여 공직선거법에 관한 토론이 12월 23일(총 50시간여), 공수처법에 관한 토론이 12월 27일(총 26시간여) 진행되었다.

공수처법 무제한토론에 직접 참여한 13명의 위원 가운데는 관련 법안 통과에 반대하는 측만이 아니라 찬성하는 측도 포함되어 있다. 현 국회법상 무제한토론이 진행된 안건은 다음 회기에 곧바로 표결된다는 점을 생각한다면, 이미 정족수를 확보한 찬성 측에서 무제한토론을 굳이 길게 만들 이유가 없다. 실제 같은 논리로 2016년 테러방지법 무제한토론에는 새누리당 의원 중 아무도 참여하지 않았다. 그러나 현 무제한토론에는 찬성 측인 더불어민주당, 정의당 의원 등도 참여하여 번갈아 발언을 이어갔다. 이는 해당 임시국회의 회기가 2~3일로 협의되었으며, 따라서 정해진 시간 내에 반대 측의 일방적인 발언 기회를 줄이고 찬성 측 의견을 알리려는 의도로 볼 수 있을 것이다. 찬성 측과 반대 측이 모두 자신의 목소리를 내었다는 점에서, 현 무제한토론은 단순한 '발언'이 아니라 '토론'으로서 보다 의

---

2) 국회법 제85조의2(안건의 신속 처리)에서 지정하는 '신속처리안건'을 말한다. 전체 국회의원 또는 상임위원회 전체 위원의 60%의 동의를 받아 이로 지정된 안건은 국회 본회의에 상정되는 기간이 최장 330일로 제한된다. 이를 통해 일부 정당이나 정파에 의해 특정 안건이 국회 내에서 무기한 계류되는 것을 막을 수 있다. 2016년 세월호 참사 등 사회적 참사 진상규명을 위한 특별법, 2018년 유아교육법 개정안 등이 지정된 바 있다.

미 있는 모습을 보였다고 할 수 있을 것이다.

공수처법을 둘러싼 양측의 대립은 어제오늘 일이 아니다. 자유한국당은 해당 법안의 패스트트랙 지정 당시 의안과를 점거하고 장외농성을 벌였으며, 본회의 표결을 막기 위해 국회 안건 199건 전부에 대한 무제한토론을 신청하기도 했었다. 이들은 공직자 비리를 수사하기 위해 새로운 독립 조직을 만드는 것은 불필요하며, 현 법안 내용상 공수처가 절대로 중립성과 실효성을 보장할 수 없다고 주장한다. 그럼에도 이를 억지로 밀어붙이는 것에는 '좌파정부'의 집권 플랜과 야당 탄압의 의도가 숨어 있다고 말한다. 반면 더불어민주당 등 찬성 측은 수정안이 공수처장 임명에서 실질적인 거부권을 야당에 부여하는 등 중립성을 확보하고 있으며, 국제 사례를 봤을 때도 충분히 유의미한 효과를 가져올 수 있다고 주장한다. 그리고 무엇보다도 모든 여론조사가 보여주듯 공수처 설치와 그를 통한 검찰 개혁은 국민이 원하는 것이라 말한다.

좋건 싫건, 공수처법은 문재인 정부와 20대 국회를 관통하는 여야 갈등의 핵심 쟁점이자 21대 총선의 여야 진영 논리를 채우는 주재료이다. 공수처법 통과 이후 자유한국당은 총사퇴를 선언했고, 공수처 폐지를 총선 공약 1호로 선정했다. 또 더불어민주당 소속으로 공수처법에 반대한 일부 의원에게는 비난이 쏟아지기도 했다. 그만큼 이를 둘러싼 현 토론은 한국 정치의 현주소와 민낯을 생생히 담고 있다. 과연 공수처법은 문재인 정부의 장기 집권을 위한 악법인가? 최소한의 사법 신뢰를 회복하기 위한 출발점인가? 이제 국민의 눈으로 직접 확인할 차례다.

## 국회법 제106조의2(무제한토론의 실시 등)

① 의원이 본회의에 부의된 안건에 대하여 이 법의 다른 규정에도 불구하고 시간의 제한을 받지 아니하는 토론(이하 이 조에서 "무제한토론"이라 한다)을 하려는 경우에는 재적의원 3분의 1 이상이 서명한 요구서를 의장에게 제출하여야 한다. 이 경우 의장은 해당 안건에 대하여 무제한토론을 실시하여야 한다.

② 제1항에 따른 요구서는 요구 대상 안건별로 제출하되, 그 안건이 의사일정에 기재된 본회의가 개의되기 전까지 제출하여야 한다. 다만, 본회의 개의 중 당일 의사일정에 안건이 추가된 경우에는 해당 안건의 토론 종결 선포 전까지 요구서를 제출할 수 있다.

③ 의원은 제1항에 따른 요구서가 제출되면 해당 안건에 대하여 무제한토론을 할 수 있다. 이 경우 의원 1명당 한 차례만 토론할 수 있다.

④ 무제한토론을 실시하는 본회의는 제7항에 따른 무제한토론 종결 선포 전까지 산회하지 아니하고 회의를 계속한다. 이 경우 제73조제3항 본문에도 불구하고 회의 중 재적의원 5분의 1 이상이 출석하지 아니하였을 때에도 회의를 계속한다.

⑤ 의원은 무제한토론을 실시하는 안건에 대하여 재적의원 3분의 1 이상의 서명으로 무제한토론의 종결동의(終結動議)를 의장에게 제출할 수 있다.

⑥ 제5항에 따른 무제한토론의 종결동의는 동의가 제출된 때부터 24시간이 지난 후에 무기명투표로 표결하되 재적의원 5분의 3 이상의 찬성으로 의결한다. 이 경우 무제한토론의 종결동의에 대해서는 토론을 하지 아니하고 표결한다.

⑦ 무제한토론을 실시하는 안건에 대하여 무제한토론을 할 의원이 더 이상 없거나 제6항에 따라 무제한토론의 종결동의가 가결되는 경우 의장은 무제한토론의 종결을 선포한 후 해당 안건을 지체 없이 표결하여야 한다.

⑧ 무제한토론을 실시하는 중에 해당 회기가 끝나는 경우에는 무제한토론의 종결이 선포된 것으로 본다. 이 경우 해당 안건은 바로 다음 회기에서 지체 없이 표결하여야 한다.

⑨ 제7항이나 제8항에 따라 무제한토론의 종결이 선포되었거나 선포된 것으로 보는 안건에 대해서는 무제한토론을 요구할 수 없다.

⑩ 예산안등과 제85조의3제4항에 따라 지정된 세입예산안 부수 법률안에 대해서는 제1항부터 제9항까지를 매년 12월 1일까지 적용하고, 같은 항에 따라 실시 중인 무제한토론, 계속 중인 본회의, 제출된 무제한토론의 종결동의에 대한 심의절차 등은 12월 1일 밤 12시에 종료한다.

# 목차

# 공수처법 안건 상정 및 의사진행발언: 주호영 의원

373회 국회(임시회), 12월 27일(금) 19시 23분

**■의장 문희상[1]** 의사일정 제28항 고위공직자범죄수사처 설치 및 운영에 관한 법률안을 상정합니다. 이 안에 대해 수정안이 제출되었습니다. 원안과 수정안에 대한 제안설명은 단말기의 회의 자료로 대체토록 하겠습니다. 이 안건에 대해서는 국회법 제63조의2제1항에 따라 심재철 의원[2] 등 108인으로부터 전원위원회 개회요구서가 제출되었습니다.

전원위원회 실시 여부에 대한 교섭단체 간 협의를 위해 잠시 정회토록 하겠습니다.

정회를 선포합니다.

(19시24분 회의중지)

(21시19분 계속개의)

**■의장 문희상** 의석을 정돈해 주시기 바랍니다. 성원이 되었으므로 회의를 속개하겠습니다.

한 분의 의사진행발언 신청이 있으므로 의사진행발언을 듣도록 하겠습니다.

주호영 의원 나오셔서 발언해 주시기 바랍니다.

**■주호영 의원[3]** 대구 출신의 주호영 의원입니다.

여러분, 조금 전의 우리 국회 상황을 보셨을 겁니다. 민주주의는 절차가 가장 중요시돼야 합니다. 그런데 국회 내에서 국회법에 정해진 절차조차 여러 차례 무시되는 이런 일들이 다반사로 일어나고 있습니다.

(■홍영표 의원[4] 의석에서 — 다시는 그런 얘기하지 말아요.)

(「들어봐!」 하는 의원 있음)

---

1 문희상 국회의장: 무소속(경기 의정부시갑) http://www.moonhs.net/

2 심재철 의원: 자유한국당 원내대표(경기 안양시 동안구을) http://www.cleanshim.com

3 주호영 의원: 자유한국당(대구 수성구을) http://www.joohoyoung.or.kr/

4 홍영표 의원: 더불어민주당(인천 부평구을) http://www.assembly.go.kr/assm/memPop/memPopup.do?dept_cd=9770676

(■홍영표 의원 의석에서 ─ 무슨 말할 자격이 있다고 그래요?)

홍영표 의원님, 무슨 말씀이에요? 제 시간 뺏지 마세요. 제가 이야기할게요.

(■홍영표 의원 의석에서 ─ 말할 자격이 없다고 했습니다.)

(장내 소란)

국회법상 '전원위원회는 정부조직에 관한 법률안의 경우에 4분의 1 이상이 요구할 때는 개회할 수 있다' 이렇게 돼 있습니다. '다만 의장은 주요 의안의 심의 등 필요하다고 인정하는 경우 각 교섭단체 대표의원의 동의를 받아 전원위원회를 개회하지 아니할 수 있다'고 돼 있습니다.

정부조직에 관해서 4분의 1 이상이 전원위원회를 요구하면 교섭단체 대표가 동의하지 않는 한 반드시 해야 합니다. 그런데 이것이 지금 거부당했습니다. 더구나 이 전원위원회는 자유당 시절이던 1952년 4월에도 무려 6일이나 실시가 됐습니다. 제가 사정을 들어 보니 '전원위원회를 열되 1시간 반쯤 한다' 이렇게 이야기를 하고 거부했다고 합니다. 이래서 되겠습니까?

소위 국회선진화법은 국회의 다수결 제도가 작동하도록 하되 소수의견은 절차적으로 충분히 이야기할 수 있는 시간을 보장한 것 아니겠습니까? 그것이 전원위원회이고 필리버스터 제도인데 이번 이 예산안부터 처리하는 정기국회와 임시국회를 이어가는 과정에서 필리버스터 자체도 완전히 무력화됐습니다. 찬성 필리버스터를 허용한 점, 회기결정의 건에 관해서 필리버스터를 허용하지 않은 점, 그다음에 수정안 배포조차도 하지 않고 한 점, 상정 시기를 임의로 조정한 점, 그다음에 쪼개기 국회를 한 점, 이래서 앞으로는 어느 의장이든지 회기 하루 전에 필리버스터 하라고 하면 필리버스터 할 수가 없습니다. 그나마 이렇게 곡절을 거치면서 쌓아 왔던 이런 의회 내 절차 민주주의를 이번에 완전히 무력화한 거예요.

그다음에 이게 소위 민주화 운동을 했다는 분들이 주로 있는 정당에서 이런 일들이 다반사로 일어나니 도대체 이것 어떻게 하자는 겁니까? 내년 다시 총선이 있을 텐데, 누가 다수당이 되고 누가 소수당이 될지 모를 텐데 다수당이 되고 의장이 되면 이렇게 막 밀어붙여도 되는 겁니까? 한번 답변해 보세요.

(장내 소란)

뭐라고요?

아니, 보세요. 민주주의는 절차 민주주의입니다. 다수라고 그렇게 힘으로 밀어붙여서는 안 되는 거예요. 적어도 대한민국이 곡절을 거치면서 70년 이상 쌓아 왔던 의회 내 절차 민주주의를 완전히 무시한 거예요. 그런 점에서 문희상 국회의장과 여러 지금 밀어붙인 사람들은 역사적인 책임을 면할 수가 없어요.

전원위원회 속히 제대로 하시도록 하고, 자유당 때도 6일이나 한 것을 왜 1시간 반 한다고 이러고 있습니까? 이것 충분히 허용하세요.

애초에 패스트트랙 잘못 시작해 놓으니까 빼도 박도 못 하고 지금 짧은 시간 안에 하려고 하니까 이렇게 막 여러 차례 위법을 밟고 지나가야 되는 것 아닙니까?

　　(장내 소란)

아니, 하나도 안 들려요!

뭐 잘했다고 그렇게 이야기를 하고 있어요. 절차 지켜 달라는데 뭐가 잘못된 겁니까?

의장 각성하시고 이 절차, 전원위원회 속히 열도록 하시고 전원위원회 열리면 부의장이 전원위원회 의장이 되고 부의장이 전원위 토의 다 끝날 때까지는 시간을 주셔야 합니다. 그렇지 않고 법조문에 규정돼 있는 이런 절차조차 무시하면 앞으로 어떻게 국회를 운영할 겁니까? 이게 동물의 왕국입니까? 힘 있으면 다 되는 겁니까?

　　(「나라 법을 지키세요, 나라 법!」 하는 의원 있음)

나라 법이 뭐예요? 선진화법에 필리버스터 다 해 주게 되어 있어요. 왜 멋대로 이렇게 하고 찬성토론까지 하는 필리버스터를 하고 있나요. 여러분들의 의회민주주의에서의 과오를 엄중하게 지적하고 앞으로 이 후과가 어떻게 나는지 보도록 하겠습니다. 지금이라도 늦지 않았으니 전원위원회 받아들이고 충분히 전원위원회가 토론할 시간을 보장해 주기 바랍니다.

마치겠습니다.


■의장 문희상　수고하셨습니다.

전원위원회 개회 여부에 대하여 교섭단체 간에 아직 합의에 이르지 못했습니다. 따라서 무제한토론을 먼저 실시하고 무제한토론 중에라도 교섭단체 간 합의가 이루어지면 본회의를 정회하고 전원위원회를 개회하도록 하겠습니다.

그러면 의사일정 제28항에 대하여 심재철 의원 등 108인으로부터 무제한토론 요구서가 제출되었으므로 무제한토론을 실시하겠습니다.

먼저 김재경 의원 나오셔서 토론해 주시기 바랍니다.

**토론 1**

# 김재경 의원

■**김재경 의원**[1]　　존경하는 국민 여러분! 선배·동료 의원 여러분!

경남 진주 출신 자유한국당 김재경 의원입니다.

지난 정기회와 이번 두 차례의 임시회……

　　　　(문희상 의장, 주승용 부의장[2]과 사회교대)

　　　　(「어디 가세요!」 하는 의원 있음)

　　　　(장내 소란)

의장님께서 제 말씀을 좀 듣고 가셨으면 좋을 텐데……

　　지난 정기국회 말부터 이번 두 차례 임시국회 운영을 보면서 분노와 참담한 심정으로 이 자리에 섰습니다. 문희상 국회의장께서는 이번에 이 국회 운영을 하시면서 본인 스스로의 권위와 명예를 부정했습니다. 무도한 국회 운영으로 이 국회 악순환의 역사에 오명을 남기셨습니다. 회기 결정보다도 원안 의결을 먼저 하는, 그리고 예산부수법안으로 세입예산이 확정되지도 않았는데 예산안을 먼저 처리했습니다. 그리고 한 달이 관행인 임시국회 회기를 깍두기나 살라미 작전으로 3일, 2일로 잘라서 결정을 하는 등으로 이 국회의 법률과 관행을 완전히 무시했습니다. 국회의 역사에서 이 악순환의 역사에 분명한 오점을 남기셨습니다. 잘못된 관행은 앞으로도 우리 국회를 수렁으로 몰고 갈 그런 여지를 충분히 남기신 겁니다. 지금이라도 의장께서는 본인의 처신에 대해서 심각하게 고민해 주시기 바랍니다.

　　오늘 일방적인 선거법 처리가 있었습니다. 우리가 선거법에 대해서 합의처리를 해야 된다라고 여러 차례 이야기를 했고 그게 지금까지 국회의 관행이었음에도 불구하고 제2 야당인 자유한국당의 반대를 무시하고 일방처리를 했습니다.

　　존경하는 국민 여러분!

---

1 김재경 의원: 자유한국당(경남 진주시을) http://blog.naver.com/jk_space21
2 주승용 국회부의장: 바른미래당(전남 여수시을) http://www.joo-sy.com

저희들이 이 선거법을 합의처리를 하자고 하는 이유는 여러 가지가 있습니다만 그중에서 가장 중요한 부분은 이 선거법은 게임의 룰이라는 겁니다. 그런데 국회의 선거법은, 국회의원은 선수이면서 심판입니다. 국회의원 선거에 출마하는 당사자이기도 하지만 그 규칙을 정하는 선거법을 국회에서 만들기도 합니다.

좀 쉽게 비유를 하자면 씨름을 하는 선수이면서 씨름의 심판이기도 한 겁니다. 그런데 어떤 선수는 자기가 씨름기술 중에서 배지기를 잘하는 사람이 있을 수 있습니다. 그리고 어떤 선수는 뒤집기를 잘하는 선수가 있습니다. 그런데 이 배지기를 잘하는 선수가 자기가 거기서 우승을 했다고 룰을 바꾸면서 '뒤집기는 이게 허리를 다칠 염려도 있고 아주 위험한 기술이니까 다음부터 이 씨름판에서는 뒤집기라는 기술은 쓸 수 없도록 해야 된다' 이렇게 해 가지고 그 룰을 통과시켰다고 가정을 해 보십시오. 그러면 그 씨름판은 이제는 배지기를 하는 그 사람이 매일 승리를 하는 것이고 그 사람의 기술을 답습한 사람만이 우승을 하는 겁니다. 그러면 이 씨름판의 발전이 어떻게 되겠습니까?

다수당이라고 해서 일방적으로 선거법을 자기들한테 유리하게 고치기 시작하면 계속해서 자기들이 이기는 쪽으로만 선거법을 고치게 되는 겁니다. 바보가 아닌데 자기들이 지는 쪽으로 선거법을 개정할 리가 없지 않습니까? 그러면 그 사람들은 계속 다수당이 되고 그 사람들의 의석수는 많아져 가지고 계속 그쪽으로 유리하게 고쳐질 게 아니겠습니까? 그렇게 되면 국회의 독재, 결국은 일당 독재의 문을 열어 놓는 꼴이 아니고 뭐겠습니까. 그래서 지금까지 우리 선배 의원들은 적어도 선거법의 룰만은 여야의 합의로, 그리고 야당의 숫자가 아무리 적다 하더라도 야당과의 합의를 전제로 선거법을 개정해 왔습니다.

그럼에도 불구하고 이번 20대 국회에서는 지난 1년 동안 민주당이 소수당들과 힘을 합쳐서 연동형 비례대표제라는, 결국은 이게 누구한테 유리할지는 모르겠습니다만 그 원칙을 관철하기 위해서 1년 동안 제1 야당을 무시하고 일방적으로 독주해서 오늘 그 법안이 통과되었습니다.

존경하는 국민 여러분!

그리고 선배·동료 의원 여러분!

오늘 통과된 이 연동형 비례대표제가 과연 민주당에게 유리한 선거법이겠습니까? 아니면 정의당에게, 소수 4개의 야당에게 유리한 선거법이겠습니까?

제 손에 장을 지지고, 이게 제가 말한 게 틀리면 제 손에 장을 지진다는 것을 전제로 제가 말씀드립니다.

결국은 민주당은 비례민주당을 만듭니다. 이번에 이 막강한 권한을 행사하는 국회의장을 보셨지 않습니까. 국회의장은 1당이 차지하게 돼 있습니다. 그런데 우리 자유한국당이 국민들에게 입장을 분명히 밝힌 바와 같이 비례한국당을 만들어서 제1당이 되는 것을 민주당이 보고 있을 리가 만무합니다. 권력의 속성을 제가 봐 왔습니다. 권력의 속성상 분명히 민주당은 김재경 의원이 손에 장을 지진다고 했으니까 김재경이 손에 장을 지지게 하기 위해서라는 이유를 대더라도 비례민주당을 만들 겁니다. 100% 확신합니다.

그러면 그 연동형 아래서 비례한국당도 만들어지고 비례민주당도 만들어집니다. 그러면 정의당을 비롯한 4당의 입장은 어떻게 되는 겁니까? 우리 당의 어떤 의원님께서 이렇게 표현하셨습니다. '개털이 된다'고 말씀을 하셨습니다.

정확한 손익계산서를 분명히 되짚어 보시기 바랍니다. 정의당을 비롯한 4개 정당 여러분들은 민주당이 그토록 목을 매는 공수처 법안 통과를 위해서 들러리를 서셨다는 것을 내년 4월에 알게 되실 겁니다.

저 말고도 더 발언할 분들이 많기 때문에 이제는 이 공수처법, 지금 상정된 공수처법에 대해서 토론을 하고자 합니다.

저희 당이 당론으로 공수처법을 반대하는 이유는 여러 가지가 있습니다. 그중에서 가장 중요한 것은 공수처법은 반대편을 죽이기 위한 법이다, 탄압하는 법이다라는 겁니다. '아니, 뭐 잘 운영하면 되지. 잘못하면 그렇게 될 수도 있겠지.' 아마도 민주당 의원님들은 이렇게 생각을 하실 겁니다. 물론 아주 선량한 DNA를 가지고 있는 사람이 그야말로 고위공직자 잘못한 것만 바라보도록 운영을 하면 그렇게 되겠지요. 그런데 권력이 그렇습니까?

그리고 이 법의 내용 중에 이미 그렇지 못한 DNA를 엄청나게 심어 놨어요. 소위 말하는 일선에서 곧바로 권력을 행사하는 권력기관, 그러니까 검찰·경찰·세무서, 일단 중앙부처의 기관장들을 제외하고 일선에 있는 이런 권력기관의 장들은 임기가 1년입니다. 이거 왜 1년으로 하겠습니까? 세무서장 와 가지고 지역민심 파악하고 세원 이것 공부도 좀 하고 이래야 되는데 왜 1년 만에 바꾸겠어요? 지방 검사장은 왜 1년만 하고 보냅니까? 지방 경찰서장·청장은 왜, 왜 그럴까요? 그 이유는 표적수사 내지는 표적감찰을 불가능하게 하기 위해서입니다.

가령 예를 들면 어떤 사람이 나쁜 마음을 먹고 어느 지역의 검사장으로 갔다 이거지. 그 지역의 A라는 사람이 마음에 안 든다, '저놈 죽여야지'. 그리고 'C라는 기업, 저거 정말 마음에 안 들어. 저거 좀 가서 어떻게 해 봐야지'.

그런데 그런 마음을 먹고 그 사람이 갔다 하더라도 1년 만에는 그 일을 해낼 수가 없습니다. 그 사람에 대한 정보를 모으는 데 제 경험으로는 6개월 정도 걸립니다. 그리고 그걸 계획을 잡아서 실행을 해서 성과를 내려고 그러면 그러기 전에 이미 자기 임기는 끝납니다.

그래서 보다 실질적으로 권력이 운영될 수 있는 쪽으로 그걸 미루고 어떤 사람의 개인적인 의견에 따라서 표적수사나 감찰을 할 수 없도록 하기 위해서 그런 기관의 기관장들 임기를 1년으로 해 놓습니다.

박 의원님은 끝까지 들어보지도 않고 뭐 앞 짚어서 자꾸 그러세요?

(■박범계 의원[3] 의석에서 — 내가 오늘 한마디도 안 했는데 금방 그것은 말씀이 안

되기 때문에……)

좀 들어보이소.

(■박범계 의원 의석에서 — 어떻게 임기제를 그렇게 표현을 해요?)

그런데 공수처장의 임기는 3년입니다. 이 3년 동안 40명의 인원을 데리고 어떤 사람에 대한 집중적인 사찰 내지 표적감찰이 얼마든지 가능하게 되는 겁니다. 그런데 임명은 대통령이 해요. 그러면 누구의 눈치를 보고 누구의 입맛에 맞는 감찰이나 사찰을 하겠습니까? 뻔한 겁니다.

그리고 더 우려스러운 것은 공수처의 검사는 이름만 검사지 실질적으로는 검사가 아닙니다. 저는 아직까지 대한민국의 사법시험에 합격하거나 변호사 시험에 합격하지 못하고도 검사가 있다는 이야기를 들어 보지 못했습니다. 그런데 공수처의 검사는 검사로서의 역할과 권한을 행사하면서, 그런 자격이 없어도, 그것도 더 웃기는 것은 공수처의 규칙으로, 법률도 아니고 시행령도 아닙니다. 규칙으로 정한 기간 동안, 뭐 규칙으로 정한 업무, 조사 업무, 지금 예를 들자면 그런 그런 무슨 사건들, 거기 가서 조사하고 하는 이런 업무를 일정 기간 하면 그 사람도 검사 시킬 수 있다는 거지. 법률적인 소양도 없고 객관적인 그런 신념도 가질 수 없는, 뭡니까, 그러면? 뭔가 편향되고 뭔가 한 방향으로 일을 할 수 있는 그런 소질만 있으면 그 사람 검사 시킬 수도 있다는 이야기 아닙니까? 얼마나 위험한 발상입니까?

(■박범계 의원 의석에서 — 아니, 더 이상 어떻게 위험해요, 지금. 지금만큼 위험한 게 없어요, 지금!)

(「뭐가 위험해요」 하는 의원 있음)

흥분하지 마십시오.

(「듣기 싫으면 좀 나가 있어요」 하는 의원 있음)

(■박범계 의원 의석에서 — 지금보다 어떻게 위험해!)

나는, 박범계 의원님께서 법조인인데 제 말에 그렇게 감정적인 반응을 보인다는 게 이해가 잘 안 돼요. 논리적으로 말씀하십시오, 반론을 제기하려면.

이렇게 공수처는 반대편을 사찰하고 얼마든지 죽일 수 있는 그런 조건을 고루고루 갖추고 있는 기구다, 그래서 저희들은 반대를 한다 이렇게 말씀을 드리고.

아까도 말씀드렸지만 그것은, 박범계 의원님 말씀대로 '그건 우리하고는 상관없는 일이야. 우리는 똑바로, 제대로 할 거야' 이렇게 말씀을 하시지만 이 정부의 DNA는 결코 그렇지 못하다는 걸 우리가 다 알고 있지 않습니까.

이번에 드러난 울산시장 선거 개입 사건을 보십시오. 그리고 제주지사 선거 등등, 그리고

---

3 박범계 의원: 더불어민주당(대전 서구을) http://www.assembly.go.kr/assm/memPop/memPopup.do?dept_cd=9770770

소위 말해서 적폐수사라고 해 가지고 무리한 수사를 해서 생떼 같은 변창훈이 뛰어내려서 죽게 만들고, 이재수 사망하게 만들고, 그리고 청와대에 파견 갔던 검찰 수사관까지 죽음에 이르게 하는 이 정부의 DNA가 이 공수처를 그렇게 순수한 목적으로 운영할 수 있다고 생각합니까?

아니지요. 절대로 그런 DNA가 있다고 저희들은 생각할 수 없습니다. 그래서 이 공수처는 자기들과 반대되는, 마음에 들지 않는 사람을 죽이고 사찰하는 그런 기구가 될 것이다, 그래서 저희는 반대하는 겁니다.

두 번째로 이 공수처법은 자기편은 숨기고 은폐하는 법입니다. 또 아니라고 말씀하시겠습니까?

이 내용 중에 보면 검찰이나 경찰이 수사를 인지, 그 인지라는 게 조금 애매하긴 한데 '저거, 점마 좀 이상하다' 이렇게 인식을 하고 조사를 착수한다, 그런 의미로 저는 해석을 했습니다. 인지를 하는 단계에서 보고를 하게 해요. 통보, 공수처장한테, 그것 왜 합니까? 그게 왜 필요하겠어요.

그리고 더 웃기는 것은 보고를 받은 공수처장은 일정한 기간 내에 수사 개시에 대해서 회신을 하게 합니다. '이것 조사하시오' '이것은 조사하지마. 우리한테 보내', 뭡니까, 이게? 공수처가 대한민국 최고의 수사기관입니까?

제가 검사를 했습니다. 아주 오래전의 일입니다. 1990년 초반에 검사를 했는데 그때는—지금 검경수사권 조정 논의가 한창입니다만—공식적으로 검찰이 경찰에 대한 수사지휘권을 가지고 있었습니다. 그래서 지휘를 할 때도 '구속수사할 것', '불구속수사할 것' 이런 문투로 권위적으로 수사지휘를 하던 그런 시절었습니다마는 제가 검사를 하는 그 기간 동안 한 번도 경찰이 수사를 시작하는데 '보고를 해라', '그것 하지 마라', '그것은 안 된다', '우리한테 보내라' 이런 권한이 있다는 이야기는 들어보지를 못했습니다. 공식적인 수사지휘권이 법적으로 있는데도 그렇게 하지 않았어요.

그런데 공수처가 무슨 권한으로 검찰과 경찰에 대해서 보고를 하게 하고 수사를 하라 마라 그러고, 보내라 보내지 마라 그러고 이렇게 할 수 있겠습니까? 그 의도는 자기들이 보호해 줄 사람이 수사 대상이 되었을 때 뭉개는 수사를 하기 위해서입니다. 그 이유가 아니라면 그럴 필요가 없는 것이지.

'야, 그 사건 그것은 우리가 직접 수사할 테니까 우리한테 보내라.' 받지. 그래 가지고 언론에서 모르면 좋은데 언론에서 좀 알고 이런 사건 같으면 언론 기자들이 '야, 무슨 장관이 지금 공수처의 조사를 받는다는데……' 매일 아침 와서 물을 것 아닙니까.

조국 장관의 케이스를 우리가 거꾸로 돌려서 한번 보자고요. 그러면 공수처에서 조국 장관의 사건을 조사를 하는 데 매일같이 그냥 진을 칠 것 아닙니까? 그러면 공수처장 출근하는데 묻겠지요, '지금 어떻게 되어 갑니까?', '예, 저희들 열심히 하고 있습니다.', '뭐 어디까지 갔는데요?', '아직 모르겠습니다. 조금 기다려 보십시오'.

그다음 날 기자들이 또 묻습니다. '조금 밝혀진 것이 있습니까?', '수사기밀이고 아직 조사 중이라서 특별한 것이 없습니다.' 한 달 동안 계속 그런 식으로 김 빼기를 하는 것입니다. 그러면 이제 한 달 지나면 언론도 아무 관심이 없어질 것 아니에요. 그러면 어떻게 합니까? 저쪽에 갖다가 처박아 버립니다. 사건 처박아 놓는 거야. 그러면 아무도 관심이 없잖아. 얼마나 이슈들이 터지는 이 세상이에요.

그러면 몇 달 있다가 슬그머니 '조사해 본 결과 혐의 없음', 아무도 모릅니다. 이렇게 하기가 딱 좋은 제도로 지금 설계를 해 놓은 거예요. 그렇지 않습니까?

(「맞습니다」 하는 의원 있음)

100% 뭉개기 수사를 할 수 있는 그런 제도적 장치를 만들어 놓은 거예요. 이것이 빠져 놓으니까 이번에 마지막에 4+1에서, 합의안에 보니까 뭐 보고하게 하고 이런 조항까지 완벽하게 넣어 놓았더라고요. '우리가 그럴 리가 있겠어? 우리 편이라 하더라도 나쁜 짓 했으면 당연히 구속시키고 재판받고 처벌하겠지. 우리에게는 그런 DNA가 없어' 이렇게 또 반론하실지 모르겠습니다.

(「거짓말 DNA가 많아요」 하는 의원 있음)

거짓말을 하지 않는다는 거짓말 DNA까지 있지 않습니까.

유재수 사건을 봅시다.

이렇게 뇌물 받고 온갖 비리를 저지른 사람을 감찰 중단하는 이 정부의 '우리 편 감싸기를 위한 뭉개기 수사는 공수처가 시행되어도 절대로 없다' 이 말을 믿으시겠습니까?

(「아니요」 하는 의원 있음)

절대로 믿을 국민은 없습니다. 이렇게 공수처는 자기 마음에 들지 않는 사람은 완전히 죽이고 자기편은 얼렁뚱땅 뭉개는 수사를 하는 데 아주 적합한 기구라는 것을 거듭 말씀을 드리고.

그리고 또 하나, 옥상옥이고 아무 필요도 없고 국민을 편 가르고 국력을 낭비하는 법이라는 것입니다, 이게. 지금 대한민국에 공수처가 없어서 죄짓고 활보하고 있는 높은 사람이 누가 있습니까? 저한테 이야기해 보십시오. 대통령 두 분 감옥 갔어요. 대법원장, 국정원장, 장관, 검사장, 대한민국에서 비리를 저지르고 처벌받지 않는 사람 누가 있습니까? 그런데 무슨 공수처가 또 필요해요? 불필요할 뿐만 아니라 굉장히 소모적이고 정쟁적인 그런 정국이 될 수밖에 없다는 것을 말씀드립니다.

가령 예를 들면, 아까 제가 말씀드렸잖아요. 죄 없는, 당의 어떤 사람을 계속 사찰하고 괴롭히고 이러는 것 같으면 그 당에서 가만있겠습니까? 공수처 뭐 난리칠 것 아니에요, 공수처장 나쁜 놈이라 그러고 정치 편향적으로 탄압한다 그러고. 그다음에 자기편 사건 가져가서 어물

어물하고 피해 가려 그러는데 가만있을 반대 당이 또 어디 있습니까? 감싸 안는다고 난리 날 것 아니에요. 그러면 국회가 맨날 그것 가지고 시끄러울 것이 뻔하잖아요. 안 만들어도 될 것을 만들어 가지고 필요도 없는 소모적인 논쟁을 벌이게 하고 국민들을 완전히 편 갈라 가지고 네 편 내 편 만들고, 불을 보듯 뻔한 것 아닙니까? 왜 이 짓을 해야 되는지 정말 알 수가 없다……

일부 이미 이런 말씀들을 하셨습니다만 저도 그 의견에 동의를 하는데 이 공수처법은 정권 보신용 법이요, 퇴임 후 보험법입니다. 맞습니까?

(「맞습니다」 하는 의원 있음)

정권 말기에 별의별 일들이 막 다 터질 거예요. 그러면 우리 편 보호해 줘야 되고 목소리 높인 상대편 목소리 확 눌러야 되고, 그러기에 이 법만큼 좋은 법이 없는 거예요. 그럼 퇴임한 후에 줄줄이 이 불행한 대한민국, 제왕적 대통령제 역사에서 **DJ**와 **YS**을 제외하고는 다 감옥을 가는 이 불행한 대한민국에서 대통령이 퇴임 후의 자기의 신변에 대해서 불안감을 느끼지 않을 수 있겠습니까? 그것을 보험에 넣어 가지고 보호받고 싶은 겁니다. 그게 아니라면 이게 왜 필요해요, 왜?

거듭거듭 말씀을 드립니다. 이 공수처법은 지금 말씀드린 그런 세 가지의 큰 문제점 말고도 수많은 문제점이 있습니다. 이건 좀 이따가 제가 차근차근 더 말씀을 드리겠습니다.

우선 이 선거법 이야기를 조금 더 하지 않을 수가 없습니다. 아까 제가 말씀을 드렸습니다. 선거법은 게임의 룰이기 때문에 다수당이 일방적으로 다수결로 처리를 하게 되면 계속 그 다수당에 유리한 조항들만, 그쪽으로만 선거법이 고쳐져서 결국은 그 당이 계속 숫자를 늘리고, 그러다 보면 국회독재, 일당독재 이런 길로 나아가는 지름길이다. 그래서 지금까지 아무리 소수의 야당이라 하더라도 소수의 의견을 존중해 가면서……

아까 제가 씨름의 예를 들었습니다만 그렇게 해야 씨름판이 발전하는 것입니다.

상대편이 나한테 라이벌이라고 해 가지고 나한테 유리한 씨름 기술만 씨름판에서 사용할 수 있고 상대편이 잘하는 주특기는 사용을 못 하는 식으로 룰을 바꿔 버리면 그 씨름판이 발전하겠습니까? 뻔한 것입니다. 정치도 마찬가지예요.

결국은 거듭 말씀을 드리지만 선거법을 다수결로 고치면서 자기들한테 불리한 쪽으로 고칠 바보는 이 세상에 없는 것입니다. 계속 자기들한테 유리한 쪽으로 고쳐 가겠지요. 그리고 결국은 독재의 문을 열어 주는 그런 형태가 될 것이다.

그리고 지난번에 많은 분들이 말씀을 드렸습니다. 이 선거법은 헌재 결정에서 위헌으로 그 이유를 든 직접선거에 정면으로 상충되는 위헌의 소지가 있습니다. 여러 차례 들으셨겠습니다만 시청을 하고 계시는 국민 여러분들의 이해의 편의를 위해서 요점만 정리해서 말씀을 드리자면 옛날에는 지역구에 국회의원 출마하면 그 사람한테만 도장을 찍습니다. 그러면 그 사람이 많이 득표를 하면 당선이 되고. 그런데 그 국회의원을 보고 찍은 거기에서 그 국회의원의 당을 보고, 진주에서는 김재경 의원이 이번에 당선이 되면서 6만 표를 얻었네, 그러면 그 김재경이 자유한국당이니까 자유한국당이 6만 표를 얻고 그다음에 강릉에서는 권성동 의원4이 6만 표를 얻었네, 이런 식으로 전국 집계가 되는 겁니다. 그래 가지고 전체적인 숫자에 따라서 비례대표를 배분을 했지요.

그런데 헌재에서 '아니, 사람 김재경과 권성동을 보고 찍었는데 왜 그것을 자유한국당 표로 계산을 하느냐. 이것은 직접선거에 위배된다' 이렇게 위헌 결정을 한 것 아닙니까? 그러니까 용지가 2개로 나누어져서 국회의원 김재경을 찍는 용지가 하나 있고 그다음에 소속 정당에 대해서 찍는 용지가 하나 있고, 그렇게 된 겁니다. 그러니까 김재경 의원을 찍더라도 다른 당이 좋다라고 투표를 할 수도 있도록 이렇게 했던 겁니다. 그래서 요즘은 선거 용지가 2개가 되는 건데.

그런데 지금 이 연동형 비례대표제는 일단은 정당 투표를 먼저 계산을 합니다. 그래 가지고 그것을 가지고 지역구에 가져와서 거기에서 모자라는 것을 채워 주기 때문에 아까 말한 대로 헌법재판소에서 정당은 정당대로 사람은 사람대로라는 이 원칙이 깨져 버리기 때문에, 직접선거에 정면으로 배치되기 때문에 어차피 헌재에서 위헌 결정이 날 수밖에 없다, 이런 말씀을 드리고……

(「잘한다. 그 위헌 내용을 자세히 설명해 주세요」 하는 의원 있음)

칭찬을 해 주시는 분이 혹시 권성동 의원 아니십니까?

(「맞습니다」 하는 의원 있음)

감사합니다.

그리고 표의 등가성에서도 굉장한 문제가 있습니다. 일부 언론에서 시뮬레이션한 결과를 보면 결국은 비례한국당이나 비례민주당이 만들어지지 않고 이 체제대로 이 법이 가게 되면 한국당이나 민주당은 비례대표를 한 명도 못 가지는 결과가 된다는 겁니다. 혹시 어쩌다 1명 정도 가져오게 되려나요.

그런데 정의당의 경우는 상당히 늘어난다 그래요. 그러면 10석 늘어난다고 가정을 해 봅시다. 그러면 지난번 20대 선거를 가지고 시뮬레이션을 해 보면 정의당의 비례대표 1석은 20만 표 정도면 되는데 이쪽은 수백만 표가 1석이 되는 이런 결과가 나오는 겁니다. 그러니까 비례대표 표의 가치가 한 사람은 20만 표가 되고 한 사람은 몇백만 표를 가지고 되는 이런 일이 벌어지는 거예요. 그래서 표의 등가성 때문에도 이것은 헌법에 정면으로 배치가 된다……

그래서 아까도 말씀드렸지만 이번에 이 선거법은 4+1, 여러분들께서 엄청나게 나름 고심하

---

4 권성동 의원: 자유한국당(강원 강릉) http://www.ksdd.net

고 고민하셨겠지만 아무런 쓸모가 없는 짓을 하셨다. 어차피 헌재에 가면 제가 보니까 분명히 여기에 걸려 가지고 이것은 다 위헌 결정이 날 테고, 그게 아니라 하더라도 여러분들이 생각하는 그런 구도대로 절대로 가지를 않습니다.

우리 자유한국당에서, 이미 여러분들이 헌법에 위배되는 선거법을 도입했기 때문에 저희들은 국민들의 뜻을 제대로 반영하기 위해서 비례한국당을 만들겠다라고 여러 차례 공식적으로 이야기를 했습니다. 민주당은 뭐 아직은 고민 중이다 이렇게 저는 들었습니다만 100% 만들 겁니다. 그러면 원점으로 거의 돌아가는 거예요. 나머지 4당 여러분들은 설 자리가 없어지는 건 마찬가지입니다. 엉망진창인 선거법 만들어 가지고 결국 제자리로 돌아오는 겁니다. 그리고 위헌 결정 날 거고 어차피 이제 선거법 다시 고칠 거고, 이 국가적 망신을 누가 책임져야 됩니까? 1+4가 책임져야 됩니다. 아마 1+4 여러분들은 여러분들이 잘못한 것 이상으로 내년 선거에서 여러 가지 곤욕을 겪고 치명적인 피해를 입는다, 이런 말씀을 이 자리에서 다시 한 번 드립니다.

아까 주호영 의원도 그런 이야기를 했지만 민주국가에서 권력의 역사는 돌고 돕니다. 민주당 여러분, 따뜻한 봄날 유한합니다. 국민들은 무섭습니다. 여러분들에게 봄날만 있을 것 같습니까?

그리 멀지 않은 이야기, 제가 직접 경험한 이야기하겠습니다.

노무현 대통령께서 돌아가시는 날 저는 네덜란드 헤이그에 출장 중이었습니다. 제 기억에 이정현 의원, 서갑원 의원 또 누군지는 지금 잘 기억이 안 납니다. 첫날 저녁에 짐을 풀고 자려고 하는데 밑에 층에서 무슨 파티를 하는지 계속 시끄러워서 잠을 못 잤어요. 새벽에 좀 자려고 하는데 계속 전화기가 울리는 거예요. 이게 심해도 너무 심해서 제가 일어나서 전화기 뚜껑을 여니까 언론사의 속보가 수십 개 벌써 들어와 있습니다. '노무현 대통령 실족, 병원 후송 중', 뭔지 잘 모르겠습니다. 하여튼 뭐 그런 식으로 해서 나중에 차근차근 문자, 뉴스들이 쌓였습니다. 그래서 그때 제가 단장이었는데 여러 가지 걱정, 그중에서 우리는 당장 어떻게 해야 되지 이런 걱정, 그래서 제가 혼자서 결론은 '서갑원은 내일 아침에 바로 비행기로 한국을 들어가야 되겠구나. 그러면 우리는 어떻게 하지?', 다음 날 아침에 집사람한테 전화를 했습니다. '상황이 어떠냐?', '하루아침에 분위기가 너무 안 좋아졌다', '만 이틀 있다 들어가야 되느냐?', 그때 제 집사람이 한 말이 지금도 귓가에 생생합니다. '잔소리하지 말고 바로 들어오세요'.

그 뒤에 일어났던 여러 후폭풍들, 뭐 이번에 백원우 씨 이름이 언론에 회자되면서 경복궁 장례식장에서 백원우 씨의 일련의 행동도 제가 현장에서 목격했습니다. 그날 제 기억으로는 날씨가 무지무지 더웠습니다. 그런데 그 장례식장에서 제가 느낀 것은 오싹한 소름이 돋는다고 그럴까, 엄청난 한기를 느꼈습니다. '야, 권력이라는 게 정말 무서운 거구나. 조그마한 권력이 주어졌는데 그걸 잘못 쓰면 뭐 기껏해야 감옥 정도 가는데 큰 칼을 잘못 쓰니까 결국 사람

목숨이 달리는구나'라는 걸 제가 그 자리에서 느끼게 됐습니다.

그 이후에도 그 파장은 간단치 않았지요. 민주당 여러분들께서 노무현 대통령의 서거 이후에 여러분들 스스로를 뭐라고 불렀고 어떻게 평가를 하셨습니까? 폐족이라 그랬습니다, 폐족. 존재도 없는 사람, 우리의 존재를 국민들이 잊어 줬으면 좋겠다라는 이런 의미로 저는 받아들입니다.

그렇게 본인들 스스로의 존재마저도 부정하던 여러분들이 다시 권력의 전면에 나서서 대한민국을 좌지우지하는 데는 9년도, 10년도 걸리지 않았습니다. 그런데 여러분들이 지금 이 자리가 봄날이라고 여러분들에게는 화려한 봄날만 있을 것 같습니까? 절대로 그렇지 않습니다.

여러분들이 칼을 잡고 휘두르면 머지않아 그 칼끝은 여러분들을 향하게 되는 것이고 여러분들이 부르는 피는, 만약에 우리 자유한국당에서 피를 흘린다면 여러분들의 피도 가까이에 있다는 것을 알아야 됩니다. 국정운영은 선순환의 구조를 만들어 가야지 악순환의 구조로 만들어 가면 모두에게 불행입니다. 국가적인 불행이 되는 겁니다.

우리 이야기도 있습니다. 4년 전 이맘때, 감히 제가 말씀드립니다. 우리 당 내에서도 '우리가 10년을 했지만 5년은 더하지 않을까?' '아니야, 민주당 쟤네들 하는 걸로 봐서는 우리가 상당히 오래 더 할 수도 있을 것 같다', 이런 분위기가 분명히 있었습니다. 그런 이야기 있었어요. 지금 민주당의 이해찬 대표님이 하신 말씀 같은 이야기가 우리 당에도 있었다니까요. 그런데 그러던 우리 자유한국당 전신 새누리당이 정권을 내주고 망하는 데는 1년도 걸리지 않았습니다.

권력의 역사는 비정하고 돌고 돈다는 것을 다시 한번 말씀을 드리면서 그래서 이 선거법은 민주당의 것도 아니요, 한국당의 것도 아니요, 누구의 것도 아닌 겁니다.

공수처 잘 만들어야 됩니다. 머지않은 장래에 이 칼끝은 단언컨대 여러분들을 겨눈다는 것을 명심하십시오. 터무니없는, 정말 초등학교 학생들도 생각지 않는 이런 조항 되겠습니까? 고위공직자 수사한다면서 수사 단서 찾은 검찰한테 보고하라 그리고 그것을 수사하라, 마라, 그거는 계속해, 그거는 하면 안 돼, 하지 마, 또 그것은 우리한테 보내, 이게 수사하겠다는 겁니까? 아니면 반대편 골라 가지고 마음에 안 드는 놈 죽이고 자기편 덮겠다는 겁니까?

자격 있는 사람들을 데려다 써야지요. 권력기관이라는 것은 엄격한 절차를 거쳐서 뽑아서 자격 있는 사람을 데려다 놔도 남용하고 옆길로 가고 국민들한테 피해를 입히는 것 아닙니까? 그런데 기본적인 소양도 덜 되고 검증도 덜 된 기본적인 자격도 없는 사람을 데려다가 공수처 검사 쓰겠다 그리고 도대체 뭘 하겠다는 건지 정말로 이해가 되지 않습니다.

거듭 말씀드리지만 집권을 했고 책임 있는 당이라면 국정 운영의 선순환 구조를 만들어서 모두가 살 수 있는 그런 정치를 해 달라 이런 말씀을 다시 한번 드립니다.

이제 우리가 걱정하는 한쪽으로 쏠리는 권력 이런 게 얼마만큼 무서운지 실증적인 사례를 한번 살펴볼 필요가 있겠습니다.

우선 가장 먼저 떠오르는 게 울산시장 선거 개입 사건이 되겠습니다.

여러 가지 측면에서 이 사건의 문제를 저희들이 보겠습니다만 지금 현재 논의를 하고 있는 공수처법과 그다음에 선거법하고 맥락을 이어 보기 위해서 한 세 가지 관점에서만 보겠습니다.

이게 과연 권력의 심층부인 청와대의 하명 수사냐, 그다음에 후보에게 여러 가지 자리를 제공하고 매수한 그런 정황들이 지금 드러나고 있는데 거기에도 어디까지 개입이 되어 있느냐, 그리고 한국당 울산시장후보의 공약은 죽여 버리고 새로운 선거 공약이 예비타당성 통과를 하게 되는 이런 데까지 개입이 되었느냐 하는 이런 점을 우리가 한번 보면서 과연 공수처 이것을 만들어 놓으면 본래의 기능대로 이게 제대로 운영이 될 수 있는 것인지, 그럴 사람들이 아닌지 한번 봐야 안 되겠습니까.

애초 이 수사는 청와대가 김기현 전 울산시장을 낙선시키려고 울산 경찰에 하명 수사를 하지 않았느냐 하는 의혹에서 출발이 됩니다. 청와대가 여당 후보인 송철호 울산시장을 당선시키기 위해서 그 공약을 설계했고 당내 경선에서 경쟁 관계에 있던 민주당 최고위원 출신 후보를 불출마시켰다는 회유 이런 것들이 문제가 되고 있습니다.

검찰이 울산지검에서 수사하던 것을 서울중앙지검으로 가져와서 수사가 본격화되었는데 청와대에 있던 박형철 반부패비서관이 백원우 전 민정비서관으로부터 김기현 전 울산시장 관련 첩보를 받아서 경찰에 내려보냈다라는 이런 진술까지 이미 밝혀져 있고 지금 영장이 아마 청구되는 모양인데, 송병기 울산 경제부시장이 청와대 민정비서관실 행정관에게 비위 의혹을 알려 줬다, 문 전 행정관이 이를 가공해 가지고 경찰로 보냈다 뭐 이런 이야기인데 중간에 밝혀진 내용을 제가 보니까 송병기 부시장이 경찰에 가서 직접 제보 형식으로 참고인 조사를 받았더라고요.

그런데 경찰에서 조사를 하면서 송병기의 신원에 대해서 가명으로 조사를 했다는 겁니다. 그런데 지금도 제가, 저도 검사를 한 10년 해 본 사람인데 참고인 조사를, 특히 제보 형식의 참고인 조사를 받으면서 신원을 가명을 쓴다든지 신원을 밝히지 않는다든지 이런 조사를 하는 방법이 있다는 이야기를 저는 들어본 적도 없고 한 번도 그런 것을 해 본 적이 없습니다. 그런데 이런 희한한 조사 과정을 거쳐 가지고, 그게 청와대 가서 다시 내려가고. 참 이해할 수 없는 구석들이 너무 많은 거지요.

청와대에서는 '이것을 우리가 가공한 것은 아니고 그냥 올라온 것을 정리해서 보냈다' 이런 이야기를 하고, 또 다른 자료를 보면 '준 대로 돼 가지고 온 게 아니고 청와대에서 무슨 비리 첩보를 더 붙여서 보냈다' 이런 엇갈리는 주장들이 있습니다.

그런데 다행스럽게도 송 부시장의 업무일지가 아주 스모킹건으로 확보가 되었고, 여기에 보면 아주 꼼꼼하게 청와대하고 송 시장 측에서 출마하고 선거 공약 논의를 하고 청와대 인사들이 송 시장을 직접 접촉하고 그다음에 당내 경쟁자들에게…… 거기에 완전히 실명이 나오잖아요. 그때 청와대 비서실장이 누구예요? 임종석. 그다음에 정무수석이었던 한병도, 이름이 실명이 바로 나오던데 어쨌든 불출마 조건으로 자리를 주려 한 정황 이런 것들이 담겨 있다는 겁니다. 그리고 송 시장이 청와대에서 임종석 비서실장 만났다는 이런 진술까지 한 상황인 것 같고.

그다음에 더 나아가서 저희들이 심각하게 보고 있는 부분인데 'VIP'라는 기재가 나온다는 거지요. 그리고 VIP 이야기가 나오면서 VIP가 미안해서라 했던가 민망해서라 했던가 직접 이야기를 못 하고 비서실장이 이야기를 하는 것처럼 이런 구절까지 나오는 겁니다. 이것 어떻게 해석을 해야 되는 겁니까? 정말 이것은 어마어마한 게이트일 수밖에 없다.

선거라는 게 민주주의의 꽃이고 우리가 거듭거듭 이야기를 하지만 가장 객관적이고 그다음 보장이 되어야 되는 이런 선거에 청와대가 이렇게까지 개입을 했다 그러면…… 이 부분이 지금 검찰에서 나름 의지를 가지고 상당히 객관적으로 많은 조사를 진행하고 있어서 저희들이 잘 지켜보고 있습니다만.

그리고 공약 논의한 것도 보면 박근혜정부 공약이었던 울산의 산재 모병원 이것은 안 되고 공공병원으로 가야 된다 이렇게 청와대 균형발전비서관실 선임행정관, 아마 이런 업무가 제가 생각해도 균형발전비서관실 소관일 것 같아요. 이 사람들이 이렇게 정리를 딱 하고 나니까 김기현 전 시장의 공약이었던 산재 모병원은 선거 직전인 5월 달에 정부의 예비타당성조사에서 탈락되어 가지고 완전 좌절되어 버려요.

그런데 업무일지에 보니까 이런 내용도 나온다네요. '산재 모병원과 관련해서 좌초되면 좋음' 그리고 'BH 방문' 그런 메모와 함께 '2018년 3월 BH 회의, 이진석' 이렇게 적혀 있대요. 이진석 씨가 당시 청와대 사회정책비서관. 이것도 아마 조사받거나 해야 되겠지.

그다음에 임동호 씨가 일본 가 가지고 들어왔는지 제가 아직 확인을 못 했습니다마는 이분이 송철호 시장하고 가장 유력한 경쟁자였는데 2017년 11월 업무일지에 보면 '중앙당과 BH, 임동호 제거→송 장관 체제로 정리'. 그리고 임동호 씨가 언론사 통화해서 '2017년 11월쯤—그러니까 업무일지에 나오는 그 시간쯤인데—청와대 민정수석실과 정무수석실에서 나한테 오사카 총영사를 가든지 안 그러면 공사의 사장 가든지 뭐 이런 얘기를 했다' 그런답니다.

그리고 더 재미있는 것은 그 업무일지에 보면 '당내 경선하면 송철호가 임동호보다 불리하다' 뭐 이런 내용도 있고.

그리고 보도에 따르면, 송철호 시장 그분은 저를 모르지만 저는 그분을 알 정도로 법조계에서는 상당히, 영남 쪽 법조인으로서는 민주당 쪽에 깊이 관여를 하고 역할을 한 분이지요. 그리고 지금 대통령하고도 가깝다는 것은 저도 알고 있고 알 만한 사람은 다 알고 있는데 30년 지기로 서로 호형호제하는 사이다. 뭐 이렇다 보니까 청와대가 울산시장 선거에 있어 가지고 개입 그것을 넘어서서 컨트롤타워 역할을 했다라고밖에 볼 수 없는 것 아닌가 이런 생각을 해 봅니다.

그런데 이런 청와대에 공수처장 임명권까지 주고 공수처 만들고, 과연 이게 우리 국가에 무슨 도움이 될는지.

더 의아했던 것은 '고래고기 사건을 조사하기 위해서 갔다' 뭐 이런 것을 청와대에서 이야기를 했었어요. 진짜 고래가 웃을 이야기였음이 이제 드러나고 있잖아요. 그 과정에 나온 이야기인지 모르겠는데 '지금 이 정부에는 거짓말 DNA가 없다'라는 정말 최고의 거짓말까지 하고.

여러분께서 김태정 검찰총장을 혹시 아시는지 모르겠습니다. 제가 부산지검 검사를 할 때 검사장을 하셨던 분인데 그분이 1997년 YS 대통령 말기에 검찰총장을 했는데 그때 김대중 비자금 사건이 터졌어요. 그때 그분이 어떤 결정을 했습니까? 수사 유보 결정을 합니다. 이게 정치권과의 어떤 교감이 있었는지, 그렇지 않으면 그 배경이 뭔지에 대해서는 그 이후로는 이 분하고 저하고 개인적으로 연이 끊어져 가지고 제가 아는 게 전혀 없습니다.

그런데 가장 선의로 해석을 한다면 선거를 앞두고 어떤 비리 사건 수사를 한다는 것은 선거에 직접적인 영향을 줄 수밖에 없는 거거든. 잘했는지 잘못했는지는 제가 판단할 것은 아니지만 가장 선의로 해석을 한다면 그분이 그런 생각을 했을 수 있겠다.

그런데 그것하고 정반대잖아요, 김기현 울산시장 선거 개입 사건. 없는 것을 막 만들어 가면서 설계도를 다 그려서 한 거잖아요. 있는 것도 덮을지 말지, 아주 중대하고 치명적이고 도저히 시장이 될 수 없는 사건 같으면 하기는 해야 되겠지요. 그런 고민을 해야 될 마당에 없는 것을 이렇게 설계도까지 그려 가면서 하는 이 사람들을 어떻게 믿냐고요.

황운하 대전지방경찰청장, 개인적으로 나는 그 사람을 지금까지 참 이해해 왔습니다, 조금 생각은 다르다 하더라도. 그래도 자기의 분명한 철학을 가지고 한 방향으로 간다, 때로는 고초도 겪고. 한두 번 내가 통화한 기억은 나기는 나는데 그때도 내가 '그런 점은 높이 평가한다'라고 이야기했는데, 뭐 때문에 통화했는지 지금 기억은 안 납니다.

그런데 이번에 울산 사건 처리한 거라든지 그다음에 대전청장으로 있으면서 일련의 그 행적을 보면서 '내가 참 사람을 잘못 봤구나. 그게 아니라면 이 사람이 세월이 흐르면서 정말 바람직하지 못한 쪽으로 많이 변했구나' 이런 소회를 가졌었습니다.

어쨌든 이렇게 흔드니까 6·13 지방선거 6개월 전인 2017년 12월 29일 국제신문, 울산시장 후보 적합도조사에서 김기현 31, 송철호 15.1, 게임이 잘 안 되는 겁니다. 그런데 2018년 2월 초에 울산방송이 한국갤럽에 의뢰해서 여론조사 하니까 그때도 김기현 37.2, 송철호 21.6 이랬는데, 대대적인 압수수색을 선거 3개월 전인 18년 3월 16일 날 했는데 공교롭게도 그날은 김기현 전 시장이 한국당 후보로 확정되는 날입니다. 그러니 언론에서 '경찰, 건설현장 외압행사 울산시청 공무원·시장 동생 수사', '울산시장 비서실 등 외압 혐의 잡고 압수수색',

대대적으로 보도를 했지요. 그리고 한 달 뒤인 4월 13일 부산일보 등에서 조사를 하니 송철호 41.6, 김기현 29.1, 완전히 거꾸로 뒤집어졌습니다. 결과는 김기현 낙선, 송철호 당선. 참 잘못 된 일이지요.

아까도 말씀드렸지만 지금까지 밝혀진 것만 봐도 청와대가 직접적으로, 중요 인사들이 여 기에 개입을 하고 전체적인 그림 설계도까지 다 그렸다는 윤곽이 드러나는 거거든요.

그리고 가장 딱 집어서 드러나는 게 공직선거법 57조의5(매수금지), 또 57조의6(공무원의 당내경선운동 금지) 이 조항입니다. 내용은 이거거든요. '누구든지 당내경선에서 후보자가 되 지 아니하게 할 목적으로 공사의 직을 제공하거나 그 제공의 의사를 표시할 수 없다'. 없다. '공무원은 그 지위를 이용해서 당내경선운동을 할 수 없다'. '공사의 직 제공은 단지 의사 표 시한 것만으로도 5년 이하의 징역, 3000만 원 이하의 벌금', 딱 떨어지는 것 같아요. 적어도 이 부분은 피해 가기가 어려울 것 같습니다.

임동호 씨가 이야기한 내용은 굉장히 구체적입니다. 한병도 수석이 청와대로 자기를 불러 서 선거 판세 분석한 문건을 들여다보면서 고베 총영사직 이런 이야기를 했는데 자기가 거절 했다. 그게 불발이 되니까 임종석 비서실장이 나서서 연락을 해 가지고 '미안하게 됐다'.

그런데 그것보다 좀 더 이런 걸 명확하게 뒷받침하는 것은 한병도 수석 만나기 넉 달 전에 임종석 실장이 송철호 후보를 청와대에서 만나 가지고, 이것 아까 제가 이야기했던 그 부분인 데 '대통령께서 직접 후보 출마를 요청하면 부담이 되니까 비서실장인 제가 요청을 드리는 거 다. 당내 다른 경쟁자 A는 동서발전, B는 자리 요구를 하고 있다' 이런 게 업무일지에 나온답 니다. 그때 그 업무일지 썼던 송병기 부시장이 아마 그 미팅에 동석을 했다 이렇게 알려져 있 습니다. 그 당시에 조국 민정수석도 'B씨를 움직일 카드가 있다', 이것은 언론에도 여러 차례 아마 보도가 됐던 겁니다. 이것 다 아까 말한 공직선거법에 해당되는 겁니다.

그런데 문제는 수사의 종착지, 소위 말하는 몸통이 어디냐? 대통령비서실장, 정무수석, 민 정수석 이런 사람들이 뭐한다고 나서 가지고 이런 역할 분담을 했겠습니까? 그리고 한 사람 이 나선 것도 아니고 상당히 역할 분담을 해서 또는 번갈아 가면서 이런 일을 했다는 것은 정말로 뭔가 컨트롤타워는 그 위에 있다라는 걸 우리가 쉽게 짐작해 볼 수 있는 겁니다.

송병기 울산 경제부시장 구속영장을 청구한다 그러는데 이 사람의 역할도 적지 않았고 굉 장히 구체적인 연결고리들이 있기 때문에 당연히 그에 상응하는 책임을 물어야 될 것입니다.

그리고 며칠 됐습니다만 기획재정부하고 KDI를 전격적으로 압수를 했습니다. 왜 했겠습니 까? 선거 공약에서 이야기한 공공병원 예타 그다음에 산재 모병원의 예타 탈락 그거를 조사 하기 위해서지요.

이렇게 압수수색을 하게 되는 그 배경은 아까도 설명을 드렸습니다만 송병기 부시장 업무 일지에 보면 그런 내용들이 청와대하고 의논 과정에서 쭉 적혀 있었는데 결국은 결과적으로 그렇게 돼 버린 거거든. 그러니까 청와대에서 어떤 역할을 한 게 분명히 있을 거다. 그리고 기재부나 KDI가 그 업무를 처리하는 데 있어서 그런 흔적이 남아 있을 거다라고 보고 압수수색을 한 거지요.

제가 보기에는 머지않은 장래에 백일하에 책임져야 할 사람들에 대한 사실관계가 확정이 될 걸로 봅니다.

그리고 김기현 울산시장 선거 개입 사건과는 반대 측면에 있는 유재수 감찰 무마 사건 이것도 우리가 한번 봐야 됩니다.

아까도 제가 말씀드렸지만 이 공수처라는 제도는 자기편의 잘못을 덮어 주기에 아주 적합하다라는 말씀을 드렸습니다. 우선 자격 없는 사람들을 검사로 채용할 수 있는 그런 문을 열어 놓은 데에서부터 그리고 수사의 초기 단계에서 보고를 하게 하고 개시 여부를 말이 회신이지 지시할 수 있도록 한 이런 것들이 다 거기에 필요한 장치들인데.

조국 사건을 우리가 보면 조 장관이 장관에 임명되는 그 전에 이미 여러 문제들이 언론을 통해서든 그렇지 않으면 검찰조사를 통해서든 밝혀진 게 많았거든. 일설에 의하면 검찰총장이 장관 임명을 하면 여러 복잡한 문제가 생긴다라는 이런 의사도 전달했다는 것이고. 그러다가 결국은 인사청문회를 하고 있는 그날 저녁에 조국의 부인 정경심 교수를 법원에다 기소까지 하는 이런 상황이 벌어졌는데도 불구하고 대통령께서는 조 장관 임명을 강행했거든.

그런데 그 뒤에 언론에서 보도된 그런 정경심 교수의 혐의는 다 인정이 되어서 구속이 되었고 지금 재판에까지 넘어가 있는 게 아닙니까, 혐의도 보면 15개의, 무려 15개의 죄목으로? 그런데도 청와대에서 그런 개연성을 충분히 짐작을 했을 건데도 불구하고 조국을 법무부장관으로 임명을 했다는 거지요. 이건 뭘 이야기하느냐? '우리 편은 확실히 어떤 리스크가 있어도 우리는 안고 간다' 이런 DNA가 자기들한테 있다는 것을 국민들한테 보여 준 것 아니겠습니까?

그때도 제가 임명하기 전에 아마 페이스북에다 그런 이야기를 썼어요, '조국이 억울하다면 억울하게 보일 것이다'. 원래 정의로운 것은 사람들 눈에 정의롭게 보이는 거거든요.

그런데 뭐 따져 보니까 별로 억울하게 보이지가 않는 거예요. 그때까지만 조사된 내용만 제가 기억나는 것 한 세 가지만 말씀을 드리면, 정경심 교수가 무슨 증권사 직원한테 돈을 주고 하드디스크를 세 개를 사오게 하잖아요. 그래 가지고 컴퓨터 하드디스크를 집에 있는 거, 사무실에 있는 거 다 이렇게 바꾸게 하는 것 아닙니까? 죄가 없다면 굳이 왜 그럴까?

그리고 정 교수가 옷까지 바꿔 입어 가면서 자기 사무실에 가서 서류를 이렇게 한아름 들고 와 가지고 그것을 어디다, 차에다 놔 놨댔나, 자기 어머니 집에 놔 놨댔나, 뭐 그런 거.

그다음에 최성해 총장이라고 그분도 요즘 여러 가지 곤욕을 치르고 있던데 그분한테 하루에 열세 번인가 전화를 합니다. 그것도 그래도 한 번인가 두 번인가 통화는 됐는데 '그것 위임장 좀 할 수 있도록 위임해 줬다고 이야기하면 안 되느냐, 표창장 위임해 줬다고 이야기……'

그런 이야기를 한다는 거예요.

답답한 게 없으면 뭐 한다고 한 번 두 번도 아니고 열세 번이나 전화를 합니까? 그리고 진짜로 권한을 위임받았다면 뭐 한다고 그 위임받은 것을 해 달라고 그렇게 부탁을 하겠어요?

그다음에 5촌 조카는 인사청문회 앞두고인가 느닷없이 그냥 몇 명하고 같이 외국으로 출국을 해 버려요. 아니, 사람들 눈에 떳떳하게 안 보이잖아요. 억울하게 안 보이잖아. 정의롭게 안 보이잖아. 그런데 그런 사람을 결국 밀어붙여 가지고 장관 임명을 시켰잖아요. 결국은 이 상황까지 온 것 아닙니까? 그런 생각과 DNA를 가진 사람들이라면 이 공수처 만약에 만들어 놨다면 어떻게 했겠습니까?

아까 제가 잠깐 비슷한 예시를 드렸습니다만 검찰조사 하고 있는데 이첩 요구권 있습니다, '사건 보내라, 우리한테'. 검찰이 '노' 할 수 없습니다. 반드시 응하게 되어 있어요. 그러면 보내지.

그렇게까지 조국을 장관 임명시키고 싶어 하는데 어떻게 하겠습니까? 계속 탄력을 붙여서 공수처에서 조사를 할까요? 천하에 눈치 없는…… 모르지, 뭐 또 공수처장이 윤석열 같은 사람이라면 그랬을는지 모르지.

뻔합니다. 대통령과 권력 핵심부의 의중을 너무 잘 아는데요. 회의 하지요, 안에서 방향 정하고. 장관 곧 임명될 거고, 곧 임명되는데 서두를 게 뭐 있나, 천천히 해라……

다음날 아침 이제 사건 가져갔으니까 검찰청에 모이듯 온갖 언론이 공수처 청사 앞에 이제 안 모이겠습니까? 막 카메라 들이대고 '처장님, 그 사건 어떻게 하실 생각이십니까?', '열심히, 철저하게, 공정하게 하겠습니다'.

별로 나오는 게 없어요. 그러니까 언론이 또 그다음 날 또 가서 그러겠지요. '검찰에서 날마다 수사 상황 브리핑도 했고 진척이 있었는데 뭐 좀 나온 것 있어요?', '저희들 열심히 하고 있습니다. 기다려 주십시오'. 완전히 김 빼는 거예요.

한 한 달만 그래 버리면 기자들이 '에이, 가 봤자 아무것도 나오지도 않는다. 난 안 가, 니 한번 가 봐. 갔다 와 가지고 뭐 있으면 풀로 우리한테 이야기해'. 한두 명 가다가 그 한두 명도 한 두 달 가 보니 아무것도 없는데 가면 뭐 하나, 안 가.

그때쯤 되면 뻔합니다. 또 회의해 가지고 '저쪽으로 한쪽으로 밀쳐 놔 놔라, 바쁜 것 많은데 그것밖에 사건 없나? 처박아 버려', 그 길로 이제 조국 사건은 아마 끝나는 겁니다. 조국 장관 돼 가지고 아주 나이스하게 전국 검사들 모아 놔 놓고 검찰개혁론 이야기하고 이제 언론의 관심은 그쪽으로 가게 되지요. 폼나게 아마 검찰개혁 했겠지요.

제가 순전히 가공의 시나리오 같습니까? 그리합니다. 그리하게 지금 제도를 설계를 해 놨지 않습니까, 그리하려고.

그것 하나만 아니고 제가 지금 말씀드리려고 하는 유재수 사건도 꼭 그런 맥락인 거지요.

이 사람 이렇게 뇌물 받아 먹고…… 어떤 혐의로 얼마나 죄가 될 거야? 여기 있네.

2016년 금융위 금융정책국장으로 있었는데 그 전후해서 수천만 원의 뇌물을 금융업체로부터 받았고, 유착 관계에 있는 자산관리업체에 동생 취업 청탁해서 1억 원 급여를 지급했고 또 책을 뭐 강매했다든가 이런 것도 있고 등등 상당히 중대한 비위 혐의가 명백히 있었는데도 그냥 조국 장관 말대로 금융위 통보해서 사표 쓰고 이런 게 아니었어요? 국회 수석전문위원으로 보냈다가 결국은 부산시 부시장으로까지……

소위 말해서 공직자의 자격, 청렴성 이런 걸 검증하는 데가 이제 민정수석실인데 그 민정수석실에서 그런 어떤 비리 제보가 있었고, 뭐 조국 장관도 이야기를 했잖아, 가벼워서 그렇게 했다라고 이야기해요.

어쨌든 있었다는 것은 알고 있는데도 불구하고 그런 요직으로 오히려 승진하다시피 가는데도 아무런 제동을 걸지 않고 안고 간 것 아닙니까? 결국 자기들 편은 그런 흠이 문제가 안 되는 거지요.

그러니까 이 유재수 사건 같은 경우도 그런 맥락의 연장선상에서 보면, 공수처 가면 아까 말씀드린 그런 절차대로 그냥 사장되는 거예요. 뻔하지 않습니까?

어제 감찰 중단과 관련해 가지고 영장 심사가 있었고 조 장관 영장이 기각이 됐다라는 이런 결정을 놓고, 오늘 보니까 입장 차이가 완전히 분명하던데……

그런데 중요한 것은 그 영장전담 판사가 상당히 장문의 기각 사유를 적었더라고. 요지는 이겁니다. 혐의는 인정돼, 인정되지만 소위 말해서 태도라 그래야 될까? 법정에 가 가지고 민주당 측 어떤 인사들의 청탁도 있었다, 그 청탁도 이 감찰을 중단시키는 데 좀 영향이 미쳤다라는 이런 취지로 판사의 질문에 이제 답변을 했다 하더라고. 그러니까 판사 입장에서는 그런 태도의 어떤 좀 좋은 점 이런 것도 고려했고.

그래서 핵심적인 것은 부인이 구속돼 있으니까 조 장관까지 구속하기는 좀 상당성이 부족하다, 결국은 그런 겁니다. 더 중언부언할 것도 없는 거지요.

어쨌든 이 유재수 사건이 박형철 비서관, 이인걸 반장 이런 사람들이 죽 다 조사를 받았는데 언론에서는 노무현 대통령과의 관계, 그런 관계 때문에 이 비위 사실이 있음에도 계속 승진한 것은 조 장관뿐만 아니라 그 윗선의 개입도 있다, 이렇게 보면서 그 몸통까지 조사가 되어야 된다라는 취지로 보도가 계속되고 있습니다.

잘 아시는 것처럼 이 유재수 사건은 2월 달에 김태우 수사관의 어떤 폭로로 이게 촉발이 됐습니다. 그때 김 수사관은 유재수 부시장 감찰 중단 지시가 직권남용, 직무유기에 해당한다 이러면서 조 전 장관하고 그 팀들을 고발을 하기에 이르렀는데 사건이 진도가 잘 안 나가다가 10월 하순 검찰이 본격적으로 수사에 착수하면서 이렇게 일파만파로 번지게 되었고 머지않아 아마 전 과정이 다 폭로가 될 거다 이렇게 예상을 하고 있습니다.

그런데 최근에 이 보도를 보면 굉장히 우려할 만한 몇 가지 사실들이 드러나고 있는데 민정수석실 그러니까 조국 장관은, 어제 TV를 제가 잠시 봤는데 그 변호인의 이야기이기도 한데 '감찰을 중단한 게 아니라 감찰을 사실상 종결했다' 이런 주장을 하고 있습니다. 그렇다면 뭔가 이게 마무리 조치가 있어야 되는데 최종 보고서도 없이 흐지부지되어 버렸다. 그다음에 이제 그건 좀 더 조사가 돼 봐야 알겠지만 조 장관이 '감찰 기록을 갈아 없애 버려라' 이런 취지의 이야기도 있었다는 겁니다.

이건 참 뭐라고 표현을 해야 될까요? 옛날에 아주 오래전의 이야기입니다만 어떤 시골의 경찰관이 하도 일이 많으니까 수사 기록을 땅에 파묻었다가 뭘 찾았다라는 그런 이야기는 제가 들은 기억이 있습니다만 국정 최고의 책임자들이 모여 있는 청와대, 거기서도 공무원 비위라든지 이런 걸 조사하고 책임지고 있는 민정수석실에서 감찰 기록을 갈아 없애라…… 도대체 있을 수가 있는 일인지, 국민들의 공분을 살 일이다.

정권 말에나 나타나는 이 대형 게이트들이 여러 개 있는데 마지막으로 우리들병원 1400억 대출, 이것도 어물어물 무마해 가다가 지금 사건의 본모습이 계속 드러나고 있다라는 그런 말씀 정도만 드리고, 하도 할 게 많아 가지고 이건 그냥 설명을 드리지 않겠습니다.

다시 한번 이 공수처로 돌아가 가지고 공수처의 부당한 문제에 대해서 조금 더 세부적인 것을 몇 가지 지적을 해 보겠습니다.

특히 엊그제 4+1에서 합의를 했다는 최종 수정안에 대한 비난이 빗발치고 있는데 거듭 말씀을 드립니다만 수사 초기 단계에서 그 내용을 공수처에 통보하고 공수처장이 개시 여부에 대해서 지침을 줄 수 있도록 한 그런 말도 안 되는 내용, 그다음에 사법시험에 합격하지도 않고 로스쿨 나와서 변호사 자격도 없는 사람도 공수처에서는 검사를 할 수 있다는 이런 이 무지막지한……

그리고 또 하나는 규칙제정권입니다, 규칙제정권. 이 규칙을 공수처에서 제정할 권한을 여러 조항에다가 산재시켜 놓았는데 알려진 바대로 이 규칙이라는 것은 소위 말해서 정부와는 좀 독립된 그런 국가기구에서는 독자성을 유지하기 위해서 규칙으로 자기들의 조직이라든지 운영이라든지 여러 가지 세부적인 것을 정할 수 있도록 그렇게 규정을 해 놓고 있습니다. 물론 국회도 그래야 되고 법원도 그래야 되고 헌법재판소, 선관위 뭐 이런 게 그렇게 될 텐데, 그런데 행정부처의 기구인 이 공수처에 법률도 아니고 대통령령이나 무슨 시행령도 아닌 그 자체적인 권한으로 만드는 그런 규칙으로 공수처의 조직과 운영을 규정할 수 있다? 도대체 뭘 알고 진짜 이것 설계를 한 건지, 아까 말씀드린 그런 독립된 국가기관 정도라는 건지, 이것 논리적으로 맞지가 않는 겁니다.

그리고 여기에 보면 조직과 운영이라는 이런 중대한 부분에 대해서 규칙에 위임을 해 놓았을 뿐만 아니라 그 핵심 조직인 검사와 수사관의 어떤 자격 조건 여기에도 수사처규칙으로 정하는 조사업무의 실무 이것 말이 안 되는 거거든요. 이런 것들이 소위 말해서 국민, 고위공직자도 분명히 국민의 한 사람인데 그 사람의 어떤 권리나 신변에 대해서 불이익을 줄 수 있는 사람들인데 그것을 법률도 아닌 일개 수사기관의 내부적인 그런 어떤 규칙을 가지고 자격을 정한다? 뭘 하겠다는 겁니까, 이게? 도대체 인권 보장이라는 이 형사법의 출발점이라도 알고 있다면 이런 규정 만들 수가 없는 것 아닙니까?

　말씀 한번 해 보시지요, 아까 뭐라 뭐라 그러셨잖아요.

　　(■백혜련 의원 의석에서 ― 저도 사법시험 봤다고요.)

　**8조에 있네요.**

　　(■백혜련 의원 의석에서 ― 사법시험 합격자들 다……)

　　(「그런 얘기는……」 하는 의원 있음)

　　(「그냥 조용히 들으세요. 들으세요, 그냥」 하는 의원 있음)

　　(「그냥 경청하세요」 하는 의원 있음)

　　(■백혜련 의원 의석에서 ― 검사들은 일반공무원……)

　그렇지 않답니다.

　　(「그냥 사과하시지요」 하는 의원 있음)

　그다음에 아까도 말했지만 수사개시 여부를 이렇게 회신을 할 때도 그 기간과 방법을 수사처 규칙으로 정한다, 거듭 말씀드리지만 어마어마한 권력을 가진 권력기관에서 이런 외부적인 어떤 기관의 권한을 행사하는데 이것을 뭐 즈그 내부에서 정한 그런 기준으로 한다? 이 또한 인권 침해라는 형사소송법 대원칙의 한 축을 너무 무시하는……

　형사법의 대원칙은 2개 아니겠습니까? 하나는 실체적 진실발견주의, 도대체 뭐가 진실이고 어떤 놈이 죄를 지었고 누가 억울한지 이것을 밝히는 게 하나고.

　또 하나는 그중에서 인권이 침해되지 않아야 되는 것 아닙니까? 죄를 지은 사람은 지은 대로 자기가 변호인 조력도 받고 정해진 프로세스에 따라서 죄를 받더라도 받는 거고. 그다음에 피해자는 피해자대로 인권이 보호되어야 되고. 이래야 된다고 보면 금방 말씀드린 무슨 검사나 수사관 자격을 자기들 내부적인 규칙 가지고 만드는 것도 말도 안 되고.

　그다음에 그 고위공직자 수사를 할지 말지, 언제까지 정할지, 어떤 식으로 통지를 할지 이런 것을 갖다가 자기들 내부 기준을 가지고 한다는 것도 그것은 말이 안 되는 소리예요. 당장 위헌이라는 이야기가 나오는 겁니다. 이게 도대체 어느 당의 어떤 분이 이런 주장을 해서 새로 이게 들어간 건지 궁금합니다.

　이제는 조금 예민한 문제들보다는 원론적인 문제점을 중심으로 몇 가지 지적을 해 보겠습니다.

　이 사회가 급격히 국민을 위한, 국민 중심의 시스템으로 변해 가는 과정에서 건전한 사회

형성이라든지 부패 방지를 위해서 그런 부패 감시시스템을 가동하자 이런 데 대해서는 누구도 반대를 하는 사람이 없을 겁니다.

그런데 문제는 전문적인 수사기관인 검찰, 경찰이 있는데도 불구하고 공수처 설치가 과연 필요하고 또 타당한가 이 점인데 아까도 그럴 가능성보다는 오히려 정쟁이 유발되고 또 편 가르기가 더 심화되고 그리고 옥상옥의 비효율 이런 말씀을 드렸습니다.

검찰을 통제하기 위해서 수사권을 경찰에 주고 검찰은 기소권만 줘야 된다 이런 주장을 하면서, 이번에 논란이 그렇게 됐는데도 불구하고 수사권과 기소권을 전속적으로 갖는 공수처를 왜 탄생시켰는지 그리고 공직 비리 대부분이 민간 부분 부패하고 연계가 되는데 이것을 무 자르듯이 딱 잘라 가지고 '이것은 공수처 네가 하고 이것은 검찰이 하고' 이런 역할, 수사를 할 수 있는 것인지 이런 의문이 드는 것이지요.

아까도 말씀드렸지만 수사 이원화되고 서로 다른 길로 가는 바퀴가 되고 또 효율성도 높지 않고 늘상 자기 편 감싸느니 남의 편 탄압하니 이런 이야기도 있고, 지금 검찰과 경찰의 수사권 조정에서 나타나는 이런 문제들이 고스란히 거기에 다 있는 겁니다.

이것 하다가 조금은 다른 주제이기는 합니다만 수사권 조정 이야기가 나왔으니까 개인적인 제 생각을 조금은 말씀을 드려야 되겠습니다.

지금 수사권과 기소권의 분리 이런 방향으로 가는데 저는 개인적으로 그것보다 좀 더 효율적인 역할 분담을 통해서 수사 전체가 합리적으로 진짜 나누어지고 서로 간의 권한이 균형을 이루어 가는 이런 쪽으로 수사권 조정이 논의가 되었으면 좋겠다고 생각하는데 저하고 같은 생각을 가진 사람은 딱 한 사람밖에 없고 다른 사람들은 별로 관심이 없는 것 같더라고요.

이런 것이지요. 우리나라 형사사건의 70% 전후가 세 가지 유형입니다. 하나는 도로교통법, 교통사고 이런 것이고 두 번째는 절도, 컴퓨터, 사기 이런 것 비슷한 것, 그다음에 세 번째는 크고 작은 폭력 사건 이게 지금은 모르겠는데 전체 사건의, 지금도 한 60~70%는 될 겁니다.

이것 경찰에서 다 대부분 조사합니다. 검사가 책상에서 교통사고를, 무슨 심오한 법리가 있는 것도 아니고, 이 세 가지 범죄의 특징은 결국 현장 중심의 범죄라는 겁니다. 폭력 마찬가지, 절도도 대부분 그렇지요.

검사가 심오한 법리를 적용할 것도 없고 거기에 대단한 판례가 있을 것도 없고 '그냥 둘이서 치고받고 싸웠네. 누가 좀 더 잘못했지? 진단은 몇 주 나왔지?', 교통사고, '이놈 술 먹었나? 안 그러면 그냥 실수로 사고 냈나? 재산은 어느 정도 되지?' 이래서 벌금 매기고 앉아 있는 게 전국 검찰청의 검사들 상당수의 업무입니다. 조사할 것 별로 없어요. 물론 그중에 보강 조사 좀 할 것도 있겠지요.

그래서 제 생각에는 그런 세 가지 유형의 범죄는 경찰에 이제는 검찰이 다 넘겨줘야 된다고 저는 생각합니다. 아까도 말했지만 거기에 심오한 법리가 있는 것도 아니고, 다시 사실관계를 조사할 수 있는 것도 아니고, 그렇게 해 주면 대한민국 검찰청의 일이 그만큼 줄어들게 됩니다, 기소권까지 다 주니까.

경찰의 권한은 적어도 다수의 형사사건에 있어서 자기들이 실질적인 권한을 가지는 것 아닙니까, 기소권·수사권 다 가지니까. 그러면 검찰조직은 그만큼 어떤 형태로든 슬림화될 수밖에 없는 것이고, 어느 조직이든 조직의 규모가 작아지면 그만큼의 힘이 빠질 수밖에 없는 거예요. 또 이쪽은 그만큼 실질적인 권한 행사가 되니까 힘이 생길 수밖에 없는 거고. 그러면 늘상 이야기하는 견제와 균형, 힘의 밸런스가 수사기관들 사이에 조금 균형을 잡게 되겠지요.

그런데 경찰만 가지고 하는 것보다는 검찰이 그래도 한 번 더 하는 게 인권보호를 위해서는 좋지 않나 이런 주장도 있을 수가 있는데 큰 문제는 없으리라고 봅니다. 왜? 그런 범죄라 하더라도 중대한 범죄는 구속영장을 청구하든지 뭐 할 것 아닙니까? 그렇게 되면 지금 헌법상 영장청구는 반드시 검사의 손을 거쳐서 법원으로 가야 되게 되어 있기 때문에 어쨌든 사람의 인신이라든지 굉장히 중대한 범죄는, 그 세 가지 유형 중에서도 중대한 범죄들은 검사와 판사의 손을 거치면서 좀 더 신중하게 검토가 되기 때문에 전체적으로 인권보장에도 큰 문제는 없을 것이다, 저는 개인적으로 그런 수사권 조정이 좋지 않겠느냐.

그리고 나머지는 좀 더 시간과 시대의 흐름을 봐 가면서 어느 쪽으로든…… 만약에 그렇게 해 줬는데도 경찰이 일을 잘못하면 다시 축소하는 쪽으로 조정이 될 것이고, 잘하고 있고 아무 문제가 없다 그러면 다시 또 더 권한을 넓히는 쪽으로 갈 수도 있는 것이고, 그건 좀 시간을 두면서 볼 수 있겠다 저 개인적으로는 그런 생각을 가지고 있다는 말씀을 드립니다.

하물며 그런데, 그런데 왜 이런 복잡한 권한남용의 여지, 엉클어진 수사기관들과의 관계 등등을 놓고 반대편 죽이고 자기편 숨겨 주는 법이라는 그런 오해까지 사서 하면서 이런 걸 이렇게 반대를 무릅쓰고 밀어붙이는지……

아까 말씀드린 그쪽으로 다시 가 가지고 말씀을 드립니다.

더욱이 권력형 부패범죄, 여기에 항상 연루되기 마련인 기업·법인, 경제·금융범죄 등을 공수처로부터 분산시키고 일반 형사사건에 대한 수사권은 경찰에게 분산시켜서 검찰이 제대로 자신의 역할을 수행하게 하겠다는 이런 주장은 검찰을 공수처 사건을 제외한 일반사건의 기소청 정도로 만들어 버리겠다 이런 말하고 비슷한 것 아니냐? 이것은 사실상 대륙법계 국가들의 전통인 검찰제도를 폐지하겠다는 전초전 정도로 볼 수도 있다, 이게 수사권 조정하고 맞물려서 해석을 하자면 그런 면이 있다는……

결국 핵심은 검찰의 구조 자체를 개혁하는 혁명적인 방안을 강구할 건지 아니면 검찰에 대한 외부통제를 강화함으로써 검찰권 행사의 객관성과 공정성을 확보하는 쪽으로 갈 것인지 고민할 수 있는 문제인데, 전자는 선행하는 정치적 독립성만이 권력기관이 정치적 중립성을 보장하는 조치라고 보는 반면에 후자는 위험 문제 등 많은 문제점이 제기되기 때문에 실질적인 기능적 독립성, 정치적 중립성을 최대한 보장하는 방안을 우선시하는 것으로 이렇게 보입니다. 검찰조직의 독립성과 중립성을 지켜 주지 못한 정치권력이 공수처라는 새로운 조직을 만든다고 해서 그 조직의 정치적 독립성과 중립성이 보장될 거다 이렇게 보는 데는 무리가 있습니다.

이 공수처 설치를 찬성하는 사람들은 한국 검찰은 기소권을 독점할 뿐만 아니라 수사권과 수사지휘권, 영장청구권, 공소유지권, 형집행권 등 형사사법의 핵심 권한을 배타적이고 독점적으로 행사하고 있는 막강한 권력집단이다. 그리고 그렇기 때문에 권력을 쥔 사람들이 자신들의 부패를 감추기 위해서 혹은 상대를 견제하기 위해서 검찰을 이용하려는 유혹에 빠지기 쉽고 또 한동안 검찰과 정치권력의 예속·공생 이런 데 대해서 비판이 있어 왔던 것도 사실입니다.

그런데 지금 최근 들어서 검찰이 나름의 독립성과 중립성을 유지하면서 자기들의 할 일을 제대로 하고 있다라는 평가가 높아지고 있는 실정에 있고 그리고 이제 검찰의 막강한 권력을 적정하게 견제하고 균형을 잡게 하려는 수사권 조정의 논의도 물살을 타고 있는 이런 상황이라서 검찰의 그 어떤 막강한 권한 또 그것을 통제해야 된다는 이유 때문에 공수처를 설치해야 된다라는 그런 논리는 상당히 근거가 약하다 이런 말씀을 드리겠습니다.

제가 17대 국회에 등원을 했을 때 그때 노무현 정부 때였는데, 강금실 법무부장관이었던 것으로 기억이 되고 그때도 국가보안법 폐지와 공수처 설치가 아마 그 당시 정부의 가장 큰 현안이었던 것 같습니다. 그때도 공수처 설치를 둘러싸고 많은 논란이 있었지요.

저도 대정부질문을 하면서 강금실 장관을 상대로 해서 공수처에 대해서 질문도 하고 한 기억이 있습니다만, 어쨌든 그때 공수처가 설치되지 않았고 또 10년 후에 민주당이 다시 집권을 하면서 똑같은 논의가 시작이 되고 있는데, 공수처라는 이런 제도 자체가 제 기억으로는 역사적으로 별로 있었던 것 같지도 않고 성공적인 사례로 기억되고 있는 것도 없습니다.

그리고 지금도 중국하고 아프리카의 어떤 나라를 제외하고는 우리가 구상하고 있는 공수처하고 비슷한 제도를 운영하는 나라는 없다라고 알고 있는데, 거듭 말씀을 드립니다만 여러 우려가 있고 결국은 정쟁과 국민들 편 가르기 여기서 자유롭지 못할 이 제도에 다시 이렇게 우리가 집착을 해야 되고, 또 20대 국회의 마지막 두 가지 숙제로서 제1 야당의 이런 거센 반대를 무릅쓰고 선거법하고 엮어서 힘을 합쳐서 밀어붙여야 되는 것인지.

공수처가 위헌의 소지가 있는지 이런 부분에 대한 논의를 좀 귀담아들어야 될 것 같습니다. 공수처장후보추천위원회는 법무부장관, 행정처장…… 요새는 이게 차관으로 바뀌었던가, 하도 안들이 많으니까 저도 어느 안을 중심으로 이야기를 해야 될지 모르겠는데 어쨌든 법무부, 법원 그리고 변협 이 3개의 법조 직역을 대표하는 쪽에서 한 사람 그다음에 국회에서 추천하는 4명이 추천위원회 구성원이 되는데, 국회 추천하는 4명 위원은 우선 자격요건이 있는 것이 아니라서 재적위원 5분의 4 이렇게 요건을 엄격하게 해 놓는다 하더라도 정치권의 의사가 가장 중요하게 작용을 할 것이고 그렇다고 보면 정치권의 이해를 대변하는 사람이 공수처장에 임명될 수밖에 없을 것이다 이런 전망을 하는 사람들이 많습니다. 공수처장이 정치권의 이해를 대변하는 사람으로 임명이 되면 결국 고위공직자 가운데 정치권에 강하게 연결되어 있는 사람 중에서 불이익을 크게 입을 수도 있고 또 혜택을 볼 수도 있고 뭐 이런 구조가 될 수밖에 없다.

검찰의 정치적 중립성 그런 이유 때문에 별도의 수사기관을 설치한다 이러면서 검찰보다 구조적으로 더 정치적 연결성이, 연루성이 강할 수밖에 없는 조직을 탄생시키게 되는 것이지요. 이게 아까 말했다시피 결국 결과적으로는 정쟁의 또 다른 장을 하나 열어 주는 것밖에 안돼요. '네가 저쪽하고 친하니까 우리를 치는 것이지, 너희 편이니까 숨겨 주는 것이지' 이제 이렇게 되는 것이지요.

이것하고 관련해서 공수처가 권력기관 소속 고위공무원이 아닌 야당 국회의원들을 표적으로 수사하게 되면 결국 국민의 지지와 신뢰를 잃게 되는 결과가 되는 것이고…… 그래서 국민의 지지와 신뢰를 받으려면 그런 행동을 하지 않아야 되는데 구조적으로 공수처장은 아까도 말했다시피 정치권하고 연루가 강하게 될 수밖에 없고 또 대통령이 임명하는 그런 구조라서 상당히 국민들의 지지와 신뢰를 담보해 내는 데 어려움이 많을 것이다 이렇게 예상을 하는 것이지요.

결국 국민이든 고위공직자든 수사하고 기소까지 담당하는 형사사법기관은 정치적 영향에서 벗어나서 준사법기관으로서의 어떤 조직과 운영, 색깔을 가져야 되는 거예요. 그렇지 않을 경우에는 심각한 기본권 침해, 아까 제가 거듭 거듭 이야기를 했던 그런 인권 침해의 우려, 그런 방향으로 가서 법 앞의 평등 혹은 인권 침해 이런 방향으로 갈 가능성이 많다, 결국 그렇다고 보면 헌법이 추구하고 보장하는 개인의 인권을 실질적으로 침해할 가능성이 있어서 헌법의 기본정신과는 맞지 않다 이런 주장이 있습니다.

현재 검찰에 대해서 아까도 말씀을 드렸지만 막강한 수사권력을 가지고 있는 그런 기관이고 그 권력을 남용하고 있다 이런 비판들이 일각에서 강하게 제기되고 있는데 무엇보다도 권력이라는 것은 마음대로 하고 싶어 하는 그런 속성이 있는 것입니다. 그래서 제도를 가지고 그 틀을 만들어서 억제하게 해야 되는 것이지요.

검찰권력의 문제 중에서 기소독점주의, 기소편의주의에 대한 지적이 많이 있습니다. 그래서 검찰의 어떤 권력을 견제하려고 하면 이 기소독점주의와 편의주의의 문제점들을 좀 해소시켜야 된다 이런 주장들이 설득력이 있지요. 그런데 사실은 아무리 기소편의주의라 하더라도 혐의가 발견되고 증거가 있으면 기소하지 않을 수가 없는 것이지요.

항상 이 기소편의주의가 문제가 되는 것은 어떤 정치적인 사건에 있어서 그런 고려 때문에 이게 아마 안 하고 하고의 문제가 생기는데 공교롭게도 공수처 설치에 있어서는 아까도 말씀 드렸지만 처장부터 수사관들, 검사들의 그런 위치가 사실은 문제가 많다고 이야기하는 검찰, 검사보다도 더 정치적인 연결성이 강하다. 그런데도 아무런 제약 없이 수사하고 기소권을 다 준다는 것은 검찰에 대해서 그렇게 문제를 지적하면서도 그런 문제점을 완전히 눈감고 간다 라는 이런 비판을 할 수밖에 없는 것이지요.

그리고 고위공직자비리수사처가 그 설치를 할 수 있는 근거가 헌법에 있느냐 이런 문제 제 기가 있습니다. 국가기관은 헌법에 따라서 입법·행정·사법 기관 중 하나로 설치가 돼야 되고 국가의 행정기관은 정부조직법에 설치 근거가 있어야 되는 것 아니겠습니까? 그래서 검찰은 헌법과 정부조직법 제32조제3항의 규정에 따라서 검찰청법에 의해서 설치가 되어 있습니다.

그런데 공수처는 반부패 특별수사기구로서 사실은 제2의 검찰과 유사하게 수사권, 영장청 구권, 기소권 다 갖는데도 '입법·행정·사법 중 명확하게 어디다' 이렇게 규정이 되어 있지 않은, 어찌 보면 아주 기이한 형태의 수사기구로 만들어졌다…… 그래서 '헌법에 위반되지 않 으려면 공수처를 법무부 소속으로 하고 정부조직법에 근거를 둬야 한다, 그 근거가 없으면 헌 법 위반이다' 이게 좀 설득력이 있거든요.

결국은 국민들의 자유와 권리와 권익을 제약하는 쪽으로의 국가기관인데, 기구인데 어떻게 헌법상 혹은 헌법에 의해서 법률에 위임된 법률에 의한 그 설치 근거가 없느냐 하는…… 급하 게 만들다 보니 그리된 거겠지요.

그다음에 공수처 설치 법안의 제안이유에서는 '고위공직자의 직무 관련 부정부패를 엄정하 게 수사하기 위해서 독립된 수사기구를 신설할 필요가 있다' 이렇게 설명을 합니다.

그런데 공수처 수사 대상 범죄를 보면 부정부패와는 전혀 상관없는 범죄도 포함돼 있습니 다. 그래서 그 진정성을 또 의심받게 되는 그런 요인이 되고 있지요.

공수처 설치의 진정한 목적이 고위공직자의 부정부패 수사를 빙자해 가지고 국회, 사법부, 경찰 이런 것을 포함한 국정 전반을 정치적으로 통제하고 장악하려는 의도가 아닌지 의심하 는 이런 전문가들의 지적이 있습니다.

좀 더 자세히 보면 이런 거예요. 이게 하도 법안이 많아 가지고 누구 법이라고 제가 특정은 못 하겠습니다만 대상 범죄에 형법 제122조부터 제133조에서 규정하고 있는 직권남용, 직무 유기, 공무상비밀의 누설, 허위공문서 작성, 위조공문서 행사 이런 것도 포함이 돼 있던데 이 게 부정부패하고 뭐……

어떤 사건은 관련성이 있을 수도 있겠지요. 그런데 대부분의 경우라면 이것은 부정부패 아 니지 않아요? 직권남용, 직무유기 이것은 요새 소위 말해 가지고 적폐 수사에, 소위 지금 집권 당 표현에 따른 적폐 수사에서나 많이 쓰는 그런 죄목이지 이게 무슨 부정부패입니까? 권력 부패라면 난 이해를 하겠는데 부정부패……

제가 검사 10년을 했는데 10년 동안 사실 직권남용, 직무유기 이런 것은 잘 다뤄 본 기억이 없고요. 그리고 대검에서 해마다 발간하는 범죄백서에도 이런 죄로 처벌받은 사람이 1년에 있는지 없는지, 있다면 손으로 꼽을 정도의 사람이었는데……

아이고 참, 이번에 문재인 정부가 들어서고 나서 저는 이 죄목의 죄명이 이렇게 많이 활용도가 있다라는 것을 처음 알았습니다. 제 말이 사실인지 대검 통계자료를 갖다 놓고 여러분들 한번 보십시오. 별 게 다 직권남용이더라고요……

제가 좀 편향된 생각인지 모르겠는데 무슨 화이트리스트인가 뭐 했다고 조윤선, 김기춘 또 몇몇 사람들이 구속돼 가지고 재판받고 그러던데 그게 죄가 됩니까? 난 아무리 생각해도 그것은 죄가 잘 안 될 것 같더라고.

소위 뭐라고 표현을 하지, 그것을? 아, 통치철학. 통치철학과 맞니 안 맞니 하는 표현을 이 정부도 쓰고 그 전 정부도 썼었나? 하여튼 이 정부에서 그런 말을 많이 썼잖아요. 그러면 그 것도 화이트리스트인가, 블랙리스트인가? 통치철학에 안 맞아서 못 쓴다면 죄가 되는 건가? 아니, 문화활동을 하는데, 좀 거창한지 모르겠지만 통치철학하고 안 맞는 이상한 영화 만들고 하는데 그 사람들 지원금 주지 말라는 것 그게 죄가 됩니까? 참 이해가 잘 안 되더라고……저하고 좀 생각을 달리하는 합리적인 분이 있으면 개인적으로라도 저한테 와 가지고 그것은 이래서 죄가 되고 이것은 죄가 안 되고, 설명을 한번 들어 봤으면 좋겠어요.

거의 사문화되어 있던 직무유기·직권남용이 여의도와 청와대 주위에서 가장 흔한 죄명이 되는 세상이 되어 버리더라고요. 무서운 세상입니다. 아마 정권이 바뀌면 또 이렇게 수많은 직권남용·직무유기 칼춤을 추는 세상이 될지 걱정입니다. 이런 악순환이 되는 정권 교체, 제발 좀 이러지 맙시다.

제가 많은 분들 편하게 만나면 이런 이야기를 합니다. '정권 교체라는 게 참 좋은 것이고, 이제는 누가 뭐라 그래도 대체로 10년 주기의 정권 교체의 트랙 위에 우리나라가 올라와 있다. 그런데 이게 선순환 구조로 작용해야 되고 정권 교체에 따르는 스윙의, 흔들림의 폭이 적어야 되는데 이것 완전 진영논리에 싸여 가지고 여기서 여기까지, 끝까지 그냥 흔들리고, 정책이 끝에서 끝까지 다르고 서로를 못 죽여서 그냥 안달을 하고, 국민들 불안하게 만들고……차라리 독재하는 게 안 낫나, 이럴 바에야?' 그러면서 제가 이야기를 합니다. '정권이 한 두어 번 더 바뀌면, 20년 30년 걸리면 분명히 달라질 겁니다', 제가 이렇게 위로를 하고 대충 마무리를 합니다.

대통령 두 사람 감옥에 넣으면 뭐 합니까? 나라가 바로 서고 국민들이 편하게 사는 게 중요하지. 이제는 이런 문제 정치적으로 결단을 내려서 국민이 한마음이 될 수 있도록 해야 되는 겁니다. 정치뿐만 아니라 사회생활에 있어서 지도자의 가장 큰 덕목은 구성원들의 마음을 하나로 모으는 겁니다. 가장 훌륭한 대통령은 국민을 한마음으로 뭉치게 하는 사람입니다. 그렇지 않습니까? 그 사람보다 더 훌륭한 정치지도자, 대통령이 어디 있어요? 제일 잘하는 국회의원·시장은 저 시민들 편 안 가르고 똑같은 마음으로 민심이 순후해지고 편하게 잘사는…… 그 지도자가 최고지요. 편 갈라 가지고 51% 지지 받았다고, 권력 쥐었다고 칼 휘두르고 49% 상대 상처 입히고…… 그 사람이 훌륭한 지도자는 아니지 않습니까? 선순환 구조로 만들어 가야 됩니다.

저희들 이야기도 말 나온 김에 좀 하겠습니다. MB 대통령 때 노무현 대통령을 대검으로 소환한다는 이야기를 들었습니다. 제가 주변에 저거 하면 안 된다고 이야기했습니다. 진실은 노무현 대통령을 불러서 대검에서 조사를 하든 안 하든 밝혀지기 마련이고 지금 당장의 문제가 아니라면 역사가 흐른 후에 더 객관적으로 판정할 것이다. 그런데 불렀어요. 불행한 일이 벌어졌어요. 결국 그때 노무현 대통령과 그 주변 사람들의 불행이 결국은 우리의 불행이 된 것 아닙니까? 그런데도 지금 계속 그 악순환이 반복되고 있는 거예요. 이러지 맙시다.

아까 하던 이야기 마무리하겠습니다. 현재 검찰이 하고 있는, 과거에 했던 이런 적폐 수사는 직권남용과 권리행사방해죄가 주된 죄명인데 공수처가 신설이 되면 공수처가 검찰을 대신해서 직권남용 등 수사를 상시적으로 하게 되고 특히 법안 제8조 4호는 공수처검사가 군사법원, 군검사의 직무를 수행할 수 있도록 하고 있기 때문에 군의 직권남용, 직무유기 등 범죄수사를 이유로 합법적으로 상시 개입도 가능하게 된다.

또 문제는 수사대상이 대부분 국회의장, 각부 장관, 국정원, 각 참모총장, 검찰총장, 경찰청장이 다 포함된다는 것이고 그 때문에 부정부패가 없더라도 공수처가 설치되면 직권남용 등을 이유로 대한민국의 모든 고위공직자는 사실상 대통령 직할의 공수처 수사에 상시 노출되고 특별한 정치세력이 고소 고발을 하면 그것을 빌미로 해 가지고 수사의 대상이 될 수도 있게 된다.

과거 청와대의 하명수사를 하던 사직동팀이 있었는데 이제 공수처가 부정부패 특별수사기구의 이름으로 이 사직동팀을 대신하는 사찰 기능을 하는 것 아닌지 그런 걱정이 있다는 것……

검찰이 정권의 의중에 따른 수사를 하기도 하지만 뜻대로 통제되지 않는 경우도 있었고 경우에 따라서는 정권을 향해서 칼을 겨누는 경우도 있었습니다. 그러나 공수처가 만들어지면 확실하게 믿고 맡길 정권의 칼이 생기는 것이다, 그 후폭풍이 어떨지……

직권남용이 대상 범죄에 포함되면 판사의 인사를 포함한 법원행정처의 사법행정, 검찰의 수사 및 기소권 행사가 공수처 수사대상이 되지 말라는 법이 없지요. 지금 재판 잘못하고 했다고 수많은 법원행정처 쪽 판사들이 재판받고 있지 않습니까? 이것은 법원·검찰의 독립성에 치명적인 독소조항의 기능을 할 가능성이 있다.

공수처가 청와대 하명사건 수사를 전담하면서 사실상 각 행정부처와 법원·검찰의 인사,

중요 정책 결정 과정에 직권남용 등을 이유로 공수처가 관여할 길이 열린다는 점에서 심각한 우려가 제기된다.

그리고 공수처장후보추천위원회를 국회에 두도록 하려는 것은 헌법에 좀 배치된다는 지적이 있습니다. 헌법 40조는 "입법권은 국회에 속한다." 이렇게 규정하고 예산안 심의·의결권, 국정감사 및 조사에 관한 권한, 탄핵소추권은 국회가 갖는 헌법상 권한이고, 수사를 담당하는 준사법기관의 임명에 관여한다…… 이게 헌법에 규정이 있다면 모르되 규정이 없다면 헌법에서 국회에 준 권한 밖이라는 이런 지적이지요.

공수처가, 대통령과 집권 여당 합작으로 대통령의 직속 정치적 사찰수사기구 만들려 한다, 이런 의도는 공수처장 등 인사 관련 규정에서도 노골적으로 나타난다, 국회에 설치되는 공수처장추천위원회는 7명인데, 아까도 말했듯이 그렇게 구성이 된다는 겁니다. 그런데 법무부 쪽은 법무부장관 당연히 대통령이 임명해서 이해관계가 대통령과 같은 사람이고, 법원행정처장과 대한변협 회장을 제외하면 정치적 중립성·독립성·공정성이 담보되는 그런 추천위원회를 만들기가 어렵지 않느냐.

인사청문회 규정을 뒀는데 이것도 실효성이 있을지, 위원회에서 2명을 추천하면 그중에 1명을 대통령이 인사청문회를 거쳐서 임명하는데 임명동의안이 없는 인사청문회가 아무 의미가 없다라는 것은 수많은 장관인사청문회, 헌법재판관청문회에서 나타난 것 아닙니까? 여기에 대한 실효적인 통제장치도 없이 그 인사청문회 조항이 마치 그게 객관적이고 독립성이 보장되는 무슨 그런 처장 임명을 담보할 것처럼……

공수처검사의 임용·전보, 아까 여러 가지 지적을 했으니까 여기서는 넘어가겠습니다.

그런데 법안을 주장하는 측에서는 공수처 독립을 매우 강조하고 있는데 임명 절차부터가 정치적으로 자유롭지 못하고 정치적 색채가 강하게 들어가 있어서 근본적으로 정치에 취약할수밖에 없다. 이 법에 따르면 공수처장과 차장은 임기 3년, 검사도 3년에 최대한 3회의 임기까지 보장이 돼 있는 모양입니다. 참 문제가 많은데……

그런데 탄핵·금고 이상 형의 선고 없이는 파면이 안 되고 징계처분 받지 않고는 해임 등의 처분을 받지 않도록 독립성은 보장을 해 놓고 있는데 책임을 담보할 수 있는 규정은 눈에 띄지 않고 권한은 과도하게 집중이 돼 있다.

그래서 아까 제가 말씀드렸잖아요, 퇴임 후 보험용이라고. 만약에 이 정권 임기 내에 이 정권과 이해를 같이 하는 인사들로 공수처가 출범이 되면 다음 대선 때 정권이 바뀌더라도 독립성은 보장돼야 되고, 사퇴 거부하고 수사 제대로 안 하고 이럴 가능성이 충분히 있는 것 아닙니까?

검사야 대통령이 그래도 인사권을 가지고 있고, 최근에 법무부장관께서 취임도 하지 않았는데 검사 인사에 대해 가지고 구상을 이야기하고 뭘 자료도 모아 보고 이런다고 하기 때문에 어쨌든 인사권 가지고 바꾸고 이럴 수 있는데 공수처는 이게 독립성을 이렇게 보장을 해 놓고 3년 임기까지 그냥, 검사는 9년까지 보장을 해 놓으니까 소위 말하는, 누구는 이런 표현을 썼네요. '정권 교체와 상관없이 확실한 정치적 대못을 박는······' 너무 오래 했나요, 발음이 잘 안······ '정권 교체와 상관없이 확실한 정치적 대못을 박는 효과를 거둘 수 있다' 이렇게 부작용을 경고하고 있습니다.

다음 정권에서 검찰이 그 전 정권의 비리를 수사하려 해도 공수처 때문에 못 하는 상황이 올 수도 있다, 확실한 보험들 수 있다는 거지요. 아까 말씀드린 것처럼 공수처 검찰, 경찰 사건 이첩 요청권이 있고 의무적으로 응해야 되기 때문에 그렇다는 거지요. 정치적 방패막이로써의 역할을 충분히 할 수 있다. 살펴볼수록 으스스한 문제 제기들이 많습니다.

할 게 너무 많은데, 일단 공수처 문제에 대해서는 작은 결론을 말씀을 좀 드리겠습니다.

이 공수처는 소위 글자 그대로 고위공직자의 비리를 수사하겠다는 건데 사실상 검찰과 경찰에 대한 우월적 지위를 갖는 것은 물론이고 파격적인 특별수사기관이다. 그런데 이 대표발의한 법안의 제안이유들을 보면 10줄 이내로 간단합니다, 여러 부작용들에 대해서 그만큼 고민이 적었다는 흔적으로 받아들이고. 법무부 소속도 아니고 어느, 소속도 불투명한 대통령 직속의 특별수사기구, 정치적 사찰기구로 악용될 여지가 다분하다.

전문가의 의견은 이런 겁니다. '대한민국 형사사법체계와 법치주의에 치명적 위해를 가할 수 있다. 그래서 공수처 신설은 전면적으로 재고해야 된다', 이런 결론을 냈는데 결국 선거법 만들어서 본인들한테 유리한 조항 아무리 넣어봤자 그게 여러분들의 미래를 담보해 주지 못합니다. 국민들의 지지를 잃는 순간 한 순간에 나락으로 떨어진다는 이야기를 여러 차례 드렸고요.

그리고 공수처법도 여러분들의 방패막이가 될 수 없습니다. 국정운영의 선순환 구조를 만들어서 그래야 재임 중에도 큰 문제없이 잘 넘어갈 것이고 퇴임 후에도 신변에 대한 안정이 보장되는 것이지 공수처법 만들어 가지고 아무리 해 본들 그게 담보가 되겠습니까?

제가 원고에 써 온 결론이 있습니다. 이 부분을 읽으면서 저의 토론을 마무리하고자 합니다.

국정을 선순환 구조로 순리대로 운영하지 않으면 아무리 선거법 고쳐서 다수 의석 가지려 해도 국민들이 그 의도를 먼저 알게 되고 상대편 억누르고 우리 편 숨겨 주려고 공수처법 만들어도 민심을 이기지 못하는 법입니다.

오늘 통과된 개정 선거법은 위헌입니다. 헌재 결정에 따르더라도 직접선거와 표의 등가성에 있어서 정면으로 헌법에 배치되는 법입니다. 그리고 정치적으로 아무런 실익도 없습니다. 자유한국당은 비례한국당 만들고 더불어민주당은 비례민주당 만들 것이고 나머지 소수 4당은 한두 석 더 가져갈지 모르지만 거기서 거기입니다. 아무런 실익도 없는 1년간의 무용한 정치적인 논쟁만 남게 되는 것이지 결과는 달라지지 않는다, 그리고 종국에는 위헌결정이 날 것이고. 그리고 오늘 상정된 공수처법은 편을 갈라서 혜택과 불이익을 주는 괴물이고 악법입니다.

마지막으로 다시 한번 말씀을 드립니다.

여러분들이 4+1을 만들어서 통과시켰고 통과시키려고 밀어붙이는 선거법, 공수처법은 돌고 도는 권력의 역사에서 여러분들이 반대편에 서는 순간 여러분들을 죽이는 법이고 역사 속에서도 흔적 없이 사라져 버릴 허망한 미몽이라는 점을 다시 한번 상기시켜 드립니다.

늦은 시간까지 경청해 주신 분들 감사드립니다.


**■부의장 주승용** 김재경 의원님 수고하셨습니다. 잘 경청했습니다.

다음은 백혜련 의원님 나오셔서 토론해 주시기 바랍니다.

**토론 2**

# 백혜련 의원

■ **백혜련 의원**[1]   존경하는 국민 여러분!

주승용 국회 부의장님, 그리고 선배·동료 의원 여러분!

사개특위 간사 백혜련 국회의원입니다.

저는 오늘 이 자리에서 국민들께 공수처법의 당위성과 정당성에 대해서 그리고 너무나도 가짜 뉴스가 판치고 있는 공수처에 대한 왜곡된 현실에 대해서 말씀드리고자 이 자리에 섰습니다.

그런데 먼저 법안에 대해서 말씀드리기 전에 국민들께 사과부터 드려야 할 것 같습니다.

오늘 또다시 우리 국회는 정말 국민들에게 민망스러운 모습을 보였습니다. 지난 패스트트랙 과정에서 보여 줬던 또다시 폭력 국회, 국회 난장판의 모습을 보여 드렸습니다. 정말 죄송합니다. 이 책임은 무엇보다도 자유한국당에 있습니다. 국회법에 따라서 진행되는 절차를 모두 무시하고, 회의를 정상적으로 진행하려는 국회의장님에 대한 폭력, 정말 용서할 수 없는 일입니다.

그런데 또 하나의 책임 주체는 저는 검찰이라고 생각합니다. 패스트트랙 수사가 지금 7개월째 진행되고 있습니다. 경찰에서 잘 진행되던 수사를 검찰에서 수사하겠다고 송치 지휘했습니다. 그런데 검찰에 가고 지금 감감무소식입니다.

어떻게 된 일입니까? 그 패스트트랙 과정에서의 모든 영상들이 있고 온 국민들이 보았습니다. 누가 불법을 저질렀는지 전 국민이 알고 있습니다. 영상만으로도 기소할 수 있다는 것이 대부분 법조인들의 의견입니다. 그리고 우리 당의 의원님들, 정의당의 의원님들, 자유한국당을 뺀 모든 의원들이 나가서 조사받았습니다. 저는 개인적으로 세 번이나 나가서 조사받았습니다. 경찰에 두 번, 검찰에 한 번, 피의자이자 피해자로서 세 번이나 나가서 조사받았습니다.

---

[1] 백혜련 의원: 더불어민주당(경기 수원시을) http://100hyeryun.blog.me

그런데 자유한국당 의원님들은 어떻습니까? 황교안 대표[2] 조사받겠다고 하더니 가서 묵비권 행사, 그리고 나경원 대표[3] 책임지겠다고 하면서 조사 한 번 받은 게 다입니다.

체포영장 신청도 하지 않았습니다. 일반적으로 제가 검사 시절의 경험에 비추어 보면 세 번 이상 소환 거부를 할 경우에는 일반인들은 거의 무조건적으로 체포영장이 신청됩니다. 그런데 이 사건에서는 전혀 그렇지 않았습니다. 그리고 그런 기미도 보이지 않았습니다. 이런 검찰의 나태한 패스트트랙에 대한 수사가 오늘의 폭력을 또다시 있게 한 것입니다.

처음에 자유한국당에서 의안과를 점거하고 폭력사태를 일으켰을 때, 그때는 자유한국당 의원들이 국회선진화법의 무서움을 잘 몰랐습니다. 그런데 우리 당 의원들이 징역 5년에 처할 수 있는 범죄이고 피선거권이 박탈된다는 사실을 알려주니까 사실 움찔했습니다. 그래서 그다음에는 극단적인 폭력의 형태는 지양하면서 눕는 식의, 그리고 보좌진들은 빼는 그런 형태를 보였습니다. 굉장히 겁을 먹은 것이지요.

그런데 지금 검찰에서 수사를 송치한 후에 어떤 조치도 이루어지지 않게 되니까 이제 자유한국당 의원님들 다시 기세등등합니다. 검찰은 내 편, 이제 국회선진화법으로 처벌받지 않을 거라는 생각을 하는 겁니다. 그렇기 때문에 오늘 정말 신성한 국회 본회의장에서 다시는 볼 수 없었던 이런 사태가 일어난 것입니다. 검찰은, 저는 이 부분에 대한 분명한 책임을 져야 한다고 생각합니다.

지금 조국 전 장관에 대한 수사, 울산 김기현 측근 비리, 하명수사라는 이유로 너무나 빠른 속도로 수사가 진행되고 있습니다. 수사는 공정하고 철저하게 진행돼야 합니다.

저는 검사 출신으로서 특히 고위공직자들에 대한 범죄, 권력집단에 대한 범죄는 철저하게 수사되어야 한다고 생각합니다. 그러나 수사의 공정성은 유지되어야 합니다. 지금 진행되는 수사들을 보면서 국민들이 어떤 생각을 하겠습니까? 과연 이 수사가 공정하다고 생각할까요? 저는 아니라고 생각합니다.

기본적으로 사람들은 권력을 가진 사람, 힘을 가진 사람을 수사할 때 박수를 칩니다. 사실 지금 집권 여당의 실세라면 실세였던 민정수석을 지냈던 사람, 그리고 법무부장관을 지낸 사람 수사하면 일반적으로 박수 칠 겁니다. 그런데 국민들의 여론을 보면 그렇지 않습니다. 왜 그럴까요? 저는 그것이 기본적으로 국민들이 이 수사의 공정성에 의문을 가지고 있기 때문이라고 생각합니다.

지금 우리 당에서 그리고 여러 시민단체에서 고발한 나경원 대표의 사건이 있습니다. 자녀의 입학에 관한 문제와 스페셜 코리아 운영과 관련해서 고발된 것으로 알고 있습니다. 그런데 그 수사 정도는 너무나 더디기만 합니다. 그렇게 전광석화처럼 조국 장관의 자녀에 대한 수사

---

2 황교안 대표: 자유한국당 대표 https://www.facebook.com/PM0415HwangKyoahn/
3 나경연 의원: 자유한국당(서울 동작구을) http://blog.naver.com/nakw63

는 진행됐던 데 반해서 나경원 대표에 대한 수사는 너무나 더디게 진행되고 있습니다. 이런 것들이 바로 국민들이 문제 제기를 하는 지점입니다. 그리고 우리 더불어민주당에서도 문제 제기를 할 수밖에 없습니다.

패스트트랙 수사에 대해서 자유한국당에서 많은 이야기들을 합니다. 뭐 어쩔 수 없는 행위였다, 불법 사·보임의 문제가 있었다, 여러 이야기들을 하는데, 좋습니다. 이 패스트트랙 수사에 세 가지 갈래가 있습니다. 첫 번째, 의안과 점거와 관련된 부분입니다. 그리고 채이배 의원의 감금 사건입니다. 그리고 국회선진화법 위반, 회의진행 방해입니다.

다 양보하고 국회선진화법 위반, 회의진행과 관련해서는 여러 법리적으로 다툴 부분이 있다, 그렇게 하겠습니다. 그러나 자유한국당이 주장하는 불법 사·보임의 문제라든지 저항권, 어쩔 수 없는 행위였다는 것은 의안과 점거와 채이배 의원 감금 사건에는 적용될 수 없는 부분입니다. 그렇다면 검찰에서는 최소한 당장이라도 기소가 가능한 이 두 사건에 대해서는 저는 처리를 해야 된다고 봅니다.

그런데 선거가 다가오고 있는데도 불구하고, 그리고 보통 3개월 미제라고 하지요. '3초 사건'이라고 합니다. 3개월이 넘도록 3초 사건이, 이 패스트트랙 수사 사건에 대해서는 전혀 진척이 되지 않고 있습니다.

검찰에 다시 촉구합니다. 패스트트랙 수사, 제발 빨리 진행해 주십시오. 국민들이 불편합니다. 검찰의 수사가 공정한지…… 공정하다 이런 생각 가지기 어렵다는 점 다시 한번 말씀드립니다.

오늘 의결된 법안들이 아주 긴급한 법안들이었습니다. 헌법불합치에 관한 형사소송법 조항과 그리고 통신비밀보호법, 그리고 당장 의결하지 않으면 당장 국방부가 마비될 수 있는 징병에 관한 병역법과 대체 복무에 관한 법, 그리고 여태까지 계속 의결되지 않고 고생을 하고 있는 포항지진 피해자들에 관한 법입니다. 이 법들 대부분이 자유한국당 의원님들과 관련되어 있습니다.

특히 포항지진 피해자 보호법 같은 경우는 포항의 국회의원 2명이 다 자유한국당 소속이지요. 그런데도 오늘 회의를 방해하기 위해서 투표하지 않고 의장님에게 항의만을 한 자유한국당 의원님들, 이래서 되겠습니까? 오늘 보여 준 모습이 민생을 팽개친 자유한국당의 본모습이라고 생각합니다.

공수처법에 관련해서 지금 자유한국당이나 보수 언론들이 제기하는 여러 문제들에 대해서 세세히 말씀드리기 전에 제 앞에서 필리버스터를, 무제한토론을 하신 김재경 의원님께서 너무나도 잘못된 사실을 수차례에 걸쳐서 말씀하셨기 때문에 그 부분부터 정정하지 않고 넘어갈 수가 없습니다.

자유한국당에서 공수처법에 대해서 필리버스터를 하겠다는 것은 예전부터 공지가 됐던 사실입니다. 그래서 저는 최소한 필리버스터를 위한 준비는 하고 오시지 않았을까 기대를 했습니다. 기본적으로 발의된 법안 정도는 읽고 와야 되는 것 아닙니까? 그게 국민에 대한 예의라고 생각합니다.

그런데 김재경 의원님께서는 계속해서 이렇게 얘기하시더라고요. '공수처법에 있는 수사처검사들은 무자격자다. 검사들은 최소한 사법시험 통과한 사람이 해야 되는 것 아니냐'.

공수처법에 제8조(수사처검사)에 대해서는 정확하게 이렇게 규정하고 있습니다. 변호사 자격을 10년 이상 보유한 자로서 재판·수사·조사 업무를 실무적으로 5년 이상 수행한 사람에 한해서 수사처검사로 임명하게 되어 있습니다. 이 자격조건은 지금 수사 업무를 담당하는 모든 기관을 통틀어서 가장 많은 자격을 요구하는, 변호사 경력이 가장 긴 경력을 요구하는 자격입니다.

우리가 보통 특검, 특검 많이 하지요. 거기에서 수사처검사와 대비될 수 있는 특검보의 자격도 법조 경력 7년이 보통입니다. 20대 국회에서 드루킹 특검과 최순실 특검 했습니다. 그때도 특검보의 자격조건은 변호사 경력 7년이었습니다.

그리고 일반 검사, 검찰의 검사와 비교하면 이것은 진짜 비교 불가지요. 검찰의 검사는 사법시험, 예전으로 치면, 예전으로 한다면 사법시험 합격하고 바로 검사 임용됩니다. 변호사 경력 필요 없습니다.

요즘에 검사 임용은 그것보다도, 또 틀리지요. 변호사시험, 이제는 사법고시 자체는 없어졌지요. 변호사시험만이 존재합니다. 로스쿨을 졸업하면 검사 임용시험이라는 것을 본답니다. 그래서 로스쿨 졸업생을 변호사시험도 합격하기 전에 일차적으로 검사로 예정해 놓습니다. 그리고 나서 변호사시험에 합격하면 그때 정식으로 검사로 임용합니다. 그것에 비추어 보면 이 공수처의 수사처검사의 자격이라는 것은 일반 검찰의 검사의 자격보다도 훨씬 높다는 것을 모든 분들이 아실 수 있을 것입니다.

최소한 무제한토론을 하려면 자신이 반대하고자 하는 법안은 읽고 오시는 것이 정상 아닙니까? 최소한 예의를 지켜 주시기를 바랍니다.

방금 제가 뉴스를 봤더니, KBS가 한국리서치에 의뢰해서 18일부터 20일까지 조사해서 발표한 내용입니다. 보수야당 심판이 58.8%, 정부 심판이 36.4%입니다. 이렇게 총선을 앞두고 보수야당 심판론이 더 높은 때가 있었나요? 이것은 그만한 이유가 있다고 생각합니다. 자유한국당 의원님들 제발 좀 돌아보시기 바랍니다.

공수처 설치의 필요성에 대해서 먼저 말씀드리겠습니다.

공수처를 왜 설치해야 되느냐. 공수처가 왜 필요한가. 그 공수처 설치의 필요성은 무엇보다도 저는 검찰의 무소불위의 권력에 있다고 생각합니다. 우리 대한민국 검찰은 세계에 유례없는 무지막지한 권력을 가지고 있습니다. 수사권, 기소권, 수사지휘권 이것도 세분해 보면 너무나 큰 여러 가지 권력으로 나누어질 수가 있는데요, 기소권도 기소편의주의, 기소독점주의 다 가지고 있습니다. 검찰만이 기소할 수 있고 기소를 마음대로 해도 되고 안 해도 되는 기소편의주의입니다. 수사권, 모든 수사권 가지고 있습니다.

그리고 수사지휘권이라는 개념이 굉장히 애매한데요, 이 수사지휘권의 범위라는 것은 무궁무진합니다. 이번에 패스트트랙 수사와 그리고 이춘재 화성 8차 살인사건에서도 국민 여러분들께서 보셨겠지만 경찰이 한참 수사하고 있어도 검찰이 말 한마디로 '이 사건 내가 수사할게, 가져와.' 그러면 가져가야 하는 것입니다. 그만큼 수사지휘권이라는 것이 무지막지한 힘을 가지고 있습니다.

구체적으로 보면 체포·구속 장소 감찰권이 있고요, 사법경찰 징계 요구권, 변사체 검시권, 긴급체포 후 사후 승인할 수 있는 권리 그리고 체포·구속 피의자 석방 지휘권, 압수물 처분 지휘권……

이 압수물 처분 지휘권이 지금 울산 고래고기 사건에서 문제되는 권한입니다. 압수물 처분 지휘권이 있었기 때문에 아직 사건이 종결되지도 않았는데 검찰에서 이 압수물에 대해서 환부하게 했던 것입니다. 그래서 이 고래고기 사건이, 30억 원 이상이 되는 이 고래고기 사건이 문제가 되고 있는 것입니다.

그리고 관할 외 수사 시 보고, 고소·고발 송치 전 지휘할 수 있고 수사기간 연장 지휘할 수 있고 수사개시 보고받습니다. 이 수많은 권한들을 우리나라의 검찰은 가지고 있습니다.

그리고 검찰의 정치적 중립성 훼손은 어제오늘의 일이 아닙니다. 이명박 정부 당시의 박연차 게이트 사건, KBS 정연주 사장 사건, 미네르바 사건, 한명숙 전 총리 사건, MBC PD수첩 사건, 청와대 및 국무총리실 민간인 불법사찰 의혹 사건, 검찰의 정치적 중립성과 독립성이 훼손된 수많은 사건들이 있었습니다.

저는 검찰의 이 수많은 치욕사 중에서도 MBC PD수첩 사건은 정말 잊을 수 없습니다. MBC PD수첩 사건을 당시 수사할 때 저도 서울중앙지검에 같이 있었습니다. 원래 수사팀이 기소할 수 없다고 결정을 내렸습니다. 그런데 압력이 들어왔나 봅니다, 청와대에서. 결국 수사팀을 다 교체했습니다. 그리고 수사팀을 교체하자마자 MBC 압수수색 들어가고 체포영장 신청하고 결국은 기소했습니다. 무죄 나왔지요. 이것이 과거의 검찰 그리고 지금도 이루어지고 있는 검찰의 민낯입니다.

박근혜정부가 들어선 이후에도 검찰은 변한 것이 없었습니다. 2013년 11월에 있었던 정윤회 국정개입 의혹 문건 사건 보십시오. 이때 제대로 수사했으면 최순실 국정농단 막을 수 있었을지도 모릅니다. 그러나 부실수사로 일관했습니다. 검찰은 무능했고 정치권력의 눈치를 봤습니다.

반면에 제 식구 감싸기에는 정말 능수능란했습니다. 박근혜정부 당시의 진경준 검사장 그리고 검사장 출신의 홍만표 변호사, 검사 출신이지요. 김형준 부장검사 사건 또 우병우 민정수석 사건, 수많은 제 식구 감싸기의 사례들이 있습니다. 그랜저 검사 사건, 벤츠 여검사 사건, 너무나 수많은 사건들이 있어서 열거하기도 힘듭니다.

2016년 진경준 검사장 비리 사건 당시에는 언론을 통해서 이 사건이 알려진 뒤 3개월이 지날 때까지도 검찰수사는 이루어지지 않았습니다. 재산신고 사항만 봐도 검사가 1년에 5억의 재산이 늘어난다고 한다면 문제 있는 것 아닙니까? 그런데 전혀 감찰기능도 작동하지 않았고 어떤 조치도 없었습니다. 그런데 결국 여론에 밀려서 수사가 시작됐습니다. 그런데 여론에 밀려서 수사가 시작되니까 단 23일 만에 구속기소했습니다. 23일 만에 할 수 있는 사건을 몇 달을 끌었다는 거지요.

몰래변론을 대가로 뒷돈 받은 홍만표 변호사 사건, 몰래변론이 드러났지만 결국 기소된 것은, 몰래변론 과정에서 일어났던 로비나 뇌물 사건에 대해서는 전혀 수사되지 않았습니다. 결국 변호사법 위반과 조세범 처벌법 위반으로만 구속기소되는 데 그쳤습니다.

그뿐만이 아닙니다. 그 변호사에 대한 징계권을 가진 서울지방변호사회에 몰래변론 사건 목록을 넘기지 않았습니다. 변호사가 징계를 받고 안 받고는 굉장히 큰 차이가 있습니다. 앞으로 변호사를 해 나가느냐, 결국 변호사라는 직업이 돈을 벌기 위해서 하는 것 아닙니까? 돈과 직결되어 있는 문제지요. 그러나 몰래변론 사건 목록을 넘기지 않았기 때문에 징계에서도 분명하게 훨씬 더 홍만표 변호사에게는 유리했을 것으로 보입니다.

그리고 현직 부장검사가 금품을 받고 사건 무마에 나섰던 김형준 부장검사 사건, 2016년 5월에 비리행위가 보고되었습니다. 그런데 9월이 되어서야 감찰에 착수했고 경찰에서 계좌추적 영장을 두 차례 청구했지만 검찰이 거부했습니다. 경찰이 청구한 영장이라서 거부한 것입니다. 제 식구 감싸기를 위해서 수사지휘권을 악용한 것이지요.

이 제 식구 감싸기의 정말 진면목을 보여 준 것은 한 컷의 사진입니다. 다 기억하실 것입니다. 우병우 전 민정수석이 서울중앙지검에서 조사받으면서 팔짱낀 채 웃으면서 조사를 받고 있던 사진, 다 기억하시지요? 그만큼 제 식구 감싸기에 검찰은 그동안 당당했습니다. 이런 제 식구 감싸기, 정치적 중립성 훼손 그리고 막대한 검찰의 권력, 이런 것들이 결국 검찰에 대한 국민의 불신을 가져왔고 더 이상 검찰의 수사를 믿지 못하겠다는 국민들의 외침을 가져왔습니다. 그래서 독립적인 수사권을 가진 고위공직자 비리수사처를 국민들이 요구하게 됐고 주권자인 국민들의 명령을 받아서 입법권자인 국회의원들이 지금 공수처법을 통과시키기 위해서 노력하고 있는 것입니다.

공수처법과 관련해서 지금 자유한국당에서 그리고 보수 여론에서 많이 하는 주장들이 있습니다. 공수처가 문재인 대통령의 친위부대가 될 것이다, 반대편을 죽이기 위한 기구가 될 것이다, 이런 주장들을 합니다. 저는 정말 원천적으로 이 주장이 이해가 가지 않는데요. 이 주장의 핵심에는 공수처장이 대통령의 뜻을 받들어서 대통령의 칼이 되어 움직일 것이라는 전제가 숨어 있습니다.

그런데 공수처장의 임명 방식을 보면 어떻습니까? 어떤 국가기구, 어떤 수사기구보다도 정치적 중립성과 독립성을 가질 수 있게 설계되어 있습니다. 검찰총장은 대통령이 지명하고 청문회만 받으면 그냥 임명할 수 있습니다. 어떻게 보면 정말로 대통령의 입맛대로 임명할 수 있는 구조입니다. 그에 반해서 공수처장은 추천위원회에서 2명의 후보자를 뽑아서 대통령에게 올리도록 되어 있습니다. 그런데 이 추천위원회 구성이 절대 정치권, 특히 여당의 입맛대로 움직일 수 있는 구조가 아닙니다.

국회 추천위원회는 법무부장관, 법원행정처장, 대한변호사협회장과 여야 추천 각 2명으로 구성됩니다. 그리고 7명의 추천위원 중에 6명의 동의가 있어야 공수처장후보 추천이 가능합니다.

법무부장관은 최소한 대통령의 사람이라고 할 수 있겠지요. 대통령이 임명하니까 대통령의 사람이라고 치겠습니다. 법원행정처장, 대통령의 사람입니까? 우리나라는 엄격한 삼권분립의 국가입니다. 사법부는 독립성을 가지고 있습니다. 법원행정처장은 중립적인 인물입니다. 대한변호사협회장도 마찬가지입니다. 대한변호사협회장은 전국의 모든 변호사들이 직선제로 뽑고 있습니다. 모든 변호사들의 이해를 대변하는 대한변협회장이 대통령의 사람이라고 할 수 있습니까? 전혀 그럴 수가 없는 사람이지요.

오히려 예전의 대한변협회장들은 주로 우리 더불어민주당보다는 자유한국당과 가까운 분들이 많았습니다. 확실하게 야당의 비토권이 인정되기 때문에 여당에서 아무리 자기네 입맛에 맞는 사람을 추천위원회에 올리고 싶어도 올릴 수가 없는 구조입니다. 야당 추천위원 2명이 반대만 하면 아예 공수처장 후보로조차도 올라가지 못합니다. 이런 구조야말로 전 세계적으로 볼 수 없는 방식입니다. 대통령의 인사권을 이렇게 제한하는 처장의 임명 방식을 가진 것은 저는 아마 전 세계를 찾아봐도 없을 것이라고 생각합니다. 그만큼 정치적 중립성과 독립성을 담보하는 구조로 공수처장 임명 방식이 되어 있습니다. 그런데 어떻게 공수처가 문재인 대통령의 친위부대가 되고 정권 연장을 위한, 반대편을 죽이기 위한 기구가 될 수 있다는 말인지 저는 정말 이해가 가지 않습니다.

그리고 수사처검사를 임명하는 방식도 마찬가지로 다른 어떤 기구보다도 엄격하게 규정되었습니다. 인사위원회에서 추천하게 되어 있는데요. 인사위원회 구성 비율을 보면요 공수처장, 공수처차장 그리고 처장이 위촉한 1인, 이것도 원래 제가 냈던 안에서는 법무부차관이었는데 법무부차관은 정부의 입김이 작동할 수 있다고 해서 빼고 처장이 위촉한 중립적인 사람으로 바뀜습니다. 그리고 여야 2명씩 동수로 위원을 추천하게 되어 있습니다. 그렇기 때문에 수사처검사를 임명하는 인사위원회도 정치적 중립성을 확실하게 담보할 수 있는 구조로 되어 있습니다. 이런 공수처가 어떻게 문제인 대통령의 친위부대가 될 수 있다는 것인지, 법조문을 제대로만 읽어 보신다면 그렇게 될 수가 없는 구조라는 것을 이해하실 수 있을 겁니다.

그리고 수사처검사의 자격과 관련해서는 아까도 말씀드렸듯이 어떤 수사기구보다도 더 높은 법조경력을 요구하는 구조로 돼 있습니다. 10년 이상의 변호사 자격증과 실무경력까지 가진 사람으로 수사처검사를 임명하도록 되어 있습니다.

그리고 수정안에서는 더 강력한 조항이 들어갔습니다. 공수처의 독립성을 보장하기 위해서 아예 법 3조에 대통령과 대통령의 비서실은 일체 직무수행에 관여하는 행위를 할 수 없도록 명문화시켰습니다. 이 규정도 검찰청법에 있습니까? 없습니다. 경찰청법에 있습니까? 없습니다. 오로지 공수처법에만 규정된 조항입니다. 공수처의 독립성·중립성을 지키기 위해서 이런 조항 자체를 명문화했습니다. 이런 공수처를 그렇게 곡해시키고 대통령의 친위부대라고, 칼을 휘두르는 야당을 죽이는 기구라고 말할 수 있는지 저는 도저히 이해가 되지 않습니다.

이런 조치들은 한 가지가 또 아닙니다. 공수처장은 중임 불가입니다. 한 번만 할 수밖에 없습니다. 그러면 공수처장이 연임이 어차피 불가능한데 정권의 눈치를 보겠습니까? 한 번 하는 것 명예롭게 어느 쪽에서도 욕먹지 않고 하고 싶은 게 사람의 마음 아닙니까? 이런 공수처, 대통령의 눈치를 정권의 눈치를 전혀 볼 필요 없는 구조로 되어 있는 것이 공수처입니다.

거기에다가 그동안 검찰은 검사에 관한 수사는 본인들이 하면서 제 식구 감싸기가 가능한 구조였지만 공수처의 검사는 그렇지 않습니다. 공수처검사들의 범죄행위에 대해서는 검찰이 수사하도록 되어 있습니다. 충분한 견제장치가 되어 있는 것입니다. 공수처의 검사가 정말 정치적 중립성을 위배하고 수사하거나 문제가 있다고 한다면 검찰에서 수사할 수 있습니다. 아마 공수처검사가 범죄를 저지른다고 한다면요, 지금 검찰은 정말 눈에 불을 켜고 수사할 겁니다. 권력을 뺏기기 싫기 때문에 그리고 공수처보다는 자신들이 더 잘한다는 것을 보이고 싶어서 정말로 저는 열심히 할 거라고 생각합니다.

이런 공수처는 국민을 위해 봉사하고 정말 그동안 계속 문제돼 왔던 이런 검찰의 정치적 중립성 훼손 행위들을 방지할 수 있는 그런 기구입니다.

그리고 공수처를 설치하는 이유가 좌파의 영구 집권을 위한 것이다 이런 주장을 하십니다. 그런데 저는 정말 또 이해가 안 갑니다. 공수처 설치를 언제부터 주장했지요? 23년 전부터 우리 당에서 주장했습니다.

우리 더불어민주당에 엄청난, 미래를 보는 예지능력이 있는 건가요? 23년 전부터 우리가 정권을 잡을 줄 알고 공수처 만들려고 했나요? 정권 연장을 위한 기구로서 공수처를 만들려고 했다면 우리가 야당 시절에 주장하지 않았겠지요. 그게 상식적 아닙니까? 그런데 어떻게 영구 집권을 위한 기구라는 말이 나오는 건지 저는 이해가 가지 않습니다.

이 의미를 공수처가 정적 제거를 위한 야당 탄압의 도구라는 의미로 해석을 한다고 한다면…… 수사 대상 자체가 야당 인사는 거의 포함이 되지 않습니다. 대부분 여당 인사들이지요. 7000명의 수사 대상 중에서 야당 인사는 유일하게 야당 국회의원밖에 없습니다. 7000명의 수사 대상 중에서 지금 현재로 따진다면 한 150명 정도 되는 거지요. 그런데 이것이 어떻게 야당 탄압의 도구가 될 수 있습니까?

이 부분에 대해서는 이재오 자유한국당 상임고문이 올해 3월 25일 날 라디오 인터뷰를 했는데요 너무나 정확하게 말씀하셨어요. 제가 하고 싶은 말을 그대로 했습니다. 그래서 한번 읽어드리겠습니다.

'그 사람들의 속을 모르겠는데—자유한국당이에요—이게 야당이 이걸 제안을 해야 되거든요. 야당이 여당을 견제하기 위해서도 제안을 해야 되고 야당이 현재 검찰이나 경찰을 견제하기 위해서도 제안을 해야 되고 왜냐하면 고위공직자라는 것이 여권 인사들이지 아니, 대통령이 임명하는 사람이 하는데 무슨 고위공직자, 야당을 고위공직자 쓰는 이유가 있나요? 그런데 야당이 탄압당할 이유가 없지요', 이렇게 얘기합니다.

'대통령이나 대통령 친인척도 다 고위공직자 대상이, 수사 대상이 되는데 그러니까 그렇게 임명하는 걸 그게 정 의심이 간다면 공수처 책임자나 검사를 임명하는 데 제도적으로 정권 일방적으로 임명하지 못하도록 제도적으로 보완하면 되는 거지 그 자체를 그것 때문에 공수처 있지도 않았는 걸 걱정해서 공수처법을 반대한다 하는 것은 저는 납득이 가지 않아요. 방금도 내가 이야기했지만 아니, 공수처 대상이 주로 여권 인사들인데 고위공직자가 야당하고 무슨 관계 있나요? 관계 있다면 국회의원 하나인데'.

'자유한국당이 만날 검찰 눈치보다가 검찰한테 맨날 뒤통수 맞고 그러는데 그건 또 자유한국당 맨날 야당만 하나요? 그 사람들 여당 할 생각은 안 하나요? 이 정부가 여당이 만약에 공수처 만들어서 정의롭지 못하게 행사했다 하면 아니, 자유한국당 여당 되면 그것 또 사례를 들 것 아닙니까? 그러니까 그런 염려를 하면 정치적으로 할 수 있는 게 아무것도 없습니다. 그건 큰 틀에서 이건 맞다 하면 절차를 민주적으로 하는 건 그거는 이해가 되지만 고위공직자 비리수사처를 안 만들겠다 하는 것은 이해가 안 가요'.

구구절절 맞는 이야기 하셨습니다. 그래도 이재오 전 의원님께서 공수처법을 대표발의하셨던 분이었기 때문에 이런 맞는 말씀을 하셨던 것 같습니다.

자유한국당 의원님들도 이재오 의원님께서 이 라디오 인터뷰에서 한 말씀 새겨들어 보십시오. 너무나 맞는 말씀 아닙니까? 우리 더불어민주당이 정말 천년만년 집권하는 것 아닙니다. 바뀔 수 있습니다. 여러분들이 그렇게 공수처가 정권 연장의 도구고 야당을 탄압하는 도구라고 한다면요 여러분들 정권 잡을 때 바꾸시면 되고 그때 문제됐던 것 파헤치십시오.

이 공수처법에 대해서는 그동안 우리만 주장했던 것도 아닙니다. 새누리당에서도 그간 같이 동조하는 의견들을, 국민들의 여론이 드높을 때 동조하는 의견들을 많이 냈습니다.

1998년 이회창 전 총재는 '정치적 사건이나 고위공직자 비리 사건에 대한 공정한 수사를 위해 독립된 수사기관 설치 필요성을 절감하고 있다' 이렇게 밝혔고 2004년 총선 공약으로 공수처와 거의 동일한 특검 상설기구화를 내걸었습니다.

그리고 2009년 당시 이명박 정부의 실세였던 이재오 국민권익위원장이 공수처 설치법의 정부 입법을 추진한 바 있고 실제로 법안 발의했습니다.

그리고 2010년 지방선거를 앞두고 검사 스폰서 사태가 터져서 검찰개혁 여론이 일자 당시 한나라당 정몽준 대표, 그리고 진수희 여의도연구소장, 고 정두언 의원이 공수처 필요성을 제기했습니다. 한나라당 여의도연구소에서 토론회까지 개최했다.

그때 당시에 여론조사도 했는데 공수처 신설 찬성이 64.0%, 반대는 13.4%에 불과했습니다.

그리고 2012년 7월 17일 고위당정협의회에서 새누리당 당시 이한구 원내대표가 또 이렇게 말했습니다, '공직자비리수사처 같은 제대로 믿을 수 있는 그런 기관이 만들어지더라도 어떻게 해서든지 이 부분은 확실하게 뿌리 뽑겠다는 모습을 빨리 보여 줬으면 좋겠다'.

이렇게 자유한국당에서도 그간 여러 의원들이 그리고 책임 있는 당대표나 원내대표가 이런 발언들을 했습니다. 그런데 이제 와서는 논의를 거부하고 오로지 공수처에 대해서만 반대를 하는 것이 도대체 이것이 무슨 심보인지를 모르겠습니다.

그리고 최근 수정안에서 가장 문제 제기를 하는 부분이 공수처에 대한 범죄 통보 조항입니다. 검찰에서 공개적으로 반발을 하고 있지요, 독소조항이라고.

이 조항에 대해서 검찰이 보도자료를 낸 것을 보고 저는 깜짝 놀랐습니다. 검찰이 예전에는 공수처에 대해서 계속적으로 반대 입장을 표명했었는데 이번에는 공수처에 대해서 반대는 하지 않는다, 찬성한다고 계속 얘기를 했습니다. 그래서 저도 정말 검찰이 공수처에 대해서 찬성한다고 생각했습니다. 그런데 이 보도자료를 보니까 '내심에서는 공수처를 반대하고 있었구나' 이런 생각이 들었습니다. 공수처와 고위공직자범죄를 가지고 다투겠다는 생각을 하고 있지 않고는 이런 반박 보도자료를 내기는 어렵다고 봅니다.

본인들이 낸 자료에도 있지만 공수처는 검사 25명, 수사관 40명으로 구성되어 고위공직자 등의 중요 사안에 대한 수사를 하는 단일한 반부패기구입니다. 고위공직자의 범죄와 관련해서는 공수처가 최우선권을 가지고 있습니다. 그러라고 공수처법을 만드는 것입니다.

공수처가 검찰과 경찰의 상급 기관은 아닙니다. 지휘 기관도 아닙니다. 서로 견제와 균형의 원리를 이루는 기구입니다. 그러나 공수처는 고위공직자의 범죄에 관해서는 일종의 전속적 관할권을 가진 일차적이고 최종적인 수사기관입니다. 타 수사기관들은 이 고위공직자범죄와 관련해서는 보충적인 수사권을 가질 뿐입니다.

원래 제가 발의했던 공수처법 24조에 있었던 그 이첩 조항은요 그냥 수사처에서 적절하다고 판단해서 이첩을 요청하는 경우에는 해당 수사기관은 응하도록 돼 있습니다. 공수처가 언제든지 검찰과 경찰이 수사하고 있는 고위공직자범죄에 대해서 이첩을 명할 수 있는 것입니다. 이 규정의 의미는 고위공직자 수사에 관해서는 공수처가 우선권을 가지고 있다는 것을 명문화한 것입니다. 이 사실을 검찰은 인정해야 됩니다. 그래서 공수처를 만든 겁니다. 공수처의 존재 의의가 거기에 있는 겁니다.

그렇다면 당연히 공수처의 수사권을 먼저 존중해야 되고 검찰과 경찰은 고위공직자범죄 등을 인지한 경우에 수사처에 통보하는 게 맞는 겁니다. 오히려 저는 역시 여러 사람이 모여서 논의를 하니까 합리적인 논의가 나오는구나, 합리적인 조항을 만들었구나 하는 생각이 들었습니다.

사실 제가 공수처 법안을 만들 때는 협상 대상자였던 분이 워낙 비협조적인 분들도 있고 해서 논의가 충분히 되지 못한 측면도 있었습니다. 그렇기 때문에, 정말로 수사가 한창 진행되고 있는 상황에서 경찰이 수사하던 사건을 가져와 버리고 검찰이 수사하던 사건을 가져와 버리게 되면 관할의 문제가 더 불거지게 되고 갈등이 증폭될 수밖에 없습니다. 그것을 해결하기 위한 조치가 바로 고위공직자범죄 등을 인지한 경우에 수사처에 통보하도록 한 겁니다.

그래서 처음부터 공수처가 본인들이 수사할 사건과 경찰과 검찰이 수사할 사건을 미리 구분 지어 줘서 갈등이 없도록 하는 조치가 바로 이 조항입니다. 얼마나 합리적인 조항입니까? 그런데 이 조항이 독소조항이라고 주장하는 이유를 도저히 알 수가 없습니다. 그 내심을 들여다본다면 본인들이 사실은 공수처의 고위공직자범죄에 대한 수사권과 경쟁해서 수사를 하고 싶었는데 그렇게 못 하게 하니까 독소조항이라고 하는 것 아니냐 이렇게 이해할 수밖에 없습니다.

상식적으로 생각해 보십시오. 과일나무 키우는데 한참 키워서 과일 딸 때 되니까 '이것 내 나무야. 가져와' 이게 합리적입니까, 아니면 처음부터 '이것은 네가 키울 과일나무야' 이렇게 알려 주는 게 합리적인 겁니까? 당연히 처음부터 알려 주는 것이 합리적이고 공정한 것 아닙니까?

뇌물사건 한참 수사해서 구속까지 하고 기소할 때쯤 되었는데 공수처에서 '이 사건 이첩해' 이러면 정말로 검찰·경찰 반발하겠지요. 그리고 합리적이라고 할 수 없겠지요. 그런 경우를 방지하기 위해서 이 2항에 고위공직자범죄 등을 인지한 경우에 그 사실을 즉시 수사처에 통보하도록 한 겁니다. 그런데 이 조항이 왜 독소조항이 되는 겁니까?

그리고 보도 내용에 보니까 검찰의 보도자료가 더 가관이에요. '압수수색 전 단계인 수사 착수부터 검경이 공수처에 사전 보고하면 공수처가 입맛에 맞는 사건을 이첩받아 가서 자체 수사 개시하여 과잉 수사를 하거나 또는 검경의 엄정 수사에 맡겨 놓고 싶지 않은 사건을 가로채 가서 뭉개기 부실 수사를 할 수 있음'.

공수처가 질투 난다면 질투 난다고 얘기하십시오. 본인들이 했던 수사 방식에 비추어서 이렇게 예단하는 겁니까? 사전에 합리적으로 가르마 타 주겠다는 조항을 왜 과잉 수사하고 뭉개기 부실 수사 할 수 있다고 봅니까? 검찰은 과거에 그랬는지 모르겠지만 새로 신설되는 공수처는 어떤 기구보다도 정치적 중립성과 독립성을 가지고 있는 기구입니다. 저는 절대 이렇게 하지 않을 것이라고 생각합니다.

이 과잉 수사와 뭉개기 부실 수사는 지금 진행되고 있는 패스트트랙 수사와 이춘재 화성 8차 살인사건 수사에 오히려 검찰이 전형적으로 보이고 있는 행태입니다. 패스트트랙 수사 경찰에서 잘하고 있는데 자기들이 가져가서 마치 빨리 끝낼 것처럼 가져갔잖아요. 그러면 빨리 해야지요. 그런데……

그러니까 이 문구를 이렇게 바꾸면 맞아요, '경찰의 엄정 수사에 맡겨 놓고 싶지 않은 사건을 가로채 가서 뭉개기 부실 수사'. 검찰이 지금 패스트트랙 수사 가져가서 뭉개기 부실 수사 하고 있습니다.

그리고 이춘재 화성 8차 살인사건 수사, 저는 이 사건은 처음부터 검찰에서 했다면 문제 제기하지 않습니다. 어떻게 보면 오히려 처음부터 검찰에서 수사하는 것이 맞는 사건이기는 했습니다. 왜 그러냐 하면 경찰관의 인권침해적인 요소가 많이 문제되었기 때문에 경찰에서 하는 것보다는 검찰에서 하는 것이 맞다고 봅니다.

그래서 제가 국정감사에서 윤석열 검찰총장에게 이춘재 살인사건 검찰에서 할 생각 없냐고 물어보기도 했습니다. 그러면 그때 수사 초기에 가져와서 수사해야지요. 경찰의 수사가 거의 다 진행되어서 이제 수사 결과 발표를 거의 앞두고 있는 시점에서 입맛에, 생색낼 수 있게 사건 가로채 가는 건 뭡니까, 도대체.

수사의 신속성·효율성 저해하고 오히려 사건 관계인의 인권을 과도하게 침해하고 있는 겁니다. 검찰만이 올바른 수사를 할 수 있고 검찰만이 제대로 된 수사를 할 수 있다는 검찰제일주의가 그대로 드러난 것이라고 저는 생각합니다.

그동안 공수처가 왜 제기되었는지, 왜 국민들이 검찰이 있는데도 불구하고 공수처 설치가 필요하다고 그렇게 주장했는지 한번 되새겨보기 바랍니다. 지난 검찰의 행적에 대한 반성이 전혀 없습니다.

공수처가 도입되게 된 이유, 검찰의 무소불위의 권력과 그리고 검찰의 제 식구 감싸기, 검찰의 정치적 중립성 훼손, 다시 한번 돌아보고 반성하시기 바랍니다.

그리고 보도자료에 보면 세 번째로 이렇게 썼습니다.

'검찰에서 법무부, 청와대에도 수사착수를 사전보고하지 않는데 장시간 내사를 거쳐 수사 착수하면서 공수처에 통보하게 되면 대통령과 여당이 공수처장 내지 검사 임명에 관여하는 현 법안 구조에서 공수처에 대한 사건 통보는 공수처의 수사검열일 뿐만 아니라 청와대, 여당 등과 수사정보 공유로 이어져 수사의 중립성 훼손 및 수사기밀 누설 등 위험이 매우 높음'.

일단 검찰에서 법무부에 수사착수 사전보고하지 않는 게 맞습니까? 지금 현행법제로는 중요사건, 법무부에 사전보고하게 돼 있습니다. 이제 그것을 고쳐야 된다는 주장 있습니다. 그리고 저도 일견 동의합니다. 그러나 지금은 아직 그렇지 않습니다. 규정된 것 지키지 않으면서 뭘 이렇게 당당하게 쓰세요?

그리고 장시간 내사를 거쳐 수사착수하면서 공수처에 통보한다고요? 요즘 장시간 내사는 불법입니다. 내사라는 게 뭐지요? 요즘에 내사라는 개념은, 실제로 압수수색부터 모든 수사가 시작되게 되는데요, 그 압수수색을 하게 되는 것은 인지를 하지 않고는 불가능합니다. 그렇게 되면 장시간 내사라는 것 자체가 가능한 구조가 아닙니다.

그동안 검찰이 장시간 내사를 해 왔다면 불법적인 일들을 해 왔던 거지요, 불법적인 수사들을 해 왔던 거지요, 인권 침해적이고. 바로 그게 투영된 것이 아닌가 이런 생각이 듭니다.

그리고 대통령과 여당이 공수처장 내지 검사 임명에 관여하는 현 법안 구조요? 검찰은 검찰총장부터 검사까지 다 대통령이 임명합니다. 공수처장추천위원회와 같은 더 중립적인 구조를 갖추지 못했어요. 정치적 중립성 부분에서 훨씬 더 검찰이 취약한 구조입니다. 더 취약한 구조를 가지고 있는 검찰이 이런 말을 할 수가 있는 겁니까?

지금 청와대와 여당에 수사정보 공유하셨어요? 더 정치중립 기구로 되어 있는 공수처가 정보공유로 이어질 것 같습니까? 본인들의 경험에 비추어 보니까 그렇습니까?

수사의 중립성 훼손 및 수사기밀 누설 위험이 더 큰 것은 검찰입니다. 요즘에 저희 여당에 수사기밀 누설이 없는 것 같은데 야당에는 너무 자주 나가는 것 같아요. 청문회를 하거나 질의할 때 보면 저희 여당 의원들은 어떤 정보도 없는데 야당 의원들 사이에서는 굉장히 많은 정보들이 나옵니다. 이것은 검찰 스스로에 대한 디스라고 저는 보입니다. 검찰이 이래 왔기 때문에 공수처도 이러리라는 예단을 가지는 것 아닌지 한번 스스로 돌아보기 바랍니다.

그리고 기존 패트안의 중대한 내용을 변경하는 수정안으로 수정의 한계를 넘었을 뿐만 아니라 이 조항은 사개특위, 법사위에서 공식적으로 논의조차 되지 않았던 사항이 4+1의 협의 과정에서 갑자기 포함된 것이다, 이러한 상황 과정은 그 중대성을 고려할 때 절차상으로 심각한 문제가 있다고 주장을 하는데 심각한 문제가 없고 절차상으로 아무 문제가 없어서 수정안이 올라갔습니다. 그리고 원래 원안을 발의했던 제가 봤을 때 이 조항은 정말 합리적인 조항이다 보증합니다.

이제 한술 더 떠서 오늘 보니까 대검이 이 조항과 관련해서 공수처가 사건 암장 우려가 있고 견제할 장치가 없다는 목소리를 냈어요. '공수처에서 전국 단위 검경의 사건을 다수 이첩받아 간 후 즉시 수사에 착수하지 않고 지연할 경우 사건 암장의 문제가 발생하는데 견제할 장치가 없다'.

이 말은 그동안 검찰이 되돌아봐야 될 문제입니다. 오히려 검찰에 대한 견제장치가 없었지요. 그렇기 때문에 공수처가 나온 겁니다. 공수처에는 아까도 말씀드렸지만 공수처검사의 범죄에 대해서는 검찰이 수사할 수 있도록 확실한 견제장치가 있습니다.

그리고 대검은 이런 말도 또 했더라고요. '검경수사권 조정 법안에서는 먼저 영장을 신청한 수사기관이 어디인지 등 일정한 기준에 따라 수사 주체를 결정하도록 하고 있다. 공수처법 수정안은 공수처장이 검경 수사 착수 단계에서부터 고위공직자 수사 개시 여부를 독단적으로 결정할 수 있도록 했다'.

기본적으로 검찰과 경찰, 공수처의 관계를 전혀 이해하지 못한 발언입니다. 경찰과 검찰은 중복된 수사를 할 수 있습니다, 충분히. 많은 부분이 겹치지요. 그동안 서로 간에 경쟁해 왔고 오히려 이번 수사권 조정 법안을 계기로 그 경쟁은 더 심화될 겁니다. 그렇기 때문에 그것을 규정하는 규정이, 명확하게 규정해 줄 수 있는 규정이 필요합니다.

그러나 공수처는 다릅니다. 공수처는 고위공직자범죄에 관해서는 전속적 관할권을 가진 일차적이고 최종적인 수사기관입니다. 그렇기 때문에 공수처에서 먼저 가르마를 타 주는 겁니다. 경찰에서 먼저 인지해서 가져왔어요. 보니까 '이것은 경찰에서 수사해도 괜찮은 사건이야' 그러면 경찰에서 수사할 수 있게 해 주는 겁니다. 검찰에서 수사하는 것이 적당한 사건이면 검찰에서 수사하게 하는 겁니다.

그러나 공수처가 꼭 수사해야 되는 사건이면 공수처가 수사하는 겁니다. 그 권한을 공수처가 갖는 것은 너무나 당연한 겁니다. 그것이 공수처법 제정의 취지입니다.

대검의 이런 잘못된 주장·오도, 이제는 공식적으로 국회에 공수처법 반대의견서를 내겠다고 합니다. 행정기관인 대검에서 이렇게 한다는 것도 참 우스운 일이지만 우리 국회의원들은 주권자인 국민의 명령을 받아서 공수처법 반드시 통과시키겠습니다.

그리고 공수처와 관련해서 또 이런 주장들 합니다. '공수처 설치가 전 세계적으로 유례가 없다. 대한민국에서만 이런 제도 만들어 가지고 하려고 한다' 그런데 완전히 가짜 뉴스입니다, 가짜 뉴스. 완전 잘못된 사실이지요. 팩트 확인해 보십시오, 좀.

각 나라마다 검찰과 경찰이라는 기본적인 수사기관 외에 그 나라의 사정에 맞는 특수한 반부패기구들이 존재합니다. 더욱이 우리나라는 검찰 권한이 정말 강력하기 때문에 더욱 검찰을 견제하기 위한 강력한 반부패기구가 필요합니다.

영국에는 중대부정수사청이 있습니다. 행정부인 법무부 소속이지만 조직 운영의 독립성을 보장받는 한편 수사권과 기소권, 공소유지권을 모두 가지고 있습니다. 또한 신속한 수사를 위해서 법원의 영장 없이도 금융 정보의 제공을 요구할 수 있는 막대한 권한도 가지고 있습니다.

그리고 뉴질랜드의 중대비리조사처도 있습니다. 법무부 소속이지만 독립적으로 운영되고 기소권과 조사권을 가지고 있습니다.

그리고 미국의 특별심사청도 있습니다. 수사권과 조건부 기소권을 가지고 있습니다.

그리고 인도네시아의 부패척결위원회, 조사권과 수사권, 기소권을 가지고 있습니다. 행정부나 사법부에 속하지 않은 별도의 독립된 기관입니다.

그리고 싱가포르의 탐오조사국, 애초에 참여연대에서 공수처를 처음 주장할 때는 싱가포르의 탐오조사국을 많이 참조했다고 합니다. 싱가포르의 탐오조사국은 말레이시아가 1967년에 설립한 반부패조사청과 홍콩의 염정공서 설립에도 영향을 줬습니다.

벌써 제가 말한 나라들이 몇 나라예요, 지금? 영국, 뉴질랜드, 미국, 인도네시아, 싱가포르, 말레이시아, 홍콩 이 많은 나라들이 각자의 특수한 반부패기구들을 가지고 있습니다.

이런 얘기하더라고요, 다 후진국들만 이런 반부패기구 가지고 있다고. 제가 지금 말한 나라들이 후진국입니까? 아마 아프리카나, 정말 우리가 후진국이라고 말하는 많은 나라들이지요, 그런 나라들도 우리는 알 수 없지만 저는 반부패기구 있을 것이라고 생각합니다. 검찰과 경찰을 제외한 특수한 반부패기구는 각 나라들의 사정에 따라서, 그 나라들의 부패의 정도라든지 사회문화, 여러 가지 것에 따라 다른 형태로 저는 구성되어 있을 것이라고 생각합니다.

우리나라에서는 그 형태가 지금 고위공직자비리수사처, 공수처인 것이지요. 그리고 그동안 너무나도 검찰의 정치적 중립성과 독립성이 문제가 됐고 검찰의 제 식구 감싸기가 문제가 됐기 때문에 그리고 검찰의 막대한 권력, 무제한의 권력이 문제가 됐기 때문에 그것을 견제하고 균형을 이루기 위해서 좀 더 강력한 권한을 가진 공수처가 필요한 것입니다.

이러한 반부패기구가 존재하는 것이 국가의 투명성에 미치는 영향은 여러 통계에도 나와 있습니다. 국제투명성기구가 발표한 2018년 국가별 부패인식지수를 보면 싱가포르는 85점으로 3위, 홍콩은 76점으로 14위입니다. 그런데 한국은 57점으로 45위에 불과합니다. OECD 36개국 중 30위로 OECD 평균 68.1점에도 미달입니다.

바로 이런 것들이 반부패수사처, 공수처가 필요한 이유들을 설명해 주고 있고 각 나라에도 있다는 것을 알려 줍니다.

공수처에 대한 악의적인 왜곡 중에 또 이런 게 있습니다. 또 아까 발언했던 의원님도 얘기도 하고 했는데요 공수처가 정치적 사찰기구고 야당을 탄압하기 위한 기구, 사직동팀의 부활이라는 이런 무지막지한 말까지 합니다.

그 악명 높았던 사직동팀, 경찰청 특수수사대는 그야말로 독재 군부 정권이 정권의 안보를 위해서 공권력을 사조직화했던 조직이고, 비인간적인 고문과 운영규정조차 불분명했던 그런 조직입니다. 그런 조직과 공수처를 비교한다는 것은 너무나 모욕적인 것이지요.

공수처가 야당 인사들 사찰하고 다니면서 야당 탄압하는 기구가 될 거라고 하는데요 사찰하고 싶어도 못 합니다, 인력이 없어서. 검사 25명입니다. 25명의 검사를 가지고 사찰을 할 수 있습니까? 지금 쏟아지는 사건 하기에도 바쁩니다.

검사정원법상 검찰에 소속된 검사 수는 2292명입니다. 공수처검사는 25명입니다. 검찰의 1%에 불과한 이 공수처의 조직을 가지고 정치공수처화하려고 해도 할 수가 없습니다. 본인들에게 내려진 사건, 7000명의 고위공직자들에 대해서 지금같이 우리 국민들의 의식 수준이 뛰어나고 그리고 모든 정보가 오픈되어 있는 이런 상황에서 사소한 사건들도 많고 중대한 사건들도 많고, 그것 수사하기에도 지금의 인원 가지고는 너무나 벅차다는 것, 이게 바로 진실입니다.

공수처장은 야당을 포함한 국회가 추천하고 공수처는 검찰의 견제를 받게 됩니다. 상호 견제와 균형의 원리에 의해서 정권의 사조직이 절대 될 수 없다는 것 다시 한번 말씀드리겠습니다.

그리고 공수처에 위헌 소지가 있다, 이런 주장들을 합니다. 그런데 행정 그것은, 위헌 주장 관련해서 논지가 뭐냐 하면 대체로 입법, 사법, 행정 어떤 기구에도 속하지 않는 기구다 이런 취지예요.

그러나 행정작용을 하는 기구를 행정, 입법, 사법에 속하지 않는 독립 기구로 설치하는 것은 헌법이 아닌 입법정책의 문제입니다. 현재 이런 공수처와 같은 독립 기구로 국가인권위원회가 있습니다. 개별 특검의 경우에도 독립해서 직무를 수행해 왔습니다. 실질적인 권력분립 원칙의 확보를 위한 견제 장치로서 공수처가 기능할 수 있으면 기능적 권력분립론의 입장에서 독립 기구의 설치는 아무런 문제도 되지가 않습니다.

이에 대해서는 조금 전문적이기는 한데요 제가 헌법재판소에서 판시했던 내용을 한번 읽어드리면요, '헌법재판소가 행정기능을 갖는 기관을 국무총리 관할 아닌 다른 곳에 설치하는 것이 위헌 소지가 있다' 이런 주장을 한 사건에 대해서 이렇게 설시한 바 있습니다. '헌법상 권력분립의 원칙이란 국가권력의 기계적 분립과 엄격한 절연을 의미하는 것이 아니라 권력 상호간의 견제와 균형을 통한 국가권력의 통제를 의미하는 것이다. 따라서 특정한 국가기관을 구성함에 있어 입법부, 행정부, 사법부가 그 권한을 나누어 가지거나 기능적인 분담을 하는 것은 권력분립의 원칙에 반하는 것이 아니라 권력분립의 원칙을 실현하는 것으로 볼 수 있다' 이렇게 판시했습니다.

우리가 지금 제정한 이런 공수처가 기능적 권력분립론의 입장에서 볼 때는 권력분립의 원칙에 반하는 것이 아니라 오히려 권력분립의 원칙을 실현하는 기구라는 것입니다.

그리고 헌법재판소는 2007년에 특별검사제도에 대해서 이렇게 얘기하기도 했습니다. '특별검사제도의 장단점 및 우리나라 특별검사제도의 연혁에 비추어 볼 때 검찰의 기소독점주의 및 기소편의주의에 대한 예외로서 특별검사제도를 인정할지 여부는 물론 특정 사건에 대하여 특별검사에 의한 수사를 실시할 것인지 여부, 특별검사에 의한 수사 대상을 어느 범위로 할 것인지는 국민을 대표하는 국회가 검찰 기소독점주의의 적절성, 검찰권 행사의 통제 필요성, 특별검사제도의 장단점, 당해 사건에 대한 국민적 관심과 요구 등 제반 사정을 고려하여 결정할 문제로서 국회의 폭넓은 재량이 인정되어야 할 것이다' 이렇게 판시했습니다. 우리 지금 공수처법은 국회의 입법 재량권의 범위 내에서 할 수 있다는 의미입니다.

그리고 또 공수처에 기소권을 부여하는 것도 위헌이 아닙니다. 헌법에는 수사권·기소권

부여하는, 금지하는 규정이 전혀 없습니다. 헌법이 정하는 유일한 규정은 검사가 영장을 청구해 법관이 발부하라는 것뿐입니다. 그래서 기소권이 헌법이 아니라 형사소송법과 검찰청법에 규정되어 있는 것입니다.

그래서 우리가 특검법에서도 검사가 아닌 특별검사가 특검법에 따라서 수사와 기소 권한을 행사하도록 하고 있는 것처럼 입법재량에 달린 문제이기 때문에 위헌의 문제는 없다는 점 말씀드리겠습니다.

그리고…… 원고가 사라졌는데 그냥 구두로 하겠습니다.

수정안 중에서, 바뀐 내용 중에 기소심의위원회가 빠졌다는 것에 대해서 견제 장치가 사라졌다는 이야기들을 하십니다. 그런데 아까도 말씀드렸지만 각 나라 사정에 맞는 검찰과 경찰과는 다른 반부패 기구들이 있고, 공수처를 제정하는 것은 검찰 견제 장치로서의 역할에 큰 방점을 찍고 있습니다.

우리나라의 검찰의 권력이 크기 때문에 그리고 지금 우리나라의 검찰이 수사권과 기소권을 모두 가지고 있는 형태이기 때문에 공수처에도 기소권을 주는 것이 사실 견제와 균형의 원리에 맞습니다.

원래 우리 당에서 제안했던 공수처법은 고위공직자 전체에 대해서 수사권과 기소권을 모두 가지는 안이었습니다. 그러나 야당과의 협상 과정에서 공수처의 권한이 너무 방대해질 수 있고 수사권과 기소권이 원칙적으로는 분리로 가야 된다는 강력한 주장을 받아들여서 경찰과 검사, 판사, 직접적인 수사를 하는 기구와 관련된 부분에서는 공수처가 기소권을 갖는 것으로 합의를 했습니다.

권은희 의원안에 있는 기소심의위원회의 규정이 빠지게 돼서 저는 사실 개인적으로 얼마나 다행인지 모릅니다. 사실 권은희 안에 있는 기소심의위원회는 심각한 문제점을 가지고 있습니다. 그동안 제가 협상을 위해서 정말 말하지 못했습니다. 그런데 오늘은 말할 수 있을 것 같습니다.

권은희 안의 기소심의위원회는 전혀 우리나라의 수사 현실과는 맞지 않는 제도이고 위헌적인 요소까지 갖고 있습니다. 권은희 안의 기소심의위원회는 국민참여재판과 같은 형태로 돼 있습니다. 그런데 수사라는 것은 기본적으로 보안이 유지되어야 되고 신속성을 가져야 되는 것이 수사의 생리입니다. 그리고 우리나라는 구속이라는 것이 거의, 수사의 가장 큰 의미를 가지고 그것이 일종의 처벌의 성격을 많이 가지고 있습니다.

그런데 권은희 안 식의 기소심의위원회를 두게 되면은요, 이게 구속한 피의자를 놔두고 만 20세 이상의 대한민국 국민 중에서 명부를 작성해 가지고, 정보 추출해 가지고, 구성해 가지고 다 설명하고, 사안 설명하고 이거, 이거 어떻게, 어떻게 하고, 기소 여부를 그 기소심의위원회보고 결정하라는 겁니다. 이것은 수사의 기본 원칙에 완전히 반하는 제도입니다. 예산 낭비에……

미국 같은 경우에 기소대배심제도가 있는데요, 그게 가능한 거는 미국은 구속기간에 제한이 없습니다. 그리고 수사기관이 우리나라하고 시스템이 완전히 다르지요. 그리고 거기에도 변호사가 들어와서 뭐 변론하고 이런 형태도 아니에요. 그런데 여기는 변호사까지 들어와서 주장을 하고, 사실 수사의 시스템으로는 전혀 맞지 않는 시스템입니다.

이런 시스템으로 만약에 기소심의위원회를 설치한다면 정말 이거 수사하지 말라는 것과 거의 같은 형태가 될 것이라 저는 생각합니다. 그런데 다행히 수정안에서 현명하게 이 부분을 빼주셔서 감사드립니다.

그리고 수사검사의 자격 요건과 관련해서도 아까 말씀드렸지만 변호사 자격 10년과 실무 5년을 수행한 경력 있지요. 그런데 여기에서 문제 제기를 하는 부분이 '왜 애매한 조사업무를 넣냐?' '이거 세월호특조위나 검찰 과거사위에서 활동해 온 민변 변호사 넣기 위해서 일부러 넣은 조항 아니냐?' 이런 문제 제기들을 하십니다.

먼저 조사업무를 넣은 것과 관련해서는, 원래 우리 더불어민주당에서 냈던 안에는 조사업무가 없었습니다. 재판업무와 수사업무에만 관여했던 사람을 넣는 것으로 원래 안이 되어 있었습니다. 저도 이 조사업무라는 것이 조금 애매한 부분이 있어서 사실 반대했던 입장입니다.

그런데 이 조사업무를 넣자고 한 거는 권은희 의원입니다. 권은희 의원이 며칠 전에 이 애매한 조사업무를 넣었다고 비판을 했다는 기사를 제가 본 적이 있어요. 본인이 그렇게 넣자고 했던 조항을 가지고 그렇게 비판하는 후안무치한 행동은 좀 하지 말았으면 좋겠습니다.

어쨌든 이번에 이 조사업무에는 금감원이라든지 감사원 조사업무 이런 곳에 종사하셨던 분들을 수사팀에 넣는 것이 합리적인 부분이 있기 때문에 들어간 것으로 알고 있고요.

세월호특조위나 검찰 과거사위에서 활동한 민변 출신 변호사 넣으려고 했다는 거는 저는 팩트 체크부터 좀 해 보셨으면 좋겠어요. 5년 이상 세월호특조위나 검찰 과거사위에서 활동해 온 민변 출신 변호사 한 명이라도 있는지 좀 확인해 보십시오. 저도 확인을 못 해 봐서 정확하게 말씀은 못 드리겠지만 저는 한 명도 없을 것이라고 생각합니다.

원래 이원욱 수석님[4]께서 오늘 무제한토론은 여당은 짧게 1시간 정도, 야당은 2시간 정도 하기로 했다고 했는데 처음부터 이 약속조차 자유한국당은 지키지 않더라고요. 그래서 저도……

1시간 넘었나요?

(「예」 하는 의원 있음)

그러니까 안 지켜도 될 것 같습니다.

마지막으로 준비한 마지막 발언을 하고 끝내도록 하겠습니다.

---

4 이원욱 의원: 더불어민주당(경기 화성시을), http://blog.naver.com/ewon33

공수처 설치는 더 이상 미룰 수 없는 국민의 뜻입니다.

한국사회여론연구소가 실시한 2019년 9월 정례조사에 따르면 패스트트랙 법안으로 지정된 공수처 설치법 처리에 대해 응답자의 79.6%가 찬성하고 있습니다. 지난 2019년 1월 7일부터 검찰개혁을 위한 고위공직자범죄수사처 신설 등 관련 법안에 힘을 더하자는 내용의 청와대 국민청원이 시작되어 한 달 동안 30만 3856명의 국민이 동참한 바도 있습니다.

여론조사 결과를 좀 더 세부적으로 살펴보겠습니다.

공수처 설치 찬성 응답을 연령별로 보면 만 19세에서 29세 찬성률이 81.7%, 30대 찬성률이 85.3%, 40대 찬성률이 86.0%, 50대 찬성률이 81.0%, 60세 이상 찬성률도 68.9%입니다.

지역별로 보면 서울지역 찬성률이 84.7%—다른 지역은 다 빼고요—대구·경북지역 찬성률이 76.7%, 부산·울산·경남지역 찬성률이 77.2%, 강원·제주지역 찬성률이 77.7%입니다.

정치 이념 성향으로 보면 보수층 찬성률이 74.9%, 중도층 찬성률이 79.9%, 진보층 찬성률이 85.4%입니다.

지지 정당별로 보면 더불어민주당 93.5%, 자유한국당 지지자의 65.5% 그리고 우리공화당 지지자조차도 58.1%가 공수처 설치를 찬성하고 있습니다.

연령별 지역별 그리고 이념 성향이나 지지 정당으로 봐도 공수처 설치는 국민의 고른 지지를 받고 있다는 것을 알 수 있습니다. 60세 이상 68.9%, 대구·경북 76.7%, 보수 74.9%, 자유한국당 지지자의 65.5%가 찬성하고 있습니다.

지지층의 대폭적인 지지를 받고 있는 공수처 설치를 극렬하게 반대하는 자유한국당을 이해하기가 도저히 어렵습니다. 이제까지 국민 5명 중의 4명이 찬성하는 법안 보신 적 있습니까? 저는 공수처 법안이 유일한 법안이라고 생각합니다.

공수처 설치법은 지난 23년간 시민사회와 학계 그리고 정치권에서 충분히 논의를 거쳤고 20대 국회에서도 여야 합의로 구성된 사법개혁특별위원회에서 신속처리안건으로 지정되어 본회의 의결을 앞두고 있습니다. 자유한국당 스스로 논의에 참여하지 않았을 뿐 이를 제외한 여야 각 정당과 충분한 협의를 거쳤습니다. 내용적으로도 충분한 사회적 합의를 거쳤고 절차적 정당성을 갖추고 있습니다.

특정 정당의 반대로 더 이상 공수처법의 의결을 미룬다면 이는 국민의 뜻에 반하는 모습일 것입니다. 여야 4+1 협의체가 마련한 수정안대로 처리하여 주시기를 다시 한번 부탁드립니다.

감사합니다.


**■부의장 주승용** 백혜련 의원님 수고하셨습니다. 1시간 한 30분 하셨습니다.

다음은 윤재옥 의원님 나오셔서 토론해 주시기 바랍니다.

**토론 3**

윤재옥 의원

■**윤재옥 의원**[1]  존경하는 국민 여러분!

또 주승용 국회 부의장님을 비롯한 선배·동료 의원 여러분!

자유한국당 대구 달서을 윤재옥 의원입니다.

오늘 공수처법 상정과 관련하여서 반대토론을 하기 위해 나왔습니다.

존경하는 국민 여러분!

국민들이 다시 묻고 있습니다. 이것이 과연 나라다운 나라가 맞느냐고 국민들이 고개를 가로젓고 있습니다. 저 또한 그러합니다. 이게 나라냐고 했던 이 정권에 이것이 나라냐고 묻지 않을 수 없습니다.

공수처법, 선거법만이 문제가 아닙니다. 이 정권의 일방통행 앞에 나라는 둘로 갈라지고 대립과 적대, 반목과 갈등은 날로 심해지고 있습니다.

국민들은 연일 거리로 쏟아져 나오고 있고 국민의 목소리에 귀를 닫은 이 정권 앞에 광장은 공허한 메아리만 가득한 거대한 밀실이 되어 가고 있습니다. 국회는 대화와 타협의 공간이 아니라 대치와 투쟁의 공간이 되어 가고 있습니다.

정권의 오만과 독선 앞에 2019년을 대표하는 사자성어로 선정된 '공명지조(共命之鳥)'라는 사자성어가 더욱 가슴에 와닿습니다. 여야가 서로가 한쪽이 없어지면 자기만 살 것이라고 생각하지만 결국 공멸하게 되는 운명 공동체임을 망각해서는 안 될 것입니다.

조국 사태는 인사청문회 제도를 사실상 형해화시켰을 뿐만 아니라 우리 사회의 정의에 대한 상식을 무너뜨렸습니다. 또한 민생과 안보를 뒷전으로 한 채 공수처 설치를 국정의 제1 과제로 등장시켜 급기야는 민주주의의 근간이 되는 선거법과 맞바꿔 치기 하여 20대 국회를 역사적으로 오욕의 국회로 만들고 있습니다.

---

1 윤재옥 의원: 자유한국당(대구 달서구을) http://www.assembly.go.kr/assm/memPop/memPopup.do?dept_cd=9770812

존경하는 국민 여러분!

우리가 공수처를 반대하고 우려하는 것은 제도 자체가 심각한 문제를 태생적으로 내포하고 있을 뿐 아니라 그 제도를 악용할 경우 우리 사회의 혼란과 폐해를 걱정하기 때문입니다. 교각살우, 검찰제도 고치려다가 대한민국을 망국으로 만들까 걱정하기 때문입니다.

칼이 조심스러운 것은 그 칼 때문이 아니라 그 칼을 누가 들고 어떻게 사용하느냐에 대한 걱정을 하는 것입니다. 의사의 칼은 사람을 살리는 수술 도구가 될 수 있습니다. 장군의 칼은 나라를 지키고 부대를 지휘 통솔하는 칼이 될 수 있습니다. 하지만 정권의 칼은 그 쓰임과 용도가 애초부터 다른 곳을 겨냥할 수 있습니다.

이 정권 들어 얼마나 많은 사람들이 적폐청산이라는 이름의 정치 보복, 정권의 망나니 칼춤에 쓰러져 나가야 했습니까? 더 얼마나 많은 사람들이 그 칼춤에 희생이 되어야 합니까?

검찰권 견제한다면서 또 다른 옥상옥의 제2의 검찰을 만드는 건 무슨 경우입니까? 호랑이 잡겠다고 사자를 집에 불러들이는 격입니다. 국민들이 납득하지 않습니다.

공수처가 잘못하면 또 다른 제3의 검찰을 만들 것입니까? 중요한 것은 검찰권의 남용을 방지하고 검찰의 정치적 중립성을 어떻게 확보할 것인가에 있습니다.

기존의 검찰의 권한과 힘을 제한하는 방향이 답입니다. 검찰 인사에 독립성을 확보해 주는 것이 답입니다. 검찰개혁을 위해 새로운 검찰을 만드는 공수처는 답이 아닙니다. 양손에 칼을 쥔 정권의 전횡을 우려하는 국민의 목소리에 귀 기울여 주시기 바랍니다.

개혁으로 얻으려는 목표가 아니라 특정한 제도 그 자체에 집착하지 마십시오. 개혁이 아니라 이념 대결의 소재로 악용하지 마십시오. 민의에 귀 기울이고 민의에 순종하고 민의를 따르고 받드는 국정 운영을 할 것을 간곡히 부탁드리면서 공수처법안의 문제점에 대해서 지적하겠습니다.

우선 본 의원의 반대토론을 하기 이전에 조금 전에 우리 백혜련 의원님께서 말씀하신 내용과 관련해서 몇 가지 팩트 체크 겸 입장을 제가 정리해서 말씀을 드리겠습니다.

우선 조금 아이러니합니다마는 백혜련 의원은 검찰 출신이고 저는 경찰 출신입니다. 오늘 이 자리에서 저는 검찰의 입장을 많이 얘기할 것입니다.

백혜련 의원은 검찰 출신임에도 검찰을 비판적인 입장에서 많은 말씀을 하셨습니다. 오늘 이 상황이 저는 상당히 긍정적인 상황이라고 생각을 합니다. 인연보다는 국민의 입장에서 공정하게 사안을 본다는 그런 측면에서 긍정적으로 생각을 합니다.

다만 백혜련 의원님께서 하신 말씀 중에 몇 가지 제가 견해를 달리하고 또 사실관계에 입장차가 있어서 언급을 좀 하겠습니다.

우선은 이 공수처장추천위원회와 관련해서 법원행정처장이 마치 현 정권의 입장과 다른 그런 입장에 있는 사람으로 공정성에 관해서 이야기를 했습니다. 그러나 여러분 알다시피 지금 대법원장이 누구입니까? 법원행정처장은 대법원장이 임명한 사람입니다.

심지어 최근에 대법원장은 자기 학교 동문들로부터 또 좌편향이라고 비난을 받을 만큼 객관적이나 중립성에서 지금 국민들의 신뢰를 받지 못하고 있습니다. '법원행정처장이 공수처장 추천위원회 위원으로서 공정하다, 객관적이다'라는 입장은 수용하기 곤란하다는 말씀을 드리고요.

또 야당의 확실한 비토권이 보장이 돼 있다고 이야기를 합니다. 왜냐하면 대통령이 소속된 교섭단체에서 2명을 추천하고 대통령이 소속되지 않은 교섭단체에서 2명을 추천을 하니까 그 2명만 대통령의 입장하고 다르면 7명 중에 6명이 동의해야 추천할 수 있으니까 야당의 비토권이 보장돼 있다고 주장을 하지만 사실상 이번에 4+1이라는 정말 국회법에도 없는 그런 조직을 만들어서 지금 국회를 이렇게 불법적으로 운영하는 것을 보시면서 국민들이 공감하시겠지만 사실상 지금 국회 내에 야당으로서 제대로 지금 현 정부의 입장을 반대하고 견제하는 당은 자유한국당밖에 없습니다.

교섭단체, 대통령이 소속되지 않은 교섭단체에서 2명을 추천할 수 있지만 사실상 제3의 교섭단체는 자유한국당의 입장이 아닙니다. 그렇다면 결국은 자유한국당이 추천할 수 있는 몫은 7명 중에 한 명밖에 안 되는 겁니다. 그러면 6명, 그 나머지 사람들로 충분히 추천할 수 있는 상황입니다. 그럼에도 불구하고 야당의 확실한 비토권이 보장돼 있다는 이야기는 동의할 수 없습니다.

그리고 그 공수처 안에 있는 인사위원회도 중립성이 담보됐다고 하는데 지금 처장, 차장 또 더군다나 처장이 추천할 수 있는 한 명 이렇게 3명하고 대통령이 소속된 교섭단체에서 2명 추천하면 이것은 7명 중에, 5 대 2입니다. 그중에 또 한 명마저도 야당이 2명 추천하지만 자유한국당하고 궤를 달리하는 교섭단체가 추천하면 이것도 마찬가지 한 명 외에는 6 대 1이나, 6 대 1로 이렇게 공정성이나 객관성, 중립성을 담보할 수 없는 그런 구성입니다.

그리고 수사 대상이 주로 야당이나 야권 인사가 될 것이라는 주장을 반대 입장에서 이야기를 하셨는데 야당 국회의원이 150명 미만이라고 이 사람밖에 안 되니까, 7000명 중에 150명만 야권 인사이기 때문에 야당을 주로 탄압하기 위한 그런 기관이 되지 않을 것이라는 주장을 했는데 사실상 백혜련 의원께서 말씀하신 대로 공수처의 인력은 검사 25명하고 조사요원, 수사관 40명하고 육칠십 명 되는 인원으로 결국은 하명사건을 수사하거나 공수처 입장에서 수사하고 싶은 사람을 주로 수사를 할 수밖에 없는 구조입니다. 검찰이나 경찰처럼 모든 사람을 감시하고 수사하기에는 여러 가지 구조적인 한계가 있는 겁니다. 그런 상황에서 결국은 야권 인사를 집중적으로 수사할 수밖에 없는 그런 상황이라는 관점에서 합리적으로, 이 공수처가 야권 인사가 주로 수사 대상이 될 것이라는 우려는 그것은 합리적인 우려라고밖에 볼 수 없는 겁니다.

그리고 자유한국당도 공수처에 동조하는 법안도 발의하고 그런 입장을 우리 당의 이재오 상임고문 등을 언급하면서 말씀을 하셨는데, 동조를 그동안에 많이 했었다는 그런 입장을 이야기했는데 이 공수처를 자유한국당이 동조하고 공수처에 대한 전향적인 입장을 가진 분들의 그 당시 상황은 검경수사권 조정이 불가능하다고 보기 때문에 그 대안으로 공수처에 대한 동의를 한 것이지 지금처럼 검경수사권 조정이 어느 정도 합의가 되어서 정리가 됐다면 굳이 공수처에 동조할 그런 입장은 아니라고 저는 생각합니다.

(■채이배 의원2 의석에서 ─ 검경수사권 법안에 대해서 찬성해 주실 겁니까?)

그것은 여기에서 채이배 의원한테 제가 답변할 사항은 아니고요.

검경수사권 조정이 그 당시 상황에서는 현실적으로 불가능한 상황이라고, 실제 그런 상황이었습니다. 검경의 갈등과 대립이 워낙 심해서 그래서 그 차선책으로 공수처에 그 당시 많은 우리 당의 의원님들이 관심을 가지고 이 제도만이라도 도입해서 어느 정도 검찰을 견제하고 균형을 잡아 주는 게 맞겠다 이런 입장에 있었던 게 사실입니다. 그것은 채 의원님이 한번 확인해 보시면 좋겠고요. 개별 의원님들 입장에 제가 토론하면서 답변할 입장은 아니니까 그렇게 이해를 해 주시고요.

백혜련 의원님께서 여론이 지금 거의 80% 가까이 찬성한다 이런 말씀을 하시는데 최근의 여론조사 결과는 10% 차이로 줄어들었고요. 왜냐하면 공수처에 대해 국민들이 제대로 알지 못하는 상황에서 여론조사 한 결과 그것을 가지고 공수처가 당위성이 있는 것으로 이렇게 이야기하시는 것은 곤란합니다. 그리고 권력기관을 만들면서 국민 여론조사로 권력기관을 만듭니까? 그것은 아니지요.

또 검찰이 그저께부터 독소조항과 관련해서 반대 입장을 얘기하는데 검찰의 입장은 제가 보니까 이런 독소조항은 검찰하고 협의할 때 전혀 없던 이야기를 하니까 지금 반대를 하는 것이고 또 백혜련 의원님도 검찰의 수사를 했고 저도 수사를 했습니다.

수사하는 초기단계, 인지단계에서 밀행성 이런 것들이 보장되지 않으면 수사할 수 없습니다. 그 단계에서 보고를 해서 수사 기밀이 유출되고 또 공수처가 상급기관처럼 수사 자체에 대해서 인지단계부터 조정하고 그것을 통제하려고 한다면 공직자 수사는 검찰이나 경찰은 하기가 어려운 구조가 되지 않겠습니까? 그래서 그런 부분은 검찰의 지금 항변이 합리적인 항변으로 보입니다. 그래서 그런 부분은 저하고 백 의원님하고 입장이 좀 다르다는 말씀을 드리고요.

(■채이배 의원 의석에서 ─ 검찰에서 우선 수사권만 주장하는 것에 대해서 반대하는 것 아십니까?)

---

2 채이배 의원: 바른미래당(비례대표) http://doublechae.kr

그리고 패스트트랙 수사와 관련해서도 말씀하셨는데 패스트트랙 수사를 가로챘다, 지금 이렇게 시간을 왜 끌고 있느냐 이런 말씀을 하셨는데 아마 검찰에서 수사를 하신 분이니까 더 잘 아실 거예요. 이 사건이 증거가 다 확보되어 있고 사실관계가 거의 다 이미 파악되어 있는 사건입니다.

그리고 아까 백 의원님 말씀대로 법리적으로 이게 사·보임이 불법이기 때문에 원초적으로 회의 자체가 정상적인 회의가 아니기 때문에 회의 방해가 될 것인가 이런 법적인 고민도 있을 것이고요, 또 시기는 아마 검찰 입장에서 고민하고 있을 것이라고, 어떤 법적인 판단을 하는 적절한 시기에 대한 고민을 하고 있는 것이지 이것을 가로챘다, 뭉갰다 이런 이야기는 적절하지 않은 것 같습니다.

그리고 지금 공수처가 세계적으로 유례가 없는 기관이라는 지적에 대해서 특수한 반부패 기구가 세계적으로 많이 있다 또 선진국에도 많이 있다 또 미국·영국 사례를 들었는데 미국은 기소권이 없습니다. 없고 법무부에서 기소권을 행사해요. 또 영국의 중대수사청 역시 이게 독립기구가 아니고 법무부 소속 기구입니다. 이게 법사위 전문위원 검토보고서에 다 이대로 나와 있는 내용입니다.

그리고 싱가포르 홍콩 이런 나라들은 검찰이 우리나라처럼 이렇게 시스템이 제대로 갖춰져 있고 검찰권이 아주 권한이 강한 그런 나라들이 아닙니다. 이게 근본적으로 비교가 곤란한 나라들이에요.

그런 나라들을 들면서 다른 나라도 있다 이렇게 이야기하는 것은 조금 더 이렇게 깊이 그 나라의 어떤 특수성이나 조직의 출발한 배경이라든지 또 다른 어떤 수사기관이라든지 이런 것들을 종합적으로 좀 보고 판단을 해야 될 문제라고 생각합니다.

그리고 위헌을 지적하는 문제와 관련해서 어떤 기구를 설치하는 게, 입법·행정·사법에 속하지 않는 기구를 설치하는 것이 입법정책적인 문제다 이런 취지로 말씀을 하셨는데 입법정책적인 문제라 할지라도 대부분 입법·사법·행정에 속하지 않는 기구를 설치할 때는 독립기구 형태로 구성을 하지 않고요 위원회 형태로 구성을 하고 있습니다. 예로 드신 인권위원회도 마찬가지고요.

또 특별검사제도를 이야기하셨는데 특별검사제도는 한시적인 기구입니다. 이게 상설기구가 아니지요. 또 이게 지금 앞으로 논점이 될 만한 문제가 과연 공수처 소속 검사가 영장을 청구할 권한이 있느냐? 이게 이름만 검사라고, 지금 헌법상의 각 검사하고 같이 영장청구를 할 수 있는 권한이나 자격이 있는지 이런 데 대한 다툼이 있습니다. 만약에 이게 인정이 된다면 경

---

3 전희경 의원: 자유한국당(비례대표) http://blog.naver.com/liberty_20

찰에서 예를 들어 검찰을 파견받아 가지고 영장청구를 해도 되는 것인지 이런 데 대한 또 다툼이 있을 수 있고요.

그래서 백혜련 의원님께서, 제가 백 의원님 개인을 이야기하는 것이 아니고 방금 전 토론에서 언급하신 내용과 관련해서 제가 입장이 조금 차이가 있는 점을 말씀을 드렸습니다.

(■채이배 의원 의석에서 — 해외하고 다르다는 그런 내용을 구체적으로 얘기를 해 주셔야지요.)

그것은 법제사법위원회 전문위원 검토보고서를……

(■채이배 의원 의석에서 — 다른 나라와 다르다는 말씀은 도저히 납득이 안 됩니다.)

제가 말씀드릴게요.

채이배 의원님, 검토보고서를 보시면 돼요. 법사위 전문위원이, 방금 한 이야기가 제 개인 이야기가 아니고, 제가 조금 이따가 법사위 전문위원이 검토한 보고서를 읽어 드릴게요.

공수처와 관련해서 집권 여당 소속 의원님들이 이런 이야기를 많이 합니다. 선출되지 않은 권력이 무소불위의 권력을 행사하는 것은 있을 수도 없고 있어서는 안 된다 이런 이야기를 많이 해 왔습니다. 그렇다면 검찰보다 더 강력한 권한을 가진 또 권한을 부여받은 공수처는 선출된 권력입니까?

검찰은 그나마 행정부 소속으로 헌법과 법률에 근거한 국가기관입니다. 공수처는 헌법에 근거가 없어요. 그리고 선출된 권력이냐 권력이 아니냐 그런 걸 떠나서 검찰과 경찰의 수사업무 자체가 권력적 작용입니다.

권력적 작용이라는 것은 이게 재량행위가 아니에요. 기속되는 겁니다. 만약에 검찰이나 경찰이 정부 입맛에 따라 재량으로 이 수사권을 행사하면 자칫하면 수사기관 자체가 직권남용·직무유기가 될 수 있는 겁니다.

그렇기 때문에 수사기관이 권력적 작용의 성격을 잘 이해를 해야 된다. 선출되고 안 되고 그런 차원이 아니고요 이 속성상 이게 재량이 없기 때문에 정권의 입맛에 맞는 그런 수사를 할 수가 없는 거지요. 그런데도 선출되지 않은 권력이 무소불위의 권력을 행사한다고 이렇게 비판하는 것은 저는 적절하지 않다고 생각합니다.

그리고 윤석열 검찰총장이 국정원 댓글 사건 수사 과정에서 지금 현 집권층의 지지를 많이 받았고 또 우리 정부를 그 당시 지지하던 국민들한테 비판을 받았습니다. 정치적으로 입장에 따라 비판할 수 있습니다. 비난할 수도 있습니다. 그런데 윤석열 총장을 그 당시에는 자기들 입장하고 일치했기 때문에 사실 흔히 말하는 벼락출세를 했잖아요? 기수를 파괴하고 서울중앙지검장 또 검찰총장까지 시켰지 않습니까? 그런데 지금은 또 조국 관련 수사가 마음에 들지 않으니까 그 개인을 공격하고 또 검찰조직마저 공개적으로 대놓고 그냥 공격하고 있지 않습니까?

그래서 결국은 뒤집어보면 이게 검찰이라는 제도의 문제가 아니다, 사람의 문제다. 그래서 어떤 사람을 임명하고 또 임명권자가 어떻게 하느냐 그게 문제이지 이게 제도의 문제라고 보기는 어렵다는 게……

（주승용 부의장, 문희상 의장과 사회교대）

그러면 윤석열 총장의 최근 사례를 보면서 우리가 그것을 알 수가 있지 않겠습니까?

선출되지 않은 권력이 무소불위의 권력을 행사하는 것은 바람직하지 않다는 말이 어쩌면 대단히 민주적인 이야기로 들릴 수 있지만 이 말은 뒤집어보면 선출된 권력은 그러면 어떤 일을 해도 되는 것인가? 선출된 권력이 더 우월하다는, 어떻게 보면 선민의식이라고 비난받을 수도 있습니다. 그렇다고 권력기관을 다 선출해서 할 수 있습니까? 속성상 선출을 해서 권력기관 수장을 배치하기가 어려운 구조 아닙니까, 대통령제하에서? 그렇다면 결국은 선출된 대통령의 입맛에 맞게 검찰총장이 그렇게 움직여야 된다는 이야기인데 이것은 아니잖아요?

지금 이 정부에서 사실은 촛불민심 이야기 많이 하지 않습니까? 촛불민심은 선출된 권력의 일탈에 대한 심판 아닙니까? 선출된 권력도 일탈하면 심판받아야 된다는 그런 얘기 아닙니까? 그렇다면 이게 자칫하면 공수처가 선출된 권력의 일탈에 대한 법적조치를 아예 봉쇄할 의도가 있다는 그런 걱정을 하고 있는 겁니다. 어떤 제도든 최악의 상황을 상정하고 우리가 대비해야 되는 겁니다.

권력과 공생하는 정치검찰을 우리가 척결하겠다고 이야기하고 있습니다. 지금 살아 있는 권력이 검찰을 장악하기 위해 공수처를 만드는 것이 과연 개혁이라고 할 수 있겠습니까? 지금 권력기관은 우리가 선출된 권력이라고 이야기하는 국회가, 국민의 대표인 국회가 만든 법에 따라 일하는 겁니다. 그러니까 이것을 뭐 굳이 선출된 권력에 복종하지 않는다고 몰아붙일 사항은 저는 아니라고 생각합니다.

최근에 집권 여당의 대표께서 공수처 반대와 관련해서 '공위공직자 비리를 그러면 끝까지 보호하겠다는 것이냐? 한국당은 공수처 신설이 왜 안 되는가를 설명해 보라'라고 말씀하셨습니다.

최근의 조국 사태는 가장 분명하게 공수처가 만들어지면 안 되는 이유를 보여 준 단적인 사례입니다. 현 정권의 입맛대로 자신들과 코드가 맞는 사람들로 공수처라는 기구를 만들었더라면 조국 사태가 세상에 드러났겠습니까? 울산시장 선거 개입 사건, 유재수 감찰 무마 사건 역시 아마 제대로 수사 착수도 못 했을 것입니다. 공수처법은 제2의 조국, 제2의 유재수, 제2의 송철호 사건을 만들지 않겠다는 법이며, 결국은 조국 구하기 법, 유재수 구하기 법, 송철호 구하기 법으로 보여질 수 있는 것입니다.

（■채이배 의원 의석에서 ─ 공수처의 수장이 독립적으로 분명히…… 밝혀 내지 않겠습니까?）

독립적으로 임명될 수 없는 구조잖습니까?

공수처는 권력의 시녀가 되어 살아 있는 권력에게는 미소를, 정치적 반대 세력에게는 서슬 퍼런 칼을 댈 것이 자명합니다. 이게 공수처의 태생적 숙명입니다.

지금 헌법재판소하고 법원을 다 장악했지 않습니까? 저는 지금 국회의장께서 국회법 무시하고 국회를 엉망으로 만드는 게 헌법재판소, 대법원이 다 자기편으로 이렇게 구성이 돼서 그것 믿고 있는 하는 것 아닌지 그런 생각이 들 정도입니다.

지금까지 김재경 의원님께서도 말씀을 하셨습니다마는 공수처 없어서 그동안 고위공직자 수사 못 했습니까? 지금 거의 전직 대통령이 다 감옥 갔지 않습니까? 전 정권의 고위 인사들 지금 얼마나 많은 사람들이 구속되고 또 처벌받았습니까?

공수처 제도는 어떤 나라에 유사한 반부패 특별기구가 있고 없고의 문제가 아니라 이게 어쨌든 글로벌 스탠더드에는 맞지 않는 것입니다. 이 출발 자체가, 저는 그렇게 생각합니다. 검경수사권 조정을 통해서 검찰의 권한을 조금 이렇게 분산시키려고 하는데 워낙 검찰의 반대가 심해요. 그러니까 이게 그 고민 끝에 공수처라는 제도를 만들겠다는 생각을 했는데, 이게 결국은 수사와 기소를 분리시키자는 그런 방향으로 가야 되는데 이게 여의치 않아서 이제 검찰을 견제하는 수단으로 공수처를 이렇게 계속 상정하고 이것을 계속 어떻게 제도를 도입하려는 시도가 있었습니다. 그러나 근본적으로 이것은 글로벌 스탠더드에 맞지 않고요.

지금 더군다나 수사권 조정이 어느 정도 가부간에 돼서 법안이 또 패스트트랙에 태워져 있지 않습니까? 그런 상황에서 이중, 삼중으로 검찰을 옥죄게 하는 것이 이것은 어떤 특정 기관에 대한 너무 지나친 어떤 공격이고 또 혐오에 가까운 반감이 기저에 깔려 있다고 생각합니다. 그래서 이런 제도를 개선하는데 과거의 감정이나 한풀이식으로 제도 개혁을 하는 것은 그 자체가 순수하지 못하다는 비난에서 자유로울 수 없습니다.

그래서 무리하게 이렇게 공수처를 추진하기보다는 글로벌 스탠더드에 맞게 어떻게 검찰과 경찰의 권한을 좀 분배하고 또 검찰이 자체적으로 어떤 자정 기능을 좀 할 수 있도록 그런 어떤 방향으로 검찰개혁이 돼야 된다고 생각을 합니다.

그런데 공수처는 또 지금 부패뿐만 아니라 직무유기, 직권남용, 불법 체포·감금, 폭행, 가혹행위, 피의사실 공포, 공무상 비밀누설, 선거 방해, 거의 공직자의 업무수행에 대한 모든 행위가 지금 수사 대상이 돼요. 이렇게 할 경우에 공직사회가 얼마나 위축이 되겠습니까? 공직자가 앞으로 정부의 입장에 반대되는 말 한마디를 제대로 할 수 있겠습니까?

특히 피의사실 공표 이런 것 지금 법무부에서 개혁한다고 하고, 지금 사실은 피의사실 공표가 거의 사문화된 규정이었잖아요. 언론의 입장에서는 국민의 알권리라든지 이런 것들을, 또 언론이나 이런 데서 수사기관의 수사 상황을 감시하는 그런 기능도 있는데 이것을 아예 접근을 차단하고 이렇게 하고 더군다나 공무원들의…… 특히 수사기관이 되겠지요, 검찰이나 경찰이 피의사실 공표하면 공수처에서 수사하겠다 그러면 수사하는 수사기관에서 이게 제대로 수사할 수 있겠습니까?

특히 재판이 문제예요, 재판. 지금 수사 대상이 거의 검사하고 판사입니다, 판사. 판사들이 지금 공수처에서 이 수사를 하면 소신 재판 할 수 있겠어요? 악의적으로 고소 고발하면 다 수사 대상이 되는데 또 그렇게 되면 아마 수사하는 검사나 재판하는 판사 갖다가 교체를 할 거예요. 이런…… 특히 검찰은 그렇다 하더라도 재판 업무에 종사하는 판사들을 이렇게 양심에 따른 재판을 할 수 없는 분위기를 만든다는 것은 이것은 정말 있어서는 안 될 일이라고 생각합니다.

(■채이배 의원 의석에서 ― 명확히, 지금 명확히……)

채이배 의원님께서 말씀하셨는데 제가 사개특위 수석전문위원 검토보고서를 읽어드리겠습니다.

'미국의 경우 정부윤리처, 특별조사위원실, 윤리 및 효율에 관한 감사위원회 등이 있으나 법무부 외의 기관은 모두 조사권한을 가지며 기소권한은 법무부 내의 기관이 가지고 있다. 영국의 경우 중대부정수사청을 1988년에 설치 운영하나 법무부 소속이다. 독일의 경우 연방 차원의 부패방지를 위한 특별 전담조직이나 독립된 기구가 없으며 공직자 부패 관련해서는 연방부서인 내무부에서 총괄하고 있다. 프랑스의 경우 법무부 산하의 중앙부패방지처가 있으나 부패방지처는 프랑스 내 부정부패 현상 전반에 대한 정보를 수집하나 수사권을 가지고 있지 않다. 일본의 경우 별도의 반부패수사기구를 두지 않고 있고 검찰청 소속의 특별수사부에서 고위공직자 비리사건, 대형 탈세사건 및 경제사건을 수사한다' 이렇게 백혜련 안, 권은희 안에 대한 사개특위 수석전문위원의 검토보고서 내용입니다. 제가 그대로 읽었습니다.

그리고 싱가포르의 소위 말해서 부패행위조사국의 경우 압수수색권과 체포권한은 있으나 기소권이 없습니다. 또 부패행위조사국은 사건을 검찰총장에 송부하고 검찰총장이 기소에 대한 결정을 하고 있습니다.

홍콩의 염정공서도 마찬가지입니다. 부패사건 수사권을 갖고 있으나 압수수색 및 체포할 수 있으나 기소권은 없으며 사건에 대한 수사 후 기록을 검찰에 송치하도록 되어 있습니다.

결국 외국의 부패수사기구는 경찰력이 강한 반면에 검찰권이 미약하거나 검찰이 주로 기소만 담당하는 그런 나라에서 논의되고 있고, 기소권 없이 주로 수사권만 보유를 하고 있습니다.

또 특별수사기구를 설치하면서 검사를 파견받거나 검사와 협력하는 시스템을 구축하고 있습니다. 대통령, 총리 또는 법무부 등의 산하기관으로 규정하여 행정권의 지휘·감독이 가능한 체계로 구축하고 있습니다. 그래서 지금 현재 상정된 공수처법안은 전혀 다른 형태의 기관이라는 것을 말씀드립니다.

(■채이배 의원 의석에서 ― 우리나라처럼 검찰과……)

(「들어 봐요!」 하는 의원 있음)

(「방해하지 마세요!」 하는 의원 있음)

(■채이배 의원 의석에서 — 우리가 공수처가 필요하다는 것에 대해서 말씀드리고 싶습니다.)

(「채이배 의원보다 다 잘 알아!」 하는 의원 있음)

검찰의, 지금 어떤 조직에 문제가 있으면 조직의 제도의 틀 안에서 문제를 해결하는 것이 가장 바람직하다고 생각합니다. 새로운 조직을 만드는 것이 최선책은 아닙니다. 우리가 이게 참…… 국회의원들도 마찬가지예요. 무슨 문제가 생기면 형량을 높여 가지고 즉시적으로 국민들의 표피에 와닿을 수 있는 그런 대책들을 내놓기를 즐겨합니다. 정부도 마찬가지예요. 어떤 문제가 생기면 또 어떤 새로운 기구를 만들거나 그런 식으로 문제 해결을 그렇게 하는 경향이 있습니다.

2015년도에 메르스 사태가 있었습니다. 그 당시 국가방역체계가 문제가 되고 많은 지적을 받았습니다. 그런데 결국 개선책으로 나온 것은 질병관리본부를 차관급 조직으로 격상시키는 방안이 나왔습니다. 질병관리본부가 차관급 조직이 아니기 때문에 비상방역체계가 허점이 생기고 메르스가 대한민국을 강타한 게 아닙니다. 그런데 국회도 그 대책이 마치 최선의 대책인 양 그렇게 따라갔습니다.

현재의 조직하에서 어떻게 문제를 해결하고 답을 찾아야 되겠다 이런 노력들을 하지 않아요. 그런 노력 하면 국민들한테 직접적으로 피부에 와닿지도 않고 그러니까 무슨 일만 생기면 새로운 기구 만들고 새로운 조직 만들고 그것이 마치 일을 다 한 것처럼 이렇게 우리가 제도를 개선하는 경향이 있습니다.

흔히 우스갯소리 있습니다, 골프와 관련된 우스갯소리인데 우리나라 골프 애호가들은 골프가 잘 안 되면 자기 자신이 어떤 문제가 있는지를 점검해서 연습을 한다든지 레슨을 받는, 이렇게 해야 되는데 채부터 바꾸러 간다는 거예요, 채부터.

그래서 그것과 마찬가지로 사람이나 그 제도의 틀 안에서 문제를 해결하려는 노력보다는 또 새로운 기구 만들어서 마치 문제가 해결된 것인 양 또 이 방법 외에는 없는 것인 양 이렇게 국민들을 호도하는 경향이 있다는, 우리가 반성을 해야 된다고 생각합니다.

지금 우리 대한민국 정치의 가장 큰 걱정거리, 국민들이 또 우리 국회가 가장 심각하게 생각하는 게 제왕적 대통령제입니다. 국회가 개헌 문제 나올 때마다 이 제왕적 대통령제의 폐해를 어떻게 해소할 것인가 이것을 가지고 여야가 거의 동의하면서도 여야가 바뀌는 순간 입장 차이가 또 달라집니다. 그래서 이 제왕적 대통령제로 일어나는 문제가 앞으로도 고쳐지는 데 많은 시간 또 많은 갈등을 거쳐야 될 것으로 이렇게 생각합니다.

그래서 개헌이 집권하고 나면 개헌하자는, 야당 때 그렇게 개헌하자고 개헌특위에서 부르짖은 사람들이 집권하고 나면 개헌 이야기는 금기 사항이 되어 버립니다.

그런데 이 제왕적 대통령제의 폐해를 우리가 걱정하고 심지어 내각제까지 개헌을 하자고 이렇게 주장하는 이런 상황임에도 지금 이 공수처가 생기면 대통령의 권한이 얼마나 더 강해집니까?

그리고 이 제도가 원래 고위공직자수사처, 공수처를 만들려고 하는 취지는 정말 힘센 사람, 검찰이 손대기 곤란한 살아 있는 권력 이런 사람들을 처벌하기 위해서 만들어야 되는데 지금 여기 이게 방향이 안 맞아요. 대통령 주변이나 측근, 친인척 등은 기소도 할 수 없어요. 판사, 검사, 경무관 이상 경찰만 기소하도록 돼 있다고.

그러니까 대통령의 권한이 정말로 지금 이 공수처가 만들어지면 지금보다도 훨씬 강력해집니다. 검찰의 힘을 빼 가지고 대통령에게 힘 주는 게 이게 방향성이 맞는지 한번 생각을 해야 된다 이런 생각을 합니다.

제가 공수처법 여론조사 이야기를 하셔서 조금 전에 언급은 했습니다마는 리얼미터가 지난 21일 YTN 의뢰로 공수처에 대한 여론조사를 했는데 찬성이 51.4% 응답했고 반대가 41.2%입니다. 이게 아까 백혜련 의원 말씀하신 대로 찬성 응답이 상당히 많았다가 지금 거의 근소한 차로 줄어들고 있어요.

그래서 공수처라는 권력기관을 설치하는데 사실 근본적으로 여론조사로 해서 설치 여부를 판단할 사안은 아닙니다. 그러나 국민이 지금 사실은 공수처에 대해서 잘 모르세요. 지금 국민들이…… 공수처가 국민들 먹고사는 문제하고 무슨 상관이 있습니까?

12월 16일 날 부동산 대책, 정말로 헌법적인 어떤 문제를 야기할 수 있는 그런 정도의 강력한 대책을 발표했는데도 그 사이, 일주일 사이에 집값이 내리기는커녕 오늘 보도를 보니까 오히려 전셋값이 계속 오르고 있고 집값이 잡힐 그런 기미가 보이지 않는 거예요. 그리고 전국의 상가 공실률이 통계를 집계한 이후로 지금 가장 공실률이 높다는 겁니다. 다른 통계를 대지 않더라도 지금 민생이 얼마나 어렵습니까?

그런데 이 공수처 설치 문제로 정말 지난 1년간 온 나라가 다른 것, 민생 안보 외교 이런 여러 가지 현안이 있는데 국회가 이것 때문에 다투어서 지금 제대로 국회가 본연의 일을 거의 1년 이상 못 하고 있지 않습니까?

더군다나 민주주의의 근간이 선거 아닙니까? 선거법하고 공수처법을 이렇게 교환해서 거래해서 처리한다는 것은 아무리 대통령 1호 공약이라고 하더라도 이것은 아니지 않습니까?

공수처 때문에 예산심사를 제대로 안 하고 그냥 512조 3000억이나 되는 슈퍼 예산을 그냥 통과시켰잖아요. 또 한 번도 여야 합의 없이 통과시키지 않았던 선거법을 무리하게 4+1이라는 무슨…… 이게 불법 사조직이지 무슨 단체도 아니에요. 협의의 법적 권능도 주어지지 않은 그런 조직을 만들어 가지고 이렇게 무리하게 국회를 운영하고, 지금 왜 이렇게까지 하는지 저는 국민들이 이해할 수 없다고 생각합니다.

이 공수처 문제가 정말로 국회를 1년간 거의 마비시키고 민주주의의 근간인 선거제도의 오랜 합의 처리 관행을 깨뜨리고 이렇게까지 무리하게 추진할 사항인지 우리가 정말 다시 한번 생각을 해야 된다, 저는 그런 생각을 합니다.

권력기관 개혁 참 어렵습니다. 권력기관 개혁과 관련해서 또 입장이 워낙 차이가 있을 수 있습니다. 그런데 근본적으로는 기존의 권력기관 제도의 틀 안에서 고치는 게 가장 좋습니다. 국정원 개혁, 어쨌든 우리 당 입장에서는 지금 국정원이 대북 관련 정보 수집 기능이나 또는 대공수사 기능이 많이 위축이 돼서 국정원 본연의 일을 제대로 하고 있지 않다고 생각을 하지만 그러나 집권, 현 정권에서는 어쨌든 국정원을 정치적으로 좀 분리를 시키겠다 이런 취지로 지금 여러 가지 개혁 방안을 제시를 하고 그 제도의 틀 안에서 연착륙했다고 저는 생각합니다. 그런 방법으로 하면 될 텐데 왜 지금 국민의 삶이 이렇게 어려운데 무리해서 공수처를 만들어서……

지금 대한민국의 수사기관이 부족합니까? 검찰이 2300~2400명 되고 경찰이 15만 가까이 되지 않습니까? 사법 과잉, 검찰 과잉입니다. 사실은 국민의 안전을 위해서 비용을 투자하는 것은 좋지만 수사기관을 이렇게 많이 만들어서 많은 비용을 지불하는 것이 과연 바람직한지도 국정운영 전체적으로 이렇게, 국정운영의 방향과 관련해서 심각하게 생각을 해야 됩니다.

그리고 이 문제를 너무 이렇게 이념 대결의 소재로 활용하고 있다는 느낌을 지울 수가 없습니다. 지난번 조국 사태 때 서초동 또 광화문에서 국민들이 갈라져서 집회를 했습니다. 그 당시에 대통령을 비롯한 집권 여당에서는 조국 수석을 임명하면 검찰개혁의 적임자이기 때문에 조금 이렇게 흠이 있어도 임명해야 된다 이런 입장이었어요. 그래서 마치 그 당시에 조국 임명을 반대하면 검찰개혁을 반대한다, 지금도 공수처를 반대하면 검찰개혁을 반대한다…… 이렇게 가서는 안 되는 겁니다. 공수처를 반대한다고 검찰개혁 반대하는 것 아니지 않습니까? 그리고 꼭 조국이어야 검찰개혁을 할 수 있는 겁니까? 그것은 아니잖아요. 그래서 조국 임명은 반대하고 검찰개혁은 찬성하는 겁니다. 또 공수처를 반대하지만 검찰개혁은 찬성하는 겁니다. 그런 관점에서 이것을 부패방지 문제로 또 우리 권력기관 개혁 문제로 봐야 되지 이념의 소재로 이렇게 갈라치기 해서 국민을 분열시키고 또 그것을 활용하는 것은 바람직하지 않다고 생각합니다.

부패 척결을 위해서 공수처 설치를 이렇게 하면서 특별감찰관은 2016년 9월 이석수 특별감찰관이 퇴직한 이후에 39개월째 지금 공석입니다. 특별감찰관법 제8조를 보면 특별감찰관이 결원된 때에는 결원된 날로부터 30일 이내에 후임자를 임명하도록 되어 있습니다. 이것과 관련해서 지난 3년간 본 의원을 비롯한 국회의원 15명 이상이 국회에서 국정감사, 본회의에서 대정부질문 또 국회운영위원회 등에서 특별감찰관 임명을 요청을 했습니다. 그런데 야당

의원들의 요구에 전혀 응답을 하지 않고 있어요.

그리고 매년 특별감찰관실 예산과 인원을 줄여 가면서 거의 특별감찰관 제도를 고사를 시키고 있는 것입니다. 이것은 사실은 어떻게 보면 직무유기가 될 수가 있고, 이것은 완전히 법치주의 국가에서 있을 수 없는 일이지요. 북한인권재단도 비슷한 그런 케이스가 될 수 있습니다.

그래서 원래 특별감찰관이 30명 이상이 근무를 했는데 지금 현재 행안부하고 조달청에서 파견된 공무원 4명이 남아서 행정 업무만 하지 감찰 업무를 전혀 하지 않고 있습니다. 예산도 당초에 22억 2100만 원 정도 이렇게 2015년도에 처음 출범할 때 배정이 됐는데 지금은 5억 이상 깎여 가지고 11억 정도 이렇게 예산을 운영을 하고 있습니다.

그런데 문제는 특별감찰관 제도를, 39개월간 공석이 있더라도 이 특별감찰관이 감찰해야 할 대상들이 아무런 문제가 없었으면 좀 나아요. 그런데 여러분 알다시피 지금 청와대 안에서, 정말 촛불 민심을 표방하고 출범한 이 정부에서 상상하기도 어려운 일들이 지금 밝혀지고 있지 않습니까? 특별감찰관이 있었으면 어느 정도 예방이 되었다고 저는 생각을 합니다. 지금 그 안에서 민정수석실 또 인사수석실도 문제가 있고 정무수석실 그리고 대변인…… 청와대의 비서관실 곳곳에 지금 잡음이 얼마나 많이 나고 있습니까? 그리고 청와대 내의 기강을 확립해야 할 일정 부분 책임이 있는 민정수석실이 지금 거의 초토화되다시피 하고 있잖아요. 온전한 사람 한 사람도 없잖아요.

그래서 지금 권력을 감시할 수 있는 기존 특별감찰관 제도도 제대로 활용을 하지 않고 있으면서 부패 척결을 위해서 공수처가 꼭 필요하다 이렇게 주장하는 것이 과연 진정성을 인정받을 수 있을 것인지 묻고 싶습니다. 이것은 부패 척결이나 권력기관 개혁이 아닌 다른 목적이 있다고밖에 볼 수 없는 것입니다.

공수처 법안 내용과 관련해서 말씀을 좀 드리겠습니다. 지금 공무원이 공수처의 수사 대상에 현직뿐만 아니라 퇴직자가 다 포함이 돼 있습니다. 이게 당초에는 현직만 하는 법안도 제출되었고 또 퇴직 후 2년까지만 이렇게 수사 대상으로 했었는데 지금 상정된 법에는 그런 제한이 없고 퇴직자가 전부 또 포함이 돼 있습니다. 그렇게 되면 이게 또 정권이 교체되면 전직 고위직들을 전부 또 이렇게 먼지떨이를 해서 수사를 할 수 있는 그런 우려가 있습니다. 공소시효가 특가법의 경우에 1억 이상 뇌물수수 하면 공소시효 15년인데, 어쨌든 공소시효가 만료되기 전까지는 퇴직한 공직자들도 다 이 수사 대상이 되는 겁니다.

그리고 이 대상 범죄도 사실은 너무 망라돼 있어요. 그래서 뇌물과 관련된 부패범죄 위주로 좀 이렇게 축소를 하는 것이 바람직하다 그런 생각이 들고요.

이게 사실 대통령의 의중이 반영될 우려가 많이 있습니다. 왜냐하면 최근의 사례를 보면 대표적인 게 계엄문건 유출 사건입니다. 대통령께서 해외순방 중에 이것 철저히 수사하라고 지시를 하셨어요. 그래서 이게 무려 105일 동안 90곳을 압수를 하고 200명 이상을 조사했어요. 그래서 전 국가안보실장, 국방부장관, 육군참모총장, 전·현직 장성들을 이 잡듯이 수사를 하고 뒤졌는데 결국은 최근에 전원 무죄 판결 받았어요.

그때 여당에서는 이것 특검 하자, 국정조사 하자, 수시로 이 문제를 들고나왔단 말입니다. 그래서 이것을 사실은 제대로 수사를 하려고 하면 어쨌든 미국하고 협조를 해 가지고 미국에 가 있다는 조현천 전 기무사령관을 빨리 좀 소환할 수 있는 방법을 찾아서 사실관계를 밝히면 금방 진상이 드러날 텐데 전혀, 그것 물론 범죄, 이게 인터폴에서 협조가 안 된 것은 알고 있지만, 그러나 이게 외교적으로도 문제를 해결한다든지, 그렇게 심각하게 국기문란 사건으로 본다면 그런 노력들을 해야 되는데 전혀 그런 노력들을 한 흔적을 찾을 수가 없어요.

이게 지금 만약에 공수처가 탄생을 해서 또 대통령이 이런 어떤 구체적인 사건과 관련된 언급을 한마디 하면 이건 또 불을 보듯 뻔하지 않습니까?

자격요건이 상당히, 공수처검사의 자격요건이 당초 발의된 법안보다 많이 완화가 됐습니다. 원래는 공수처검사는 10년 이상 변호사의 자격을 가지고 있고 또 10년 이상의 재판, 수사, 조사업무 경력을 요구하던 것을 10년 이상 변호사 자격은 그대로 보유를 하는 걸로 규정이 됐고 재판, 수사 또는 수사처규칙으로 정하는 조사업무의 실무를 5년 이상으로 완화시켰습니다.

그런데 이 업무수행 경력을 5년으로 축소한 이유를 설명하면서 법조일원화를 이야기했어요. 법관들을 5년 이상 경력이 되는 사람 중에 뽑고 있기 때문에 5년으로 축소했다. 그런데 이게 법관이 아니잖아요. 이게 법조일원화하고는 전혀, 이게 서로 상관관계가 없는데도 이런 이야기를 할 만큼 이 완화시킨 설명이 궁색한 겁니다. 그래서 이 수사나 재판, 조사 경력이 일천한 사람들을 이렇게 뽑는 의도가 무엇인지에 대한 의구심을 가질 수밖에 없는 겁니다.

또 조사라는 것이 이게 사실 개념이 되게 불분명한 개념이에요. 또 조사라는 것도 수사처의 규칙으로 조사업무를 이렇게 규정하는 걸로 돼 있기 때문에 이게 대통령령으로 하지 않고 수사처규칙으로 이렇게 하겠다는 것도 저의가 뭔지 궁금해질 수밖에 없지 않습니까?

또 공수처검사 25명 중에 검사 출신은 정원의 2분의 1을 넘지 못하도록 이렇게 명문화해 놨어요. 역으로 얘기하면 전부 다 검사 출신이 아닐 수도 있는 겁니다. 그래서 그렇게 되면 결국은 소위 말하는 재조 경험이 없는 사람들로 구성될 가능성이 큰데 그러면 소위 지금 여러 언론이나 또 전문가들이 지적하는 대로 민변 중심으로 민변 검찰청이 될 가능성이 있는 겁니다.

수사관도 지금 자격요건을 많이 완화를 시켰어요. 그래서 이것도 세월호특조위나 거기가 5년 이상 된 사람이 없다고는 하지만 거기 7급 이상 공직자로서 또 근무한 사람은 이 기간을 '5년 이상 업무 경험'이라는 조건도 다 빼버렸어요.

그래서 이런 것들이 당초의 안보다 상당히 자격요건을 완화시켰기 때문에 이게 이 구성 자체가 편향적인 사람들로 구성될 수 있는 우려가 더 커진 겁니다. 검찰은 그나마 직업공무원 아닙니까, 직업공무원? 객관적으로 시험을 쳐서 이렇게 채용이 되는데, 이건 사실은 직업공무원이 아니거든요. 그래서 그런 상황에서 자격요건까지 완화를 하면 이것은 정치적으로 편향된 조직이 될 가능성이 크다는 그런 우려가 있습니다. 그런 우려가 좀 불식이 되도록 당초 원안대로 하든지 그런 개선이 있어야 된다고 생각합니다.

그리고 공수처검사가 선거에 출마할 경우의 징계조항을 삭제를 했습니다. 이게 삭제를 하면서, 공직자는 일정 기간 전에 사퇴를 해야 되기 때문에 이 조문은 난센스다, 이런 언급을 삭제한 측에서 이야기를 했는데 어쨌든 이 부분은 저는 법적인 보완이 필요하다고 생각합니다. 공수처검사는 이게 자칫하면 본인이 정치적으로 어떤 출마를 하기 위해서 어떤 특정 정파에 유착이 될 가능성이 있습니다. 보은용 수사를 할 가능성이 있습니다. 그래서 이 부분과 관련해서는 공수처의 검사는 임기 중에도 물론이고 임기 후에도 일정 기간 출마자격을 제한하는 것이 맞다고 생각합니다.

그리고 당초에 패스트트랙을 의결할 때 공수처 원안 제45조에는 '수사처의 조직 및 운영에 관하여 필요한 사항은 대통령령으로 정한다' 이렇게 명시했는데 수정안에는 대부분 수사처규칙으로 정한다고 다 바뀌었어요. 대통령령을 수사처규칙으로 다 바꿨습니다. 지금 헌법상 규칙을 제정할 수 있는 권한을 가진 기관은 국회, 법원, 헌법재판소, 중앙선거관리위원회 등 네 곳만 명시하고 있습니다. 이 외의 기관은 대통령령이나 부령 등을 제정해서 운영해야 됩니다. 그럼에도 불구하고 헌법상 규칙제정권을 부여받지 않은 기관인 공수처가 자체 규칙을 만들어 운용하겠다는 것은 명백한 위헌이라는 지적을 하는 학자들이 많이 있습니다. 이것도 고려해야 된다고 생각합니다.

또 지금 대법원 구성이 대법관 9명 중에 이미 5명이 민변·우리법연구회 출신이고요, 헌법재판소 재판관 9명 중에 5명이 민변·우리법연구회 출신입니다. 또 법무부가 최근에 탈검찰화를 부르짖으면서 법무부의 주요 직위인 법무실장, 검찰개혁단장을 전부 민변 출신으로 앉혔습니다. 또 최근에 윤석열 검찰총장 견제를 하기 위해서 대검의 감찰본부장도 우리법연구회 출신을 임명했습니다. 이런 상황을 보면서 공수처까지 이제 이렇게 인적 구성이 되면 정말로 대통령을 견제할 수 있는 기관은 없어진다라고 해도 과언이 아닙니다.

지금 하여튼 또 가장 우려하는 게 사실 재판입니다, 재판. 공수처가 판사를 조사하는 상설기구입니다. 그래서 법관은 헌법과 법률에 따라 독립해서 심판하고 또 탄핵 또는 금고 이상의 형의 선고에 의하지 않고는 파면당하지 않도록 재판의 독립과 신분을 보장하고 있습니다. 만약 신분이 판사라는 이유로 상설조사기구가 계속 이렇게 조사를 할 수 있게 되고 그렇게 되면 과연 3권 분립의 원칙에 맞는 것인지, 또 권력의 의중에 어긋난 재판을 한 판사를 시민단체가 고발하면 공수처가 그 판사를 직권남용이나 직무유기로 조사할 수 있습니다. 또 그렇게 되면 판사들이 정권의 눈치를 볼 수밖에 없는 겁니다. 또 공수처가 기소한 사건의 경우 공수처의 수사와 기소 대상인 판사가 공정한 재판을 할 수 있을 것인지, 결국 이 공수처는 현행 사법체제에 대한 중요한 도전이 될 것이라고 생각을 하고 있습니다.

또 한 가지 우려가 있습니다. 이 공수처가 출범하게 되면 2020년 7월부터 2023년 6월까지 3년 동안 공수처장 또 차장 또 공수처검사, 3년으로 이렇게 돼 있기 때문에 3년 동안은 현 정권의 어떤 보호막이 될 것이다 이런 우려를 하고 있습니다. 집권 후반기의 여러 가지 권력형 비리, 부정부패 사건이 거의 은폐될 가능성이 있다, 또 야당에 대한 어떤 표적수사가 된다면 선거에도 다음 대선이라든지 영향을 미칠 수 있을 것이다는 우려가 있습니다. 그래서 이런 우려도 간과해서는 안 된다고 생각합니다.

오늘도 사실 국회가 상당히 국회법을 제대로 지키지 않고 또 국회의 관행을 무시한 국회 운영으로 소란스러웠습니다. 저는 사실 문희상 의장님과 19대 국회에 같은 상임위에 있었습니다. 문희상 의장님과 출장을 가면 사실은 출장지에서 문희상 의장님의 민주화운동 경험 또 정치현장에서의 여러 가지 경험한 경험담 이런 것을 들으면서 출장 자체의 어떤 목적보다도 선배 원로 의원님들의 경험을 들으면서 많은 가르침을 받았고 참 훌륭한 분으로 이렇게 제가 알고 지내 왔습니다.

그리고 또 국회의장이 될 때도 저는 많은 기대를 했습니다. 우선은 문재인 대통령과 문희상 의장님은 같은 시대에 같이 근무를 하셨고 문희상 의장님께서도 직책상, 지금은 대통령이 되셨지만 그 당시에는 또 상하관계에 있을 정도로 그런 관계가 있었기 때문에 정치 선배로서, 또 한때 상급 직위에 있었던 분으로서 국회의 권위를 지켜 주고 또 때로는 여야 간의 협치를 위해서 대통령을 설득할 수도 있겠구나 그런 생각을 하면서 사실 20대 후반기 국회의장으로서 큰 기대를 했었는데 너무 실망스럽습니다.

또 문 의장께서는 민주당 안에서도 그간에 어려울 때마다 비상대책위원장도 맡으시고 두루두루 포용적으로 균형을 잘 잡아 주셨는데 저는 이제 문희상 의장에 대한 존경과 기대를 접어야 될 것 같습니다.

의장 선출 인사 하실 때도 '이제 후반기는 국회의 계절이다. 정치인생 40년 경험과 지혜를 모두 쏟아 혼신의 힘을 다해 역사적 소임을 수행하겠다. 대화와 협치를 통한 국정운영은 20대 국회의 숙명이다.' 이런 말씀을 하셨어요. 정말 의회민주주의자로서 존경받는 선배 의원님이시고 또 국회의 수장이신 어른이 왜 이렇게 정치를 마감하시려고 하는지 안타깝기도 합니다.

그래서 국회가 이렇게, 물론 입법의 불비로 인해서 또 입법의 공백으로 인해서 해석상의 문제가 발생하기도 하고 또 이 국회법을 자기 당의 입장에서 이렇게 해석하는 경향도 있기는 하지만 그러나 애매할 때는 우리가 흔히 약자의 이익으로 하는 게 균형을 잡는 데, 그게 바람직한 자세가 아니겠습니까?

그래서 예산안 처리 과정이라든지 선거법 통과 과정이라든지, 오늘 또 이 선거법 처리하면서 안건 순서를 종래의 관행하고 다른 꼼수를 부리고…… 그 순서를 바꾼다고 달라질 게 뭐가 있습니까? 왜 그렇게 하시는지 참 답답합니다.

권력기관 개편과 관련되었기 때문에 제가 최근의 현안과 관련해서 잠깐 언급을 하겠습니다.

지난 3월에 지방선거를 앞두고 경찰이 울산시청과 김기현 시장 측근에 대한 압수수색을 했습니다. 그래서 그 당시 행정안전위원회 위원들이 경찰청에 항의 방문을 갔습니다. 그 당시 이철성 청장은 전혀 압수수색에 대한 보고를 받지 못했다고 답변을 했습니다.

그런데 최근 수사과정에서 밝혀진 사실에 의하면 이게 청와대 하명사건이라는 거예요. 하명을 경찰청으로 했고 경찰청에서 울산지방청으로 하명을 했다는데 청와대 하명사건에 대한 압수수색 보고를 못 받았다? 그 당시 경찰청장이 제대로 사실대로 보고를 안 한 것인지 아니면 울산청하고 청와대하고 경찰청을 패싱하고 직거래를 한 건지, 이게 의문을 가질 수밖에 없습니다.

그리고 그 당시 경남 전역에서 야당 자치단체장에 대한 수사가 동시다발적으로 일어났습니다. 창원시장 후보였던 조진래 후보는 3월 30일 날 소환 조사를 받았고 결국은 5월 달에 스스로 목숨을 끊었습니다. 사천시장도 압수수색하고, 구속영장은 기각이 됐어요. 또 이 사건은 뇌물을 줬다는 건설업자가 무죄를 선고받았어요. 양산시장도 마찬가지, 압수수색하고 결국 무혐의로 종결됐습니다.

선거 직전에 이렇게 수사하지 않았거든요, 경찰이. 현행범이거나 이것은 바로 수사를 하지 않으면 나중에 선거를 치르고 난 이후에 당선무효가 되고, 그래서 또 보궐선거가 이루어지거나 그럴 사항이라고 판단할 정도로 증거가 명백하고 어떤 신속하게 조치를 하지 않으면 안 될 급박한 사정이 있을 경우에만, 선거가 이렇게 목전에 있는 시기에는 그런 경우 아니면 수사를 안 해 왔다 말입니다. 그런데 울산청·경남청이 수사를 왜 그 시기에 그렇게 했는지, 제가 국정감사 때도 지적을 했었습니다.

절제된 수사권 행사가, 선거와 관련해서는 절제된 수사권 행사가 정말 필요한데 경찰이 오랫동안 정치적인, 그런 중립과 관련된 여러 가지 어려운 과정을 거쳐서 여기까지 왔기 때문에…… 더군다나 경찰은 특별히 조심을 해야 되는데 왜 이렇게 했는지 정말 참 의아스럽고 이런 사실은, 언젠가는 이 사실관계가 명백히 드러날 것이라고 저는 그런 생각을 합니다.

지금 국정 운영과 관련해서 이게 조금…… 오늘, 그러니까 이제 자정을 넘겼으니까 어제네요. 어제가 원자력의 날입니다, 원자력의 날.

그런데 월성 1호기 이게, 국민 세금 7000억이 들은 이것을 갖다가 원안위가 폐쇄를 시켰는데, 신문보도를 보니까 원안위의 위원장도 전혀…… 사회복지학 전공한 분이고, 상임인 사무처장도 행정학 전공한 사람, 비상임위원 중에 한 명만 전문가, 전혀 전문성도 없는 사람들로 구성해 가지고 이거를 폐쇄를 시켰다니…… 국민 세금 7000억이 들어가고, 탈원전으로 인해서 얼마나 많은 피해를 지금 보고 있는데 이런 결정을 하는지 참 답답합니다.

공수처 관련해서 주요 언론과 또 전문가들 지적사항을 좀 제가 말씀드리겠습니다.

일부 보도가 되기도 했습니다마는 민주당의 금태섭 의원[4]이 언론 인터뷰에서 얘기한 내용입니다.

'공수처 설치가 검찰개혁에 도움이 되는 것이 아니라 오히려 장애물이 될 수 있다. 공수처를 설치하더라도 오히려 개혁과 반대 방향으로 갈 위험성이 있다'고 말씀을 하셨고, '공수처는 본질에서 사정기구다'.

이 부분은 저하고 생각이 같습니다. 사법과잉 검찰과잉의 문제를 안고 있는데 또 다른 권력기관을 만든다는 것은 시대적 과제에 부합하지 않는다. 필요하다면 기존 권력기관의 권한과 힘을 축소하고 제한하는 방향으로 가야 한다 그런 이야기를 했고요.

두 번째 이야기도 저하고 생각이 같습니다. 글로벌 스탠더드에 맞지 않다고 생각한다. 공수처는 세계 어느 국가에도 없다. 최근 공수처에 기소권을 주느냐 마느냐로 다툼이 있었는데 이것은 선례가 없기 때문이다. 검찰의 중립성이 잘 지켜지고 권한 남용에는 선진국의 예를 따라 우리 제도를 고치면 될 텐데 전례가 없는 제도를 만들어 실험할 필요가 있느냐.

이런 권력기관을 만들려면 최소한 깊이 있는 토론을 해야 되는데 마치 공수처 설치에 반대하면 검찰개혁에 반대하는 것처럼 치부되고 있다. 현재의 공수처 논란이 정책으로 얻으려는 목표가 아니라 특정한 제도 그 자체에 대한 집착이라고 이렇게 진단을 했습니다.

모 월간지 지적 사항입니다.

검경은 관할 사건이 아니기 때문에 관여할 수 없고 공수처는 인력 부족 탓에 사건을 처리할 수 없는 그런 상황이 생길 수 있다. 이는 공수처를 도입해 고위공직자 비리 내지 범죄를 엄정하게 처리하겠다는 입법취지에 반한다. 자칫하면 고위공직자에게 사실상 면죄부를 주는 결과를 초래할 수 있다, 이런 지적을 하고 있습니다.

또 새로운 제도를 만들 때는 신중해야 된다. 무엇보다도 순수했던 초심을 잃지 않아야 된다. 사심이 개입되어 한두 가지 독소조항을 섞으면 그것은 결국 화로 돌아오게 마련이다. 현직과 퇴직자까지 수사대상에 포함되어 있기 때문에 퇴직 공직자에게도 공직자수사처 법을 적용하면 정권이 바뀔 때마다 정치보복성 수사가 이루어질 수 있다는 지적을 하고 있습니다.

처장, 차장, 수사처검사 등에 대하여 외부인으로만 채우는 것은 사실 큰 문제이다. 인사추천위원회가 특정 정치집단이나 이념집단의 입장을 대변하게 되면 수사처검사를 민변 출신으로만 채우는 것도, 특정 정당 출신으로만 채우는 것도 가능하기 때문이다. 독일의 게슈타포나 북한의 국가보위성을 능가하는 대한민국의 흑역사를 쓰게 될 수 있다.

---

4 금태섭 의원: 더불어민주당(서울 강서구갑) **http://bitly.kr/67CV**

이럴 바에는 차라리 객관적인 성적과 공개채용으로 선발하던 검찰제도가 훨씬 낫다. 버닝썬 수사인력이 150명이 넘었고 양승태 전 대법원장 등 사법부에 대한 수사인력이 100명이 넘었던 것과 비교하면 65명 내외의 터무니없는 인력으로 결국 선택과 집중을 통해 하고 싶은 수사 또 하라고 시키는 수사에 초점을 둘 수밖에 없고 그 결과 수사의 독립성과 중립성에 대한 비판에 직면할 수밖에 없는 구조가 될 것이다 이런 지적을 하고 있습니다.

대통령 직속의 공수처는 국가원수 직할이기 때문에 강한 추진력을 가질 수 있고 다른 수사기관이나 정부기관 등의 협조도 신속하고 원활하게 받을 수 있다. 각 기관장이 모두 공수처의 수사 대상이기 때문에 정부기관과의 관계에서 슈퍼 갑이 될 수밖에 없다. 감찰 대상이었던 과학기술부장관과 청와대 6급 특별감찰관과의 관계를 떠올리면 이해가 될 것이다.

공수처는 사실상 법률상 무소불위의 대통령 직할 부대로 전용·악용될 여지가 너무 크다. 사법부, 경찰 간부에 대한 수사기소권을 발판으로 정권에 비판적인 국민들을 통제하려는 독재적인 창구로 변질되기 쉽다.

공수처법 내용에 따르면 공수처장이 검찰·경찰에서 처리 중인 사건의 공정한 처리가 어렵다고 판단되면 사건 이첩을 요구할 수 있고 해당 기관은 의무적으로 요구에 따르도록 되어 있다. 울산시장 선거 사건, 유재수 감찰 중단 사건을 수사하고 있는 상황에서 대통령이 검찰권 행사 절제가 필요하다고 주문하면 공수처장이 검찰로부터 이 두 사건을 넘겨받아 유야무야할 수 있는 것이다.

검찰은 잘못할 수 있어도 공수처는 잘못하지 않는 신성한 기관인가. 공수처는 잘못을 저지를 수 있는 DNA가 없다는 주장을 할 수도 있겠다. 민주사회를위한변호사모임이 주축이 된 공수처는 검사들로 구성된 검찰과 DNA가 다를지 몰라도 아무런 견제를 받지 않기 때문에 괴물이 될 수 있다.

공수처 설립에 대한 논의가 과거 정부부터 계속 있어 왔다고 하지만 이른바 조국 사태에서 이 논의가 거셌다는 점은 분명히 짚고 가야 한다. 특히 서초동 집회에서 '공수처 도입'과 '조국 수호'라는 아무 상관없는 두 개의 단어가 동의어처럼 쓰인 것에 주목해야 된다. 공수처가 생겨서 조 전 장관 수사를 해서는 안 된다는 얘기인데 이게 말이 되는가? 조국 수사와 같이 정권에 불리한 사안들은 공수처가 검찰에서 사건을 가져가 뭉갤 것이라는 얘기는 매우 설득력 있게 다가온다.

공수처는 반드시 헌법 개정 절차를 거쳐서 헌법기관으로 자리매김을 해야 된다. 사법부가 공수처의 통제를 받게 되면 헌법의 기본정신인 삼권분립에 의한 견제와 균형이 무너지기 때문이다.

또 해외 사례를 좀 더 철저히 연구해야 한다. 유사한 기관이 있다는 중국, 홍콩, 싱가포르의 예는 설립을 정당화하는 근거가 아니라 설립을 하면 안 되는 근거이다. 중국은 사회주의 국가이고 홍콩은 중국의 일부이며 싱가포르는 가족이 통치하는 도시에 불과하다. 검찰권의 분할인지 검찰권을 통제하는 상위기구 설치인지 들여다보고 사법부까지 포함하는지도 따져 봐야 된다.

일반 국민 수사 총량이 늘어나는지 계산해야 된다. 고위공직자를 수사하면 관련되는 일반 국민도 수사하게 된다. 공수처, 검찰, 경찰의 삼자 경쟁구도에서는 과잉수사도 우려된다. 일반 국민 수사 총량이 늘어나면 기본권이 침해되고 경제 활동도 위축시키므로 동의하기 어렵다. 공수처의 이익만 내세우지 말고 사회적 비용도 같이 고려해야 된다.

공수처의 지배구조를 100% 정치 중립적으로 만들어야 한다. 이것과 관련해서 당초의 공수처장에 대한 국회의 임명동의가 빠졌고 또 원안에서는 국회의장과 원내교섭단체가 협의해서 3명을 추천하던 것을 대통령 소속 교섭단체와 대통령이 소속되지 않은 교섭단체가 각각 2명씩 추천한 것은 오히려 정치 중립적으로 만들자는 취지하고는 다르다.

공수처는 살아 있는 권력에 대한 검찰 수사를 이첩받을 권한을 가지고 있으니 검찰개혁에 걸림돌이 된다. 조국 사태에서 집권 세력이 검찰에 대해 '조용히 수사하라', '검찰은 성찰해야 한다', '검찰이 나라를 어지럽히고 있다'며 전방위로 압박하는 것을 목격했다. 공수처가 있었다면 사건을 이첩받아 뭉갰을 것이다. 대통령이 공수처장을 불러 말 안 듣는 검찰총장을 조사하라고 지시할 가능성도 있다.

권력이 간섭하지 않으면 검찰만으로도 충분하다, 이미 좋은 선례를 남겼다, 지금처럼 살아 있는 권력에도 검찰의 칼이 향할 수 있기만 하면 된다, 이런 선례가 전통으로 쌓이면 저절로 목표에 도달하는 것이다. 권력이 눈을 돌리지 않으면 권력과 야합하려는 검사도 나오지 않을 것이다.

검찰의 자체 비리 역시 감찰 기능을 강화하면 된다, 외부인사로 임명되는 감찰본부장이 있으니 강직한 인물로 잘 활용하면 된다, 중요한 것은 기구가 아니라 운용이다. 제도가 없어서가 아니라 행사를 잘못하기 때문이다. 자리가 없어서가 아니라 사람을 잘못 쓰는 까닭이다. 책임은 오로지 임명권자에 달렸다.

권력형 비리 방지를 위해 필요하다는 것은 별 설득력이 없어 보인다. 공수처 없이도 전직 대통령, 대법원장, 대법관 등 무수한 공직자가 기소돼 일부는 실형을 살고 있기 때문이다.

검찰 권력을 견제하고 비리를 방지하는 데 필요하다는 주장은 검찰의 비리를 다른 검찰이 덮어 준다는 전제를 깔고 있다. 사실이라면 당연히 대책을 세워야 할 부분이다. 하지만 공수처도 같은 문제에서 자유롭지 못할 공산이 크다. 독으로 독을 누를 수는 있겠지만 슈퍼 검찰이라고 할 수 있는 공수처를 통제할 장치는 패스트트랙 법안의 어디에도 없다.

공수처 설치에 국민이 공감한다는 것은 얼마 전까지만 해도 맞는 이야기였겠지만 지금은 아니다. 내용을 잘 모르는 상태에서 고위공직자범죄 수사를 전담하는 기관을 설치하는 데 동의하느냐고 물으면 반대할 사람이 별로 없을 것이다. 그래서 불과 몇 달 전만 해도 찬성이 압도적으로 많았다. 하지만 빠른 속도로 공수처 찬성이 줄고 반대는 늘고 있다.

공수처는 노무현 시대 말년만 해도 검찰의 힘을 빼 인권 수사를 강화하겠다는 순수함이 있었다. 10년이 지나 문재인 시대의 공수처에는 대통령 직속으로 독일 나치의 게슈타포 같은 정치 수사기관 하나 만들어 진영 독재를 해 보겠다는 것이라는 비판이 나올 만큼 독소가 가득하다.

우리 헌법에 국무회의 심의를 거쳐서 임명하는 수사기관의 장은 검찰총장이 유일하다. 검찰총장은 헌법에 근거를 둔 법률상의 기관이다. 검찰총장은 검사의 총책임자이며 헌법상 범죄 수사와 기소의 총책임자이다. 그렇기 때문에 헌법에 근거가 없이 검찰총장보다 상위 슈퍼 기관을 두는 것은 명백한 위헌이다. 어떻게 위헌적인 공수처가 헌법에 근거를 두고 수사권을 책임지는 검찰총장의 수사권까지 제한할 수 있는가. 개헌 없이는 검찰총장의 수사지휘권을 박탈하거나 제한할 수 있는 슈퍼 공수처의 설치는 불가능하다. 또 수사권과 기소권을 갖는 검찰과 공수처를 함께 두는 것은 정부조직의 기본원칙인 효율성과 중복설치 금지 원칙에 위반된다.

흥분을 가라앉히고 근본적인 문제부터 차분히 살펴보자. 우선 한국사회에서 깨끗한 정부를 갖기 위한 고위공직자의 처벌 과제는 어제오늘의 문제가 아니다. 공수처 같은 기구의 필요성은 이로써 주어진다. 진보·보수를 넘어 정당과 시민단체들이 그러한 기구 설치에 동의하였던 이유이다. 검찰과 법원을 포함한 준사법기구의 고위공직자에 대한 처벌은 일반 국민에 비해 크게 미약하였다. 나아가 정부의 영역, 공기업, 정부의 민간 지원, 복지예산의 확대로 인해 철저한 감독·수사·처벌은 더욱 중요해지고 있다. 민주화 이후 검찰의 역할이 너무 커지면서 견제와 균형이 필요한 것도 사실이다. 이제 검찰개혁은 민주화 이후의 상징적 개혁 과제처럼 받아들이고 있기까지 하다. 그러나 필요성이 곧 적합성은 아니다.

현재 정부 여당이 추진하고 있는 공수처는 권력의 분산과 견제라는 민주공화국의 원리에 비추어 위험하다. 무엇보다도 검찰의 분산·약화가 대통령 및 청와대 권력의 강화로 연결된다는 점에서 총량적·장기적으로 민주주의에 부정적 후유증을 낳을 것이다.

정부 여당의 법률안을 보면 세계 민주주의 지수 66위, 73위의 국가를 공수처 유사사례로 들고 있다. 우리는 21위다. 안쓰러울 뿐이다.

시민단체 토론회에서는 현 정권이 공수처를 민변 검찰로 만들려는 의도가 있다는 지적이 나왔다. 법조계 전문가들은 민주당이 민변을 염두에 두고 조항을 끼워 넣은 것이라고 우려한다. 민변은 현 정권이 만든 적폐청산위원회들을 장악해 온갖 평지풍파를 일으켰다. 이들이 공수처를 장악하고 수사권력까지 갖게 되면 더한 일도 벌어질 수 있다. 한번 공수처검사가 되면 9년까지 자리에 있을 수도 있다. 정말 보통 문제가 아니다.

대선 때 문재인 캠프에 참여했던 법조인이 한 인터뷰에서 나는 열렬한 공수처 지지자였는데 조국 사태를 보며 생각을 바꿨다고 했다. 문 대통령은 윤석열 검찰총장에게 임명장을 줄 때 살아있는 권력에 대한 수사를 하라고 했지만 막상 검찰이 조국을 수사하자 절제하라며 압박했다. 공수처도 이렇게 될 가능성이 높다. 수많은 전문가가 공수처에 대해 헌법 위반, 민변 검찰, 판검사 사찰 기구, 독재 수단, 통제받지 않는 괴물이라고 하고 있다. 공수처는 국민을 위한 것이 아니다.

중국 문화혁명 때 홍위병 운동을 연상시키는 조국 수호 관제시위에도 불구하고 국민에 밀려 법무부장관에서 물러난 뒤에도 여권의 검찰개혁 쇼는 계속되고 있다. 남들을 비판해 온 말과 정반대로 살아왔음이 만천하에 드러난 데 그치지 않고 상당수 범죄 혐의에 연루된 조국을 검찰개혁의 아이콘처럼 포장해 장관 임명을 강행했던 대통령은 국민의 격렬한 저항에 부딪혀 후퇴한 뒤에도 여전히 검찰개혁 깃발을 흔들고 있다.

조국이 떠나는 날까지 고단한 짐 진 예수님 흉내를 낸 것은 잘못 앉은 자리에서 내려가는 민망함을 덜기 위해서 억지 명분을 만들어야 하는 처지니 그러려니 하겠는데 대통령이 법무부차관과 검찰국장을 청와대로 불러 검찰 감찰 강화 등을 촉구하는 것은 보기 딱하다.

조국 일가 수사를 계속 진행하는 검찰에 대한 압박으로 해석되는 한편, 여론에 맞서 조국 장관을 고집한 자신의 패착을 시인하지 않으려고 오기를 부리는 것으로 보인다.

인사청문회와 관련해서 대통령이 의혹만으로 임명하지 않는다면 나쁜 선례가 된다며 조국 같은 사람을 임명함으로써 인사청문회 제도가 사실상 사망선고를 받았다.

공수처가 검찰보다 더 독립적으로 대통령을 비롯한 여권 실세들의 권력형 범죄를 수사할 수 없다. 능력도 안 되지만 정치적으로 그럴 수 없는 구조이다. 검사는 정년이 보장되지만 공수처검사는 임기가 3년으로 세 번 연임할 수밖에 없다. 다시 임용되기 위해서는 정권의 눈치를 봐야 된다.

미국, 영국, 독일, 프랑스, 일본 등 주요 선진국을 보면 고위공직자의 부패·비리 수사를 위하여 특별기구를 설치한 예가 없다. 이 국가들은 고위공직자의 부패·비리가 없어서 특별기구를 설치하지 않은 것이 아니다. 고위공직자만을 대상으로 사정기관을 따로 설치하는 것은 헌법상 평등원칙에 반하기 때문이다.

물론 별도의 반부패기구를 운영하고 있는 국가로 홍콩, 싱가포르, 말레이시아, 대만, 탄자니아 등이 있다. 이들 국가도 수사권만 주고 기소권은 부여하지 않고 있으며 기소권까지 부여한 국가는 탄자니아 정도다. 또한 이 국가들이 별도의 기구를 운영하는 것은 검찰권이 약한데 그 원인이 있다.

여당이 추진하고 있는 공수처 같은 무소불위의 기구는 세계 어디에도 찾아보기 어렵다. 검찰개혁은 필요하지만 대통령 인사권 제한에 따른 검찰의 정치적 중립은 외면한 채 검찰 견제를 이유로 또 다른 옥상옥의 기구를 설치하는 것이 과연 옳은지 신중히 판단할 필요가 있다.

여당이 독립적인 공수처를 만들겠다면 지금이라도 야당과 끝장토론을 벌여 공수처의 장단점을 충분히 알린 뒤 국민 의견을 수렴해 추진하는 것도 늦지 않다. 찬반 여론이 팽팽한 상황에서 여당이 지지층만 믿고 공수처를 졸속 처리했다가는 조국 사태처럼 또다시 편가르기와 국론 분열로 제2의 내전이 벌어질 수 있다는 점을 명심해야 한다.

'검찰을 때려잡기 위해 그 위에 공수처를 둔다는 논리는 그렇다면 공수처가 실패하면 그것을 때려잡기 위해 제2의 공수처가 필요하다는 논리가 된다. 대통령이 잘못할 경우에 대비해 대통령을 한 명 더 뽑아 놓자, 국회도 제2의 예비기관을 준비해 놓자는 것이라고 지적한다'.

'만약 법무부장관을 검찰이 수사하는 가운데 고발장을 접수한 공수처가 검찰총장과 검사를 다시 수사한다면 이를 어떻게 봐야 하는가. 일부에서는 검찰을 정당하게 견제하는 것이라 하겠지만 다른 한편에서는 수사 방해라고 비판할 것이다. 자칫하면 정치권이 대립하면서 수사기관끼리 서로를 수사하는 대혼란이 나타날 수 있다. 그런 점에서 공수처가 검찰개혁의 특효약이 될 것이라고 속단하기 어렵다'.

'직권남용 고소·고발 사건이 작년 14만 건을 넘었다. 그 수사에 가장 노출되기 쉬운 집단은 판검사라고 전문가들은 얘기한다. 판사의 재판이나 검사의 수사 결과를 문제삼아 고소·진정을 넣는 경우가 빈번하기 때문이다. 검찰의 사법농단 수사 역시 직권남용이 주된 혐의였다. 검찰은 정기 인사로 보직 순환이 이뤄지는 데 반해 공수처검사나 수사관은 한 번 임용되고 나면 인사이동이 없어서 붙박이 특수부 검사나 마찬가지 권력을 쥔다'.

'권위주의 시절 무서운 기관에서 곤욕을 치른 소위 민주투사들이 권력을 잡으니까 염라대왕처를 만들려고 한다'.

'사법이 운동의 시녀가 되면 그것도 자의적 지배이다. 또 다른 권위주의가 또 다른 민주화 운동을 부르는 시대가 되었다'.

'이 정부 최대의 지원 세력인 민변과 우리법연구회 회원들에게는 또 하나의 좋은 직장이 생겨나고 있다'.

'공직비리는 상당 부분 민간 부문의 부패와 연계되는데 이를 무 자르듯이 잘라 공수처와 검찰이 나눠 수사하게 되면 수사의 역동성을 훼손시켜 부패 범죄자들이 빠져나갈 기회를 주게 된다'.

'집권세력이 이렇게 법사위나 토론도 거치지 않고 밀실 야합으로 수정안을 만든 것은 최근 검찰 수사에서 정권 실세들의 비리가 속속 드러나면서 이를 초동 단계부터 저지해야 할 필요성이 절박해졌기 때문이다'.

'국회법 제95조는 수정안은 원안 취지 및 내용과 직접 관련성이 있어야 한다고 규정하고 있고 크게 바꿀 때는 반드시 교섭단체 합의를 거치도록 했다. 그런데 이런 수정안을 강행 처리하는 것은 국회법을 정면으로 무시하는 것이다'.

'법적 근거가 없는 4+1이 국회 과반을 무기로 국회법도 무시한 채 입법 폭주를 거듭하는 데 거침이 없다. 이처럼 4+1이 자행하는 입법부의 불법 앞에 쟁점 법안 처리는 재적 5분의

3 이상이 필요하다고 규정한 국회선진화법을 무용지물로 만들었다. 권력에 취한 범여권의 입법 쿠데타 강행을 막아야 한다'.

'공수처 대상 범죄에 정치자금법 제45조의 정치자금부정수수죄가 포함되어 있는데 국회의원의 후원회와 후원금, 각종 기탁금과 기부금 내역을 공수처가 샅샅이 들여다볼 수 있게 되어 있다. 실제 운영 과정에서 정치적 반대자들에 대해서는 철저하게 수사하고 반대로 정권과 집권 여당 사람들에게는 검찰과 경찰이 수사하던 사건에 대해 사건 이첩권을 행사한 뒤 넘겨받아 없었던 것으로 만들어 버릴 가능성도 얼마든지 있다.

공수처는 기소권을 행사하지 못하지만 예외적으로 대법원장과 대법관, 검찰총장, 판사와 검사에 대해서 기소권을 행사할 수 있는데 모든 법률은 일반성을 기본으로 하고 특별규정을 둘 경우에는 이를 정당화할 충분한 이유가 있어야 되는데 이들에 대해 공수처가 특별히 기소권을 행사해야 할 납득할 이유를 발견하기 어렵다'.

이제까지 공수처법과 관련해서 최근에 주요 언론 또 전문가들의 기고 또 전문가들의 지적 사항 등을 중심으로 제가 말씀을 드렸습니다.

그리고 이번에 통과된 선거법과 관련해서, 특히 선거연령 인하 문제와 관련해서 지금 학교 현장에서 많은 걱정을 하고 있습니다.

고등학교 3학년들이 선거에 투표권을 행사할 수 있을 뿐만 아니라 선거운동도 허용할 수 있게 됨으로 인해서, 학교 현장에서 학교 교실까지 선거운동 또 정치적인 요소가 이렇게 개입함으로 인해서 가뜩이나 지금 우리 교육 현장이 이념적으로 많은 대립과 갈등이 상존하고 있는 상태에서 선거까지 학교, 특히 고등학교 교실까지 이렇게 침범하게 되면 학교 현장에서 지금 준비가 안 된 상태에서 여러 가지 많은 어려움을 겪을 것이라는 지적들을 하고 있습니다.

이런 부분에 대해서는 학제를 개편해서 선거연령 인하를 한다든지 그런 대책을 가지고 충분히 논의가 됐어야 함에도 지금 교육당국의 준비도 안 된 상태에서 패스트트랙을 통해서 이 법이 통과됨으로 인해서 사후에 발생하는 여러 가지 부작용과 역기능에 대해서는 이 법안을 통과시킨 정파에서 책임을 통감해야 된다는 사실을 지적하겠습니다.

이제까지 공수처법과 관련된 여러 가지 문제점에 대해서 제가 반대토론을 했습니다. 이제 토론을 마무리하겠습니다.

존경하는 선배·동료 의원 여러분!

공수처 같은 무서운 제도를 만들 때는 최악의 경우를 상정해서 설계해야 하는데 4+1 밀실 야합 불법 사조직은 더군다나 독소조항을 덕지덕지 붙였습니다.

공수처가 통과되면 유재수는 없습니다. 공수처가 통과되면 관권선거 송철호도 없습니다. 공수처가 통과되면 편법·비리·부정 백화점 조국도 없습니다.

공수처법은 검찰권의 분산이 대통령의 권한 강화로 연결된다는 점에서 장기적으로 민주주의에 부정적 후유증을 낳을 것입니다. 제왕적 대통령제의 폐해를 우려하면서 거꾸로 가는 선택입니다. 검찰권력을 수술하겠다는 강박관념이 지나쳐 검찰보다 더한 괴물을 만들게 될 것입니다.

여야는 바뀔 수 있습니다. 상시 사찰하는 기구가 야당 의원의 후원금 계좌 등을 뒤져 정치적인 탄압을 할 수가 있습니다. 공수처 통과는 승자의 저주가 될 수 있습니다. 여러분이 찍은 찬성표가 여러분의 족쇄가 될 수 있습니다. 명심하십시오. 공수처는 결국 야당·야권 인사를 손보는 도구로 전락할 것입니다.

일반 국민들은 공수처의 무서운 실체를 잘 모르실 것입니다. 공수처 설치에 대한 찬반을 떠나 권력기관을 새로 설치하는 것은 그 폐해가 매우 크기 때문에 여론조사를 근거로 설치의 정당성을 논할 수 있는 문제가 아닙니다. 공수처는 우선 처리가 아닌 폐기되어야 할 법입니다.

지금 이즈음에 공수처법을 통과한다면 한 번도 경험하지 못한 나라를 만드는 공범으로 기록된다는 사실을 명심해 주시기 바랍니다.

장시간 경청해 주셔서 감사합니다.


■**의장 문희상** 아주 수고 많으셨습니다.

다음은 표창원 의원 나오셔서 토론해 주시기 바랍니다.

토론 4

표창원 의원

■**표창원 의원**[1]  존경하고 사랑하는 국민 여러분!

문희상 국회의장님, 그리고 선후배 동료 의원 여러분!

더불어민주당 용인정 지역구 표창원 의원입니다.

저는 오늘 고위공직자범죄수사처(공수처) 설치법안을 찬성하며 이에 대한 지지를 촉구드리기 위해서 무제한토론에 나섰습니다.

제 말씀의 골자를 말씀드리기에 앞서서 좀 드릴 말씀이 있습니다.

꽃이 필 때 꽃이 질 때 / 사실은 참 아픈 거래 // 나무가 꽃을 피우고 / 열매를 달아 줄 때도 / 사실은 참 아픈 거래 // 우리 눈에 다 보이진 않지만 / 우리 귀에 다 들리진 않지만 / 이 세상엔 아픈 것들이 너무 많다네 / 아름답기 위해서는 눈물이 필요하다네 // 꽃이 필 때 꽃이 질 때 / 사실은 참 아픈 거래.

이해인 시인님의 '친구야 너는 아니?'라는 시의 내용입니다. 그룹 '부활'의 노래로도 잘 알려져 있고요.

저는 우리 국회에서 통과시키는 법안들이 꽃이요 열매라고 생각을 합니다. 때로는 무척 아름다움이 그대로 보이기도 하지만 때로는 들꽃처럼 크게 주목받지 못하고 넘어가기도 하지요.

오늘 우리는 포항지진의 진상규명 및 피해자 지원을 위한 특별법안을 통과시켰습니다. 하나의 꽃이 피었습니다. 하나의 열매가 맺어졌습니다.

눈에 보이지 않고 잘 들리지 않는 눈물이 그 뒤에는 숨어 있습니다. 여전히 집에 돌아오고 계시지 못한 이재민들의 눈물이 있으시고요. 전파, 반파, 부분 파손…… 조사 결과에 따라서 희비가 엇갈리는 많은 분들의 눈물이 있습니다. 지열발전의 원인론, 책임은 누가 져야 하느냐, 아직까지 해결되지 않은 갈등의 눈물이 있습니다.

---

1 표창원 의원: 더불어민주당(경기 용인시정) http://pyotal.site/

이 법안 통과시키기가 얼마나 어려웠습니까? 우리 국회가 과연 그 눈물과 아픔을 제대로 보려 했습니까?

며칠 전 우리 본회의에서는 또, 얼마 전이지요, 민식이법, 하준이법을 통과시켰습니다. 민식이 부모님, 하준이 부모님은 이 법을 통과시키기 위해서 국회에 출퇴근하시다시피 하셔야 했고요, 많은 눈물을 흘리셔야 했습니다. 빌기도 하셨습니다. 무릎도 꿇으셨습니다.

그분들 앞에 보여 줬던 우리 국회의원님들, 높은 분들의 그 냉엄함은 가슴 시리고 등골이 오싹할 지경이었습니다. 하지만 여전히 우리가 통과시키지 못한, 수많은 눈물과 희생이 있음에도 불구하고 꽃을 피우지 못하고 열매를 맺지 못한 법안들도 많습니다. 태호·유찬이법, 한음이법, 해인이법, 고 김범석 소방관법, 정원섭법.

희생하신 분들의 명칭을 붙이는 의미는 그래도 조금 더 주목을 받아서 의원님들께서 여야를 막론하고 정쟁을 넘어서 국민의 눈물을 닦아 주는 입법을 했으면 하는 바람에서였습니다. 하지만 그분들의 눈물과 아픔은 아직까지도 꽃도 열매도 피우지 못하고 있습니다.

김용균법, 구의역 김군법, 세월호와 가습기 참사 피해자분들의 눈물이 맺힌 사회적 참사 특별법.

오늘 선거법을 둘러싸고 극한 대립의 모습, 동물국회의 모습, 폭력국회의 모습, 국회법이, 국회선진화법이 정면으로 거부당하고 위반되는 현장을 우리는 또 목도했습니다.

자유한국당 의원님들께서는 자유한국당 의원님들의 눈물이 그 밑에 깔려 있다고 말씀하실 것입니다. 소수야당의 서러움, 약자의 아픔. 예, 존중해 드립니다. 그러면서 제가 부탁드리고 싶은 말씀이 있습니다. 그 소수의 아픔, 약자의 서러움을 겪어 보셨으면 얼마 전까지…… 특히 여러 자유한국당 의원님들, 새누리당 시절에 정부의 막강한 힘으로, 검찰과 경찰과 국정원의 힘으로 짓밟고 억눌렀던 서민들, 약자들, 그분들의 아픔과 눈물도 지금은 이제는 한번 떠올려 보셨으면 하는 부탁말씀을 감히 드리고 싶습니다.

2015년 11월 14일 백남기 농민은 보성에서 박근혜 대통령이 내걸었던 쌀수매가 약속 지켜 달라 부탁을 하러 서울에 올라오셨습니다. 광화문집회에 참여하셨습니다. 경찰이 쏜 물대포에 맞고 쓰러지셨습니다. 1년 넘게 사경을 헤매시다가 결국 돌아가셨습니다.

그 전후에 지금은 자유한국당의 대표가 되신 황교안 당시 법무부장관, 총리께서 또 그 각료들이, 경찰청장이, 검사들이 근엄하고 엄격한 표정과 자세로 앵무새처럼 반복하셨던 말씀은 법과 질서였습니다.

불법필벌, 무질서에는 무관용, 좋습니다. 보수의 대원칙이지요. 보수정권은 그럴 만합니다. 그러면 스스로는 법과 질서를 지키셔야지요. 그렇지 않습니까? 선거법을 둘러싸고 오늘 자유한국당 김재경 의원님이 공언을, 확언을 하셨고 많은 자유한국당 의원님들이 동조하고 박수를 치셨습니다. 어떤 말에? '오늘 통과된 선거법은 반드시 위헌 판정을 받을 것이다'. 그렇지요.

두 번째, '오늘 통과된 선거법은 4+1에 오히려 불리하게 작용할 것이다. 자유한국당이 가장 큰 이익을 볼 것이다'…… 그렇다면 왜 국회선진화법을 정면으로 위반하면서 몸으로 물리력으로 폭력으로 연로하신, 심장도 안 좋으신 국회의장님을 겁박하고 밀치고 막고 하면서 의사진행을 방해해야만 했을까요? 정말로 이해하기 힘듭니다.

그렇지요. 질서를 어지럽혔다고 말씀 주셨지요. 바로 그러한 이유입니다. 여러분들이 짓밟았던 약자들에게도 다 이유가 있었습니다. 그분들은 질서를 어지럽히는 정도가 아니라 생계가 짓밟혔습니다. 인권이 유린됐습니다. 일터를 빼앗겼습니다. 중병을 얻었습니다. 목숨을 잃었습니다. 가족을 잃었습니다. 그런 이유 앞에서 거리에 나와서 조금의 집회·시위에 관한 법률 위반했다고, 형법상 일반교통죄 위반했다고 그들은 물대포를 맞아야 했고 체포당해야 했고 몽둥이로 두드려 맞아야 했습니다. 다 인내했습니다. 다 참았습니다.

생각을 해 보시란 말씀입니다. 이제 그 입장이 되셨지 않습니까? 약자 아닙니까? 소수자라고 주장하지 않으십니까? 그렇다면 이제는 그 마음을 느껴 보시기를 부탁드리고 싶습니다.

선거법의 또 다른 눈물이 있습니다. 여러분들의 눈물만 있는 것이 아닙니다. 또 어떤 눈물이 있을까요? 조금 전에 18세 투표권, 선거권 하향에 대해서 걱정을 하셨습니다. 여러분들이, 많은 분들이 삭발을 하시기도 하셨지요, 다른 문제로?

저와 많은 국회의원들은 열일곱, 열여덟, 우리가 흔히 꽃다운 나이라고 부르는, 외모에 신경 쓰고 이성의 관심에 민감해야 할 시기에 자신의 머리를 모두 삭발한 청소년들을 봐야만 했습니다. 그들의 요구는 자신들에게 투표권을 달라는 것이었습니다.

학교 이야기 많이 하십니다. 그렇지요. 50만 명, 18세에서 19세 사이의 청소년 상당수가 학생들이지요. 하지만 모두는 아닙니다. 그리고 학생들이라 해도 24시간 365일 공부만 하는 것이 아닙니다. 그들도 자신들의 미래에 대해서 요구할 권리가 있고 현재에 대해서 요구할 권리가 있습니다. 오스트리아의 청소년들은 16세부터 투표권을 가집니다. OECD 모든 국가가 우리나라만을 제외하고 모두 18세 혹은 그 이하 연령대에 투표권을 주어 왔습니다. 그 눈물이 오늘 꽃을 피웠습니다.

또 다른 눈물이 있지요. 고 노회찬 의원을 포함한 소수정당들의 서러움, 선거 때만 되면 원래 그들의 지지자였던 분들도 '당신들 당에 표 주면 의미가 있나, 사표가 되어 버릴 텐데?', 그래서 거대양당으로 표가 몰려갔습니다. 그래도 지지하고 믿어 준 분들의 표가 4%, 5% 모여도 지역구에서는 차석으로, 3등으로 떨어질 수밖에 없었지요. 비례대표 모으고 모아서 한두 분 당선이 가능했고요.

국민들의 표심만으로 보자면 의석수가 상당히 있어야 할 텐데 전혀 그렇지 못한 서러움의 눈물이 오랜 기간 계속돼 왔습니다. 유럽이나 흔히 말하는 선진국들에 늘 있는 녹색당, 환경을 생각하고 환경만에 올인하는 정당이지요. 대한민국은 국회 내 의석이 없습니다.

많은 의원들께서 '국민' 입에 많이 올리십니다. 저도 그렇고요. 국민, 국민, 때로는 전 국민이, 온 국민이 이런 표현 많이 쓰시지요. 전혀 전 국민, 온 국민이 동의할 만한 내용이 아닌데도 불구하고 말이지요.

특히 그중에서도 국회에서 자신들을 대표하는 목소리를 찾기 힘든 약자분들, 소수자분들 자신들을 대표해 줄 수 있는 후보자와 정당에 투표하고 싶어도, 투표를 해도 소용이 없는 그 현실, 그 눈물이 오늘 꽃을 피웠습니다.

예, 자유한국당에서는 비례한국당을 만들어서 보기 좋게 이 선거법을 무용지물로 만들겠다라는 공언을 하고 계십니다. 글쎄요, 저는 이미 불출마 선언을 한 입장에서 정치적인 욕심, 관심 없습니다. 제가 할 일은 다했다는 생각이고 의무복무를 마쳤다는 생각이고 이제는 정치가 아닌 제 삶으로 돌아가기로 결심을 했습니다.

한 시민의 입장에서, 한 국민의 입장에서 이 사안을 한번 바라봤습니다. 모든 규칙, 모든 제도 완벽할 수 없지요. 어디에나 한계가 있을 수 있고 또는 구멍이 있을 수 있고 부족함이 있을 수 있습니다. 그것을 악용하는 것을 불법이 아닐 때 우리는 편법이라고 부릅니다. 특히 권력과 법과 힘과 자원을 가지고 있는 사람들이 그 편법을 주로 사용하면 서민들은, 국민들은 억울함과 분노를 느낄 수밖에 없습니다. 그런 것에 의존하는 강자들이, 정치인들이, 정당들이 과연 오래 지속할 수 있을까요? 그래 왔던 정당들이 결국은 비참한 최후를 맞이하는 모습을 우리는 많이 봤습니다.

저는 그래서 굳이 이에 대한 대책을 세우거나 준비할 필요가 없다고 개인적으로 생각합니다. 편법을 사용하는 분들, 편법 사용해야지요. 그 후에 그에 대한 책임을 지시고 받아들이시면 될 거라고 생각합니다.

고위공직자범죄수사처에 대한 말씀을 드리러 나왔으니까요 이제 그 얘기를 좀 하겠습니다.

고위공직자범죄수사처라는 법안에는 어떤 눈물이 숨어 있을까요? 어떤 아픔이 도사리고 있을까요? 역시 이에 반대하시는 자유한국당 의원님들이 아마 30일 날 눈물을 속으로든 밖으로든 흘리시겠지요. 또 그 아픔이 공수처 법안에 담기게 되겠지요. 저는 그 아픔과 눈물 그리고 오늘 무제한토론을 통해서 말씀해 주신 많은 우려들이 대단히 좋은 쓴 약이 되리라고 저는 생각합니다. 어떤 제도도 완벽할 수 없지요. 당연히 문제는 지적되어야 하고 비판은 있어야 합니다. 경계가 있어야 하지요. 제도 못지않게 운용이 중요하기도 하고요. 무척 아쉬운 것은 그러한 주장과 의견과 비판과 문제 제기가 그동안 두 차례 사개특위에서 제시되고 논의되고 토론되고 했었더라면 얼마나 좋았겠느냐는 것입니다. 국민들께 조금 더 나은 법안으로, 국민들께 조금 더 문제가 덜 한 제도로 선물해 드릴 수 있지 않았겠습니까?

결과 이렇게 될 줄 몰랐다고요? 다른 분들은 다 알고 계셨는데요. 패스트트랙에 올라가는 순간 그 결과는 예견돼 있었지 않습니까? 역시 역사가 평가하겠고 국민들이 평가를 해 주시리라 믿습니다.

자유한국당 의원님들의 눈물과 아픔 말고 또 다른 아픔과 눈물들이 있지요. 눈에 잘 보이지 않습니다. 귀에 잘 들리지 않습니다.

첫째, 지표로 표시되는 국민들의 아픔과 눈물이 있지요. 불공정에 대한, 불의에 대한 분노와 불만입니다.

세계적으로 유명한 베스트셀러 '정의란 무엇인가'의 저자 마이클 샌델 교수가 대한민국을 찾았습니다. 워낙 이 책이 전 세계 어디보다 많이 팔렸기 때문이지요. 그래서 우리 대한민국 유수의 언론사 또 시민단체와 함께 설문조사를 실시했습니다. 똑같은 질문을 우리 대한민국 국민들과 미국의 시민들에게 던져 봤던 것이지요. '당신이 살고 있는 이 사회는 공정하다고 생각을 하십니까?'라는 질문이었습니다.

대한민국의—물론 전수조사는 아니니까 샘플이지요—시민들은 70%가 넘는, 73.8%로 제가 기억을 합니다. 70%가 넘는 응답자들께서 불공정하다라고 답을 주셨습니다.

미국도 여러 가지로 불공정에 대한 시비가 많습니다, 차별의 문제도 있고요. 그럼에도 불구하고 미국의 시민들은 약 60%가 그래도 공정하다고 생각한다라는 답이었습니다. 너무나 현격한 차이가 나는 거지요. 불공정과 불의에 대한 우리 국민들의 요구, 분노, 불만, 눈물, 아픔, 충분히 우리 공감을 다 하고 계시리라 저는 믿습니다.

두 번째, 이러한 불공정과 불의는 도대체 어디에서 비롯되었을까요? 여러 가지 연원이 있겠지요. 일제시대로부터 찾는 분들도 계시고요, 교육의 문제, 문화의 문제, 사법제도의 문제, 여러 가지가 있습니다. 그중에서도 다양한 모든 분야의 공정성의 문제와 정의의 문제가 가장 심각해졌을 때, 가장 클 때, 가장 문제가 되었을 때 만나게 되는 것이 바로 수사와 기소와 재판이지요.

그런데 그러한 수사와 기소와 재판이 무소불위 검찰권력에 의해서 좌지우지되고 그 권력이 원하는 대로 때로는 죄가 없는 사람도 죄가 있는 것으로 둔갑을 하고 죄가 있는 사람도 없는 것으로 둔갑을 하는 그러한 현상 앞에서 가장 억울함과 불의와 불공정에 대한 분노를 많이 느끼고 계시다라는 것을 우리는 많이 확인을 했습니다. 공수처 법안이라는 이제 꽃으로, 열매로 피우게 될 이 법안의 뒤에는 이러한 눈물들이 또 아픔들이 도사리고 있습니다.

조금 더 강한 이야기를 드리고자 합니다.

우선 이 공수처 법안이 처음으로 우리나라에 모습을 보였던 23년 전 1996년 그때가 어떤 때입니까? 한보 사태, 권력형 비리 여기저기서 빵빵 터지던 때였습니다. 도저히 이대로는 안 되겠다……

그러한 권력형 비리의 원인 무엇이었습니까? 정경유착, 그 정경유착이 드러나지 않고 다 아는데, 국민들 다 아는데 통제되지 않고 수사받지 않고 그대로 흘러왔던 이유는 무엇이었습니까?

그 비리를, 그 부패를, 횡령을, 뇌물을, 배임을 찾아내고 수사하고 의법 처리해야 할 검찰이 그렇지 않았기 때문이었지요. 오히려 그들과 한패라는 그런 증상들, 징후들이 너무 많이 나타났지요.

국민들이 화가 났습니다. 이대로는 안 된다고 뜻과 마음을 모았습니다. 그것이 고위공직자 범죄수사처, 비리수사처라는 형태로 법안으로 모아졌지요.

조금 더, 역사의 시계바퀴를 조금 더 뒤로 돌려 볼까요? 그로부터 2년 전인 1994년 우리에게는 여전히 악몽으로 남아 있는 지존파 연쇄 살인 사건이 드러났습니다. 그들은 전 세계의 언론과 카메라 앞에서, 라이브 생중계로 나가는 그 화면 앞에서 당당하게 머리를 들고 외쳤습니다, '더 못 죽인 게 한이다. 대한민국은 썩었다. 있는 자, 가진 자들 다 죽이고 싶다'.

그들이 그러한 끔찍한 살인을 하게 된 여러 가지 이유가 있지요. 그들을 결코 옹호할 생각 없습니다. 어떤 것도 변명이 될 수 없습니다. 하지만 그러한 범죄의 뒤에는, 이면에는 그러한 연쇄 살인범들 개인의 문제만이 아닌 그들로 하여금 죄책감을 느끼지 않게 하고 부자들은, 가진 자들은 공격해도 된다라고 생각하게 만든 부패와 비리, 만연해 있었던 우리 사회의 병리적 현상이 도사리고 있었습니다.

조금 더 돌아가 볼까요?

1988년 우리가 올림픽을 열었던 그해 지강헌이라는 절도범이 탈옥을 합니다. 500만 원을 훔친 죄로, 그 전에도 절도 전과가 있었기 때문에 사회보호법의 적용을 받아서 징역 7년, 보호감호 10년. 뭐 그런 줄 알았습니다, 자기는 범죄자니까.

그런데 같은 시기에 30억 원의 뇌물 횡령이 확인됐고 훨씬 더 많은 액수가 연루되었을 것으로 추정되던 전경환—전두환 전 대통령의 동생이지요—권력에 가까이 있었던 사람은, 그 액수만으로 친다면 500만 원과 30억 원의 차이는 너무너무 크지요. 그런데 전경환도 똑같은 7년형, 보호감호는 없었습니다. 그리고 2년도 채 안 돼서 결국 가석방으로 나갔습니다.

그것을 보고 지강헌은 마음을 바꾸어 먹었지요. '나는 정당한 형벌을 받고 있지 않아. 억울해. 공정하지 않아', 뜻을 같이하는 동료들과 함께 탈옥을 합니다. 인질을 잡고 방송 카메라를 요구하고, 여러 가지 이야기를 하고 요구를 하지요. 그 공범이 나중에 한 이야기, 전달한 이야기가 '유전무죄'라는 지금까지 회자되는 이야기입니다. 돈이 있으면 죄를 지어도 벌을 받지 않는다.

고위공직자범죄수사처의 뒤에는 이런 아픔과 이런 눈물들이 있습니다. 우리나라가 조금만 더 공정했더라면, 고위공직자들의 부패·비리가 조금만 통제되고 관리되었더라면 발생하지 않았을 심각한 문제들……

물론 그 정점은 1997년 말 외환위기지요. 나라가 거덜나고 외환위기, 디폴트, 국가 부도 직전에 몰린 그 이면에는 권력형 부패, 비리, 정경유착이 있었기 때문이지요.

1996년에 우리 국민들이, 시민들이 요구했던 고위공직자비리수사처 법안이 통과되었더라면 혹시 이 사태를 막을 수 있지는 않았을까, 역사에 가정은 없다고 하지만 아쉬움을 곱씹어 볼 수밖에 없습니다.

여전히 우리는 기억합니다. IMF 외환위기 때 은행원들 성실하게 좋은 실적으로 아무런 과오 없이 칭찬받으며 근무하던 분들께서 눈물을 머금고 자기가 일하던 소속된 은행과 다른 동료들을 위해서 희망퇴직을 해야 했던 그 장면들, 중소기업에서, 대기업에서 무수한 분들이 정리해고 당하는 그 아픔들.

아무런 잘못도 없고 책임도 없는 분들이, 시민들, 서민들이 고위공직자들의 정경유착과 검찰의 가진 자 봐주기 관행으로 인해서 모든 것들을 잃게 되셨으면서도 그분들은 자신들의 집 안에서 또 금붙이를 가지고 나오셨습니다, 나라를 구하겠다고.

가진 자들, 있는 자들, 힘센 자들이 망친 나라를 가진 것 없고 힘없는 서민들이 살려 내신 겁니다, 자신들을 희생해서. 그 희생을 딛고서 다시 잘 살게 됐습니다. 재벌은 다시 배가 불렀습니다.

과연 희생하신 그분들께 우리는 무엇을 회복해 드렸지요? 돌려 드렸지요? 보상해 드렸지요? 일일이 한 분 한 분 찾아서 그 피해에 대한 회복을 해 드리는 것은 불가능할 것입니다. 그러면 우리 국가, 우리 사회라도 반성을 해야 할 것이고, 특히나 있는 자들, 가진 자들, 그래야 되지 않을까요?

예, 이만큼 들고 오셔서 읽으실 정도로 고위공직자범죄수사처에 대한 무척 많은 우려, 걱정, 비판, 비난, 좋습니다.

하지만 그와 함께 고위공직자범죄수사처가 꼭 필요하다라는, 이런 것이라도 만들어서 그동안 불의와 불공정이 만연했던 우리 사회, 그로 인해서 억울했던, 분노했던 시민들, 서민들 그 한이라도 조금 풀어 주고 앞으로 다음 세대, 우리 아이들만이라도 조금 더 공정한 세상에서 살 수 있도록 해 달라는 국민들의 그 눈물과 아픔이 공수처 법안으로, 공수처라는 꽃과 열매로 좀 피어나면 안 되겠습니까?

검찰이 잘 하면 된다, 맞는 말이지요. 검찰이 잘 하면 됩니다. 그런데 왜 그동안 못 해 왔을까요? 검찰, 검사들은 다 나쁜 사람들이라서 그럴까요? 이번에 지금 윤석열 검찰총장과 현재 문재인 정권하에서의 검찰만 특별하고 다를까요? 사람의 문제로 볼 수는 없지 않겠습니까?

계속 다 인정은 하십니다, 누구나. 자유한국당 의원님들도 상당수가 동의하고 인정하십니다. 대한민국 검찰은 그 유례를 찾기 어려울 정도로 무소불위의 권력을 독점하고 있다, 직접수사권, 경찰 및 특별사법경찰관리 등에 대한 수사지휘권, 기소재량권과 독점권, 공소유지권, 형집행권, 그 외에도 이러한 권력에 기반한 파생적인 권력들이 또 있습니다. 범죄 예방 분야까지도 장악하고 있고요, 범죄 정보까지도 틀어쥐고 있지요.

그 검찰의 강한 힘으로 국정원이며 기타 국가기관들에도 파견 등의 형태로 영향을 미치고 있습니다.

선한 권력이면 되지 않을까요? 그러한, 마치 반지의 제왕에 나오는 그 제왕의 반지를 낀 것처럼 그 힘을 휘두르고 싶어 하는 인간의 본성은 그들에게 착해지라고 요구해서 해결될 수 있는 문제는 결코 아닙니다. 유사 이래로 그런 적은 없었습니다. 제도로 견제하고 제도로 균형을 잡아야만 합니다.

특히 최근에 이제 국회에서 고위공직자범죄수사처 법안이 실제로 패스트트랙에 올려지고 시간이 다가오고 사개특위를 넘어서 법사위를 지나 본회의에 상정이 되니까 더더욱 검찰은 강하게 반발을 합니다.

다양한 형태의 논리를 내놓고 있고요. 많은 분들께 검찰을 대변해서 이야기해 주기를 요구하고 실제로 그것이 실현되고 있습니다.

왜 우리가 이토록 검찰에 대한 개혁을 외치고 있습니까? 우리 모두가 너무나 잘 알고 있지요. 제 식구 감싸기, 전·현직 검사 관련된 범죄 혐의에 대해서는 경찰이 여러 차례 압수수색 영장을 청구, 신청을 해도 다 검찰 단계에서 기각이 됩니다. 도저히 사실을 추적하고 밝혀낼 수가 없습니다. 검찰이라는 제 식구, 그 거대 집단의 벽을 넘어갈 수가 없습니다.

두 번째는 검사들 중에 그런 범죄 혐의를 받고 있고 그런 일을 저지른 사람은 극소수지요, 극소수입니다. 다른 대부분의 검사들은 대한민국 최고의 엘리트답게 최선을 다해서 국민과 국가를 위해서, 정의를 실현하기 위해 열심히 일하고 있지요. 더더군다나 일선의 형사부 검사들은 1인당 200~300건 정도를 틀어쥐고 매일매일 사건 속에 파묻혀서 다른 생각도 하지 못하고…… 2018년 천안지청의 한 검사는 결국은 과로로 목숨을 잃어야만 했습니다. 그 정도로 열심히 하고 있습니다.

하지만 극히 일부는 역시 인간인지라 이런저런 형태의 범법행위를 저지르기도 합니다. 하지만 그 경우에 그들의 범법행위가 처벌되고 단죄될 가능성은 0.3% 미만에 불과하다는 것입니다.

두 번째 문제는 이분들이 자기만을 보호하기 위해서 이런 무소불위의 권력을 사용하면 뭐 그렇다 치겠는데 사회와 국가를 위해서 봉사하시는 분들이니까 그 권력의 독점적 행사가 확장된다는 거지요. 스폰서 검사, 검사에게 돈 주고 향응 주고 하는 사람들이 즐비하고 그들은 그러한 막강한 검찰, 검사 친구에게서 어떤 형태로든 이익을 보고 있다는 거지요, 있어 왔다는 거지요. 그들 역시 경찰 등 다른 기관에서 수사하거나 조사하게 되면 그들보다 더 막강한 힘을 가지고 그들에 대한 통제와 지휘와 사건이첩 요구 권한을 가지고 있는 검찰에 막혀서 드러나지 않습니다, 보호받습니다.

그다음 더 커다란 문제는 재벌이나 권력 등과 검찰이 너무나 밀착해 있었고 함께 이해관계를 공유해 왔다는 것입니다. '재벌 저승사자' 혹은 '특수수사의 대가' 이렇게 불렸던 검사들이 조금 있다 보면 대기업의 전무, 부사장 이렇게 가 있거나 혹은 그 대기업 관련 사건들을 주로 수주하는 대형 로펌에 가 계십니다. '박봉에 열심히 일했다'라는 말 듣고 계시던 분들이 어느 순간 퇴임 이후에 수십억 재산을 순식간에 불리는 모습들을 우리는 많이 보아 왔습니다.

고위공직자범죄수사처가 왜 필요한지, 검찰이 잘하면 되기는 하겠지만 제도상으로, 구조상으로 스스로의 힘만으로는 거의 불가능에 가까운 현실 때문입니다. 견제와 균형이 필요합니다.

다른 나라 이야기들 많이 하십니다. 영국, 제가 영국에서 5년 공부를 하고 왔고요, 여전히 영국의 전문가들과는 계속 교류를 하고 있습니다. 기본적으로 영국의 SFO가 법무부 소속이네 혹은 대상 범위가 인적인 제한이 없네…… 물론 우리 고위공직자범죄수사처와는 다르지요.

그러면 다른 현실은 어떤가요? 영국의 의회에는 의회조사청이 있습니다. 국회의원들을 조사하는 기관이 따로 있다는 말입니다. 자유한국당 의원님들, 그것은 왜 안 받아들이시지요? 그건 제가 법안으로 냈는데 동의도 안 해 주시고요. 영국처럼 되고 싶다면 우리에게 적용되는 것부터 받아들여야 되지 않을까요?

영국의 검사, 검사라는 말조차 적용되지 않지요, 기소관입니다, 기소관. 기소만 합니다. 수사에는 전혀 관여할 수도 없고 하지도 않습니다. 이런 현실하에서 만들어진 SFO, 그럼에도 불구하고 중대부정수사청이라고 하는 그 기관에서는 우리 고위공직자범죄수사처와 유사한 형태와 기능을 수행하고 있습니다.

홍콩 염정공서(ICAC) 이야기들 많이 하십니다. 저는 2000년에 직접 다녀왔습니다, 당시에. 김대중 대통령 당선 이후에 제일 먼저 하셨던 것 중의 하나가 국가인권위원회 만드는 것이었고요, 또 하나가 부패방지위원회를 만드는 것이었습니다. 그동안 권위주의 정권, 군사독재 정권, 국민들의 권리·인권을 짓밟고 재벌 등 가진 자들은 비호하고, 그래도 자기들은 청렴한 줄 알았지 나중에 보니까 전두환 이분은 수천억 원의 추징금도 아직까지 납부도 하지 않고요, 재벌들로부터 뜯은 돈만 수천억 원이고. 가장 커다란 문제가 이 두 가지였다는 것을 국민들이 뽑은 국민의 정부, IMF 외환위기의 짐을, 부채를 떠안았던 김대중 정부에서는 꼽았던 것입니다. 그래서 한쪽에는 국가인권위원회를 만들고 다른 쪽에는 부패방지위원회를 만들었습니다.

최초의 구상은 부패방지위원회에 수사권을 주는 것이었습니다. 지금의 고위공직자범죄수사처와 같은 부패와 비리 문제를 전담하는 수사기구, 만들고 싶었던 거지요.

엄청난 반대에 부딪혔지요. 누구의 반대였겠습니까? 국민들이 반대했겠습니까? 검찰의 반대지요. 그리고 보수 야당의 반대였지요.

지금 해 주시는 많은 반대 논리와 유사한 논리가 그때도 나왔습니다. '위헌적이다, 검찰 주재의 수사구조라는 대한민국의 사법체제에 맞지 않는다, 대통령의 직속기관 도구가 될 것이다, 야당 탄압하려 할 것이다', 결국 좌초된 부패방지위원회의 수사권은 조사권마저도 읍소했지만 구해 받지 못했고 신고접수만 할 수 있고 그 신고접수를 통해서 범죄 혐의가 확인되면 검찰에 고발할 수만 있게 되었습니다.

그래도 그 미약하고 작고 축소된 신고접수 및 고발권만을 가지고 부패방지위원회는 당시에 전현직 고위 검찰 간부와 장관급 인사 2명의 뇌물수수 의혹을 밝혀내고 검찰에 고발했습니다. 결과는 검찰에 의한 무혐의 결정, 재판을 받아 볼 기회도 없었지요. 검찰의 제 식구가 포함돼 있었고, 그러면서 부패방지위원회의 고발권에 대한 비난의 목소리를 검찰이 내었습니다. 제대로 사실 확인도 못 하고, 검찰은 '수사권도 있고 방대한 인력과 경험과 전문성이 있기 때문에 들여다봤더니 부패방지위원회가 너무 어설펐다', 결국 부패방지위원회는 몇 년 지나서 국가청렴위원회로, '부패'라는 이름이 어둡다…… 그 청렴위원회마저 사라져 버리고 말았지요.

그 당시에 부패방지위원회의 수사권 위호하려던 당시의 경찰대학 교수였던 제게 외국의 유사한 사례를 조사해 달라는 요구가, 요청이 왔습니다. 그래서 제가 홍콩에 가서 ICAC를 방문을 했고고, 싱가포르에 가서 CPIB를 방문했습니다. 그분들을 만나 보고 들여다보고 이야기를 들었습니다. 여기에서 문헌으로만 이야기하시는 분들의 이해관계에 따른 주장과는 많이 현실은 달랐습니다.

홍콩의 염정공서 탄생 직전의 홍콩의 모습은 아비규환이었습니다. Triad(삼합회), 조폭, 홍콩에 유명하지요, 영화로도 많이 나왔고요. 그 삼합회와 경찰이 짝짜꿍이었습니다. 둘이서, 조폭이 가서 두드려 패고 경찰이 가서 보호해 주는 척하고 서로 돈 주고받고, 누구나 다 알고 있는 상태일 정도로 도저히 이래서는 안 되겠다라고 해서 만든 것이 염정공서였습니다. ICAC였습니다.

만들 때도 그랬고 만든 뒤에도 홍콩의 경찰은 엄청난 반대와 비판과 공격을 해 댔습니다. 심지어 ICAC 본부 건물에 대한 무력 진입 공격까지 있었습니다. 삼합회는 ICAC, 염정공서 수사관들을 살해하기도 했습니다. 그러한 어려움들을 겪으면서, 이겨 내면서 자리 잡은 것이 오늘의 홍콩의 염정공서였고요.

여러분들이 '홍콩이 작다' 또는 '영국으로부터 중국으로 이양되었기 때문에 중국의 일부다' 이렇게 비하의 말씀을 많이 주시지만 국제적인 부패문제 조사기구지요, 투명성위원회 (Transparency International)에서 조사하는 가장 공신력 있는 전 세계의 부패지수 CPI(Corruption Perceptions Index) 순위에서 홍콩은 우리나라를 늘 앞서 있습니다. 지금 전 세계에서 한 14위, 13위, 우리나라는 50위권이지요.

싱가포르는 더하지요. 싱가포르는 전 세계에서 3위, 4위의 청렴한 국가입니다. 물론 홍콩이 이러한 염정공서, 반부패수사기구 또 싱가포르의 CPIB(탐오조사국), 이 새로운 반부패수사기구만의 힘으로 과거에 부패했던 국가로부터 가장 청렴한 국가로 탈바꿈한 것은 아니지요. 다른 여러 가지 요인들도 있지요. 하지만 그중에서 가장 결정적이며 가장 중요한 역할을 했다는 것은 관련 학자들이나 국제기구들이 다 인정하는 바입니다.

앞서 서두에 말씀드렸습니다. 우리 대한민국 국민들께서 아픔과 눈물로 바라시는 것, 물론 앞서 민생 이야기하시더라고요. 과연 부패방지기구가, 수사제도가, 고위공직자범죄수사처가 부동산 값을 내려 주느냐? 국민들의 주머니에 돈을 넣어 주느냐? 직접은 아니지요. 하지만 조금 더 투명한 세상이 되었을 때, 조금 더 공정한 나라가 되었을 때, 재벌과 대기업이 정경유착을 통해서 단가 후려치고 하청·재하청 힘들고 어렵게, 원가에도 못 미치게 쪼아 대지 못하게 되었을 때 중소기업과 노동자들은 조금 더 공정한 처우를 받을 수 있겠지요. 부동산 가격 역시 마찬가지 아니겠습니까? 그 검은 돈들이 흘러 흘러 대개 불필요한 유휴 부동산으로 흘러 가겠지요.

청렴도가 높은 나라일수록, 공정성이, 정의가 조금 더 확보된 사회일수록 부동산 투기? 언감생심 꿈도 꾸지 못합니다. 자금 추적, 또 그렇게 할 필요도 없고요.

민생, 앞서 말씀드렸습니다. 민식이법, 하준이법, 한음이법, 태호·유찬이법, 해인이법, 김용균법, 국민들의 피눈물이 흐르는 그 법안에도 그다지 적극적이지 않으신 분들께서 과연 민생 걱정 때문에 국회선진화법을 정면으로 위반하면서 무리하게 공수처법을 막으려고 하셨어야 했을까요? 저는 그것은 아니라고 생각을 합니다. 권력의 문제지요.

지금 현재 대한민국의 기득권을 유지하고 있는 거대한 돈의 힘과 법의 힘과 정치권력의 힘, 가진 사람들 간의 카르텔, 야합 그 중심에는 검찰권력이 있지요. 일반적인 평검사들은 누리지 못하는, 고위검사들만 누리는, 두드러지게 드러나지 않게 적절하게 폐쇄적이고 남이 들여다볼 수 없는 그 검찰권력의 한계 내에서 수사권, 수사지휘권, 기소재량권 활용해서 적절히 마사지를, 소위 말하는, 하면 나중에 결국 그분들 퇴임하시고 어떻게 되는지 다 보시잖아요?

대한민국 국회의 국회의원 300명입니다. 그중에 열여덟 분이 검사 출신이세요. 각자가 정치적 역량이 뛰어나셔서? 뭐 그러면 얼마든지 웰컴이지요. 축하드리고 감사드리고 과연 우리 국민 다수가 그렇게 생각을 하실까요? 검사로서의 근무했던 경력, 현재 검찰과의 연결고리 그것을 전혀 감안하지 않은 국회의 의석 확보였을까요? 2000명 검사 중에 열여덟 분 국회의원입니다. 대한민국의 어떤 집단이 그 정도의 비례성을, 대표성을 이곳에 가지고 계십니까, 도대체? 노동자, 농민, 회사원, 어떤 직역에서 도대체 그 정도의 국회에서의 목소리가 대표되고 계십니까?

로펌으로, 재벌로, 사회 곳곳에 퍼져 있는 그리고 다시 검찰로 이어지는 그 영향력의 연결고리, 고위공직자범죄수사처가 생김으로써 다 와해되지는 않겠지요. 하지만 커다란 균열이 생깁니다. 덮고 감추기 힘들어지게 됩니다.

또 다른 고위공직자에 대한 수사만을 전담하는 대통령의 수족이 된다고요? 홍콩의 염정공서는 아예 행정청장관 직속입니다. 그럼에도 불구하고 결코 정치적인 편향성 시비에 휘말리지 않았습니다. 그것이 반부패 수사기구의 특성입니다.

우리는 더더욱 더 독립성을 갖추기 위한 장치를 했잖아요. 그래도 부족하다? 그러면 논의의 틀로 오셔야지요. 참여하셔야지요. 그래서 의견을 제시하시고 좀 더 중립적으로, 우리는 얼마든지 좋습니다. 왜? 야당 때부터 주장하던 것이기 때문에. 우리도 언젠가는 권력을 놓을 테고 다른 당이 집권할 테고 그때 만약에 지금 정권을 위해서 사용할 수 있는 기구라면 다음 정권을 위해서 더 무섭게, 더 강하게 사용될 것 아니겠습니까? 그것 원치 않습니다. 128명 민주당 의원분들과 많은 이야기를 해 봤지만 어느 누구도 그런 것 원하지 않으십니다.

자유한국당 의원님들도 똑같으시겠지요. 그러면 서로 야당의 목소리 내고 여당의 목소리 내서 23년 된 국민의 숙원, 불의와 불공정으로 인해서 흘리셨던 눈물들, 잃으셨던 목숨들, 빼앗겼던 권리들 모두는 아닐지 몰라도 일부라도 다시 되찾으실 수 있는 이런 출발은 만들어 드려야 하지 않겠습니까?

고위공직자범죄수사처, 우려와 비판의 목소리를 받아들여서 줄이고 줄이고 줄였습니다, 검사 25명, 수사관 40명. 처음에는 모든 대상을 향해서 수사와 기소 다 할 수 있도록 설계했지만 검찰, 경찰도 수사·기소 분리로 나아가는데 왜 공수처는 역행하느냐라는 지적 때문에 비록 특정한 대상을 향한 미니 수사기구라는 특별성이 있기는 하지만 그래도 기소에 영향을 미쳐서 스스로 제 식구 감싸기를 할 수 있는 집단에 대해서만, 고위경찰관과 검사와 판사들에 대해서만 공수처검사가 기소를 할 수 있도록 양보했습니다.

이러한 형태로 일단 출발은 할 수 있도록 해 주셔야지요. 그리고 지켜보셔야지요. 이 미니 기구가 과연 제 역할을 할 수 있고 그다음에 더 힘을 실어 줘도 될지 아니면 처음에 파일럿, 실험으로 끝내야 할지, 그것이 이제 내일모레지요, 30일 표결을 통해서 고위공직자범죄수사처 법안과 또한 6, 7개월 걸린다고 예상을 하더군요, 2020년 7월 정도에 탄생할 고위공직자범죄수사처라는 꽃과 열매로 그 뒤에 숨어 있는 눈물과 아픔들을 머금은 채 국민들께 다가갈 수 있으리라 기대합니다.

마지막으로 조금만, 검찰 얘기가 나왔으니까요.

검경수사권 조정 법안에 대해서 제가 또 토론을 할 수 있을지는 모르겠습니다. 다른 분들이 많이 계셔서 그럴 기회는 없을 것 같고요. 제가 아마 국회 이 본회의 단상에서 말씀드릴 수 있는 마지막 기회라고 생각이 됩니다.

공수처 법안이 23년 된 숙원이라면 검경수사권 조정은 65년 된 우리 국가와 국민의 숙원입니다.

1954년 한국전쟁 휴전 이후에 형사소송법을 새로 제정을 할 때 가장 첨예한 관심사는 수사제도였습니다. 일제시대에는 검사 주재의 중앙집권적인 상명하복적 통제 위주의 식민통치 수사기구였고 해방 이후 미군정 당시에는 미군정이 미국의 제도처럼 수사·기소가 완전히 분리된,

경찰은 수사를, 검찰은 기소를 하는 제도를 도입하려고 했고요.

　한국전쟁이 끝나고 나서 우리가 새로 설계하고 만드는 대한민국의 형사소송법하에서는 우리는 어떤 수사제도를 가져야 할까? 미군정이 도입했던 수사·기소의 분리라는 원칙론에 입각한 선진적인, 민주적인, 견제와 균형에 입각한 수사제도를 갖자는 이야기들이 많았습니다. 하지만 반론도 만만치 않았지요.

　왜? 그 당시에 경찰의 상황 때문이었습니다. 노덕술 같은 일제 식민경찰 잔재가 여전히 많이 남아 있었고요. 고문·가혹행위, 인권의식은 미약하고 준법에 대한 신뢰가 부족했던, 게다가 전국이 하나로 엮여지는 중앙집권적인 경찰조직에 총까지 착용하고 있고 정보, 경비, 막대한 권한을 가진 이 조직에 식민경찰의 잔재까지 듬뿍 있는데 독자적인 수사권을 줄 수 있겠느냐? 그렇게 된다면 경찰 파쇼 국가가 될 것이라는 예견, 주장, 우려 강하게 제기됐습니다.

　당시의 속기록을 보면요 엄상섭 의원, 검사였고 검찰총장이었던 엄상섭 의원께서 간단히 정리를 해 주십니다. '현 단계, 그 당시 1954년 당시에 경찰에 독자적 수사권을 준다면 대한민국은 경찰 파쇼 국가가 될 것이다. 그런데 기소권을 가진 검찰에 수사권까지 주고 수사지휘권까지 주면 이것은 검찰 파쇼 국가가 될 것이다', 그 당시에, 전후 혼란기에 시간도 많지 않고 여유도 없는 상황에서 더 많은 논의를 하기는 힘들었고 둘 중에 양자택일을 할 수 밖에 없었습니다.

　그때 엄상섭 의원이 한 이야기는 '경찰 파쇼와 검찰 파쇼 중에 선택을 한다면 우리는 검찰 파쇼를 택할 수밖에 없다, 덜 위험하기 때문이다, 그나마. 다만, 다만 언제까지나 그래서는 안 된다. 대한민국이 정상화가 된다면, 경찰이 신뢰할 수 있게 된다면 그때는 수사·기소 분리라는 원칙으로 돌아가야 한다.'

　과연 그때가 언제일까요? 줄곧 대한민국은 시기상조를 이야기했습니다. 검찰지배·법률가 지배, 사회 특성이었고 경찰은 그만큼 신뢰를 획득하지도 못했고 그 이후 이어진 군사독재정권하에서도 경찰은 충실한 군사독재의 도구였기 때문이지요, 국민을 짓밟고 탄압하고. 그러한 틀을, 오명을 벗기 위해서 무척 부단한 노력을 경찰은 해 왔고……

　또 다른 측면이 있습니다. 경찰이 미덥고 검찰이 못 미더워서가 아니지요, 그 반대여서도 아니고. 앞서 공수처 때도 말씀드렸지만 제도의 문제입니다. 견제와 균형의 문제입니다. 어떤 한 기관에 모든 권력과 권한을 몰아주었을 때 생기는 폐해, 파쇼의 문제를 해결해야 하기 때문이었지요.

　경찰을 식민 잔재를 솎아내고 씻어내고 그리고 중앙집권적 권력이 전국 일원으로 작용하는 무서움을 덜어내고, 내부에 민주적인 통제장치를 갖추고, 외부에서 민주적인 통제를 할 수 있도록 개혁을 해내고……

　경찰이 과거보다 더 똑똑해지고 많이 배우고 잘나서가 아니고 과거에는 여유를 갖지 못했던 경찰제도 개혁을 이제는 할 수 있게 되었고, 그렇게 해 왔기 때문에 이제는 우리 국민께 미국·영국—우리가 흔히 부러워하고 바라는—또는 독일 또는 프랑스, 외국의 제도 못지않은 민주적인 견제와 균형이 갖추어진 수사제도를 갖추면 우리가 덜 억울할 것이다, 그 염원이 이제 65년이 되었습니다.

그동안 최근에 이춘재 사건을 목격했지 않습니까? 경찰이 잘못을 했지요, 8차 사건. 억울한 신체장애가 있는 분을 범인이 아닌데 범인으로 몰아세웠습니다. 허위자백을 받아냈습니다. 그 사건을 지휘한 사람은 누구입니까? 궁극적으로 지금도 그렇지만 그 당시에도 우리나라 형사소송법상 수사의 주재자·책임자는 검사입니다. 경찰관에게는 수사의 의무만 있지 권리와 권한이 없습니다. 검사의 지휘에 따라서만 수사를 할 수 있습니다. 설사 현실상 그게 어렵다 하더라도 검찰의 수사, 경찰의 수사 완결이 곧 기소로 이어지지 않습니다. 반드시 검찰을 거쳐야 합니다.

형사소송법 제312조에 따라서 검사 앞에서 진술한 진술조서는 법정에서 증거능력을 인정받지요. 화성연쇄살인사건, 이 8차 사건의 누명·오명을 뒤집어썼던 분은 검사 앞에서 억울함을 호소했지만 받아들여지지 않았습니다. '경찰에서 한 이야기와 다르게 여기서 이야기하면 너는 더 큰 벌을 받을 거야' 협박을 받았습니다, 오히려. 똑같은 패턴이 약촌오거리 사건에도 적용이 됐고, 삼례 나라슈퍼에도 적용이 됐고, 영화 '7번방의 선물'로 잘 알려진 정원섭 씨 사건에도 적용이 되었습니다. 이제 곧 재심 대상이 될 낙동강변 살인사건도 마찬가지고요.

숱한 사건들, 힘없고 약한 분들, 어디 누가 나서서 힘 있는 전관변호사를 연결해 줄 돈도·백도 없는 분들, 이런 분들이 주로 그러한 잘못된 수사구조의 피해자들이 되었습니다. 검찰과 경찰이 한통속이 된, 검찰 밑에 경찰이 일렬로 늘어서서 한 번 걸리면 벗어날 수 없는, 찍히면 죽는…… 이제는 그래서는 안 되지 않습니까? 경찰의 처절한 반성과 개혁, 변화와 함께 검찰이 모든 권한을 쥐고 있는 수사제도는 이제 개선되어야 합니다, 우리 국민을 위해서, 억울한 사람을 조금이라도 덜 만들기 위해서.

문제점·우려·허점, 많은 제기, 저는 필요하다고 생각을 합니다. 환영합니다. 다만 참여를 해 주셔서 사개특위 국회의 틀 안에서, 법안의 협상·협의 과정에서 제기해 주시면 얼마나 좋습니까, 법과 질서와 절차를 지키면서? 남에게는 법질서를 강요하고 조금이라도 어기면 짓밟고 탄압했으면서 왜 본인들은 정당성만 주장하고 그 법질서를 어기십니까? 정당성이 있으면 법질서 어겨도 됩니까? 그렇지 않지 않습니까? 더군다나 보수라면 더더욱 그러면 안 되겠지요.

호소드립니다.

고위공직자범죄수사처 그리고 곧 이어서 다시 상정되고 무제한토론 이어지고 표결이 이루어지게 될 검경수사권 조정, 형사소송법 개정안과 검찰청법 개정안, 이제 와서 두 차례 연장을 거친 사개특위에 보이콧하고 참여하지 않으셨고 이후에 계속 이어진 논의와 토론 과정, 합의 과정에도 참여하지 않았으면서 갑자기 뒤늦게 이런저런 문제 제기하시고 방해하고 막고 비난하고 하지 마시고요. '권리 위에 잠자는 자, 보호할 수 없다'라는 법언 잘 아시지 않습니까? 국회에 맡기십시오. 경고하십시오. 우려 제기하십시오. 국회의 의결 절차는 국민들의 민의의 전당답게 이루어질 수 있도록 방해하지 마시고, 국회법 어기지 마시고, 폭력 쓰지 마시고, 물리력 사용하지 마시고, 의장석 점거하지 마시고요.

우리 국민들께, 청소년들에게, 어린이들에게 해외 토픽에 보여 주는 볼썽사나운 부끄러운 모습이 아닌 불만이 있어도, 이견이 있어도, 비판하고 싶어도 법과 제도와 절차의 틀 안에서 하는 국회의원다운 모습, 정당다운 모습을 보여 주시기를 마지막으로 간곡하게 호소합니다.

여러분 말씀처럼 고위공직자범죄수사처가 생긴다고 고위공직자범죄와 비리가 다 사라지는 것은 당연히 아닙니다. 검경수사권 조정된다고 해서 수사의 공정성, 모든 문제 다 해결되는 것 당연히 아닙니다. 여러 문제 중의 하나가 해결될 뿐이지요. 더 많은 노력 같이 기울여야 하겠지요.

하지만 어쨌건 단 한 분이라도 잘못된 수사 제도, 잘못된 수사 구조로 인해서 억울함에 피눈물을 흘리지 않도록 우리 국회가 해야 할 기본적인 업무, 우리의 기본적인 의무만은 제대로 하자는 마지막 호소를 드리고 제 말씀 마치도록 하겠습니다.

끝까지 경청해 주셔서 감사합니다.

고맙습니다.


■**의장 문희상** 표창원 의원 감동적이었어요.

다음은 권은희 의원 나오셔서 토론해 주시기 바랍니다.

**토론 5**

권은희 의원

■**권은희 의원**[1]　존경하는 국민 여러분!

그리고 문희상 국회의장님과 선배·동료 의원 여러분!

광주 광산을의 권은희 의원입니다.

본격적인 내용에 들어가기에 앞서 표창원 의원님께서 앞서서 참여의 과정에 왜 참여하지 않았느냐라는 질타를 하셨습니다. 그에 대해서 말씀드리고 싶습니다.

참여해서 대화와 타협이 가능한 공간을 닫아 버린 것은 바로 더불어민주당입니다. 그 예가 고위공직자수사처와 관련해서 일명 백혜련 안과 일명 권은희 안 두 개의 안이 각각 상정됐다라는 것이 예를 보여줍니다. 반나절밖에 안 되는 타협의 시간에서도 더불어민주당은 대화와 타협과 합의안을 거절하고 더불어민주당의 원안을 고수하면서 끝까지 고집을 부렸습니다. 그 결과 패스트트랙 안건에 동일한 법안이 두 개가 상정되는 결과를 낳았습니다.

물론 대화와 타협을 실종시킨 공간을 투쟁으로 채운 것은 자유한국당입니다. 국회에서 최악의 문제점에 대해서는 제거하고 보완해서 보다 나은 안을, 보다 나은 대안을, 보다 나은 보완책을 마련하는 것이 국회의 역할입니다. 하지만 그런 국회의 역할을 포기하고 그 공간을 투쟁으로 채워 넣은 것도 자유한국당입니다.

집권 여당인 더불어민주당 대화와 타협을 실종시키고, 제1 야당인 자유한국당 그 공간을 투쟁으로 채워 넣었습니다. 정말 기득권 양당을 강하게 지탄하지 않을 수 없습니다.

（영상자료를 보며）

본격적으로 내용과 관련해서 말씀드리겠습니다.

고위공직자수사처 필요합니다. 우리 국민들은 경험으로 느꼈습니다. 권력자들에 대한 수사가 정치검찰에 의해서 무력화되는 것을 느꼈고 그리고 검찰 내부 구성원들에 대한 수사가 조

---

1 권은희 의원: 바른미래당(광주 광산구을) http://keh.kr

직 감싸기로 무력화되는 것을 느꼈습니다. 우리 국민들의 경험에서 이러한 수사를 담당할 수사처를 원하고 있습니다. 우리 국민들의 경험에 기반한 요구를 국회가 부정할 수는 없습니다. 고위공직자수사처 필요합니다.

그런데 고위공직자수사처를 필요로 하는 이유가 이렇게 부족한 부분, 사각이 발생한 부분에 대한 부패에 대한 수사까지 철저히 해서 우리 사회 모든 영역의 부패범죄에 대한 수사를 철저히 해 내기를 기대하는 요구 때문인 것입니다. 우리 수사의 모든 영역에 공백이 없이, 사각이 없이 부패범죄에 대한 수사가 이루어져서 우리 사회가 보다 청렴해지고 투명해지기를 원하는 국민의 요구 때문입니다.

윤석열 총장이 인사청문회에서 고위공직자수사처와 관련해서 고위공직자수사처 설치로 우리 사회의 부패범죄 수사의 총량이나 역량이 강화되는 한 동의한다라고 이야기하였습니다. 고위공직자수사처 설치로 강화되어야 할 방향, 지향되어야 할 방향을 정확하게 제시한 것입니다. 고위공직자수사처 설치로 그동안 부족했던, 미흡했던 부분에 대한 부패범죄 수사까지 철저히 해서 우리 사회의 부패범죄 수사의 역량이, 총량이 강화되어야 한다라는 지향점입니다.

그런데 이러한 지향점을 고위공직자범죄수사처 설치로 달성하기 위해서는 고위공직자 부패 수사의 특성을 정확하게 이해를 하고 있어야 합니다. 왜냐하면 부패범죄의 99%는 검찰 등 다른 수사기관 대상에서 수사가 이루어지고 있기 때문입니다. 그리고 1% 이내의 부패범죄만이 이제 고위공직자수사처의 수사 대상이 될 것입니다. 이 99%와 1%가 서로 잘 연계되어야 하는 그런 수사처 신설을 해야 되는 과제가 있습니다.

수사의 비중도 그렇지만 수사의 진행 과정도 그렇습니다. 99%의 수사는, 수사가 개시되면서부터 99%의 수사는 검찰 등 다른 수사기관이 수사를 진행하게 됩니다. 이 수사의 결과를 바탕으로 1% 이내의 수사를 고위공직자수사처가 하게 되고 사실상 수사의 막바지에 이르러서 이러한 수사가 진행이 되게 됩니다.

수사의 비중과 수사 진행의 단계에 있어서 부패범죄와 관련해서 검찰 등 다른 수사기관과 공수처 수사의 역할과 비중의 차이는 이러한 특성이 있습니다.

실제 사례를 통해서 부패범죄 수사의 특성을 살펴보도록 하겠습니다.

최고권력층이라고 할 수 있는 대통령의 가족들에 대한 수사, 이들의 수사의 개시가 어떻게 되었는지 한번 살펴보도록 하겠습니다.

한보철강의 부도로 YS 전 대통령 아들의 수사로 귀결되었습니다. G&G그룹에 대한 수사로 DJ 전 대통령 아들의 수사로 귀결되었습니다. SK해운에 대한 수사로 노무현 전 대통령의 총무비서관 수사로 귀결되었습니다. 태광실업의 수사로 노무현 전 대통령 형에 대한 수사로 귀결되었습니다. 우리금융지주에 대한 수사로 이명박 전 대통령 형에 대한 수사로 귀결되었습니다. 건설현장의 식당 비리의 수사로 경찰청장의 수사로 귀결되었습니다.

이처럼 민간의 경제범죄에서 시작이 됐고 민간의 경제범죄의 수사가 권력층의 수사 결과로 귀결되는 특성을 지니고 있습니다.

이들 수사에 대해서 잠깐 살펴보도록 하겠습니다.

한보철강 부도 이후에 한보철강에 자금 지원을 해 준 은행장 등이 조사를 받고 그리고 국회에서 청문회가 개최되고 이 청문회에서 김영삼 대통령 차남 김현철 연루 의혹이 집중 추궁되고 그 결과 차남 김현철에 대한 조세포탈 부분에 대한 수사가 진행이 되고 사법처리가 되었습니다.

그리고 G&G그룹 회장 계열사 전환사채 횡령 그리고 보물선 사업 등 미공개 정보를 이용하여 250여억 원의 시세차익을 챙긴 혐의로 구속 기소된 사건으로 시작을 했습니다. 그리고 이 사건은 김대중 대통령의 아들 김홍업 씨의 비리 정황을 포착하게 했고 이에 대한 사법처리로 귀결이 되었습니다.

SK해운의 분식회계로 시작된 사건은 SK의 자금 흐름을 살피는 과정에서 이 돈 가운데 일부가 정치권으로 흘러 들어간 사실을 확인하고 대선자금 수사가 공식화되었고 노무현 전 대통령의 총무비서관인 최도술 총무비서관이 불법 정치자금을 수수한 사실로 귀결되었습니다.

태광실업이 농협과 세종증권 관련 주식 조작과 관련된 수사에서 특정법을 위반한 사실이 드러나면서 수사가 시작이 되었고 이 수사가 노무현 전 대통령 형의 뇌물수수로 귀결이 되었습니다.

우리금융지주 회장의 선거자금 용도 불법자금 전달이 수사의 시작이었고 이명박 전 대통령 형의 불법자금 수수로 귀결이 되었습니다.

건설현장 식당 운영권, 함바 운영권 비리에 대한 수사로 시작이 되었고 그 수사의 결과 강희락 전 경찰청장 등에 대한 뇌물수수 혐의로 귀결이 되었습니다.

이렇듯 최고 권력층에 대한 수사는 민간에 대한 수사에서 시작이 됩니다. 이 민간의 경제범죄 수사는 고위공직자수사처가 설치되더라도 여전히 검찰 등 다른 수사기관이 담당을 하게 됩니다. 그렇다면 검찰 등 다른 수사기관의 수사에 영향이나 수사의 열정, 수사에 대한 책임감에 영향을 주지 않아야 된다라는 다른 수사기관과의 관계의 중요성을 확인할 수 있습니다.

조금 더 자세하게 살펴보면 민간 경제범죄 수사를 하게 되는 검찰 등 다른 수사기관이 벌이는 수사의 방대함, 수사의 중요성 등을 살펴보도록 하겠습니다.

저축은행 비리 사건이라고 대대적인 수사가 진행이 됐습니다. 그 수사의 결과 국회의원 등 고위공직자에 대한 정치자금 수수까지 확인이 된 사안입니다. 공수처가 이제 설치가 된다라고 한다면 고위공직자에 대한 부분은 공수처가 담당하게 되고 저축은행 비리에 대한 수사는 검찰 등 다른 수사기관이 담당을 하게 됩니다. 이 검찰 등 다른 수사기관이 담당하게 되는 수사의 비중은 이렇습니다. 저축은행 비리 사건에서 살펴보도록 하겠습니다.

솔로몬저축은행과 관련해서는 공사비 과다 계상 후 반환받는 방법으로, 허위 대출 모집 수수료 지급 방법으로 횡령한 범죄사실, 대주주가 실질적으로 지배하는 특수목적법인의 대출을 받는 방법 그리고 차명 대출 그리고 대주주의 자기 대출 방법 그리고 후순위의 유한책임사원 출자 대가로 부실 대출을 받는 방법으로 부정한 이익을 축적한 혐의에 대해서 다른 수사기관이 수사를 하게 됩니다.

또한 한국저축은행과 관련해서 살펴보면 충분한 담보 없이 부실 대출하는 방법, 대주주의 자기 대출 방법, 한도 초과 대출 방법 그리고 금융위원회 재산실사 등에 대비해서 고가매수 주문 등 시세조종하는 방법 그리고 대주주의 자기 대출 방법 그리고 차량 등 부당하게 자금을 빼돌리는 방법으로 부정하게 이익을 축적한 내용들을 공수처가 아닌 다른 수사기관이 진행을 하게 됩니다.

한주저축은행 사안을 살펴보도록 하겠습니다.

마찬가지로 대주주의 자기 대출 방법 그리고 한도 초과 대출 방법 그리고 대주주가 자신의 재산상 이익으로 빼돌리는 방법, 위조나 허위의 감정평가서를 이용해서 부실 대출하는 방법, 담보물의 임의 해지로 이득을 편취하는 방법 그리고 가짜 통장 이용 고객 예금 등을 횡령하는 방법으로 부정한 이익을 축적한 내용을 공수처가 아닌 다른 수사기관이 수사를 진행을 하게 됩니다.

이러한 수사를 바탕으로 해서 연결되는 수사로 고위공직자에 대한 수사가 진행될 수 있는 것입니다. 즉 고위공직자수사처의 신설로 고위공직자 수사가 잘 이루어지게 하기 위해서는 고위공직자 수사 이전에 행해지는 검찰 등 다른 수사기관의 수사가 철저하게 진행되어야 되고 열정적으로 진행되어야 되고 책임감 있게 진행되어야만 고위공직자수사처의 수사 대상까지 연결될 수 있는 그런 특성을 가집니다.

고위공직자의 최고권력층에 대한 민간에서 시작돼서 연결돼서 권력자에게 이르는 그러한 수사의 특징뿐만 아니라 직무범죄 수사의 특징 역시 고위공직자를 대상으로 직접수사가 개시되는 경우는 없습니다. 고위공직자에 대한 사찰을 하였다라면 그런 수사가 진행될 수 있을지 모르겠지만 이 수사의 특징은 실무에서 시작돼서 고위층으로 연결되는 그러한 수사의 특징을 갖게 되는 것입니다.

고위공직자의 직무범죄의 대표적인 범죄라고 꼽혀지는 국정원 대선 선거개입 사건을 살펴보도록 하겠습니다.

수사의 결과를 살펴보면 그렇습니다. 수사의 결과를 살펴보면 국정원장인 원세훈 국정원장이 국정원장으로 취임한 이후에 대북심리전단이라는 조직을 확대 개편을 합니다. 국가정보원 3차장 산하의 심리전단을 독립 부서로 편재를 해서 사이버팀을 3개 팀으로 확충을 합니다. 그리고 총선과 대선을 앞두고 사이버팀을 다시 4개 팀 70여 명으로 확대 개편을 합니다. 이렇게 조직을 확대 개편을 하고 이 조직의 국정원장, 3차장, 심리전단장, 팀장, 팀원으로 이어지는 지휘체계를 통해서 매일 사이버팀 요원들에게 주요 이슈와 논지의 작업지시서를 하달하게 됩니다. 그러면 사이버팀원은 각자 담당하는 인터넷 사이트, 트위터 등 사이버 공간을 모니터링하고 다수의 아이디를 번갈아 사용하는 방식으로 하달받은 작업지시서 논조로 게시글과 댓글을 작성하고 조직적으로 추천·반대 클릭을 하며 사이버 여론조작 활동을 전개합니다. 이게 수사의 결과입니다.

그렇다면 실제 수사의 과정은 어떨까요? 실제 수사의 과정은 이 조직의 가장 말단에 있는 팀원에 대한 수사로부터 시작이 됩니다. 이 팀원에 대해서 당시 '국정원이 게시글·댓글을 다는 방법으로 선거에 개입한다'라는 수사가 들어와서 수사가 개시가 됐습니다.

물론 이 사건에서는 수사 방해가 있었습니다. 수사가 시작되려고 하는 시기에 경찰에서 허위의 중간 수사 결과 발표를 하게 됩니다. '2개의 컴퓨터를 분석을 했는데 그 결과 문재인·박근혜 대선후보에 대한 비방·지지 게시글이나 댓글을 게재한 사실은 발견되지 않았다'라는 허위의 중간 수사 결과 발표가 있게 됩니다. 이러한 수사 방해를 감안하더라도 이 사건 수사가 팀원에서 국정원장까지 이르기까지는 수사기관에서 열정과 책임감을 가지고 임하여야만이 가능한 수사였습니다.

당시에 '선거 개입의 형태가 게시글·댓글이다'라는 그러한 신고 내용과 '게시글·댓글을 다는 방법으로 선거 개입을 했다'라는 고발 내용이었습니다. 하지만 초기에 컴퓨터를 분석한 결과 게시글·댓글은 확보하지 못하였습니다. 그렇다면 게시글·댓글은 확보하지 못하였으니 선거 개입이 없었다라고 판단을 내리면 이 사건 수사는 그대로 종결이 되는 것입니다.

하지만 이 해당 팀원의 컴퓨터에서 메모장이 발견이 되었습니다. 이 메모장에는 특정 사이트에서 찬성과 반대의 운용 방법에 대해서 기재가 되었습니다. '반대를 다는 방법으로 선동글을 무력화한다', '반대를 다는 방법으로 베스트 글이 되기 전에 선동글을 무력화한다'라는 등의 메모장이 발견이 되었습니다. 그렇다면 게시글·댓글 이외에 어떠한 행위가 있지 않았는가라는 그러한 의심을, 의구심을 갖게 되고 이러한 의구심에서 수사의 필요성을 느끼게 됩니다. 이러한 수사의 필요성으로 해당 사이트에 대한 압수수색을 진행하게 됩니다.

해당 사이트에 대한 압수수색의 결과 게시글과 댓글을 확보를 합니다. 하지만 그렇게 해서 확보한 게시글과 댓글 역시 선거 개입을 목적으로 게시글·댓글이 조직적으로 작성되었다고 인정하기에는 부족한 상황이었습니다.

그렇다면 선거 개입을 목적으로, 사이트까지 압수수색을 했는데 선거 개입을 목적으로 게시글·댓글을 달았다고 보기에는 여전히 부족하다고 판단을 하고 수사를 종결하면 이 사건 수사는 거기서, 팀원 단계에서 그저 끝나고 마는 수사가 되는 것입니다.

더더군다나 당시 경찰의 지휘부에서는 '게시글·댓글이 나왔느냐' '게시글·댓글 없지 않느냐' '단순히 찬성·반대만 하는 것이 무슨 선거 개입이냐'라는 방식으로 수사에 방해를 초래하고 있는 상황이었습니다. 하지만 여전히 수사팀이 이 사건 수사와 관련해서 의지를 가지고 필요성을 느끼고 계속 수사를 진행을 해 갑니다.

그리고 해당 사이트에서 지금까지 확보한 이 팀원이 활용한 아이디와 닉네임을 추가로 확보를 하게 됩니다. 그 추가로 확보한 아이디와 닉네임을 통해서 게시글과 댓글을 드디어 확보를 하게 됩니다. 이렇게 확보한 게시글과 댓글을 근거로 본격적으로 팀원 단계에서 팀장으로, 팀장 단계에서 심리전단장으로, 심리전단장에서 국정원 3차장으로, 국정원 3차장에서 국정원장으로 수사가 귀결될 수 있었고 이것이 국정원장의 지시에 의해서 매일매일 이러한 형태의 선거 개입이 조직적으로 이루어졌다는 그러한 수사의 결과를 이루어내게 됩니다.

이 사건을 공수처와 다른 수사기관으로 대입을 해 보면 국정원 3차장과 국정원장은 공수처의 수사대상입니다. 그리고 국정원 심리전단 팀원부터 국정원 심리전단장까지는 공수처가 아닌 검찰 등 다른 수사기관의 수사대상입니다. 검찰 등 다른 수사기관에서 팀원 단계의 선거개입행위에 대한 철저한 수사 의지, 포기하지 않는 수사 책임감을 가지지 않는다면 이 사건 수사는 고위공직자 수사대상에 이르기도 전에 사건은 종결되고 맙니다. 이렇듯 고위공직자 수사에 이르기까지는 검찰 등 다른 수사기관의 수사 의지, 수사 열정, 수사에 대한 책임감이 절대적으로 필요합니다.

고위공직자 수사가 성공을 하기 위해서는 다른 수사기관과의 관계가 중요함을 사례를 들어서 말씀을 드렸습니다. 일반적인 말씀으로 드린다면 부패범죄라는 것이 이렇듯 다른 사건을 수사하는 과정에서 별개의 사건으로 또는 수사하는 사건의 일부로서 인지되어 수사가 개시되는 경우가 많습니다. 나아가서 수사개시 단계에서는 부패범죄에 대한 수사가 아니었지만 수사가 진행되어 감에 따라 결국 기소단계에서 부패범죄인 것으로 판명되는 경우가 많습니다. 그래서 별도의 독립된 부패방지기구, 즉 공수처를 설립한다 하더라도 해당 기구가 부패범죄 사건을 모두 전담하게 하는 것은 아니기 때문에 수사실무, 즉 고위공직자 수사의 특성을 무시한 비현실적인 방안으로 다른 수사기관과의 관계를 설정해서는 안 됩니다.

그런데 고위공직자수사처 24조입니다. 다른 수사기관과의 관계에서 고위공직자수사처가 다른 수사기관에 사건 이첩을 요구하면 다른 수사기관은 이에 따르도록 되어 있습니다. 그렇다라고 한다면 고위공직자로 귀결되는 부패범죄에 99%의 비중, 99%의 과정을 담당하는 다른 수사기구가 과연 부패범죄에 대한 열정과 책임감을 가지고 수사를 할 수 있을까요? 수사를 하다가 이 수사를 보내야 하는데, 수사를 하다가 도중에 이 수사를 뺏기게 되는데, 그리고 그 수사의 결과에 대해서 담보할 수도 없는데 과연 검찰 등 다른 수사기관이, 99%의 부패범죄 수사를 담당하게 되는 이러한 수사기관이 부패범죄 수사에 대해서 열정과 책임감을 유지할 수 있을까요?

수사기관의 특성상 그럴 수 없다라고 봅니다. 몇 번 이러한 수사를 하다가 수사를 뺏기게 되는 사례를 경험하고 나면 검찰 등 다른 수사기관에서는 부패범죄에 대해서 수사의 열정도 없어지고 수사의 책임감도 엷어지게 될 것입니다. 그렇다고 한다면 결국 우리 사회에서 부패범죄 수사의 총량은 줄어들고 역량은 약화되는 그런 결과가 초래되고 말 것입니다.

그리고 공수처 역시 마찬가지입니다. 다른 수사기관에서 99% 진행된 수사를 받아서 마지막 1% 수사를 하면 되는데 99%의 수사를 진행하지 않았던 수사기관이 이 사건을 받아서 1%의 수사를 잘 진행할 수 있을까요? 99%의 수사 내용을 정확하게 숙지하고 파악하지 못하는 한 1%의 수사를 담당하는 공수처는 그저 고위공직자가 변소하는 말을 듣기에 급급할 수준의 수사 역량만을 보여 줄 뿐입니다. 결국 고위공직자수사처의 수사 역량도 우리 국민들이 바라는 고위공직자에 대한 철저한 대응이라는 것에 미치지 못하게 되는 결과가 초래되고 말 것입니다.

이렇듯 부패범죄 전체를 놓고 공수처와 다른 수사기관 간에 진행되는 과정, 진행되는 비중, 선후의 관계를 살펴본다라고 한다면 공수처와 다른 수사기관과의 관계를 어떻게 설정하는 것이 얼마나 중요한지 알게 됩니다.

하지만 우리 공수처 법안의 대표적인 독소조항으로 뽑히는 24조는 다른 수사기관뿐만 아니라 공수처도 수사를 효율적으로 진행할 수 없고 부패범죄에 대해서 역량 있게 대응하지 못한다는 그런 한계를 보여줄 수밖에 없습니다. 그렇기 때문에 24조는 수사를 먼저 개시한 수사기관이 책임감을 가지고 수사를 할 수 있도록 규정을 해 주어야 하고, 다만 다른 수사기관의 장과 공수처장이 협의를 해서 공수처가 수사를 진행하는 것이 보다 효율적이다라고 판단이 된다라고 할 때는 공수처에서 수사를 마무리할 수 있도록 해 주는 것이 필요한 보완입니다.

더더군다나 이제 형사소송법이 개정되면 검사 작성의 피신조서는 그 증거능력을 잃게 됩니다. 결국 경찰이나 검찰 등 다른 수사기관에서는 이제 피의자에 대해서 피신조서를 그렇게 자주, 그렇게 꼼꼼하게 작성할 이유가 없습니다. 왜냐하면 법정에서 법관 앞에서 다투는 그러한 형사사법 절차로 이제 변화가 되기 때문인데요. 그렇다고 한다면 공수처는 다른 수사기관에서 진행되는 내용을 잘 파악하지도 못하게 됩니다. 사건의 내용을 잘 파악하지도 못한 상황에서 마지막 수사를 담당하게 되는데 그 마지막 수사에서 필요한 내용을, 필요한 수사를 할 수 있게 되리라고는 기대할 수가 없습니다.

그렇기 때문에 고위공직자수사처 24조의 규정은 우리 한국 사회가 부패범죄에 보다 적극적으로 대응하고, 사각이 없이 대응하고 그렇게 해서 한국 사회가 보다 청렴하고 투명하게 되어야 한다라는 그러한 방향성에 맞추어서 반드시 수정이 되어야 하는 내용입니다.

부패범죄 수사의 특성에 비추어서 공수처법에 있어서 다른 수사기관과의 관계에 대한 보완이 필요함을 말씀드렸습니다.

선진국의 공직자비리 수사기구와 우리의 공수처법을 비교해서 공수처법에 부족한 점이 어떤 부분이 있는지 한번 확인해 보도록 하겠습니다.

먼저 정치적 중립성의 확보 부분입니다.

지금 공직자부패수사처와 관련해서 상정된 안건은 제가 절차로 규정한 국회의 동의 규정을 받아들이지 않았습니다. 하지만 다른 국가의 공직자 비리 수사기구를 살펴보면 정치적 중립성의 확보 방안들이 들어가 있는데요.

먼저 미국의 정부윤리처라는 기구를 보면 정부윤리처장은 상원의 인준을 거치도록 하고 있습니다. 그리고 미국의 다른 부패 조사기구인 특별조사위원을 살펴보면 특별조사위원은 상원의 인준을 거치도록 하고 있습니다. 그리고 호주의 뉴사우스웨일스 반부패위원회의 위원장은 의회가 합의에 의해서 추천하도록 하고 있습니다.

그리고 염정공서에 대해서 조금 전에 표창원 의원님께서 염정공서가 심지어 행정부에 소속되어 있고 어떠한, 중립성에 대한 부분들이 없지만 반부패기구라는 특성상 중립성을 보장하고 있다라고 하는데 염정공서는 이 정치적 중립성을 담보하는 역할로 반부패 활동에 대해서 권고를 제시하고, 염정공서의 활동을 검토·감독하고 시민들의 반응을 모니터링하는 네 개의 자문위원회가 중요한 내부 통제기관으로서 역할을 하고 있습니다. 이 네 개의 자문위원회의 역할이 홍콩 염정공서의 정치적 중립성의 큰 중요한 부분을 차지하고 있다라는 사실이 평가되고 있습니다.

다음으로 주요 공직자의 조직 규모와 업무 범위를 좀 살펴보도록 하겠습니다.

지금 상정된 고위공직자부패수사처의 조직 규모는 파견공무원까지 합해서 85명 정도입니다. 100명이 안 되는 아주 소규모의 조직인데요, 이런 소규모의 조직이 담당하는 업무 범위는 아주 넓습니다. 공직자들에 대해서 모든 직무범죄, 그 직무범죄 수사과정에서 인지한 모든 범죄, 그리고 다른 수사기관으로부터 이첩을 받을 수 있습니다. 85명의 규모에 비추어서 업무 범위가 너무 넓습니다. 그렇기 때문에 이 넓은 업무 범위 내에서 선택적인 수사를 할 거라는 우려를 가지고 있습니다.

실제 외국의 부패범죄 수사기구의 조직 규모와 업무 범위를 보면 그 조직 규모와 업무 범위가 비례적으로 구성이 되었습니다. 미국의 특별조사위원실이라는 부패범죄기구는 우리의 공수처, 우리의 상정되는 공수처 안과 비슷한, 약간 규모가 큰 110명 정도의 직원이 근무를 합니다. 이 110명 정도 규모의 부패조사기구는 하는 업무 범위가 특정되어 있습니다. 먼저 소속 공무원의 내부고발행위에 대해서 불이익한 조치가 있었는지에 대해서 수사를 합니다. 그것이 첫 번째 업무이고요.

두 번째로 행정기관 소속 공무원이 유권자에 대해서 특정한 정치행위를 할 것을 강요하거나 향응을 제공하거나 특정한 형태의 정치적 활동에 참여하는 것을 확인합니다. 그것이 두 번째 업무 범위고요.

마지막으로는 부패범죄하고 상관은 크게 없습니다만 퇴역군인 등이 공공 및 사적 영역에서의 취업 또는 재취업을 독려하고 이에 대한 강제규정으로 실효성을 담보하는 업무를 하고 있습니다. 이렇게 구체적으로 특정된 업무만을 담당하게 해서 이 110명 정도의 조직이 감당할 수 있는 업무를 부과하고 있습니다.

반면 민간과 공공영역의 부패범죄를 수사하는 홍콩의 염정공서는 그 규모가 2002년도에 벌써 1300명을 넘었습니다. 1300명 이상의 이러한 조직으로 우리 이번에 상정된 공수처의 업무 범위에 상응하는 그러한 역할을 하고 있는 것입니다. 1300명의 조직으로 그러한 업무 범위를 상정했는데 우리는 85명의 조직으로 그러한 업무 범위를 상정하고 있습니다. 이렇듯 조직 규모와 업무 범위가 비례하지 않으면 이 조직에서 선택적으로, 자의적으로 그 업무를 선정할 수 있는 문제점이 있습니다.

그리고 외국의 주요 공직자수사기구를 살펴 보면, 먼저 미국의 정부윤리처입니다. 다양한 기능을 하도록 조직되어 있습니다.

미국, 조직도 보여주세요.

국제협력 그리고 공무원들을 위한 프로그램 운영 등 다양한 업무들을 하고 있습니다. 그리고 미국의 또 다른 부패조사기구인 특별조사위원회입니다. 마찬가지로 조직이 다양하게 세분화되어 있습니다. 그리고 지방에 사무소까지 운영하고 있습니다.

그리고 싱가포르의 부패조사국입니다. 마찬가지로 수사 외에 예방 및 심사팀을 둬서 싱가포르 사회의 부패행위의 예방·정책수립 등의 기능을 담당하도록 하고 있습니다.

말레이시아 부패기구입니다. 마찬가지로 수사를 담당하는 집행국 외에 예방국을 두고 말레이시아 사회의 부패에 대해서 예방하고 필요한 정책을 집행하도록 하고 있습니다.

이렇듯 외국의 반부패위원회는 우리 상정된 공수처와는 달리 특정한 고위공직자를 대상으로 하고 있지 않고 공공 부분 전체에 대해서 부패범죄를 대상으로 하는 그러한 수사처의 형태를 띠고 있고 이 수사처가 마찬가지로 그 사회 전체의 부패에 대해서 예방하는 역할을 하도록 하는 그러한 조직을 구성하고 있습니다. 이 부패수사처의 역할이 아주 뚜렷하게 나타날 수 있도록 하는 그러한 조직 구성입니다.

고위공직자를 대상으로 하는 수사처가 이렇게 없는데…… 싱가포르의 부패행위조사국 조직도 다시 한번 보여주세요.

싱가포르에 특별수사팀이라고 있습니다. 특별수사팀이…… 아니, 말레이시아요. 말레이시아의 부패조직도에 집행국 하에 보면 특별조사과가 있습니다. 이 특별조사과가 고위공직자들을 대상으로 하는 그러한 특별한 임무를 맡고 있는 하나의 파트입니다.

이렇게 부패기구가 전체 공공의 부분을 대상으로 하고 그중에 특히 필요하다면 특별조사과나 특별조사팀을 두고 거기에서 고위공직자에 대해서 살펴보도록 하는 그러한 조직은 있지만 우리 국회에 상정된 고위공직자수사처 법안처럼 고위공직자만을 대상으로 하는 그러한 부패수사처가 설치된 예는 없습니다.

수사기소권 한번 점검해 보도록 하겠습니다.

앞서 여러 위원님들이 말씀해 주신 것처럼 홍콩, 싱가포르, 말레이시아, 호주 뉴사우스웨일스주 모두 수사권만 있지 공소제기권은 없습니다. 미국과 영국이 수사·기소를 같이 가지고 있다라고 얘기를 하는데 조금 전에 살펴보았던 것처럼 미국의 특별조사위원실이 수사·기소권을 같이 가지고 있습니다. 하지만 이 수사·기소권은 내부고발자에 대한 불이익 조치에 대해서만 행사할 수 있는 권한입니다. 아주 한정되고 특정된 그러한 권한입니다.

그리고 영국의 중대부정수사청에 대해서 여러 위원님들께서 말씀을 주셨는데 이 영국의 중대부정수사청은 우리의 부패수사처, 공수처와는 그 성격이 다른 일종의 법무부 소속의 특별검찰이고 그 소속 직원 역시 파견 경찰관에 의해서 업무가 이루어지고 그 수사 대상 역시 기망성 경제범죄라는 그러한 특정범죄에 대해서만 업무가 이루어지는 특성이 있습니다. 그래서 공수처의 수사기소권을 설명할 때 이들의, 미국이나 영국을 가지고 그러한 예가 있다라고 설명한 것은 잘못된 설명입니다.

이렇듯 주요국의 공직자비리 수사기구와 상정된 공수처법을 비교를 해 보면 정치적 중립성의 확보 방안도 부족하고 조직 규모와 업무 범위를 일치시키지도 못했으며 특정한 고위공직자를 대상으로 하는 수사처는 유일하고 수사·기소권을 같이 행사하는 공수처도 유일합니다. 그렇기 때문에 상정된 고위공직자비리수사처 법안은 수정될 필요가 있습니다.

헌법재판소는 '모든 행정기관이 헌법상 예외적으로 열거된 경우 등 이외에는 반드시 국무총리의 통할을 받아야 한다고는 말할 수 없다'라고 해서 독립적인 조직을 인정을 하고 있습니다.

하지만 이 경우에 자유민주적 통치구조의 기본이념과 원리에 부합되어야 할 것인데 그 기준은 '첫째, 우선 그 설치·조직·직무범위 등에 관하여 법률의 형식에 의하여야 하고 둘째, 그 내용에 있어서도 목적·기능 등이 헌법에 적합하여야 하며 셋째, 모든 권한이 기본권적인 가치 실현을 위하여 행사되도록 제도화해야 되고 그리고 마지막으로 가장 중요한 권한의 남용 내지 악용이 최대한 억제되도록 합리적이고 효율적인 통제 장치가 있어야 할 것이다'라고 판시하고 있습니다.

하지만 조금 전에 살펴본 것처럼 주요국의 공직자 비리수사기구와 상정된 공수처법을 비교하면 권한의 남용 내지 악용이 억제되도록 합리적이고 효율적인 통제장치가 부족하고 없다는 사실을 확인할 수 있습니다. 그렇기 때문에 권한의 남용 내지 악용이 억제되도록 하는 내용의 수정안이 필요합니다.

먼저 수사대상 범죄와 관련해서 백혜련 안으로 표시가 된 것은 현행에 상정된 법안이 백혜련 안과 대동소이하기 때문에 백혜련 안으로 표시가 되었습니다.

백혜련 안은 수사대상 범죄를 공무원의 모든 직무범죄를 수사대상으로 하고 그 직무범죄를 수사하는 과정에서 인지한 고위공직자의 범죄까지 수사대상으로 하고 있습니다. 하지만 이러한 수사대상은 너무 광범위해서 헌법상의 권한을 행사하는 의사결정권자들의 헌법상의 권한을 위축시킬 우려가 있어서 삼권분립의 약화를 초래할 수가 있습니다.

그리고 또한 조직의 규모, 홍콩의 염정공서처럼 1300명 이상의 그러한 조직도 아닌 85명에 불과한 조직이 이러한 수사대상 범죄를 그 업무 범위로 하기에는 조직 규모와 대상 범죄의 업무 범위가 일치하지 않는 문제가 있습니다. 그렇기 때문에 뇌물죄, 부정청탁 및 금품수수 등 부패범죄를 그 수사대상으로 하고 이러한 부패범죄와 관련성이 있는 직무범죄를 그 수사대상으로 하는 수정이 필요합니다.

두 번째로 처장과 차장의 임명 방식입니다. 백혜련 안은 법무부장관, 법원행정처 처장, 대한변호사협회 회장, 국회에서 추천한 4명으로 구성된 처장·차장 추천위원회가 추천을 하면 인사청문회를 거쳐서 대통령이 임명하도록 하고 있습니다.

그러나 고위공직자수사처에 대해서는 사실상 국회와 국민이 유일한 견제기관인 점을 고려를 한다면 추천위원회를 국회에서 추천한 위원들로 구성할 필요가 있습니다. 그렇기 때문에 국회에서 추천한 7명이 추천위원회로 구성되도록 하고 여당 3명, 그리고 그 외 교섭단체 4명이 추천을 해서 이 추천위원회가 추천한 처장후보 중 인사청문회를 거쳐서 국회의 동의를 받도록 하고 대통령이 임명하는 것이 보다 정치적 중립성을 강화시킬 수 있는 방안입니다.

마찬가지로 공수처검사와 공수처 수사관에 대한 인사위원회 역시 백혜련 안에 처장, 차장, 법원행정처 차장, 대한변호사협회 회장, 그리고 국회에서 추천한 3명의 구성 방식이 아니라 처장과 차장, 그리고 국회에서 추천한 5명, 여당 2명, 그 외 교섭단체 3명 이렇게 구성된 인사위원회가 공수처검사와 공수처 수사관을 임명하도록 하는 것이 정치적 중립성 보장을 더욱 강화할 수 있는 방안입니다.

그리고 재임용과 관련된 내용입니다.

백혜련 의원안은 공수처장은 3년, 공수처검사는 3년에 3회 연임 가능, 공수처 수사관은 6년에 연임 가능하도록 임기를 규정하고 있습니다. 하지만 재임용과 관련된 부분에 대해서는 규정이 없습니다.

수정안으로 수사처장은 2년에 중임이 가능하고, 수사처검사는 2년에 연임이 가능하고, 그리고 수사처수사관은 2년에 연임이 가능하도록 해서 2년 임기가 끝난 후에는 적격심사를 받도록 해서 수사처검사와 수사처수사관의 업무에 대한 평가 역시 이루어질 수 있도록 함으로써 견제를 할 수 있는 방안입니다.

그리고 수사처검사와 수사처수사관이 그 업무를 정치적 중립성을 지키며 공정하게, 철저하게 수행했을 때는 연임에 제한이 없어서 계속해서 근무할 수 있도록 하는 그러한 신분의 보장 역시 함께 할 수 있습니다.

그리고 다른 수사기관과의 관계입니다.

첫 번째, 부패범죄 수사의 특성에서 다른 수사기관과의 관계가 얼마나 중요한지 말씀드렸습니다. 이 다른 수사기관과의 관계는 공수처의 수사뿐만 아니라 다른 수사기관의 수사 역량, 수사의 책임성까지 전체적으로 영향을 미치기 때문에 정말 중요한 규정입니다.

그런데 백혜련 의원안은 수사의 우선권을 공수처에게 주고 공수처가 다른 수사기관에게 사건 이첩을 요구하면 다른 수사기관의 장은 이에 응하도록 하고 있습니다. 공수처가 수사를 하다가 다른 수사기관으로 사건을 이첩할 수 있습니다. 정말 수사의 책임성을 현저하게 떨어뜨리는 그러한 독소조항입니다.

그래서 이 다른 수사기관과의 관계를 수사를 개시한 각 수사기관이 해당 사건에 대해서 수사의 우선권을 갖도록 하고, 만약에 공수처가 다른 수사기관에게 사건 이첩을 요구한 경우에는 다른 수사기관의 장이 수사의 효율성, 진행 경과 등을 판단해서 이첩이 필요하다라고 인정이 되면 이첩을 하고 이와 관련해서 다른 수사기관과 수사처가 서로 의견이 다를 경우에는 협의해서 사건을 진행하는 기관을 결정하도록 이렇게 규정을 하고 있습니다.

이러한 규정을 통해서 전체 부패범죄에 대한 모든 수사기관의 수사 역량이 훼손되지 않고, 수사의 열정이 훼손되지 않고, 수사의 책임성이 희석되지 않도록 하는 보완이 필요합니다.

그리고 기소권과 관련된 내용입니다.

백혜련 의원안은 판사, 검사, 경무관 이상의 경찰은 공수처가 기소권을 행사하도록 하고 있고 그 외의 수사 대상자에 대해서는 검찰이 행사를 하도록 하고 있습니다.

하지만 이렇게 기소권을 이원화했을 때는 기소의 통일성을 담보할 수 없다는 실무적인 문제점 외에 수사와 기소권을 같이 행사함으로써 우리가 보았던 검찰의 문제점을 공수처를 통해서 다시 한번 보게 된다라는 그러한 문제가 있습니다. 왜 이런 문제를 반복해서 우리가 보아야 하는 그런 제도를 만드는지 정말 이해할 수가 없습니다.

기소권을 일차적으로 검찰에게 행사하게 하고 다만 검찰의 기소권에 대해서 견제할 방안이 필요하므로…… 왜? 공수처의 수사 대상에는 검사가 포함되기 때문에 검사에 대한 수사에 대해서 검찰이 기소권을 행사하는 것에 대해서는 견제가 필요합니다. 그 이외에도 검찰에 대한 공수처 수사의 기소권에 대한 견제가 필요하므로 검찰이 불기소로 결정한 경우에는 국민으로 구성된 기소심의위원회를 구성을 해서 이 기소심의위원회에서 검찰의 불기소 결정이 부당하다라고 심의가 되면 기소결정을 할 수 있도록 하고 기소결정이 기속력을 가져서 바로 법원에 의해서 기소가 되는 효과를 인정하는 방안으로 검찰의 기소권을 견제할 수가 있습니다.

이처럼 현재 상정된 공수처안은 부패범죄 수사의 특성을 이해하지 못하고 다른 수사기관과의 관계를 규정하는 독소조항을 둠으로써 모든 수사기관의 수사 역량을 저하시키고 수사의 열정을 떨어뜨리고 수사의 책임감을 희석시키는 문제점을 안고 있으며 또한 정치적 중립성, 조직의 규모와 업무범위의 적정성 그리고 수사기소권의 권한남용의 우려에 대한 문제를 포함하고 있기 때문에 방금 제안드린 내용의 수정이 필요합니다. 그리고 이러한 내용을 담은 수정 안을 의원님들께 제안해 드렸습니다. 그리고 그 제안에 응답해 주신 의원님들과 함께 수정안 을 상정할 예정입니다.

패스트트랙 협의 당시, 사실은 이러한 내용들에 대해서 당시 바른미래당은 아주 적극적으로 협의에 임하였고 필요한 심의를 심도 깊게 진행하려고 하였습니다. 하지만 바른미래당의 이러한 심도 깊은 토론에 대해서 더불어민주당은 전혀 대화와 타협의 여지, 토론의 여지를 보이지 않고 더불어민주당의 원안만을 고수해서 지금까지 와서 결국은 그 원안이 사실상 본회의에 상정된 상황입니다.

더불어민주당에 간곡하게 요청드립니다. 선거제와 관련해서 225 대 75의 구도로 선거의 비례성과 대표성을 강화하겠다라고 합의를 하셨습니다. 하지만 여러 가지 현실적인 이유들을 들어서 현행 구도인 253 대 47을 고수했고 그나마 연동형도 30석이라는 캡을 씌웠습니다. 캡을 씌운다는 말도 창조된 용어입니다. 거기에 석패율까지 포기시켰습니다.

그리고 말씀하셨습니다. '아주 조금의 진전이 시작되었다. 이 진전을 시작하였다는 것에 의미가 있다'라고 말씀을 하셨습니다. 본인들이 하고 싶을 때는 진전, 시작의 의미가 있고 고위공직자 등 부패수사처에 대해서는 이러한 문제점, 우려, 보완의 필요가 제기되고 있는데도 시작을 하고 나서 문제되는 점들을 보완해 나가는 그러한 방식이 아니라 문제되는 것을 뻔히 알면서도 무조건 원하는 내용을 모두 담아서 시작을 하겠다라고 하는 그러한 이중적인 태도를 보이고 있습니다.

처음 모두에 말씀드렸다시피 고위공직자부패수사처 필요합니다. 우리 국민들이 경험상 필요하다라고 판단하시고 결정하셨기 때문입니다. 하지만 우리 국민들이 필요하다라고 판단하고 결정하신 것이 부패수사의 사각을 없애고 공백을 없애고 보다 한국사회를 청렴하게 만들기 위해서이지, 모든 수사기관의 부패수사 역량을 저하시키는, 무력화시키는 그러한 내용의 고위공직자부패수사처를 원하시는 것은 절대 아닙니다.

그런데 현재 더불어민주당의 이상한 고집, 그 이상한 고집에 저는 사실 더불어민주당의 정치적인 의도가 숨겨져 있다라고 생각이 되는데 그 고집으로 인해서 우리 국민들이 원하는 부패의 사각을 없애고 보다 청렴한 사회를 위한 고위공직자부패수사처가 아니라 모든 수사기관의 부패수사 역량이 무력화되는 고위공직자부패수사처를 설치시키는 우를 범하지 않으셔야 됩니다.

오늘 제안한 이 보완의 내용, 수정안의 내용에 대해서 아직 시간이 있습니다. 더불어민주당은 지금까지 이와 관련해서 진지하게 논의할 시간을 주지 않았습니다. 제발 대화와 타협을 할 시간을 주십시오. 제발 대화와 타협을 실제로 하십시오. 그래서 우리 함께 우려에 대해서 보완된, 문제점을 불식시키는 그러한 고위공직자부패수사처법안을 가결시키도록 노력하면 좋겠습니다.

　경청해 주셔서 감사합니다.


■**의장 문희상** 　권은희 의원 아주 수고하셨어요.

다음은 정점식 의원 나오셔서 토론해 주시기 바랍니다.

**토론 6**

정점식 의원

■**정점식 의원**[1]  존경하는 국민 여러분!

그리고 선배·동료 의원 여러분!

통영·고성 출신의 자유한국당 정점식 의원입니다.

저는 지난 4월 3일 보궐선거를 통해서 국회에 입성을 했습니다. 9개월 남짓이 되지 않는 기간 동안 저는 국회의원 생활을 하면서 참담한 광경을 너무 많이 목격을 했습니다.

4월 말부터 시작된 속칭 패스트트랙, 신속처리안건 지정과 관련해서 민주당과 위성정당들은 국회법을 정면으로 위반하는 불법 사·보임, 안건조정제도의 무시 등을 통해서 어제 드디어 공직선거법 개정안을 통과시켰습니다.

그 공직선거법이 과연 국민을 위한 제도인가라는 생각을 해 보면 아니다라고 확실하게 답변을 드릴 수 있습니다. 우리 국민들이 내년 4월 15일 실시될 총선에서 자기가 어떤 당의 비례대표 후보를 지지하고 있는지 조차도 알 수 없게 만들어 두었습니다. 나를 대표하는 사람이 누구인지도 모르게 법을 만들었습니다. 그것은 심상정 대표 스스로 인정을 한 것입니다. '국민들은 선거법 개정안에 대해서 알 필요조차도 없다'라고 얘기를 했습니다. 이런 선거법이 어제 드디어 통과됐습니다. 그리고 함께 고위공직자범죄수사처 법안도 상정이 되었습니다. 오늘 그 반대토론을 위해서 이 자리에 섰습니다.

존경하는 동료 의원 여러분!

최근 우리는 지금까지 단 한 번도 경험하지 못했던 검찰을 보고 있습니다. 의원님들 스스로 각자 소속 정당에 따라, 이해관계에 따라 지금 검찰수사에 대해서는 '잘하고 있다, 못하고 있다'는 평가가 나뉠 것입니다.

그런데 한 가지 사실은 분명합니다. 아직도 임기가 2년이나 남아 있는 정부, 그 핵심 인사

---

1 정점식 의원: 자유한국당(경남 통영시 고성군) https://blog.naver.com/jsjeong0403

들, 생생하게 살아있는 권력을 상대로 당당하게 거침없이 수사하는 검찰을 우리가 처음 목격하게 된 것입니다.

존경하는 동료 의원 여러분!

이런 검찰의 모습을 과거에 한 번이라도 본 적이 있으십니까?

검찰 출신인 제가 말씀드리기는 부끄럽지만 저도 검찰의 이런 모습을 처음 봅니다. 지지하는 정당을 떠나서 모든 국민들도 그렇게 받아들이고 있을 것입니다.

민주당 의원님들께 묻고 싶습니다. 민주당과 문재인 정부가 그렇게 절실하게 검찰개혁을 하려고 했던 이유가 그리고 공수처법을 만들고자 했던 이유가 바로 이런 검찰의 모습을 기대했기 때문 아닙니까? 살아 있는 권력을 향해서 거침없이 칼을 휘두르고 거리낌 없이 수사해 나가는 이런 검찰을 원했지 않습니까?

검찰이 이렇게 달라진 이유가 무엇이라고 생각을 하십니까? 물론 윤석열 총장의 개인적인 캐릭터도 있을 것입니다. 그리고 윤 총장의 강한 정의감도 영향이 없지는 않았을 것입니다. 그렇지만 윤 총장 한 사람이 검찰을 이렇게 바꿀 수는 없습니다.

이제는 일선에서 묵묵하게 일하는 모든 검사들의 태도, 생각 그 자체가 완전히 달라졌습니다. 문재인 정부 출범 이후 줄기차게 추진해 왔던 적폐청산 수사를 거치면서 지난 정부에서 일어났던 일들에 대해서 가혹하리만치 철저하게 단죄를 하고, 무리하게까지 단죄를 하는 상황을 가까이서 지켜 본 검사들이 큰 교훈을 얻었던 것입니다.

(문희상 의장, 주승용 부의장과 사회교대)

이제는 해야 할 사건을 적당하게 뭉개거나 하지 말아야 할 사건을 억지로 손대는 표적수사, 과잉수사를 한다면 반드시 뒤탈이 나게 되고 언젠가 검사들 자신들에게도 화가 되어 돌아온다는 것을 깨달았을 것입니다.

적폐청산 사건을 수사하면서 검찰이 들이댄 칼은 직무유기·직권남용죄입니다. 이런 수사를 지켜본 검사들은 언젠가 자신들도 그 직무유기·직권남용죄로 단죄가 될 수 있다는 위험성을 본능적으로 깨달았을 것입니다. 그 무서운 적폐청산 과정을 똑똑히 지켜본 검사들이 있기에 앞으로 어떤 정부가 들어서도 어떤 총장이 오더라도 살아 있는 권력에 대한 수사는 철저하게 빈틈없이 진행될 것입니다.

검찰문화가 달라졌습니다. 이렇게 바뀐 검찰이 무서워서 이렇게 무리하게 괴물인 공수처를 만들어야 합니까? 과거 공수처 논의는 비겁한 검찰을 전제로 하고 있었습니다. 즉 살아 있는 권력에 대해서는 한없이 비굴하고 죽은 권력에 대해서는 한없이 날카로운 칼을 들이대는 그런 검찰을 염두에 뒀을 것입니다. 그래서 국민들도 지지해 준 측면이 있다고 생각을 합니다. 그런데 지금의 검찰은 국민 대다수의 박수를 받는 정상화된 검찰입니다. 검찰이 할 일을 하고 있는 상황에서 공수처를 만든다는 것은 누가 봐도 정권 보위요 방탄 수사처를 만들겠다는 것입니다.

(「게슈타포!」하는 의원 있음)

그렇습니다. 게슈타포입니다. 문재인 정부에 묻습니다. 무엇이 그렇게 두렵습니까? 무엇이 그토록 두렵기에 헌법을 정면으로 거스르고 위법적 요소가 가득찬 공수처를 비밀리에 만든 것입니까? 청와대 검찰, 민변 검찰, 정권 보위처, 방탄 수사처를 만들어서 또 어떤 비리를 숨기려고 하는 것입니까?

형사사법체계라는 것은 국가를 운영하는 근간이고 등뼈입니다. 잘못한 사람은 벌을 주고 피해 본 사람은 구제해 주고, 그래서 국민의 일상생활에 직결되는 나라의 기본 시스템입니다. 특히 검찰제도는 경찰과 법원의 중간에서 연결하는 국가 사법시스템의 중심, 핵심입니다. 그런데도 밀실 작업을 통해서 구체적 내용은 꼭꼭 숨기고 형사법 전문가들이 검증하지도 못하도록 공개하지 않은 채 이상한 법률을 만들었습니다. 몇몇 의원이 누가 어떤 의견을 냈는지도 모르게 만든 이유는 과연 무엇입니까?

(「그들도 몰라요!」하는 의원 있음)

맞습니다. 그분들도 어떻게 아시겠습니까? 정권의 입맛에 맞는 또 하나의 검찰, 우리 편 검찰을 만들어서 헌법에 규정된 검찰을 그 아래에 두려고 하는 이유가 무엇인지 과연 궁금합니다.

민주당과 그 위성정당들이 과연 부끄러움을 알고나 있는지 묻고 싶습니다. 이렇게 속 보이는 것, 나라의 미래는 팽개치고 오로지 우리 정파의 이익만 앞세운 일을 벌이고도 역사 앞에 부끄럽지 않습니까? 저는 자신 있게 말씀을 드립니다. 이 공수처 법안에 찬성표를 던지실 동료 의원님들께 미리 말씀을 드립니다. 대단히 외람된 말씀이지마는 역사의 오명으로 영원히 남아 후세가 길이 기억할 것입니다.

괴물 공수처는 사회주의적 사고에서 비롯된 것입니다. 우리 헌법은 자유민주주의를 채택하고 있습니다. 자유민주주의 국가에서는 모든 권한을 분산시킵니다. 당연히 삼권분립을 규정하고 다당제를 채택하고 있습니다. 무엇이 정의인지 오직 신만이 아는 것이고 누구도 정의를 독점할 수 없습니다. 그렇기 때문에 다양한 가능성을 상정하고 있고 그래서 일당독재와 같이 권한을 집중시키지 않습니다. 그래서 어제 여당이 오늘 야당이 될 수 있는 것입니다.

삼권분립 정신에 따라서 입법·사법·행정권이 따로 분리되어 있고 행정부 내에서도 기본적인 조직 구성 원리도 견제와 균형입니다.

예를 들어서 법무부와 검찰은 상하관계이지만 조직적으로 분리되어 있어서 일방적으로 지시·감독을 하지 않습니다. 검찰청법에 법무부장관이 일반적인 사건에 대해서는 지휘를 할 수가 있지만 구체적 사건에 대해서는 검찰총장만을 지휘하도록 규정이 돼 있습니다.

반면 사회주의국가는 프롤레타리아독재를 추구합니다. 인민의 정당한 의지, 바른 의지는 프롤레타리아로부터 나온다고 주장하면서 그것이 절대적이고 불가분이라고 여깁니다.

프롤레타리아의 절대 의지는 오직 하나이고 그것을 제대로 반영하는 사회주의 정당, 즉 공산당·사회당을 통해서만 표출된다고 합니다. 정의는 하나, 절대 의지도 분산될 수 없는 것이므로 사회주의국가의 조직 구성 원리는 견제와 균형이 불필요합니다. 그리고 오직 하나의 당이 영도하게 됩니다. 당이 행정 각 부와 모든 기관들을 장악합니다.

그런 사고를 갖기에 당의 기율위와 감찰위가 모든 정부 부처로부터 정보를 빨아들이고 보고를 받고 있습니다. 혁명정신에 반하면 안 된다는 미명하에서 견제와 균형의 원리는 내팽개치고 오직 하나의 독재기구가 생길 수밖에 없습니다. 정의는 오직 하나뿐이고 그것을 자신들이 독점하고 있다고 믿으니까 당을 통해서 구현해야 하고 거기에 모든 기관이 보고하고 지시를 받아야 하는 것입니다.

의원 여러분, 무엇이 생각나십니까? 민주당이 만들려고 하는 공수처입니다. 공수처에 모든 것이 보고되어야 하고 공수처가 수사할지 안 할지를 결정하고 그리고 이것을 자기들이 필요하다면 마음대로 가져갈 수 있는 이것이 과연 자유민주주의국가의 정부 조직 원리에 부합하는 것입니까?

견제와 균형을 깨뜨리는 조항입니다. 그것은 사회주의국가처럼 수사권도 독점되어야 하고 특정 기관에 특정한 권한을 부여하는 것입니다. 통보해야 하고 통보받아야 한다는 것이 그 자체가 기관 간의 상하관계를 의미합니다. 의무적으로 통보하게 하고 통보하지 않으면 징계하거나 처벌하게 한다면 그 자체가 상하관계이고 서열관계가 성립되는 것입니다.

한마디로 공수처는 우리 헌법정신에 부합하지 않습니다. 국가의 정의는 오직 하나뿐이고 일당독재에서 나오는 것이라는 사회주의국가에서만 가능한 것입니다. 견제와 균형이라는 헌법 구성 원리에 반하는 공수처는 위헌적 요소가 많은 게 아니라 바로 위헌 그 자체입니다.

지금 과연 공수처가 필요합니까? 여당은 무소불위의 권한을 행사하고 있는 검찰을 견제하기 위해서 공수처가 필요하다고 합니다. 공수처를 만드는 것이 검찰개혁인 것처럼 국민에게 선전하고 있습니다. 과연 그렇겠습니까?

검찰개혁의 화두가 된 것은 강도·절도 사건 등 우리 일반 국민들이 피해자이고 피의자인 사건이 아닙니다. 거의 모두가 정치적인 사건들이었습니다. 살아있는 권력의 비리는 덮고 지나간 권력만 털었고 여당의 비리는 덮고 야당의 비리만 캤습니다. 그 원한과 원한이 쌓여서 검찰은 대통령의 충견이라는 말까지도 들었습니다. 그래서 검찰을 개혁해서 산 권력을 수사하고자 하는 것이 소위 검찰개혁, 공수처 설치의 주장 요지였습니다. 그렇게 정착되면 대통령이 감히 비리를 저지를 엄두도 내기 힘들 것이고 대통령 주변의 사람들도 역시 마찬가지일 것입니다.

그런데 지금 검찰은 대통령의 30년 지기를 당선시키기 위해서 청와대가 총체적으로 선거에 개입했다는 의혹을 받고 있는 사건, 대통령을 형이라고 부르던 핵심 측근의 비리를 청와대 민정수석실이 유야무야 덮은 사건을 수사하고 있습니다. 모두에서도 말씀을 드린 것처럼 과연 과거의 검찰이 이런 모습을 보여줬습니까?

얼마 전에는 법무부장관에 지명된 조국 전 민정수석 그리고 실제 취임을 하기까지 한 조국 법무부장관, 현직 법무부장관에 대해서도 수사를 했습니다. 그 배우자와 가족들을 구속까지 한 전례가 있습니다. 검찰이 임기 중반을 겨우 넘긴 권력의 중심부를 이렇게 정면으로 겨눈 것은 대한민국 정치사에서 아마 처음일 것입니다. 우리가 검찰을 개혁하고자 하는 목적이 바로 지금의 검찰의 모습에서 사실상 달성된 것입니다.

집권 세력이 공수처를 밀어붙이는 이유는 자신들을 겨냥한 검찰 수사에 제동을 걸기 위한 것입니다. 민변이 수사의, 수사관의 핵심 주축을 이루고 수사처검사의 핵심을 맡을 공수처에 조국과 같은 공수처장을 앉혀서 검찰이 대통령의 주변을 뒤지는 것을 사전에 차단하고, 그러니까 검찰이 대통령 주변에 대해서 수사에 착수하면 곧장 사건을 이첩받아서 뭉개 버릴 수 있는 장치, 그 안전장치가 바로 공수처인 것입니다.

검찰은 대통령의 최측근들이 직접 개입했고 대통령 자신도 결코 자유로울 수 없는 권력농단 사건을 파헤치고 있습니다. 검찰이 이런 수사를 하는 것이야말로 진짜 개혁된 검찰의 모습입니다. 공수처라는 어용 수사기구를 만들어서 검찰개혁을 방해하려는 시도를 반드시 중단시켜야 합니다.

공수처는 문재인 대통령이 주장하는 개혁 방침에도 역행합니다. '권력기관일수록 더 강한 민주적 통제를 받아야 합니다'라는 것이 문재인 대통령의 개혁 방안입니다. 물론 옳은 말씀입니다, 표면적으로는. 그런데 공수처에 대해서는 왜 그 개혁 방침을 적용하지 않는 것입니까? 문재인 정부가 검찰에 대해서는 강하게 밀어붙이고 있는 민주적 통제 강화에서 공수처는 비켜나 있습니다. 그래서 공수처는 무소불위의 기구가 될 것입니다.

모든 권력기관에 기본적으로 두어야 할 통제장치로서 인사권, 감찰권, 국정 감사권·조사권조차 공수처에는 적용되지 않습니다. 공수처는 문재인 정부가 추진하는 권력기관 개혁 방침의 정수가 아니라 문재인 정부 권력기관 개혁 방침의 예외가 되고 있습니다.

우리 편이 지지할 수 없는 세력이 집권했을 경우까지 상정하고 제도를 만들어야 됩니다. 지금은 정권을 위한 칼이 되겠지마는 그 칼이 누구를 베어 버릴지 아무도 장담할 수 없습니다. 만약 지금의 야당이 집권하고 국회에서 다수를 차지해서 조국 전 민정수석에 준하는 인사가 공수처장으로 임명될 경우에도 공수처의 권한 남용 가능성이 크지 않기 때문에 이를 용인할 수 있겠습니까.

금태섭 의원의 경고를 새겨들어야 합니다. 제도는 선의를 기대하고 설계해서는 안 된다는 것입니다. 그런데 이 정권이 공수처를 계속 주장하고 집착하는 것은……

다음주 월요일 날 공수처 설치법안이 통과된다면 6개월 이후에 설치가 됩니다. 공수처장의 임기가 3년이라면 결국은 현 대통령이 퇴임하고 난 1년 뒤인 2024년 6월이나 7월까지 문재인 대통령이 임명한 공수처장이 문재인 대통령이 임명한 공수처검사들과 함께 문재인 대통령과 그 주변의 부패 사건을 철저하게 막아 줄 것이라는, 방패가 돼 줄 것이라는 기대가 있기 때문에 공수처를 이렇게 강행하려고 하는 것입니다.

대통령은 공수처장 임명을 통해서 공수처를 장악하려고 합니다. 공수처법에는 국회 내에 7명으로 구성되는 추천위원회를 통해서 공수처장을 추천하도록 되어 있습니다. 이 위원회가 2명을 추천하면 대통령은 그중 1명을 임명합니다. 7명의 추천위원 중 여당 추천위원이 2명, 법무부장관, 법원행정처장 등 총 4명이 모두 대통령의 영향권 내에 있다고 볼 수 있습니다. 추천위원회에서 2명을 추천하더라도 1명은 여당이 추천한 사람일 수밖에 없고 그렇다면 당연히 대통령은 그 사람을 고르지 않겠습니까?

공수처장추천위원회 구성의 야당 몫 추천인 2명이라는 민주당의 주장도 말장난에 불과합니다. 지금 야당이 5개라고 하지마는 사실상 야당은 자유한국당 하나밖에 없습니다. 야당 몫 추천인 2명이라고 하지마는 그중 1명은 당연히 소위 민주당의 위성정당 몫이 될 것입니다.

공수처장이 임명권자인 대통령이나 여권을 상대로 한 수사에 더욱더 소극적으로 임할 수밖에 없다는 사실은 삼척동자도 다 알고 있습니다. 공수처장 임명에 대한 대통령의 인사권을 통제할 장치는 아무것도 없습니다. 대통령이 절대적으로 신뢰하는 사람을 공수처장으로 임명할 수밖에 없는, 임명할 수 있는 그런 구조가 되어 있습니다. 대통령이 집권 세력의 입맛에 맞는 공수처장 임명을 끝까지 관철할 경우에는 자신들을 향한 수사도 원천적으로 차단할 수 있습니다. 권은희 의원께서 내놓은 공수처 법안에는 공수처장후보에 대해서 국회에서 임명 동의를 받도록 하고 있지마는 최종안에는 삭제되었습니다.

이 정부 들어서 임명한 대법원장, 대법관, 헌법재판소장, 헌법재판관들을 보십시오. 모두 대통령과 이념적 성향이 일치하는 민주화를 위한 변호사모임, 우리법연구회, 국제인권법연구회 출신의 판사, 변호사들로 이루어졌습니다. 그러면 문재인 대통령이 과연 공수처장을 어떤 사람으로 임명할 것인지는 대법관 등을 임명한 전례에 비추어 보면 명백합니다. 소위 국민들로부터 '좌파'라고 호칭되는 민주화를 위한 변호사모임, 즉 민변 출신을 임명하거나 이념적 성향이 유사한 우리법연구회 출신의 공수처장을 임명할 것입니다. 공수처장 밑의 검사와 수사관도 역시 마찬가지일 것입니다.

공수처법 3조에 의하면 대통령이나 대통령비서실 직원들의 경우에는 공수처의 사무에 관여할 수 없도록 규정하고 있습니다. 그러나 대통령의 인사권으로 인해서 대통령이나 대통령비서실 공무원의 불간섭 원칙은 운영 과정에서 유명무실할 수밖에 없습니다.

그것은 우리가 이미 울산시장 사건에서 살펴봤습니다. 청와대 민정수석실에서 첩보보고서를 만들고, 그게 국가기관 간에 이루어진 공문을 통한 첩보 이첩 절차가 아니라 민정수석실

행정관이 경찰청으로 은밀하게 전달해서 그것이 경찰청의 첩보인 것처럼 해서 울산경찰청으로 하달이 되었습니다. 사실상 청와대 하명수사를 해서 우리 당의 울산시장후보를 낙선시키는 선거조작 사건에서 이미 봤습니다.

공수처가 설치된다면 공수처법 3조에도 불구하고 대통령비서실에서는 이러한 방법으로 대통령의 하명을 공수처에 전달하고 공수처는 대통령의 하명에 따라서 칼춤을 추게 될 것입니다.

진실로 검찰을 개혁하려면 검찰에 간섭을 안 하면 됩니다. 그리고 공수처는 필요 없다는 것은 이미 말씀드렸지만 설사 공수처가 설치된다면 대통령이 공수처장 임명권을 가지면 안 됩니다. 공수처검사 임명 자격요건을 완화해서 특정 집단의 변호사를 공수처검사로 임용하고자 합니다. 공수처검사의 자격요건을 원안보다 완화시킨 것도 납득할 수 없습니다.

최종안은 공수처검사는 변호사 자격 보유자 중 검사와 변호사 자격을 보유한 10년 이상의 경력자로 재판·조사·수사 업무를 5년 이상 수행한 사람이 하도록 정했습니다. 수사와 재판이 아닌 조사 경력이 5년이 있으면 공수처검사가 되도록 한 것입니다.

이는 민변 출신 변호사들이 과거사위나 인권위나 세월호특조위 등에서 활동해 온 것에 착안을 해서 이 사람들을 염두에 두고 이 사람들을 공수처검사로 임용하기 위한 포석입니다.

상식 있는 사람들은 정파적인 사람들이 대거 기용될 수 있게 된 만큼 수사기구 자체가 편향적일 수밖에 없다고 우려하고 있습니다. 수사 전문가가 아닌 사람이 수사를 하면 정치적으로 흐를 위험성이 있다는 것입니다.

또한 공수처 인원이 많지 않기 때문에 인사권자와 이해관계가 맞는 사람들만 골라서 임명하는 일이 충분히 가능합니다. 이러한 이유로 공수처 설치를 주장하는 권은희 의원조차도 검사의 자격요건을 대폭 완화한 것에 대해서 '자격요건 자체가 아예 무너졌다. 왜 만드는지 모르겠다'라고 말씀하신 바가 있습니다.

공수처 입법 과정에서도 심각한 위법성이 발견되었습니다. 4+1 협의체는 공수처법 상정 직전까지 구체적 내용을 공개하지도 않고 밀실에서 회의록조차도 남기지 않은 상태에서 수정안을 만들었습니다. 국회의 회의는 기본적으로 공개토록 한 헌법과 국회법 원칙에 어긋나는 것입니다.

법적 근거가 없는 4+1 협의체가 국회에서 과반만 가지고 자신들이 원하는 모든 법안들을 통과시키는가 하면 원안과는 다른 법안을 수정안이라는 이름으로 밀어붙이고 있습니다. 민주당과 그 위성정당들은 애초 패스트트랙으로 올린 선거법과 공수처법 원안 대신 밀실에서 자기들 마음대로 고친 수정안을 본회의에 올려 처리했고, 하려고 하고 있습니다. 이는 여야가 다투는 쟁점법안은 재적 5분의 3 이상의 찬성을 얻도록 한 국회법의 취지, 즉 신속처리안건제도를 정면으로 거스르는 것입니다.

공수처법 수정안이 원안의 취지와 크게 차이가 나는데, 그러니까 패스트트랙에 올린 법안과 다른 법안이기 때문에 이것도 역시 패스트트랙에 다시 올려야 하는 것입니다. 특히 공수처법 수정안 24조 2항에 규정돼 있는 통보조항은 기존의 패스트트랙안의 중대한 내용을 변경하는 수정안입니다. 그렇기 때문에 수정의 한계를 벗어났습니다.

(「위법입니다」 하는 의원 있음)

맞습니다.

그뿐 아니라 위 조항은 사개특위나 법사위에서 단 한 번도 공식적으로 논의가 된 적도 없고 제안조차 된 적이 없습니다. 그런데 4+1 협의 과정에서 갑자기 포함이 됐습니다. 이러한 수정안의 성안 과정은 그 중대성을 고려할 때 통상의 법안 개정절차와 비교해 보더라도 절차상 심각한 위법에 해당합니다.

그런데도 민주당은 국회 본회의에서 수정안을 먼저 표결에 부친다는 국회법의 맹점을 이용해서 공수처법안을 과반의 찬성으로 통과시키려 하고 있습니다. 이는 '수정안은 원안의 취지 및 내용과 직접 관련이 있어야 한다'는 국회법 제95조제5항에 반하는 것입니다. 95조 5항 단서에 의하면 의장이 각 교섭단체대표의원과 합의를 한 경우에는 그러지 않아도 되나 공수처법은 교섭단체인 한국당과 바른미래당과 합의하는 과정도 거치지 않았습니다. 즉 공수처법 수정안은 수정안의 한계를 넘었을 뿐만 아니라 사개특위, 법사위에서 공식적으로 논의조차 되지 않은 사항이 4+1 협의 과정에서 갑자기 포함된 것들로 이러한 성안 과정은 그 중대성을 고려할 때 통상의 법안 개정절차과 비교해 보더라도 절차상으로는 심각한 위법입니다.

모든 것에 우선하는 초헌법적 수사기구, 이런 것을 만들려고 하는 조항인데 그 조항이 왜, 누구에 의해서 언제 들어갔는지도 아무도 모르는 코미디 같은 상황이 국회에서 벌어지고 있는 것입니다.

가장 큰 독소조항인 통보조항에 대해서 말씀을 드리겠습니다.

4+1 협의체가 합의한 공수처법 최종안은 심각한 문제점을 안고 있지만 그중에서도 가장 큰 문제는 원안에도 없는 독소조항이 추가됐다는 것입니다. 24조 2항은 '다른 수사기관이 수사를 하는 과정에서 고위공직자범죄를 인지한 경우 그 사실을 즉시 수사처에 통보해야 한다'라고 되어 있고 제4항은 '처장은 통보한 수사기관의 장에게 수사 개시 여부를 회신해야 한다'라고 규정하고 있습니다.

이 고위공직자범죄를 인지한 경우가 어떤 경우겠습니까? 검찰이 기업 비리를 수사하다가 기업의 돈이 또는 기업가의 돈이 고위공직자에게 흘러갔다라고 판단을 했을 때 제일 처음 하는 조치가 압수수색입니다. 압수수색을 하려면 소위 검찰 실무적으로는 범죄인지서를 작성해야 압수수색영장을 청구할 수가 있습니다. 이 범죄인지서를 작성한 시점, 일반적으로는 입건이라고 이야기를 하는데 그 시점에 '우리가 A라는 고위공직자를 수사하고 있다'라고 공수처에 통보해야 된다는 주장입니다. 그런 내용입니다. 민주당에서는 수사중복 시의 교통정리 차원에서 이렇게 하고 있다라고 주장합니다.

그렇지만 이것은 공수처가 고위공직자 수사의 모든 정보를 독점하고 통제할 수 있도록 하는 것으로서 개악도 이런 개악이 없습니다. 물론 공수처가 검찰·경찰이 수사 중인 권력형 비리사건의 이첩을 요구할 수 있는 것도 문제입니다. 이 경우에 여러분들께서 목격하신 조국 사건, 청와대 울산시장 하명수사 의혹사건, 유재수 감찰 무마사건 등을 공수처가 모두 가져갈 수 있게 됩니다. 검찰이 진행 중인 현 정권의 수사도 공수처가 요구를 하면 즉각 사건을 넘겨야 해서 청와대의 뜻에 따라 수사를 좌지우지하게 되는 것입니다.

지난 8월 이후 국민 여러분께서도 목격하신 것처럼 검찰이 조국 사건을 수사하고 있을 때 청와대, 여당 고위관계자, 국무총리까지, 심지어 대통령까지 나서서 어떻게 했습니까? 검찰이 과도한 수사를 하고 있다고 비난을 했습니다.

지금 소위 유재수 감찰 무마사건에 대해서도 검찰의 영장청구에 대해서 청와대가 논평을 하고 영장기각에 대해서도 논평을 하고 있습니다. 과연 공수처가 청와대 고위관계자의 수사를 가져갔을 경우에 이 정권이라면 지금까지 목격한 사례에 비추어 봐서 가만히 있겠습니까?

아마도 검찰에 했던 것보다 더 험한 말로 공수처를 협박할 것입니다. 아니, 협박할 필요조차도 없을 것입니다. 대통령 자신이 직접 임명한 공수처장이 그 사건을 캐비닛에 처박아 놓고 수사를 하지 않으면 될 것입니다. 그리고 내년 총선이 끝난 시점에 캐비닛 속의 묵은 기록들을 꺼내서 먼지를 털어 내고 난 이후에 아무런 의혹도 없다고 발표하면 그것으로서 끝날 것입니다.

이러한 이유 때문에 경희대 허영 교수님은 헌법적 근거가 없는 공수처를 검찰 위에 두겠다는 발상 자체가 위헌적이다라고 지적하셨습니다. 박주민 의원[2]은 지난 25일 기자회견에서 다른 수사기관이 사건을 암장할 우려를 막기 위한 것이라고 이야기했습니다. 그렇지만 법조계에서는 유재수 전 부산시 경제부시장 감찰무마 의혹사건에서도 나타났듯이 암장 우려는 청와대의 영향력 아래에 있는 공수처에 더 있는 것 아니냐라는 반박이 나오고 있습니다.

검찰과 경찰이 수사 단서를 인지한 때로부터 공수처 보고를 의무화한 이 조항은 공수처에 제왕적 권한을 부여한 것입니다. 공수처가 사실상 고위공직자범죄 수사의 전권을 갖게 되는 것입니다. 이 경우 청와대 하명수사 의혹사건이라든지 유재수 감찰무마 의혹사건 같은 수사도 검찰이 인지를 하자마자 곧바로 공수처에 알려야 하고 공수처가 직접 수사하겠다고 나서면 검찰은 기록을 넘겨줄 수밖에 없습니다.

그 외에도 그 과정에서 수사의 밀행성, 수사라는 것은 외부에 알려지는 즉시 실패를 하게 됩니다. 압수수색을 곧 할 것이라는 사실을 공수처로 통보하는 순간 그 사건은 전 국민이 알

---

2 박주민 의원: 더불어민주당(서울 은평구갑) http://www.joomincenter.com

게 되는 사건이 될 것입니다. 대통령이 임명한 공수처장, 대통령이 임명한 공수처검사가 그 사건을 청와대에 보고하지 않겠습니까? 그것도 소위 유재수 감찰의혹 사건이나 울산시장 사건에서 보듯이 카카오톡이나 그와 유사한 텔레그램이나 이러한 SNS 기능을 통해서 청와대에 은밀하게 보고한다면 그 사건은 실패한 사건이 될 수밖에 없습니다. 공수처가 이러한 절차를 통해서 권력 실세의 사건을 모조리 가져가서 뭉개 버리면 그만입니다. 그만큼 악용할 가능성이 큽니다.

여당은 수사기관 간의 중복 수사를 방지하려는 조치라고 해명하지만 그 의도는 조금 전에 말씀드린 바와 같습니다. 이러한 이유로 우리 당의 사개특위 소속 의원들이 지난 25일 국회에서 성명서를 발표하고 대통령과 청와대의 뜻에 따라 선택적으로 수사를 할 수 있도록 하는 최악의 독소조항이라고 비판한 것입니다.

마찬가지로 대검찰청 역시 중대한 독소조항이 포함되어 있다고 공식 입장을 내면서 반발했습니다. 그것은 이대로 제도가 시행되면 살아 있는 권력에 대한 수사는 무력화된다고 검찰 스스로도 판단하고 있기 때문입니다.

공수처는 처장·차장을 포함한 25명의 검사와 40명의 수사관으로 구성되어서 고위공직자를 수사하는 단일한 반부패기구 중 하나입니다. 그러니까 검찰·경찰·공수처 등 수사기관의 하나일 뿐입니다.

그런데 이 조항은 검찰이나 경찰의 고위공직자 수사의 컨트롤타워 그리고 상급기관, 그러니까 검찰이나 경찰보다도 상급기관의 지위에 공수처를 올려놓는 조항인 것입니다. 그렇기 때문에 검경 수사 착수단계에서부터 공수처가 그 내용을 통보받는 것은 정부조직체계의 원리에도 맞지 않습니다. 공수처가 검찰·경찰의 수사 착수 내용을 통보받아야 할 이유도 없고 공수처는 검찰과 경찰과 함께 헌법과 법률의 테두리 안에서 고위공직자 수사라는 그 역할을 수행하면 될 뿐입니다.

민주당의 박주민 의원은 '통보 조항만 보지 말고 회신 조항도 봐라. 공수처가 통보를 받고 며칠 내로 수사할 것인지 아닌지를 회신하게 되어 있다. 이는 미리 교통정리를 하자는 취지'라고 설명을 하고 있습니다. 그러면서 이전에 국가정보원이 대공수사 사건에 관해서 검찰·경찰 등과 함께 교통정리한 걸 예로 들고 있습니다. 그 조항 자체가 부당한 것이었기 때문에 그 당시 공안검찰에서는 그런 조정에 응한 적도 없을 뿐만 아니라 경찰도 그 조항이 불합리한 조항이라고 계속적으로 주장하여 왔습니다.

공수처의 우선수사는 각 수사기관에 중복되어 있는 수사사건들이 있음을 전제로 해서 관할을 우선하겠다는 것인데 현재 법안은 내용도 모르고 수사 착수도 안 한 공수처가 수사기관들로부터 상급층의 입장에서 보고를 받은 후에 중복 관할을 창설을 해서 사건을 빼앗아 올 수 있도록 근거를 부여한 것입니다.

그 통보를 받는 즉시에, 검찰로부터 고위공직자 수사를 하고 있다라는 통보를 받은 공수처는 자기들이 먼저 사건을 인지한 것처럼 가장을 한다면 얼마든지 사건을 빼앗아 올 수 있습니다. 그리고 나서 현 정권에 대한 수사는 캐비닛 속에 집어넣어 버립니다. 야당에 대한 수사는 적법 절차를 넘어서 과다하게 수사를 해서 야당 죽이기 수사에 매진할 것입니다.

현재 수사구조상, 지금 현재의 형사소송법 체계상 검찰이나 경찰이 범죄를 인지했을 때 정보를 공유하도록 하는 규정 자체가 없습니다.

지금 형사소송법은 검찰을 수사의 주재자로 규정을 하면서 경찰은 검찰의 수사지휘를 받도록 규정하고 있습니다. 수사지휘를 받는 경찰조차도 자기들이 어떤 사건을 수사하고 있다는 것을 검찰에 통보하지 않고 있습니다. 그런데 상하관계가 아닌 검찰과 공수처, 경찰과 공수처로 하여금 일방적으로 고위공직자 사건 수사를 공수처에 통보하도록 하는 것은 결국 상하관계를 창설하고 이를 통해서 정권 핵심 인사들의 수사를 막도록 하는 조항이다라고 할 수밖에 없습니다.

(「맞습니다」 하는 의원 있음)

그래서 지금의 검찰과 경찰이 고위공직자범죄를 인지한 경우에는 서로 통보하고 있다는 민주당의 주장은 허위입니다.

나아가 4+1 협의체는 기자회견을 열고 '중복된 수사기관의 인력과 수사력이 낭비되거나 서로 혼선을 초래하지 않도록 초반에 정리하자는 취지, 현실적 어려움을 타개하고 공수처 기능을 원활하게 하자는 취지, 그런 취지일 뿐이지 어떤 정치적 의도와 목적은 없다'라고 주장을 합니다. 그런데 조금 전에 말씀드린 것처럼 대부분의 법조인들과 국민들은 이 조항의 취지가 무엇인지 알고 있고 그래서 비판을 하고 있는 것입니다.

이 언급 중에서 '현실적 어려움을 타개하고 공수처 기능을 원활하게 하기 위한 것'이라는 언급은 정말 코미디나 다름없습니다. 공수처는 고위공직자범죄를 수사하기 위해서 설치하는 것인데 소위 고위공직자 수사는 기업 비리 등 일반 사건을 수사를 하면서 그게 고위공직자들의 뇌물 사건 수사, 수수 사실이 확인이 됩니다. 그렇기 때문에 위로 자꾸 차고 올라가서 그게 5급 공무원의 비리가 상급 공무원, 2급 국장의 비리가 되는 것이고 장관의 비리가 되는 것인데 이런 일반 기업 비리 사건의 수사권이 없는 공수처가 과연 고위공직자 수사를 자신들이 처음부터 할 수 있느냐? 절대 불가능한 거지요.

그렇기 때문에 이렇게 검찰이 확보한 증거자료를 가지고 가서 소위 이야기하는, 가지고 갈 수밖에 없는 체제가 되기 때문에 이것을 4+1 협의체에서는 기자회견을 열고 '현실적 어려움을 타개하기 위한'이라는 미사여구를 사용합니다. 그러니까 공수처 혼자서는 본래의 기능을 수행할 수 없다는 것을 스스로 인정하고 있는 것입니다.

또한 검찰과 경찰과는 달리 전국적인 조직망을 가지고 있지 않은 공수처가 전국에서 발생하는 공직자 범죄 혐의를 파악하는 것에는 한계가 있습니다, 조금 전에 말씀드린 것처럼. 그래서 검찰이 범죄를 인지한 뒤에 수사를 진행해서 기소하는 단계까지 됐는데 공수처가 이첩을 요구하게 되면 수사상 혼란을 야기할 수 있다고 주장하고 있습니다. 그런데 이는 수사의 신속성, 효율성을 저해하면서 사건관계자의 인권을 과도하게 침해하고 국가 전체적인 수사역량을 저해할 우려가 높습니다.

(「맞습니다」 하는 의원 있음)

압수수색 전 단계인 수사 착수부터 검찰이 공수처에 사전보고를 하게 되면 공수처가 하고 싶은 사건만 골라서 이첩받아서 야당 인사, 정권의 반대파에 대해서는 과잉수사를 하고 자신들, 소위 이야기하는 우리 편에 대한 수사는 이게 검찰에 맡겨 놓을 수가 없으니까 그것을 가로채 가지고 뭉개기, 부실수사를 할 수가 있습니다. 아니, 이런 수사를, 이렇게 수사를 하기 위해서 공수처를 설치하려고 하는 것입니다.

한 고등법원 부장판사께서 지적하신 것처럼 수사라는 것은 비밀리에 자료를 갖추고 시작하는 것인데 수사 착수 단계부터 보안이 새면 검찰이 제대로 수사할 수 있는 환경이 만들어지지 않을 것이라고 지적을 했습니다.

대통령의 공수처장 임명권이 형식적인 것이므로 수사 상황 누설 위험이 없는 것이 아니라 공수처에 보고하는 것 자체가 문제이고 누설 위험의 주체는 공수처 내의 처장, 차장, 검사, 수사관, 일반 사무직원까지 굉장히, 거의 100명에 가까운 사람들로부터 수사는 온 세상에 퍼져 나갈 것입니다.

(「맞습니다」 하는 의원 있음)

정웅석 한국형사소송법학회 회장은 이렇게 말했습니다. '당초 법안 취지는 검찰과 공수처 간 견제로 국가 부패 총량을 줄이는 것인데 현 법안은 사실상 검찰의 공직자 감시 기능을 무력화시키는 것이고 두 기관 간 권한 다툼 문제가 발생하고, 공무원에 대한 검찰 수사 시에 공수처가 가져와서 사건을 묻어 버릴 수 있다'라고 지적하고 있습니다.

이러한 이유로 법조계에서는 대통령에게 인사권이 있는 공수처가 대다수 여당 쪽인 공무원에 대한 수사를 독점하면 정치적 중립성을 훼손할 수 있다고 우려하고 있습니다. 수차 말씀드린 것처럼 유재수 전 경제부시장의 감찰 무마 사건이나 김기현 울산시장에 대한 하명수사 의혹도 대통령의 지시를 받는 공수처가 가져가서 뭉개 버리면 그만입니다.

원래 공수처는 검찰개혁의 일환으로 사법 사무에 대한 견제 차원에서 논의되던 것이었습니다. 그 대상을 대통령·국회의원으로 확장하면서 공수처가 우선적 관할권을 갖겠다고 했을 때부터 그 의도가 의심스러울 수밖에 없었습니다. 그런데 수사 착수 시 통지를 강제하는 조항을 넣은 이번 수정안을 보니까 결국은 그 불순한 의도가 명백해졌다라고 할 수 있습니다.

적은 수사인력으로 미행이나 사찰이 아니면 공직자 수사를 할 수 없다는 것은 처음부터 분명했습니다. 말 잘 듣는 경찰 등의 수사기관은 그대로 수사하게 하고 지금처럼 말 안 듣는 검찰의 수사는 빼앗아 가서 자기들의 입맛대로 수사하겠다는 의사를 노골적으로 드러낸 것입니다. 공직 부패 수사 역량을 강화해도 모자랄 판에 통지를 강제하는 조항을 두게 되면 어느 기관도 나서서 수사하지 않을 것입니다.

공무원은 성취욕구가 굉장히 강합니다. 특히 검사들은 더 그렇습니다. 내가 이 사건을 수사해서 고위공직자를 구속해서 유죄를 받는 데 성공했다라는 그 자부심 하나를 가지고 밤을 새워서 검사들이 수사를 몇 날 며칠을 동원을 해서 비리 기업가를 설득을 해서 비리 공무원에 대한 사건을 진술을 하게 만듭니다. 검사의 신문 기술이 고위공직자의 비리를 캐내는 데 결정적인 역할을 합니다. 특히 금융실명제가 실시된 이후에는 통장에서 통장으로 금품이 전달되는 경우는 거의 없습니다. 그렇기 때문에 그런 조그만 단서를 통해서 고위공직자들에 대한 수사를 하게 되는 것인데 내가 이 사건을 이 기업가를 설득을 해서 고위공직자에 대한 비리에 대한 진술을 받아 낸다고 하더라도 그 순간 이 공직자에 대한 사건은 공수처로 보내 줄 수밖에 없다라고 했을 때 어느 검사가 몇 날 며칠을 동원해서 고위공직자 비리의 단서를 캐내려고 할 것입니까?

이런 통지제도 자체 그리고 수사이첩제도, 이첩요구권 자체가 소위 부패 수사를 불가능하게 하는 제도다라는 것입니다.

결국은 이 정권이 공수처를 설치하려는 의도는 명백합니다. 자기편에 대한 검찰의 수사 자체를 불가능하게 하는 것, 그리고 검사들이 그런 마음조차도 먹게 하지 못하도록 고위공직자 범죄수사처를 설치하고자 하는 것입니다.

만일 고위공직자에 대한 비리를 수사하는 수사기관을 늘리려고 한다면 각 수사기관이 경쟁적으로 공직자 수사를 하게 하고 강제수사에 먼저 착수한 기관, 그러니까 뭐 금융계좌 추적을 했다든지 압수수색을 먼저 한 기관에 대해서 우선권을 부여하면 됩니다.

그런데 그렇질 않고 소위 검찰이나 경찰이 수사에 착수하는 즉시 공수처에 통지를 하도록 강제하고 공수처에서 수사 여부를 먼저 결정하도록 하게 하는 것은 여당에 불리한 수사를 막겠다는 불순한 의도가 분명하다라고 다시 말씀드립니다. 검찰개혁이라는 미명하에 검찰의 수사를 받지 않도록 하겠다는 것입니다.

또한 민주당에서 주장하는 것처럼 사건 암장 우려가 있기 때문에 통지를 강제해서 공수처가 우선하여 수사 착수 여부를 결정하겠다고 민주당은 주장하고 있습니다.

그렇다면 이것은 결국 수사기관들의 수사 동력, 의욕을 떨어뜨려서 사건이 암장되는 것이 아니라 공직 부패 전체를 암장시키는 결과를 낳게 됩니다.

조금 전에 반대연설을 하신 권은희 의원조차도 원안과 확연하게 달라진 수정안을 공개적으로 비판하고 있습니다.

권 의원께서는 수사가 개시되고 진행되는데 도중에 공수처가 사건을 가져가면 수사력을 담보할 수 없다고 지적하고 있고 이는 사건을 넘긴 수사기관은 의욕을 잃고 책임감이 옅어지는 반면에 중간에 사건을 넘겨받은 공수처는 사건에 대한 이해도가 낮아서 수사를 제대로 진행하기 힘들다라는 취지입니다.

저는 검사생활을 24년간 했습니다. 검사들이 가장 싫어한 사건이 다른 검사가 수사하다가 넘겨준 사건입니다. 소위 재배당 사건이라고 하는데 그 재배당 사건은 기록이 두꺼우면 읽는 것조차도 싫습니다. 왜 그러냐 하면 내가 처음 수사한 사건의 경우에는 초기부터 수사 내용이 일목요연하게 머릿속에 다 들어 있습니다. 그런데 내가 처음에 수사하지 않고—남들이 손을 댄 사건이라고 하는데—손을 댄 사건이 넘어오면 이것은 수사 후순위로 밀리는 거지요.

그렇기 때문에 소위 고위공직자 비리에 대한 단서를 확보할 수 없는 공수처가 검찰로부터 이런 사건들을 이첩받는다고 해도 그걸 최초로 수사하는 검사만큼 의욕을 가질 수가 없고 사건을 넘겨줘야 되는 검사 역시 의욕을 가지고 수사할 수 없다는 취지입니다.

따라서 각 기관이 수사를 하게 되면 사건 관련자들이 그 정보를 다른 기관에도 주게 되므로 암장의 우려도 없고 그런 의혹이 제기가 될 때 그때 공수처가 수사를 하면 그만입니다.

통보조항의 문제점을 지적하는 법조인들도 굉장히 많습니다. 국민대 이호선 교수님께서는 '수사의 밀행성은 어느 기관에 통지하는 순간 사라진다. 그 기관이 정치적 중립성 보장도 되지 않는 공수처라면 아예 수사를 하지 말라는 소리와도 같다'라고 지적하셨습니다.

그리고 이완규 변호사는 '정치적 편향성을 가질 수 있는 공수처가 여권 인사 수사를 미리 알려 줘서 대비하게 할 수도 있다'라고 말씀하셨습니다.

김종민 변호사도 '이 통보조항은 공수처를 검찰과 같은 사정기관의 지휘기관으로 규정한 것으로 형사법 체계 전반을 무력화할 위헌적 조항이다'라고 지적을 했습니다.

공수처법 수정안은 헌법이나 법률을 위반하여서 공수처에 규칙제정권을 부여하거나 검사와 수사관의 자격 등을 규정하고 있습니다. 공수처의 규칙제정권, 검사와 수사관의 자격, 다른 수사기관과의 관계 등은 국민의 권리와 의무에 관한 사항으로 헌법이나 법률에 그 근거규정이 있어야 합니다.

헌법상 규칙제정권이 있는 국가기관은 국회, 법원, 헌법재판소, 중앙선거관리위원회뿐입니다. 이들 기관은 법률에 저촉되지 않는 범위 내에서 내부 규율과 사무처리에 관한 규칙을 제정할 수 있습니다. 즉 헌법은 113조 3항에서 헌법재판소 등 헌법상 독립기구의 조직 및 운영에 관한 사항을 법률로 규정하도록 하고 있습니다.

이완규 변호사가 페이스북에서 지적하신 바와 같이 갑자기 공수처 규칙제정권이 등장했습니다. 고위공직자의 수사 및 기소를 관할하는 공수처 조직 및 운영에 관한 사항을 아무런 근거도 없이 공수처 규칙으로 정하도록 한 것은 공수처에 초헌법적 권한을 부여하는 것입니다.

공수처검사의 임용조건도 역시 마찬가지입니다. 공수처검사의 조건에 대해서는 위헌 소지 뿐만 아니라 법령 위반에 해당한다라는 지적도 나옵니다. 판사의 자격은 헌법 101조에서 법률로 정하도록 하고 있고 감사위원의 자격, 그러니까 감사원의 감사위원의 자격조차도 또한 헌법 제100조에서 법률로 정하도록 규정하고 있습니다. 검사 또한 검찰청법에서 그 자격이 명확히 규정되어 있습니다. 검찰청법 29조는 검사의 임용자격을 사법시험을 합격하여 사법연수원을 수료한 사람, 변호사 자격이 있는 사람으로 규정하고 있습니다.

그런데 공수처 수정안은 조사업무를 5년 이상 수행하면 검사로 임용할 수 있게 하면서 법령이 정한 검사 임용자격을 무시했습니다. 수정안은 검사와 같은 역할을 하는 공수처검사의 자격을 공수처장이 임의로 제정할 수 있는 공수처 규칙으로 정하는 것은 명백히 헌법에 위반됩니다.

도대체 정부 어느 기관도 법무부장관이 자기 산하에 대검찰청을 두고 있다고 해서 법무부령으로 검사의 임용자격을 규정하는 것이 말이 되겠습니까? 어느 장관도 이런 권한을 가진 사람이 없습니다. 국무총리 역시 마찬가지입니다.

그런데 오직 공수처에만 이런 특권을 부여하고 있는 것입니다. 무엇 때문에 공수처에 이런 특권을 부여하겠습니까? 검찰과 경찰과는 달리 대통령 스스로 손에 쥐고 있는 칼이라는 것을 이 조항 자체로 인정한 것입니다. 그렇기 때문에 무소불위의 권력을 공수처에 부여하고 있는 것입니다.

공수처법안은 헌법상 평등권을 침해합니다. 수사 대상자로서 일반 국민과 고위공직자를 차별하고 있습니다.

최준선 성균관대 로스쿨 교수는 이렇게 말했습니다. '고위공직자라고 일반 국민과 달리 다른 수사기관에서 수사를 받아야 한다는 것은 헌법상 평등권 위배의 소지가 있다'라고 지적을 합니다. 검찰 수사를 피하고 공수처 수사를 받는 고위공직자는 1등 시민, 공수처 방탄막 밖에 있는 사람들은 2등 시민으로 구분 짓는 것은 자유 대한민국의 헌법의 기본 정신에 반하는 것입니다.

우리 헌법은 특권층을 허용하지 않고 있습니다. 특정 신분을 가진 사람을 별도의 수사 절차에서 재판한다는 것은 미국 인종차별 정책을 정당화한 논리와 똑같습니다.

미국에서는 '세퍼레이트 벗 이퀄(separate but equal)'이라고 합니다. 분리하는 한 똑같을 수 없고 분리 자체가 차별입니다.

같은 형사소송법, 같은 형법을 적용받는다고 해서 이퀄이라고 하는 것이 아닙니다. 특정한 신분자를 다른 기관에서 별도로 수사·재판하겠다고 하는 것 자체가 세퍼레이트고 이게 곧 차별입니다. 공수처의 지지 자체가 바로 세퍼레이트 벗 이퀄이고 인종이 아니라 계급으로 차별되는 특권층을 만들었습니다.

내 편이 되는 고위공직자에 대해서는 공수처에서 수사를 하게 해서 그 사람에 대해서는 그 비리를 덮어 두고 나와 반대편에 있는 사람들도 역시 공수처에서 수사를 하게 해서 엄정하게 수사하는 것 자체가 바로 평등권 위배입니다.

전 국민을 상대로 수사를 할 수 있는 권한을 가진 검찰, 경찰이 수사를 하면 그뿐입니다. 대통령의 의지 자체가, 검찰과 경찰이라는 수사기관의 중립성을 보장하겠다는 의지 자체만 확고하다면 공수처라는 별도의 수사기관이 왜 필요하겠습니까? 그 의지가 없기에, 검찰이 이전과는 달리 입안의 혀처럼 굴지 않기 때문에, 내가 그렇게 강하게 비판을 해도 검찰이 내 말을 듣지 않기 때문에 내 말을 잘 듣는 나만의 칼, 나만의 수사기관을 갖겠다라고 하는 것이 지금 대통령과 민주당의 속셈입니다.

공수처는 중요한 사건을 수사를 하는 단일한 부패기구, 즉 한 개의 수사기관에 불과합니다. 즉 공수처는 검찰, 경찰에 대해서 고위공직자 사건을 수사하는 수사의 컨트롤타워나 상급기관이 아닙니다. 공수처가 검경의 수사착수 내용을 통보받아야 할 이유가 없습니다. 공수처, 검찰, 경찰은 헌법과 법률의 테두리 안에서 각자의 역할을 수행하면 되는 것입니다.

현재 검찰조직의 구성이나 지위는 법원과 달리 헌법으로 규정돼 있지는 않습니다. 그러나 검찰총장의 임명에 대해서 국무회의에서 심의하도록 헌법에 규정되어 있고 검사의 영장청구권에 관해서는 헌법에서 두 군데나 적시하고 있습니다. 그렇기 때문에 검찰은 헌법상의 기관이라고 지칭됩니다.

그럼에도 공수처법안의 제24조 2항에서 고위공직자범죄를 입건하는 즉시에 공수처에 보고하도록 규정하는 것은 헌법에 전혀 근거 규정이 없는 공수처가 헌법기관인, 헌법에 규정되어 있는 검찰로부터 보고를 받겠다는 것의 다름 아닙니다. 이는 검찰에 대해서 공수처가 상위의 기관으로서 지휘권을 행사하겠다는 것입니다.

검찰의 경찰에 대한 수사지휘권도 부당하다고 하면서 폐지하자는 것이 민주당의 주장입니다. 그런데 새롭게 창설되는 공수처는 검찰의 지휘기관으로 두자고 하는 것 역시 이율배반적이라고 하지 않을 수 없습니다. 그래서 헌법학의 최고 권위자인 허영 교수께서는 헌법기관인 검찰총장의 지휘를 받는 검찰조직이 무력화되는 것이라고 지적했습니다.

또한 공수처법안 24조 4항은 수사개시 여부를 공수처장이 공수처 규칙으로 정한 기간과 방법으로 회신하도록 한 규정은 헌법과 법률에 근거 없는 규칙에 의해서 수사기관의 정당한 수사권을 침탈하는 결과를 가져올 것입니다.

공수처가 모든 수사기관으로부터 고위공직자범죄 사실을 통보받고 관련 사건의 이첩 결정권을 갖게 되면 사실상 공수처가 고위공직자 수사를 총괄하는 기관이 됩니다. 그리고 검찰이나 경찰을 지휘하는 결과를 도출하게 됩니다. 그렇기 때문에 헌법에 따라 국무회의를 거쳐서 임명되는 검찰총장의 수사지휘권을 침해하는 측면이 있기 때문에 이것도 역시 위헌 소지가 있다는 것입니다.

공수처가 수사기관으로부터 언제든지 고위공직자범죄 사건을 이첩받아 올 수 있는 것은 헌법의 정부기관 조직 구성원리인 균형과 견제라는 정신에도 맞지를 않습니다. 공수처와 함께 추진되는 검경수사권 조정안에서도 검찰과 경찰의 수사가 중복될 경우에는 경찰이 압수수색 등 강제수사에 먼저 착수했다면 우선권을 가져가도록 했습니다. 그것도 불합리한 게, 경찰이 검찰에 압수수색 영장을 신청했다는 그 자체만으로도 경찰에 우선권을 주도록 지금 규정하고 있습니다.

그렇지만 공수처에는 이런 규정조차도 적용되지 않습니다. 공수처가 아무런 수사에 착수하지 않다고 하더라도 공수처는 얼마든지 '가져와'라고 하면 공수처에 가져다주도록 되어 있습니다.

헌법은 국민의 기본권을 보호하기 위해서 정부조직 간 권한을 분산하고 서로 견제하도록 하고 있는데 공수처는 여기서 홀로 자유로워서 헌법을 전혀 고려하지 않고 법안을 만든 것이 아니냐라는 비판이 나오는 게 이런 이유 때문입니다.

공수처에 대해서 계속해서 위헌 논란이 나오는 것은 근본적으로 민주적으로 선출된 권력이나 헌법에 의해서 공수처 통제가 불가능하다는 데에 있습니다.

허영 교수께서는 '검찰의 힘을 뺀다고 그보다 더 통제받지 않는 공수처를 만드는 것이 어떻게 검찰개혁이냐'라고 비판하신 이유도 마찬가지 이유 때문입니다. 결국 공수처는 살아있는 권력수사는 전혀 하지 못하고 정치적으로 반대하는 세력을 죽일 때나 수사를 할 것이다라는 비판이 현실화될 것입니다.

정부 여당이 특정 성향을 지닌 재야 인물들—민변 등이지요—공수처검사들을 임용한 뒤에 정치적 수사에 활용하기 위한 포석이라고 지적하는 점도 새겨들어야 할 것입니다.

공수처는 누차 말씀드린 것처럼 헌법상 근거도 없습니다.

형사법 박사인 이완규 변호사는 공수처의 헌법적 근거에 대해서 다음과 같이 의문을 제기한 적이 있습니다. 헌법은 국가권력을 행정·입법·사법으로 나누어서 행정권은 대통령을 수반으로 하는 정부에 맡기고 행정부는 국무총리와 국무위원 그리고 국무회의, 행정각부로 구성이 됩니다. 공수처가 수사권이라는 전형적인 행정권력을 행사하는 한 헌법이 규정하고 있는 이 조직체계 안에 들어와야 됩니다. 수사권이라는 것은 대통령을 수반으로 한 행정권의 일환입니다. 그런데 이 사람들은 공수처는 입법·사법·행정 어느 곳에도 속하지 않고 독립하여 수사한다고 규정하고 있습니다.

(「초헌법적……」 하는 의원 있음)

그렇습니다. 바로 초헌법적 기관입니다. 그것도 행정기관입니다.

국가인권위원회가 있지 않느냐라고 이야기를 합니다. 그렇기 때문에, 국가인권위원회라는

138

것은 권력을 행사하는 기관이 아닙니다. 권고적 효력만 있는 행위만 하는 데 그치는 것입니다. 그런데 공수처는 우리 일반 국민 그리고 고위공무원을 상대로 해서 수사권력이라는 막강한 권력을 휘두르는 기관입니다.

국가인권위원회와 수사권을 행사하는 공수처를 같은 차원에서 논의하는 것 자체가 억지입니다. 지금 진행되는 공수처법안은 공수처의 소속을 규정하고 있지 않으므로 공수처는 헌법상 권한이 없습니다. 행정권은 행정 각부에 속해야 된다는 헌법의 규정을 정면으로 위반하는 것입니다. 공수처에 대한 통제장치가 전혀 없다고 봐도 무방합니다.

**SBS** 임찬종 기자의 말을 소개하겠습니다. 통제가 불가능한 권능을 가진 감시자에게 악을 감시하는 일을 맡길 경우에 누구도 감시자를 감시할 수 없기 때문에 감시자의 폭주를 막을 수 없다는 것이 왓치맨(watchmen)의 메시지입니다.

공수처는 검찰, 경찰, 법원과 같은 감시자들이 이미 존재하지만 감사자들, 특히 검찰의 독단과 비위를 감시할 수 있는 방법이 부족하기 때문에 감시자를 감시하는 공수처가 필요하다—말이 굉장히 복잡하지요—하는 것이 공수처 찬성론자들의 주장입니다.

검찰을 감시할 수 있는 기관이 없다, 그렇기 때문에 검찰의 폭주를 감시하는 기구를 둬야 된다, 그 기구가 공수처라는 것입니다. 그런데 조금 전에도 제가 여러 번 말씀을 드린 것처럼 공수처는 검찰을 감시하는 기구로서의 역할을 하는 것이 아니라 검찰의 사건을 빼앗아 가서 정권의 입맛에 맞는 수사를 하는 기관입니다. 그게 어떻게 해서 검찰의 감시자가 될 수 있겠습니까? 검찰의 감시자는 국민이고 우리 언론이고 그리고 형사소송법적으로는 법원이어야 합니다.

수사기관이 검찰을 감시하는 감시자가 될 수는 없는 것입니다. 그런데 검찰에 대한 감시자의 역할을 하는 감시자는 누가 감시를 하느냐 하는 명제가 더욱더 본질적이지 않겠습니까?

정치적으로 중립적인 방식으로 공수처장을 임명하는 절차가 마련된다고 하더라도 중립적으로 임명된 처장이 이끄는 공수처가 권한을 남용하고 폭주할 경우 누가 어떤 방식으로 공수처를 민주적으로 통제할 수 있는지에 대한 문제가 여전히 남습니다.

문재인 정부 중반을 지나면서 검찰개혁의 핵심적인 과제는 정치적 중립이 아니라 검찰에 대한 민주적 통제로 전환이 되었습니다. 문 대통령 본인의 말을 통해서 이는 확인이 가능합니다. 11월 8일 날 문재인 대통령은 김오수 법무부 차관의 보고를 받는 자리에서 '검찰의 정치적 중립성에 대해서는 상당한 수준을 이루었다고 판단을 합니다. 이제 국민들이 요구하는 그 이후의, 그다음 단계의 개혁에 대해서도 부응해 주시기 바랍니다'라고 주문을 했습니다.

9월 30일 날 조국 당시 법무부장관으로부터 업무보고를 받는 자리에서도 '특히 권력기관일수록 더 강한 민주적 통제를 받아야 합니다'라면서 검찰에 대한 민주적 통제를 강조했습니다. 그러니까 대통령께서도 소위 검찰개혁의 화두였던 검찰의 정치적 중립성 문제는 해결되었다고 본 것입니다. 물론 그렇지 않겠습니까? 검찰이 지난 8월 이후 살아있는 권력인 조국을 향해서 칼을 휘두른 것을 목격하신 이후에 하신 말씀이기 때문입니다.

검찰에 대한 민주적 통제가 과연 무엇이겠습니까? 첫 번째는 국민으로부터 직접 선출되어서 민주적 정당성을 확보한 대통령이 법무부장관과 검찰총장 그리고 검사를 직접 임명하고 필요할 때마다 검사에 대한 인사권을 행사함으로써 민주적으로 통제하는 방법이 있을 것입니다.

그리고 두 번째는 헌법에 국회의 권한으로 부여하고 있는 국정감사나 국정조사로 행정부 소속에 대한 검찰을 민주적으로 통제하는 방법이 있을 것입니다. 그리고 법무부의 검사에 대한 감찰권 행사나 인사정책 등과 관련한 법무부의 감독권이 검찰에 대한 민주적 통제방안이라고 말씀드릴 수 있습니다.

그러나 권력기관에 대한 민주적 통제가 정작 감시자들의 감시자인 공수처에 대해서는 전혀 적용되지 않습니다. 정치적 중립성을 보장하겠다는 이유로 공수처장 임명 이후에는 선출된 권력인 대통령이나 대통령을 보좌하는 내각이 공수처 내부 인사에 전혀 관여할 수 없도록 되어 있습니다. 공수처검사에 대한 인사권은 공수처 내부에서 자체적으로 행사되고 공수처장이 사실상 결정하는 구조입니다.

그렇기 때문에 공수처장의 지시를 받은 공수처검사가 권한을 남용했다고 하더라도 민주적으로 선출된 권력인 대통령이나 국회는 이 검사의 인사와 관련해서 탄핵이라는 지극히 예외적인 방식을 제외하고는 아무런 개입을 할 수가 없습니다. 공수처 법안에는 검찰 수사에 대한 최후의 개입 장치로 검찰청법에 규정되어 있는 검찰총장에 대한 법무부장관의 지휘권과 같은 조항도 없습니다. 행정부의 어느 부처에도 소속되지 않고 헌법에도 아무런 규정이 없기 때문에 국회의 국정감사나 국정조사 대상이 될지에 대해서도 의문입니다.

공수처는 민주적 통제가 없는 대검 중수부로 요약을 할 수가 있습니다. 고위공직자에 대한 수사권과 기소권을 사실상 독점하고 있어서 예전의 대검 중수부 못지않은 권한을 행사할 수 있지만 대검 중수부조차 따라야 했던 선출된 권력의 인사권이나 지휘권 행사 등의 최소한의 민주적 통제도 적용받지 않는 기관이 공수처이기 때문입니다.

일각에서 공수처가 검찰 조직과 비교하면 100분의 1밖에 안 되는 조직이기 때문에 권력을 과도하게 행사할 역량이 못 된다고 주장하고 있습니다. 그러나 이는 공수처의 힘을 과소평가한 것입니다.

우선은 공수처는 다른 수사기관의 고위공직자 사건을 넘겨 달라고 요청할 권한이 있습니다. 요청을 받은 수사기관은 이에 응해야 할 의무가 있으며, 다음으로 다른 수사기관이 범죄를 수사하는 과정에서 고위공직자범죄를 인지하게 되는 경우에는 그 즉시 공수처에 통보해야 하는 의무를 부담하고 있습니다. 공수처가 원하지 않을 경우에는 다른 수사기관이 고위공직자에 대해서 수사하는 것조차 불가능하게 만들어 놓은 것이 지금의 공수처 설치 법안입니다.

그런데 이런 공수처를 향해서 권력을 과도하게 행사할 수 있는 역량이 없다고 과소평가하는 것 자체가 국민을 오도하는 것입니다. 과거 대검 중수부는 직위에 따라서 차이는 있지만 20명 안팎의 검사들로 운영이 됐습니다. 공수처 법안에 규정된 공수처 법안의 검사의 정원은 처장과 차장을 포함해서 25명입니다. 여기에 검사와 별도로 수사업무 경력이 있는 수사관 40명을 둘 수 있습니다. 그리고 또 별도로 사무 처리를 위한 인력도 20명 둘 수 있도록 규정되어 있습니다. 절대 인원만 해도 대검 중수부보다 작다고 보기 어려우므로 절대 공수처가 작은 기관이라고 평가할 수는 없습니다.

국민 여러분께서는 대검 중수부가 2013년 폐지된 것을 기억하고 계실 것입니다. 2011년 이후에 민주당의 박영선 법사위원장을 비롯한 민주당의 많은 분들이 대검 중수부의 폐지를 주장해 왔습니다. 그 이유는 대검 중수부가 검찰총장의 직접적인 지휘를 받는 기관이므로 이 기관의 수사, 검찰총장 직속의 수사권을 가진 기관을 허용해서는 안 된다는 원리였습니다. 물론 그 이면에는 2009년에 있었던 불행한 사태가 자리 잡고 있습니다. 2009년 대검 중수부의 수사를 받다가 스스로…… 잠시 생략하겠습니다. 중수부의 수사를 받던 노무현 대통령께서 서거하신 그 사건을 계기로 대검 중수부의 폐지를 강력하게 주장했습니다.

검찰총장의 직접 지휘를 받는 중수부조차도 있어서는 안 된다고 주장했던 민주당이 대통령이 직접 임명하는 수사처장·임면하는 검사로 조직된 공수처, 소수정예의 공수처를 설치하자고 주장하는 것 자체가 모순입니다. 민주당의 금태섭 의원이 공수처를 반대하는 입장을 여러 차례 밝힌 것도 공수처의 힘이 결국은 결코 무시할 수 있는 수준이 아니기 때문입니다.

검찰과 공수처가 견제할 것이기 때문에 검찰과 공수처에 대한 상호견제와 통제가 이루어질 수 있다고 주장하는 분도 있습니다. 이는 선출된 권력에 의한 민주적 통제와 권력기관 간의 충돌·갈등 이것을 혼동하고 있는 주장입니다. 공수처검사에 대한 수사권 그리고 기소권을 검찰이 갖고 있는 것은 맞습니다. 그러나 사정기관이 다른 사정기관의 권한 남용을 수사하고 기소하고 있는 것은 정부기관 간의 권한 행사에 대한 정상적인 통제와 견제가 아닙니다. 이것은 오히려 기관 간의 갈등과 전쟁 상황이라고 봐야 합니다. 검찰을 이용한 공수처의 권한 행사·견제는 정상적인 방법으로는 불가능하고 비정상적인 방법을 동원할 경우에는 굉장히 불행한 사태를 불러올 수 있는 셈입니다.

지금의 공수처 법안은 최소한의 안전장치도 없이 오로지 이용자의 선의, 대통령과 공수처장이라는 이용자의 선의에 기댈 수밖에 없는 위험한 무기를 만들자는 것과 같습니다.

검찰의 개혁은 검찰의 권한을 분산하고 권한 통제를 강화하는 방안으로 추진되어야 합니다. 그런데 오히려 민주적 통제장치를 없애 버리고 권한을 더욱 집중시킨 공수처라는 새로운 권력기관을 만드는 방식으로 진행되어서는 안 됩니다. 어떤 사람이든 권력을 남용할 가능성이 있고 권력남용 과정에서 악해질 수 있다고 가정하는 것이 민주적으로 제도를 운용하는 기본

원칙입니다. 그렇기 때문에 사정기관 역시 권력자가 언제든지 권력을 남용할 수 있고 부패할수 있다는 가정하에서 움직여야 합니다.

공수처는 퇴직자도 공수처의 수사 대상에 포함시키고 있습니다. 4+1 합의안에 따르면 퇴직자도 공수처의 수사 대상입니다. 현직뿐만 아니라 전직 고위공직자까지 수사 대상으로 삼은규정에 대해서는 논란이 끊이지 않습니다. 공수처가 전직 고위공직자들을 대상으로 한 무차별적인 적폐청산에 동원될 가능성도 있습니다. 퇴직자는 현직보다 수사 단서가 많고 증거 수집도 더 쉬워 수사 표적이 될 수가 있기 때문입니다.

4+1 합의안에 따라서 공수처가 설치될 경우에는 노무현·이명박·박근혜 전 대통령 등 전직 대통령들이 끊임없이 수사·구속되는 한국 정치의 병폐가 지속될 것이다라는 지적도 있습니다.

그런데 또 다른 지적은 이렇습니다. 이 공수처법이 시행된다면 2024년 6월까지 공수처장이재직하게 됩니다. 민주당 정권에 의해서 임명된 공수처장과 검사가 문재인 대통령의 퇴직 후1년 넘게 방패막이 되어 줄 것이다, 권력을 놓은 문재인 대통령에 대한 검찰의 수사를 막아줄 수 있는 방패막이 될 수 있고, 그것 때문에 이 정권이 그토록 공수처에 집착한다라는 지적도 새겨들어야 할 것입니다.

법조계 안팎에서는 무소불위의 사정기관이 나오는 것 아니냐 하는 우려가 나옵니다. 권은희 의원님이 대표발의한 공수처 법안에 담긴 공수처의 공소제기 여부를 심의 의결할 수 있는일종의 견제 기구로서 공수처의 무리한 기소를 막기 위해서 고안됐던 기소심의위원회 설치가빠졌기 때문입니다. 공수처가 수사권과 기소권을 모두 가지고 공수처의 기소권의 오남용을 방지할 기소심의위원회마저도 백지화한 것도 법학자들은 납득하지 못하고 있습니다.

이런 상황에서 공수처의 수사 대상에 판검사 개인 비리 외에 직권남용, 직무유기 등까지포함을 시켰습니다. 고위공직자의 부패 사건을 수사하기 위해서 공수처를 만들자고 하던 문재인 정권의 사람들이 부패 사건을 넘어서 공문서 위조 등 직무 범죄까지 포함을 시킨 것입니다. 공수처의 주요 수사 대상인 판사와 검사들이 앞으로 권력 핵심부를 상대로 한 수사와 재판에서 정권의 눈치를 볼 수밖에 없습니다.

문재인 대통령께서는 시정연설에서, 그리고 이인영 대표는 어제 이런 말을 했습니다. 검사의 기소율이 0.1%밖에 안 되기 때문에 검찰을 견제하기 위해서 공수처를 설치해야 된다고 이야기를 합니다. 문재인 대통령께서 시정연설을 한 이후에, 시정연설에서도 검찰의 제 식구 감싸기를 막기 위해서 공수처를 설치해야 된다고 말씀을 하십니다.

국민 여러분!

지금 현재 검찰청에 소속된 검사는 2200명 정도 됩니다. 그런데 최근 5년간 몇 명의 검사들이 고발을 당했는지 알고 계십니까? 1만 1000명의 검사들이 고발을 당했습니다. 매년 검사

전체에 해당하는, 검사의 정원 2200명에 해당하는 검사들이 국민들로부터 고발을 당했다고 보시면 됩니다.

국민 여러분!

대한민국에 판사는 몇 명 정도 되는지 아십니까? 한 3000여 명 정도 됩니다. 그런데 법원이나 검찰에 접수되는 판사에 대한 진정사건이 매년 몇 건 정도 되는지 아십니까? 3000건이 넘습니다. 매년 검사든 판사든 그 정원만큼 고소 고발을 당하고 있습니다. 왜? 검사는 사건의 당사자들이 있기 때문입니다. 검사가 수사하는 사건에는 고소인이 있고, 즉 피해자가 있고 가해자가 있습니다. 가해자는 자신을 재판에 회부를 하면 직권을 남용했다고 해서 검사를 고발을 합니다. 피해자는 자신의 피해를 구제해 주지 않았다고, 검사가 수사를 제대로 하지 않았기 때문에 불기소처분, 즉 기소를 하지 않았다고 해서 고발을 합니다. 직무유기로 고발을 합니다.

판사도 역시 마찬가지입니다. 재판을 빨리 진행해 주지 않는다고 직무유기로 고소를 하고 진정을 넣습니다. 그리고 자신에 대한 사건을 패소시켰다고 해서 직권남용으로 진정을 넣습니다. 그렇기 때문에 매년 검사의 정원만큼, 판사의 정원만큼 고소 고발이나 진정이 이루어지게 되는 것입니다.

그런데 이인영 대표께서 0.1%만이 기소되고 있다라고 주장하는 것이 통계상으로 맞습니다. 지난 5년간 기소된 검사는 11명이었습니다. 그중에서 2~3명 정도는 약식으로 기소된 것에 비추어 봐서 아마 음주운전 사건 등으로 추정이 됩니다. 그렇기 때문에 1만 명 중에서 11명이 기소되면 0.1%의 기소율이 맞는 것입니다.

그런데 과연 국민 여러분께서 생각하시는 것처럼 2200명의 검사들이 100% 기소…… 일반 국민들의 40%가 기소된다고 이인영 대표는 주장을 했습니다. 2200명의 검사 중 40%에 해당하는 880명의 검사들이 매년 죄를 짓고 있다고 생각을 하십니다. 검사는 일반공무원에 비해서 소위 청렴률이 굉장히 높습니다. 부패하게 되었을 때 감당할 수가 없다라는 것을 자기가 사건을 직접 수사하면서 봐 왔기 때문입니다. 판사의 경우에도 역시 마찬가지입니다.

그렇기 때문에 검사의 범죄라는 것은 국민 여러분들께서, 언론에서 보도된 것이 거의 대부분입니다. 언론에 보도되면 검찰은 자기 조직 감싸기라는, 제 식구 감싸기라는 비난을 받지 않기 위해서 더 가혹하게 수사를 합니다. 그렇기 때문에 언론에 기소된 사건 대부분이 기소가 되었고 검찰은 나름대로 엄정하게 수사를 하고 있습니다.

검찰이 제 식구 감싸기의 사례라고 대통령께서 직접 지시하신 김학의 차관 사건은 어떻습니까? 김학의 차관 사건의 경우에는 두 차례에 걸친 검찰 수사 그리고 그 이후 대통령의 직접 수사에 의해서 검찰이 새롭게 수사를 해서 이전의 소위 성폭행 사건에 대해서는 혐의 없음, 기소를 하지 못하고 뇌물 사건으로 기소를 했지만 그마저도 법원에서 무죄가 선고되었습니다.

그렇기 때문에 검찰을 통제하기 위해서 공수처를 설치한다라는 문재인 대통령의 주장은 쉽게 납득할 수 없는 것입니다.

검찰을 수사하기 위해서는 검사만을 수사하는 기구를 만들면 되는 것입니다, 그것이 꼭 필요하다면. 그런데도 이 안은 검사와 판사에 대한 수사권과 기소권을 모두 공수처에 두고 있습니다. 이는 검사와 판사들을 겁을 먹게 하려고 하는 의도밖에 없는 것입니다.

권은희 의원께서는 정치적 거래로 수사의 본령을 침해했다며 경찰이 정당한 권한을 행사하지 않으면 검찰이…… 검찰의 부족함은 공수처가 견제하는데 공수처 수사에는 아무도 관여할 수 없다, 정권의 의도에 따라서 무소불위의 권한을 누릴 것이라고 우려했습니다. 이어서 마땅히 수사할 만한 사안을 공수처가 무혐의로 종결하면 비리는 그대로 증발될 가능성이 농후하다고 지적을 했습니다.

오히려 권은희 의원이 지적한 바와 같이 공직자 수사를 무력화시키고 정권 위협을 제도적으로 방어하겠다는 법안이라는 말이 나오고 있고 당장 정권 입맛에 맞는 법조인을 공수처장 자리에 앉히고 죽은 권력과 야권의 부정부패만 발본색원하게 할 것이라는 우려가 나오고 있습니다.

공수처의 제왕적 권한은 검찰의 독점적 직접수사권에 비해서 청와대의 하명수사 등 살아 있는 권력에 대해 약한 검찰의 병폐를 개선하고 기관 간 견제와 감시를 강화할 목적으로 진행되는 공수처의 설치 취지와도 맞지를 않습니다.

다시 출발점으로 돌아가 보겠습니다. 검찰개혁은 비대한 검찰 권력을 견제하고 청와대의 하명수사 등 살아 있는 권력에 약한 검찰의 병폐를 개선하면서 기관 간의 견제와 감시를 강화하려는 고민에서 시작됐습니다.

그런데 현재의 공수처 수정안은 공수처를 견제와 균형의 원리 바깥에 두자는 것으로밖에 볼 수 없습니다. 또다시 몇 년 뒤에 지금 검찰개혁을 외친 것처럼 공수처 개혁을 고민할 것이 뻔한데 이런 상황에서 국회 처리를 강행한다면 그 배경에 무엇이 있는지 묻지 않을 수 없습니다. 대체 무엇을 위해서 이렇게 무리한 법안을 밀어붙이는 것입니까? 아무리 공수처가 필요하다고 해도 이런 법안으로는 또 하나의 무서운 권력기관을 만들어 놓자는 것밖에 안됩니다. 공수처가 이 같은 무소불위의 권한을 갖게 된다면 조국 전 법무부장관 일가의 의혹과 청와대의 울산시장 하명수사 사건, 유재수 전 부산시 경제부시장의 감찰무마 사건 등 권력 비리 규명은 어렵게 됩니다. 검찰 수사가 시작된 권력 비리를 공수처가 덮어 버리면 되기 때문입니다.

법조계에서도 깊은 우려를 표시하고 있습니다. 공수처는 검찰권 남용을 막기는커녕 오히려 정권이 마음껏 주무를 정치적 기구라는 것입니다. 또 공수처가 신설되면 기존 사법 소추 시스템 전체가 바뀌게 됩니다. 이에 대한 국민의 공감이나 전문가 집단의 토론이나 검토도 없이 정치인들이 정치적 목적에 따라서 하는 졸속 입법이 되고 말 것입니다.

권은희 의원의 지적처럼 수정안은 공수처 구성원을 검사 25명 이내, 공수처 수사관 인원을 40명 이내로 정해서 원안과 검사 인원은 같고 수사관 인원만 30명에서 40명으로 증원을 했습니다. 그런데 여전히 부패사건을 주로 수사하는 중앙지검 특수부 2개 안팎 정도에 불과해서 제대로 된 수사는 불가능할 것입니다.

이런 구조라면 공수처가 수사를 하는 방법은 하나밖에 없습니다. 특정 인물을 토대로 해서 불법으로 미행을 하거나 사찰을 해서 수사 자료를 축적을 하거나 그리고 부실하게 수사를 해서 사건의 실체 관계가 제대로 밝혀지지도 않은 채, 실체적 진실이 은폐된 채 기소만 남발되는 문제가 일어날 수 있습니다. 그리고 공수처가 조금 전에 말씀드린 것처럼 특정한 인물에 대한 선택적 표적수사 그 도구로만 이용될 수 있다는 우려도 제기되고 있습니다.

권 의원의 비판처럼 조직 규모 자체가 부패 범죄에 대해서 총괄적으로 대응하는 수사 조직이라기보다는 입맛에 맞게 재단하고 선택해서 대응하는 조직 규모밖에 되지 못해서 규모가 작은 조직 전체는 정권에 따라서 한 가지 방향, 대통령이 바라보는 방향으로만 진행될 것입니다.

수정안 통과는 공수처와 검찰 간의 갈등이 수사를 통해서 표면화될 경우에는 사회적 혼란을 야기할 우려가 높습니다. 검찰은 공수처검사를 직권남용 등 혐의로 수사를 할 수가 있습니다. 반대로 공수처는 검찰을 수사하는 방식으로 권력기관 간의 다툼이 일어날 소지가 충분히 있습니다. 사실상 공수처검사나 수사관에 대한 검찰의 견제 수단이 전무하다는 검찰의 우려가 나오는 이유입니다. 이 권력 다툼을 최소화해야 되기 때문입니다. 권은희 의원이 공수처 수사를 무력화시키고 정권 위협을 제도적으로 방어하겠다는 법안이다라고 하는 이유가 여기에 있습니다.

공수처 수사관의 자격 요건을 완화한 것도 문제입니다.

수정안이 공수처검사의 자격 요건을 변호사 경력 10년에서 5년으로 완화하면서 수사관의 자격 요건에서 아예 경력 5년이라는 것도 빼 버린 것도 심각한 개악입니다.

세월호조사위, 과거사위, 의문사조사위 등의 운영 기간이 5년에 미치지 못해서 그곳에서 조사 업무를 해 본 이들의 경력도 5년에 미치지 못하는 점을 고려했다는 합리적인 추론이 있습니다. 전문성보다 정권의 성향에 맞는 사람을 고르기 쉽게 문턱을 낮추려는 의도라는 비판을 면하기 어렵습니다. 쉽게 이야기하면 좌파 시민단체 회원들을 공수처 수사관으로 채용하기 위해서 이런 조항을 만들었다는 지적입니다.

지금까지 말씀드린 것처럼 현재의 공수처안은 정의는 하나뿐이고 절대 선인 당의 영도하에 수사권도 독재 보위기구가 독점해야 된다는 사고에서 출발한 것으로 보입니다. 만일 독일에서 이런 기구를 추진했다면 나치의 게슈타포 재건 업무라고 보아 국가반역죄로 처벌할 것입니다.

이어서 교수님들의 평가를 한번 보겠습니다.

중앙대학교 법학전문대학원의 김성천 교수님께서는 '형사사법체계와 고위공직자범죄수사처'라는 논문에서 이렇게 말씀을 하셨습니다. '공수처 도입론의 논거'라는 제목하에 '공수처를 설치하여야 한다는 주장의 논거는 대략 첫 번째는 검찰 조직이 고위공직자범죄를 엄정하게 수사할 수 없는 내재적 한계를 가지고 있다. 두 번째는 특별검사제도도 고위공직자범죄를 수사하는 데 제 기능을 발휘하지 못하고 있다. 세 번째는 고위공직자의 일부인 검사의 비리를 검사가 수사하도록 맡길 수는 없다'라는 세 가지라고 합니다. 조금 전에 제가 말씀드린 것하고 비슷하다고 봅니다.

그렇지만 그 논문에서는 이렇게 지적을 하고 있습니다. '현 검찰총장이 말을 잘 듣지 않는다고 청와대 쪽에서 지속적으로 불만을 표시하고 있지만 국민들이 보기에는 본인들의 실수로 윗사람의 눈치를 보지 않을 사람이라는 점을 모르고 검찰총장으로 임명해 놓고는 남의 탓만 하고 있는 것으로 보인다. 검찰을 믿을 수 없어서 공수처를 만든다고 하면서 공수처장 역시 검찰총장과 마찬가지로 대통령이 임명하도록 한다면 이를 두고 도저히 독립적인 수사기관을 신설하는 일이라고 할 수 없다. 그보다는 검찰이 입안의 혀처럼 움직여 주지 않으니 말을 잘 듣는 신생 수사기관을 하나 만들어 보자는 의도가 아닌지 의심할 수밖에 없다'라고 제가 이미 말씀드린 것과 같은 동일한 지적을 하고 있습니다.

'수사권의 정치적 중립성을 보장하기 위한 제도적 장치가 마련되지 않는 한 수사기관의 정치적 독립성을 확보하기는 난망이다. 공수처는 정치인들의 뜻에 따라 구성될 것인데 어떻게 정치적 독립성을 가질 수 있다는 것인지 알 수 없다. 공수처는 검찰이 말을 안 듣는다는 현 정권의 불만을 기반으로 구성되는 상황에서 정치적 종속성이 심각하게 문제가 될 가능성이 농후하다'라고 말씀을 하고 있습니다.

공수처장을 임명할 때 국회에 설치된 공수처 수사처장 추천위원회의 추천을 받아서 임명을 하도록 규정하고 있습니다. 검찰총장 추천위원회 역시 법무부 내에 설치를 하고 있습니다. 그렇기 때문에 이 논문에서는 '검찰총장 추천위원회나 공수처장 추천위원회가 법무부나 국회 내에 설치된 것, 이 차이점 외에는 다른 차이점은 아무런 차이점을 발견할 수 없다. 검찰의 정치적 독립성을 확보하기 위한 제도적 장치가 전혀 마련되지 않는다는 점에서 공수처 설치는 검찰이 현재 수사하고 있는 사건 중 고위공직자에 관한 부분을 분리하여 별도의 검찰조직을 만들어 이를 담당하게 한다는 것에 불과하다. 그렇기 때문에 검찰의 정치적 중립성 문제를 해결할 수 없는 안이다'라고 비판을 하고 있습니다.

'검사에 대한 수사를 담당할 검사가 필요하기 때문에 공수처를 설치해야 된다라고 주장하는 것에 대해서 검사가 혐의를 발견하면 수사를 개시할 법적 의무를 부과하고 그 의무를 아예 이행하지 않거나 이행하더라도 제대로 이행하지 않는 경우에는 형사처벌을 함으로써 수사 업무의 실효성을 확보해야 될 것이다. 확보하면 충분하다. 공수처를 따로 설치할 필요가 없다'라는 말씀을 하고 계십니다. 이는 소위 기소편의주의라고 해서 검사가 검사의 비리를 발견한다고 하더라도 이것을 기소할 건지 말 건지를 검사가 결정하도록 형사소송법에 규정이 되어 있습니다.

김성천 교수님은 '이 제도를 바꾸어서 검사에 대해서는 범죄혐의를 수사를 하게 하고 기소를 하게 함으로써 기소법정주의로 가게 함으로써 비리 검사에 대한 수사를 철저히 하게 하면 되지 별도의 공수처를 설치할 필요는 없다'라는 말씀을 하고 계시는 겁니다.

소위 공수처 설치법 제안서에도 나왔듯이 공수처는 싱가포르의 부패행위조사국, 홍콩의 염정공서 등 그것을 토대로 해서 설치가 된다고 합니다. 조금 전에 말씀드린 것처럼 싱가포르나 홍콩은 도시국가입니다. 우리 서울시보다 적은 인구를 가진 도시국가에서 시행되는 이 소위 반부패기구를 인구 5000만의 대한민국에 도입하고자 하는 그 자체가 난센스입니다. 기존의 국가제도, 경찰제도, 검찰제도를 통해서 얼마든지 부패사건을 수사할 수 있는 역량을 갖추고 있음에도 불구하고 100명도 채 되지 않는 조직을 만들어서 국가의 부패 수사를 전담시키고자 하는 그 발상 자체가 얼마나 허망합니까?

(■권성동 의원 의석에서 — 치졸해요, 치졸해! 야당한테 추천권 준다고 약속해 놓고 왜……)

그렇기 때문에 이런 점들을 김성천 교수는 지적하고 있는 것입니다.

그 외의 다른 교수님들도, 충북대학교 송태영 박사님도 역시 동일한 지적을 하고 있습니다. 송태영 박사님께서는 '공수처는 대통령의 통치기구화될 수 있다. 그리고 공수처는 대통령의 무능과 직무유기를 자인하는 옥상옥의 기구다'.

(■권성동 의원 의석에서 — 백번 맞는 얘기입니다. 아니, 야당 할 때 살아 있는 권력 수사 못 한다고 검찰개혁 하려고 해 놓고 지금 잘하고 있는데 왜 하려는 거예요!)

그렇습니다.

지금 결국은 대통령께서 현재의 법과 제도를 이용해서 인사권과 지휘권을 충실히 행사한다면 검찰로 하여금 살아 있는 권력에 대해서 충실하게 수사를 할 수 있도록 한다는 것이지요. 그런데 대통령께서는, 그리고 지금 정부 여당은 살아 있는 권력을 향해서 수사를 하고 있는 우리 검찰에 대해서 '칼춤을 추고 있다'는 등의 말씀을 통해서 비난만 하고 있습니다.

'결국은 공수처를 설치하고자 하는 대통령의 의도나 민주당의 의도는 현행 형사사법제도를 부정하면서 편법을 쓰기보다는 개혁을 통한 사법 정의에 더 힘써야 된다'라는 글로 이 논문은 지적하고 있습니다. 그리고 '수사권과 기소권을 모두 갖는 반부패기구를 두고 있는 국가는 단 한 군데도 없다'라고 하고 있는 것이지요. 그리고 또 이 논문에서는 공수처는 사법체계 자체를 무력화시킬 수 있다고 지적하고 있습니다.

또 이 논문에서는 '공수처가 문재인 정권의 정권 안전판과 야당 탄압, 정치공작기구로 작동돼서 좌파 정권의 장기 집권의 도구가 될 수 있다'라고 지적하고 있습니다. 결국 정권에 의해서 정파적인 법 적용·집행이 가능하다는 것입니다.

'이 법이 국회에서 통과된 후에 부칙의 규정에 따라서 6개월 후에 출범을 하게 되면 적어도 공수처장의 임기는, 임기 3년 동안은 문재인 정권의 인사권으로 세팅된 공수처가 문재인 정권에 의해서 문재인 정권의 정파성이 작동할 수 있다. 이는 2020년 7월부터 2023년 6월까지의 3년 동안은 공수처가 문재인 정권의 옹호와 퇴임 후 안전판의 도구가 될 가능성은 열려 있다'라고 교수님이 지적하고 있는 것이지요. 제가 이미 제 말씀에서도 지적한 바와 같습니다.

다시 한번 말씀을 드리겠습니다. 결국은 괴물인 공수처, 과연 이것을 어떻게 받아들여야 되느냐? 대통령과 민주당 정부에서는 그리고 여당에서는 '검찰개혁의 도구로 공수처를 만들어야 된다'라고 말씀을 하셨습니다. 그런데 초기에 말씀을 드린 것처럼 지금 우리 국민들은 지금까지 단 한 번도 보지 못한 검찰을 경험하고 있습니다. 정권 2년을 조금 넘긴 상황에서 정권의 심장부인 청와대, 그 핵심 인사들 그리고 생생하게 살아 있는 권력을 향해서 수사권을 행사하는 검찰을 우리가 보고 있는 것입니다. 제가 24년간 검사를 했지만 부끄럽게도 이런 모습들은 처음 본다고 생각을 합니다.

누차 말씀을 드린 것처럼 민주당이 이전부터 공수처를 주장한 것을 선의로 해석을 한다면 이런 검찰을 원했기 때문입니다. 살아 있는 권력을 향해서 칼을 휘두르는 검찰을 원했기 때문에 공수처를 설치하자고 주장했을 것이라고 선의로 해석을 합니다.

대통령께서도 윤석열 총장을 임명하면서도 역시 같은 말씀을 하셨습니다. 대통령의 말씀은, 그리고 민주당의 의도는 표면적으로는 이런 검찰을 원했기 때문에 공수처를 설치해야 된다. 검찰이 지금까지 단 한 번도 살아 있는 권력을 향해서 수사를 한 적이 없다. 살아 있는 권력에는 한없이 약하고 죽은 권력에 대해서는 한없이 가혹했다. 그 대표적인 사례가 노무현 전 대통령에 대한 수사라고 생각을 하셨기 때문에 이런 공수처를 원하지 않았겠습니까?

그런데 지금의 검찰은 대통령과 민주당이 원하는 방향의 수사를 하고 있습니다. 이토록 간절하게 이러한 검찰을 원했는데 지난 8월 이후에 대통령과 정부 여당은 검찰에 대해서 어떤 반응을 보였습니까? 조국 전 민정수석에 대해서 수사하고 있는 검찰을 향해서 '칼춤을 춘다'는 표현을 써 가면서까지 검찰 수사를 억누르기 위해서 총동원이 되었습니다.

(■권성동 의원 의석에서 — 청와대가 부끄러운 줄 알아야 돼. 민주당이 부끄러운 줄 알아야 돼!)

더구나 조국 전 민정수석에 대해서 검찰이 최근에 영장을 청구하는 단계에 이르자 청와대가 그 사람이 민정수석 시절의 업무에 관한 일로 영장이 청구되었다는 이유로 논평을 합니다.

(■권성동 의원 의석에서 — 변호를 하지요, 변호를.)

변호를 합니다. 그것도 거짓말로 변호를 합니다. 이것은 영장을 심사하는 판사에게 가이드라인을 제공하고자 하는 의도 외에 그 무엇이 있었겠습니까? 그러니까 판사는 범죄는 인정된다고 하면서도 사안의 중대성을 들어서 영장을 기각합니다.

우병우 전 민정수석은 최순실 비리에 대해서 감찰하지 않았다는 이유로, 비리가 있는지 없는지를 감찰했어야 되는데 있는지 없는지 감찰하지 않았다는 이유로 직무유기로 처벌을 받습니다.

그런데 조국 전 민정수석의 경우에는 감찰 과정에서 휴대폰 포렌식 등을 통해서, 주변의 진술을 통해서 그 비리를 확인하고도 감찰을 중단시키고 소위 파면해야 될 사람을 의원면직을 시키도록 금융위원회에 압력을 행사하는 직권남용의 혐의가 있었습니다. 그럼에도 불구하고 법원은 사안의 중대성을 들어서 영장을 기각했는데, 과연 그 두 사건만 놓고 본다면 있는지 없는지 확인하지 않았다는 것과 있는 비리를 덮었다는 것, 어떤 게 더 사안이 중대하다고 봐야 되겠습니까? 이 사건을 수사하고 있는 검찰을 향해서 청와대는 민정수석을 변호하기에 급급합니다.

(■권성동 의원 의석에서 ― 우병우는 구속됐잖아요. 그런데 왜 조국은 구속 안 시키는 거예요?)

맞습니다.

그런데 만일 공수처가 설치된다면 이 공수처가 청와대의 이러한 압력을 견딜 수 있는 조직이냐라는 것에서 의문을 갖지 않을 수 없습니다. 검찰은 2200명의 검사와 팔구천 명의 직원으로 이루어진 1만 명이 넘는 조직입니다. 물론 경찰에 비해서는 10분의 1도 안 되는 조직입니다. 그런데 공수처는 100명이 안 되는 조직입니다.

조국 전 민정수석 수사 때 200만 명이 몰려와서 검찰청사를 에워싸고 검찰 수사를 비판했습니다. 만일 공수처가 정권의 입맛에 맞지 않는 수사를 한다고 할 때, 조국 사건을 수사한다고 했을 때 역시 마찬가지로 200만 명이 몰려와서…… 물론 그 200만 명이라는 것은 일방의 주장에 불과합니다, 제가 그걸 인정했다는 건 아니고. 200만 명이 몰려와서 100명의 공수처 조직을 에워싸고 했을 때 영속적이지 않는 조직, 그러니까 검사는 임기가 없습니다. 정년까지 계속 할 수 있습니다, 검찰총장은 물론 임기가 있지만. 그런데 공수처검사와 공수처장은 임기가 3년입니다. 그러니까 한시적인 임기를, 한시적인 지위를 가진 공수처검사들이 200만 명의 협박을 물리칠 수 있나? 결코 그렇지 않을 것입니다. 물론 이런 가정 자체가 우리가 공수처에 과다한 기대를 하고 있다라는 걸 전제로 해서 하는 것입니다.

대통령이 임명한 공수처장, 대통령이 임명한 검사들로 구성된, 소위 대통령 패밀리로 구성된 공수처 25명의, 처장을 포함한 25명의 검사가 대통령을 향해서 칼을, 대통령의 주변 인물을 향해서 칼을 들이댈 수 있다라는 것은 애초부터 기대난망이라는 것이지요.

그렇기 때문에 조금 전에 존경하는 권성동 의원님께서 지적하신 것처럼 공수처는 대통령의, 대통령 주변의 비리를 비호하는 비호처가 될 것이며 대통령에 반대하는 세력들에 대해서는 과다한 칼을 소위, 그 사람들에 대해서만 과잉 수사를 하는 기관으로 전락할 것이다. 그렇기 때문에 독일의 게슈타포와 같은 조직이 될 것이다라는 비난이 있는 것입니다. 그렇기 때문에 과연 지금 공수처가 필요하냐? 전혀 필요 없다는 거지요.

누차 이야기했지만 무소불위의 권한을 행사하는 검찰을 견제하기 위해서, 고위공직자 비리에 대해서 눈을 감는 검찰을 견제하기 위해서 공수처가 필요하다는 주장을 해 왔습니다. 그런데 소위 패스트트랙에 올려진 검경수사권 조정안에 따르면 검찰의 많은 부분들이 경찰로 이관되게 됩니다. 무소불위의 경찰기관이 탄생하게 됩니다.

조금 전에 말씀드린 것처럼 검찰은 1만여 명으로 구성이 되지만 경찰은 10만 명으로 구성된 거대한 조직입니다. 그 거대한 조직에 대해서 소위 수사지휘권이라는 견제 장치 하나 없이 수사 권력을 경찰에 다 넘겨주게 되어 있습니다. 그렇기 때문에 검찰을 향해서 무소불위의 권한을 행사하고 있다라는 비판도 앞으로는 없어지게 될 것입니다.

그리고 조금 전에 말씀드린 것처럼 지금까지 단 한 번도 보지 못한 검찰을 경험하고 있는 현재 살아 있는 권력을 향해서 칼을 휘두르고 있는 검찰, 그것도 대통령의 간곡한 당부에 따라서 살아 있는 권력을 향해서 칼을 휘두르고 있는 검찰이 있다면 우리 국민들은 더 이상 공수처가 필요 없는 시대가 왔다라고 판단을 하는 것입니다. 그렇기 때문에 우리는, 우리 자유한국당은 많은 국민들과 함께 공수처 설치를 결사반대하고 있는 것입니다.

(■홍익표 의원[3] 의석에서 — 국민의 70%가 공수처 설치를 원하고 있어요.)

그걸 모르기 때문이지요.

(「그런 공수처를 원하는 게 아니에요」 하는 의원 있음)

그런 공수처를, 국민이 원하는 공수처와……

(「홍 의원, 말도 안 되는 이야기 그만해」 하는 의원 있음)

말도 안 되는 이야기라고 하기 때문에 대꾸하지 않겠습니다.

(「검사한테 잘 하시지 그랬어요」 하는 의원 있음)

잘 했습니다.

그런데 말씀드린 것처럼 소위 공수처는 대통령께서 그토록 강조하였던 민주적 통제에서도 벗어나 있습니다. 공수처에 대해서 어느 누구도 견제할 수 없는 겁니다. 대통령은 공수처장 임명을 통해서 공수처를 장악하려고 할 것입니다. 공수처법은 국회 내에 공수처장 추천위원회를 구성하도록 하고 7명의 위원을 배치하도록, 7명의 위원으로 구성하도록 하고 있습니다. 그런데 그 7명의 추천위원들 중에 법무부장관도 있고 법원행정처장도 있고 여당에서 추천한 2명이라고 했습니다. 그런데……

(「다 하신 거잖아요, 이제 그만하세요」 하는 의원 있음)

---

3 홍익표 의원: 더불어민주당(서울 중구 성동구갑) http://www.peacehong.ne

새벽에 제 주옥같은 말씀을 듣지 못한 국민들을 향해서 다시 한번 말씀을 드린 것입니다. 내가 시간을 어떻게 쓰는지는 제가 결정을 합니다. 그러니까 그만하라 마라는 말씀을 삼가 주시기 바랍니다. 언제 저희들이 민주당 의원님들을 향해서 그만하라고 이야기를 한 적이 있습니까?

(「같은 말씀 하지 마세요」 하는 의원 있음)

안 들으시면 됩니다.

(장내 소란)

(「처음부터 다시 해 주세요」 하는 의원 있음)

처음부터 다시 읽을까요, 2시간 더?

그런데 참 법이라는 게 묘합니다. 아니, 원내 제1당으로 하여금 2명을 추천하도록 한 것이 아니라 대통령이 소속되었거나 소속된 정당으로 하여금 2명을 추천하도록 하고 있습니다.

아니, 대통령이 소속되었거나 소속된 정당이 원내 3당이 되었든 4당이 되었든 다른 정당에 비해서 우월적인 지위를 인정하고 있는 것입니다. 이것 자체가 국민들의 뜻을 거스른 것 아니겠습니까? 만일 국민들의 뜻에 맞게 추천위원을 상대로 해서 추천하도록 한다면 원내 제1당, 원내 제1 교섭단체에게 2명을 추천하도록 하고 그 외의 교섭단체로 하여금 역시 2명을 추천하도록 하는 것이 공정한 것입니다. 그런데도 단지 대통령 소속 정당이라는 이유로, 소속되었던 정당이라는 이유로 원내 분포와 관계없이 2명을 우월적으로 추천한 것 자체가 위헌적인 소지가 있는 것 아니겠습니까?

(■김병관 의원4 의석에서 ─ 그걸 여당이라고 합니다.)

그러니까 여당이라고 표현 안 했어요. 대통령이 소속되었던 정당이라고 했지요.

(■김병관 의원 의석에서 ─ 그걸 여당이라고 합니다.)

그래서 어쩌라는 말입니까? 그걸 공정하게, 그토록 대통령께서 주장하시는 공정·정의라고 한다면 원내 제1 교섭단체로 하여금 다수를 추천하게 하는 것이 맞다는 걸 말씀드리는 겁니다. 그것을 제가 여당이니 야당이니 용어를 모른다고 생각하고 그렇게 가르쳐 주실 필요는 없습니다.

그러니까 결국은 7명의 위원 중 대다수를 대통령과 여당 성향 인사로 해 가지고 공수처장 임명을 마음껏 마음대로 하겠다는 겁니다. 결국은 대통령의 입맛에 맞는 공수처장, 대통령의 입맛에 맞는 검사를 통해서 공수처를 장악해서 정권 비리의 은폐처를 만들겠다고 하는 의도에 다름없습니다.

가장 큰 문제는 공수처로 하여금 검찰이 경찰이 수사하고 있는 사건을 빼앗아 갈 수 있는

---

4 김병관 의원: 더불어민주당(경기 성남시 분당구갑) http://www.assembly.go.kr/assm/memPop/memPopup.do?dept_cd=9770983

조항을 둔 것, 그리고 검찰이나 경찰이 고위공직자 수사에 착수하게 되면 이를 즉시 공수처에 통보하도록 한 조항입니다. 이것은 공수처법 수정안에 갑자기 포함된 건데, 24조 2항이 '다른 수사기관이 범죄를 수사하는 과정에서 고위공직자의 범죄를 인지한 경우에는 그 사실을 즉시 수사처에 통보하여야 한다'라고 규정을 하고 있습니다.

'범죄를 인지한 경우'라는 게 어떤 경우겠습니까? 검찰이 고위공직자에 대한 혐의를 발견하고 압수수색을 하려고 한다면 검찰 내부 문서인 범죄인지서를 작성을 해야 법원에서 압수수색 영장을 발부를 합니다. 이것을 범죄를 인지하는 단계라고 합니다. 바로 수사의 최초 단계, 수사 착수 단계에서 검찰이 공수처에 A라는 고위공직자에 대해서 수사를 하고 있다는 사실을 통보해야 됩니다.

왜 이렇게 통보를 하도록 하고 있겠습니까? 그것은 '수사처의 범죄 수사와 중복되는 다른 수사기관의 범죄 수사는 처장이 이첩을 요청하는 경우에는 해당 수사기관은 이에 응하여야 한다'라는 규정과 결부해 보면 그 뜻은 분명합니다. 검찰이 수사하고 있는 걸, 경찰이 수사하고 있는 고위공직자 수사를 빼앗아 가기 위한 조항입니다. 독자적으로는 고위공직자에 대한 수사를, 범죄의 단서를 발견할 수 없는 공수처로서는 이 조항이 없다면 생존 자체가 불가능할 것입니다. 생존을 하고자 한다면 특정 공무원에 대한, 특정 야당 국회의원에 대한 불법적인 미행·사찰 등의 방법밖에 없기 때문입니다.

이는 검찰이나 경찰 등 기존의 수사기관에서 고위공직자를 수사하는 방법이, 기업 비리든 일반 국민들을 상대로 한 수사에서 구청 공무원에게 또는 어느 부처의 과장에게 뇌물을 제공한 사실을 발견했을 때만 가능한데 공수처에는 하위 공무원에 대한 수사권이나 일반 국민에 대한 수사권이 없기 때문에 이런 고위공직자의 부패범죄에 대한 수사의 단서를 발견할 수밖에 없기 때문에 검찰이나 경찰이 애써서 발견한 그 수사의 단서를 공수처가 고스란히 빼앗아 가기 위해서 이런 조항을 뒀고, 검찰의 수사 대상이 된 인물이 정권의 핵심 인물이라면 그 사건을 빼앗아 가서 수사를 더 이상 할 수 없도록 만들기 위해서 이런 조항을 두었다고 생각을 합니다. 그런 게 우리 국민들의 일반적인 평가입니다.

국민 여러분들께서 다 알고 계시는 것처럼 지난 8월 이후 진행되었던 조국 전 민정수석 일가에 대한 수사, 청와대 울산시장 하명수사 의혹, 유재수 감찰무마 의혹 등도 모두 수사 착수 단계에서 검찰이 공수처에 통보를 해야 되고 공수처가 그 사건을 보내라고 하면 검찰로서는 그 사건을 공수처에 이첩하지 않을 수 없도록 만드는 것이 현재의 공수처법 수정안입니다.

이런 사건을 이첩받은 공수처는 과연 어떠한 조치를 취하겠습니까? 조금 전에 말씀드린 것처럼 정권 전체가 혼연일체가 되어서 검찰을 겁박했던 전례에 비추어 볼 때 결국 대통령은 공수처를 향해서도 똑같은 말씀을 하실 것이고 정부 여당 관계자들도 똑같은 말씀을 하실 것입니다. 100명이 안 되는 인력을 가진 공수처가 과연 이런 수사를 할 수 있냐, 수사를 할 의지가 있냐라고 했을 때 저는 불가능하다고 생각합니다.

왜? 공수처장도 며칠 전에 대통령께서 직접 임명하신 사람이고 수사처검사도 대통령께서 직접 임명하신 검사들입니다. 이런 사람들로 구성된 공수처가 과연 대통령의 30년 지기 친구 관련 사건, 또 10여 년 된 동생 관련 사건을 수사할 수 있다고 믿는 사람은 지극히 순진무구 하거나 권력기관의 생리를 모르는 사람이라고 할 수밖에 없습니다.

그렇기 때문에 이런 소위 수사착수 단계에서의 통보조항, 수사 이첩조항은 공수처법의 가 장 대표적인 독소조항입니다. 그리고 이런 조항은 공수처를 검찰이나 경찰의 상위 단계, 그러 니까 사정수사를 컨트롤하는 컨트롤타워, 상급기관으로 만들어 주고 있습니다.

헌법에 검찰총장을 임명할 때는 국무회의의 심의를 거치도록 하고 있습니다. 그리고 검사 는 헌법에 두 차례나 등장을 합니다. 주거지 압수수색 관련 영장 청구, 인신구속에 관한 영장 신청 단계에서 '검사의 신청에 따라 법관이 발부한 영장'이라는 표현으로 해서 검찰총장과 검 사, 즉 검찰을 헌법에 규정을 하고 있습니다. 그런데 공수처는 헌법에 단 한 줄도 나오지를 않습니다. 우리 헌법은 공수처라는 기형적인 조직을 예정하지 않았기 때문입니다.

헌법에 규정되어 있는 검찰기관을, 아무런 헌법적인 근거가 없이 만들어지는 공수처를 검 찰보다 상위에 두는 공수처, 이 24조는 전형적인 독소조항이고 사정수사를 대통령이 직접 컨 트롤하겠다는 의도와 다름 아니라고 하는 것입니다. 그렇기 때문에 대검찰청도 중대한 독소조 항이 포함되어 있다고 굉장히 반발하고 있습니다.

그런데 이러한 조항에 대해서 소위 수사착수 시 통보 조항이라는 것은 수사의 기밀, 밀행 성을 보장할 수 없는 조항이기 때문에 고등법원 부장판사 한 분도 이렇게 지적을 했습니다. '수사는 비밀리에 자료를 갖추고 시작하는 건데 내사 단계에서 보안이 새면 검찰에서 제대로 수사할 수 없는 환경이 만들어지는 법이다'라고 지적을 했습니다. 결국은 검찰의 수사를 무력 화하기 위해서 이런 통보 절차를 수정안에 갑자기 넣었다는 거지요.

공수처법 수정안은 공수처에 규칙제정권도 부여하고 있습니다. 특정 기관이 규칙제정권을 부여받으려면 헌법에 그 규정이 있어야 됩니다. 헌법상 규칙제정권이 부여된 기관은 국회나 법원이나 헌법재판소나 중앙선거관리위원회밖에 없습니다. 물론 정부도 있습니다. 행정각부 도 있는데, 이런 기관들은 법률에 저촉되지 않는 범위 내에서 내부규율과 사무처리에 관한 규 칙들을 제정할 수 있습니다.

그런데 갑자기 헌법에 아무런 규정이 없는 공수처의 규칙제정권이 수정안을 통해서 갑자기 들어왔습니다. 그 규칙제정권을 통해서 공수처검사의 임용조건, 공수처 수사관의 임용조건을 규칙제정권에서 규정할 수 있도록 법이 허용을 합니다.

정부기관 어느 기관도, 법무부장관도, 기획재정부장관도 자기 소속 공무원의 임용조건, 그 것도 소위 3급 이상 대우를 받는다는 속칭 고위공직자인 공수처검사를 임용할 수 있는 조건,

공수처 수사관도 마찬가지입니다. 3급 정도까지 대우를 받도록 규정이, 7급에서 3급으로 고위공무원까지 규정이 되어 있는데 이런 공무원에 대한 임용조건을 자체 규정을 가지고 만든, '임용할 수 있도록 허용한다', 초헌법적인 발상이지요.

공수처는 우리 헌법이 예정하지 않은 반부패기구입니다. 그것도 기형적인 기구입니다.

국민 여러분들께서는 하이에나라는 동물을 알고 계실 겁니다. 하이에나는 자신이 스스로 사냥을 하지 않고 사자 등 다른 동물이 사냥한 사냥감을 가로채는 동물입니다. 공수처법안을 살펴볼 때 이처럼 공수처는 하이에나처럼, 다른 기관이 수사하고 있는 사건들을 가로채서 자신의 먹잇감으로 삼는 하이에나 같은 조직입니다.

한편으로는 두 눈 중에서 왼쪽 눈은 감고 오른쪽 눈으로만, 오른쪽만 바라보면서, 오른쪽만 공격할 수 있는 뿔을 가진 기형적인 괴물이 저는 공수처라고 생각을 합니다. 우리 당 의원님들의 생각도 역시 마찬가지입니다. 많은 국민들도 그렇게 생각하고 있습니다.

공수처의 실체를 알지 못했을 때 많은 국민들이 단지 '고위공직자를 수사하고 있는 공수처를 왜 반대하느냐? 왜 검찰은 그토록 반대를 하고 야당은 그토록 반대를 하느냐?'라고 의문을 표시하면서 많은 지지를 보내신 것이 사실입니다.

그런데 패스트트랙에 이 법안이 올라타고 이 법안의 실체가 조금씩 알려지면서 공수처는 정권에게는 비리 은닉처가 되고, 야당에게는 또는 정권의 반대파들에게는 야당의 탄압처 구실을 할 것이라는 염려들이 많이 확산되고 있습니다.

우리 국민 여러분들께서 공수처의 실체에 관해서 저희들이 걱정하는 사항을 좀 더 아시고, 그리고 공수처를 막아 주시는 데 많은 힘을 보태어 주실 것을 당부드립니다.

저희 자유한국당이 국민 여러분들의 기대에 미치지 못했던 많은 부분들이 있다는 것은 저희들도 인정을 하고 있습니다. 그렇지만 이 선거법과 공수처법을 막아 내지 못한다면 우리 대한민국의 미래는 없다고 생각이 됩니다.

저희들 깊이 반성하고 대한민국의 새로운 미래를 위해서 국민 여러분들과 함께 항상 노력하겠다는 당부를 드리면서 공수처법, 그리고 검경수사권 조정에 관해서 저희 자유한국당에 대해서 많은 성원을 보내 주시기를 당부드립니다.

지금까지 경청해 주셔서 감사합니다.

감사합니다.


■**부의장 주승용** 정점식 의원님 수고하셨습니다. 잘 들었습니다.

다음은 박범계 의원님 나오셔서 토론해 주시기 바랍니다.

**토론 7**

박범계 의원

## 7

■**박범계 의원**[1]  존경하는 국민 여러분!

그리고 우리 주승용 국회부의장님과 동료 의원님 여러분!

정진석 의원님[2] 계시네요. 감사합니다.

저는 오늘 무제한토론을 공수처와 관련된 주제와 관련해서 하게 되었습니다. 국민들이 그렇게 소망하시던 비례성과 대표성을 강화하는 연동형 비례대표제의 내용이 담긴 선거법이 개정이 되었습니다.

많은 우려에도 불구하고 어찌 되었든 여야가 큰 물리적 충돌 없이 이 법안을 통과시켰습니다. 야당은 헌법과 법률이 보장하는 모든 권한, 권능을 다 사용했습니다. 물리적 충돌은 없었습니다. 그것이 오늘날 대한민국국회의, 그래도 국민 여러분들이 우리 국회를 버리지 않아야 될 그리고 관심을 가져야 될 사랑해 줄 이유라고 생각합니다.

소위 필리버스터 제도를 쓰는 여당 국회의원으로서 무제한토론에 나서면서 우리 헌법과 법률에 의해서 오늘 공수처 제도가 왜 지난 20년 동안 우리 국민들의 절대적인 지지를 받아 왔고 심지어 자유한국당의 전신인 새누리당조차도, 한나라당조차도 이 공수처를 찬성한 이유가 무엇인가 이것에 대해서 민주당에서 최초로 공수처 법안을 대표발의했던 본인으로서는 감개무량할 뿐만 아니라 자랑스럽기조차 합니다.

지난 20년 동안 대한민국의 정권은 바뀌었으나 변하지 않는 국가형사사법체계의 커다란 요구, 이미 국민의 공론으로 인정받은 공수처 제도는 특정한 정파의 유일한 주장이 아니었습니다. 현재의 야당도 찬성하는 제도였습니다. 한때는 80%에 이르는 국민들이 지지를 보였고 지금도 70%에 가까운 지지를 보이고 있습니다.

자유한국당은 지금 공수처를 반대합니다. 그러나 검찰개혁의 필요성은 인정합니다. 무엇을

---

1 박범계 의원: 더불어민주당(대전 서구을)**http://www.assembly.go.kr/assm/memPop/memPopup.do?dept_cd=9770770**

2 정진석 의원: 자유한국당(충남 공주시 부여군 청양군) **http://blog.naver.com/chungjinsuk**

하자는 것입니까?

검찰개혁의 필요성을 인정하고서 지난 20년 동안 국민이 공론으로 받아들였던, 어느 정권도 어떠한 대통령 후보자도 인정했던 이 공수처제도가 윤석열 검찰총장 체제라고 해서, 그 체제 위에서 지난 4개월 동안 조국 전 법무부장관, 전 민정수석에 대한 먼지떨이 식 수사에 대해서 찬성한다고 해서 검찰개혁의 필요성이 없어진 것입니까? 정말로 검찰이 저 밑에서부터 뿌리째 검찰의 조직문화가 개선되었고 민주주의 친화적이며 검찰권 남용의 가능성은 전혀 없는 것입니까? 정말로 검찰이 지난 20년 동안 대한민국 국민들이 그렇게도 걱정했던 권력과 야합을 통해서 권력형 비리를 은폐하는 데 앞장서지 않을 것이라는 확신이 있는 것입니까?

고 김홍영 검사를 기억하십니까? 고 김홍영 검사와 아주 가까웠던 어떤 변호사가 저에게 김홍영 검사가 남겼던 카톡의 대화 내용을 그 운명을 달리한 그날 보내 왔습니다. 김홍영 검사는 우리 검찰 출신 국회의원님들이 그렇게도 자랑하는 우리 검찰의 사람이었습니다. 대학교를 졸업하고 정말로 대한민국의 정의를 지키기 위해서, 정의를 실현하기 위해서 청춘을 불살랐던 첫 직장이었습니다. 그는 대한민국검찰관으로서 손색이 없는 사람이었습니다.

그러나 그의 남부지검에서의 생활은 지옥과도 같았습니다. 그의 상관은 대한민국 검사의 상징처럼 군림했습니다. 무려 16, 17회의 폭언과 폭행이 있었습니다. 여의도에서 술에 만취한 상관의 호출에 부응해서 상관을 들쳐 메고 택시를 타고 집에까지 모셔다 드렸음에도 불구하고 고 김홍영 검사는 그의 상관과 그의 부인으로부터 모욕을 당하기조차 했습니다.

그것이 검찰의 조직문화입니다. 그러한 검찰의 조직문화가 윤석열 검찰총장 체제라고 해서 바뀌었습니까? 바뀌어 가고 있습니까? 아니, 지금 우리 국민들은 검찰이 권력과 야합해서 권력형 비리를 은폐하는 기관으로서의 걱정이 아니라 이제 검찰은 대통령 위에, 대통령보다 더 강한 힘과 우월적 작용을 통해서 대한민국 국민들이 직접 뽑지 않은 그 검찰총장과 검사들에 의한 지배, 법의 지배가 아니라 검사들에 의한 지배를 걱정하고 있습니다.

조국 전 법무부장관 초기 수사에서 우리 국민들은 그것을 어쩌면 조국이라는 단 한 사람, 조국이라는 한 일가의 문제로 생각을 했었는지도 모르겠습니다. 그러나 그 수사가 4개월째 이어지고 있습니다.

75일, 70일, 4개월, 이 기간의 차이가 무엇인지 아십니까? 23번, 46번, 80번, 이 숫자가 무엇인 줄 아십니까? 문재인 정부 직전에 박근혜정부 말기 대한민국을 정말로 떠들썩하게 만들었던 전대미문의 사건은 당연히 박근혜·최순실 국정농단 사건이었습니다. 서울중앙지검이 수사했습니다. 박용수 특검이 수사했습니다. 그리고 그 이후에 문재인 정부의 윤석열 검찰총장 체제에서 사법농단 수사가 있었습니다. 양승태 전 대법원장을 비롯한 많은 고위 법관들이 사법처리되고 있습니다. 법원에 재직했던 국회의원으로서 참으로 민망하고 송구한 일입니다.

그러나 그 전대미문의 박근혜·최순실 국정농단이나 양승태 사법농단 사건도 수사기간은 불과 75일, 70일에 불과했습니다. 전가의 보도처럼 사용하는 압수수색은 박근혜·최순실 국정농단 23번, 양승태 사법농단 46번에 불과했습니다. 조국 전 법무부장관 일가에 대한 압수수색은 지금 울산 사건까지 포함해서 80여 회가 넘는 것으로 추산되고 있습니다.

법 위에 성역은 없습니다. 그러나 한 일가에 대해서, 한 사람에 대해서 이다지도 모질게, 이렇게 오랫동안 헌법이 금하고 있는 과잉금지의 원칙을 위배하면서까지 수사하는 것이 과연 정당한 것이냐에 대한 국민적 의문이 있습니다.

처음에는 조국 전 법무부장관 일가에 부쳐지고 있는 여러 의혹들을 엄정하게 수사하라는 그러한 요구도 있었던 것이 사실입니다. 그러나 지금 우리 국민들의 상당수는, 어쩌면 저렇게 전가의 보도처럼 휘두르고 있는 저 무지막지한 검찰권의 행사가 평온한 나의 가정을 깨뜨릴 수도 있다라는 위험성을 국민들은 깨닫기 시작했습니다.

그것이 권력을 쥐었다고 해서만이 아니라 중앙에서 지방에서, 많이 배운 사람이나 적게 배운 사람이나, 돈이 많은 사람이나 돈이 적은 사람이나 어쩌면 검찰권의 칼날 위에 나도 언젠가는 내가 알지 못하는 사이에 설 수 있다라는 그러한 위험성, 그 위험성을 국민들이 자각하고 있습니다.

오늘 본 의원은 우리 검찰이, 대한민국 검찰제도가 어떻게 검찰권이 집중되어 있는지, 그로 인한 남용이 어떻게 있었는지, 그래서 검찰개혁의 방향이 어떠한 쪽으로 가야 하는지, 문재인 정부 들어서 윤석열 검찰총장을 톱으로 하는 수사가 정상적으로 이루어지고 있는지, 특히 헌법상의 과잉금지의 원칙이 지켜지고 있는지, 특히 어제 영장이 기각된 청와대 특감반에 대한 수사가 민주적 통제원리에 적합한 것인지.

오늘 검찰 출신 야당 국회의원께서 자랑스럽게 얘기했던 검찰의 수사는 과연 누구도 통제할 수 없는 성역의 영역인지, 그래서 검찰개혁의 일환으로 제시된 공수처 제도가 어떠한 특징과 장점을 가지고 있는지, 그리고 자유한국당을 비롯한 일부의 정치 세력이 얘기하는 공수처에 대한 모욕인 옥상옥, 독재기구화, 야당 탄압기구, 검경수사권 조정으로 족하다는 논의, 독소조항, 삼권분립 위배론 등등에 대해서 적절한 반론을 할까 싶습니다.

존경하는 국민 여러분!

대한민국 검찰이 얼마나 권한을 갖고 계신지 알고 있습니까? 대한민국 검찰은 전 세계에서 유례를 찾아볼 수 없는 여섯 가지 권한을 갖고 있습니다. 그것도 그러한 권한을 전속적으로, 전유적으로 행사하고 있습니다. 검찰은 수사권을 갖고 있습니다. 경찰에 대한 수사지휘권을 갖고 있습니다. 경찰도 수사권이 있다 하나 적어도 지금 패스트트랙에 태워져 있는 검경수사권 조정안이 통과되기 전까지는 제가 보는 견지에서 경찰의 수사권은 검찰 앞의, 호랑이 앞의 쥐에 불과합니다.

검찰은 수사권과 수사지휘권과 기소권을 갖고 있습니다. 공소유지권을 갖고 있습니다. 형

집행권을 독점하고 있습니다. 영장청구권을 독점하고 있습니다. 문재인 정부 들어서 많이 달라지기는 했으나 여전히 법무부는 검찰 출신의 검사들이 활약을 하고 있습니다. 대통령의 고유한 권한, 국가원수로서의 권한인 대통령의 사면권도 기실 법무부가 사실상 가이드라인을 만들고 행사합니다.

이와 같은 6개, 7개의 권한을 집중적으로, 독점적으로 갖고 있는 것이 대한민국검찰입니다. 전 세계 어느 법제에서도 찾아볼 수 없는 겁니다. 그렇기 때문에 권한이 집중되고 독점되고 그 권한이 과대화 됐을 때 당연히 그 권한을 가진 개인이나 집단은 오만을 떨기 마련입니다. 남용하기 마련입니다.

검찰권 남용의 역사를 우리는 생생하게 기억합니다. 가장 최근의 일로 대한민국 법원은 김학의 전 법무부차관에 대한 검찰의 고육지책의 수사·기소에 대해서, 이것은 공부를 제대로 해야 될 때, 학교 제대로 다녀야 될 때, 그때 제대로 공부하지 않고 학교 밖을 뛰쳐나가서 놀고 있다가 엄마의 회초리가 무서워서, 아버지의 꾸지람이 무서워서 뒤늦게 한 억지춘향의 수사와 기소 결과 공소시효가 만료됐기 때문에 처벌할 수 없다는 판단을 내렸습니다. 김학의 전 법무부차관에 대한 수사는 1차 수사를 경찰이 했습니다. 미진한 부실 수사였습니다. 2차와 3차 수사를 검찰이 했습니다. 면죄부 수사였습니다.

검경수사권 조정은 대단히 필요합니다. 그러나 검찰과 경찰이 상호 칼을 쥔 채 서로 겨루는 것만으로는 대한민국의 정의를 바로 세울 수 없습니다. 부실한 수사, 면죄부 수사가 막아질 수 없습니다. 서로 총을 겨누고 서로 칼을 겨눈 상태로 서로 죽자고 싸우는 것만이 예상되는 것이 아닙니다. 만약에 서로 총을 똑같이 살기 위해서 내려놓는다면 그것은 누구에 의해서 통제되겠습니까? 바로 이런 측면에서 공수처는 절대적으로 필요합니다.

진경준 검사장이라고 있었습니다. 대한민국의 검사장입니다. 차관급이라고 주장합니다. 검사장이 되면 정말로 많은 특혜가 주어집니다. 그 진경준 검사장이 검사 재직 시절 기업으로부터 어마어마한 주식을 증여받았습니다. 그리고 검사장이 돼서 그것을 팔았습니다. 주식 양도 시세차익은 120억 원이었습니다. 만약에 공수처가 있어서 검사의 독직을, 검사의 부패를 누군가 서슬 퍼렇게 바라볼 수만 있었다면 진경준 검사장이 그런 간 큰 짓을 할 수 있겠습니까? 그러나 그 진경준 검사장은 초기 검찰의 감찰 칼날을 피해 나갔습니다. 120억 시세차익이라는 국민적 비난에 직면하자 떠밀려서 감찰이 진행됐고 수사가 진행됐고 기소되었습니다. 그랜저 검사, 벤츠 여검사, 참으로 제가 제 입으로 입에 담기도 민망한 사건이었습니다. 어떻게 그렇게 좋은 차가 등장합니까? 그랜저 주고 벤츠 주는, 현직 검사한테 그렇게 사랑스러워서 벤츠 주고 건설업자가 그랜저로 청탁하고 대한민국 국가기관 중에 어떤 기관이 그런 일이 가능하겠습니까? 통제받지 않는 권력, 누구도 엿볼 수 없는 권력, 누구도 타이를 수 없는 권력 그것이 바로 검찰의 현주소였고 그렇게 이러한 검사의 비리가 양산되었습니다.

오늘 야당 국회의원들께서 공수처를 만드는 것은 표적수사를 하기 위한 것이다, 대통령이 독재를 하기 위한 것이다, 야당 국회의원들을 탄압하기 위한 것이다 등등의 말씀을 쏟아 내고 있습니다. 그러한 말을 가장 핵심적으로 하시는 분들은 제가 보기에는 검사 출신 국회의원이십니다. 저는 경험해 보지 못했습니다. 저는 표적수사를 경험해 보지 못했습니다. 제가 수사를 해 본 적이 없습니다. 그러나 검사 출신 국회의원들이 표적수사를 그렇게 당연한 듯이 확신한다면 그것은 경험한 사람만이 얘기할 수 있는 것이라고 생각합니다.

존경하는 국민 여러분!

검찰개혁의 방향이 윤석열 검찰총장이 들어서서 문재인 정부에서 문재인 정부의 가장 신임받던 조국 전 민정수석, 사정기관의 톱이라 할 수 있는 민정수석비서관을 그리고 현직 법무부 장관을 수사한다고 그래서, 소위 권력과 가까운 분들을 수사한다고 그래서 검찰개혁은 이제 필요가 없는 것이 돼 버렸습니까? 검찰개혁의 방향은 권력과 야합해서 권력형 비리를 덮어 주고 은폐하는 데만 있지 않습니다.

인정합니다. 적어도 윤석열호가 지금 행하고 있는 수사는 그 수사의 비례성과 균형성의 관점에서 비판받을 소지가 있을지언정 권력에 대한 칼을 정말 마음껏 휘두르고 있다라고 인정합니다. 그렇게 대통령께서 윤석열 검찰총장을 임명할 당시에 살아 있는 권력에 절대 불복하지 마라 하는 그것을 잘 실천한 듯도 합니다.

그러나 검찰개혁의 방향은 그것만 있지 않습니다. 제가 2003년 고(故) 노무현 대통령님이 현직 대통령 당시 초대 민정2비서관으로서 검찰개혁을 그 나름대로 설계할 당시 그 당시 민정수석비서관이 현재의 대통령이신 문재인 대통령님이셨습니다. 그 당시에 검찰개혁의 방향이 과연 권력과 야합해서 권력형 비리를 은폐하는 데 그것을 막기 위한 것에만 있었던 것인가, 결코 그렇지 않습니다.

검찰은 칼입니다. 칼은 눈이 없습니다. 눈이 없는 칼이 마구 휘둘러질 때 그것은 어쩌면 우리 국가가, 우리 국민이 채택하고 있는 주권재민의 원리, 법치주의 원리 그리고 오늘 제가 강조하는 과잉금지의 원칙, 비례성의 원칙을 훼손할 수 있는 위험성이 있기 때문에 검찰개혁의 방향 중에 아주 중요한 방향은 검찰권은 결코 남용되어서는 안 된다는 것입니다.

검찰권의 남용은 이제 우리 국민 보편적인 정서와 보편적인 바람이 됐습니다. 가정에서조차도 대한민국 법원에 의해서 끊어 준 검찰 청구의 저 압수수색영장이 시간 제한 없이 아침부터 밤늦게까지 프라이버시를 지키고자 하는, 가정의 평화와 가정의 안정과 프라이버시를 지키고자 하는 그 소박한 일반 국민들의 소망조차도 여지없이 깨어질 가능성이 있다라는 그 위험성, 부부가 아이들과 부모님과 함께 사는 가정이 어느 날 문득 내가 지은 죄보다 훨씬 많게, 내가 지은 사회적 해악보다 훨씬 크게 내 가정이 무차별하게 침해될 수 있을 가능성 그것을 검찰권의 남용이라고 합니다.

우리 헌법재판소는, 우리 대법원은 오래 전부터 강제 수사, 구속, 심지어 국민의 기본권을 제한하는 이곳 민의의 전당인 국회에서 제정되는 법률조차도 어떠한 경우에도 국민의 기본권이 침해되어서는 안 된다고 천명한 바 있습니다.

　헌법 37조 2항과 헌법 12조는 국민의 기본권을 불가피한 수단으로, 불가피한 이유로 침해하는 경우에도 결코 비례성의 원칙, 과잉금지의 원칙을 위배해서는 안 된다는 규정입니다.

　이 자리에서 대한민국 국무총리이신 이낙연 총리께서 과잉금지의 원칙을 얘기한 바 있습니다. 우리 헌법재판소와 우리 대법원이 천명한 헌법상의 원칙입니다. 수사는, 특히 강제수사, 즉 구속과 압수수색은 국민의 신체의 자유, 국민의 평온의 자유, 국민의 거주의 자유에 대한 침해를 일으키는 기본권 제한 작용입니다.

　그렇기 때문에 그러한 강제수사와 구속과 압수수색은 목적이 정당해야 되고 그 수단이 적절해야 되며 어떠한 경우에도 그 피해가 최소화할 방안을 강구해야 되고 법익 간의 균형을 유지해야 된다라고 천명한 바 있습니다. 이 과잉금지의 원칙은 전 세계 어떠한 민주적 문명국가도 다 채택하고 있는 원칙들입니다.

　조국 전 장관에 대한 비판 여론이 있다는 것도 잘 알고 있습니다. 구속영장이 기각되었습니다. 왜 구속영장이 기각되었을까요? 저는 구속영장 기각한 그 판사님을 결코 비난할 생각이 없습니다. 그러나 그렇게 결정문을 내 주시면 안 됩니다. 그렇게 앞뒤가 알지 못하게 제가 보기에는 모순되게 심지어 검찰로 돌려보내는 기각 결정문과 언론용 기각 결정 보도문이 다르게 표현되어서는 저는 안 된다고 생각합니다. 법원은 마치 이것이 관행인 것처럼 얘기합니다. 적어도 제가 법원에서 영장전담판사로 근무할 당시에는 그러한 관행은 있지 않았습니다.

　영장에 대한 청구자는 검사입니다. 따라서 그 결정문은 검사에게 내가 왜 조국 구속영장을 기각하는가에 대한 설득용 이유입니다. 그것은 검사가 받아 봅니다. 그 결정문과 국민에게 표현되는 결정문은 달라서는 안 됩니다.

　그러나 그 두 가지 버전의 기각 결정문에는 공통점이 있습니다. 이 범죄는 중대하지 않다는 것입니다. 왜 이 판사님이 조국 전 민정수석이 재직할 당시의 소위 유재수 건에 대한 청와대 특감반의 감찰 건에 대해서, 그것을 직권남용으로 의율해서 영장을 청구한 이 사안에 대해서 왜 범죄의 중대성을 인정할 수 없다고 했을까요?

　첫째, 저는 일선에 계신 판사님들이 청와대 내부에서 일어나고 있는, 대한민국의 유일한 국가원수이자 행정수반이자 유일하게 단 한 명 국민의 직접투표에 의해서 뽑히는 대통령을 중심으로 한 청와대의 행정 운영의 그 현실을, 그 기능을, 그 역할을, 그것이 어떻게 기능하는지를 일선 판사님들이 아셨으면 좋겠다는 그러한 충고를 먼저 드립니다. 법전 속에 있는 법치주의, 그 법치주의가 현실적으로 데모크라시, 민주주의와 어떻게 조우하는가에 대해서 깊은 고뇌와 천착이 있어야 된다고 생각합니다.

테크노크라시라는 말이 있습니다. 관료제도입니다. 관료제주의입니다. 아무리 못한 대통령이라도 국민의 직접선거에 의해서 뽑힌 5년제 임기의 대통령에 의한 통치와 국민의 민주적 정당성이 담보되지 않은 시험 하나로 관료가 돼서 서열 구조, 승진 구조에 의해서 차근차근 승진을 밟아서 한 그 관료들에 의한 통치, 테크노크라시.

국민 여러분!

여러분들은 어느 쪽의 통치를 원하십니까?

우리가 박근혜 국정농단에 대해서 박근혜 대통령도 국민이 직접 뽑은 대통령이었음에도 불구하고 그 정당성을 인정하지 못하는 이유, 그것을 국정농단으로 단죄하고 국정농단으로 이곳 민의의 전당 국회에서 탄핵 소추를 하고 2017년 3월 10일 헌법재판소가 대통령 박근혜를 파면한다라는 탄핵 결정을 한 이유가 현직 대통령의 단순한 뇌물을 비롯한 독직 사건 때문이었을까요?

아무리 못한 대통령이라도 저는 관료에 의한 통치보다는 낫다고 생각하는 사람입니다. 아무리 못한 국회의원이라도 저는 예전의 유정회, 대통령이 지명하는 그 국회의원보다는 낫다고 생각하는 사람입니다. 그것이 민주적 정당성입니다. 임기제에 의해서 국민들의 실질적인 소환을 4년 뒤에 늘 기다리고 있는, 5년 뒤에 기다리고 있는 대통령과 국회의원은 그래서 적어도 존경받지는 못할지라도 폄훼돼서는 안 된다고 생각하는 사람입니다.

국민 여러분!

데모크라시를 원하십니까, 테크노크라시를 원하십니까? 관료에 의한 통치를 진정 수용하고 싶으십니까? 어느 누구에게도 책임지지 않는 직업공무원제도에 의해서 임기도 보장되고 신분도 보장되고 파면에 의해서, 탄핵에 의해서 외에는 결코 국민이 손을 볼 수 없는 그 직업관료에 의한 통치를 결코 수용할 수 있겠습니까?

청와대에는 대통령령으로 만든 대통령비서실 직제령이라고 있습니다. 청와대 특감반, 본 의원이 민정수석실에 근무할 당시 지금 대통령이신 문재인 대통령—민정수석께서 만드신 규정입니다.

과거 정부에서 '사직동팀'이라 그래 가지고 아무런 법적 근거가 없는 말 그대로 하명 수사를 전담하는 그런 팀이 있었습니다. 지금 동료·선배 의원님이 되신 박주선 의원님[3]이 그 지휘를 하는 사정비서관이었습니다. 그래서 여러 차례에 걸친 수사의 대상이 됐고 기소도 됐습니다. 세 번 기소됐으나 세 번 다 무죄를 받았습니다. 그 반성의 결과로 대통령비서실 소위 특감반 규정이 생겼습니다.

특감반은 15명을 넘지 않습니다. 지금 검찰이 특감반에서 했던 유재수에 대한 감찰 건이

---

3 박주선 의원: 바른미래당(광주 동구남구을) http://www.parkjoosun.pe.kr

직권남용이요 직무유기라고 하는 것은 대통령을 칼날 위에 세우는 것입니다. 국민이 직접 뽑은 민주적 정당성이 있는 대통령보고 주권의 위임자로서 대통령의 권한을, 권능을, 통치 권능을 제대로 행사하지 말라는 요구입니다.

문재인 대통령 다르고 박근혜 대통령 다른 것이냐고 만약 질문하신다면 박근혜 대통령의 100억에 가까운 액수의 뇌물 수뢰와 같은 독직이 문제가 아니라, 문제가 되지요. 그러나 국민들이 그 당시 도저히 용서할 수 없고 이곳 국회가 도저히 용서할 수 없어서 탄핵 소추했던 그 이유는 바로 국정농단 때문이었습니다.

즉 대한민국 국민들은, 주권자인 대한민국 국민들은 당신의 손으로 대통령을 박근혜를 선택했습니다. 그러나 박근혜 재임 기간 4년 동안 박근혜는 대통령이 아니었습니다. 대통령은 국민이 들도 보지도 못한 최순실이었습니다. 그것을 경찰청에서 파견 나간 박관천 경정이 폭로를 한 것입니다. 그것이 십상시 문건입니다. 정윤회 문건입니다. 대한민국 권력 서열 1위가 박근혜가 아니고 최순실인 것, 대한민국 권력 서열 2위가 박근혜가 아니고 정윤회였던 것, 그렇기 때문에 국민들은 그것을 용서하지 못한 것입니다. 그것과 지금 벌어지는 이 일과 어떻게 비교가 가능하겠습니까?

존경하는 국민 여러분!

'불법의 평등'이라는 말이 있습니다.

지금 거리에 나가 보십시오. 오늘 아침 간밤에 드셨던 술로 음주운전 단속에 혹시 내가 술이 덜 깨 가지고 걸리는 것 아닌가 하는 그러한 두려움을 안고 출근하시는 운전자 여러분, 보통 시민 여러분!

여러분들이 만약 어쩌면 재수가 없게 아침 경찰 단속에 걸려서 음주 혈중알코올농도 0.05%가 나왔다, 0.04%가 나왔다. 과거에는 처벌받지 않는 기준이었습니다. 그때 여러분들은 '아, 내가 간밤에 술을 한 잔만 더 줄였더라면' 그렇게 생각하지 않으실 겁니다. '참 재수없다. 아이고, 0.02%만 나왔으면 좋았을 텐데 어떻게 0.04%가 나왔지? 참 재수가 없다'.

또 한편으로는 '아니, 저 차 운전하는 사람을 한번 단속해 보십시오. 그 사람도 간밤에 12시까지 술을 먹어서 덜 깬 상태로 운전을 할지도 모릅니다. 왜 나만 단속합니까? 왜 나만 가지고 그렇습니까? 왜 나만 처벌받아야 됩니까? 왜 나만 수사 받아야 됩니까?'라는 항변에 직면할 수 있습니다. 이것을 법률적 용어로 '불법의 평등'이라고 합니다. 받아들여지지 않는 주장입니다.

본 의원이 1992년인가 1993년 인천지방검찰청에서 사법연수생 2년차 시보로서 검찰시보를 한 적이 있습니다. 검찰시보를 하면서 마지막 한 달 동안 검사님이 검사직무대행으로서 직접 수사를 하고 기소를 할 기회를 주었습니다.

잊지 못할 일이 한 번 있었습니다. 제 나이 그때 20대의 약관이었습니다. 검사도 아니었습니다. 사법연수생에 불과했습니다. '검사님, 왜 나만 가지고 이렇습니까? 왜 나만 가지고 이것을 처벌받아야 됩니까?' 그 사안은 약식명령을 할 만한 그런 사안이었습니다. 벌금 30만 원, 벌금 50만 원 사건이었습니다. 우리 국민들 모두에게도 매일같이 벌어지는 일일 것입니다.

그 사람의 주장은 그렇습니다. '왜 나만 처벌받아야 됩니까? 검사님, 지금 나와 손을 잡고 거리에 한번 나가 보십시오. 나와 같은 위반 행위는 지금도, 현재도 비일비재하게 벌어지고 있습니다. 나는 그저 재수가 없었을 뿐입니다'.

이것을 불법의 평등이라고 합니다. 전 세계 문명국가에서 받아들여지지 않는 법률적 주장입니다. 그럼에도 불구하고 적어도 정의감이 강했던 당시로서 저는 그 사람의 말을 지금도 잊을 수가 없습니다.

수사권을 행사하는 사람, 검찰권을 행사하는 사람, 재판권을 행사하는 사람, 하느님이 부여한 신성한 권리입니다. 사람이 사람을 재단하고 사람이 사람을 재판하는 일, 헌법과 법률에 의해서 이루어지는 일이기는 하나 그 전지전능의 권한을 정말로 겸허하게 절제해서 내가 행사하는 이 수사권과 이 재판권이 자연법의 원리, 신성불가침의 원리, 하늘이 준 그 신성한 권리·권한을 내가 제대로 사용하고 있는가에 대한 근본적 물음, 근본적 자기 절제, 근본적 자기 검열이 없다면 그것은 칼입니다. 눈과 귀가 없는 칼입니다. 한쪽 면만 칼날이 서 있는 것이 아니라 양날의 칼이 서 있는 서슬 퍼런 칼입니다. 그 칼은 검찰권의 남용으로, 재판권의 남용으로 어쩌면 민주주의의 원리, 법치주의의 원리, 국민주권의 원리를 우리가 알지도 못하는 사이에 침해할 가능성이 있는 것입니다.

적어도 정의가 있다면 대한민국이 민주주의 원리와, 법치주의의 원리와, 주권재민의 원리가 한결같이 흐르고 있는 좋은 나라라면 불법의 평등을 얘기하는 국민의 목소리, 보통 사람들의 목소리에 대해서 그 주재자들은, 즉 검사와 판사들은 불법의 평등 원리는 받아들일 수 없으나 이 사람이 얘기하는 보편적 기회 균등, 형평성의 원칙, 과잉 금지의 원칙, 비례성의 원칙, 법익 침해의 최소성의 원칙, 수단의 적절성의 원칙, 목적의 정당성의 원칙을 혹시나 내가 훼손하고 있는지 아닌지를 자기 진단을 해야 된다고 생각합니다.

대통령은 인사권과 재정권으로 국민이 위임한 그 통치권을 행사합니다. 또 하나 특별감찰반이라는, 소위 15명 정도에 불과한 그 존재 자체로 대통령의 위엄과 대통령의 권위와 소위 존재적 정의가 되는 그러한 제도가 있습니다. 수사기관도 아니고 정보기관도 아닙니다.

지금 검찰이 조국 전 민정수석을 필두로 하는 청와대 특감반을 수사기관의 잣대로, 정보기관의 잣대로 재단한다면 그것은 대통령으로 하여금 통치를 하지 말고 제가 아까 말한 테크노크라시, 즉 관료제 정치를 하라는 요구와 다를 바 없다고 생각합니다.

대통령비서실 직제령에서도 특감반의 규정에 반드시 감찰을 한 결과 비리 혐의를 발견하면 수사 의뢰를 해야 된다고 규정이 돼 있지 않습니다. 절대로 그렇게 돼 있지 않습니다. 필요하다고 판단하면, 즉 강제 수사를 할 수도 없고 법을 위반해서 할 수도 없으며 임의 감찰을 통해서 당사자 동의를 받아서 감찰을 한 결과 혐의가 있다고 인정되는 경우라도 필요하다고 판단하면 수사 의뢰한다고 돼 있습니다.

그 필요하다고 판단하는 주체는 당연히 대통령 민정수석비서관입니다. 그래서 조국 민정수석은 혐의가 있을 가능성이 있기 때문에 관련기관에 통보를 했습니다. 그리고 인사 조치를 요구했습니다.

만약에 지금 검찰이 요구하듯이 수사의 칼날 위에 세우는 것처럼…… 청와대 특감반이 대상에 제한이 없습니다. 대한민국 공직자 모두를 다 감찰할 수 있습니다, 비록 소수 15명에 불과하지만. 만약 직업공무원제가 관철되고 있는, 대통령과 대통령을 보좌하는 청와대 비서실, 청와대 안보실, 청와대 정책실 내의 실장과 수석과 행정관을 넘어서서 또 대통령의 친·인척들, 특수관계인을 넘어서서 직업공무원제도가 관철되는 모든 공무원을 대상으로 청와대 특별감찰반이 감찰을 할 수 있고 그 감찰 결과 탐지한 첩보에 근거해서 범죄 유무를 판단하고 범죄 혐의가 있다고 판단되는 경우에 즉각적으로 수사 의뢰하는, 그래서 그 수사 의뢰받은 검찰로서는 하명수사라는 이름으로 정말로 세게 수사하는 구조가 검찰이 요구하는 것이라면 저는 청와대를, 대통령을 또 특감반을 국정원과 같은 정보기관으로 만드는 것이고 검찰과 같은 아니, 검찰보다 더 센 수사기관으로 만드는 격이라고 생각합니다. 검찰은 그것을 원하십니까?

앞으로 이 사건을 기준으로 해서 청와대 특감반에 두 가지의 흐름이 있을 겁니다.

첫째는 내가 무슨 영광을 본다고, 청와대 특감반에 파견 나갔다가 돌아온다고 해서 1계급 특진이 될 가능성이 반드시 보장되지도 않는데 내가 무슨 영광을 본다고, 내가 무슨 대단한 권력을 행사한다고, 청와대 특감반에 검찰과 경찰과 국세청 등등의 아주 유능한 에이스 수사관들이 파견을 원하겠습니까? 잘해 봤자 말 그대로 잘못하면 쇠고랑 차는데 그러한 특감반을 지원해서 가겠습니까? 그러한 특감반장을 하겠습니까?

대통령 민정수석비서관이 자랑스러운 자리가 아니라 명예스러운 자리가 아니라 대통령을 보좌하는 사람으로서 정말로 끝도 없는 영예의 자리가 아니라 검찰의 칼날 위에서 검찰이 마음만 먹으면 언제든지 사법처리할 수 있는 그러한 지위라면 대통령의 권능, 대통령의 권한, 대통령의 통치는 무엇으로 합니까?

이런 흐름이 있을 것입니다.

다른 흐름은 정말로 무서운 일입니다. 도·개·걸·윷·모, 도는 도고 개는 개다. 우리말에 '도찐개찐'이라는 말이 있는데 '도찐개찐'이 아니라 도는 다르고 개는 다른 것이다. 엄연히 다른 것이다, 좋습니다.

지금부터 문재인 정부, 문재인 청와대 특감반은 대한민국 최정예 요원들로 선발하고 대한민국 최정예 요원들로 하여금 지금 우리가 만들고자 하는 공수처도 아니고 지금 우리가 만들려고 하는 검경수사권 조정도 아닌 대통령의 권능하에 대통령의 위력하에 대통령의 위세하에 모든 공직자들을 다 수사기관만큼 감찰하겠다라고 나오면 그러한 나라가 정상적인 나라입니까? 검찰은 그러한 나라를 진정으로 원하는 것입니까?

그렇기 때문에 이번 유재수 건 감찰과 관련해서 조국 구속영장에 대한 청구가 기각된 것이라고 저는 생각합니다. 동부지법에 계신 그 영장전담판사님의 고매한 뜻을 내 모르는 바 아니나 그러나 그럼에도 불구하고 이 기각 결정문의 두 가지 버전, 표현을 달리하는 것, 또 한편으로는 검찰의 손을 들어주는 것 같기도 하고 또 한편으로는 피해자가 된 조국 전 법무부장관의 손을 들어 주는 것 같기도 한 이 애매모호한 결정문에 유감을 표해 둡니다.

PPT를 조금 보시겠습니다.

시간이 벌써 이렇게 갔나요?

(■정진석 의원 의석에서 — 조국 수사 건에 대한 영장실질심사…… 죄가 소명된다는 거예요. 죄가 소명된다는 거예요.)

조금 빨리 얘기하도록 하겠습니다.

(■정진석 의원 의석에서 — 직권남용으로 죄가 인정된다는 게 방점이라고.)

예, 선배님 알겠습니다.

이 PPT를 보십시오.

(영상자료를 보며)

정부조직법 법무부 조항입니다. '법무부장관 소속으로 검찰청을 둔다'고 되어 있습니다. 대한민국 어느 부처에도 없는 조항입니다.

국민 여러분!

존경하는 동료 의원 여러분!

국방부장관은 3군 참모총장에 군정과 군령에서 지휘권이 있습니다. 그럼에도 불구하고 국방부에는 이와 같은 규정이 없습니다. 국방부장관 소속하에 3군을 둔다는 규정 없습니다. 법무부장관 소속하에 검찰청을 둔다고 되어 있습니다, 검사에 관한 사무를 관장하기 위해서.

다음 보실까요?

검찰청법에 '법무부장관은 검찰사무의 최고 감독자로서 일반적으로 검사를 지휘·감독하고, 구체적 사건에 관해서 검찰총장을 지휘·감독한다'고 되어 있습니다.

다음 볼까요?

검사의 직무 규정 한번 보세요. 검찰청법에 '검사는 공익의 대표자'라고 되어 있습니다. 대한민국 2400명의 검사 중의 많은 검사들이, 지난 수십 년 동안 있어 왔던 이 검사제도하의 우리 검사들이 대한민국을 위해서, 우리 국민들을 위해서 범죄를 예방하고 범죄를 수사하고 척결함으로써 나름의 정의를 세우려고 노력했던 그 공을 저는 가벼이 보지 않습니다. 검찰청법에 검사는 공익의 대표자라고 되어 있습니다.

그리고 2항에 '검사는 국민 전체의 봉사자로서 정치적 중립을 지켜야 하며 주어진 권한을 남용하여서는 아니 된다'고 되어 있습니다.

여러분, 중요하지 않습니까? 왜 유독 법무부장관 소속하에 검찰청을 두고 법무부장관은, 대통령이 임명하는 정무직공무원인 법무부장관은 일반적으로 검사를 지휘·감독하며 구체적 사건에 관해서 검찰총장을 지휘뿐만 아니라 감독한다는 규정을 뒀고, 검사는 공익의 대표자로서 검사는 정치적 중립을 지켜야 되고 권한을 남용하여서는 아니 된다는 이 규정을 뒀을까요? 이 규정이야말로 민주적 통제원리를 얘기한 겁니다.

제가 오늘 한 시간 넘게 국민 여러분들께 말씀드린 검사가 갖고 있는 그 대단한 여섯 가지 권한은 집중되어 있고, 집중되어 있기 때문에 남용의 소지가 있었고 실제로 남용된 사례가 있었기 때문에 언제나 그 검찰권은 남용되어서는 안 된다는 것, 그 남용의 여지를 막기 위한 최소한의 방법이, 최소한의 방도가 대통령에 의해서 임명된 정무직공무원인 법무부장관이 지휘·감독하도록 되어 있고 법무부장관 소속하에 검찰청을 둔다는 규정을 뒀다는 것……

검찰을 옹호하는 몇몇의 학자들이, 또 검사 출신의 변호사들이 얘기하는 주장 중에 수사의 독립성을 얘기합니다. 미안한 얘기지만 대한민국헌법과 법률 어디에도 수사의 독립성은 규정이 없습니다. 정치적 중립성과 권한남용 금지만 있을 뿐입니다. 왜, 왜 수사의 독립성이 없고 정치적 중립성을 강조했을까요?

반대로 이것을 한번 보시겠습니까?

바로 공수처입니다. 이 대단한 조항, 공수처 제3조 수정안 2항에 '수사처는 그 권한에 속하는 직무를 독립하여 수행한다' 이렇게 되어 있습니다. '독립하여 수행한다', '직무를 독립하여 수행한다'.

헌법에 있는 규정입니다. 딱 두 기관만 되어 있습니다. 대한민국 법원입니다. '법관은 헌법과 법률과 양심에 따라 독립하여 심판한다'고 되어 있습니다.

감사원법에…… 한번 보실까요, 감사원 조항?

감사원은 대통령 소속으로 하되, 직무에 관해서는 독립의 지위를 가진다', '감사원의 독립성이 최대한 존중되어야 한다'.

대한민국 법률은 우리 국회가 만듭니다. 우리 국민들이 위임한 권한에 의해서 우리 국회가 만든 법률과 헌법에 의해서 왜 법관의 독립성, 사법부의 독립성이 유일하게 헌법에서 보장되며 법률에 의해서 감사원의 독립성이 보장되며 우리가 만들고자 하는 이 공수처 법안에 수사처의 독립성이 보장되는 규정을 넣었을까요? 반대로 검찰에 대해서는 민주적 통제 규정은 있을지언정, 정치적 중립성 규정은 있을지언정 수사의 독립성 규정은 왜 없을까요? 수사의 본질을 정확히 지적한 측면입니다.

제가 말씀드린 과잉 금지의 원칙을 위배한 수사는 수사가 아니고 칼질이기 때문입니다. 칼질을 자랑스러워하지 마십시오. 눈과 귀가 없는 칼질은 민주주의에 해악이 될 수 있습니다.

공수처에 대한 여러 장점과 공수처에 대한 여러 모욕들이 있습니다. 수사의 독립성은 지금 말씀드렸습니다. 이것도 모자라서 이번 수정안에는 대통령과 대통령을 보좌하는 분들에 의한 수사관여 금지 규정까지 두었습니다. 무슨 대통령이 독재기구화한다는데 대통령이 만약 이 규정에 위배해서 공수처에 일말이라도 관심을 표현한다면 현재의 검찰 수준이라면 즉각적으로, 현재 검찰의 이런 정도의 강경한 분위기라면 대통령을 즉시 수사한다고 나설 겁니다.

문재인 대통령이 일이 그렇게 없습니까? 문재인 대통령이 그것을 이해하지 못할 분이십니까? 아니, 문재인 대통령만이 아니라 어느 대통령이 공수처의 이러한 수사의 독립성, 관여 금지 조항이 서슬 퍼렇게 살아 있는데 공수처 수사를 어떻게 관여합니까? 어떻게 독재기구화합니까? 25명의, 전국 지청 중에서도 작은 지청 규모의 이 공수처 조직으로 어떻게 독재기구를 만듭니까? 그러면 거꾸로 6대, 7대 권한을 독점하고 있는 검찰은 전국의 고검, 5개 고검, 수많은 지검…… 아니, 수많은 지청 규모에서 그러면 독재기구화하고 있다는 말입니까? 검찰은 언제든지 마음만 먹으면 대한민국을 독재로 그렇게 통치할 수 있다고 하는 그런 발상입니까? 일반 작은 지청에 불과한 공수처가 독재기구화된다는 것은 정말로 말이 안 됩니다.

옥상옥, '지붕이 지붕 같아야지'라는 국민들의 비판을 달게 받으십시오. 그동안에 대한민국 사정의 중추기관으로서, 대한민국의 정의를 실현하는 기관으로서, 검사들이 부패·오염되지 않고 정의를 실현하는 국민의 충실한 공복자로서, 공익의 대표자로서 정치적 중립성과 권한 남용을 하지 않았더라면 그 지붕 위에 또 다른 지붕을 세우는 것이 국민들에 의해서 20년 동안 받아들여질 수 있겠습니까?

검경수사권 조정으로 족하다는 일부 분의 주장이 있습니다. 검경수사권 조정은 확실히 지난 수십 년 동안 대한민국 경찰관들이, 대한민국 경찰 조직이 '우리는 수사를 하지만 우리의 수사는 우리의 이름이 아닌, 우리의 레터가 아닌, 우리의 상표가 아닌 수사일 뿐이고 그저 검찰에 의해서 주문받은 가공수사였을 뿐이다', '우리는 수사의 주체가 된 적이 없다', '한 번도 이 굴종의 굴레를 벗어난 적이 없다'라는 대한민국 14만 명의 경찰관들이 부르짖었던 요구입니다. 그리고 국민이 이에 화답하고 있습니다.

그러나 검경수사권 조정만으로 과연 대한민국의 수사 정의가 보장된다고 생각하십니까? 똑같이 칼이 주어진다고 그래서 열심히 정의를 위해서 칼을 쓰는 것이 아니라 칼을 쥐고 있는 자가 서로 두렵기 때문에 조용히 칼을 내려놓고 암묵적으로 서로 봐주기 수사를 한다면 그것은 누가 통제합니까? 그것이 바로 김학의 법무차관에 대한 1차 경찰 수사, 2차·3차 검찰 수사의 결과 아니었습니까?

마지막으로 독소조항에 대해서 얘기합니다. 독소조항이라고 합니다. 수사기관이 수사 과정

168

에서 발견된 고위공직자, 즉 공수처 수사 대상이 되는 고위공직자의 범죄사실을 인지한 경우 그것을 공수처에 통보하는 것이 당연한 것 아닙니까?

권한은 직무관할을 공수처의 전속적 관할로 해 놓고 검찰이 수사하다가 공수처의 수사 대상이 되는 고위공직자의 범죄사실을 적발했을 때 그것을 전속적 관할로 갖고 있는 공수처장에게 알려 주는 것은 지극히, 소위 현대 민주주의 국가에서 기능적인 분화입니다. 당연한 기능적 조화입니다. 그것을 넘겨받은 공수처장이, 공수처가 수사를 할 것인지 말 것인지를 수사규칙으로 정합니다. 그것만치 이성적인 게 어디 있습니까?

암장을 한다? 아니, 검찰이 수사하다가 그 고위공직자와 관련된 범죄사실을 인지해 가지고 그것을 다 정보화해 가지고 문서로써 만들어 놓은 것인데, 그것을 수사하라고 알려 주는 의미에서 공수처장에게 보냈는데 공수처장이, 공수처의 검사들이 그것을 싹 뭉개 버린다? 암장한다? 가능한 일이겠습니까?

감찰을, 수사도 아닌 감찰을 중단했다는 이유로 지금 직권남용으로 영장 청구하지 않았습니까? 그것이 윤석열 검찰총장이 지휘하는 대한민국 검찰의 현실 아닙니까? 어떻게 암장할 수 있습니까, 보낸 기관에 문서와 기록이 남아 있는데? 그런 거짓말은 하지 않았으면 좋겠습니다.

존경하는 국민 여러분!

그리고 토요일 오전에 이렇게 자리를 지켜 주신 여러 동료 의원 여러분!

마지막으로 제가 드리는 말씀은 윤석열 검찰총장에 대한 얘기입니다.

저는 윤석열 검찰총장과 사법연수원 동기입니다. 윤석열 검찰총장이 국정원 댓글사건 수사 팀장으로서 당시 황교안 법무부장관의 의사와 의지를 뿌리치고 성역이 없는 수사를 진행했습니다. 그리고 그는 대구고검으로 좌천됐습니다. 한 번의 좌천에 그치지 않고 대전고검으로 제2차 좌천을 당했습니다. 보복성 징계였습니다. 윤석열 검찰총장의 성격을 너무나 잘 아는 저는 불 보듯이 빤하게 사표를 낼 것으로 예견이 됐습니다.

그때 조국 서울대 법전원 교수가 저에게 전화가 왔습니다. 어떠한 경우에도 윤석열과 같은 좋은 검사가 사표를 내게 해서는 안 된다는 당부와 부탁이었습니다. 그래서 제가 페이스북에 사표를 만류하는 글을 쓰고자 한다고 얘기했습니다. 조국 교수는 이왕 쓰는 김에 정말로 자세하게, 단단하게 그리고 호소하듯이 써 주셨으면 좋겠다라는 간곡한 부탁을 했습니다.

저는 윤석열 검사가 사표를 절대로 내서는 안 된다라는 절절한 글을 '윤석열 형'으로 시작되는 문장을 만들어서 페이스북에 올렸습니다. 그것을 조국 교수는 다시 리트윗을 했습니다. 그렇게 지켜진 윤석열 검사였습니다.

촛불혁명을 거쳤던 제19대 문재인 대통령은 적폐청산의 과업을 윤석열 검사에게 맡겼습니다. 그리고 지금 윤석열 검찰총장은 윤석열표 수사를 하고 있습니다.

서운합니다. 대단히 서운합니다. 섭섭합니다. 대단히 섭섭합니다.

오늘 제가 말씀드린 과잉금지의 원칙, 비례성의 원칙이라는 헌법상의 원칙은 윤석열 검찰총장께서 너무나 자주 얘기하는 헌법상의 원리입니다. 윤석열 총장 자신은 자신이 헌법주의자라고 얘기합니다. 수사의 칼날은 수사의 칼집과 같이 가야 합니다. 언제나 **빼어** 들고 있는 수사의 칼, 눈도 귀도 없는 수사의 칼, 그것은 윤석열 검찰총장이 신봉하는 헌법상의 원리인 과잉금지의 원칙, 비례성의 원칙과 어울리지 않습니다.

칼이 칼집에서 울리듯이 있을 때 대한민국에서 부패를 저지르고자 하는 자, 대한민국에서 비리를 저지르고자 하는 자, 대한민국에서 부정을 저지르는 자들이 두려워할 것입니다. 그것이 대한민국 검찰조직의 사명입니다. 그것이 윤석열 검찰총장의 사명입니다.

그러나 지금 제가 보는 견지에서 여당 국회의원으로서가 아니라 2003년부터 지금까지 한시도 검찰개혁을, 공수처를 내려놓지 않았던 제가 저보다 나이가 많으신 동기 윤석열 검찰총장께 드리는 고언입니다.

지금 한번 되돌아보십시오. 총장께서 신봉하는 헌법상의 원리와 헌법주의가 지금 구가하고 있는 수사와 진정으로 조화하고 있는 것인지 한번 가슴에 손을 얹고 되짚어 주시기를 간곡히 부탁드립니다.

꽤 많은 시간을 들여서 말씀을 드렸습니다. 있는 그대로의 제 평소의 생각을 정리해서 말씀을 드렸습니다.

저는 오는 29일이든 30일이든 반드시 금년 내에 지난 20년 동안 대한민국 사회, 대한민국 국민이 공론으로 받아들인 이 고위공직자범죄수사처 법안이 반드시 통과되어야 한다는 강력한 부름으로 이 자리에 섰습니다.

국민 여러분, 지켜 주십시오. 통과시켜 주십시오. 통과되도록 힘을 주십시오.

감사합니다.


■**부의장 주승용** 박범계 의원님  수고하셨습니다.

잘 들었습니다.

다음은 여영국 의원님 나오셔서 토론해 주시기 바랍니다.

토론 8

여영국 의원

■**여영국 의원**[1] 존경하는 박범계 의원님 감동적인 연설 잘 들었습니다. 고맙습니다.

존경하는 국민 여러분!

선배·동료 의원 여러분!

창원 성산구 출신 정의당 여영국 의원입니다.

저는 오늘 이 자리에 고위공직자범죄수사처 설치 및 운영에 관한 법률에 대한 찬성토론을 위해서 이 자리에 섰습니다.

본토론 말씀하기 전에 오늘이 제가 국회에 들어온 지 꼭 270일, 아홉 달 되는 날이기도 합니다. 많은 설렘과 기대를 가지고 국회에 들어온 저는 국회를 제대로 파악도 하기 전에 처음 접한 것이 바로 패스트트랙 장면이었습니다. 당혹스럽고 정말 힘들었습니다. 난감했습니다. 국회에 오기 하루 전날 지역민들께 당선 인사를 드릴 때 제발 국회에 가면 싸움 좀 하지 말라는 당부의 말씀을 듣고 왔는데 며칠 지나지 않아서 바로 그 장면을 마주하게 되었습니다. 기대와 희망보다는 대한민국 국회의원으로서 정말 절망감을 먼저 느끼고 어쩌면 넘지 못할 큰 벽을 먼저 느끼게 되는 순간이었습니다. 그 이후 단 한 번도 국회가 정상적으로 운영된 바가 없습니다.

어제 이 자리에서 국회법에 명시돼 있는 전원회의를 진행하지 않는다고 자유한국당 의원께서 나오셔서 의사진행발언을 했습니다. 소수당, 소수자의 이야기를 했습니다. 참 기가 찼습니다. 제가 9개월 동안 느낀 것은 이 대한민국 국회를 들었다 났다 한 그 당사자가 바로 자유한국당인데 소수자 운운하면서 권리를 침해당한 것처럼 이야기하는 모습에서 어떻게 저렇게 뻔뻔할 수 있겠는가 하는 생각이 들었습니다.

---

1 여영국 의원: 정의당(경남 창원시 성산구) http://blog.naver.com/yyoung86

존경하는 국민 여러분!

대한민국 정치의 가장 큰 숙원이었던 연동형 비례대표제가 비록 제한적이고 원안에서 많이 후퇴된 안이기는 하지만 어제 통과되었습니다.

어제 국민 여러분들께서 언론을 통해서 직접 목도하셨겠지만 바로 제가 서 있는 이 자리, 자유한국당이 의사진행을 방해하기 위해서 물리적으로 폭력적으로 이 자리를 점거했습니다. 그러면서 절차를 이야기하고 민주주의를 이야기하고 있습니다.

그분들은 단 한 번도 지금까지 정치개혁 논의 구조에 참여를 하지 않았습니다. 보다 못한 국회의장이 국회 원내교섭단체 두 곳, 정의당, 민주평화당을 포함한 5당 정치협상회의를 구성하고 실무대표회의까지 구성해서 운영하기로 합의를 한 바 있습니다. 그것마저 한 번도 책임 있게 참여를 하지 않았습니다.

본인들이 스스로 걷어차 놓고 본인들 뜻대로 안 되면 모든 것을 거부하고 국회를 난장판으로 만들고 해 놓고 누구에게 책임을 떠넘기고 있는 겁니까? 저는 그런 모습을 보면서 국민들이 '아, 저래서 정치개혁이 더더욱 필요하겠구나' 하는 것을 절감했으리라 생각합니다. 어제 통과된 연동형 비례대표제로 이제 국민의 뜻이 조금 더 국회에 반영되고 국민을 닮은 국회가 되어서 제2의 정치개혁 시작의 출발점이 될 것이라 확신을 합니다.

정의당은 그동안 정치개혁뿐만 아니라 공수처 설치를 위해서 엄청난 노력을 해 왔습니다. 자유한국당은 마치 연동형 비례대표제와 공수처 설치를 정의당과 민주당이 뒷거래를 한 것인 양 비난을 하고 있습니다. 엄청난 명예 훼손입니다.

그동안 정의당은 여러분들 다 아시다시피 지금은 고인이 되신 노회찬 의원께서 20대 국회가 구성된 2016년 7월에 고위공직자비리수사처를 설치하는 법안을 제일 먼저 발의했습니다. 민주당 의원님께 이런 말씀 드려서 죄송합니다만 공수처 설치 법안의 저작권도 저희들은 정의당이 갖고 있다 감히 이렇게 말씀을 드립니다.

국민 여러분!

자유한국당이 주장하는 선거법 연동형 비례대표제 개정과 공수처 설치가 민주당과 정의당이 뒷거래했다는 터무니없는 말에 절대로 현혹되시지 말기 바랍니다. 또한 공직자비리수사처 설치는 불과 얼마 되지 않았지만 저의 공약이기도 했습니다.

2016년 7월 달에 노회찬 의원은 공수처법 발의를 하면서 이렇게 말씀하셨습니다. '지금 현직 검사장이 120억이 넘는 뇌물을 받은 혐의로 긴급체포되어 구속되는 사상 초유의 일이 벌어졌습니다. 전직 검찰 고위간부가 15억이 넘는 세금을 탈세한 혐의로 기소되고 몰래변론 등 전관예우 비리를 통해 수백억 원의 사건 수임료를 벌어들였다는 의혹이 제기되고 있습니다. 우리 사회의 부정부패를 뿌리 뽑는 일을 해야 할 검찰이 자신들 내부에서 부정부패 범죄자를 키우고 배출하고 있는 광경을 국민들은 참담한 심정으로 바라보고 있습니다. 삼성 엑스파일 떡값 검사 명단을 공개했다는 이유로 국회의원직을 상실한 저 또한 국민의 한 사람으로서 참담한 심정입니다. 이 순간 대한민국 국회의원으로서 해야 할 일이 무엇인지 생각합니다. 고위공직자들의 부정부패를 수사하는 고위공직자비리수사처를 만들어 고위공직사회부터 먼저 부정부패를 뿌리 뽑는 일이야말로 국민들께서 저를 포함한 20대 국회의원들에게 부여한 역사적 임무입니다' 이런 말로 가장 먼저 고위공직자비리수사처 법률안을 입법 발의했습니다.

바로 그렇습니다. 공직사회 부정부패 근절, 기득권 권력집단의 불법 카르텔 해체를 향한 노회찬의 꿈 이것은 국민의 꿈이자 20대 국회가 반드시 이루어야 될 역사적 소명이기도 합니다.

저를 포함한 20대 국회의원, 자유한국당의 어떠한 반대가 있더라도 국민적 소명을 반드시 이루어내고 말 것입니다. 정의당은 그동안 공수처 설치를 그 어떤 정당보다 앞장서서 주장해 왔고 공직사회 부정부패 근절을 위해 노력해 왔습니다.

대한민국 국회의원, 정치개혁과 사법개혁의 두 날개로 새롭게 비상할 것임을 확신합니다.

존경하는 국민 여러분!

또 의원 여러분!

대한민국 헌법 제1조제1항 "대한민국은 민주공화국이다."라고 규정을 하고 있습니다. 묻겠습니다. 국민들은 대한민국이 민주공화국이라는 데 의문을 갖고 있습니다. 많은 국민들이 대한민국은 검찰공화국이라고 이야기를 하고 있습니다.

또한 대한민국 헌법 제1조제2항에는 "대한민국의 주권은 국민에게 있고, 모든 권력은 국민으로부터 나온다."고 규정을 하고 있습니다. 불행하게도 많은 국민들은 지금의 대한민국을 보면서 지금의 모든 권력은 서초동에 있다고 우려스러운 목소리를 내고 있습니다.

대한민국 헌법 제11조 '모든 국민은 법 앞에 평등하다. 누구든지 성별·종교 또는 사회적 신분에 의하여 정치적·경제적·사회적·문화적 생활 영역에 있어서 차별되어서는 아니된다'라고 규정을 하고 있습니다.

국민 여러분!

의원 여러분!

모든 국민이 법 앞에 평등하다고 생각하십니까? 여전히 '유전무죄 무전유죄'라는 80년대 한 탈옥수의 외침이 아직도 유효하다고 생각하는 국민들이 많은 이유는 어디에 있습니까?

고 노회찬 원내대표는 대한민국 법이 만인이 아닌 오직 1만 명에게만 평등하다고 이야기를 한 이유가 무엇이겠습니까?

법치주의 국가를 표방하는 대한민국 민주주의의 기본 바탕은 바로 법은 모든 만인에게 평등하다는 것입니다. 이 기본 바탕이 무너지면 대한민국이라는 공동체에 어떻게 국민들은 신뢰하고 살아갈 수 있겠습니까?

장자연 사건, 왜 검경은 언론권력을 두려워하여 제대로 수사를 하지 못했습니까? 누구에게는 서슬 퍼런 칼이 누구에게는 무딘 칼이 되어서 자의적으로 쓰이는 권력이라면 그것은 만인을 위한 권력이 될 수가 없습니다.

김학의 법무부차관 성접대 사건, 지금도 회자되고 있습니다. 얼마 전 판결이 났습니다. 2013년 검찰은 김학의 성접대 사건을 경찰의 기소의견에도 불구하고 무혐의 처리했습니다. 온 국민이 김학의가 맞다고 했는데 검찰만 불명확하다고 했습니다. 2019년 김학의 성접대 사건의 재판 결과는 성접대는 맞지만 공소시효 만료로 무죄를 선고받았습니다.

당시 법무부장관 황교안 자유한국당 대표, 이 사실을 알고 있었습니다. 바로 이 사건과 관련해서 지금 자유한국당 황교안 대표는 부실 수사에 함께 책임이 있습니다. 황교안 대표는 그 책임을 다하고 속죄하기 위해서라도 공수처법 제정에 아무 반론 없이 함께 참여해야 할 것입니다.

이뿐이 아닙니다. 1997년 의정부 법조비리 사건, 1999년 대전 법조비리 사건, 2005년 법조브로커 윤상림 사건, 2006년 법조브로커 김홍수 사건, 제대로 처리했습니까?

2005년 삼성 엑스파일 떡값 받은 검사들 단 1명이라도 처벌받았습니까? 진경준 부장검사의 뇌물수수 사건, 이진한 검사의 여기자 성추행 혐의 등이 제대로 처리되었습니까?

과연 대한민국은 법이 평등합니까? 대한민국이 바로 검찰공화국이라고 이야기하는, 말이 나오는, 국민들이 또 그렇게 생각하는 이유가 어디 있다고 생각을 하십니까?

2016년 박근혜·최순실의 국정농단과 헌법 유린, 측근 비리를 검찰이 제대로 수사하기는커녕 권력자의 여죄에 따라 사건을 은폐하거나 축소·조작하는 비행을 저지른 집단이 과연 누구입니까? 우병우 라인이 검찰을 장악해서 검찰로서 제대로 된 역할을 못 했을 때 무엇으로 그것을 단죄하겠습니까?

혹시 자유한국당이 공수처를 반대하는 것이 여전히 박근혜·최순실의 국정농단과 헌법 유린을 인정하지 못하기 때문은 아닙니까? 여전히 탄핵의 강을 건너지 못한 탄핵정당 자유한국당이기 때문입니까?

며칠 전에 이 자리에서 공직선거법 개정 반대 필리버스터를 진행했던 권성동 의원 강원랜드 채용비리 사건 처음부터 검찰이 제대로 수사를 했다면 청탁한 사실은 인정하지만 무죄라는 허망한 법원 판결이 나왔겠습니까?

특히 이 사건은 수사 과정에서 상부의 외압을 평검사가 폭로했던 사건입니다. 묵묵히 사법정의를 위해 일하는 수많은 평검사들의 양심을 짓밟는 외부 권력, 상부의 권력을 어떻게 막아내겠습니까?

저는 오히려 공수처 설치가 오늘 이 순간에도 격무에 시달리면서 법 집행을 노력하고 있는 수많은 평검사들의 명예를 지키는 길이라 생각을 합니다.

이제 대한민국은 달라져야 합니다. 대한민국 헌법적 가치는 만인이 법 앞에 평등한 원칙입니다. 그리고 대한민국의 경찰, 검찰, 사법부가 제대로 된 법 집행의 수호자가 될 수 있어야 합니다. 그것이 대한민국이라는 공동체를 지키는 가장 기본이고 울타리입니다. 그래서 공수처가 필요합니다.

공수처 설치는 우리 사회의 권력형 부정, 부정부패를 제대로 처단하기 위한 방안입니다. 대한민국 국가형벌권의 기준을 바로 세우는 것입니다. 그동안 고위공직자들의 불법·비리행위들이 속출하였지만 정작 이를 처단해야 할 경찰이나 검찰은 도리어 권력자들에게 기생하면서 기소는커녕 수사조차 제대로 하지 않고 결국 사회적인 부정의가 구조화되어 강고한 틀을 유지해 온 지난 과거 아픈 역사를 간직하고 있습니다. 이제 이 강력한 기득권, 불법의 틀을 깨야 대한민국은 유지되고 발전될 것입니다.

공수처법은 어느 날 하늘에서 떨어진 것이 아니라 이미 이십몇 년 전부터 국민들로부터 그 필요성이 제기돼 왔습니다. 1996년 시민단체에서 그 첫 필요성을 제기한 뒤로 20년이 지났습니다. 많은 논의와 연구가 진행돼 왔습니다.

1996년 참여연대는 공수처법 입법 청원에서 이렇게 이야기를 했습니다. 노태우 비자금 사건에서 드러났듯이 이미 검찰은 노태우 비자금 혐의를 확보하고서도 명백한 직무유기를 하였고 이러한 검찰이 부패 척결의 공정한 기관이라고 누구도 신뢰하지 않고 있다며 공직수사처 입법 청원을 한 바가 있습니다.

공수처법 출발은 바로 고위공직자의 권력형 비리를 전담 수사하는 독립적인 기구의 설치·운영의 필요성이기도 합니다. 공수처 문제는 여야의 문제도 아니고 이념의 문제는 더더욱 아닙니다. 고위공직자의 직무 관련 부정부패를 엄정하게 수사해야 할 필요성에 대해서는 그동안 여야를 떠나서 모두가 인정해 왔던 사실입니다.

한번 짚어 보겠습니다. 1998년 9월 23일 한나라당 이회창 총재는 이런 말을 했습니다. '정치적 사건이나 고위공직자의 비리 사건에 대한 공정한 수사를 위한 독립된 수사기관 설치의 필요성을 절감하고 있다', 바로 자유한국당의 전신인, 1998년 9월 23일 한나라당 이회창 총재의 말이었습니다. 자유한국당의 반론처럼 공수처 자체를 주장하지는 않았다 하더라도 최소한 고위공직자의 범죄를 수사하기 위한 독립된 수사기관이 필요하다고 발언한 것은 분명한 사실입니다.

2004년도 총선이 있었습니다. 당시 한나라당 총선공약집을 제가 들고 왔습니다.

(자료를 들어 보이며)

총선공약집을 내놓으면서 한 전문입니다. '한나라가 희망입니다'.

그 공약집 93쪽에 이렇게 명시하고 있습니다. '고위공직자 비리수사처 설치. 정치적으로 민감한 사건의 경우 검찰이 어떤 수사 결과를 내놓더라도 국민이 믿지 않을 가능성도 크기 때문에 특검을 상설기구화하겠습니다'라는 이야기로 공직자 비리수사처 설치를 이미 2004년도, 지금 자유한국당의 전신인 한나라당이 총선에서 국민들에게 한 약속이기도 합니다. 그때는 필요했고 지금은 필요가 없습니까?

2012년도에 지금 자유한국당의 상임고문으로 있는 이재오 당시 의원의 대표발의, 지금 자유한국당의 원내대표로 있는 심재철 원내대표도 공동발의자로 참여한 공직자비리수사처 설치 및 운영에 관한 법률안을 19대 국회에서 발의한 바가 있습니다.

이 사실에 대해서 심재철 자유한국당 원내대표, 이번 필리버스터가 끝나기 전에 반드시 이 자리에 나와서 2012년도에는 어떤 마음으로 이 법안을 발의했고, 2019년 지금은 왜 공직자비리수사처 설치를 하자는 법안에 반대하는지 본인 스스로 국민 앞에 분명한 해명이 있어야 할 것입니다.

저는 그 생각에 변함이 없다고 믿고 있습니다. 다만 지금 자유한국당 의원들 이미 검찰에 기소가 되고도 남아야 되고 구속될 사람은 구속되어야 될 지난 4월 패스트트랙 수사를 검찰이 틀어쥐고 아직 기소도 하지 않고 있습니다.

지금 검찰과 똑같은 말로 공직수사처 설치를 반대하고 있습니다. 저는 바로 자유한국당이 검찰에 뒷덜미가 잡혀 있기 때문에 지금 공수처 설치를 반대하는 것이 아닌가 합리적 의심을 할 수밖에 없습니다.

심재철 자유한국당 원내대표, 2012년도에 왜 공직자비리수사처 설치하자는 법안을 발의했고 지금은 반대하는지 필리버스터 반대토론을 신청해서라도 반드시 국민 앞에 해명하시기 바랍니다.

그때도 이렇게 이야기하고 있습니다. 2012년 자유한국당 의원들이 주축이 되어 발의한—당시 새누리당입니다—공직자비리수사처 설치 및 운영에 관한 법률안에 이렇게 되어 있습니다. '고위공직자 및 그 가족의 범죄행위 등에 관한 수사를 관장하는 공직자비리수사처를 대통령 직속으로 설치함으로써 고위공직자의 비리 행위를 근절하고 나아가 공직사회의 투명성을 높이려고 하는 것임'. 똑같은 이유로 고위공직자범죄수사처 설치 법안이 지금 국회에 발의되어 있습니다.

두 법안을 비교해 봤습니다. 어제 상정된 수정안과 2012년 이 법을 비교해 보니까 어제 상정된 수정안은 2012년 법보다 정치적 중립성과 독립성 유지를 위한 부족한 부분을 더욱더 강화하는 데 그쳤습니다. 특히 공수처장의 임명 과정을 보다 명확히 해서 세간의 우려를 더 줄였습니다.

박근혜정부에서는 특별검사임명제도와 특별감찰관제도로 이 문제를 해결하겠다고 했습니다. 지금 자유한국당이 공수처를 반대하면서 '왜 특별감찰관을 임명하지 않느냐'고 비판을 하고 있습니다. 한번 되돌아보시기 바랍니다. 이 제도로 제대로 기능을 했습니까?

박근혜정부의 국정농단, 헌법 유린 사태가 바로 특별검사제도와 특별감찰관제도의 한계를 보여 주는 여실한 사실입니다. 여전히 이것을 주장하는 것은 자유한국당은 아직 박근혜 탄핵의 강을 넘지 못했기 때문이라고 생각됩니다. 지금 우리가 해야 할 일은 과거의 오류를 반성하고 제대로 된 공직자부패 근절방안을 마련하는 것이라 생각됩니다.

공수처 설치는 2010년 과거 정몽준 한나라당 대표, 지금은 고인이 되신 정두언 전 의원, 한나라당 대통령 내부 후보였던 김문수 전 의원은 2016년까지 공수처 설치를 주장했습니다. 왜 지금은 틀리고 그때는 맞았습니까? 자유한국당, 답하시기 바랍니다.

존경하는 국민 여러분, 의원 여러분!

지금 국민들은 공수처 설치에 강력하게 동의를 하고 있습니다. 왜 그렇겠습니까? 국민들의 생계형 범죄에 대해서도 서슬 퍼런 국가의 형벌권이 작용되면서 돈 있고 권력 있는 사람들에게만 약해지는 현실 앞에 더더욱 더 그렇다고 생각이 됩니다.

대한민국 법 적용이 진정 평등하게 적용되기 위해서는 고위공직자의 직무 관련 부정부패를 독립된 위치에서 엄정 수사하고, 특히 판사·검사·경무관급 이상의 경찰에 대해서는 기소까지 할 수 있는 기관인 고위공직자범죄수사처가 반드시 설치되어야 합니다. 이를 통해서 공직사회의 투명성을 높여야 합니다.

제가 볼 때 자유한국당의 공수처 반대는 '묻지 마 반대'일 뿐입니다. 아마 법안도 제대로 보지 않고 반대부터 하는 게 아닌가 이런 생각이 들었습니다.

그래서 제가 오늘 법안을 들고 나왔습니다. 그리고 저는 짧은 기간이었지만 5당 정치협상회의 실무대표자로 참여해서 공직선거법 개정을 함께 논의하기도 했고 또 4+1 논의에 바로 어제 상정된 공수처법 논의의 당사자로 참여를 하기도 했습니다. 아까 박범계 의원님의 설명도 있었지만 이 논의를 하는 과정에서 가장 핵심이 어떻게 권력으로부터 독립적 지위를 확보할 것인가 그것이었습니다. 그래서 좀 불필요한 말이기는 하지만 선언적으로라도 분명한 명문을 하자 해서 이렇게 정리를 했습니다.

제3조(고위공직자범죄수사처의 설치와 독립성) 제3항 "대통령, 대통령비서실의 공무원은 수사처의 사무에 관하여 업무보고나 자료제출 요구, 지시, 의견제시, 협의, 그 밖에 직무수행에 관여하는 일체 행위를 하여서는 아니 된다." 어느 법률에도 없는 이 조항을 넣어서 지금 자유한국당이 우려하고 있는 하명수사처요? 천만의 말씀입니다. 그것은 국회에 대한 모독입니다. 이렇게 해서 정말 국민의 기관으로서 제대로 기능할 수 있도록 규정을 했습니다.

하명수사처가 될 것이다? 제6조(고위공직자범죄수사처장후보추천위원회)입니다. 7명으로 구성됩니다. 법무부장관, 법원행정처장, 대한변호사협회장, 여당 추천 2명, 야당 추천 2명, 7명으로 구성됩니다. 여기에 대해서 법무부장관은 정부 측 인사입니다.

세상 많이 변했습니다. 법원행정처장, 대한변호사협회장이 정부 측 인사라고 아무도 규정하지 못했습니다. 이럼에도 불구하고 추천 요건을 7명 중에 6명 이상이 찬성을 해야 추천할 수 있습니다. 2명이 반대하면, 거부권을 행사하면 추천을 할 수가 없습니다. 엄격하게 했습니다.

수사처검사요? 수사처검사를 임용하는 인사위원회 규정입니다. 처장, 차장, 처장이 위촉하는 1명, 여당 2명, 야당 2명. 원래는 앞에 있던 법무부차관, 법원행정처차장이 당연직으로 들어와 있었습니다. 그러나 권력으로부터의 독립성을 차단할 수 있을 만큼은 차단하자는 취지에서 그 당연직 2명을 1명은 처장이 추천하고 1명은 국회에서 추천하는 것으로 해서 국회의 몫을 더 늘렸습니다. 2012년도 19대 때 발의했던 공수처 설치 법안보다 오히려 이런 부분은 훨씬 더 강화가 되었습니다.

이럼에도 불구하고 자유한국당은 또 많은 자유한국당 의원들은 공수처를 하명수사청이라고 스스로 국회를 모독하고 국민을 모독하고 있습니다. 근거 없는 비난이고 모략입니다. 검찰과 똑같은 주장을 하며 독소조항 운운하면서 국민 여론을 호도하고 있습니다. 자유한국당이 국회 정상화라는 일말의 협조도 하지 않으면서 4+1이 논의한 검찰개혁 법안에 대해 왜곡하고 국민을 호도하는 주장을 하고 있는 것은 매우 우려스럽지 않을 수 없습니다.

(주승용 부의장, 문희상 의장과 사회교대)

세 가지 주장에 대해서 말씀드리겠습니다.

검찰이 독소조항이라면서 의견서까지 제출한 안 제24조 2항 공수처에 대한 범죄 통보조항 내용입니다. 전문을 한번 읽어 드리겠습니다.

'24조(다른 수사기관과의 관계) 2항, 다른 수사기관이 범죄를 수사하는 과정에서 고위공직자범죄 등을 인지한 경우 그 사실을 즉시 수사처에 통보하여야 한다' 이렇게 되어 있습니다.

당연히 통보해야지요. 고위공직자범죄를 수사하는 전담기관인 공수처에 그 수사대상자의 범죄를 통보하는 것은 너무나 당연합니다.

암장을 하면 어떻게 할 거냐? 또 암장할 우려가 있다고 제기하고 있습니다. 제4항에는 이렇게 규정을 하고 있습니다. '제2항에 따라 고위공직자범죄 등 사실의 통보를 받은 처장은 통보를 받은 다른 수사기관의 장에게 수사규칙으로 정한 기간과 방법으로 수사 개시 여부를 회신하여야 한다', 그것은 공수처가 수사할 수도 있고 통보한 그 수사기관이 수사할 수 있도록 교통정리를 제대로 하겠다는 겁니다. 혼란을 줄이겠다는 겁니다. 왜 이것을 독소조항이라고 반대를 하고 있습니까?

여기에 대해서 검찰 내부에서 공개적으로 반발한 울산지검 임은정 부장검사의 글을 잠깐 소개하겠습니다. 임은정 검사는 이렇게 이야기했습니다.

'사람이나 조직은 권력을 빼앗기는 걸 극도로 싫어한다. 권력을 사수하기 위해 모든 지식과

능력을 짜내고 부작용을 부풀리거나 지어내며 하늘이 무너진 듯 짐짓 시일야방성대곡을 한다. 검찰권을 바로세우기 위해 시일야방성대곡을 했다면 오늘과 같은 비극은 없었을 것이다. 제 탓이고 우리 검찰 탓이다' 이렇게 반성을 했습니다.

또 이렇게 이야기를 합니다.

'검찰의 죄가 하늘에 닿을 지경이라 검찰을 없앤다고 하더라도 할 말이 없다. 김학의 사건이나 BBK 수사처럼 검찰이 봐주기 수사 후 수사를 종결할까 봐 공수처가 고위공직자 관련 수사를 할 수 있도록 당연히 만들어야 할 조항을 독소조항이라고 흥분하는 검찰의 몰골은 조직 이기주의의 발로에 불과하여 보기 흉하다', 이렇게 검찰 내부 구성원이 검찰 지도부의 행위에 대해서 비판을 하고 있습니다.

그다음, 공수처 자격 완화 관련입니다.

수정안은 공수처검사에 대한 인사를 결정하는 인사위원회의 정치적 중립성을 크게 강화했습니다. 인사위원회 중에 아까 죽 말씀을 좀 드렸고요.

자격요건 중에 업무 경력을 10년에서 5년으로 축소한 것은 기존과 달리 법관의 경우 법조경력이 5년 이상 되는 사람들 중에서 법관을 뽑도록 한 법조일원화 제도가 시행됩니다. 이 점을 분명하게 고려했다는 점을 말씀드리고요.

또한 5년과 같은 공수처검사의 자격요건을 유지한다면 10년 이상의 경력을 가진 판검사들 중 역량 있는 인재를 충분히 확보하는 것에 대해서 상당한 우려가 있었습니다. 여러분들, 법조인 출신들은 이걸 뒤돌아보시면 아마 이해를 하시리라 보여집니다.

또 조사업무의 경우 개념의 광범위성으로 인해 위임입법으로 정하도록 규율하고 있고 이는 특히 금융감독원의 조사역 또는 감사원 감사관 등을 포함하고자 한 것입니다.

권성동 의원은 '수정안이 세월호특조위 활동 경력이 있는 변호사를 뽑기 위한 조치다', 참 터무니없는 주장을 하고 있습니다.

국민 여러분들, 이것 정확하게 아셔야 됩니다. 세월호 제1기 특조위는 2015년에 설치되어서 2016년에 활동을 종료했습니다. 2기 특조위 활동기간 또한 기본 1년이고 위원회 의결로 1년을 더 연장할 뿐이어서 특조위 경력만으로는 공수처검사가 되기 위한 5년 이상의 수사·재판·조사 실무요건을 갖추기 어렵습니다. 제발 근거 없이 국민에게 진실을 호도하지 말기 바랍니다.

수사관 자격 관련 사항입니다. 10조 1항입니다. 수사처수사관의 자격요건을 완화한 것은 수사처수사관의 대우와 관련된 안 제12조 4항과 균형을 맞추기 위함이고요. 이를 통해서 자격요건을 구비한 사람들 중에 각자의 능력과 업무 경력에 따라서 4급 이하 7급 이상의 대우를 받게 한 겁니다. 특히 검찰의 수사력에는 검찰 내부에서 경력을 시작하고 업무 능력을 배양해서 죽죽 승진도 하고 합니다. 이런 점들을 참고해서 경력요건이 완화돼 경력이 길지 않은 사람들도 수사처 내의 수사관이 날로 쭉 성장할 수 있는 그런 시스템으로 설계를 했다, 이렇게 이해를 하시면 될 것 같습니다.

이제 자유한국당 의원들에게 몇 말씀 드리면서 발언을 마무리하도록 하겠습니다.

자유한국당은 공수처법을 이념의 한가운데 던져 버림으로써 모든 합리적 토론과 조정 가능성을 스스로 차단해 버렸습니다. 의회에서의 협의와 협상이라는 대원칙을 스스로 포기해 버렸습니다. 의회주의 자체를 부정해 버렸습니다. 대한민국 민주주의는 성장하고 발전하고 있습니다. 오직 자유한국당만 뒷걸음질 치면서 민주주의 성장과 발전을 가로막고 있습니다. 참으로 안타까울 따름입니다.

공수처 때문에 수사받고 기소당하고 재판받아 유죄받을 자당 국회의원들이나 지자체장들이 많아질까 봐 두려운 것입니까? 그동안 국회의원들, 불체포특권·면책특권으로 비리와 부정에도 국회를 방탄소재로 사용한 부끄러운 역사를 이어가기 위함입니까? 자유한국당은 과연 누구를 대변합니까? 국민을 대변합니까, 검찰을 대변합니까? 검사들도 잘못하면 법에 따라 처벌을 받아야 한다는 국민들의 요구를 수용해야 합니다. 또 이런 국민들의 요구를 우리 국회는 대변해야 합니다.

자유한국당 전직 대표들이 검사 출신들이 많습니다. 지금 황교안 대표가 그렇고 홍준표 전 대표, 안상수 전 대표가 모두 검찰 출신입니다. 또 매번 국회의원 선거마다 검찰 출신 국회의원이 자유한국당에는 10% 이상 꼭 당선되고 있습니다. 그래서 어떤 사람은 이런 이야기를 합니다. '자유한국당에게 검찰은 정치 아카데미와도 같은 것이다'라는 이야기를 누군가는 했습니다. 그래서 자유한국당이 막강한 검찰의 권한을 분산해서, 견제해서 국민의 인권을 제대로 보장하고 공직사회의 비리를 척결하자는 공수처 설치를 기를 쓰고 반대하는 것입니까?

이제 이 문제를 자유한국당 여러분, 더 이상 정쟁화하지 말기를 부탁드립니다. 왜 공수처법에 그렇게 찬성하는 국민들이 많은지 그 이유를 먼저 한번 살펴보시기 바랍니다. 우리가 지켜야 할 것은 기득권 카르텔이 아니라 대한민국의 민주주의와 대한민국의 법치입니다. 이것을 거부하고 기득권 카르텔의 수호자가 된다면 그 기득권을 국민들이 직접 깨뜨릴 것입니다. 자유한국당이 대한민국 법치주의와 민주주의의 전진에 계속 저항한다면 국민들은, 대한민국의 역사가 자유한국당을 밟고 전진할 수밖에 없음을 꼭 명심하시기 바랍니다.

정치개혁과 공수처 설치에 온 일생을 바쳤던 노회찬 의원님이 공수처 설치가 왜 필요한지 국민들에게 촌철살인 멘트로 한 말을 다시 한번 국민들에게 전하면서 토론을 마무리하도록 하겠습니다.

'모기가 반대한다고 해서 에프킬러 사는 것을 주저할 수 있습니까? 조폭이 반대한다고 파출소 설치를 주저할 필요가 없습니다. 먼지가 반대한다고 청소를 안 할 수는 없습니다', 우리 국민들은 누가 모기고 누가 조폭이고 누가 먼지인지 잘 기억하고 있습니다.

국민 여러분!

공직자범죄수사처 설치에 전폭적 지지를 해 주시기 바랍니다. 반드시 이루어 내겠습니다.

고맙습니다.


■**의장 문희상** 수고하셨습니다.

다음은 신보라 의원 나오셔서 토론해 주시기 바랍니다.

토론 9

# 신보라 의원

## 9

■**신보라 의원**[1]  존경하는 국민 여러분!

선배·동료 의원 여러분!

자유한국당 국회의원 신보라입니다.

토요일 아침에도 가족들과 화목하고 화기애애한 시간을 보내셔야 하는 이때에 날치기 국회 현장을 목도하고 잠 못 이루시는 국민 여러분들께서 국회방송을 비롯해 여러 방송으로 이 필리버스터 현장을 지켜보고 계실 것입니다.

국민 여러분!

어제 공직선거법을 날치기하는 현장, 똑똑히 보셨을 겁니다.

저는 신인류로 대표되는 밀레니엄 세대들이 국회의 이 광경을 본다면 도대체 어떤 생각을 하게 될까? 정말 자괴심마저 드는 것이 사실입니다. 저는 국회가 그토록 냉각과 갈등을 반복하더라도 서로 최소한으로 지켜야 할 가치·금도는 있어 왔다고 생각합니다.

헌정회의 어떤 원로께서 이런 말씀을 하셨다고 합니다. '그래도 과거 국회에는 낭만이 있었다', 그 낭만이라는 표현이 명확히 어떤 것을 의미하는지는 잘 가늠하기는 어렵지만 대략 이런 것이었을 거라고 봅니다. 적어도 국회 안에 갈등 속에서도 타협이 있었고 대화와 갈등 속에서도 나름의 합리적인 결과를 만들어 왔다는 그 표현이었을 것입니다.

그런데 여러분, 지금 국회는 어떻습니까? 현대 민주사회에서 살고 있기 때문에 그 민주주의를 가꾸는 성숙된 시민이자 주권자로서의 사명들이 있습니다. 우리 모두가 현대 민주주의를 살아가는 민주사회의 구성원이자 시민으로서 갖는 그런 사명감이 분명히 존재합니다.

그렇기 때문에 국회 운영과정에서도 '말하지 않아도 알아요'와 같은 그런 암묵적으로 지켜내야 할 민주적 규칙이라는 것이 있습니다. 국회법이 구구절절 설명하고 덧붙이지 않아도 지

---

1 신보라 의원: 자유한국당(비례대표) http://www.assembly.go.kr/assm/memPop/memPopup.do?dept_cd=9771045

켜야 되는 그런 금도와 가치가 있기 때문에 그런 빈 곳을 허용하고 그런 원칙들을 국회가 여야 간에 지켜 왔던 것입니다.

그런데 지금 국회 어떻습니까? 합의제 정신과 같은 거룩한 가치 같은 것이 애초에 국회라는 구성체에 존재하지 아니했던 것처럼 무자비한 폭거와 규칙 없는 강행만이 횡행하고 있습니다.

선거법을 날치기 통과시키는 과정 또한 무질서가 난립했습니다. 안건 순서도 조정도 야당의 의사진행 기회도 합의와 협의 이런 것들은 정말 애초에 존재하지 않았던 과정이었나 봅니다. 이런 무질서한 난장판 같은 국회와 의장석을 쳐다보면서 정말 비분강개하지 않을 수가 없었습니다.

87년 민주화가 되었다고 하는데요. 도대체 30여년이 지난 이 시점에 우리는 왜 87년 이전에 과거로 우리 사회가 더 퇴행했다라고 하는 그런 절망감을 느껴야 하는 것입니까?

　　(■김태흠 의원2 의석에서 ― 문희상 의장 때문에 그래.)

도대체 민주화 이후에 민주주의가 있기는 하는 것입니까?

　　(■김태흠 의원 의석에서 ― 너무 쉽게 줬어요.)

맞습니다. 국회라는 공간이 이렇게 무자비한 민주주의의 퇴행으로 역주행하는 데에 가장 큰 책임이 지금 뒤에 계시는 문희상 의장께 있습니다. 그래서 문희상 의장께도 한 말씀 드리지 않을 수가 없습니다.

이곳 국회 본회의장은 문희상 국회의원실이 아닙니다. 문희상 의원이 모든 것을 강행처리하고 지시하고 협박하고 처리하는 공간이 아닙니다. 여야의 의원이 있고 독립적 헌법기관으로서 300명의 국회의원들이 존재하는 민의의 전당입니다. 그런데 모든 것을 자기 마음대로 멋대로 지시하고 처리하고 있습니다.

국회법이 입법 불비의 소지가 있으니 이런 방식으로 처리해도 된다? 이건 정말 몰상식한 행위입니다. 입법 불비가 아니라요 그 빈자리는, 그 빈 공란은 대화와 타협으로 그동안 여야가 잘 해결해 왔기 때문에 만들어지는 것입니다. 그 빈 공간이 입법 불비가 아니라 대화와 타협 속에 채워져 왔다는 것을 말씀드리는 것입니다.

의원배지 아들에게 물려주시려고 이런 황당무계한 진행, 편파 진행, 날치기 진행, 국회의원 개개인의 권한 모두를 무시한 이런 날치기 진행, 이렇게 하셔도 되는 것입니까? 결국 국회를 이렇게 민주화 이전으로 돌려놓으셔도 되는 것입니까? 이 모든 절망감을, 여기 민의의 전당의 국회의원들이 절망감을 느끼고 이 민의의 전당을 쳐다보시는 국민 개개인 모두가 이 절망감을 함께 느껴야 합니까? 국회의장 한 명이 이 모든 민의의 전당을 이렇게 쑥대밭으로 만들어 놓을

---

2 김태흠 의원: 자유한국당(충남 보령시 서천군) http://blog.naver.com/ktheum

수 있는 것입니까?

다시 한번 말씀드립니다. 이 국회 본회의장은 문희상 국회의원실이 아닙니다.

저는 오늘 공수처법 반대 필리버스터, 즉 합법적 의사진행 방해 행위를 하고자 합니다. 그런데 이 지점에서 다시 한번 묻지 않을 수 없습니다. 필리버스터란 뜻이 분명히 존재한다는 걸 국민 여러분들도 잘 아실 겁니다. 합법적 의사진행 방해 행위이고 다수당의 독주에 맞서서 합법적으로 의사진행 방해 행위를 통한 반대토론을 하는 것입니다. 그런데 선거법을 날치기하는 과정에서의 필리버스터, 지금 공수처법 반대를 하기 위한 이 필리버스터에 여전히 민주당 의원들과 정의당 의원들이 나와서 필리버스터 아닌 필리버스터를 하고 있습니다.

더욱 해괴하고 웃기는 상황은 이 공수처 법안을 낸 백혜련 의원이 스스로 나와서 셀프 칭찬을 하고 있다는 것입니다. 필리버스터가 반대토론을 의미하고 상정된 법안의 일방적 의사진행을 가로막기 위해서 그 안에 반대하는 당이나 의원들이 나서서 그 의사가 빠르게 진행되는 것을 막고자 하는 장치로서 사용되는 것인데요, 이 법안을 낸 백혜련 의원이 스스로 나와서 자신의 안이 상정되는 것을 방해하기 위한 의사진행 방해 행위를 빙자한 셀프 칭찬 토론에 나서고 있는 것입니다. 이런 웃기는 상황이 이 국회 안에서 버젓이 벌어지고 있는 것 자체가 말이 되는 것입니까?

필리버스터 자체가 반대토론이지 찬성토론이 아닙니다. 이런 황당무계한 국회의 의사진행 과정을 지켜보는 국민 여러분들께서도 굉장히 착잡합니다. 대부분 상식을 아는 국민이라면 그리고 그 상식에 기반한 국회의원이라면 이런 의사진행을 할 수가 없습니다.

필리버스터라고 하는 것은 다수당의 독재를 막기 위해서 주어진 수단입니다. 그래서 견제와 균형을 잘 해 나가라고 하는 무기인 거지요. 공격이지만 방어도 있는 것입니다. 공격의 수단은 확실히 보장해 놓고 방어의 수단은 완전히 무력화하겠다고 하니 민의의 전당이 무너져 내리는 것 아니겠습니까?

민주당 의원님들이 상식에 기반하신다면 이제 더 이상 찬성토론에 나오지 마십시오. 필리버스터의 의미를 존중하십시오.

맞습니다. 도둑질하는 것 맞습니다. 상식에 기반한 의회를 제발 좀 만들어 주십시오. 기본에 충실한 국회를 제발 좀 만들어 주시기를 정말 진심으로 당부드리겠습니다.

저는 오늘 공수처법 반대 의사 필리버스터를 합니다. 그런데 공수처법이 이렇게 날치기 강

---

3 김기선 의원: 자유한국당(강원 원주시갑) http://www.facebook.com/kksun290

행되어 오는 과정에는 문재인 정권의 독주, 불공정성, 불의, 비민주성이 총체적으로 담겨져 온 과정이었다는 점을 감히 말씀드립니다. 저는 그래서 오늘 공수처법 반대 의사 필리버스터와 함께 공수처법·선거법 날치기 과정에서 드러난 그간 문재인 정권과 집권 여당의 비민주성, 불의, 불공정에 대해서 함께 짚고 국민 여러분들과 나누고자 합니다.

문재인 정권과 더불어민주당이 지난 2년 반 동안 저지른 가장 큰 잘못은 우리 청년세대들의 희망을 앗아간 것입니다. '기회는 평등하고 과정은 공정하며 결과는 정의로울 것'이라고 말했던 문재인 대통령의 약속은 한낱 새빨간 거짓말임이 드러났습니다. 그 대표적인 사건, 여러분들도 너무 잘 아실 것입니다. 바로 조국 사태 그것입니다.

조국 전 법무부장관은 본인은 물론 가족의 온갖 비리에도 불구하고 검찰개혁을 위해 본인이 법무부장관 직임을 수행해야 한다라고 주장했습니다. 특권층이 자신의 지위와 권력을 이용해 온갖 편법적인 일을 서슴지 않고 행한 후에 죄책감도 없이 뻔뻔하게 개혁을 주장하는 것을 보면서 우리 청년들과 서민들은 크게 분노하며 좌절했습니다.

전혀 정의롭지 못한 조국이 주장했던 공수처 설립을 포함한 검찰개혁이 과연 무엇입니까? 대다수 국민의 민의를 무시하고 특정 세력끼리만 주장하는 공수처 설립이 왜 그토록 이들에게 중요한 것입니까?

국민 여러분!

국민 여러분이 공수처 지어 달라고 하셨습니까? 공수처 설치가 굉장히 절체절명의 과제이기 때문에 국회가 온갖 혼란 속에 있어도 4+1이라고 하는 듣도 보도 못한 협의체가 무소불위로 이 법안을 통과시키도록 매달리게 만들 만큼 국민적 요구가 큰 사안이었습니까?

국민 여러분들이 말씀하시는 검찰개혁, 사법개혁의 방향은 분명했습니다. 검찰이 살아 있는 권력의 눈치는 보지 마라, 눈치보지 말고 수사해라, 검찰이 피의자의 인권은 침해하지 못하도록 해라, 엄정하게 수사하고 공정하게 수사하라, 독립성과 중립성을 보장하라는 것이었습니다. 검찰개혁은 살아 있는 권력으로부터 검찰의 독립성을 지켜 주는 것, 검찰 권력을 남용하는 것을 막는 것 그것이 국민들이 바라는 개혁의 방향이셨을 겁니다.

그런데 만약 공수처법이 통과되면 어떻게 되는 것일까요? 조국 사태의 진실은 아마 세상에 드러나지 않았을 것입니다. 왜냐하면 거대한 게슈타포 같은 공수처가 권력자의 입맛대로 움직일 수밖에 없기 때문입니다.

이대로 공수처법이 날치기 통과된다면 조국 전 법무장관의 비위를 비롯한 유재수 전 부시장 감찰중단 의혹, 청와대의 울산시장 선거개입 의혹 이런 것들과 관련된 검찰 수사는 인지와 착수 시점부터 공수처에 그 내용을 알려야만 합니다. 대통령의 최정점을 가리고 있는 이 문제들이 제대로 수사될 수 있겠습니까?

공수처장이 요구하면 검찰은 수사를 중단하고 사건을 공수처에 넘겨야 합니다. 정점에 있는 대통령을 가리키고 있는 그 수사가 공수처장에게 넘겨지면 그게 원만히 진행될 수 있겠습니까? 절대 안 되는 것입니다. 공수처장 한 사람이 마음먹기에 따라 권력에 대한 수사는 할 수도 있고 안 할 수도 있습니다. 사실상 문재인 정권 3대 의혹사건 수사, 일명 '하대감'으로 대표되는 하명수사, 대출비리, 감찰무마 이런 의혹들은 자기들 입맛대로 모두 사실상 수사 종결돼도 무방한 것입니다. 아무런 제어장치가 없는 것입니다.

이번 공수처법은 7명의 추천위원회가 2명을 추천하면 대통령이 그중 1명을 임명하고 7명의 추천위원 중 여당 추천위원 2명, 법무부장관, 법원행정처장 그리고 대한변호사협회장 등 사실상 4명이 여권 인사로 구성됩니다. 한마디로 공수처장은 대통령이 절대 신뢰할 수 있는 사람을 뽑을 수 있는 구조가 되는 것입니다. 이에 대해서는 좀 이따 더 자세히 설명을 드리겠습니다.

'만약 공수처가 이미 출범해 있었다면' 하는 상상해 보십시오. 문재인 대통령은 어떤 사람을 공수처장으로 임명하겠습니까? 저는 문재인 대통령이 조국 같은 사람을 공수처장에 분명히 앉혔으리라고 생각합니다. 공수처장 1순위가 조국이었을 겁니다.

청와대와 더불어민주당은 무소불위의 권한을 행사하는 검찰을 견제하기 위해 공수처가 필요하다고 주장합니다. 공수처를 만드는 것이 검찰개혁이다 이런 식으로 선전하고 있습니다. 정말 그럴까요? 이것 정말 국민 눈속임 아니겠습니까? 만약 공수처가 없다면 자신들의 온갖 비리가 만천하에 드러나 정권을 더 이상 유지할 수 없고 현재 누리고 있는 권력을 내놓아야 한다는 불안감이 이들을 옥죄고 있는 것인지도 모르겠습니다.

사실상 검찰개혁이 화두가 된 것은 거의 모두 정권 관련 수사 때문이었습니다. 산 권력의 비리는 덮고 지나간 권력만 털었습니다. 지금·과거 모든 부분들이 이를 증명해 주고 있지 않습니까? 여권 비리는 덮고 야권 비리만 캤습니다. 그 원한이 쌓이고 쌓여서 검찰은 대통령의 충견이라는 말까지 듣게 됐습니다. 그래서 검찰을 개혁해 죽은 권력이 아니라 산 권력을 수사하도록 하자는 것이었습니다. 그렇게 정착되면 대통령이 감히 비리를 저지를 엄두를 내기 힘들 것이고 임기 뒤에 캘 것도, 보복당할 것도 없어질 것입니다.

그런데 지금 어떻습니까? 검찰은, 대통령의 30년 지기 송철호를 당선시키기 위해 청와대가 총체적으로 선거에 개입한 그 사건, 대통령을 형이라고 불러 온 핵심 측근의 비리를 청와대 민정수석실이 유야무야 덮은 사건을 검찰이 수사하고 있습니다. 검찰이 임기 중반을 겨우 넘긴 권력의 중심부를 이처럼 정면으로 겨눈 것은 아마 대한민국 정치사에서 거의 전무후무한 일이 아닐까 싶습니다. 검찰을 개혁하려는 그 목적이 지금 검찰의 모습에서 일정 정도 달성되고 있다고 봐도 과언이 아닙니다.

문재인 정권과 더불어민주당이 공수처를 밀어붙이는 핵심 이유는 결국 자신들을 겨냥한 검찰 수사에 제동을 걸기 위해서라고밖에 설명할 수가 없습니다. 말하자면 고위공직자범죄수사처가 아니라 대통령측근공직자범죄무마처가 될 거라는 얘기입니다. 민변 출신이 수사관의 핵심 주축을 맡을 공수처에 조국 같은 공수처장을 앉혀서 검찰이 대통령 주변을 뒤지는 수사에 착수하면 곧장 사건을 이첩받아 뭉개 버릴 수 있도록 안전장치를 만들겠다는 그 시나리오가 벌써 훤히 그려집니다.

검찰은 대통령의 최측근들이 직접 개입했고 대통령 자신도 결코 자유로울 수 없는 권력농단 사건을 현재 사활을 걸고 파헤치고 있습니다. 검찰이 이런 수사를 하는 것이야말로 진짜 개혁된 검찰의 모습입니다.

공수처 법안마저 일방적으로 날치기를 감행한다면 검찰개혁을 방해하려는 그 시도로밖에 볼 수 없고 이는 대한민국의 미래를 위해서도 즉각 중단되어야 합니다.

사랑하고 존경하는 국민 여러분!

대한민국은 건국 이후 자유민주주의와 시장경제라는 헌법가치 속에서 국민이 중심이 되어 무에서 유를 창조해 내고 번영을 이끌어 온 기적의 역사를 만들어 왔습니다.

대한민국 국민으로서 긍지와 자부심을 가질 만한 길을 걸어 왔고 경제강국, 안보강국으로 묵묵히 뚝뚝하게 발전해 왔습니다. 그러나 문재인 정권 2년 반 만에 헌법과 법치 자리에 이념, 친문이 대신했고 국가 개입 주도의 사회주의경제정책 실험이 경제에 깊숙이 파고들면서 경고했던 대한민국 경제, 정말 회복 불가능한 지경에까지 참담히 무너져 내리고 있습니다.

당장 눈앞에 보이는 수출, 고용, 생산, 투자, 소비 이런 주요 경제지표는 물론이거니와 경제의 앞날을 비추는 잠재성장률, 재정건전성, 양극화, 미래 먹거리 부재, 4차 산업혁명 시대의 경쟁력 악화 등 미래전망은 너무나 너무나 어둡기만 합니다.

안보는 안 보인다는 말이 들릴 정도로 북한의 위협은 계속 커지고 있고요. 미국, 일본, 중국, 러시아와의 4강 외교는 갈 길을 잃고 고립과 갈등 속에 헤매면서 안보위기는 최악의 상황으로 치닫고 있습니다.

신독재로 표현될 정도의 자유민주주의 파괴, 전체주의식 권력남용이 일반화되고 교육, 언론, 문화예술, 사회 전 분야에 걸쳐 법과 원칙 대신 이념과 정치적 편향성이 지금 우리 대한민국을 지배하고 있습니다.

조국 사태를 비롯해 친문 측근세력의 부정과 비리는 이미 대한민국의 공정과 정의를 참담히 무너뜨린 지 오래입니다. 그동안 대한민국이 쌓아 온 공정과 정의라는 탑은 정말 온데간데 없이 사라지고 국민들의 분노, 청년들의 절망 이런 것들이 우리 사회에 깊게 만연한 상황입니다. '이게 나라냐?'라는 물음이 이제 청년들 모두에게서 터져 나오고 있습니다.

문재인 정권과 여당은 대한민국이 처한 지금의 위기를 '국제적인 상황 탓이다' '전 정부 탓이다' '야당 탓이다' 이렇게 전부 남 탓만 하고 있습니다. 하지만 그렇게 치부할 수 있는 상황이 아니라는 것쯤은 너무나도 잘 알고 계실 겁니다.

정국을 운영하는 것은 전적으로 문재인 정권과 집권 여당 민주당입니다. 그것도 벌써 이제 임기 절반을 훌쩍 넘기고 있는 상황 아니겠습니까? 지금에 와서도 전 정부 탓을 한다면 도대체 2년이라는 시간은 국민 앞에서 멈춰 있었습니까?

대한민국의 총체적 위기를 초래한 것은 바로 문재인 정권과 민주당의 명백한 오판과 잘못된 정책입니다. 망국적 정책과 말도 안 되는 선거법, 공수처법 일방 강행처리가 이 망국적 위기를 더 초래하고 말 것입니다.

분명히 말씀드리지만 지난 2년 반, 문재인 정권은 우리 대한민국과 국민들에게 정말 치명적인 정부였습니다. 우리 국민들의 삶 그리고 다음 세대들의 미래를 위해서는 도저히 해서는 안 될 선택을 마치 남의 일인 양 치부하고 저질러 놓고 있습니다. 그 뒷감당은 도대체 누가 해야 되는 것입니까? 자라나는 미래세대가 감당해야 될 너무나 많은 몫을 지금 여기 계시는 의원님들이 저질러 놓고 계십니다.

민주당 의원님들, 정말 미래세대에서 부담하지 않도록, 정말 민주화 이후에 민주주의가 다시 퇴행하지 않도록 대승적인 결단을 다시 한번 촉구드립니다. 이런 일방적인 국회, 지금 청년세대에게, 이 국회를 보고 자랄 미래세대들에게 이렇게 남겨 줄 수는 없는 것 아니겠습니까? 국가와 국민의 이익이 아니라 정파적 이해로만, 문재인 정권의 이익만을 위한 2년 반의 국정, 통렬한 반성이 필요합니다.

문재인 정권의 기획하에 더불어민주당과 그 야합세력이 합의한 공수처법 수정안에 대해서는 정말 분노하지 않을 수가 없습니다. 문제는 당초 패스트트랙에 올라온 법안들보다 오히려 더 개악되었다는 데 그 문제가 심각한 수준입니다. 이대로 수정안이 국회를 통과한다면 공수처는 도대체 무엇으로 견제할 수 있을지 전혀 그림이 그려지지를 않습니다. 무소불위 거대 공룡기관인 공수처가 독일의 악명 높은 정치경찰 게슈타포 그것처럼 정권의 사냥개 노릇을 할 것이 불 보듯 뻔합니다. 이런 것을 지켜봐야 되는 심정이 정말 참담하기 이를 데가 없습니다.

이번 공수처안을 보면 원안에 있는 독소조항이 들어가고 있다고 하는데요. 공수처와 다른 수사기관 간의 관계를 규정한 24조 내용이 그렇습니다. 해당 조항은 검찰과 경찰이 범죄를 수사하는 과정에서 고위공직자범죄 등을 인지한 경우 그 사실을 즉시 공수처에 통보하도록 규정하고 있습니다. 또 범죄인지 통보를 받은 뒤에 공수처 자신이 해당 사건을 수사할 것인지 수사를 안 할 것인지 결정하는 것도 맡겨 놨습니다.

취지는 수사기관 간의 알력이 생길 소지를 막겠다는 것입니다. 말은 정말 그럴싸하게 들리지요? 하지만 정말 기가 막힌 내용입니다. 실제로는 공수처가 고위공직자 수사를 완전히 독점하고 검찰수사를 장악하게 되는 전략이자 내용입니다. 공수처가 검찰과 경찰 두 수사기관 위에 올라서는 것입니다.

조국 전 법무부장관 사건이나 청와대의 선거개입 의혹 같은 사건들도 앞으로는 검찰이 범죄를 인지하자마자 공수처에 통보를 하고요. 그 수사 여부는 아주 전적으로 공수처장이 결정하는 것입니다. 그러니 그런 수사가 제대로 될 수 있겠습니까?

이런 거대한 수사처에 대해 그러면 중립성이나 독립성을 담보할 수 있는 핵심 장치들이 있느냐, 그런 것은 또 모조리 빠져 있습니다. 이번 공수처법안은 대통령이 공수처 인사권을 틀어쥐게 되고 공수처의 권한을 누구도 막아서기 어렵게 되어 있습니다. 한마디로 이번 공수처법은 공직자 수사를 무력화시키고 정권 위협을 제도적으로 방어하겠다는 법안이라고밖에 볼 수 없는 것입니다. 당장 정권 입맛에 맞는 법조인을 공수처장 자리에 앉히고 죽은 권력과 야권의 부정부패만 발본색원할 것이라는 우려가 현실화될 수도 있습니다.

공수처법의 출발점은 과연 무엇일까요? 검찰개혁은 비대한 검찰 권력을 견제하자는 고민에서 시작됐습니다. 그런데 현재의 공수처법안은 공수처를 견제와 균형의 테두리 바깥에 두자는 것으로밖에 볼 수 없습니다. 그러면 또다시 몇 년 뒤에는 공수처 개혁을 고민하게 될 상황입니다.

그래서 더불어민주당과 그 야합세력들에게 묻지 않을 수 없습니다. 국회 강행 처리를 이대로 할 것인지, 대체 무엇을 위해서 이러한 무리한 법안을 밀어붙이려고 하는 것인지, 대한민국의 안위나 국민의 이익은 안중에도 없는 것인지, 정권의 연장만을 위해서 그토록 무학한 짓을, 무도한 짓을 정녕 하시겠다는 것인지 묻지 않을 수 없습니다.

아무리 공수처가 필요하다고 해도 이런 법안으로는 또 하나의 무서운 권력기관만을 양산할 뿐입니다. 도대체 또 정권이 바뀌면, 총선의 결과가 바뀌면 또 '공수처를 개혁하자' 이런 말이 나올 것이 불 보듯 뻔한데 이런 무도한 법안을 이렇게 통과시켜야 되겠습니까? 토론과 중용이 필요한 때입니다.

여러분, 어제 선거법 일방 강행처리가 있었습니다. 우리 헌정사에 또 길이길이 남을 오점이었습니다. 더불어민주당과 그 야합세력의 선거법 후폭풍이 만만치 않아서 벌써부터 최악의 누더기 총선이 우려되는 실정입니다. 무엇보다 비례대표 대박을 노린 신당 창당이 줄을 잇는 게 대표적입니다. 연동형 비례대표제 도입으로 정당득표율 3% 이상이면 비례대표를 최소 4석은 확보할 수 있습니다. 군소정당도 전보다 쉽게 비례대표를 배출할 수 있습니다. 이대로라면 기존 정당들까지 감안해 내년 총선에는 50개 안팎의 정당이 활동할 수 있다는 전망도 잇따르고 있습니다.

얼마 전 최고위원회의에서 길게 1.5m 이상으로 늘어뜨려진 그 투표용지 보셨을 겁니다. 그게 먼 나라 이야기가 아닙니다. 바로 곧 2020년 총선에서 실제로 벌어질 일이 이제 될 것입니다.

상황이 이렇게 흘러가면 자유한국당 경우에도 비례정당 창당을 고려하지 않을 수가 없게 될 것입니다. 불가피한 선택이 될지도 모르는 것이지요. 더불어민주당은 꼼수라고 비난하면서도 비례한국당이 비례의석의 절반을 쓸어 갈 수 있다는 분석이 나오자 역시 같은 방법으로 맞불을 놓겠다 이런 움직임도 보이고 있다는 얘기도 들립니다.

민주당이 정말 이 같은 행태를 실제로 옮긴다면 정말 기가 찰 노릇이 아닐 수 없겠지요. 도대체 이러려면 뭐 하러 선거법을 개정한 것입니까? 공수처 하려고 이런 선거법도 개정을 했다는 그런 야합, 국민들이 이것을 인지상정으로 이해하시겠습니까?

결국 공수처법 패스트트랙 추진을 위해서 선거법 협상에 제1 야당인 자유한국당을 배제하고 군소정당을 끌어들인 민주당 잘못이 너무 크고 명백할 수밖에 없습니다. 각 야합세력의 구미를 맞추려다 보니 다양한 민의를 반영하자는 본래 취지도 살리지 못하고 변칙적인 연동제를 만들어 버린 것입니다. 글쎄요, 이 선거법 논의 과정에 도대체 다양한 민의를 반영하자는 그런 계획조차 있었는지 의문입니다.

민주당은 범여권 과반 확보를 위해 군소정당은 의석 몇 개씩 더 얹어 주겠다고 술수를 쓴 결과 이런 정치 혼란과 국민 불신만을 더욱 가속화시키고 말았습니다. 민주당은 허울만 개혁인 이 누더기 선거법을 일방 강행처리한 이상 국민들의 철저한 심판을 받을 것입니다. 공수처법 통과에만 목말라서 사상 최악의 선거법을 이렇게 누더기로 처리한 이 결과 국민들께서 똑똑히 기억하실 겁니다. 국민적 저항에 부딪힐 것입니다.

국민 여러분!

며칠 전 조국 전 민정수석에 대한 구속영장이 기각됐습니다. 새벽녘 1시쯤에 나온 결과였는데요. 저도 그 새벽 1시까지 기다려 기각되어 있는 뉴스 속보를 그대로 전해 듣고 솔직히 사법정의가 이렇게 무너져 가는구나라는 생각도 들었습니다.

그런데요 기각 사유를 좀 살펴보니 결국 범죄혐의는 명확히 소명된다는 것이었습니다. 범죄혐의는 명확히 소명된다, 다만 부부 모두를 구속할 수는 없지 않겠느냐 이런 것이었습니다. 조국 민정수석의 부인 정경심 교수 구속되어 있지요.

여러분, 조국 사태 모두 다 기억하시겠지만 아들딸은 부모찬스로 의전원, 여러 대학 입학이 일사천리로 이루어졌습니다. 그런데 결국 아빠는 누가 살렸느냐? 부인찬스가 살린 겁니다. 이 부인찬스로 가까스로 구속은 면했겠지만 여러분, 저는 이 구속영장 기각을 보면서 민정수석 당시 감찰무마 사건도 진척이 이렇게 어려운데 청와대의 하명수사 개입, 법무부장관 때 제기된 자녀 입시비리 문제까지 그 진실이 정말 잘 규명될 수 있을지, 처벌이라는 정의가 구현될 수 있을지 암담하다는 생각이 들었습니다.

여러분, 10월 3일 개천절의 광화문 그 현장을 여러분들께서는 똑똑히 기억하실 겁니다. 그날 도심에서는 조국 전 법무부장관 퇴진과 문재인 대통령 즉각 사과를 요구하는 대규모 집회가 열렸습니다. 이날 오후부터 광화문광장은 정말 너나 없는 국민들이 다 참석해서 큰 물결을 이루었습니다. 조국 장관이 거짓말을 너무 많이 해서 나왔다, 나라가 망가져 가는 걸 볼 수가 없다는 분들이 모두 다 광화문으로 뛰쳐나오신 겁니다. 입만 열면 거짓말로 일관하는 문재인 정권 그리고 조국 전 법무부장관에 대한 분노를 참기 어려웠기 때문에 이렇게 수많은 인파가 모인 것입니다.

입만 열면 촛불혁명으로 태어났다고 자화자찬한 이 정권, 전 정권이 쌓아 놓은 적폐를 쓸어 내고 도대체 한 번도 경험해 보지 못한 나라를 만들겠다고 하던 그 문재인 대통령이 이제 2년 반 만에 나라를 이 지경으로 만들어 놓았습니다. 무능한 것도 모자라서 국민의 상식을 깔아뭉개고 파렴치한 인물을 비호하기까지 했습니다.

국민의 이런 분노와 외침에도 아랑곳하지 않았던 문재인 대통령에게 절대권력의 핵심 도구인 공수처까지 쥐어진다면 과연 이 자유민주가 제대로 수호될 수 있겠습니까?

공수처 설치와 관련해서 정말 많은 분들이 궁금해하는 부분들이 있습니다. 이 부분에 대해서 먼저 정확히 좀 짚고 이 문재인 정권의 불공정성의 문제들을 함께 보태어 말씀드리겠습니다.

공수처 문제가 처음 정치권에 화두가 된 것은 1998년 김대중 정부 시절이었습니다. 대검찰청 중앙수사부를 없애고 공직비리수사처를 설치하려고 했으나 무산됐습니다. 이후 노무현 대통령 시절 다시 한번 불거집니다. 공직자부패수사처를 법제화하려고 한 것이지요. 하지만 그때도 이 국회 안에서의 반대가 굉장히 컸습니다. 그리고 검찰의 반대도 있어서 무산이 됐지요.

노무현 대통령과 문재인 대통령 모두 각자의 자서전에서 공수처를 설치하지 못한 걸 정말 대단히 후회하는 일로 언급을 했습니다.

그리고 지난 20년간 10여 개의 공수처법안이 논의가 됐지만 위헌 논란, 실효성 문제 등으로 폐기됐습니다. 현재 20대 국회의 공수처법안 내용 역시 과거 폐기된 법안과 대동소이합니다.

여러분, 그런데 왜 공수처에 이렇게 목말라하는 것일까요? 실상과 내용과 역사를 들여다보면 이 공수처는 참여연대의 굉장히 오랜 꿈이라는 것을 알 수 있습니다. 공수처법 뒤에는 참여연대가 있습니다. 참여연대는 1996년부터 공수처 설치를 요구해 왔고요. 아예 법안 형태로 만들어서 국회에 입법 청원된 것이 확인된 것만 해도 5건입니다. 문 대통령 취임 후인 2017년 9월에는 공수처설치촉구공동행동이라는 것을 결성했습니다. 현재도 카드뉴스, 국회에 의견 보내기 캠페인 등으로 공수처 설치를 압박하고 있지요. 그리고 그 참여연대에는 아시겠지만 조국 전 민정수석이 있습니다. 공수처에 관해서는 참여연대 조직 중에 사법감시센터가 전담해 왔는데요. 2000년부터 2005년까지 이 참여연대 사법감시센터의 소장과 부소장을 맡은 것이 바로 조국 전 민정수석입니다. 조국 전 민정수석은 지난 3월에 유시민의 갈릴레오에 출연해서 이런 얘기도 했습니다. 한 시간 동안이 넘게 공수처법의 필요성을 설명했지요. 방송 끄트머리에는 조 수석이 권력기관 개편을 위해 민정수석 자리를 수락했다는 얘기도 나옵니다.

지난 4월 조국 당시 민정수석은 여야 4당이 패스트트랙에 공수처법을 올리기로 합의한 후 약 일주일 사이에 19건의 페북 글을 올리면서 국회를 공개적으로 압박하기도 했습니다. 여러 분은 이 사실을 아마 잘 기억하고 계실 겁니다. 대체적으로는 청와대 민정수석이 국회 내에서 논란이 되고 있고 토론이 되는 내용에 한쪽 편만을 일방적으로 들면서 그것도 페북 글로 공개 적으로 압박하는 일, 없습니다. 유례가 없는 일이었지요.

그런데 이 공수처 제안 법안의 제안 이유를 보면 제출 취지에 이런 내용이 있습니다. 홍콩 의 염정공서와 싱가포르의 탐오조사국과 같은 그런 수사기관이 대한민국에도 필요하다는 내 용입니다.

공수처 법안의 특징은 우선 전 세계의 정부조직에서 비슷한 예를 찾기 힘들 만큼의 막강한 조직, 그 엄청난 맹점이 있는 것이 핵심입니다. 그리고 또 기소권과 수사권을 함께 갖고 있는 것, 함께 독점하고 있는 것이 또 중요한 맹점이지요.

조국 전 민정수석과 참여연대, 민주당은 줄기차게 공수처가 기소권을 가져야 한다고 주장 했습니다. 그러면서 예를 든 것이 홍콩의 염정공서 그리고 싱가포르의 탐오조사국과 같은 수 사기관이 대한민국에도 필요하다라고 얘기를 한 것입니다.

그런데 그 예로 든 홍콩과 싱가포르의 두 기관이 지금 제출된 그런 의안의 공수처와 성격 이 같은 것이냐? 전혀 그렇지 않습니다. 일단 기소권이 없습니다. 홍콩의 염정공서는 법무부 가, 싱가포르의 탐오조사국은 검사가 기소 여부를 결정하게 되어 있습니다. 그리고 두 기관 모두 총리나 행정장관에게 소속되어 있습니다. 이런 별도의 독립기구가 아니에요. 행정부에 명확히 귀속되어 있는 기관이라는 뜻입니다.

미국, 독일, 프랑스, 일본 이런 자유민주주의의 선진국들은 검찰 외에 별도의 부패 전담 수 사기구가 없습니다. 그리고 국회의원 등과 같은 특정한 신분자만을 대상으로 하는 기구도 아 닙니다.

참여연대가 배포 중인 홍보물에는 미국의 정부윤리청, 영국의 중대비리조사청 등 이런 여 러 나라들이 공수처류의 정부조직을 운영 중이다라고 홍보를 합니다. 그런데 당연히 이것도 사실이 아닙니다.

(「거짓말이에요」 하는 의원 있음)

맞습니다. 미국의 정부윤리청은 공무원의 부패를 예방하기 위해 교육을 하고 법령을 홍보 하는 일종의 비리 예방 조직이지 수사 조직이 아닙니다. 그래서 기소권도 수사권도 없습니다.

그러면 영국의 중대비리조사청이라는 곳은 어떤 곳이냐? 수사권과 기소권을 갖춘 조직인 것은 맞습니다. 그런데 대형 사기, 기업 문제, 주로 이런 경제범죄를 전담하는 수사기구입니 다. 그리고 검찰총장 산하 조직으로 검찰의 지휘를 받습니다. 예컨대 한국으로 치자면 예전에 존재했던 대검 중수부쯤으로 봐도 무방한 것입니다.

그러니 공수처를 홍콩과 싱가포르의 조직과 비교하자니 기소권이 없는 조직에다 행정부에 귀속된 조직이기 때문에 비교가 불가능하고 참여연대가 주장하는 그런 미국·영국의 사례를 들자니 이것도 공수처하고는 전혀 어울리지 않는 기구입니다.

(「국민을 바보로 알고 거짓말만 하고 있어요」 하는 의원 있음)

참여연대와 정부 구상 속에 공수처와 비슷한 조직을 군이 찾자면…… 여러분, 탄자니아 들어 보셨습니까? 저도 탄자니아가 어디쯤에 있는 나라인지 다시 한번 살펴보게 됐는데 아프리카 탄자니아에 부패근절위원회라고 하는 조직이 있다고 합니다. 대통령 직속의 독립기구인데 기소 여부는 역시 검찰총장이 결정합니다.

기본적으로 많은 현대 민주주의 나라에서는 검찰이 기소권을 갖습니다. 그리고 거기에 대한 독립성을 보장하는 것이지요. 아무리 비교를 하고 아무리 어떤 사례를 찾아오려고 해도 어떤 독립된, 행정부로부터 완전히 독립된 어떤 기구가 검찰이 갖고 있는 기소권을 별도로 독립해서 행사하는 조직은 어떻게든 찾을 수가 없다는 것입니다. 고위공직자만을 전담하는 그런 부패 수사기구는 더더욱이나 없다는 것이지요.

그러니 제안 이유에서부터 어불성설인 이 수사처가 어느 해외 사례와 비교할 수 있는 것들이 있겠습니까? 제안 이유부터 잘못된 것이지요. 해외에서도 유사 사례를 찾기 힘든데도 거짓 홍보를 하면서 국민들을 기만하고 있는 것입니다. 결국 홍콩, 싱가포르와 같은 검찰제도가 발달되지 않은 나라에서 실시되고 있는 그런 제도와 영국 그리고 도시국가 규모의 소규모 국가를 중심으로 기소권이 없는 부패전담 수사기구를 운영하고 있는 것이 우리가 알고 조사하고 바라본 해외 사례입니다.

최근 중국 시진핑이 만든 국가감찰위원회도 마찬가지 사례입니다. 거의 모든 국가는 헌법상 평등원칙과 형사사법의 통일적 적용을 이유로 기소 기관을 검찰로 일원화하고 있고 기소권을 2개 이상의 기관에 분리한 사례는 찾아보기 어렵다, 그래서 공수처는 전례가 없는 기관이다라는 말씀을 드리고 싶은 것입니다.

이 공수처 법안의 세부적인 내용으로 한번 들어가 보겠습니다. 몇 가지 문답을 통해서 여러분들게 조금 더 쉽게 설명해 드려 보고자 합니다.

(「비슷한 데가 있어요. 북한의 국가보위처와 비슷해요」 하는 의원 있음)

맞습니다, 북한의 국가보위처와 비슷하다. 그건 3대 세습으로 완전한 독재를 실현하고 있는 나라에서나 가능한 일입니다. 우리나라와 같은 삼권분립이 제도화되어 있고 대통령의 권한을 일정 정도 견지해야 될 의회가 존재하고 그것을 사법으로 단죄할 수 있는, 이렇게 권력이 분리되어 있는 곳에서 공수처라는 대통령이 좌지우지할 수 있는 그런 권력을 부여해 주는 이런 제도는 현대 민주주의 사회에서는 도저히 만들어질 수 없는 제도입니다. 이런 제도를 우리 국회가 만든다는 것 자체가 세습 독재도 정당화해 주는 것이지요.

국민 여러분, '공수처 설치는 위헌이라는데요 이것 사실인가요'라는 물음이 있습니다. 그렇습니다. 공수처 설치는 명백한 위헌 소지가 있습니다. 국가는 모든 행정작용에 대한 권한과 책임을 국민이 직접 선출한 대통령에게 부여하고 대통령을 정점으로 하는 내각에서 행정을 전담하도록 한 것이 대통령 직선제 그리고 삼권분립의 헌법정신입니다.

수사와 기소라고 하는 준사법적 성격을 보유하고 있는 동시에 권익침해적인 행정작용이기 때문에 이를 담당하는 권력기관은 삼권분립의 원칙에 따라서 대통령 또는 행정 각부의 소속으로 함이 상당합니다. 그래서 사법부에 속해 있는 검찰이 수사권과 기소권을 갖는 구조로 우리의 헌법과 법률은 정하고 있습니다.

공수처는 수사권과 기소권을 행사하도록 되어 있는 상황인데요, 국민 기본권을 제한할 수 있는 행정권력을 행사하는 기관이므로 입법·행정·사법 어디에도 속하지 않는 독립기구로 인정해 주는 것은 분명한 위헌 소지가 있다는 것입니다.

기존의 독립기관이 하나 있습니다. 예를 들면 국가인권위원회지요. 국가인권위원회도 헌법적인 근거는 없어서 국민의 기본권을 제한하거나 다른 기관에 대한 구속력 있는 행위는 할 수가 없고 시민단체와 같은 권고적인 기능만 부여하고 있습니다.

결론적으로 모든 국가기관은 상호 견제와 균형이 있어야 그 기능에 치우침이 없는 것입니다. 그것이 권력분립, 삼권분립의 헌법정신인 것이지요. 그러나 공수처는 사실상 대통령의 영향은 받으면서도 입법부와 사법부를 구성하는 국회의원, 판사를 대상으로 폭넓은 수사와 기소를 하게 되고 이는 입법부·사법부에 대한 대통령의 우월적인 지위를 더욱 강화시키는 결론에 이르게 됩니다.

지금도 심각한 폐해를 주고 있는 제왕적 대통령제를 어떻게든 극복하기 위해서 대통령의 대법원장 임명 권한, 검찰총장 임명 권한을 내려놔라 그것이 제왕적 대통령제 폐단을 극복하기 위한 첫걸음이다. 그것이 삼권분립을 더 강화시키는 것이고 검찰의 독립성도 보장한다. 오히려 이런 주장이 훨씬 더 타당성이 있는 것입니다. 이런 공수처의 설치는 그래서 헌법의 권력분립 원리를 심각하게 침해하는 것입니다.

또한 헌법 제12조 3항에 따르면 "체포·구속·압수 또는 수색을 할 때에는 적법한 절차에 따라 검사의 신청에 의하여 법관이 발부한 영장을 제시하여야 한다."라고 되어 있습니다. 검사를 총괄하는 검찰총장의 임명은 헌법 제89조에 따라 국무회의의 심의를 거치게 되어 있지요. 이처럼 헌법은 수사권자인 검사를 총괄적으로 지휘하는 검찰총장의 존재를 인정하고 그 임명절차를 통제하고 있는 것입니다.

그런데 헌법에도 있는 그 임명절차가 있는 검찰총장의 수사지휘권은 크게 제한하면서 별도로 포괄적인 수사 권한을 갖는 공수처장직을 헌법 개정 없이 신설하는 것도 명백한 위헌 소지가 있는 것입니다. 그래서 고위공직자만을 이유로 별도로 수사·기소되는 문제는 헌법상 평등권 침해의 문제도 일으킬 수 있습니다.

공수처를 신설하여 퇴직공직자도 공수처의 수사 대상에 포함할 경우 소급 처벌의 문제가 생길 수도 있습니다. 무엇보다 공수처의 정치적 중립성이 취약할 경우 이러한 평등권 침해의 문제는 더 부각될 것입니다.

아까 말씀드렸던 최근에 시진핑이 만들었다는 중국의 감찰위원회도 어떻게 만들었는지 아십니까? 헌법 개정을 통해서 만든 것입니다. 헌법 개정이 아닌 이렇게 법률로 공수처를 만들겠다는 것이 아닌 것이지요. 중국의 이 국가감찰위원회도 헌법 개정을 통해 헌법상의 기구로 명문화한 것이고 운영도 국가감찰처가 아니라 국가감찰위원회로 구성해서 오히려 우리보다 설치의 정당성, 운영에서의 합의제적 성격을 보장하고 있습니다.

다음 의문입니다.

공수처의 중립성은 보장될 수 있을까요, 여러분? 공수처장 임명의 중립성은 결코 보장될 수가 없습니다. 공수처장 임명에 관한 조항이 이 수정안에 올라온 제6조(고위공직자범죄수사처장후보추천위원회)라고 하는 조항이 있습니다.

보시면 1항에 처장후보자의 추천을 위해 국회에 고위공직자범죄수사처장후보추천위원회(이하 "추천위원회")를 구성할 수 있도록 되어 있습니다. 2항의 추천위원회는 위원장 1명을 포함해서 7명의 위원으로 구성한다. 3항, 위원장은 제4항 각 호의 위원 중에서 호선한다. 4항, 국회의장은 각 호의 사람을 위원으로 임명하거나 위촉한다. 1. 법무부장관, 2. 법원행정처장, 3. 대한변호사협회장, 4. 대통령이 소속되거나 소속되었던 정당의 교섭단체가 추천한 2명, 5. 전 호의 교섭단체 외 교섭단체가 추천한 2명, 그리고 5항에 이 추천위원회는 위원 6인 이상의 찬성으로 의결하도록 되어 있습니다.

이 6항이 공수처장후보추천위원회의 선발 규정을 두고 있는 것인데요. 이 내용에 대해서 말씀드리면 최소한 법무부장관의 지휘·감독을 받고 여러 단계의 지휘·감독 체계를 갖추고 있는 검찰과 달리 소수 인원으로 구성된 공수처는 대통령과 다수당과의 관계 등에 따라서 대통령 또는 다수당의 친위대처럼 활동할 수 있는 맹점을 지니고 있는 조항입니다.

국회에 의해서 공수처장이 임명되기 때문에 대통령의 영향력이 제한된다고 주장하는 견해도 있습니다. 하지만 대통령과 다수당의 입장이 동일한 경우 공수처의 폐해가 얼마나 클지는 가늠하기 어렵습니다.

좀 더 세부적으로 살펴보겠습니다.

이번 공수처법 보십시오. 아까 말씀드린 것처럼 7명의 추천위원회가 2명을 추천하면 대통령이 그중 1명을 임명하게 되어 있습니다. 그런데 7명의 추천위원 중에 여당 추천위원이 2명입니다. 그리고 법무부장관, 법원행정처장, 대한변호사협회장이 있습니다. 법무부장관은 대통령이 임명하도록 되어 있고 그 대통령이 임명한 법무부장관이 법원행정처장을 또 지명하고 그리고 4명은 사실상 여권의 인사들로 구성될 수 있습니다. 한마디로 공수처장은 대통령이 절대 신뢰할 수 있는 사람을 뽑을 수 있는 구조로 짜여지게 되는 것입니다.

그런데 여당은 공수처장후보추천위원회 소집은 국회의장 요청 또는 위원 3분의 1 이상의 요청이 있거나 위원장이 필요하다고 인정할 때 위원장이 직접 소집하고 위원 6인의 찬성으로 의결한다는 그 6조 5항의 내용을 들어서 야당 추천 몫 2명이 있으니 6인 찬성으로 의결한다는 이 조항에 따르면 결국 야당의 동의도 구해야 되는 것 아니냐, 그렇기 때문에 이 공수처장 임명에 관련해서 야당에 비토권이나 거부권이 분명히 존재한다, 이런 주장을 들어 이 추천위원회가 합리적이다라는 그런 얘기들을 합니다.

하지만 명백히 살펴보십시오. 위원 추천 7인 중에 야당 추천위원 2명이 있는데요. 지금 이 국회 구성도 보십시오. 실제로 이게 실현된다, 지금 이 국회에서 이루어지게 된다라고 한다면 1명은 한국당이 추천하게 될 것이고 나머지는 군소 야권에서 1인이 설정되는 것입니다.

그런데 이게 균형 잡힌 게 맞습니까, 지금 우리 눈앞에서도 보고 있지 않습니까? 이미 군소 야권이 표를 빌미로 민주당에 줄을 서서 민주당 편을 하고 있지 않습니까? 지금 군소 야권이 사실상 여당의 이중대 노릇을 하고 있는데 비토권이 보장될 리가 있겠습니까? 그렇기 때문에 6인의 찬성으로 의결하기 때문에 사실상 야당에 비토권이 있다는 주장은 어불성설입니다. 충분히 한국당이 문제 제기를 해도, 제1 야당이 문제 제기를 해도 대통령이 제 맘에 드는 사람을 반드시 임명할 수 있게 되어 있는 구조입니다.

비토권이요? 거부권이요? 이 법안으로는 절대 그런 균형 잡힌 인사가 불가능합니다. 차라리 여당 3명, 비교섭단체 4명 정도가 된다면 모르겠습니다. 이런 일방적인 추천위원회 구성부터 편파적이기 때문에 공수처장에 무소불위의 권한을 주게 만들고 대통령의 마음에 드는 수사만 하고 마음에 들지 않는 측근 수사는 덮게 충분히 만들 수 있다는 것입니다.

공수처장이 이렇게 또 임명이 되면 어떻게 되겠습니까? 그 이후로 공수처는 처장과 20명의 특별검사로 구성된 소규모 조직이므로 공수처장의 성향, 정치권과의 관계 등에 따라서 정치적 영향을 받을 가능성이 큽니다.

이대로 수정안이 국회를 통과한다면 도대체 공수처를 무엇으로 견제할 수 있을지 전혀 그림이 그려지지 않습니다. 무소불위의 거대 공룡기관인 공수처가 독일의 그 악명 높은 정치경찰처럼 정권의 사냥개 노릇을 할 것이 불 보듯 뻔한 상황입니다.

이번 공수처안을 보면 대표적으로 지적하는 조항이 있습니다. 바로 독소조항이라고 대표되는 갑자기 새롭게 이 수정안에 들어간 24조에 관한 내용입니다. 공수처와 다른 수사기관 간의 관계를 규정한 내용인데요. 해당 조항은 검찰과 경찰이 범죄를 수사하는 과정에서 고위공직자범죄 등을 인지한 경우 그 사실을 즉시 공수처에 통보하도록 되어 있는 내용을 담고 있습니다.

보다 자세히 살펴보겠습니다.

제24조(다른 수사기관과의 관계)라는 조항입니다.

1항은 "수사처의 범죄수사와 중복되는 다른 수사기관의 범죄수사는 처장이 수사의 진행정도 및 공정성 논란 등에 비추어 수사처에서 수사하는 것이 적절하다고 판단하여 이첩을 요청하는 경우 해당 수사기관은 이에 응하여야 한다."고 되어 있습니다.

지금 2항이 새롭게 들어와서 더 극심한 혼란을 초래하고 있는 조항인데요, 2항과 4항이 그렇습니다.

2항은 '다른 수사기관이 범죄를 수사하는 과정에서 고위공직자범죄등을 인지한 경우 그 사실을 즉시 수사처에 통보하여야 한다'.

그리고 그에 따른 4항의 내용입니다. "제2항에 따라 고위공직자범죄등 사실의 통보를 받은 처장은 통보를 한 다른 수사기관의 장에게 수사처규칙으로 정한 기간과 방법으로 수사개시 여부를 회신하여야 한다."라고 되어 있습니다.

여러분, 이 24조 내용 보시면 범죄의 인지 통보를 받은 후에 공수처 자신이 해당 사건을 수사할지 말지 여부도 결정하도록 했고요. 그 범죄를 인지하면 즉시 수사처에 통보를 하도록 하고 있습니다. 그러니까 경찰이 정보를 첩보를 받건 검찰이 정보를 첩보를 받건 그 사건이 인지된 그 순간에 공수처에 보고를 하도록 사실상 되어 있는 구조입니다.

이 조항이 굉장히 독소조항이라는 것이지요. 공수처가 고위공직자 수사를 완전히 독점하고 검찰 수사를 장악하겠다는 것입니다. 공수처가 검찰과 경찰로부터 반드시 보고받도록 함으로써 두 수사기관 위에 올라타는 것입니다.

조국 전 민정수석 사건이나 청와대 선거 개입 의혹 같은 사건들도 앞으로는 검찰이 범죄를 인지하자마자 공수처에 통보하고 수사 여부도 공수처 결정에 무조건 맡겨야 한다는 것입니다.

이 24조 1·3항에 있는 이첩 요구권도 문제가 큽니다. 공수처 범죄수사와 중복되는 다른 수사기관의 범죄수사는 공수처장이 수사의 진행정도 및 공정성 논란 등에 비추어서 공수처에서 수사하는 것이 적절하다고 판단해서 이첩을 요구하면 해당 수사기관은 의무적으로, 거절할 수도 없는 것이지요. 의무적으로 이에 반드시 응하도록 규정을 하고 있는 것입니다. 공수처의 우월적 지위, 사건의 이첩 요구권 이것은 정치적으로 악용될 소지가 다분합니다.

예를 들면 이렇습니다.

조국 전 장관 사건의 경우에도 공수처가 설치되면 검찰 수사 도중 수사 등을 이유로 이첩을 요청하게 되면 수사를 중단하고 이첩해야 합니다. 수사 대상 범죄나 임명 절차 등에서 대통령 직속의 정치적 사찰 수사기구 성격이 노골화되어 있는데 대통령과 집권 여당과 이해를 같이하는 공수처가 정치적 이해관계에 따라서 이 중요 수사를 좌지우지하게 된다면 현 정부의 살아 있는 권력에 대한 수사가 가능하겠습니까? 이렇게 거대한 공수처에 대해서 중립성과 독립성을 담보할 수 있는 핵심 장치들이 모두 빠져 있는 것입니다.

그래서 공수처의 중립성은 보장될 수 있는 것인가요? 아니요, 절대 보장될 수 없습니다. 이 중립성, 결코 보장될 수 없습니다. 모든 검찰과 경찰의 수사를 공수처가 독점하고 어떤 것은 하고 어떤 것은 하지 않는 모든 결정을 공수처에 맡겨 둔 이 상황에서 대통령의 하명수사에 좌지우지될 수 있는, 대통령의 하명에 좌지우지될 수 있는 이 공수처는 중립성을 담보할 수 없는 것입니다.

그러면 공수처가 소위 특정 세력의 검찰이 될 수 있다는 말은 사실일까요? 맞습니다. 공수처가 특정 세력의 검찰이 될 가능성이 정말 농후합니다.

예컨대 제8조(수사처검사)에 대한 내용을 살펴보겠습니다. '수사처검사는 변호사 자격을 10년 이상 보유한 자로서 재판, 수사 또는 수사처규칙으로 정하는 조사업무의 실무를 5년 이상 수행한 경력이 있는 사람 중에서 제9조에 따른 인사위원회의 추천을 거쳐 대통령이 임명한다'라고 되어 있습니다. '이 경우 검사의 직에 있었던 사람은 수사처검사 정원의 2분의 1을 넘을 수 없다'라고 합니다.

그리고 수사처수사관의 내용도 제10조에 규정되어 있는데요. 수사처수사관은 다음 각 호의 어느 하나에 해당하는 사람 중에서 처장이 임명하도록 되어 있습니다. 첫 번째는 변호사 자격을 보유한 사람, 두 번째는 7급 이상 공무원으로서 조사, 수사업무에 종사하였던 사람, 세 번째는 수사처규칙으로 정하는 조사업무의 실무를 5년 이상 수행한 경력이 있는 사람이라고 되어 있습니다.

공수처검사 25명 정하게 되어 있는데요. 이 중 검사 출신은 정원의 2분의 1을 넘을 수 없도록 명문화해 놨습니다. 그런데 이것을 다시 거꾸로 해석해 보면 검사 출신이 아닌 사람이 최소 13명에서 최대 25명 전원이 될 수도 있는 겁니다. 검사 출신이 아닌 사람.

특별수사기구를 만들려면 최고의 전문성이 기본이 되어야 하는데요 공수처검사의 절반 혹은 그 이상을 수사의 전문성이 충분히 검증되지 않은 사람들로 채운다는 것이 무슨 의미가 있는지를 좀 면밀히 들여다볼 필요가 있습니다.

그리고 공수처검사 자격에는 수사와 재판을 했던 사람뿐만 아니라 조사경력이라고 하는 것도 포함이 되어 있는데요. 예컨대 각종 시민단체에서 활동하다 조사위에 있었던 그런 사람들도 공수처검사로 들어올 수 있습니다. 더 구체적으로는 변호사 자격이 있는 자로서 조사업무에 10년 이상 종사한 사람을 공수처검사로 임용할 수 있는데요. 문제는 이 조사, 이 조사가 무엇을 의미하는지 극히 모호하다는 점입니다. 이 조사 업무라고 하는 건 수사처규칙으로 정할 수 있게 되어 있는데요 수사처규칙은 어쨌든 이 법령과 상관없이 정하게 되어 있습니다. 법령과는 관계없이 하부로 정하게 되는 것이지요.

그래서 과거사위원회, 세월호특조위, 국가인권위원회 등에서 조사 업무를 담당했던 그런

변호사들을 염두에 둔 규정이 아닌가 추측만 할 따름인데 이런 수사의 전문성과는 상관없이 조사 업무만을 담당했다고 공수처검사 자격을 주는 것도 적절한지 의문입니다.

또한 공수처검사는 내부 인사위원회에서 추천해서 공수처장이 제청하면 대통령이 임명하는 구조로 되어 있는데요 특별한 견제 장치가 없기 때문에 공수처장과 공수처검사 모두 대통령이 자기가 원하는 사람들을 사실상 수사 검사로 임명할 수 있습니다.

또한 명문상으로는 수사처 소속 공무원은 정치적 중립을 지켜야 하며 그 직무를 수행함에 있어 외부로부터 어떠한 지시나 간섭을 받지 아니한다라고 되어 있는데요, 막상 징계사유로는 정치운동에 관여하는 일 이것만 명시를 하고 있습니다.

예컨대 32조에 징계사유가 있는데요, 수사처검사가 다음 각 호의 어느 하나에 해당하면 수사처검사를 징계한다고 되어 있는데 그 해당 행위에 대해서는, 가. 정치운동에 관여하는 일, 나. 금전상의 이익을 목적으로 하는 업무에 종사하는 일, 다. 처장의 허가 없이 보수를 받는 직무에 종사하는 일, 그러니까 정치운동에 관여하는 일이나 금전상 이익에 종사하는 일, 허가 없이 보수를 받는 업무에 종사하는 일 이런 내용들은 그냥 일반 공무원법에 규정하는 것과 별반 다르지가 않습니다.

그리고 직무상의 의무를 위반하거나 직무를 게을리하였을 때, 직무 관련 여부에 상관없이 수사처검사로서의 체면이나 위신을 손상하는 행위를 하였을 때, 이것은 도덕적 품격이나 품성과 관련한 징계사유에 해당하는데요. 결국 정치적 중립 위반 논란에 대해서 징계사유에서는 의도적으로 배제를 하고 있는 겁니다. 정치운동, 선거운동, 집회·시위 이런 것에 참여하는 것 외에 정치적 중립성을 위반하는 사유들이 얼마나 많겠습니까? 그런데 그런 내용은 없어요. 징계사유에 해당하지가 않습니다. 사실상 의도적으로 배제했다고밖에 볼 수가 없는 것이지요.

아까 인사위원회 규정에 대해서도 말씀을 드렸는데요 공수처검사에 대한 인사위원회 구조를 보면 인사위원회에, 공수처검사를 선발하는 내용 또한 굉장히 불합리한 게 많습니다. 사실상 공수처장 임명을 대통령이 하고 공수처장의 임명에 관여하는 모든 부분도 여당과 대통령이 독식할 수밖에 없다라는 이 전제에서 본다면 인사위원회 구조에 따르면 공수처검사를 정하게 될 때 인사위원회도 7인으로 구성을 하도록 되어 있습니다.

그런데 7인 중에 1인은 위원장인데요 위원장은 반드시 처장이 하도록 되어 있습니다. 그다음에 2인은 차장이 들어가는데요, 여러분 알다시피 차장도 처장이 제청하고 대통령이 임명합니다. 그러니 대통령 인사지요. 전문가 1인을 7인 중에 포함하고 있는데 그것도 처장이 위촉합니다. 그 외에 여당이 추천하는 2인 그 외 여당 외 교섭단체 2인이에요. 그런데 인사위원회의 의결은 7명 중의 6명 의결도 아닙니다. 재적 과반수의 찬성으로 의결하게 되어 있습니다.

그러니 아까 처장의 임명과 관련해서 7인 중 6인이라고 했지만 사실상 여당 외, 그 외 교섭단체 2인 중의 제1 야당만이 추천 권한 1명을 갖고 있게 된다면 사실상 6인의 독식 체제가 반드시 가능하다라고 하는 전제로 봤을 때 수사처검사를 임명하는 것도 대통령과 대통령이 임명한 처장이 완전히 좌지우지해서 수사처검사를 정할 수 있게 하는 내용이라는 것입니다.

그리고 인사위원회의 의결도 과반수 이상 의결이기 때문에 완전히 야당의 의견은 묵살될 수 있는 것이지요. 이런 수사가 공정한 것입니까? 이런 수사가 공정할 수 있겠습니까? 이런 수사가 부당하게 될 수밖에 없는 것 아니겠습니까?

현행 공수처법안인 탈검찰을 명분으로 공수처검사를 편향 이념을 가진 특정 정치 코드인사로 채우겠다는 노골적 의도를 숨기지 않고 있습니다. 아무런 견제 장치가 없어요. 이 인사위원회는 완전히 무소불위의 권력입니다. 근본적으로 공수처검사의 임기가 대통령 임기보다 또 짧은 상황에서는 신분 보장도 어려워서 임명권자의 입김에 휘둘릴 수밖에 없습니다.

여러분, 다음 물음을 이어가겠습니다.

공수처장에 대한 공수처검사의 이의권을 명문화한 의도는 무엇일까요? 저는 공수처검사의 이의권을 통해서 대통령이 공수처 장악력을 더욱 공고히 할 수 있다고 보는 것입니다. 공수처검사의 이의권을 명문화한 의도 자체가 공수처 장악력을 더욱 공고히 하겠다는 뜻이라는 것이지요.

제20조에 수사처검사의 직무와 권한이라는 조항이 있습니다. 이에 따르면 수사처검사는 구체적 사건과 관련된 제2항의 지휘·감독의 적법성 또는 정당성에 대하여 이견이 있을 때에는 이의를 제기할 수 있다는 조항이 있습니다.

그러니까 수사처검사는 처장의 지휘·감독에 따르고 수사처수사관을 지휘·감독하게 되는데 수사처검사는 구체적 사건과 관련해서는 그 지휘·감독이 적법한지, 정당한지에 대해서 이견이 있을 때에는 그 이의를 제기할 수 있다는 내용이라는 것입니다.

얼핏 보면 부당한 상관의 지시에 대한 이의를 형식적으로 규정한 것 아니냐, 그냥 일정 정도 부당 지시에 대한 거부 권한 혹은 비토 권한, 반대 권한 정도를 명시한 것 아니냐 이렇게 볼 수도 있겠는데요. 그런데 이 문제는 공수처검사들의 성격과는 따로 떼어 내서 생각할 수가 없습니다.

예컨대 아까 공수처장 임명에 대한 문제 그다음에 공수처검사들의 인사위원회 구성에 대하여 본질적인 문제를 제가 제기한 바가 있습니다. 그래서 사실상 공수처검사들의 임명과 구성 또한 결국 특정 세력에 치우쳐질 수밖에 없다 없고 특정 세력에 의해서 공수처검사들이 좌지우지될 수밖에 없다는 말씀을 드렸는데요.

예컨대 참여연대 출신, 민변 출신의 조사 업무를 담당했던 사람들이 특정하게 몰려서 이념적 편향성이 동일한 세력이 절대다수를 차지하는 공수처검사의 인사 구성 상황에서 만일 정치 중립적인 처장이 나온다면 이를 무력화하고 혹은 공수처장을 뛰어넘어 임명권자와 직접 교감하면서 공수처를 집단체제로 끌어갈 수도 있습니다.

실은 공수처가 아무런 견제장치가 없기 때문에 일정 정도 어떤 공수처장이 임명이 돼도 대통령에 의해서 좌지우지될 수밖에 없지만 공수처장과 공수처검사들까지도 함께하는 무소불위의 권력 앞에서는 공수처를 완전 집단체제로 그리고 특정 세력에 의한 집단체제로 몰고 갈 상당한 우려가 있다는 것입니다.

공수처장은 대통령과 정권의 의사에 순응한 권한만 있고 실권은 수사검사들이 갖게 돼서 전교조가 장악한 학교의 교장이 무력화되는 것과 마찬가지 사례가 발생할 가능성도 예컨대 무시할 수는 없다 이런 우려입니다.

대통령 자신이 공수처에 대한 통제권을 공수처장과 공수처검사로 이원화시켜 보다 쉽게 통제할 수 있는 수단으로 악용할 여지도 있는 것입니다. 그래서 공수처장에 대한 공수처검사의 이의권을 명문화한 의도가 무엇이냐? 어떻게 해서라도 대통령의 권력 장악, 공수처 장악력을 어떻게 해서라도 이렇게 바꿔 보고, 이렇게 바꿔 보고 하더라도 사실상 대통령의 장악력을 더욱 공고히 하는 의도가 노골적으로 보이고 있다라는 점을 지적드리는 겁니다.

여러분, 공수처가 수사권과 기소권을 모두 갖게 되는 것은 왜 문제일까요? 검찰개혁도 검사의 수사권과 기소권을 분리하자라는 내용을 많이 얘기하고 있습니다. 심지어 중국의 국가감찰위원회조차도 수사권만 갖고 있고 기소권은 일반 검찰에게 주고 있습니다. 공수처는 그런데 고위공직자에 대한 수사권과 판검사 및 고위경찰에 대한 기소권을 동시에 가집니다. 아까 말씀드렸다시피 여러 해외 사례에서도 어떤 부패 전담 수사기구가 공수처와 같이 기소권과 수사권을 동시에 갖는 전례가 없고 어떤 그런 기구 또한 이렇게 독립적 기구로도 존재하지 않고 행정부에 소속되어 있다라는 점을 말씀드렸습니다. 그래서 해외에 유례가 없다라는 말씀을 드렸는데요. 이 공수처는 수사권과 판검사 및 고위경찰에 대한 기소권을 동시에 갖고 있습니다.

그런데 공수처 수사대상자의 상당수가 판검사이고 국가가 국민에 대하여 직접적 물리력을 행사하는 기관이 경찰과 사법당국입니다. 따라서 수사권과 기소권을 통해서 경찰과 사법당국을 장악함으로써 여당을 통한 입법 장악, 대통령을 통한 사법 장악을 꾀할 수 있게 되는 것입니다. 입법·사법·행정 어디로부터 견제받지 않고 공수처장은 물론 차장과 수사검사까지 모두 대통령이 사실상 임명하는 공수처가 수사뿐만 아니라 기소권까지 갖는 경우에 대통령 친위 사찰기구로서의 성격을 더욱 뚜렷하게 가질 수밖에 없습니다.

정말 이런 무소불위의 권력기관 만들어 주시겠어요, 민주당 의원님들? 민주당 의원들 안에서 소신 있게 이런 독립된 기구가 검찰·경찰 할 것 없이 검찰·경찰이 제대로 하게끔 견제장치를 만들어 주면 될 일이지 독립된 수사기구 또 하나 옥상옥으로 만들어서 기소권, 수사권까지 다 몰아주는 것 이것은 적절하지 않다, 민주당 의원님들 안에서도 소신 발언 이어가시는 분들 많지 않으셨습니까? 그런데 이렇게 필리버스터하는 와중에 그런 소신 발언 하시는 의원님들 없으신 것 같아요. 표 앞에서 무너지는 것입니까? 공천 앞에서 무너지는 것이에요? 어떻게 이런 무소불위의 권력기관을 이렇게 날치기로 강행하겠다는 것입니까?

또 다른 물음을 이어가겠습니다.

공수처의 수사대상과 범위는 그럼 적정한가요? 적정하다는 의미는 적정한 수사대상과 규모를 한정하고 있느냐, 견제와 균형이 있느냐라는 핵심 물음과도 맥이 닿아 있습니다. 그런데 선별적·자의적 수사의 길을 활짝 열어 놓고 있습니다.

공수처는 당초 고위공직자의 부패범죄 처벌 필요성에서 시작은 되었겠지만 현행 공수처법안은 뇌물 관련 부패범죄뿐만이 아니라 직무유기, 직권남용, 공무상 비밀누설, 불법체포 및 감금, 폭행 및 가혹행위, 변호사법 위반, 정치자금법 위반, 선거 방해 등으로 공직자의 업무 수행에 따른 모든 행위를 망라하고 있고 어떤 명목으로도 수사를 할 수 있습니다.

그런데 현재 수사대상 공직자의 상당수는 판사와 검사이고 현역 장성과 예비역 장성도 포함되므로 공수처를 통해서 사법부와 군에서 정파적 이익에 부합하지 않는 인물은 표적수사로도 걸러낼 수 있습니다. 그리고 자기들 입맛에 맞는 인사들은 오히려 수사권을 독점함으로써 보호해 줄 수 있는 것이지요.

고위공직자의 부정부패 수사를 명분으로 대통령이 공수처를 이용해 정부와 국회, 사법부, 군을 포함한 모든 국정 전반을 통제하고 장악하려는 의도가 아닌지 심히 우려스럽습니다.

문재인 정권 초기의 적폐수사와 사법농단 수사는 직권남용, 권리행사방해죄가 주된 죄명이었습니다.

공수처가 신설될 경우 공수처가 검찰을 대신하여 직권남용 등의 수사를 상시적으로 하게됩니다.

그런데 이 직권남용이 얼마나 남용되는지를 이 문재인 정권의 적폐수사에서 국민 여러분들께서 똑똑히 보셨을 겁니다. 그만큼 모호하고 그 수사대상과 수사 규모, 수사 내용이 아주 자의적으로 미칠 소지가 크다는 얘기인 거지요.

공수처검사는 군 검사의 권한도 함께 행사할 수 있는데 행정각부, 지방자치단체, 합참과 각군 참모본부, 국회, 국가정보원 등의 국정 전반을 대상으로 공수처가 직권남용, 직무유기 등의 범죄 수사를 이유로 상시적으로 개입이 가능하도록 설계되어 있습니다.

대한민국의 모든 고위공직자와 판사, 검사는 대통령 직할의 공수처 수사에 상시 노출되게됩니다. 또 특정한 정치세력이 고소·고발을 하면 그것을 빌미로도 무제한 수사를 벌일 수도 있습니다.

국가보안과 관련된 주요 기관에 대한 상시적 개입, 무제한 수사 가능성, 고소와 고발까지 난무하게 된다면 국정운영 전반에 너무 큰 갈등을 벌이게 될 것입니다. 뿐만 아니라 야당 탄압의 소재로도 아주 버젓이 이용이 되겠지요.

또한 고위공직자의 범죄에 연루된 공범은 형법 총칙에 의하여 보면 공수처의 수사대상이 되므로 민간인도 수사대상이 됩니다.

예컨대 언론사 기자가 정부 정책과 관련해서 고위공직자와 인터뷰한 것이 공무상비밀누설죄의 공범으로 처벌받는 사례도 충분히 발생할 수 있습니다. 이는 언론의 자유, 국민의 알 권리와 같은 자유민주제도의 근간을 심대하게 흔들어 놓을 수 있는 것입니다.

법안에서 나열하는 수사대상 행위는 직권남용, 직무유기, 수사기관이 확장 해석하거나 자의적으로 해석하기에 가장 좋은 유형입니다. 그래서 공수처가 마음만 먹으면, 어찌 보면 마음만 먹으면 법원 판결 전에 사회적 망신도 주고요 인격 살인을 감행해서 공직사회를 움츠러들게 하고 정파적 이익에 맞게 행동하도록 유도하려는 의도가 다분해 보입니다.

위와 같은 행위를 수사대상으로 하게 되면 공수처는 공직자가 어떤 행위를 한 것에 대하여는 직권남용으로, 어떤 행위를 하지 않았다면 직무유기로 수사를 하게 돼서 코에 걸면 코걸이 귀에 걸면 귀걸이 식의 수사를 할 수 있는 것입니다. 어떤 행위를 했다면 직권남용, 어떤 행위를 하지 않았다면 직무유기.

문재인 정권의 적폐수사도 이런 방향 아니었습니까? 저는 공수처도 이렇게 갈 것이 불 보듯 뻔해 보입니다.

공수처의 선별수사가 염려된다는 것이 사실일까요? 맞습니다.

공수처가 자의적 수사 기준에 의해서 선별수사에 나설 수도 있습니다. 공수처검사는 고위공직자의 범죄혐의가 있다고 사료하는 때에는 범인, 범죄사실과 증거를 수사를 하게 되어 있는데요. 혐의가 있다고 사료하는 기준은 매우 자의적입니다. 아울러 누구든지 고위공직자범죄 등에 대하여 알게 된 때에는 이에 대한 정보를 공수처에 제공할 수 있도록 되어 있습니다. 또한 내부고발자를 보호하고 지원하는 행위를 명시함으로써 익명의 투서로도 수사가 개시될 수 있고 그 과정에서 내부 고발자 보호라는 명목으로 피의행위를 한 공직자의 방어권은 무시된 채 수사가 개시돼서 수사 결과와 관계없이 해당 공직자의 자진사퇴나 업무위축도 초래할 수 있는 것입니다.

공수처가 민원을 빌미로, 판사와 검사에 대한 사건 당사자들의 민원이 폭주하고 있는 현실에서 선별적 수사에 나설 가능성도 충분합니다. 압박, 회유 이런 것들이 버젓이 일어날 것입니다.

직권남용에 대한 불명확성에 대해서 아까 말씀을 드렸는데요. 공수처법은 직권남용이라는 논란이 많은 조항을 수사대상 범죄로 삼고 있습니다. 고위공직자의 범죄로 형법 제122조부터 133조까지의 죄를 들고 있는데요. 형법 122조는 공무원의 직무유기죄를 다룹니다. 123조는 직권남용죄를 다루고 있는 것이지요.

직권남용죄는 법조계에서 논란이 많은 조문입니다. 법의 구성 요건인 명확성의 원칙에 반한다는 시각이지요. 그래서 검찰도 직권남용죄 적용에 신중을 기했습니다. 사익추구가 명백히 병행됐을 때만 처벌하는 식입니다. 그렇게 기소해도 무죄율이 높습니다.

복수의 법조계 인사들은 직권남용과 직무유기를 들어 고위공직자를 수사하겠다는 것은 정권 입맛대로 마음에 안 드는 사람을 찍어 내겠다는 것이다라고 설명합니다. 한마디로 청와대 사직동팀을 부활해 확대 개편하겠다는 것이다. 사실 대통령비서실에 민정수석, 사정비서관을 둔 것부터가 특이한 것이다. 선진국의 대통령비서실을 봐라. 어디에도 없다. 검사 출신 한 변호사의 말입니다.

청와대 사직동팀은 박정희 대통령 시절부터 김대중 대통령 시기까지 존재했던 일종의 청와대 직속 수사팀입니다. 공수처가 신설되면 확실하게 믿고 맡길 수 있는 정권의 칼이 생기는 것이고 대통령과 집권세력은 이 공수처를 이용해 사법부를 포함한 국정 전반을 강력하게 장악할 수 있게 되는 것입니다. 직권남용이 대상 범죄에 포함이 된다면 검찰의 독립에 치명적인 독소조항으로도 기능할 수 있습니다.

공수처는 경찰의 방대한 정보력과 수사력을 활용할 수 있다는데 사실인가 이런 물음도 있습니다. 그런데 공수처 법안에 따르면 공수처는 경찰이 언제든지 한 몸 같이 활용될 수도 있습니다. 공수처장과 공수처검사의 경우에는 검사는 퇴직 후 2년이 지나야만 임용할 수 있지만 경찰 출신에는 아무런 제한을 두지 않았습니다. 경찰은 현직에서 공수처장, 공수처검사로 임용되었다가 바로 원직으로도 복귀할 수 있도록 해 놓은 것이지요.

수사관도 따로 퇴직 후에 공무원 임용제한 경과규정이 없어서 경찰로 복귀하는 것이 가능합니다. 수사관은 변호사도 아닌 자도 가능하고 정원은 30명인데요, 검찰에서 파견된 수사관은 정원에 포함한다는 규정을 명문화하고 있지만 경찰에서 파견된 수사관에 대해서는 침묵하고 있습니다. 경찰수사관을 무한정 파견받을 수 있는 근거가 마련이 되어 있는 것이지요. 그래서 공수처는 검찰개혁이라는 천사의 포장 속에 언제든지 대통령 직속 친위 사찰처, 권력자 비리 옹호처, 정적 제거처로 돌변할 수 있습니다.

공수처가 공룡기관으로 될 수도 있다는데 사실인가요? 그렇습니다.

경찰수사관, 정부기관 파견공무원으로 공수처를 무제한 거대 공룡기관으로도 키울 수 있습니다. 그런 견제장치가 없습니다.

공수처 수사관은 비록 정원이 30명이지만 경찰에서 수사관을 파견받을 때에는 정원에 포함시키지 않기 때문에 경찰로부터 얼마든지 수사관을 늘릴 수 있습니다. 공수처는 수사관 이외에도 행정 각 부처, 기타 기관에 공무원 파견을 요청할 수 있는데 이 파견 규모에 대한 상한선, 논의되어 있지 않습니다.

공수처는 검찰개혁인가, 검찰개악인가요? 정리하자면 공수처는 그 자체로 개악이며 다른 좋은 방안들을 통해서 얼마든지 보완이 가능합니다.

현 법안대로 공수처가 탄생하면 가장 선한 권력자라도 꺼내어 쓰고 싶은 유혹에서 자유롭지 못한 악마의 칼이 될 수 있습니다. 설령 쓰지 않는다 하더라도 존재하는 그 자체로서 판검사를 비롯한 고위공직자들을 심리적으로 위축시킬 뿐만 아니라 자유언론까지도 침묵시킴으로써 우리 자유민주적 기본질서를 위축시키고 삼권분립으로 지탱하는 국가구조를 근본적으로 흔들게 되는 것입니다.

공수처가 아니더라도 상설특검, 특별감찰관 등의 현행 제도를 보완하거나 감사원의 기능을 확대하는 것, 국회에 옴부즈맨을 두는 것, 아니면 근본적으로 대법원장, 검찰총장, 대통령의 인사권 내려놓음으로써 실질적인 검찰과 사법부의 독립을 만들어주시면 됩니다. 대통령과 집권당의 정권 보위부로 전락할 위험 없이 중립성을 담보할 제도적 장치는 얼마든지 국민적 논의와 합의로 만들어낼 수 있습니다. 그리고 이것들로 개헌하면 됩니다.

법안의 내용이 국민들에게 제대로 알려지지도 않은 채, 그것도 불법 사·보임 논란 등 헌재에서의 권한쟁의 심판 판정이 남아 있는 이런 효력 불확정의 패스트트랙에 올라와 있는 공수처 법안을 강행처리 한다면 중국의 국가감찰위원회보다도 법적 근거나 운영구조가 미개할 수밖에 없습니다. 사회주의 국가의 감찰기구보다도 못한 기구를 탄생시키는 것입니다.

무엇보다 공수처법은 대통령 직속하에 입법·사법·행정 3권 위에 군림하는 기구로서 헌정질서를 유린하고 자유민주주의 정신에 역행하는 입법 쿠데타로밖에 볼 수 없습니다. 앞에서 살펴본 것처럼 공수처 설치를 옹호하면서 대통령이 공수처장과 검사를 마음대로 임명할 수는 없고 공수처는 정권의 홍위병이 될 수 없다는 그 주장 또한 모두 허구입니다.

공수처는 사실상 제2의 검찰을 신설하는 것입니다. 검찰과 경찰에 대한 우월적 지위를 갖는 것은 물론 민간뿐 아니라 군에 대해서도 수사권을 갖는 파격적인 특별수사기관입니다. 내용 자체도 위헌 소지가 다분한 독소조항입니다.

여야 4당 합의로 제출된 공수처법안을 보면 고위공직자에 대한 부패 특별수사기구라는 당초 취지와는 달리 대통령 직속의 정치적 사찰·수사 기구로 성격이 완전히 변질되었습니다. 이런 위헌적 규정이 명백한 것이 한두 가지가 아니기 때문에 저는 설치 그 자체가 위헌이라고 생각합니다.

헌법적 가치와 정의 이런 것과는 완전히 뒤안길로 걷는, 퇴행하는 이런 공수처법안…… 민주당 의원님들, 다시 한번 결단을 촉구 드립니다. 이 법안이 탄생되는 것을 막아 주십시오. 결단하시기 바랍니다. 이제라도 늦지 않았습니다.

제가 오늘 선거법·공수처법 2대 악법을 이렇게 날치기 강행하는 것에 대해서, 특히 공수처법의 강행 과정에 문재인 정부의 불공정성, 불의, 비민주성의 과정에서 이러한 공수처법 날치기 강행도 진행되고 있다라는 점을 강조해 드렸습니다.

조국 사태로 대표되는 이 불공정성뿐만 아니라 인사 참사, 외교 참사, 경제 참사, 떼어 놓을 수 없는 많은 여러 참사들이 이 문재인 정권의 불공정, 비민주성, 불의를 상징하기도 하고 또 국민들은 그에 대해서 많이 실망하고 분노하고 계십니다.

그런데 공수처법 뒤에는 불공정 집단인 청와대가 있다고 봅니다. 공수처법을 반대하는 가장 큰 원인은 국내 최정상의 불공정 집단, 부패 집단, 선거 농단과 감찰 농단, 조국 농단의 핵심 배후에는 청와대가 있기 때문에 공수처법을 반대하는 것입니다. 공수처법이 통과되면 이제 이러한 많은 농단들의 수사가 명확히 되기를 사실상 어렵게 만들 것이기 때문입니다.

적폐청산을 국정 과제 1호로 내세우며 도덕성을 유달리 강조해 온 문재인 정부였지만 지금 이 정부의 실세 측근 비위 문제 정말 심각하지 않습니까?

문재인 정권의 3대 게이트, 유재수 감찰 무마, 울산시장 선거 개입, 우리들병원 거액 대출 의혹 이런 3대 게이트 의혹을 비롯해 최악의 경제 실적, 인사 실패, 대북 굴종, 국민 편가르기, 탈원전, 외교 참사 이런 상식적으로 이해할 수 없는 문제들이 우리 대한민국을 도탄과 위기에 빠트리고 있습니다.

이렇게 국민들의 생활을 나날이 피폐함과 절망으로 점철되게 만들어 가고 있음에도 불구하고 문재인 정부, 정말 눈 하나 깜짝하지 않습니다. 오히려 정권 연장과 권력의 단맛에 취해 제1 야당인 자유한국당을 배제한 채 선거법과 공수처법을 완전히 무소불위로 강행하고 있지요. 선거법을 통해서는 야합 세력들을 끌어들이고 공수처법을 통해서는 신독재 정치를 실현하기 위해 혈안이 되어 있는 상황입니다.

다시 한번 분명히 말씀드리지만 공수처법 일방 처리 강행된다면 문재인 정권 3대 게이트, 유재수 감찰 무마, 울산시장 선거 개입, 우리들병원 거액 대출 의혹과 조국 일가 비리 진실은 절대로 밝혀지지 않을 겁니다. 이것이 바로 문재인 정권과 민주당이 국민들을 향해 그토록 외치고 강변했던 '기회는 평등하고 과정은 공정하며 결과는 정의로울 것이다'라는 주장의 결과입니다.

그러면 문재인 정권의 3대 게이트라고 불리는 것은 도대체 무엇이냐? 첫 번째는 우선 유재수 감찰 무마 의혹입니다.

청와대 특별감찰반에서 근무했던 김태우 전 검찰수사관이 2018년 11월 유재수 전 부산시 경제부시장에 대한 비위를 포착해서 감찰을 벌인 적이 있다고 주장하면서 이 사건이 발생되었습니다. 유재수 전 부시장이 금융위원회 금융정책국장을 맡은 지 5개월 정도 되었을 때 민정수석이었던 조 전 장관은 국회에 출석해서 '근거가 약하다고 봤다. 비위 첩보와 관계없는 사적인 문제가 나왔다' 이렇게 별것 아닌 것처럼 조국 전 장관은 국회에 와서 진술을 했습니다.

하지만 이후에 검찰 수사가 본격화되면서 드러난 유 전 부시장의 비위 내용은 조 전 장관의 해명을 무색하게 만들었습니다. 근거가 약하지도 비위와 관계없는 사적인 문제도 아니었습니다. 사건을 맡은 서울동부지검은 2019년 12월 13일 유 전 부시장을 구속 기소하면서 그의 범죄 혐의를 상세히 공개했습니다.

검찰이 공개한 범죄 혐의는 매우 구체적이었습니다. 검찰 자료에 따르면 초호화 골프텔 무상사용, 고가 골프채와 항공권 구매비용, 오피스텔 사용대금, 책 구매대금, 선물비용, 동생 취업, 아들 인턴십, 부동산 구입자금 무이자 차용, 채무면제 이익 수수, 표창장 부정수여 등입니다.

여러분, 한 사람이 이렇게 많은 짓을 벌였습니다. 또한 유재수 전 부시장에게는 뇌물수수, 수뢰후부정처사, 부정청탁 및 금품 수수의 금지에 관한 법률 위반, 이런 4개의 혐의가 적용된 것으로 보고 있습니다. 그런데 중요한 대목이 바로 다음에서 확인이 됩니다.

검찰 자료에 따르면 이런 내용이 있습니다. 이러한 중대비리 혐의 중 상당 부분은 대통령비서실 특별감찰반 감찰 과정에서 이미 확인되었거나 확인이 가능했다라고 밝힌 부분입니다. 그러니까 아까 제기된 그런 여러 혐의들, 그냥 단순히 개인의 어떤 사적 비리가 아니라 누군가를 만나서 골프채를 사고 동생 취업도 청탁하고 아들 인턴십도 만들고 부동산 구입자금 무이자로 차용하고 면제 이익도 수수하고 함께 골프 치는 데 무상으로 사용하고 이런 모든 내용들은 사실상 청와대에서 감찰을 벌이는 과정에서 이미 확인되었을 것이라는 겁니다.

유재수의 비리를 몰랐다거나 수사 권한이 없어서 더 이상 밝혀낼 수 없었다는 청와대 해명을 정면으로 반박한 것이지요. 검찰의 이러한 내용을 미루어 짐작해 보면 결국 청와대는 유재수의 비리를 몰랐을 리 없습니다.

조국 전 장관의 해명이 오히려 독이 되어 버린 상황입니다. '근거가 약하다고 봤다. 첩보와는 관계없는 사적인 문제가 나왔다' 이런 해명이 오히려 독이 되어 버린 상황이지요. 왜냐하면 청와대가 감찰을 벌였다면 이런 사실을 몰랐을 리 없기 때문에 이런 해명이 더 문제가 되는 것입니다.

검찰 발표에 이어진 청와대의 반박성 해명은 다급한 상황을 그대로 노출했습니다. 윤도한 당시 청와대 국민소통수석은 2019년 12월 15일 서면 브리핑을 통해 이렇게 밝힙니다, '감찰은 당사자의 동의가 있어야만 조사가 가능한데 당사자인 유재수는 처음 일부 사생활 관련 감찰 조사에는 응했지만 더는 조사에 동의하지 않았다. 감찰 조사를 더는 진행할 수 없었던 당시 상황에서 우리가 판단한 결과는 인사 조처가 필요하다는 것이었다'. 감찰의 한계를 강조하는 브리핑이었는데요.

문제는 감찰 이후에 나타난 상황이었습니다. 감찰 업무를 담당했던 한 경찰 간부는 '청와대 해명은 말이 되지 않는다'라고 했습니다. '감찰이 시작되면 우선 본인에게 재산이나 금융거래 내역, 휴대폰 분석 등 조사에 필요한 동의를 구한다. 감찰 대상자가 이런 요구를 거부하는 것은 현실적으로 거의 불가능하다. 거부하는 순간 감찰에서 수사로 전환되기 때문이다. 만약 유전 부시장이 감찰 조사를 거부했다면 나머지 의혹은 수사기관에 정식 수사를 의뢰하는 것이 당연히 해야 될 절차였다'라고 이야기를 했습니다.

국민 여러분!

당사자의 비협조로 수사를 중단했다면, 이 감찰 조사를 중단했다면 청와대 감찰의 무능을 자인하는 셈입니다. 어느 기관보다도 엄정해야 될 청와대 공직기강 감시 기능이 이 정도라면 이게 무능을 넘어서 직무유기지 뭐겠습니까?

이후 과정도 상식적으로 납득하기 어렵습니다. 유 전 부시장은 감찰이 끝난 뒤 금융위에 사직서를 냈다고 합니다. 비위 혐의가 있는 공직자는 스스로 그만두는 것조차 제한됩니다. 우선 직위해제한 뒤에 수사기관의 수사 결과에 따라 징계 여부를 결정해야 하기 때문입니다. 울산시장 선거 개입 의혹과 관련해서 황운하 전 울산청장이 선거에 나가려고 제출한 퇴직신청서를 경찰청이 보류한 것도 이와 같은 이유일 겁니다.

아무튼 유 전 부시장의 비위를 몰랐다고 선을 그었던 조국 전 장관은 현재 수세에 몰린 상황입니다.

검찰은 박형철 전 반부패비서관으로부터 상부의 지시로 감찰이 중단됐다, 이러한 취지의 진술을 확보한 것으로 언론을 통해 전해지고 있습니다. 김태우 전 수사관의 주장과 박 전 비서관의 진술이 사실로 드러난다면 민정수석실을 총괄 지휘했던 조국 전 민정수석은 직무유기와 그런 직권남용 혐의를 벗어나기 어려울 것입니다.

국민 여러분!

문재인 정권의 3대 게이트의 두 번째는 바로 울산시장 선거 개입 의혹입니다. 유재수 사건이 유 전 부시장과 조국 전 민정수석 등 관련 인물들의 개인적 도덕성과 청와대 사정시스템의 허점을 만천하에 드러내게 했던 것이라면 울산시장 선거 개입 의혹은 정권의 정당성에 치명상을 가할 수 있는 사안입니다. 공권력에 의한 선거 개입이 사실로 드러날 경우 그 폭발력은 상상을 초월할 수밖에 없습니다. 공권력에 의한 선거 개입이 확인되는 순간 정권 정당성은 확보되기 어렵기 때문입니다.

선거에 영향을 미칠 수 있는 이렇게 민감하고 첨예한 사안에 대해서는 검찰이나 경찰이 비밀 유지에 각별히 신경을 쓸 수밖에 없습니다. 정치적 중립을 곧바로 의심받기 때문입니다.

그런데 이상한 것은요 2018년 3월 김기현 울산시장과 주변에 대한 경찰 수사는 이런 통상의 관행과는 전혀 다르게 이루어져 왔다는 것입니다.

직권남용과 뇌물 수수 혐의를 받았던 구 울산시 비서실장과 도시국장에 대한 검찰의 불기소 결정문에 이하 당시 상황이 자세히 기록돼 있습니다. 울산지검은 수차례에 걸친 보완수사 지휘 끝에 두 사람을 무혐의 처분했는데요, 결정문에서는 이 처분에 관한 법리적 근거와 함께 경찰 수사에 대한 문제를 아주 조목조목 비판한 내용이 있습니다. 2019년 3월 15일 검찰의 불기소 결정문, 그러니까 울산시 비서실장과 도시국장에 대해서 직권남용, 뇌물 수수 혐의를 받은 것이 잘못됐다고 하는 불기소 결정문에 대한 내용, 이것을 한번 들여다보겠습니다.

울산지방경찰청장 황운하는 정치적 고려를 하면서 어설프게 정무적 판단을 하여 수사를 멈칫대는 것도 국민이 원하는 경찰의 모습이 아니라고 생각한다며 수사가 진행되는 과정에서 경찰이 취한 조치 내용과 구체적인 피의사실이 언론에 지속적으로 공표되고 유죄로 확정되거나 적어도 수사를 해야 할 만한 사건이라는 공감대를 얻지 못하는 경우 경찰은 물론 수사를 지휘한 검찰까지도 수사의 공정성과 정치적 중립성에 대한 시비 그리고 수사권 남용 논란에서 벗어나기 어려운 수사였다……

말씀드리면, 경찰이 선거를 앞두고 노골적인 언론플레이를 했을 뿐만 아니라 정치적 중립성의 시비 그리고 수사권 남용 논란이 반드시 불거질 수밖에 없는 수사를 너무 공공연하게 했다라고 불기소 결정문에 나와 있는 것입니다.

이어지는 불기소 이유에 대한 설명에서 검찰은 2018년 3월 16일 울산시장 비서실 압수수색이 언론에 보도되자 조례 분석이 이루어지지 않아서 직권남용 여부에 대해 판단하기 어려운 상태였음에도 피의자들에 대한 구체적 피의사실이 언론을 통해 그대로 노출됐다고 지적도 했습니다.

울산시장 선거 개입 의혹 수사가 이렇게 황운하 경찰청장에 의해서 막가파식으로 진행됐을 뿐만 아니라 이 선거 개입의 최정점에 있는 대통령도 고려되어 있는 것을 무시할 수 없는 것입니다.

문재인 정권 3대 게이트의 세 번째는 바로 우리들병원 특혜 대출 의혹입니다.

우리들병원 특혜 대출 의혹, 본격적으로 이슈화된 것은 비교적 최근입니다. 친문 인사들과 친분이 있는 사업가 신혜선 씨가 2013년 소송을 시작하면서 내용이 알려지기 시작했는데요 네트워크 병원인 우리들병원이 2012년 산업은행으로부터 1300억 원을 대출받는 과정에서 특혜를 제공했다는 내용입니다.

이상호 우리들병원 원장은 친노 핵심 인사로 꼽히고 있습니다. 친문 인사들과 깊이 교류하는 사이인 것으로 언론을 통해서도 익히 알려져 있습니다. 신 씨는 대출 과정에서 신한은행이 문서를 위조해서 이 원장을 돕는 바람에 사업 파트너인 자신이 큰 손해를 입게 됐다며 소송을 벌였습니다. 검찰이 수사를 벌였지만 증거 불충분으로 무혐의 처분됐습니다.

신 씨는 이 과정에 여권 실세가 개입해서 수사를 무마했다고 주장합니다. 신 씨의 주장에는 백원우 민주연구원 부원장—그러니까 전 민정비서관이었지요—양정철 민주연구원장, 버닝썬 사건에서 경찰총장으로 등장한 윤규근 총경, 당시에는 전 청와대 민정수석실 행정관이 등장을 합니다.

이 사건 역시 검찰에 현재 넘어가 있습니다. 아직 사건의 실체가 명확히 드러나지는 않았으나 신 씨와 관련 인물로 지목된 이들의 공방이 연일 벌어지고 있는 실정입니다. 하지만 이 사건은 금융농단 성격이 짙고 여러 여권 실세들의 연결 가능성이 있기 때문에 사건의 실체를 좀 더 세밀하고 입체적으로 규명할 필요가 있습니다. 때문에 우리 자유한국당에서는 진상조사 특위를 구성하고 국정조사와 특검을 통해 진실을 규명하자는 것입니다.

그런데 만약 문재인 정권과 더불어민주당에 의해 공수처법 일방 강행 날치기가 처리된다면 문재인 정권의 3대 게이트인 유재수 감찰 무마, 울산시장 선거 개입, 우리들병원 특혜 대출 의혹 이러한 핵심 의혹들은 진실 규명은커녕 사막의 신기루처럼 흔적도 없이 사라질 것입니다. 결국 공수처법은 국민의 눈과 귀를 가리는 무소불위 절대권력을 행사할 것입니다.

유재수 전 부산 경제부시장 청와대 감찰 중단을 보면 유재수 전 부시장 검찰 구속을 거쳐 당시 민정수석이었던 조국 전 장관 구속영장 청구에 피의자 심문까지 진행이 됐습니다. 법원 부장판사는 구속영장은 기각하지만 범죄 혐의가 소명된다, 죄질이 좋지 않다는 판단을 했습니다.

그런데 유재수라고 하는 이름을 본다면 유 전 부시장은 청와대 감찰이 시작되자마자 병가를 냈고 2018년 3월 사표를 제출했습니다. 2017년 청와대 특별감찰반에서 세 차례 대면조사를 받았지만 유 전 부시장이 75일 동안 병가를 내면서 감찰이 중단됐던 것입니다. 금융위에서도 추가 징계 없이 유 전 부시장의 사표를 수리했습니다. 그리고 4월 놀랍게도 민주당 소속의 정무위원회 수석전문위원으로 발탁이 됩니다. 7월에는 부산시 경제부시장으로도 자리를 옮겼습니다. 청와대 감찰에서 석연치 않은 부분이 드러났음에도 불구하고 연이어서 공직을 꿰찬 겁니다. 청와대에서, 금융위에서, 민주당 수석전문위원에서, 부산시의 경제부시장까지 이런 줄줄이 좋은 공직을 꿰차고 들어간 것입니다. 너무나 놀라운 일이 벌어진 것이지요.

당시 청와대에서 감찰 결과 아무것도 발견하지 못했느냐, 그게 아닙니다. 검찰은 서울동부지검 형사6부에서 유재수 전 경제부시장을 뇌물수수와 수뢰 후 부정처사, 청탁금지법 위반 혐의로 구속 기소하면서 아까 말씀드렸다시피 감찰 과정에서 이미 대통령 민정수석비서관실에서 사실상 확인되었거나 확인이 가능했다고 밝혔습니다. 그러니까 이미 이런 비위 사실을 알고 있음에도 불구하고 당시 조국 전 민정수석은 당시 민정수석실에서 심각한 비위가 있음에도 불구하고 감찰을 중단했고 휴직 후 와 다시 여당과 정부의 요직으로 가게 만든 것입니다.

초반에는 수사도 지지부진했습니다. 한 언론에 따르면 김태우 전 수사관은 유 전 부시장 감찰 무마 지시를 이유로 민정수석실 상관들을 서울동부지검에 고발을 했는데요 검찰 관계자는, '기본적인 참고인 조사조차 하지 않았던 것으로 기억한다. 김태우 말을 어떻게 믿느냐라는 말만 파다했다. 수사를 하겠다는 의지가 없는 게 분명해 보였다'라고 검찰 관계자가 전했습니다.

그래서 우리 자유한국당은 유 전 부시장을 조국 전 법무부장관 인사청문회 증인의 한 사람으로 요구하면서 청와대 검찰농단을 밝혀내고자 했습니다. 하지만 당시 민주당은 청와대 특감반 사건과 관련해서 김태우 전 수사관은 재판 중이니 양보할 수는 있지만 유 부시장 등의 경우는 재판을 받고 있지 않아 증인으로 적절치 않다는 이유를 내세워서 거절을 했습니다. 비위 인사에게 통 크게 수석전문위원 자리를 내 주더니 철통 방어를 한 것입니다.

유재수 전 부시장이 어느 정도 문 정부의 실세인지는 그의 감찰 무마를 위해 나섰던 정권 실세 3인방을 보면 알 수 있습니다. 김경수 경남지사, 윤건영 청와대 국정기획상황실장, 천경 득 청와대 총무인사팀 선임행정관. 유재수는 청와대 감찰을 받자 이들에게 전화를 걸어서 금 융위 국장직을 유지하게 도와 달라는 취지로 말했다는 언론보도가 있습니다. 검찰은 유 전 부 시장과 김 지사 등에게 3명의 그 통화내역도 확인한 것으로 알려져 있습니다. 김 지사 등의 3명은 유 전 부시장과 청와대 등에서 함께 일하며 친분을 쌓은 것으로 알려져 있습니다.

유 전 부시장은 노무현 전 대통령 재임 중인 2004년부터 2006년까지 3년간 청와대에 파견 돼 근무를 했습니다. 그는 청와대 민정수석비서관실과 대통령 일정, 의전 등을 담당하는 제1 부속실의 행정관으로도 일했습니다. 김 지사와 윤 실장은 문재인 대통령의 핵심 측근이자 정 권 실세로 꼽힙니다. 이런 사람들이 단순히 유 전 부시장의 부탁만 받고 한 몸처럼 감찰 무마 시도에 나설 수 있겠습니까? 검찰은 김 지사 등 3명이 그 위험을 감수하면서 이렇게 한 데에 는 더 윗선의 입김이 있었기 때문일 것이라고 보고 지금 수사를 이어 가고 있는 것입니다.

정권 실세들이 다 붙어서 중단시키려 했던 유재수 비위 내용은 무엇이었습니까? 검찰의 공 소장 내용을 살펴보면 정말 내용이 어마어마합니다. 사모펀드 운용사 대표에게 뇌물을 받은 혐 의뿐만 아니라 저서도 판매를 하고 저서를 구매하는 대신에 직접 장모 계좌에 200여만 원을 송금해서 구매하기도 하고 직속 사무관에게 지시해서 금융위원회 표창 대상에 포함시키라고 청탁을 하기도 하고요, 표창 심사위원회 위원장으로 참석해서 자신이 부탁한 자산운용사가 표 창을 받을 수 있게끔 직접 관여를 한 것으로도 검찰은 보고 있습니다. 여러 부분에 비위행위가 상당함에도 불구하고 측근의 뇌물 수수, 채용 청탁까지 있는 이 문제를 두고도 문재인 대통령 의 청와대는 이 사건을 덮은 것입니다.

청와대의 울산시장 선거농단도 그렇습니다. 흔히들 선거를 민주주의의 꽃이라고 합니다. 그리고 선거의 요체는 공정한 경쟁입니다. 그런데 김기현 전 울산시장 선거에 청와대 하명수 사 의혹이 연일 화제입니다. 이게 단순히 의혹인 줄 알았을지 모르겠지만 실체를 갖추어 가는 모양새라서 더욱 충격적입니다. 급기야 의혹의 등장인물들인 송철호 울산시장, 한병도 전 청 와대 정무수석, 송병기 울산시 부시장, 황운하 전 울산경찰청장 등을 검찰이 피의자 신분으로 수사 중이라는 언론 기사까지 났습니다.

검찰이 임 전 최고위원, 임동호 전 최고위원 자택을 압수수색한 것은 그를 수사하기 위한 게 아니라 민주당 울산시장 당내 경선 과정에서 청와대 등의 개입 혐의를 확인하기 위해서였 습니다. 임 전 최고위원은 최근 언론에서 지난해 한병도 당시 청와대 정무수석이 내게 불출마를 권유하면서 고베 총영사 자리 등을 제안한 적이 있다고 했다가 나중에 불출마 대가는 아니었다고 말을 바꿨습니다.

임 전 최고위원은 당시 울산시장 민주당 후보 경선에서 송 시장의 유력한 경쟁자였으나 민주당은 작년 4월 당내 경선 없이 송 시장을 단독 공천했습니다. 검찰은 이 과정에서 한 전 수석이 임 전 최고위원에게 불출마 회유를 시도한 정황을 확인하고 공직선거법 위반 혐의로 수사 중인 것으로 알려졌습니다.

윤석열 검찰총장이 지난 7월 취임사에서 다음과 같이 밝혔습니다. '형사법 집행을 함에 있어 우선적으로 중시해야 하는 가치는 바로 공정한 경쟁질서의 확립이라고 생각한다. 공정한 경쟁이야말로 우리 헌법의 핵심 가치인 자유와 평등을 조화시키는 정의이다. 공정한 경쟁질서를 무너뜨리는 범죄에 대해서는 추호의 망설임도 없이 단호하게 대응해야 할 것이다'.

윤석열 총장은 추호의 망설임 없이 수사로 대응해야 하는 범죄의 1순위로 권력기관의 정치·선거 개입을 꼽았습니다. 국민의 정치적 선택과 정치 활동의 자유가 권력과 자본의 개입 때문에 방해받지 않아야 자유민주주의와 시장경제질서의 본질을 지킬 수 있는 것입니다.

청와대에서 이런 윤석열 총장은 요즘 눈엣가시입니다. 검찰이라는 칼자루를 쥐고 자기들이 휘두를 때는 영웅이고 의인이라 칭송하더니 자신들이 쥐고 있던 것이 칼자루가 아니라 칼날이었음을 알게 된 지금 새롭게 쥐고 싶은 칼자루가 다름 아닌 공수처입니다.

청와대 울산시장 선거 하명수사 건을 더 들여다보면 이들의 본질을 알 수 있습니다. 통상 수사기관이 선거를 앞두고 개인 비리 수사는 잘 안 합니다. 선거 결과에 영향을 미칠 수 있기 때문이지요. 대표적인 사건이 1997년 김영삼 대통령, 김태정 검찰총장이 대선을 두 달여 앞두고 김대중 비자금 사건 수사의 유보를 결정한 것입니다.

20여 년 전에도 그랬는데 2018년 황운하 당시 울산경찰청장은 대한민국의 선거와 민주주의 시계를 완전히 거꾸로 돌려놓았습니다. 선거를 앞두고 현직 울산시장 수사를 아주 완전히 파헤쳐서 진행을 한 거지요. 탈이 나지 않은 것이 이상한 것입니다.

더욱이 6·13 지방선거를 앞두고 김기현 울산시장 본인의 비리도 아닌 형제와 측근 비리임에도 강제수사에 착수한 것은 도저히 이해가 안 되는 대목입니다. 대대적인 압수수색의 날이 김기현 울산시장의 자유한국당 후보 공천 발표일이었다는 것은 실은 더더욱 충격적입니다. 의도한 수사, 의도한 발표, 흠집 내기 선거 개입, 자유한국당 후보 들어내기, 대통령이 원하는 송철호 후보 꽂아 넣기 이것이 횡행한 것이지요.

검찰 수사 결과 비위 첩보를 생산한 곳이 청와대라니 상식이 있는 민주시민이라면 생각해 보십시오. 이 모든 것이 우연의 일치겠습니까? 결국 김기현 시장은 낙선했고 경찰 간부들은 전부 검찰 단계에서 무혐의 종결이 났습니다.

선거농단은 이미 지나갔고 책임지는 사람은 아무도 없습니다. 하명수사에서 시작된 검찰 수사는 송병기 울산시 경제부시장의 업무일지가 검찰에 확보되면서 후보 매수, 선거 공약 개입 쪽으로 확산이 됐습니다. 지금은 돌이킬 수 없는 지점으로 향해 가고 있습니다.

그 업무일지에는 대통령, **VIP**, 비서실장, 민정수석, BH회의 등의 표현이 등장합니다. 이 수첩도 증거로서의 능력을 인정받아야 하는 것이겠지요.

만약 이 사건이 대통령의 30년지기 송철호의 울산시장 당선이 가장 큰 소원이라는 대통령의 말에 따라 청와대 참모들과 장관들이 움직인 것이라면 민주주의 근간을 허무는 중대한 범죄입니다.

지금 중요한 것은 그 쓰임의 공정성에 대해 말이 많은 공수처 설치가 아니라 선거농단으로 민주주의와 의회주의를 배신한 그 혐의를 받는 이들에 대한 검찰의 공정하고 정확한 수사와 진실규명입니다. 이것이 윤석열 총장이 그토록 외치던 공정한 경쟁질서의 확립 그 자체일 것입니다.

그러니 민주당도 검경 간담회 추진한다면서 괜한 검찰 군기 잡기 같은 것 하지 마십시오. 청와대와 문재인 대통령이 지금 해야 할 일은 자신들을 찬찬히 돌아보는 것입니다. 공수처까지 갈 필요도 없습니다. 대한민국 검찰과 국민들 앞에 추호의 거짓도 없이 떳떳한가 그에 대한 대답이 우선입니다.

이 3대 권력농단의 배경에는 인사 참사도 있지만 이 제왕적 대통령제를 확립하기 위한 여당과 이에 결탁한 4+1의 듣도 보도 못 한 협의체가 제왕적 대통령제를 더욱 공고히 해 주고, 권력의 견제와 감시가 불가능한 상황으로 만들고 있는 출발점이 되고 있습니다.

그래서 저는 문재인 정부가 입법부의 권한·역할을 완전히 무시하고 나아가고 있는 부분에 대한 비민주성, 위선, 불공정에 대해서 말씀드리고자 합니다.

입법부는 행정부의 권력을 감시하고 견제하면서 균형을 찾게 하는 역할을 하고 있습니다. 그것이 현대 민주주의 사회에서 삼권분립의 뜻이자 의미이고 지향해야 하는 가치입니다. 민주주의 국가에서 입법부·행정부·사법부의 독립은 권력의 분립과 견제에 있어서 매우 중요한 요소입니다.

그런데 문재인 정부는 입법부의 그런 권한과 역할을 비웃고 있습니다. 삼권분립을 부정하고 제왕적 대통령제로 가기 위한 시도를 일관되게 해 오고 있습니다.

최근 들어서도 그렇습니다. 정세균 전 국회의장을 총리후보자로 지명을 했습니다. 그런데 정세균 전 국회의장을 국무총리로 지명하고 당사자도 수락한 것은 그 자체만으로도 전례가 없는 헌정사의 오점입니다.

국민 여러분!

어젯밤 이 민의의 전당 국회에서 선거법이 날치기 통과되는 그 상황을 보셨을 겁니다. 여야의 협의도 없고 합의도 없고 논의도 없고 뭐든지 강행 처리하는 그 분위기 속에서도 일부 민주당 의원님 정세균 전 국회의장님과 사진 찍고 계시더라고요? 아주 찰칵찰칵 희희낙락거리면서 찍고 계셨습니다. 그런데 세간에서는 그러한 모습을 보고 뭐라고 표현하는지 아십니까? 설레발이라고 합니다, 설레발. 국무총리 지명받았지, 임명됐습니까?

의원들 간에 민의의 뜻이 맞지 않아서 서로 갈등하고 대립하고 있는 그 현장에서 마치 임명이라도 된 양 희희낙락거리면서 정세균 전 의장과 사진 찍는 그 모습, 정말 국민들 보기에 볼썽사납다고 생각하지 않으십니까? 그러니 국민들이 '설레발이다, 국회가 부끄럽다' 하시는 겁니다.

우리 헌법은 전체를 관통해 엄격하게 삼권분립을 규정하고 있습니다. 이에 따라 전임자들은 국회의장이 되면 탈당하고 의원 임기를 마치면 정계를 떠남으로써 이 가치를 실현해 오고 지켜 왔습니다.

그런데 경제 살리기 명분으로 꺼내든 카드가 전 국회의장, 그것도 국회의원 임기가 아직 남아 있는 현직 의원입니다. 행정부의 독주를 견제하고 국회 내 여야의 이해관계를 조율하던 입법부 수장이었습니다. 대통령 아래 행정부가 들어가 정부 여당의 요구를 안고 국회 문을 두드리게 한다는 것입니까? 이런 코미디 같은 일이 벌어지는 것입니까?

이번 일이 선례로 남아 국회의장이 총리로 가는 일이 되풀이되면 어떤 일이 발생할 것입니까? 국회는 행정부의 공식적 시녀가 되는 것입니다. 이번 지명과 또 하겠다고 수락한 것은 삼권분립의 경계를 허물고 국회를 행정부의 하부조직처럼 비치게 해서 국회의 권위와 명예가 심각하게 훼손되는 일입니다. 문재인 대통령 그리고 그의 청와대는 이런 코미디 같은 일을 만들어 입법부를 조롱하는 것입니다. 공수처법으로 검찰을 무력화시키고 입법부 권한을 계속 흔들면서 제왕적 대통령 시대로 나아가는 것입니다.

문재인 정부가 국회의 권한을 무시하는 일, 이것만이 아닙니다. 국회의 인사검증시스템 무력화도 있습니다. 그동안 지명했던 장관후보자들, 스스로 내세운 공직자 7대 인사검증기준 다 어긋났지만 죄다 기용했지요. 문재인 대통령 임기 전반기 동안 국회의 문턱도 못 넘고 고꾸라졌지만 상관없이 임명된 후보자만 22명입니다. 하루만 버티면 청문보고서 채택 없이 모두 임명해 줍니다. 이제는 그것도 모자라서 낙마한 사람을 다시 쓰는 일도 불사합니다.

최근 일이었습니다. 대통령 직속 정책기획위원장에 발탁한 조대엽 교수, 이름이 낯익으실 텐데요. 2년 전 고용노동부장관 인사청문회에서 스스로 낙마한 사람입니다. 부적격 인사로 인사청문회 통과도 하지 못했고 심지어 여당 위원님들조차도 비호해 주지 못했습니다, 이런 부적격 인사 용인할 수 없다고 말입니다.

고용노동부장관 인사청문회에서 조대엽 교수 음주운전 경력이 상당한 문제가 됐습니다. 음주운전 경력으로 대학교수임에도 불구하고 징계를 받지 않았습니다. 왜냐하면 자신이 음주운전으로 처벌받았다는 사실을 대학에 알리지 않았기 때문입니다. 대학에 알렸다면 징계처분을 당연히 받았었어야 하는 일입니다.

우리 사회의 공직자는 일반적으로 음주운전과 관련된 처벌을 받게 되면 당연히 공무원사회에서도 징계, 감봉, 정직 등의 처분을 받습니다. 그것을 감내합니다. 공직자로서 부적절한 행위를 했다는 사유로 말입니다.

심지어 연예인들은 어떻습니까? 나름 공인이라는 이유로 출연정지도 먹습니다. 스스로 그 잘못된 행위에 대해서 징계를 감수하는 것입니다.

조대엽 교수는 대학교수로서의 공직자 신분에 있었음에도 불구하고 자신이 음주운전으로 처벌을 받았음에도 불구하고 그 사실을 대학에 알리지 않아 징계를 면했습니다. 그것도 일종의 특권입니다. 아무런 징계를 받지 않아서 대학에서 그냥 열심히 학생들을 가르쳤습니다. 그게 일종의 특권이라는 것입니다. 공정하지 않은 결과였다는 것입니다.

그래서 인사청문회에서도 음주운전 경력뿐만이 아니라 다른 많은 기타의 사유들로 결국 통과하지 못했습니다. 스스로 부끄러워 낙마한 사람입니다. 의회에서는 그 사람이 고위공직자로서의 자격이 없다고 판단한 것입니다.

그런데 문재인 대통령은 이 사람을 정책기획위원장으로 기용합니다. 정책기획위원장은 차관급 대우를 받습니다. 차관급은 고위공직자가 아닙니까? 국회가 인사청문 과정을 통해서 국민을 대신하여 혹독한 검증을 거쳐서 이 사람은 고위공직자가 되기에 부적절하다 했는데 고용노동부장관으로서만 부적절했지 다른 차관급 공직자가 되는 건 허용한 것으로 읽는 것입니까?

이런 차관급 공직자로 임명하는 것 그 자체가 국회를 무시하는 처사이자 민의를 대변하는, 국민의 민의를 불편부당하게 만든 것입니다. 돌려쓰기 인사, 꼼수 인사, 이렇게 강행해서야 되겠습니까? 이런 임명을 국민들이 납득할 수 있겠습니까? 대체 이 정부는 정말 염치도 없고 윤리의식도 없나 봅니다. 이 세상에 정말 많은 국민들이 계시는데 이렇게 돌려쓰기 인사할 만큼 그렇게 인사가 없습니까? 인재가 없습니까?

문재인 대통령이 후보 시절에 만든 포럼의 수장을 지냈다고 보은 인사로 이렇게 공직자 대우 해 줘서야 되겠습니까? 의회가 공직자의 검증을 하는 이 의회의 시스템 자체를 무력화시키는 이런 대통령의 권한 남용 때문에 어떻게 국회가 제 기능을 할 수 있겠습니까?

그리고 4+1 공조체, 제왕적 대통령 시대를 열어준 여당의 들러리였습니다. 지금 돌아보면 공조체가 맞나 싶을 정도로 이합집산과 이전투구가 벌어졌습니다. 하지만 여야 4+1이라는 이 기이한 회의 테이블이 국회 시스템을 무시하고 여당과 함께 제왕적 대통령 시대를 여는 데 일조하고 있습니다.

공수처법 최종안은 4+1이라고 하는 기록도 남지 않은 회의 테이블에서 결정된 것입니다.

새로운 조항을 국민이 알지도 못하는 상태에서 갑자기 집어넣게 되었는데도 우리는 그 근거가 무엇인지조차 명확히 알지 못합니다.

최종안에 들어간 고위공직자의 범죄를 경찰이나 검찰이 파악하면 곧바로 공수처장에게 알려야 한다는 그 내용 제24조, 이것 도대체 누가 넣은 겁니까? 왜 넣은 건가 설명 좀 해 주십시오. 고위공직자범죄 수사 다 공수처에서 보고받고 진행하겠다는 얘기 아닙니까? 고위공직자범죄무마처가 되고 말 거라는 얘기가 공공연하게 나옵니다.

지금 공수처 지위와 구성 자체의 공정성 문제가 제기되고 있는데 누가 이런 독소조항, 쟁점조항, 논란될 조항을 슬그머니 밀어 넣었습니까? 어떻게 24일에 '짠' 하고 이런 새로운 조항이 들어갈 수 있는 것입니까?

누가 넣자고 한 것인지 공개하십시오. 들어가게 된 경위, 설명하십시오. 언제부터 이런 논의를 한 것인지, 어떤 사례와 근거를 검토한 것인지 공개하십시오. 이렇게 선거법에 따라 은근슬쩍 넘기는 짬짜미 법안, 처리될 수 없습니다.

독소조항 추가가 민주당 주도로 이루어진 것이라면 정말로 4+1 협의는 정부 여당의 독선적인 정치, 제왕적 통치시대로 가는 데 확실한 들러리가 될 것이란 얘기, 미리 해 두겠습니다.

선거법 최종안 도출할 때 느끼셨겠지만 민주당은 포기한 게 없습니다. 배려하지 않았습니다. 그저 협박하고 거절하고 석패율제 내밀면 이중등록제 내밀면서 물타기 했습니다.

4+1 심·손·정·박 정당의 의원님들, 무력하게 거수기 노릇 하지 마시고 야당 본연의 모습으로 돌아오세요. 독선적인 여당 체제 견제하는 야당 본연의 모습으로 돌아와서 공수처법 다시 면밀히 살펴보시기 바랍니다.

공수처법 독소조항, 이것 이렇게 통과시키면 정말 역사에 씻을 수 없는 죄를 짓게 되는 것입니다.

야당 본연의 모습으로 이 법안, 다시 한번 들여다보십시오. 공수처장의 임명, 인사위원회의 구성, 수사의 내용·범위·이첩·보고, 검찰과 경찰 위에 있게 하는 이 옥상옥 기구, 이 잘못된 점 면밀히 조항별로 제발 깊이 있게 다시 한번 성찰해 보시기 바랍니다. 제발 부탁드립니다.

문희상 의장님은 헌정사에 가장 편파적인 5+1 의장으로 기억될 것입니다. 국회 본회의의 편파적 진행으로 날치기 국회, 쪼개기 국회, 힘으로 밀어붙이는 국회 만드는 데 다리 놓아 준 문희상 국회의장 반성하십시오.

(■김경협 의원4 의석에서 ― 2시간 지났어요. 이제 그만하시고 내려오세요.)

예산안 처리 때부터 다수의 횡포, 힘의 국회가 본격화되는 데 판을 벌여 준 게 문희상 국회

---

4 김경협 의원: 더불어민주당(경기 부천시 원미구갑) http://www.kimgh.com

의장입니다.

(■김경협 의원 의석에서 ─ 다음 사람들 기다리고 있는데 혼자서만 그렇게 계속하시면 어떻게 해요?)

그리고 필리버스터는 반대토론이지 찬성토론이 아니라고 제가 누누이 말씀드렸습니다. 찬성토론을 안 하시면 됩니다. 필리버스터의 근본 취지가 의사진행방해행위입니다. 밀어붙이는 법안에 대해서 얘기하는 것 아니겠습니까?

(■김경협 의원 의석에서 ─ 아니, 다른 사람도 하게 해야지 그렇게 오래하면⋯⋯)

찬성토론을 포기하세요, 의원님. 찬성토론을 포기하시는 게 순리이지, 의사진행방해행위를 하는 합법적 권한 행사입니다.

(■김경협 의원 의석에서 ─ 그러니까 여야 간에 합의한 시간 순서대로 합시다.)

정부 원안과 4+1 협의체 수정안은 상정하고 표결 부치면서 한국당 측 수정안은 제안설명도 허용 않고 표결도 부치지 않았습니다.

(■김경협 의원 의석에서 ─ 여야 간에 대강 합의된 시간대가 있으니까 약속은 지켜서 합시다.)

(「더 해요, 더」 하는 의원 있음)

23일 본회의 개의 때는 의장이 한층 더 마음을 굳혔던 것 같습니다. 공정성을 버리겠다, 그것이 아들의 지역구 공천이 걸려 있는 것입니까?

(■김경협 의원 의석에서 ─ 신보라 의원님, 그런 얘기는⋯⋯)

여야 협의도 없었고 개의 후에는 자유한국당의 회기결정 안건에 대한 무제한토론도 받아들이지 않았습니다.

(■김경협 의원 의석에서 ─ 너무 심하잖아요, 지금! 국회의장님한테 그게 뭡니까?)

의사일정 변경까지 꾀하면서 공직선거법 개정안을 기습 상정했습니다.

(■김경협 의원 의석에서 ─ 서로 간에 예의 좀 지켜서 하세요! 예의 좀 지켜요!)

30일간 열어 왔던 관례도 깨고 25일 임시회 종료하자마자 26일 임시국회의 소집 공고를 냈습니다.

(■김경협 의원 의석에서 ─ 그렇게 국회의 권위를 끌어내려야 되겠습니까? 최소한의 예의 좀 지키세요!)

(「더 하세요!」 하는 의원 있음)

대체 어디까지 약속이 되어 있는 것입니까?

(■김경협 의원 의석에서 ─ 그리고 시간 지났어요!)

이 정부의 제왕적 대통령 시대 만드는 데 국회의장의 역할은 무엇이라는 것입니까?

(■김경협 의원 의석에서 ─ 혼자서 그렇게 욕심 계속 부리지 마시고⋯⋯)

입법부의 권위 땅에 떨어뜨리고 행정부의 시녀로 만드는 의장과 4+1 협의체 등 내부 조력자들 때문에 정치지형 불균형이 더욱 심각해지고 있는 것입니다.

(■김경협 의원 의석에서 — 이제 그만하세요. 다음 사람들 기다리고 있잖아요. 여야 간에 어느 정도 시간대에 대해서 지켜 줘야지요.)

국민 여러분!

제가 언급했던 것처럼 필리버스터는 이렇게 무자비하게 강행하겠다는 그 법안에 대해서 다수당의 독주를 막기 위해서 벌이는, 그 횡포·독주를 막기 위해서 하는 의사진행방해행위입니다.

(■김경협 의원 의석에서 — 약속부터 지키면서 하세요, 약속부터 지키면서.)

그리고 의회는 공격과 방어의 수단을 감시와 견제, 균형의 수단으로서 보장하고 있습니다. 그러한 절차의 보장에 따라 합법적인 권한을 행사하고 있는 것입니다. 이런 필리버스터를 방해하고 찬성토론이라는 기가 막힌 행위를 하고 있는 민주당 의원들의 행위가 오히려 없어져야 합니다.

(■김경협 의원 의석에서 — 무제한토론입니다. 토론은 찬성도 있고 반대도 있는 거예요.)

(「잘하고 있어요, 잘하고 있어요. 계속해요」 하는 의원 있음)

(■김경협 의원 의석에서 — 법률적인 용어가 무제한토론으로 되어 있지 필리버스터로 안 되어 있습니다. 토론은 찬성과 반대토론이 있는 것입니다. 우리 법에 그렇게 되어 있어요. 그러니까 신보라 의원님, 이제 시간 너무 많이 지났습니다. 여야 간에 그래도 어느 정도 합의된 시간대가 있으니까 다음 사람이 할 수 있도록 이제 그만 정리하세요.)

(「천천히 해요, 천천히」 하는 의원 있음)

(「쉬어 가면서 하세요」 하는 의원 있음)

예, 감사합니다.

(「시간표 좀 지킵시다」 하는 의원 있음)

존경하는 국민 여러분!

지금 대한민국이 공정합니까? 조국 사태로 청년들이 불공정에 분노한 게 엊그제입니다. 그런데 민주당은 문희상 의장 아들한테 지역구 공천 세습 꽃길을 활짝 열어 주려고 하고 있습니다. 의원직 아들 세습으로 불공정 재탕하는 민주당, 이것이 공정한 것입니까?

(■김경협 의원 의석에서 — 명예 훼손입니다, 명예 훼손.)

문희상 의장은 아들 공천 주려고 국회의장 중립성을 완전히 잃었습니다.

(■김경협 의원 의석에서 — 얘기 좀 가려서 하세요. 그게 무슨 무제한토론입니까?)

220

국민 여러분!

예산안 처리 과정 보셨지요? 편파 진행, 날치기 진행, 무법 진행이었습니다. 이것은 공정한 것입니까?

삼권분립이 민주주의 초석이라고 했습니다. 문재인 대통령은 의회의 수장을 행정부의 총리로 앉히겠다고 하는 것입니다. 여러분, 이건 민주적입니까?

　　(■김경협 의원 의석에서 ― 반성부터 해야지, 반성부터.)

문재인 대통령은 음주운전 일삼아서 고용노동부장관 인사청문회도 거치지 못한 낙마한 사람을 차관급 공직자로 임명 강행했습니다. 조대엽 교수 스스로 부끄러워 탈락한 사람입니다.

　　(■김경협 의원 의석에서 ― 아까 했던 얘기잖아요. 뭘 또다시 반복합니까?)

그래서 회전문 인사 하는 문재인 정권, 이것은 민주적입니까?

　　(■김경협 의원 의석에서 ― 반복하지 말고 다음 사람이 할 수 있게 합시다.)

국민 여러분!

선거 감독하는 사람도 민주당 편이고 선거 룰도 민주당 편먹기로 짬짜미하는데 과연 내년 선거에서 공정하고 정의로운 선거 담보할 수 있겠습니까?

　　(■김경협 의원 의석에서 ― 신보라 의원님, 순리대로 합시다, 순리대로.)

이게 문재인 정권이 외치는 정의입니까, 여러분?

청와대 하명수사에서 김기현 울산시장 어떻게 됐는지 지금 국민 여러분들이 똑똑히 보고 계십니다. 이런 하명수사, 공수처법 통과되면 비일비재할 겁니다. 공수처법은 공직자 수사법이 아니라 반대처 하명수사법입니다. 여러분, 이것은 정의입니까?

국민 여러분!

문재인 정권 들어 공정, 정의, 완전히 무너졌습니다. 청년들은 공정과 정의가 살아 숨 쉬는 자유대한민국에서 살고 있다고 믿었는데 전혀 그런 것이 아니었습니다.

　　(■김경협 의원 의석에서 ― 최순실은 공정해요? 정유라는 공정했어요?)

그래서 정권 바뀌었으니까 잘되고 있습니까? 그렇게 조국 장관 임명하셨어요, 의원님?

의원님, 제가 지금 잘 마무리 발언을 하려고 하는 중인데 의원님께서 제 발언을 오히려 더 막고 계시는 것 지금 안 느끼십니까? 제가 직접 언급해서 하지 않으려 했던 것은 합법적인 의사방해 진행행위이기 때문에 제 합법적 권한을 행사해서 말씀드리고 있던 중이었습니다. 그런데 그렇게 대놓고 '내 찬성토론도 해 달라' 이런 식으로 하면서 말씀하시는 것 그게 더 예의와 상식에는 어긋나 보입니다.

　　(■김경협 의원 의석에서 ― 여야 간에 어느 정도 합의가 돼 있는 거예요. 약속은 지
　　켜 주셔야지요.)

그러니 제가 마무리 발언들을 할 때까지 좀 경청해 주시기를 정중히 요청드리겠습니다. 저

의 합법적 권한을 행사하는 일입니다.

(■김경협 의원 의석에서 ─ 약속을 지키면서 토론을 해야지요)

(「여기 떠들 때는 조용히 하세요」 하는 의원 있음)

(「더 해, 더 해」 하는 의원 있음)

(「여기 떠들 때는 쉬세요. 떠들게 놔두세요」 하는 의원 있음)

(「시간 끌어」 하는 의원 있음)

(■김경협 의원 의석에서 ─ 약속을 지키면서 해야 주장에 설득력이 있는 겁니다.)

제가 주장한 바들은 주장을 하고 있습니다. 그러니까 그 부분에 대해서는 염려하지 않으셔도 될 것 같습니다.

존경하는 국민 여러분!

제가 이 시간까지 필리버스터를 진행한 것에 대해서는 많은 국민 여러분들께서 지금 함께 공감하고 지켜봐 주시리라고 생각합니다.

제가 필리버스터 처음 시작할 때 이런 말씀 드린 바 있습니다. 이 공수처법의 강행처리 과정에서도 문재인 정권의 불공정성, 비민주성, 위선, 이 모든 것들이 총체적으로 망라되어 있다는 말씀을 드렸습니다. 그 과정에서 2030세대들이 분노하는 이유에 대해서도 좀 짚어 봤습니다.

문재인 정권 2년 반 동안 우리 청년들의 대다수가 우리 사회가 불공정하다고 인식을 하고 있습니다. 정권이 바뀌면 조금 더 나아질 줄 알았는데 그러지를 못했습니다. 조국 사태에서 우리는 그 불공정성을 너무 똑똑히 확인을 했습니다. 그리고 조국 사태에서 2030세대가 분노한 핵심적인 이유도 위법성 여부도 있었지만 공정성 문제가 가장 크다고 느꼈습니다.

경쟁에 노출되어 있는 2030세대는 경쟁에서 항상 승리할 수 없다는 것을 알고 있으면서도 패배하더라도 정정당당하게 지는 것을 선호합니다. 평창올림픽과 러시아월드컵 당시 SNS에서 주로 언급되던 '졌잘싸'─졌지만 잘 싸웠다─라는 이 키워드처럼 청년세대는 결과보다 과정과 노력의 가치를 더 중시하고 있는 것입니다.

하지만 문재인 정권 2년 반 동안 어땠습니까? 문재인 정권, 기회 박탈 정권이었습니다. 무리하게 공공기관 정규직 전환을 해서 부작용이 심각해졌습니다. 공공기관 비정규직 전환에 대해서 국민들이 크게 반대하지 않았던 것은 해당 정규직의 채용 기회가 모두에게 보장될 것이라는 일종의 기대와 믿음이 있었습니다.

하지만 공공기관의 정규직 전환 과정 어땠습니까? 불법 정규직 전환, 친인척 끼워 넣기 이런 게 만연했지만 정부는 이를 정치적 공세로 치부했습니다.

공공기관 부당해고 소송 42건 중 31건이 사측이 승소했다고 합니다. 그러나 귀족노조 민주노총은 파업으로 고용을 강요하고 노동청을 통해 사측을 압박했습니다. 블라인드 채용도 일부

노조와 특권층의 불법채용 도구로 활용됐습니다. 귀족노조의 고용세습 단체협약도 여전히 진행 중입니다.

문재인 정권의 불의, 비민주성, 반시장도 자유민주주의를 완벽히 위협하고 있습니다. 심각한 이념 편향성으로 역사교과서에는 자유민주주의의 '자유'가 삭제되었습니다.

19년도 상반기 압수수색은 소위 적폐수사가 한창이던 작년보다도 20% 이상 증가했습니다. 피의사실 공표 등으로 이재수 전 기무사령관 등 5명이 극단적인 선택을 했습니다.

코드인사도 문제였습니다. 민변을 위시한 좌파 성향 법조인을 요직에 임명 강행하고 있습니다. 통계청장의 전격 교체는 정권 유지에 수단과 방법을 가리지 않겠다는 의지입니다.

공정경쟁이 저해되고 시장에 대한 적개심이 경제위기를 불러오고 있습니다. 이들의 이중성과 위선으로 좌파 문학의 대표적 인사도 공정성 보상의 논란이 됐습니다. 김제동 씨 고액 강연료 논란이 그것이었습니다.

조국 사태로 386운동권의 이중성도 드러났습니다. 조국 후보 논란은 문재인 정부 및 운동권 세력의 이중성에 대한 환멸과 분노를 야기했습니다. 황제 논문, 제1저자, 유엔 인턴, 서민부모는 꿈도 못 꿀 경력을 부모가 만들어 준 찬스들로 가뿐히 넘어섰습니다. 정치 입문 전부터 파워 트위터리언으로서 공정성 영역에 있어서 큰 영향을 발휘했다는 점에서 분노가 확대됐고 여권 및 핵심 지지층도 동요했습니다. 조국 전 장관은 결국 낙마했습니다.

고위직 인사들의 이중적 행태도 문제지요. 청와대 고위인사 45명 중 13명이 다주택 보유자라고 합니다. 부동산 안정화를 기치로 최고 규제를 쏟아 낸 정부의 이중성에 국민들의 환멸감도 나날이 확산되고 있습니다. 인사청문보고서 없이 강행 인사된 인사는 22명으로 역대급에 해당합니다. 바로 이것이 선거법 강행 처리하고 공수처법 등 2대 악법 강행 처리하려는 문재인 정권과 민주당의 민낯인 것입니다.

국민 여러분!

공수처는 무소불위의 권력기관, 하명수사법, 그리고 대통령과 측근들의 비리는 감추고 반대파만을 수사하게 만드는 그런 희대의 권력기관입니다. 국민 여러분들께서 반드시 막아 주십시오. 여기 계신 의원님들도 다시 한번 심사숙고하셔서 이런 악법이 저지될 수 있는 지혜와 힘을 모아 주시기 바랍니다.

국민 여러분, 경청해 주셔서 감사합니다.


**■의장 문희상** 신보라 의원 아주 수고하셨어요.

다음은 송영길 의원 나오셔서 토론해 주시기 바랍니다.

토론 10

송영길 의원

## 10

■**송영길 의원**[1]  존경하는 국민 여러분!

존경하는 문희상 의장님 이하 동료 선후배 의원 여러분!

더불어민주당 소속 인천 계양을 송영길 의원입니다.

한 해가 저물어져 가고 있습니다. 국민들의 삶이 고달픕니다. 국제적으로도 우리 대한민국의 국익을 지키는 데 여러 가지 어려움이 산재해 있습니다. 이러한 난관을 뚫기 위해서, 우리 서민들의 삶을 살피기 위해서 국회가 머리를 맞대고 연구하고 우리 서민들을 보호하고 또 한일 무역분쟁으로 인한 우리 대한민국의 국제경쟁력을 강화시키기 위한 입법조치를 강구해야 될 시점입니다. 그러나 어제 저녁에 보여 준 여러 가지 볼썽사나운 모습에 대해서 안타까운 생각이 듭니다. 충분히 여야가 머리를 맞댈 수가 있고 진지하게 논의할 수가 있음에도 불구하고 안 되고 있습니다.

제가 이인영 원내대표께 물어봤습니다. '나경원 원내대표나 심재철 대표와 한 번이라도 진지한 대화를 해 본 적 있느냐', '수차례 시도를 하더라도 진지한 대화를 제대로 해 본 적이 없습니다', 계속 삭발, 단식, 장외투쟁을 하다 보니까 정작 만나야 될 교섭단체대표가 대화를 하지 않습니다.

왜 우리가 원내 교섭단체라는 이야기를 하겠습니까? 교섭을 하라는 것 아니겠습니까? 국회가 의결을 해야 될 것 아니겠습니까? 결정을 하지 않고 마냥 토의만 할 수는 없는 것입니다. 토의가 성숙되면 서로 간에 양보할 것은 양보해서 결정을 해야 될 시점에 와 있는 것입니다.

선거법 개정, 완벽한 개정은 없다고 저는 생각합니다. 그러나 이 선거법을 저희들이 개정하려는 취지는 우리 국민의 지지도와 의석수 간의 이 차이가 완벽히 없을 수는 없지만 너무 차이가 나니 기존 양대 1당, 저희 당과 1당이 약간 손해를 보더라도 소수자를 배려하고자 하는

---

1 송영길 의원: 더불어민주당(인천 계양구을) http://blog.naver.com/songyounggil

취지로 이런 법의 개정 필요성이 꾸준히 제기되어 왔던 것입니다.

그러면 제1 야당이 같이 협의를 했어야 됩니다. 저도 야당 의원들께서 주장하신 대로 선거법은 게임의 룰인데 제1 야당의 동의 없이 사실 표결한 것에 대해서 아주 유감으로 생각합니다. 이게 됐으면 좋았는데 워낙 그 기회를 주고 논의를 하고…… 나경원 대표가 처음에 이것을 원칙적 합의를 했다가도 이후에 안 돼 버리다 보니까, 이게 이렇게 된 것은 저희 여당으로서도 책임이 있지만 제1 야당도 같이 책임을 느껴야 될 사안이 아닌가 생각이 듭니다.

이 공수처법 문제도, 이 공수처법 문제를 가지고 야당 의원들께서 대단히 이야기를 많이 하시는데, 심지어 황교안 대표께서는 '공수처법이 게슈타포다', 사실 게슈타포가 어느 정도의 무서운 조직인지 알고나 하는지 모르겠습니다마는 '친문 정권의 친위대를 만든 것이다. 정권 홍위병이다', 이러한 표현들을 쓰고 있습니다.

그런데 실제 그 법안 내용을 자세히 보면 그럴 염려는 최소화시킬 수가 있는 것입니다. 그래서 저는 야당의원들 여당의원들 다 이런 관점에 섰으면 좋겠어요.

제가 국회 마크 대신 태극기 마크를 달고 왔습니다. 올해가 3·1운동 100주년, 대한민국 임시정부 수립 100주년이기 때문에 나라다운 나라, 이 대한민국에 대한 애정을 담기 위해서 1년 내내 제가 대한민국 태극기 배지를 달고 다니고 있습니다.

크리스천들은 교회나 성당에 가서 사도신경을 다 외웁니다. 불자들은 사찰에 가서 반야심경을 외웁니다. 저는 우리 국회의원들은 헌법 전문을 외워야 되는 게 아닌가 이렇게 생각합니다. 저는 헌법 전문을 한번 상기해 보겠습니다.

'유구한 역사와 전통에 빛나는 우리 대한민국은 3·1운동으로 건립된 대한민국 임시정부의 법통을 계승하고, 불의에 항거한 4·19 민주 이념을 계승하여 조국의 민주개혁과 평화적 통일의 사명에 입각하여 모든 불의와 사회적 폐습을 타파하며, 자율과 조화를 바탕으로 한 자유민주적 기본질서를 더욱 확고히 하여 정치·경제·사회·문화 각 영역에 있어 모든 사람의 기회를 균등히 하고, 능력을 최고도로 발휘하게 하며, 자유와 권리에 따르는 책임과 의무를 수행하게 함으로써 안으로는 국민생활의 균등한 향상을 꾀하고 밖으로는 항구적인 세계평화와 인류공영에 이바지함으로써 우리들과 우리들 자손의 자유와 안전과 행복을 영원히 확보하고자 1948년 7월 12일 날 제정된 이 헌법이, 8차에 걸쳐 개정된 헌법을 이제 국회 의결을 거쳐 국민투표를 통해 개정한다', 1987년 10월 29일날 개정된 현행 대한민국헌법 전문입니다.

우리는 국회법 제24조에 따라서 국회의원이 될 때 선서를 하게 되어 있습니다. 저도 선서를 했습니다. 여기 동료 의원들, 자유한국당 의원이 한 분도 안 계시네. 이렇게 선서를 하도록 되어 있습니다.

'저는 국회의원으로서 헌법을 준수하고 국민의 자유와 복리의 향상 및 조국의 평화적 통일을 위해 노력하며, 국익을 우선하여 국회의원으로서 직무를 양심에 따라 성실히 수행할 것을 국민 앞에 엄숙히 선서한다'라고 저희들이 선서함으로써 국회의원 업무를 시작했습니다.

저는 우리 여야 의원 모두가 국회법 제24조의 국회의원 선서와 헌법전문의 자세를 가지고 헌법 정신에 따라 헌법기관으로서 업무를 수행해야 된다고 봅니다.

저는 대한민국헌법을 공부하면서 우리나라가 정말 훌륭한 나라다, 우리나라가 87년 6월 항쟁으로 아홉 차례 헌법개정 중에 최초로 여야로 합의가 돼서 개정된 헌법이 바로 현행 헌법인 것입니다.

헌법은 총 130개 조문으로 구성되어 있습니다. 10개 장입니다. 아시다시피 1장에 총강이 되어 있고 국가의 3대 요소인 영토·주권·국민에 대한 명시가 되어 있습니다. 헌법 1조 1항, '대한민국은 민주공화국이다', 1조 2항, '대한민국의 주권은 국민에게 있고, 모든 권력은 국민에게서 나온다'라는 주권에 관한 조항이 헌법 1조 1항과 2항에 명시되어 있습니다. 따라서 우리는 국민이 직접 선택한 대통령을 행정수반으로 해서 이 나라가 운영되고 국민이 직접 뽑은 국회의원에 의해서 국회를 구성해서 입법을 하고 있습니다.

우리나라 헌법의 순서를 보면 1장은 총강, 2장은 국민의 권리와 의무, 제3장이 대통령과 행정부, 법원이 아니라 국회가 제일 먼저 나오게 되어 있습니다. 그만큼 국회가 중요하고 국민의 의사가 중요하기 때문에 제40조에 '입법권은 국회에 속한다'고 명시하고 있습니다.

그다음에 66조부터 대통령, 행정각부가 나오고, 그다음에 대법원·헌법재판소·선거관리위원회·지방자치단체·경제·헌법개정에 관한 사항으로 10개항으로 구성이 되어 있습니다.

그중에서는 헌법 130개 조문 중에 가장 핵심적인 조문이 바로 헌법 제10조라고 생각이 됩니다. 대한민국헌법 제10조, 국민의 권리와 의무에 대해서 이렇게 명시하고 있습니다. 우리 대한민국 국민은 모두가 존엄과 가치를 가지고 행복을 추구할 권리를 갖게 되어 있습니다. 국가는 이 국민의 불가침한 권리를 확인하고 실현할 의무를 지는 것으로 명시하고 있습니다. 이것이 북한 헌법과의 차이입니다.

우리 대한민국헌법은 제10조에 의해서 대통령이든 국회의원이든 판사든 검사든 모든 헌법기관들은 국민의 권리와 국민의 존엄과 가치와 행복추구권을 실현하기 위한 수단적 존재임을 명시하고 있는 것입니다. 그래서 저는 윤석열 검찰총장이 인사청문회에서, 언론보도에서 '자신은 사람에 충성하는 게 아니라 조직에 충성한다'고 그랬을 때 저는 '그것은 적절한 말이 아니다. 조직에 충성하는 것이 아니라 헌법에 충성해야 된다'라는 것을 강조한 바 있습니다.

대한민국헌법 1조 1항, '대한민국은 민주공화국이고 대한민국의 모든 권력은 국민에게서 나온다'고 그랬습니다. 즉, 대통령이든 국회의원이든 판사든 검사든 모든 권력의 원천은 바로 국민에게 있는 것입니다.

그런데 대한민국 판사와 검사는 국민이 선택한 사람이 아닙니다. 미국은 지방 검사도 국민이 선출하게 되어 있습니다. 우리나라의 검사와 판사는 선출이 되지가 않습니다. 사법고시 합격해서 한 번 임용되면 평생 보장이 되면서 정년까지 큰 대과 없으면 자신의 권한을 행사할 수가 있습니다. 우리 국민들에 대해서 사형을 구형할 수도 있고 사형선고를 할 수 있는 막강한 권력, 재산을 몰수할 수도 있고 생명을 뺏을 수도 있는 막강한 이 권한이 판사, 검사에게 주어져 있는 것입니다.

이 권력은 어디서 나오는 것입니까? 사법고시 합격한다고 권력을 주는 것입니까? 저도 사법고시 시험에 합격을 했지만 사법고시 공부가 대단한 공부는 아닙니다. 어려운 공부이기는 하지만 대단한 건 아닙니다. 그것 합격했다고 국민의 생명과 재산의 박탈권을 부여한다는 것이 과연 민주주의 원리에 어떻게 합당하겠습니까?

그래서 이 헌법은 삼권을 분립하면서 국민이 직접 뽑은 대통령에 의해서 법무부장관이 임명되고, 법무부장관에 의해서 통할하도록 되어 있습니다. 검찰은 사법기관이 아니라 행정기관입니다. 준사법기관이라고도 이야기를 합니다. 법무부의 통제하에 있는 독립적인 청이라고 할 수가 있을 것입니다. 우리가 법치주의를 말한다는 것은 법치주의는 양면적 구속성을 이야기하는 것입니다. 법을 제정하고 집행하는 사람에게도 법이 적용돼야 그 법치주의가 의미가 있지 않겠습니까?

그런데 지금까지 문재인 대통령께서 윤석열 검찰총장을 임명할 때 '살아 있는 권력에 대해서도 수사를 해라' 이런 말씀을 했습니다. 아마 역대 대통령 중에 검찰총장을 임명하면서 이런 말씀을 한 유일한 대통령이지 않을까 생각합니다. 그만큼 불편부당한 검찰권 행사, 즉 대통령 측근도 언제든지 수사대상이 될 수 있다는 것을 수용한다는 말씀을 했습니다.

그렇다고 한다면 이것을 어떻게 해석을 해야 될 것인가? 저는 이 검찰권 행사가…… 살아 있는 권력은 대통령에게만, 대통령 측근에게만 한정된 것이 아닙니다. 진짜 살아 있는 권력은 바로 검찰 권력입니다. 사법부의 권력입니다.

여러분, 행정부는 다 임기가 있습니다. 저희들 정권도 다 대통령 단임제 5년 임기입니다. 국회의원도 4년마다 국민의 심판을 받고 평가를 받습니다. 판검사들은 한 번 임용되면 10년 동안 재임용되기 전까지 아무런 통제를 받지 않습니다. 거의 판검사들이 가지고 있는 권한은 사실상 막강한 권한이라고 하지 않을 수 없습니다. 대다수 우리 국민들이 느낄 것입니다.

우리나라는 더구나 검사의 권력은 세계에서 유례를 찾아볼 수 없을 정도의 강력한 권한을 가지고 있습니다. 즉 수사권과 수사종결권, 수사개시권, 압수수색 영장 청구, 구속영장 영장 청구, 전부 다 검사가 독점하고 있습니다. 그러고 나서 기소 여부도 수사 종결권도 검사가 가지고 있습니다. 검사가 기소 안 하면 재판할 수가 없습니다. 이게 불고불리의 원칙이라고 그럽니다. 기소할지 말지 검사가 판단합니다. 기소편의주의입니다. 검사를 통하지 않고는 기소할 수가 없습니다. 기소독점주의입니다. 모든 2300명 검사는 하나같이 움직인다, 검사동일체 원칙입니다. 검찰총장을 중심으로 2300명의 검사가 하나의 조직으로 하나의 목소리로 움직이는 이 막강한 조직, 수사권과 기소권을 가지고 있는 조직은 세계에서 유례를 찾아볼 수가 없는 것입니다.

그래서 과연 선출되지 않는 권력, 국민이 뽑지도 않는, 사법고시 합격해서 한 번 검사가 됐던 검찰 권력에게 이 막강한 권력을 준다는 것은 여야의 문제를 넘어서 통제의 필요성을 느끼고 있는 것입니다.

그래서 국민들께서 검사들의 이러한 자의적인 검찰권 행사를 통한 문제점을 정권이 바뀌든 안 바뀌든 간에 느껴 왔기 때문에 검찰에 대한 견제·균형의 필요성들에 대한 공감을 가졌던 것입니다.

그래서 야당 의원들께서는 공수처법에 대해서 아주 비판하는데 지금도 70%의 국민이 찬성하고 있는 것 아니겠습니까? 그래서 저는 왜 야당 의원들께서 이 공수처법에 대해서 비판하는지 이해할 수가 없어요.

주로 야당 의원들이 지적하시는 것은 공수처를 하게 되면 대통령이 좌지우지할 것이다, 어떻게 좌지우지하는가? 대통령이 임명하기 때문이라는데, 그러면 대통령이 검찰총장 임명하지 않습니까? 대법원장, 대통령이 임명하지 않습니까? 다 대통령이, 모든 기구는 대통령이 임명합니다. 선출되지 않는 권력은 대통령이 임명할 수밖에 없지요. 아니면 검사와 법원 재판장도 전부 다 국민이 선거를 해야 되겠지요.

그러나 현재 우리 현행법상은 대통령은 국민이 선출하고 그 선출된 권력의 정당성을 간접적으로 덧입어서 국회의 동의를 거쳐, 인사청문회를 거쳐 대법원장과 판사가 임용되고 검찰총장은 국회 동의는 없지만 청문회를 거쳐서 임명하도록 되어 있는 것입니다.

그래서 지금 공수처장 같은 경우에 임명하고 나면 대통령이 전혀 개입할 수가 없습니다. 임명도 대통령이 자의적으로 하는 게 아니지 않습니까? 국회의장이 추천위원회를 구성하게 되어 있습니다. 추천위원회는 법무부장관, 법원행정처장, 대한변협회장, 여당 2명, 야당 2명 추천한 인사, 총 일곱 분이 인사추천위원회가 돼서 일곱 분 중에 여섯 명이 찬성해서 추천하도록 되어 있어요. 이렇게 되어 있는 게 어디가 있습니까? 그러면 야당이 추천한 두 분이 반대해도 안 되는 것 아니겠습니까? 그리고 이 정도의 구성으로 추천하게 되면 절대 편파적인 사람이 추천될 수가 없는 것입니다.

그리고 일단 임명을 해 놓고 나면 3년 동안 완전히 권한이 독립적으로 보장됩니다. 이번 수정안에 뭐가 들어가 있느냐? 공수처가 수사하는 모든 사항에 대해서는 청와대 비서실이나 청와대 각 기관에서 수사 진행상황에 대해서 절대 자료를 요청하거나 보고를 요청할 수 없도록 아예 조항을 두어 놔서 독립성을 유지해 주고 있습니다.

한 예를 들어 봅시다.

2014년도에 특별감찰관이라는 제도를 만들었습니다. 즉 청와대 대통령 친인척을 감찰하기 위한 감찰관법을 2014년도에 박근혜정부 때 만들어서 처음이자 마지막, 이석수 검사를 초대 특별감찰관으로 임명했습니다.

그러면 그때 특별감찰관 이석수 감찰관이 박근혜 대통령 뜻에 따랐습니까? 그 사람이 바로 우병우를 수사하려고 그러니까 청와대가 못 견디고 이석수 감찰관을 신문에다가 수사기밀을 누설했다는 이유로 오히려 수사를 시켰던 사항입니다. 그래서 사표를 내고 그만뒀습니다.

지금 현재 특별감찰관 자리가 공석으로 되어 있습니다. 야당 의원들이, 나경원 원내대표도 우리 당에 지속적으로 '왜 특별감찰관 임명하지 않느냐'라고 요청하고 있습니다. 우리도 임명하지 않으려는 게 아니라 우리는 공수처법이 통과되면 이게 모순이 되니까 기다리고 있었던 거지요. 그러나 이게 계속 법안이 늦어지니까 이제 임명하려고 추천을 하고 있는 중에 있습니다.

야당 의원들께서 공수처가 대통령의 친위조직이고 그럴 것 같다고 한다면 특별감찰관은 더 친위조직일 텐데 왜 이것 임명하자고 주장하십니까?

특별감찰관은 국회에서 3인을 추천하면 그중에 대통령이 임명하도록 되어 있습니다. 그렇다고 한다면 두 야당이 한 분씩 추천하고…… 현재 그렇습니다. 우리 더불어민주당이 한 분, 자유한국당이 한 분, 나머지 야당이 한 분 해서 세 사람이 추천되면 대통령이 임명하게 되어 있는데 무조건 여당 쪽을 임명하지 않겠어요? 훨씬 더 공수처보다도 대통령의 통제가 되는 감찰관인데도 불구하고 야당이 지속적으로 특별감찰관 임명을 요구하고 있는 것은 그것 자체가 일단 임명이 되고 나면 그 조직의 속성상 자기운동성을 갖게 되어 있고 견제가 되게 되어 있기 때문에 그렇습니다.

그래서 한 예로 야당 의원들께서 최근에 윤석열 총장이 조국 전 장관을 비롯해서 유재수 사건을 수사하니까 '여당이 비판한다. 한때는 윤석열을 최고의 검사로 칭찬하다가 왜 비판하느냐?' 이런 지적을 하고 있습니다.

이에 대해서 저희는 역으로, 자유한국당 민경욱 대변인의 2019년 7월 7일 자 논평을 한번 읽어드리겠습니다. 그때가 윤석열 총장을 임명했을 때의 논평입니다. '백척간두의 경제위기를 극복하고자 야당 대표가 내민 협치의 손에 문재인 대통령은 곧바로 야당 탄압을 예고하는 인물로 응답했다. 사람에 충성하는 윤 총장이 적폐 청산을 이유로 이제 얼마나 편파적인 칼날을 휘두를 것인가. 검찰의 제1 덕목인 정치적 중립성과 공정성은 또 얼마나 무시되고 훼손될 것인가. 인간의 기본적인 소양인 정직함마저 상실한 검찰총장을 받아들이느니 차라리 공석 상태로 두는 것이 나을 지경이다. 이제 늦지 않았다. 진정으로 이 나라의 법치를 걱정한다면 대통령은 윤석열 검찰총장의 임명을 철회해야 할 것이다' 이게 2019년 7월 7일 자 자한당 대변인 민경욱의 성명입니다.

야당 의원들도 이렇게 말한 것처럼…… 그러나 지금은 윤석열 총장에 대해서 박수를 치고 있습니다.

저희가 윤석열 총장에 대해서 비판적인 논평을 내는 것은 윤석열 총장이 권력의 핵심인 조국이나 백원우 전 비서관이나 청와대 비서관들을 수사한다고 그래서 비판하는 것은 결코 아닙니다. 저는 성역 없이 수사해야 된다고 봅니다. 대통령께서도 그렇게 말씀했습니다.

문제는 비례의 원칙입니다. 선택적 정의가 돼서는 안 된다는 것입니다. 그러한 논리로 나경원 원내대표 아들딸의 부정입학 특례 문제라든지 수많은 유사한 문제가 훨씬 드러나고 있음에도 불구하고 아예 눈을 감고 처삼촌 벌초하듯이 제대로 수사를 하지 않고 있습니다. 과연 살아 있는 권력에 대해 수사를 해야겠지만 동일하게 해야 되지 않겠습니까? 법이라는 게 뭡니까? 법은 공평성입니다.

여러분, 저도 변호사지만 변호사 배지가 어떻게 되어 있느냐 하면 법의 여신이 저울을 들고 있거든요, 저울을. 그게 뭐냐 하면 법의 핵심은 공정과 균형이라는 뜻을 의미합니다. 왜? 죄 없는 사람이 어디 있겠어요? 우리도 신부님 앞에 고해성사하면 다 부끄러운 죄인들입니다. 이 죄라는 것은 완전히 없앨 수가 없습니다. 죄를 완전히 없애자고 국가가 달려들면 국가가 범죄집단이 되는 것입니다. 모든 국민을 사찰하고 예비음모까지 처벌하려고 그러면 국가가 더 무서운 범죄집단이 되는 것입니다. 그게 공산주의·사회주의의 비극입니다.

민주주의 사회에서는 법은 최후의 수단입니다. 형법은 보충적 규범입니다. 모든 우리 대한민국 오천만 국민이 다 나름대로, 가족에 가서는 가족윤리가 있고 교회와 사찰 종교윤리가 있고 각 조직마다 자치법규가 있고 향우회 가면 향우회, 어디 동창회 가면 동창회 회칙이 있습니다. 이런 것으로 다 알아서 분쟁이 조정되고 운영되어 가는 것입니다. 이런 데까지 법이 끼어들어서 감 놔라 배 놔라 하면 그것은 경찰국가, 독재국가가 되는 것입니다.

법은 어떻게 하느냐? 일탈행위가 심해서 도저히 가만둘 수 없을 정도예요. 그럴 경우에 최후의 수단으로 법이 가야 이 사회가 자치적으로 굴러가는 것이지 법이 아무데나 끼어들어서 압수수색하고 다니면 불안해서 살 수가 있겠습니까, 여러분? 그래서 법은 이러한 보충성의 원칙과 형평성의 원칙이 있어야 되는 것입니다.

여러분, 윤석열 검찰총장인사청문회에서도 여러 가지 그런 논란이, 거짓말 논란도 있었고 논란이 많이 있었습니다. 지금 청문회 하는 모든 장관후보자들, 황교안 대표님 국무총리 청문회나 대법관 청문회 때도 그만두고 김앤장…… 무슨 로펌에서, 무슨 로펌인지 모르겠습니다만 한 달에 1억씩 돈을 받는 게 전관예우 없이 받을 수가 있었겠느냐, 담마진이라는 100만 불의 1짜리 아주 희귀한 병을 얻어서 군대가 면제됐다는데 과연 이게 정당한 사유인가, 충분히 많은 의혹이 나왔습니다. 그러면 검찰총장이 유심히 텔레비전을 보고 있다가 '아, 저것 문제 있다' '특수부 파견해서 수사해' 그러면 다 수사를 할 수가 있는 것이겠지요.

문제는 왜 표창장 위조를 비롯해서 조국 장관의 그러한 범죄 혐의 사실에 대한 수사에 대한 강도만큼 다른 사안에 대해서도 적용이 되지 않느냐 이에 대한 국민들의 정당한 불만과 요구가 있는 것입니다.

예를 들어서 조현천 기무사 사령관이 계엄 문건을 작성했습니다. 저는 그 계엄 문건이 정말 놀랄 일이었습니다. 이 계엄 문건이 과연 당시 국무총리 또 권한대행을 했던 황교안 대표와 아무 상관없이 만들어질 수 있었겠는가 많은 의문이 제기되고 있습니다. 야당 의원들께서는 비상사태에 대비해서 한번 매뉴얼로 만든 정도에 불과한데 이것을 가지고 왜 군을 공격하느냐 이렇게 변론을 합니다.

그러나 국민 여러분!

그 계엄 문건, 태스크포스팀이 만든 문건을 보면 단순한 매뉴얼 수준이 아닙니다. 이것은 완전히 실행계획입니다. '국회의원들이 계엄 해제를 하지 못하도록 반대 의원들은 미리 감금할 것', 아예 구체적 쿠데타 업무가 들어가 있습니다.

만약에 말이지요 그때 김무성 의원님[2]을 비롯한 60여 분의 야당 의원들께서 대의에 동참해서 탄핵을 소추하지 않았다면 100만이 넘는 국민들의 집회·시위가 어떻게 과격화될지 모르는 상황이었습니다. 만약에 그때 우리 국회가 촛불의 의견을 수렴해서 탄핵소추 의결을 하지 않았다면 그때의 분위기로는 모든 국민들이 '청와대로 쳐들어가자' 이렇게 했을 겁니다. 그렇게 되면 제2의 4·19처럼 청와대를 지키는 경호 병력과 계엄령이 발동돼서 광화문에 탱크부대가 나타나지 말란 법이 없었던 일촉즉발의 위기 상황이었습니다.

다행히 국회가 국민의 요청을 수렴해서 소추 의결을 했기 때문에…… 그래도 우리 국민들이 헌법 절차에 따른 헌법재판소의 탄핵소추 판결을 기대하면서 평화적인 집회를 할 수가 있었고 마침내 헌법재판소의 결정을 통해 세계 역사상 유례가 없이 살아 있는 현 대통령을 피한 방울 흘리지 않고 헌법적 절차에 따라 평화롭게 정권이 교체되고 선출되는 일이 가능했던 것입니다.

따라서 조현천 전 기무사령관이 주도해서 만들었던 이 계엄 문건은 정말 헌정질서를 뒤집는 동양대학교 표창장 위조 사실과는 비교가 안 되는 헌정질서 유린행위인 것입니다.

과연 우리 대한민국 검찰권이, 제한된 검찰의 행정력과 수사력이 어떠한 가치 기준에 따라 범죄행위에 배분돼야 될 것이냐. 예를 들어서 지나가다 담배꽁초 버린 사람 잡으러 다니는 데 써야 될 것이다.

어떠한 범죄마다 그 정권의 가치관에 차이가 있습니다. 박근혜 정권은 4대 악법, 4대 폭력—학교폭력, 가정폭력, 불량식품—처벌 주도해라, 박근혜 대통령이 말하니까 모든 경찰서에 4대범죄척결본부가 만들어지고 했습니다. 저는 그럴 수 있다고 봅니다. 왜? 각 국민이 선택한

2 김무성 의원: 자유한국당(부산 중구 영도구) http://mskim.co.kr

정권마다 중요하게 생각하는 가치가 차이가 있을 수가 있습니다.

보수적인 부분들의 정권이 들어서게 되면 국가보안법 위반 사건에 총력을 기울여라 그래서 모든 검찰청 국정감사 보고를 보면 '국가보안사범, 좌익사범 척결' 이게 검찰의 1번 목표로 국감 자료에 항상 나옵니다. 이게 성격마다 달라질 수가 있는 것이지요.

그래서 저는 이러한 문제에 대해서 그러한 형평성을 이야기하는 것이고 이런 형평성은 어떻게 만들어질 것이냐. 사실 판사와 검사에 대해서는 수사가 거의 이루어지지 않는 것 아니겠습니까? 경찰이 수사할 수가 있다? 경찰이 검찰 수사를 할 수가 있겠어요? 검사의 핸드폰이나 뭘 압수수색하려면 경찰이 직접 법원에 청구할 수가 없도록 우리 헌법에 전부 되어 있습니다. 경찰은 압수수색하려면 검찰에 신청을 해야 됩니다. 그러면 검사가 판단을 해 가지고 영장을 법원에 청구하는 것입니다. 즉 경찰은 직접 영장을 법원에 청구할 수가 없습니다. 그냥 검사 님한테 '청구해 주세요'라고 신청을 하는 겁니다. 신청을 기각하면 끝입니다. 그러니 경찰이 검찰을 수사할 수가 없습니다.

검사 스스로 수사가 됩니까? 김학의 사건을 통해서 볼 수가 있었습니다. 일반 네티즌들이 보더라도 명백하게 드러난 증거물을 가지고 불확실하다, 100분의 1, 1000분의 1, 1만 분의 1의 틀릴 개연성을 확대해석해서 계속 질질 끌다가 공소시효 지나고 흐지부지되는 경우가 한두 번이 아니었던 것입니다.

그래서 검사, 판사의 이러한 불법행위에 대한 조건이 견제와 균형이 필요하다는 것입니다.

저는 공수처의 권한도 남용될 수 있다고 봅니다. 그러나 공수처가 남용되면 검찰은 더 남용되지 않겠습니까?

여러분, 공수처가 남용하려고 해도 남용할 만한 그런 역량이 안 됩니다. 지금 공수처검사가 25명, 수사관 40명, 65명입니다.

국민 여러분!

대한민국 검찰이 몇 명인지 아십니까? 2300명의 검사를 가지고 있습니다. 7000명의 수사직원이 있습니다. 2300명에 7000명, 거의 1만 명 정도가 되는 수사인력이 검사동일체 원칙에 따라 검찰총장을 중심으로 한 몸처럼 움직이고 있습니다.

그리고 지금은 포렌식 수사, 모든 증거가 디지털화되어 있기 때문에 스마트폰이나 컴퓨터를 보지 않으면, 컴퓨터 서버를 수색하지 않으면 증거를 찾기 어려운데 이것을 할 수 있는 것이 디지털 포렌식이라고 합니다. NDFC(Natioanal Digital Forensic Center)가 200명의 과학수사관으로 구성되어 있는 게 바로 검찰청 대검 산하에 있습니다. 이런 막강한 조직에 비교할 수가 있겠습니까?

지금 공수처를 만들면 이것은 검찰조직의 100분의 1입니다. 경찰은 15만 경찰입니다. 15만 경찰, 1만여 명의 검찰에 비해서 검사 25명, 수사관 40명, 65명짜리를 놔두고 이것을 독일의 게슈타포라고 말하면 말이 되겠습니까?

황교안 대표님, 게슈타포 인원이 총 몇 명인지 아십니까? 100만 명이 넘습니다, SS친위대를 비롯해서. 영장 없이 밤에 가서, 대통령 이렇게 욕하고 그러면 황교안 대표님, 바로 밤에 잡아갈 수가 있는 조직입니다. 그런 조직과 어떻게 공수처를 비교합니까? 공수처는 야당도 참여하고 7명의 추천위원 중 6명이 동의해서 대통령이 임명하는데요.

그리고 공수처 수사의 비리행위는 검찰이 수사하도록 되어 있습니다. 공수처가 모든 기소권을 갖는 게 아닙니다. 공수처의 수사대상은 대통령을 비롯해서 저희 같은 국회의원, 판사, 검사, 군인, 고위공직자가 들어가 있습니다. 그러나 대부분은 수사권만 가지고 있고 기소권은 여전히 검찰이 가지고 있습니다. 유일하게 공수처가 기소권을 갖는 게 어디냐? 바로 판사, 검사입니다, 대법원장, 검찰총장, 판사, 검사 그다음에 경무관 이상의 경찰관. 이렇게 수사기관, 사법기관에 대해서는 기소영장을 다 그들이 독점하고 있기 때문에 공수처가 기소권을 갖지 않으면 견제할 수가 없는 것 아니겠습니까? 그렇기 때문에 예외적으로 검찰총장, 대법원장, 검사, 판사, 경무관 이상 치안정감, 치안감 이런 경찰관들에 대해서 수사권과 기소권을 갖도록 되어 있습니다.

그리고 '왜 그러면 고위공직자 수사할 때 사전 통보를 해야 된다는 독소조항을 넣었느냐' 이것을 언론에서 지적하고 야당 의원들이 지적하고 계시는데 사전에 통지를 해 주는 게 낫지, 수사하다가 이첩하는 것보다는 사전에 조정하는 게 낫지 않겠습니까? 사전에 통지가 되면 거기에 대한 답변을 해야 될 의무가 공수처에 있습니다, 수사를 하든지 안 하든지.

그리고 우리나라처럼 고소·고발이 많은 나라가 없습니다. 일반 시민도 국회의원을 비롯해서 지금 법무부장관, 대통령, 검찰을 수없이 고발합니다, 좌우익의 다 극단적인 시민단체, 일반 개인들이. 지금 우리나라 장관, 대통령, 고위공직자들, 고소·고발 안 돼 있는 사람이 하나도 없을 것입니다. 대부분은 다 근거 없이 각하될 것입니다.

이러한 것들을 다 정리해 줘야 됩니다. 이것을 할 수 있는 최소한의 견제장치인 것입니다. 실제로는 이 인력으로는 전체를 커버할 수도 없을 뿐만 아니라 야당 의원들이 우려하는 그런 것이 될 수도 없고 야당 의원들에 대해서는, 국회의원에 대해서는 기소권이 없습니다. 수사권만 있을 뿐입니다.

만약에 공수처가 불기소처분하게 되면 불기소된 사실을 검찰총장에게 통보하도록 되어 있습니다. 그래서 만약에 공수처가 봐주려고 공수처가 청와대의 주변을 수색했다, 예를 들어서 이렇게 봅시다. 지금 윤석열 검찰총장 체제에서 유재수 사건에 대해서 고소를 했다고 그럽시다. 유재수 사건에 대해서 지금 수사를 하려고 그러는데 수사한다고 이 공수처법에 따라 통지를 했다, 그러면 공수처가 이첩해라, 그래서 수사를 했는데 제대로 기소를 하지 않고 불기소처분을 했다 그러면 그것은 바로 검찰총장에게 통보하도록 되어 있습니다. 그러면 검찰총장이 불기소사유를 들여다보고 수사를 제기할 수가 있게 되어 있습니다. 견제할 수 있게 되어 있을 뿐만 아니라 공수처검사의 불법행위는 당연히 검사가 수사할 수 있도록 되어 있음으로써 서로 견제와 균형을 이루고 있다는 말씀을 드리겠습니다. 따라서 이처럼 공수처에 대해서 그렇게 침소봉대할 문제가 아니다.

그리고 많은 언론이나 또 야당 의원들이 공수처는 홍콩의 염정공서 이야기하지만 그것과 다르고 유례가 없는 것이다라고 이야기를 하는데 대한민국 검찰이 유례가 없는 조직이에요. 전 세계 대한민국 검찰 같은 조직이 유례가 없기 때문에 이러한 견제를 위해서 공수처라는 조직이 불가피하게 필요하게 된 것입니다.

그래서 구체적인 공수처의 그런 남용 가능성, 위험은 어떻게 국회가 통제할 수 있도록 되어 있냐면 검찰총장 같은 경우 국회가 부르면 오지를 않잖아요. 국회의원이 국정감사 때도 검찰총장이 유일하게 한 번 나타나고 그 이후에는 상임위에서 검찰총장 부르면 검찰총장이 나타나지 않습니다. 그렇지요? 그런데 공수처 처장은 국회가 부르면 나와서 설명하도록 되어 있습니다. 국회 통제를 의무화해 놨습니다. 야당 의원들께서 혹시라도 공수처가 정치적으로 편파적인 행위를 한다, 언제든지 국회 상임위에서 불러 가지고 따질 수 있도록 견제장치가 되어 있다는 말씀을 드리겠습니다.

그래서 모든 완벽한 게 없지만 이렇게 검사 25명, 수사관 40명, 65명짜리 미니 조직, 검찰청 한 지청만한 조직의 수사권 남용을 그렇게 걱정하신 분들이 2300명, 7000명의 수사직원을 거느린 1만 명에 가까운 이 검찰, 검사의 수사권 남용에 대해서는 걱정하지 않으셨습니까? 그러한 견제, 균형이 필요한 것이고 이것은 여야의 문제가 아닌 것입니다.

저는 국회 의정활동을 하면서 내가 지금 하고 있는 발언이 내가 야당이 됐을 때도 이 발언을 끝까지 지킬 것이냐, 항상 염두에 두고 발언을 하고 있습니다. 제가 한미 FTA를 노무현 정부 때 일관되게 지지하다가 이명박 정부 때도 인천광역시장 시절에 한미 FTA를 끝까지 지지했습니다. 여당 때 노무현 정부가 추진했던 한미 FTA를 야당이 되었다고 부정한 것은 옳지 않다고 봤기 때문에 그렇습니다.

마찬가지로 공수처 문제는 여야의 문제가 아니라 선출되지 않는 권력이 선출된 권력을 완전히 좌지우지하게 되어 있습니다. 예를 들어서 생각해 보십시오. 야당 여러분이 정권을 잡았을 때 우병우가 검찰을 좌지우지했습니다. 우병우 민정수석이 좌지우지했어요. 조국 민정수석과 검찰과의 관계하고는 완전히 딴판이었습니다. 완전히 조국 수석이 검찰을 좌지우지했습니까, 문무일 검찰총장 때? 상호 존중의 관계였고 서로 조심스러운 관계였지 전혀 그렇지가 않습니다. 지금도 김조원 민정수석과 지금의 윤석열 검찰총장의 관계가 청와대 민정수석이 좌지우지하는 관계입니까? 오히려 청와대가 검찰총장의 눈치를 보고 있는 그런 관계 아닙니까?

그러나 그때 여러분이 집권했을 때 우병우는 완전히 검찰을 장악하고 청와대를 보고 알아서 알아서 하명수사를 하는 상황이었습니다. 우리 추미애 여당 대표도 선거법 위반으로 기소했습니다. 지난 선거 때 얼마나 많이 기소했습니까? 저도 지하철에서 명함 몇 장 나눠 줬다고 기소를 했습니다, 무슨 대역죄를 지은 것처럼.

이렇게 검찰 권한이 남용된 것입니다. 이렇게 검찰이 권한을 남용하면 어떻게 됩니까? 검찰이 국민이 뽑은 국회의원 의석수를 좌지우지할 수 있게 만들게 되는 것입니다. 사실상 정치권력을 왔다 갔다 하게 만드는 선출되지 않는 권력으로 남용될 수가 있는 것입니다.

범죄 일선 현장에서 밤을 새우면서 법적 정의를 실현하기 위해서 고생하고 계시는 2300여 명의 모든 일선 검사들의 노력에 존경을 표합니다. 여러분의 노력을 폄하하는 것이 결코 아닙니다. 여러분의 역할에 대해서 충분히 저희는 존중하고, 우리 노무현 정부나 우리 문재인 정부만큼 검찰에 자주성을 주는 경우가 어디 있습니까?

그런데 우리가 야속한 것은, 이렇게 검찰에 자율성을 줄 때는 왜 그렇게 현 권력을 물어뜯으려 그럽니까? 아니, 수사하지 말라는 게 아니에요. 균형 있게 해 달라는 거예요, 균형 있게. 왜 역으로 더 달려드냐 이거지요. 아니, 검찰을 철저하게 짓밟고 검찰을 하수인으로 만들었던 이명박·박근혜정부 때는 그렇게 충성하고 청와대에 알아서 그렇게…… 그때 제대로 청와대에 결기 있게, 청와대의 그러한 국정농단에 대해서 제대로 한번 용기 있게 말한 검사가 몇 명이나 있었습니까? 해도 너무한 것 아니겠습니까, 여러분? 자기반성이 필요한 게 아니겠습니까?

제가 오늘도 자살했던 최경락 경위의 형과 통화를 하고 왔습니다. 최낙기 씨한테 정말 죄송하고 억울한데 아직도 최경락 경위의 억울한 죽음이 밝혀지지 않고 있습니다.

여러분 아시다시피 우병우 국정농단 시절에 김진태 검찰총장, 황교안 법무부장관 체제였습니다. 그때 정윤회 사건의 동향을 보고한 문건이 유출됐다 그래 가지고 정윤회 국정농단 사건이 중요한 게 아니라 문건을 누가 유출했느냐고 완전히 본말을 전도시켜서 유출자 색출작업에 들어갔습니다. 그래서 애꿎은 박관천 경정 밑에 있는 최경락 경위한테 그 죄를 뒤집어씌워서 문서유출죄로 구속영장을 청구했는데 영장이 기각됐습니다.

기각돼 가지고 나왔는데 왜 자살했는가 여러분 의문이 가시지요? 기각돼서 나오자마자 서울중앙지검에서 출두하라고 다시 연락이 온 겁니다. 그걸 보고 최경락 경위는 절망했습니다, '야, 이 권력이 나를 죽이려고 작정을 했구나. 영장이 기각됐는데 기각되자마자 다시 소환을 해?'

영장이 기각될 때 변호사비가 1000만 원이었어요. 그 1000만 원이, 자기가 모시고 있는 어머니가 경기도 이천의 임대주택 아파트에 살고 있는데 보증금이 3000만 원입니다. 그 보증금을 빼 가지고 1000만 원 겨우 변호사비를 만들어서 영장 기각을 했는데 또 검사가 불러서 영장 청구한다고 그러니 '이 불효자식이 어머니를 모시지는 못할망정 어머니의 마지막 임대보증금까지 까먹으면서 내가 이것을 변호를 할 자신이 없었기 때문에 내가 죽어야 되겠구나' 해서 자살을 하게 된 것입니다.

1969년생 경기도 이천 출신 꽃다운 청춘이 대한민국 법질서를 바로잡겠다 경찰에 투신해서 16년 동안 열심히 복무한 결과 이 국정농단의 죄를 대신 뒤집어쓰고 억울하게 자살을 당했던 일종의 타살행위인 것입니다. 이것이 어떻게 검찰의 비호 없이 가능했습니까? 황교안 당시 법무부장관님, 말씀을 해 보십시오. 이런 억울한 행위가 어디 있습니까? 이게 표창장 위조 사건하고 비교가 될 사건입니까?

이번에 백 모 6급 수사관이, 동부지검 소속이 자살을 했습니다, 유재수 사건 관련돼 가지고. 그런데 이 양반이 왜 자살했습니까? 백원우 비서관이 갔을 때 백원우 비서관의 품에 안겨서 유가족들이 억울함을 호소하고 울었습니다. 윤석열 총장한테 '미안하다'라고 유서를 썼다고 그럽니다, 자기 가족들을 잘 돌봐 달라고. 윤석열 총장이 총애했던 사람으로 알려져 있습니다. 전라북도 출신 69년생, 전북대학교 나온 이 백 수사관은 아주 일을 잘했기 때문에 이명박 정부 때도 청와대에 파견돼서 근무했던 친구입니다. 그런데 이게 갑자기 자살을 당하게 된 것입니다.

(문희상 의장, 주승용 부의장과 사회교대)

이와 유사한 사건이 또 있습니다. 이게 바로 울산 사건입니다. 지금 김기현 전 울산시장 관련 하명 사건으로 송철호 시장과 여러 가지, 청와대와 대통령을 공격하고 있습니다.

유재수 사건은 저는 수사가 필요하다고 봅니다. 철저히 수사하시기 바라겠습니다. 그러나 적어도 저는 김기현 측근, 동생과 형에 관련된 측근 비리사건은 토착비리 의혹 은폐사건으로 규정해야 된다고 생각합니다. 제가 직접 울산에 내려가서 담당 김홍태 씨와 인터뷰를 해 봤고 이 사건 수사를 담당했던 성해구 경찰하고도 지금 통화를 해 봤고 또 수사를 총괄했던 황운하 경찰청장을 만나서 자세한 경위를 들어 봤습니다.

여러분, 황운하 경찰청장은 대전 출신으로 경찰대학교 1기생입니다. 검경수사권 조정에서 경찰의 수사권 독립을 선도해서 주장해서 검찰로부터 미운털이 박힌 사람입니다.

이 황운하를 보면 저는 윤석열 총장이 생각납니다. 윤석열 총장이 원세훈 국정원장의 댓글 조작 선거개입 사건에 대해서 황교안 장관이나 검찰 수뇌부의 압력을 뚫고 선거법 위반으로 수사를 하다가 채동욱 당시 총장 있을 때의 그러한 수사 외압에 대해서 울분을 토로한 적이 있습니다. 저는 그때의 윤석열 총장의 모습이 황운하 총장의 모습과 오버랩된다, 그래서 저는 이런 표현을 씁니다, 경찰의 윤석열이 바로 황운하다. 검찰총장 이전의 윤석열의 모습이었습니다.

황운하 청장은 왜 이런 일이 벌어졌습니까? 고래고기 사건이라는 게 나타났습니다. 여러분, 고래고기 사건은 이미 언론에 많이 알려졌지만 다시 한번 요약하면 고래고기가 27t이 있었는데 고래를 보니까 이게 불법 어획된 것으로 보인다는 거지요. 왜냐하면 또 울산이 고래축제를 했는데 요즘에는 고래축제가 고래 살리기, 바다 살리기, 환경친화적으로 바뀌고 있습니다만 그때만 하더라도 고래축제는 고래고기 먹고 술 한 잔 먹는 축제가 되었습니다. 고래고기의 수요가 필요할 때였습니다.

그러니 불법 도축업자들이 밍크고래를 잡으면 다 불법이지만 그물에 우연히 걸렸다고 거짓말을 해서 사실상 잡은 밍크고래를 불법유통하는 게 비일비재했습니다. 그런 상황에서 27t의 불법된 걸 경찰이 압수를 한 겁니다, 이것을 잡아 가지고, 현장을 잡아 가지고.

그래서 검찰의 지휘를 받는데 검찰이 '27t 중에 6t은 불법 폐기하고 나머지 21t은 돌려줘라, 업자들한테' '왜 돌려줘야 되느냐?' 'DNA 검사가 다 안 돼서 이게 불법 도축된 건지 아닌지 불확실하니까 이것 놔 두면 보관하기 어려우니까 돌려줘서 축제 때 고기나 먹게 해 주라' 이런 취지 아니었습니까?

그래서 황운하 청장은 이에 대해서 승복할 수가 없었기 때문에 '아니, 이걸 왜 돌려줘야 되느냐, 이게 문제가 있는 게 아니냐'. 그런데 보니까 돌려주게 된 그 액수가 약 30억에서 40억이 되는 비용, 밍크고래 40마리 분량이라고 그러는데 그걸 돌려주면, 돌려주는 그 업자의 변호사가 바로 울산지검 특수부 출신 검사였습니다. 특수부 검사 출신 변호사였습니다. 그리고 거기 있는 지금 담당 검사들은 다 자기가 알던 검사들이고, 그렇게 해서 성공보수금을 2억 원을 받았다는 것 아닙니까?

그러니까 누가 보더라도, 아니, 윤석열 총장께서 그 현행 황운하 경찰청장의 입장이었다면 당연히 의혹을 가지고 수사를 해야 되지 않겠습니까? 그래서 황운하 청장이 고래고기를 환부 조치한 검사를 상대로, 여자 검사님이셨는데 출두요구서를 보냈더니 출두를 안 했습니다. 서면조사를 보냈더니 서면조사도 응하지 않고 외국으로 유학을 가 버렸습니다. 이게 강제수사를 하려면 검찰이 영장청구를 해 줘야 될 것 아닙니까? 안 해 줍니다.

그때부터 울산지검에서는 새로 온 이상한 황운하라는 경찰청장이 건방지게 검사를 상대로 소환장을 발부하고 검사들이 판단해서 한 환부 조치에 시비를 걸고 있다, 이것 손 좀 봐야 되겠다 이렇게 싸움이 시작된 것입니다, 검경 싸움이.

그래서 문제는 김기현 씨 사건에 들어가면 김기현 이분은 아시다시피 울산지방법원 판사입니다. 울산 출신으로, 향판으로 그 지역사회 유지이고 이 울산지역은 단 한 번도 우리 민주당이 집권해 본 적이 없는 만년 자유한국당의 텃밭인 곳입니다. 모든 유력인사들이 다 같은 네트워크로 연결되어 있다고 해도 과언이 아닐 것입니다.

그 시기에 김기현의 형이라는 김종현이라는 분과 그 동생 김삼현이라는 두 형제가 있었습니다. 특별한 직업이 없고 사업도 실패한 것으로 알려져 있습니다. 형과 동생은 다 제일 잘나가는 김기현 판사, 차기 울산시장이 될 분에 대해서 기대를 하고 선거운동을 도왔습니다. 형과 동생이 다 선거운동을 도왔다고 그럽니다.

그런데 그 와중에 어떤 일이 발생했느냐? 효성해링턴이라는 아파트 부지가 생겼습니다. 여기를 김홍태라는 사람이 이 아파트 부지를 불하받아서 PF를 해 가지고 아파트를 개발하려고 그랬는데 그 PF를 담당했던 우방건설이 부도가 나서 PF를 못 하게 되니까 잔금을 못 치러서 이 부지의 사업권이 애플씨앤디라는 시행사 회사로 넘어가게 됐습니다. 그런데 애플씨앤디 시행사의 사장 박종현이라는 사람이 이 김기현 울산시장 형과 친구라고 그럽니다. 그래서 이분들은 울산시장이 되면 아파트 사업을 개발하려고 꿈에 부풀었지 않겠습니까? 이것을 개발하려면 토지수용절차가 필요하고 문화재 발굴을 해서 문화재 발굴이 없다는 증명이 필요하고 여러 가지 절차가 필요한데 그런 허가가 제대로 안 나와서 사업이 안 되고 있었어요.

그런데 김기현 시장이 딱 당선되자마자, 그러니까 당선되기 전에 이 김홍태라는 친구는 다시 아파트 개발권을 돌려 오기 위해서 애플씨앤디가 지금 PF를 못 하고 있으니까 애플씨앤디 사업권을 자기한테 다시 되돌려 주면 30억을 주겠다는 계약을 김기현의 동생 김삼현과 체결하게 됩니다. 그때 이 김홍태의 주장에 따르면 김삼현이 자기 형이 울산시장 당선이 유력한데 시장에 당선되면 이 사업 다 하게 해 줄 테니까 그러면 30억 줘라 이렇게 해서 합의계약서를 체결했다는 것이지요. 충분히 예측 가능한 시나리오입니다.

그러면 그때 누가 있었느냐, 그때 두 사람의 증인이 있었는데 윤영대·김영진이라는 두 증인이 그때 이 계약을, 30억짜리 그 계약을 중개를 선 겁니다. 그래서 윤영대와 김영진의 진술에 따라서 이 30억짜리 계약이 분명히 문제가 있다라고 황운하 청장은 판단을 한 것이지요.

그런데 김기현 울산시장이 당선되고 나서 형 김종현과 김삼현의 이야기를 들어 보니까 김삼현은 애플디앤씨 이 사업권을 김홍태한테 돌려주면 30억을 주기로 계약을 했다고 그러고 자기 형 김종현은 애플씨앤디 개발회사 사장 박종현과 친구관계이고 뭔가 협력이 있는 것으로 보여지기 때문에 김삼현이 약속한 것을 취소시켜 버리고 들어주지 않고 사업권을 애플씨앤디에다 줘서 애플씨앤디가 개발하는데 악성채무가 있어서 제대로 PF가 안 되니까 이것을 애플디앤씨로 갑자기 법인을 변경해 버립니다. 그러고 나서 모든 허가절차가 일사천리로 돼 가지고 아파트 개발을 해서 다 분양해서 이게 끝나게 되니까 이 김홍태가 고발하게 된 것이지요. 이것 뭔가 절차를 위반했다, 이것 토지수용절차도 위반이고 문화재 발굴도 안 됐는데 허가서도 없는데 어떻게 이렇게 허가가 나서 아파트가 개발될 수 있었느냐…… 울산지역에서 파다한 특혜 시비가 있었던 사안인 것입니다. 그래서 황운하 청장은 이에 대해서 김홍태가 고발했기 때문에 수사에 들어가게 된 것입니다.

그러면 제가 생각할 때 검찰은 당연히 합리적 의심을 할 수가 있고 그리고 수사를 해야 되는데 오히려 철저하게 고발인을 수사하고 피고발자를 철저히 옹호를 해 줍니다. 예를 들어서 김삼현·김종현을 다 무혐의처분을 해 버렸는데 무혐의처분 사유가 뭐냐? 자기 형이 울산시장 되면 사업권 주기로 했다는 그 말을 경찰에 와서 네 번이나 일관되게 진술했던 윤영대·김영진이라는 두 참고인이 검찰에 가더니 딱 말을 바꿔서 그런 말을 들은 적이 없다라고 바꿔 버립니다. 경찰에 네 번이나, 수사관이 바뀐, 네 번 일관되게 진술했던 것을 검찰에서 바꿔 버린 것을, 검찰이 마치 변호사 변론요지서 쓰듯이 그것을 이유로 불기소처분을 하게 된다는 게 말이 됩니까? 나는 그게 이해가 안 되고요.

또 하나 결정적인 것은 뭐냐? 윤석열 총장께서 꼭 이걸 들어 봐야 되는데…… 그 전임한 시기에 김기현의 형 김종현에게 4400만 원, 동생 김삼현에게 1억 8000만 원의 현금이 입금됩니다. 그게 FIU로부터 경찰청에 통보가 됐어요. FIU라는 것은 여러분이 아시다시피…… 국민 여러분, FIU는 금융정보분석원입니다. 금융정보(finance information). FIU(금융정보분석원)에 모든 금융기관들이 1000만 원 이상 현금 거래를 하게 되면 통지하도록 되어 있습니다. 그 통지된 것 중에 의심스러운 거래는 수사기관에 통보하도록 되어 있습니다. 그래서 FIU로부터 김기현의 형 김종현의 통장에 4400만 원, 김기현의 동생 김삼현에게 1억 8000만 원이 입금된 사실을 통보받고 이것을 누가 줬냐? 이것은 분명히 애플디앤씨라는 개발사에서 사업 특혜로 준 것으로 의심이 되기 때문에 입금자의 계좌를 추적하겠다고 영장 신청을 검찰에 했는데 계속 기각을 시킨 겁니다. 어떻게 기각이 되냐고요, 이게.

지금이라도 계좌는 남아 있기 때문에 영장 청구를 해서 그 계좌를 압수수색해 보면 김기현 관련 측근 비리가 있는지, 사실인지가 확인될 것으로 저는 생각이 됩니다.

그런데 저는 여기서 또 하나 안타까운 것은, 최경락 경위의 자살당한 것과 같은 은폐 사건이 또 발생합니다. 그게 뭐냐 하면 당시 김흥태 고발인과 아주 친하게 지내고 사적 거래를 하고 있고 아파트 민원을 제기했던 이형곤이라는 사람이 있었는데 이 사람을 검찰이 불러다가 이 김흥태가 나쁜 놈이니까 김흥태를 사기죄로 고발하라고 검사가 고발을 종용합니다. 그 종용한 사실을 이형곤이 직접 김흥태에게 와서 자백을 했어요. 그 녹취록을 가지고 있습니다. 그래서 이형곤이 자기가 미안하다……

(자료를 들어 보이며)

김흥태한테 써 준 진술서에 따르면, 내가 갔더니 문 모 검사가—내가 이 검사 이름은 말하지 않겠습니다만—자기한테 김흥태를 고발해 달라고 강요를 하더라, 그리고 미안하다는 이 사실확인서를 써 줍니다.

그런데 강요에 못 이겨서 결국 김흥태를 고발하게 되고 그 고발 이유로 김흥태를 구속시켰습니다. 구속시키고 나니까 김흥태가 억울해서 손목을 칼로 긋고 자살을 시도하니까 그 사실을 알게 된 이 양반이 마음의 가책을 느꼈는지 자살을 해서 돌아가시게 되었습니다.

사람이 죽습니다. 사람이 왜 죽습니까? 검찰 때문에 죽습니다. 검찰의 이 수사가 무서우니까 죽는 것 아니겠습니까? 검찰의 수사라는 것은, 사실 사람을 압수수색하고 구속시키고 이러면 한 가정을 파괴하고 모든 사회적 생명의 숨통을 끊는 행위가 되기 때문에 별건수사를 비롯해서 이 잡듯이 뒤집어 대면 살아남을 사람이 별로 없습니다. 사실 쉽지가 않습니다. 그래서 이 억울한 죽음도 저는 밝혀내야 된다고 봅니다. 그래서 저는 이러한 행위들에 대해서 검찰이 바로 응답해야 된다라고 생각합니다.

윤석열 총장이 조직에 충성하지 않는, 헌법에 충성하는 검찰총장이 되겠다고 말씀했습니다. 저도 그렇게 말을 교정한 것에 대해서 환영을 합니다. 조직에 충성하는 총장이 돼서야 되겠어요? 대한민국헌법에 충성해야지.

우리가 박근혜 정권을 탄핵했던 이유는 뭡니까? 권력의 사유화입니다, 사유화. 이 권력을…… 헌법 1조 1항, 대한민국은 민주공화국이다. 대한민국의 모든 권력은 국민에게서 나온다라는 이 헌법 1조 1항과 2항의 정신에 투철해서 지금 나한테 주는, 내가 가진 국회의원으로서의 나의 권한과 검사로서의 나의 권한, 대통령으로서의 나의 권한은 철저히 국민의 위임으로부터 나온다, 그 위임을 명시한 게 헌법이다 이런 사고를 가진다고 한다면 저는 윤석열 검찰이 잘해야 된다고 봅니다.

저는 사법시험 공부할 때 형사소송법에서 검찰은 공익의 대변자라고 들어 왔습니다. 미국은 검찰청, 법무부를 디파트먼트 오브 저스티스라고 그럽니다. 저스티스, 정의를 지키는 검사입니다. 그래서 검사는 피의자를 수사하다가 피의자한테 유리한 사실이 나오면 그 사실을 더 수사해 가지고 무혐의처분을 할 수 있어야 그게 진정한 공익의 대표자인 것입니다. 오로지 자기들이 예단을 해 놓고 유리한 증거를 채택해 주기는커녕 배척하고 거꾸로 불리한 증거를 조작해서 자신들이 목표한 표적을 맹수가 사슴을 사냥하듯이 때려잡는 이러한 검찰은, 그것은 완전히 조직폭력과 다를 바가 뭐가 있겠습니까?

진정으로 검찰이 공익의 대표자가 되려고 한다면 수사의 상황을 자기가 사유화하지 않고 정말 실체적 진실을 편견 없이 밝힌다는 열린 자세의 검찰권 행사가 필요하다고 생각합니다.

따라서 지금 황운하 청장이 미운 놈이고 보기 싫은 놈이고, 경찰수사권 독립을 하니까 쟤가 하는 것은 전부 다 무시하고 반대만 하고, 저쪽 증인들은 거꾸로 다 뒤집어씌워서 이렇게 은폐하는 행위를 해서는 안 됩니다. 이것은 마치 윤석열 검사가 원세훈 사건 수사했을 때 검찰 상충부에서 실체적 진실을 막기 위해서 은폐 압력을 넣었던 것과 아주 유사한 상황인 것입니다.

진정으로 윤석열다운, 국민들이 박수를 쳤던 윤석열다운 검사로 돌아오려면 이 행위에 대해서는, 이 황운하 청장의 정당한 의심과 수사행위에 대해서 이러한 합리적인 영장청구를 기각했던 검사, 그때 고래고기를 은폐시켰던 검사, 김기현 형·동생의 1억 8000만 원, 4400만 원의 출처 불명의 현금이 오간 것에 대한 압수수색 영장청구를 기각했던 검사를 불러다가 '당신, 왜 그렇게 됐는지', 다시 수사를 해서 밝히는 것이 진정으로 헌법에 충성스러운 검사라고 저는 생각을 합니다.

다 우리는 한계가 있는 사람들입니다. 다 저도…… 삼권을 분립한 이유가 그것이지 않습니까? 몽테스키외가 삼권을 분리할 때 권력을 선하게 보지 않습니다, 권력은 남용될 수밖에 없다. 액튼 경이 말한 대로 절대 권력은 절대 부패한다. 그래서 권력은 견제와 균형이 필요하다. 그래서 입법·사법·행정을 나눠 놨습니다. 그렇지 않으면 사실 히틀러처럼 총통제로 국회를 해산시키고, 북한처럼 완전히 거수기로 만들고, 박정희 때처럼 유신헌법으로 할 수도 있었겠지요. 그래서 저는 국회가 매우 중요하다고 생각합니다.

마찬가지로 이 검찰 권력도 견제받지 않는 권력인 것입니다. 그래서 검찰에 대한 최소한의 견제 장치로서 25명 이 공수처 법안은 충분히 저는 수용할 수 있는 한도이고, 그래서 국민 70%가 지지하고 있는 것입니다.

야당 의원님들, 본인들이 그렇게 걱정할 수 있지만 국민 70%가 동의한다는 것은 그만큼의 열망이 있다는 것 아니겠습니까? 아니, 도대체 이 공수처가 무슨 일반 시민들을 수사하겠습니까. 공수처가 만들어진다고 일반 시민들이 두려워할 이유가 뭐가 있어요. 공수처 수사대상이 아닌데, 일반 국민은. 공수처가 만들어지면 가장 걱정할 사람이 누구에요? 판사·검사 아닙니까, 판사·검사.

판사·검사 아닌 국회의원, 청와대에 있는 사람도 두려워하겠지만 이분들은 이미 공수처가 아니더라도 검사들이 다 수사하고 있어요. 이미 다 수사하고 있지 않습니까. 오로지 검사가 수사 못하고 있는 데가 어디입니까? 판사·검사지요, 판사·검사. 중이 제 머리를 못 깎는 것처럼. 그러면 공수처가 생김으로써 가장 긴장해야 될 사람이 판검사 아닙니까? 그런데 왜 국민하고 무슨 상관이에요, 이게 국민하고.

그래서 판검사가 공수처 때문에 눈치를 보고, 권력에 길들인다? 그렇지가 않는 것이 말씀드린 대로 공수처는 절대 대통령이 통제할 수가 없습니다. 딱 임명될 때 약간의 영향을 미치겠지만 그 정도 영향은 검찰총장에 대한 영향이 훨씬 더 큰 것입니다.

그래서 검사 25명, 수사관 40명의 이런 미니…… 아마 검찰청 부천지청이 그 정도 될까요, 숫자가? 김경협 의원님,[3] 부천지청 검사가 몇분입니까? 아무튼 그것보다 적을 겁니다. 아무튼 조그마한 지청 정도 수준의 그 인력을 가지고 이것을 독일의 게슈타포에 비교를 하는 황교안 대표의 상상력은 너무 많이 나간 게 아닌가 이렇게 생각이 됩니다.

그리고 아까 말씀한 대로 이 공수처가 남용을 하면 국회가 언제든지 부를 수가 있다니까요. 야당 의원님들이 언제든지 상임위 소집해서 같이 요청하면 나와서 해명하도록 되어 있습니다, 안 되면 탄핵할 수가 있고. 공수처의 잘못은 검찰청이 수사할 수가 있습니다. 검찰이 가지고

---

3 김경협 의원: 더불어민주당(경기 부천시 원미구갑) http://www.kimgh.com

있는 막강한 수사 역량의 조족지혈입니다, 공수처 숫자는.

그래서 이것을 막으려고 무슨 대단한 독립운동하듯이 여기서 의장석을 둘러싸고 이렇게 해서야 되겠어요? 연로하신 의장님이 정말 건강도 안 좋으신데 이렇게 국회선진화법을 무력화해서야 되겠습니까? 그래서 저는 이 행위도 검찰의 책임이 크다고 봅니다. 명백한 선진화법 위반행위가 벌어졌음에도 불구하고 지금 며칠 됐습니까? 몇백 일이…… 이렇게 수사도 안 하고 이게 있을 수가 있어요? 도대체 나는 이해를 할 수 없는데……

(「7개월」 하는 의원 있음)

7개월? 아니, 동영상 다 찍혀 있고, 증거가 다 확보되어 있는데 왜 수사를 않고…… 아니, 기소를 안 합니까? 안 하면 기소라도 해야지. 아니, 조국 장관의 부인인 정경심 교수는 분초를 다퉈 가지고 아예 소환조사도 하지 않고 그냥 기소를 했다가 공소장 변경 요구를 하고 난리를 치는데 아니, 야당 국회의원들은 이미 전부 채증이 확보되어 있고 모든 동영상이 되어 있는데 아직도 하지 않고 있으니까……

(「국회법 위반한 것에 대한 정당방위예요」 하는 의원 있음)

어제는 나는 우리 야당 의원들이 아예 대 놓고 불법행위를 해서 깜짝 놀랐어요.

국회법 165조 읽어 보겠습니다.

제165조(국회 회의 방해 금지) 누구든지 국회의 회의(본회의, 위원회 또는 소위원회의 각종 회의를 말하며, 국정감사 및 국정조사를 포함한다.)를 방해할 목적으로 회의장이나 그 부근에서 폭력행위 등을 해서는 아니 된다. 그래서 '아니 된다' 해 놓고 만약에 이 165조를 위반해서 국회의 회의를 방해할 목적으로 회의장이나 그 부근에서 폭행, 체포……

우리 국회의장님 폭행했지요? '사퇴하세요' 하신 그 의원님이 이렇게 막, 그 의원님이 누구시지요?

(「이은재 의원」[4] 하는 의원 있음)

이은재 의원님이 동영상에 그대로 나왔습니다. 폭행, 체포·감금, 협박, 주거침입·퇴거불응, 퇴거불응했지요? 의장께서 경위 발동해서 퇴거를 수차례 단상에 요청했지만 불응했습니다. 재물손괴의 폭력행위를 하거나 이러한 행위로 의원의 회의장 출입, 공무집행을 방해한 사람은 5년 이하의 징역, 1000만 원 이하의 벌금에 처한다.

이 구속요건은 해석의 논란의 여지가 없게 구체적으로 명시를 해 놓았습니다. 이것은 법대 1학년생, 로스쿨 1학년생이라도 바로 구속요건 해당성 인정, 기소할 수 있는 사안이에요. 이것을 사법고시 합격해 가지고 수십 년 검사한 사람이 이 구속요건에 해당되는지 안 하는지 아직 불분명하기 때문에 더 수사를 해야 된다고 그러면 검사 자격이 있습니까? 이게 문제 아

---

4 이은재 의원: 자유한국당(서울 강남구병) http://www.assembly.go.kr/assm/memPop/memPopup.do?dept_cd=9770947

닙니까? 이러니 무슨……

다시 한번 정리해서 말씀드리면, 대통령 측근이나 조국 수석이나 청와대 비서관 수사한 것을 저희들이 비판하는 게 아니라 왜 선택적 정의를 정무적 판단으로 현저하게 불공정하게 하는가를 지적하고 있는 것입니다.

국가는 폭력의 독점체입니다. 모든 무력을 가지고 있고 사적인 권리구제를 금지하고 있습니다. 아까 의원님 말씀한 대로 정당방위나 긴급피난 같은 특수한 상황이 아니고서는, 어떤 범죄인이 내 아들을 죽였더라도 내가 그 현장에서 그것을 죽이지 않은 이상 하루 지난 뒤에 내 아들을 죽인 범죄인을 내가 죽이게 되면 나도 살인죄가 되는 것입니다. 그것처럼 사적인 권리구제를 금지한 이유는 뭡니까? 사적인 권리를 허용하게 되면 완전히 사회질서가 유지되지 않기 때문에 그렇습니다. 그러면 어떻게 되느냐, 대신 폭력의 독점체인 국가가, 검찰 권력이, 여기에다 고소·고발하면 대신 내가 네 억울함을 해결해 줄게라고 있는 것이 바로 국가입니다. 국가의 폭력의 독점은 대외적으로는 군인, 군대의 형태로 국가의 주권을 지키는 것으로 나타나고 국내적으로는 검찰 권력을 통해 나타납니다.

그동안 독재시대 때는 기무사·국정원이 사실상 권력을 행사했지만 민주주의 시대가 된 지금은 국정원·기무사의 국내 사찰이 금지되어 있고 음성적인 권력 행사가 통제되기 때문에 모든 권력은 검찰에 집중되어 있습니다. 그러면 검사가 이것을 대신 공정하게 해결을 해 줘야지, 사적권리를 금지시켜 놓고 검사가 정말 억울한 것을 해결을 안 해 주고 임의로 기소편의주의로 자기 마음에 드는 사람은 계속 수사를 미루고 불기소처분해 버리고 미운털 박힌 놈은 이 잡듯이 수사해서 하게 되면 이 사회가 유지될 수가 있겠습니까? 공정한 수사권 행사가 필요하고요.

또 하나, 차제에 저는 법원의 검찰권 행사를 통제하는 재정신청제도를 두 가지를 바꿔야 된다고 봅니다.

하나는 뭐냐, 여러분 아시다시피 우리나라는 기소폐지주의입니다. 기소라는 것이 수사종결 처분을 말하는데, 수사종결처분 중의 하나가 기소입니다. 수사를 해 가지고 마지막 최종 종결할 때 이것을 무혐의처분할 거냐, 공소 보류를 할 거냐, 기소유예를 할 거냐, 기소처분을 할거냐, 구약식 벌금형을 할 거냐, 이러한 종결처분을 검사가 최종 결정을 하게 됩니다. 그럴 때 분명히 우리가 봤을 때는 기소해야 될 사안인데 검사가 불기소를 해 버린다, 기소유예를 해 버린다 그렇게 되면 우리가 검사를 못 믿겠으니까 판사님한테 기소 좀 시켜 주세요, 재판 좀 받게 해 주세요라고 하는 것이 재정신청제도입니다. 특히 이런 수사권력의 권한남용에 대해서는 재정신청이 허용되어 있는데, 선거법도 마찬가지입니다. 되어 있는데, 문제는 무슨 맹점이 있느냐? 재정신청을 담당할 전담재판부가 우리나라에 없어요. 그러니까 재정신청사건을 판사들이 제대로 심리를 하지 않습니다. 그냥 캐비닛에 처박아 놓고 대충 기각해 버립니다. 재정신청 인용률이 1%도 채 안 됩니다. **99%**가 다 기각입니다. 왜? 인용하려면 판결문 쓰기가 너무 힘들어요. 검사의 주장을 배척하기가 부담스러워요. 그러니까 안 합니다. 대부분 재정신청 기각입니다. 어쩌다 한두 개씩 인용이 됩니다.

그리고 두 번째, 인용이 되면 공소유지 담당을 대한변협이 추천하는 변호사한테 공소유지를 시켜야 될 것 아니겠습니까? 그런데 현행 우리 형법이, 형사소송법이 개정이 되어 가지고 변호사한테 공소유지 담당하라는 게 아니라 다시 검사 보고 공소하라고 하게 되어 있습니다.

검사의 불기소처분에 대해서 이의를 제기해서 법원에서 재정심판을 해서 부심판결정을 내리면 재판이 시작되는데 검사한테 다시 맡기면 검사가 일종의 금반언의 원칙, 자기가 했던 말을 뒤집어야 되잖아요? 검사동일체 원칙에 따라 검사가 한번 불기소했는데 법원이 기소해라, 이렇게 하게 되면 검사가 자존심이 상해서 부심판재판에서 무죄를 구형하는 검사도 나타날 정도로 이런 해프닝이 발생하고 있는 것입니다. 검사가 한번 불기소처분했던 것을 재판부가 기소하라 그러면 그 공소유지를 열심히 하겠습니까, 대충대충 하지? 그래서 저는 원래의 형소법으로 개정되어서 변호사가 공소유지 검사를 맡아야 된다고 봅니다.

여러분 유명한 권인숙 부천서 성고문 사건 때 문귀동 그때 당시 경찰이 성고문을 했는데 전두환 정권에서 기소유예처분을 했습니다. 그래서 재정심판청구를 해 가지고 법원이 일리가 있다 그래서 재판에 붙여라 하고 부심판결정을 내려서 공소유지 담당을 인권변호사로 유명했던 조영황 변호사가 공소유지 검사로 임명이 되어서 그분이 공소를 제기해서 문귀동을 실형을 받게 했던 것입니다. 그렇게 저는 형소법이 개정되어서 검찰에 대한 견제장치가 제대로 작동되도록 해야 된다, 이렇게 생각을 합니다.

존경하는 국민 여러분!

문희상 의장님과 선배·동료 의원 여러분!

이제 20대 국회가 저물어 가고 있습니다. 4년 동안 우리 국민들께서 20대 국회에 대한 많은 기대를 했는데 기대에 부응하지 못한 점에 대해서 송구스럽게 생각합니다. 그러나 저희들이 어찌됐건 탄핵절차를 마무리했던 의미가 있는 결정을 했던 20대 국회이기도 합니다.

저는 우리 야당 의원들 중에서도 공수처법 수용하자는 분을 많이 만나 봤습니다. 저는 심재철 원내대표님이나 나경원 원내대표님이나 아니, 교섭단체대표가 왜 교섭을 안 하는지 모르겠어요. 투쟁단체 대표가 아닙니다. 원내 교섭단체라 그럽니다. 교섭하는 겁니다. 교섭을 지금이라도 하세요. 아니, 공수처법에 독소조항이 있다면 하시라고요.

저는 김대중 대통령의 한 일화를 소개하면서 제 말씀을 마무리하겠습니다.

저는 김대중 대통령님을 존경하고 있습니다. 김대중 대통령님의 전기를 읽어 보면 여러 가지 배울 점이 있는데 그중의 하나가 한일협정에 관한 문제였습니다. 당시 여러분 아시다시피 김대중 대통령께서 야당의 대변인이었습니다. 그때 1965년, 64년 한일국교정상화회담이 추진됐습니다. 김종필·오히라 각서가 나오고 이러면서 극렬한 반대 투쟁이 벌어졌습니다. 그때 윤보선 전 대통령 이하 모든 야당 인사들이 제2의 을사늑약, 굴욕적인 한일국교 정상화 반대 데모를 했고 6·3 사태가 발생하고 위수령·계엄령이 발동할 정도의 비상한 상황이었습니다.

그랬을 때 김대중 당시 대변인이 한일국교 정상화 찬성을 하게 됩니다. 그래서 사쿠라로 몰렸습니다. 그때 김대중 대통령이 야당에서 사쿠라로 몰리면서도 한일국교 정상화 찬성을 했던 이유는 첫 번째, 이것을 만약에 찬성을 않고 계속 반대만 하면 아주 악화된 원안대로 통과되어 버릴 수가 있다, 참여해서 한일어업협정이나 위안부 문제나 독소조항을 개선하지 않으면 이게 더 악화되어 버릴 수가 있다, 자기들은 선명한 야당성을 주장했다는 알리바이는 성립되겠지만 실제 국가를 위해서는, 국민을 위해서 실질적인 역할을 야당이 못 해 버린다는 것이지요. 개선을 못 해 버린다고.

두 번째, 미국이 강력하게 요청하고 있기 때문에 안 될 수가 없을 것이다 또 박정희 정권이 사활을 걸고 추진하고 있다 또 우리 경제 발전을 위해서 시드머니가 필요한 상태이다. 여러 가지 요건을 봤을 때 불가피하게, 마음에 들지 않지만 이 현실을 인정하고 참여해서 독소조항을 개선해서 굴욕적인 협상이 되지 않도록 야당 본연의 역할을 충실히 해 보자는 게 김대중 총재의, 김대중 당시 대변인의 논리였습니다.

많은 사람들이 그때 비판을 했습니다. 사쿠라라고 비판을 했지만 저는 그것이 김대중의 오늘을 있게 했던 자신의 어떤 정치가로서의 면모를 보여 줬다 이렇게 생각합니다.

야당 의원들께서 공수처 독소조항 막 이야기를 하시는데 그러니까 참여해서 교섭을 해야 될 것 아니겠어요? 그 많은 시간 다 뭐 했습니까? 다 삭발하고 단식하고, 대화를 이렇게 해서…… 그때 전원위원회를 소집하든지, 그때.

충분히 저는 지금이라도 늦지 않았다고 봅니다. 이것을 가지고 내일모레 본회의장에 연로하신 의장님 또 에워싸고 막 밀고 당기고 이렇게 국회선진화법을 노골적으로 위반하는 행위를 보여 주는 것은 국민에 대한 도리가 아니다라고 생각합니다.

그리고 이 공수처법은 지금까지 설명한 대로 야당 의원들께서 한 우려는 분명히 이해되는 면이 있지요. 그러나 모든 제도가 완벽한 게 어디 있습니까? 최악의 경우만 생각, 생각하면 그렇게 안 될 게 어디 있어요? 토끼가 어떻게 잠을 자겠어요? 사과가 떨어져서 지구가 깨질지 알고 어떻게 잠을 잘 수가 있겠습니까?

그리고 아까 민경욱 대변인 제가 소개는 했지만 윤석열 총장 임명할 때 야당 의원들은 이제 다 죽었다, 윤석열한테, 그렇게 난리를 쳤지 않습니까? 윤석열 임명해 놓으니까 지금은 윤석열 총장한테 박수를 치고 있는 자유한국당 의원 여러분 아니십니까? 그런 것처럼 절대 상황이라는 것이 극단적으로 가지는 않는다 그리고 충분히 통제할 장치가 존재한다, 국민의 70%가 지지하고 있는 법안이다.

겨우 검사 25명, 수사관 40명, 65명의 조직이다. 검사 2300명, 7000명의 수사관을 가지고 200명의 포렌식 디지털 분석 과학팀을 가지고 있는 검찰과는 조족지혈, 일밖에 안 되는 이것인데 그 큰 조직의 권력남용은 괜찮고 이 작은 조직의 남용이 독일의 게슈타포라고 얘기하는 것은 저는 대단히 균형이 맞지 않는 견강부회 논리다 이렇게 말씀을 드리면서, 공수처의 도입을 통해서 국가권력이 균형을 가지고 국가권력 간의 상호 균형을 통해서 국민의 권리와 자유가 보장되는 자유민주주의 대한민국을 발전시켜 나가기를 강력히 호소드리는 바입니다.

이상입니다.

■**부의장 주승용**　송영길 의원 수고하셨습니다.

다음은 정태옥 의원님 나오셔서 토론해 주시기 바랍니다.

**토론 11**

정태옥 의원

## 11

■**정태옥 의원**[1]  국민 여러분!

대구 북구갑 국회의원 정태옥입니다.

저는 지금 국회에 계류 중인 고위공직자범죄수사처의 설치와 운영에 관한 법률에 대한 반대토론을 위해서 이 자리에 섰습니다마는 최근에 일어난 사태에 대한 제 감회를 먼저 한번 말씀드리고 싶습니다.

어제 문재인 정부와 여당은 제1 야당의 반대에도 불구하고 물리력을 동원해서 연동형 선거법을 강행 날치기 통과시켰습니다. 연동형 선거법뿐만이 아니라 2020년 예산안도 그렇게 통과시켰습니다.

이 과정에서 분명히 문재인 정부와 더불어민주당의 승리였습니다. 자유한국당은 그 과정에서 울분을 삼켰고 민주당 의원들은 환호와 박수를 치고 기념사진을 찍고 셀카를 찍고 난리가 났습니다.

영국의 역사학자 이언 커쇼가 '히틀러' 평전이라는 책을 두 권 썼습니다. 굉장히 대단한 책인데 그 책이 한국에 번역된 책이름은 1권이 '의지', 2권이 '몰락'입니다마는 원래 그 책의 원어로써 책제목은 1권이 휴브리스, 그리스어로 오만입니다. 그리고 2권은 책제목이 네메시스라 해서 복수라는 뜻입니다.

이렇게 이야기하는 것은 그리스 사람들은 인간이 성공이 도취하게 되면 오만에 빠지고, 그 오만에 빠진 인간에 대해서 정의라는 이름으로 해서 복수의 심판을 내린다, 그래서 이언 커쇼는 인간이 오만이 빠지고 거기에 따라서는 결국 복수의 칼날이 내린다고 이야기를 했습니다.

어제 정부 여당 기뻐 가지고 환호했지만 그러나 우리 국민들과 우리 역사가 결코 그들이 영원히 오만에 빠져 있는 모습을 보지 않을 것이다라는 점을 저는 분명히 지적하고자 합니다.

---

1  정태옥 의원: 자유한국당(대구 북구갑) http://taeok.kr

지금부터 반대토론하겠습니다.

유발하라리는 '사피엔스'라는 책에서 인간사회의 질서와 자연질서를 구분합니다. 자연질서는 객관적으로 존재하기 때문에 우리가 인식을 하지 않아도 객관적으로 존재합니다. 예를 들어 중력의 법칙이라는 것은 우리가 인식하지 않아도 중력은 작용하는 겁니다. 그러나 인간의 질서, 특히 법과 도덕이라고 하는 그것을 사람들이 인식을 하고 그것을 지키고자 하는 의지가 있어야 되는 것입니다.

이러한 인간사회의 질서를 지키려고 하는 가장 중요한 원동력은 물론 물리적인 폭력에 의하거나 이해관계로써 그것을 지키게 할 수도 있지만 가장 중요한 것은 그것을 지키는 것이 바람직하다, 도덕적이다, 공정하다라는 그런 인식이 있어야만이 바로 인간사회의 질서가 유지되는 것입니다.

특히 선거법이나 또 그 사회의 근간이 되는 공수처법과 같은 이런 법률들을 국회의 근 3분의 1이 넘는 야당을 무시하고 일방적으로 자기의 이득을 위해서 강행 날치기 통과를 한 것이 과연 법적인 질서로서의 가치, 법적으로 지킬 가치가 있는 것인지에 대해서 형식적인 법 형식을 떠나서 과연 국민이 묻지 않을 수가 없는 것입니다.

특히 우리 사회는 민주사회입니다. 그리고 또 다수가 옳다고 생각하는 것을 바람직하게 나아가야 됩니다. 그런데 이것을 물리적인 것으로 밀어붙였을 때 그렇게 했을 때 우리가 어떻게 될 것인가 여기에 대해서는 많은 것을 생각하게 됩니다.

먼저 우리 정치사는 정치 보복으로 끊임없이 점철된 역사입니다. 권력을 가진 사람, 권력을 쟁취한 사람이 검찰 권력을 동원해서 죽은 권력이나 정적을 모질게 수사하고 보복해 왔습니다. 그 과정에서 많은 사람들이 희생되어 왔습니다.

멀리는 정몽헌 현대그룹 회장이 대북송금 문제로 수사를 받다가 자살했습니다. 문재인 정권 출범 후에는 변창훈 검사, 이재수 장군이 국정원이나 기무사 댓글 사건으로 유명을 달리했습니다.

그래서 사법개혁과 검찰개혁을 이야기하게 되고, 검찰개혁에 대해서 많은 문제점을 많은 국민들이 고쳐야 되겠다고 이야기하는 겁니다.

그런 의미에서 제가 주장을 하기 이전에 방금 전 토론을 하고 여당 의원들이 잘했다고 박수를 친 송영길 의원의 몇 가지 주장에 대해서부터 먼저 제가 이야기를 하겠습니다.

송영길 의원께서는 우리나라 검찰이 너무나 비대해졌기 때문에 공수처가 필요하다고 이야기를 했습니다. 검사들이 2300명이 넘고 전체 검찰 직원 수가 1만 명이 넘기 때문에 너무나 비대하고 너무나 권한이 많기 때문에 문제가 있다 이야기했습니다. 저는 그 말이 맞다고 생각합니다. 그런 의미에서 검찰 일부 손을 봐야 되는 겁니다. 그것을 바로 검경수사권 조정으로 해결해야지 새로운 제도를 만드는 것이 아니라고 생각을 합니다.

구체적으로 우리가 그러면 왜 이렇게 검찰이 강력한 권력을 가졌는지에 대해서 역사적인 연원부터 생각을 해야 됩니다.

우리나라 검찰의 역사는 일제시대 때, 한국을 지배하고 통치했던 일제시대는 고등검찰제를 가지고 한국 사람들을 지배해 왔습니다. 그 고등검찰은 사실 엄청난 권한을 휘둘렀습니다. 그리고 해방 이후에 고등검찰이 상당히 남아 있는 상태에서 해방 정국을 맞이했기 때문에 새롭게 출발한 대한민국에서는 경찰권력에 대해서 제도적인 억제 수단으로서 검찰에 상대적으로 경찰을 견제할 수 있는 권한을 많이 줬습니다. 그래서 수사권과 기소권 그리고 또 수사권·기소권과 함께 실제로 경찰에 대한 수사지휘권 이런 것을 주게 된 것입니다. 그것이 권위주의 정치체제에서는 그렇게 큰 문제가 되지를 않았습니다, 어쨌든 검찰도 권력으로부터 장악되어 있는 상황이었기 때문에.

그런데 그 이후에 경찰 자체가 점점 독자적인 논리로 여러 가지 문제점을 가져온 것이 사실입니다. 그래서 제가 아까 말씀드렸듯이 정몽헌 현대그룹 회장이나 변창훈 검사나 이재수 장군과 같이 이렇게 권력을 가진 사람이 검찰을 장악해 가지고 많은 문제점을 가지고 있었습니다.

그래서 이 문제를 하는 것은 새롭게 국가권력과 헌법에 예정되지 않은 무소불위의 권력을 행사하는 공수처를 만드는 방법이 아니라 검경수사권 조정으로 얼마든지 해결할 수 있는 문제인 것입니다. 검찰이 많은 권한을 가지고 있다 하면 왜 굳이 검찰보다 더 센 국가권력을 만들어서 해결해야만 되는 것인지에 대해서 근본적인 질문을 다시 저는 되돌려 드리는 것입니다.

그리고 두 번째, 과거 검찰의 문제점을 송영길 의원님이 많이 이야기했습니다. 그 문제점 상당 부분 동의하는 부분이 있는 건 사실입니다.

그런데 과거 검찰의 문제점도 제가 이야기하듯이 검찰 문제점의 가장 중요한 측면은 바로 국가권력에 의해 가지고 정권의 시녀가 되어 있는 검찰 때문에 이런 문제가 있었습니다. 그래서 검찰개혁은 오히려 검찰보다도 국가권력에 더 예속되어 있는, 예속될 수밖에 없는 공수처를 만드는 방법이 아니라 오히려 국가권력으로부터 독립해서 그야말로 문재인 대통령이 이야기했듯이 살아 있는 권력에 대해서도 제대로 수사할 수 있도록 만드는 것으로써 이 문제를 해결해야 되는 것입니다.

그런데도 불구하고 오히려 검찰권력보다 훨씬 더 대통령에 종속되어 있고 대통령의 손아귀에만 있는 것이 아니라 이데올로기적으로도, 이념적으로도 편향된 사람만이 올 수 있도록 하는 이러한 공수처를 만드는 방법은 잘못된 제도를 더 잘못된 방법으로 잘못된 기관과 과도한 권한 행사하는 기관에 대해서 더 무소불위의, 더 잘못된 기관을 만드는 것으로써 해결하려고 하는 것이다 그렇게 이야기를 하는 것입니다.

그다음에 세 번째, 송영길 의원께서는 공수처가 수사를 하는 것은, 특히 문제가 되는 것은 판사·검사들이 걱정을 해야 되지 왜 야당 국회의원들이나 일반 국민들이 걱정을 하느냐고 이야기합니다. 본질을 어긋나게 이야기하는 겁니다. 우리가 이야기하는 것은 판사와 검사를 상시적으로 모니터링하고 감시할 수 있고 언제든지 수사하고 기소할 수 있는 공수처가 만들어짐으로 인해 가지고 판결의 공정성, 수사의 공정성, 기소의 공정성을 가져올 수 있느냐 없느냐를 걱정하는 것입니다.

우리가 최근에도 목도한 바와 같이 검찰과 경찰이 그리고 또 판사들이 판결을 하고 영장을 발부하거나 거부를 하고 그리고 또 수사를 하는 것에 대해서 누군가가 등 뒤에서 지켜보고, 그것들만을 지켜보고 있다는 사실에 대해서 어떻게 자유롭게 헌법과 법률과 양심에 의해서 수사를 하고 재판을 하고 판결을 하겠습니까?

그렇기 때문에 문제인 것입니다. 결코 판사, 검사 개인이 자기의 비리 때문에 걱정하는 것이 아니라 바로 판사와 검사와 경찰과 헌법재판관과 같은 사람들이 언제든지 자기를 수사하고 감찰할 수 있다는 사실 자체가 수사의 공정성, 재판의 공정성, 판결의 공정성을 해칠 수 있다는 것을 이야기하는 것입니다. 그것이 왜 국민의 삶과 관계없는 것입니까?

그리고 네 번째, 국회선진화법에 따라 가지고 왜 자유한국당 의원을 제대로 수사하지 않느냐고 이야기를 했습니다. 저희들도 똑같은 불만이 있습니다. 지난 4월 달에 패스트트랙 때문에 일어난 사건의 본질은 바로 여당 그리고 여당과 같이 있는 군소정당의 불법 사·보임과 관련된 사안입니다. 그 본질적인 문제에 대해서는 제대로 수사가 이루어지고 있지 않다는 것이 저희들도 또한 불만입니다.

이 부분에 대해서는 오히려 검찰에 대해서 이 문제의 본질에 대해서 제대로 빨리 수사를 해야 되고 우리가 헌법재판소에다 그 문제에 대해서 문제를 제기했습니다. 여기에 대해서 빨리 판결을 내려야, 재판을 해야 된다고 생각합니다.

이 문제의, 패스트트랙에 일어난 문제의 가장 핵심은 불법적인 사·보임과 불법적인 과정에서 폭력적인 문제, 이 문제에 대해서도 제대로 수사를 해야 되고 그것이 선행되었을 때에 비로소 자유한국당 의원들도 검찰 수사에 공정하게 임할 수 있다는 것이 우리들의 입장인 것입니다.

그리고 또 다섯 번째, 송영길 의원께서는 재정신청제도를 가지고 해결하면 되지 않느냐 그런 이야기를 했습니다.

이 이야기는 뭐냐 하면 '수사권과 기소권을 검찰과 경찰이 적절하게 분배해서 서로 견제와 균형을 이루면 될 일이지 공수처를 만들 필요가 있느냐?' 그렇게 이야기를 하니까 그러면 검사들이 저지르는 비리에 대해서 검찰들이 스스로 영장을 발부하지 않는 것에 대한 문제를 제기하는 것으로 저는 이해가 되는데요 그 문제는 재정신청제도가 활성화될 수 있도록 하면 되는 것입니다. 그것은 법이나 약간의 정부조직법만 바꾸면 되는 것입니다.

아까 송영길 의원 이야기하신 대로 보면 재정신청제도가 있기는 하지마는 인용률이 1% 미만이고 재정심판 전담재판부가 없기 때문이라고 이해했으면 그러면 재정심판 전담재판부를 정부조직법을 바꿔 가지고 하나 만들면 됩니다. 아주 간단한 일입니다. 그것은 정부조직법에 별표 하나만, 그냥 한 줄만 넣으면, 바꾸면 될 일인데 왜 이렇게, 무시무시하고 헌법에도 예정되어 있지 않고 무소불위의 권한과 엄청난 권력을 가지는 공수처를 만드는 것에 대한 변명이 전혀 되지 않는다는 것을 이야기를 하면서 제가 공수처법 자체에 대한 문제점을 지금부터 이야기해 나가도록 하겠습니다.

공수처법의 가장 중요한 문제고 핵심적인 문제는 그 자체가 위헌이라는 것입니다. 우리 헌법 12조에는 영장은 검사가 청구해서 판사가 발부하도록 되어 있습니다. 여기서, 헌법 12조에서 이야기하는 검사는 검찰청법에 의해서 임용된 검사, 즉 검찰총장의 지휘를 받는 검사를 말합니다.

그런데 공수처라고 하는 괴물 국가기관의 변호사들을 임명해서 그 변호사를 헌법에도 근거도 없이 검사라는, 공수처 특별검사라는 이름을 붙이는 겁니다. 그리고 그 사람에게 국민의 인신을 구속할 수 있고 재판에 회부할 수 있게 하는 것은 이것은 헌법정신에, 헌법이 당초 예정하지 않았던 사람에게 그 하위법률에 의해서 엄청난 권한을 주는 겁니다. 위헌인 것입니다.

그리고 두 번째, 공수처는 삼권분립 정신에 어긋나는 위헌인 것입니다. 우리 헌법은 입법·사법·행정, 삼권의 엄격한 분립 정신에 따라 가지고 있습니다. 그런데 공수처는 어디에도 속하지 않는 무소불위의 공룡 기관입니다. 무소불위의 권한입니다. 그리고 또 이러한 입법부·사법부·행정부 어디에도 속하지 않는 국가기관을 만드는 것에 대해서 이들이 궁색한 변명으로 내세우는 것이 국가인권위원회를 들고 있습니다. 국가인권위원회는 헌법에 근거가 없더라도 인권을 보호하기 위한, 어떻게 보면 어려운 말로 행정용어로 하면 조장적인 행정이고 지원하는 기관입니다. 그런데 공수처와 같이 국민의 인신의 자유를 침탈하는 이와 같은 국가 권력 기관을, 삼권분립 정신에 어긋나는 헌법에 예정되어 있지 않은 기관을 만드는 것이 바로 위헌이라는 것을 이야기하는 겁니다.

그리고 또 지금 상정되어 있는 공수처법에 보면 공수처에만 되어 있습니다마는 또 국가 행정기관에 대해서는 정부조직법에 근거가 있어야 됩니다. 헌법에 근거도 당연히, 이와 같이 인신의 자유와 국가권력에 중대한 영향을 미치는 부분에 대해서는 헌법에 당연히 그 근거가 있어야 할 뿐더러 정부조직법에도 그 설치근거가 반드시 있어야 할 것입니다. 그래서 우리가 지금 검찰권에 대해서도 헌법에 근거가 있듯이 있어야 됩니다. 그런데 지금 정부조직법 어디에도 그 설치근거를 만들려고 하지 않습니다. 그러다 보면 예를 들어서 국가기관이, 국가가 돈을 대서 만들고 국가가 봉급을 주고 운영하는 기관인데도 거기에 대해서는 국회가 감시할 수 있는 권한이 어디에도 없도록 되어 있습니다. 그러면 정상적으로 한다면 헌법에 근거를 둬야 될 것이고 그리고 정부조직법에 근거를 둬야 될 거고 국회 어느 상임위원회에 소관되는지 거기에 대한 분명한 근거규정이 있어야 됩니다. 이런 것 다 생략하고 오로지 이 기관을 만든다는 것은 삼권분립 정신에 명백하게 어긋난다 그렇게 이야기할 수 있는 것입니다.

다음, 또 헌법상으로 공수처는 평등권에 어긋납니다. 우리 헌법 11조 1항에는 모든 국민은 법 앞에 평등하다고 이야기를 했습니다. 그런데 법 앞에 평등하고 성별·종교·사회적 신분에 의해서 정치적·경제적·사회적·문화적 생활의 모든 영역에 있어서 차별을 받지 않는다고 이야기합니다. 그런데 고위공직자와 그 가족이라 해서 그들을 수사하는 기관이 다르다고 하면, 기관이 다르다라고 하는 것은 수사의 차원이 달라지고 수사의 내용이 달라질 수 있는 것입니다. 그러면 이것은 분명히 헌법상으로 평등의 원칙에 어긋나는 것입니다. 그래서 전 세계 어디라도 이와 같이 그 사람의 사회적인 신분에 의해서 수사기관을 달리하는 제도는 세상 어디에도 없는 것입니다.

지금 이 정부가 입만 열면 공수처의 사례로 싱가포르와 홍콩의 사례를 이야기하고 있습니다마는 그들도 이렇게 사회적 신분이라 하는 그 직업에 따라서 수사기관을 달리하는 그러한 법률은 없는 것입니다. 이것은 명백한 평등권 위배인 것입니다.

다음, 공수처는 정치적 수사기관이 되었습니다.

제가 아까 말씀드렸듯이 이제까지 검찰이 가지고 있는 많은 문제점, 국민들이 인식하는 것의 가장 중요한 문제점은 바로 정치적 중립성입니다. 아까 송영길 의원께서도 정치적 중립성을 해친 수많은 사례를 이야기를 했습니다. 거기에 공감합니다. 그 문제의 핵심은 정치적 권력으로부터 독립을 시키자는 것이 사태의 본질인 것입니다.

그런데 이들이 지금 현재 검찰의 문제점을 개선하겠다고 해서 만드는 기관인 공수처는 지금 현재 검찰보다도 대통령의 영향력에 더 종속되는 기관이 되는 것입니다.

공수처장 임명에 있어 가지고도 아까 송영길 의원께서 야당 2명만 반대하면 안 된다 얘기했는데 실제로 그 구체적인 내용을 보면 이렇습니다.

공수처장 임명을 하기 위해서는 추천위원회가 7명으로 구성됩니다. 7명 중에 법무부장관, 법원행정처장, 대한변협회장 이 3명이 됩니다. 그리고 여당 추천 2명, 야당 추천 2명입니다. 그러면 법무부장관, 법원행정처장, 대한변협회장은 일반적으로 여당 편입니다. 그리고 여당이 추천한 2명은 당연하고 그러면 야당 추천 2명은……

야당에도 일반적으로 2개 이상의 교섭단체가 있습니다. 그 교섭단체 두 사람 중에 더 여당에 친한 교섭단체가 있고 덜 친한 교섭단체가 있을 것입니다. 그중에 두 야당이 반대하면 안 된다, 그건 말이 되지도 않습니다.

그리고 또 이렇게, 그것도 1명도 아니고 2명을 추천하게 되면 그중에 분명히 정부가 원하는 사람을 임명하는 것, 대통령의 뜻에 따라 임명하는 것 그건 너무나 당연한 일입니다. 결국에는 공수처장은 대통령의 의지에 따라 임명되는 것입니다.

자, 그러면 공수처 차장과 공수처의 특별검사라고 하는 변호사들도 전부 그 다음에는 대통령의 뜻에 따라 임명될 것입니다.

그러면 이와 같은 공수처 처장, 차장 그리고 그 수사관들은 누가 임명되겠습니까? 이전 정권이 하도 현직 검찰을 미워해서 그런지 공수처검사의 정원에는 전 검사 출신이 2분의 1을 넘지 못하도록 하게 합니다. 그러면 그 나머지들은 이 정권의 속성상 분명히 좌편향된 민변 변호사들로 임명될 겁니다. 이념적인 정체성이 특별히 강한 사람들로 임명할 것입니다.

자, 그리고 또 공수처에는 이와 같은 처장, 차장 그리고 특별검사로 하는 공수처검사 외에 많은 수사관을 두게 돼 있습니다. 이 수사관의 자격에 보면 재판·수사 경력 외에 조사업무 경험자도 포함되어 있습니다, 조사업무 경험자.

여러분, 조사업무 경험자가 주로 누구겠습니까? 구체적인 것은 시행령에 맡겨 놨습니다마는 우리가 불을 보듯 뻔한 조사 경험자는 세월호조사특위의 조사관, 과거사조사특위의 조사관, 인권위조사특위에 있는 사람들 이런 사람들, 좌편향 이념으로, 특정 방향으로 똘똘 뭉친 조사관들이 공수처 수사관이라는 이름으로 임명될 것입니다. 공수처라는 칼잡이가 오로지 권력에 의해서만 장악되는 것이 아니라 이념적으로도 특정 성향을 가지지 않을 수가 없는 이와 같은 사태가 오고 있는 것입니다.

자, 그러면 혹자가 그렇게 이야기합니다, 그렇게 대통령의 권력이, 공수처에 대한 권력이 강하면 너희들이 정권을 잡으면 되지 않느냐?

저희들은 그렇게 생각하지 않습니다. 공수처검사 임기는 최대 9년입니다. 그리고 수사관은 6년이지만 연임이 가능합니다. 그리고 정년은 60세입니다. 그래서 한 번 공수처가 만들어지면 정권이 아무리 바뀌어도 좌편향을 잡을 길이 없는 것입니다.

그리고 제가 아까 이야기했듯이 이 공수처가 판사와 검사와 헌법재판관들을 끊임없이 감시·감독·수사할 수 있다는 사실을 생각해 보면 그들이 가지는 이념적인 편향성이나 가공할 위력은 어마어마한 것입니다. 이것이 바로 공수처가 만들어지지 않아야 될 이유이고 정치적인 이유인 것입니다.

그리고 또 한 가지 이 공수처는 특별히 정치적인 조직인 겁니다. 법안 제18조에 보면 국회의원 재적 10분의 1 이상의 연서로 수사를 요청할 수 있는데 공수처는 수사권을 발동해야 되도록 되어 있습니다.

생각해 보십시오. 재적의원 10분의 1 이상의 연서로 수사 요청을 하게 된다면 지금 공수처가 거의 대부분 특정 이념 성향을 가지고 대통령에 의해서 임명되어 있다면 만약에 야당 사람들이 10분의 1, 그러니까 30명의 연서로써 수사를 요청하면 그 수사가 되겠습니까? 그런데 여당 사람들이 특정인의 수사를 요구하면 그 수사는 득달같이 이루어질 것입니다.

256

이 정부가 처음 출발했을 때의 정부 여당 인사들이 한 행태를 한번 보십시오, 적폐청산이라고 해 가지고 입만 벌리면 원세훈 구속시켜라, 기무사 사령관 구속시켜라, 국정원장 구속시켜라, 대통령 구속시켜라. 여당 최고위원회의, 정책조정회의, 입만 벌리면 그 소리를 했습니다. 이것이 이제는 정치적인 행위로 끝나지 않고 법적인 행위로서 30명의 이상의 연서로써 공수처에 수사를 요구하면 반드시 해야 되도록 되어 있습니다.

야당도 똑같지 않느냐? 그렇지 않습니다. 이미 권력 자체가 공수처는 정권이 장악하고 있고 특정 이념 성향으로 묻혀 있는 사람들에게 야당이 수사를 요구할 리도 많지 않을 거고 해봐야 제대로 되지 않을 겁니다.

여당이 수사를 요구하는 것에 대해서만 득달같이 수사를 하고 온갖 특정 방향으로 몰아넣을 것이고 그들이 그들에 대해서 재판부가 제대로 영장을 발부하지 않는다거나 무죄판결을 내린다고 하면 그 판사들에 대해서, 헌법재판관에 대해서 또 수사에 들어갈 것입니다.

이 공수처는 공정한 수사를 위해서 살아 있는 권력도 수사하기 위한 것이 아니라 바로 정적들, 이미 죽은 권력, 자기에게 도움이 안 되는 사람들을 사정없이 공격을 하는 그런 권력이 되는 것입니다.

그래서 이와 같이 지금 현재도 여당 야당 할 것 없이 허구한 날 서로가 서로를 밥 먹듯이 고발하고 있습니다. 그런데 이제는 국회에서 아예 공식적으로 수사 요청을 할 수 있다고 하고 그리고 그 공수처 자체가 대통령의 손아귀에 완전히 장악되어 있다고 하면 이것이 과연 공정한 수사가 되겠습니까? 허구한 날 정쟁의 틈바구니 속에서 정쟁의 수단과 도구가 되고 정쟁의 수단과 도구에 그치는 것이 아니라 정쟁의 재료가 되기까지 할 것입니다. 결코 만들어지지 않아야 될 기관인 것입니다.

그다음 또 중요한 문제인 세 번째, 공수처는 수사권과 기소권을 둘 다 가지도록 설계되어 있습니다. 이제까지 검찰의 문제점 중 가장 큰 문제점은 권력으로부터 하청받아 가지고 죽은 권력이나 또는 정적에 대해서 무자비하게 수사하는 과정에서의 문제점이었다고 이야기했습니다. 거기에서 사람이 자살하고 피눈물을 흘리고 억울함을 호소하다못해 자살하려고 했습니다.

그 가장 큰 이유는 수사권과 기소권이 너무 검찰에 일방적으로 주어졌기 때문입니다. 소위 인지수사라 해 가지고 한 번 수사를 시작하게 되면 죄가 나올 때까지 끝없이 수사를 하게 되는 겁니다. 여기에서 나타난 것이 소위 말해 가지고 공소사실을, 범죄사실을 부당하게 유포시키는 거나 별건수사하게 하는 것 이런 일들이 비일비재해 왔던 것입니다. 이것이 이런 문제점이 있기 때문에 이 검찰개혁의 바람직한 방향은 기소권과 수사권을 분리하고 서로 견제와 균형을 가져오자고 하는 것입니다. 실제로 인류 역사에 있어 가지고 재판의 역사는 권한을 분리시키고 권한을 분산시키는 역사였습니다.

원래 우리 조선시대 때 원님재판이 뭡니까? 원님 혼자서 수사도 하고 기소도 하고 판결도

하는 것, 그것이 바로 옛날 원님재판이었지 않습니까? 그리고 그 과정에서 만일 원하는 답변이 나오지 않으면 고문을 하고 그렇게 한 것이었습니다. 그것이 재판업무와 떨어져 나가 가지고 기소와 재판이 분리되었습니다.

그리고 또 기소하기 이전 단계인 수사과정에 있어 가지고도 서로 기본적으로는 행정권력의 작용이기는 하지만 어느 정도의 견제와 균형을 이루자, 그렇게 해서 나온 것이 지금 우리들이 이야기하는 기소권과 수사권을 어느 정도 분리해 가지고 수사한 것에 대해서 기소하기 이전에 좀 더 객관적으로 여기에 대해서 인권침해 요소는 없는지, 무리하게 기소하려고 하는 것은 없는지, 무리하게 수사한 것은 없는지, 이런 것을 바라보게 하는 것이, 수사권과 기소권을 나누자고 하는 것이 바로 검찰개혁의 가장 중요한 요인입니다.

지금 여당 의원님들, 검찰개혁을 하자는 것하고 공수처법 만들자, 공수처를 만드는 것과 무슨 관계가 있습니까? 오히려 공수처에는 수사권과 기소권을 합치시켜 놓았습니다. 바로 그것을, 본질적인 문제를 제기하는 것입니다.

사실 검찰개혁을 한다고 해 놓고 문재인 대통령은 대통령 직속 특별감찰관을 3년 이상 계속 공석으로 비워놓았습니다. 그런데 실제로 이 정부에서는 국민들을 현혹시키기를 고위공직자들에게 비리가 많기 때문에 비리를 수사하는 것은 좋은 일이 아니냐 이야기를 합니다마는 실제 살아 있는 권력, 대통령의 주변에 있는 권력, 핵심권력에 대해서는 수사라기보다 감찰을 하기 위한 대통령 직속 특별감찰관을 이 정부 출범 이후에 전혀 임용을 하고 있지 않은 겁니다. 야당이 하자고 이야기해도 임용을 하지 않고 있습니다. 왜 이렇게…… 그런데도 공수처를 만들려고 합니다.

공수처가 진정 살아 있는 권력, 고위공직자를 수사를 하기 위한 것이라면 대통령 직속 특별감찰관부터 먼저 메워야 될 것입니다. 그런데 그 자리를 비워놓으면서 수사권과 기소권을 같이 갖는 공수처를 만들자고 하는 것은 그 자체가 자가당착인 것입니다. 검찰개혁을 하자, 검찰개혁의 핵심은 공수처를 만든다, 그런데 실제 검찰개혁에서 필요한 가장 중요한 것은 권력으로부터의 독립과 수사권과 기소권을 분리시켜서 인권침해를 줄이자, 이 근본적인 문제를 공수처는 둘 다 전혀 인정을 하지 않고 있는 겁니다.

그래서 이 정부가 검찰개혁을 하자고 이야기하는 것에 대해서 그야말로 전혀 허무맹랑한 이야기로 들리고 오히려 그것이 결국에는 자기들의 정적에 대한 탄압기구, 탄압기구보다도 요즘 조국 사태나 청와대 하명사건이나 그리고 김기현 울산시장 선거에 대한 개입사건이나 이런 것으로 봤을 때 오히려 자기들의 비리를 감추는 기관의 역할을 하는 것 아닌가, 그렇게 지금 국민들은 의심하고 있고 실제 그렇게 되고 있는 것입니다.

그리고 또 당초 패스트트랙 시작한 이후에 공수처의 기소수사권 중에 아주 약한 범위 내에서 기소심의회를 두기로 하는 안이 거론되다가 이번에 최종 안에는 그것조차 빠졌습니다. 결국에는 이 공수처는 그야말로 검찰수사를 명분으로 내세웠지만 검찰개혁이 필요로 하는 것은 어떤 것도 제대로 하지 않고 있다라는 것을 저는 지적하는 것입니다. 오로지 자기들의 권력기관을 하나 더 만들어 가지고 혹시나 정권 말이나 퇴임 이후에 있을지 모르는 검찰의 수사로부터 자기들을 보호하기 위한 자기 호신용 기관으로 만들려고 한다는 것을 이야기하는 것입니다.

그다음 네 번째, 우리 국민들은 고위공직자비리수사처 하니까 굉장히 긍정적으로 바라보고 있습니다. 사실 우리 지난 역사들을 현재도 봤을 때 우리 국가의 고위공직자들이 결코 국민들에게 모범적인 모양을 보이지 않아 온 것도 사실입니다. 그리고 많은 비리가 고위공직자들에게 있어 온 것은 사실입니다. 그런데 그런 명분하에서 이루어지는 문제점을 저는 지적하고자 합니다.

바로 네 번째, 고위공직자 비리라고 하는 공무원의 영역, 공무원의 업무 영역이 어디까지냐. 실제로 우리 일반 국민들이 생각하는 고위공무원의 비리는 뇌물수수, 뇌물공여, 알선수재 그리고 이와 연관되어 있는 직권남용이나 직무유기 이런 것들이 바로 공무원의 부패 문제인 것입니다.

그런데 이번에 제안돼 있는 공수처법은 공무원의 그런 뇌물수수, 뇌물공여, 알선수재 그와 관련된 직권남용이나 직무유기 이것뿐만이 아니라 다른 부분도 엄청나게 들어가 있습니다. 비밀누설, 공무원의 부작위 그리고 공무원의 일상 업무에 대한 모든 것들에 대해서 또 전부 다 수사할 수 있도록 되어 있습니다. 구체적으로 보면 정치자금법, 국회 위증, 군대 문제, 심지어 음주 운전까지도 수사할 수 있도록 이렇게 되어 있습니다.

자, 직권남용이나 직무유기 그리고 또 허위 공문서 작성, 공무상 비밀누설 이런 것 중에 공무원의 부패와 직접 관련되지 아니한 직권남용 그다음 직무유기, 공무상 직무누설이 엄청나게 많습니다, 부패와 관계되지 않는 것.

예를 들어 우리 국회에서 법안을 심의할 때 많은 심도 있는 토론을 위해서 뒤로 미루거나 재판을 하다가 좀 더 상의할 것이, 좀 더 검토할 것이 있어서 뒤로 미루는 것 이런 것은 부패와 관계없는 것이지만 이것도 처벌의 대상이 될 수가 있도록 되어 있는 것입니다. 그리고 또 이 정치자금에 관한 문제, 국가정보원법에 따른 정치관여, 직권남용, 국회에서의 증언·감정 등에 관한 법률의 위증 이런 문제들도 전부 다 수사의 대상으로 하고 있습니다.

제가 이야기하는 것은 공무원의 부패와 관계된 것에 대해서는 추상같은 처벌이 필요하지만 공무원의 이와 같은 일상적인 업무에조차도 수사를 계속 확대할 수 있고 얼마든지 늘릴 수 있다고 한다면 이것은 한도 끝도 없이 공무원의 사찰기관이 되어 버린다는 것입니다.

어지간한 공무원들, 고위공무원들 잡아 놓고 거기에 대해서 정책적인 판단을 했거나 정책적인 이유로 해서 사건을 뒤로, 해결을 뒤로 미루거나 좀 더 빨리 당겼거나 그리고 또 어떤 특정 판결을 한 것, 이런 것도 따지고 보면 다 문제가 되는 것입니다.

예를 들어서 문재인 대통령께서 취임하자마자 가장 먼저 달려간 곳이 바로 인천공항공사입니다. 가서 비정규직 1만 명을 전부 다 정규직으로 하라, 엄격하게 따지면 그것도 직권남용에 해당됩니다. 그러나 우리가 거기에 대해서 큰 이야기를 하지 않는 것은 그것은 통치행위로서 우리가 봐 주기 때문입니다.

그런데 이런 것조차도 만약 정권이 바뀌었다고 하면 전 정권에 대해서 그런 잣대를 갖다 대 가지고 공수처에서 수사를 하기 시작한다면 그것을 어떻게 막아 낼 것이냐, 바로 이것이 문제인 것입니다. 바로 공무원 비리라고 이야기를 하면서 무한 확대가 가능하다, 이것을 바로 이야기를 하는 겁니다.

그와 관련해서 좀 더 이야기를 하면 수사 대상이 굉장히 불명확하다는 점입니다. 지금 공수처법에 대해서는 고위공직자를 아예 3급 이상 공무원으로 못 박아 놓았지만 그와 연관된 모든 사람을 수사하도록 되어 있고 그리고 또 민간인들에 대해서도 공무원의 부패와 관계된 경우에는 다 수사하도록 되어 있습니다.

공수처법에 따르면 단순히 고위공무원의 비리만 수사하는 것이 아니라 그 수사 영역을 무한대로 확장시킬 수 있는 그런 것입니다. 예를 들어서 음주운전이나 경미한 사건까지 모두 공수처의 수사 대상으로 해 가지고 불필요하게 확장하거나 그리고 또 일반 민간인에 대해서도, 퇴직한 사람들에 대해서도 전부 다 수사 대상으로 하고 있습니다. 이렇게 됐을 때는, 공수처는 아까 송영길 의원님 말씀하신 대로 기관이 인원이 그렇게 많지는 않습니다. 그럴 때는 바로 선별적인 수사가 가능한 겁니다.

살아 있는 권력에 대해서 제대로 수사하도록 해도 모자랄 판에 퇴임·퇴직한 사람들, 연관된 사람들, 민간인들에게까지 수사를 하게 한다 했을 때 실제로 싱가포르 같은 경우는 탐오조사국이지요, 거기 같은 경우에는 전체 기소되는 것의 90% 이상이 민간인인 것입니다. 부패 문제를 다룬다고 했는데 실제로 되는 것은 전부 다 민간인들이 기소되는 겁니다.

그와 마찬가지로 이름은 고위공직자비리수사처, 공수처라고 이야기해서 국민들이 고위공직자들의 비리, 살아 있는 권력에 대해서 제대로 수사를 해라, 일반 국민들보다도 더 특별한 기준을 가지고 수사를 해라, 이렇게 이야기를 했고 국민들이 거기에 환호하는지는 모르지만 실제 그 내용에 있어 가지고는 얼마든지 정치적인 보복이나 정치적인 압박이나 죽은 권력에 대해서 사정없는 사정이 가능한 이러한 형태가 된다는 점을 지적하고자 합니다.

그다음 수사 대상에 관한 다섯 번째 문제를 제기하고자 합니다.

공수처에서 수사 대상으로 하고 있는 것은 약 7000명 정도 됩니다. 물론 그 속에는 장관이나 차관이나 국회의원 이런 사람도 포함됩니다. 그런데 여기서 정말 주목할 부분은 판사 3228명, 검사 2392명, 경찰 112명, 9명의 헌법재판소장과 재판관이 포함되어 있습니다.

우리가 정적에 대해서 수사를 할 것이라고 이야기하니까 지금 정부 여당에서는 국회의원은 수사권은 있지만 기소권은 포함되지 않는다고 엄청나게 생색을 내고 있습니다. 그런데 우리가 걱정하는 것은, 직접적으로 공수처가 야당 사람에 대해서 수사를 하고 정권을 잃어버린 전직 사람들에 대한 적폐청산을 걱정하는 것보다 더 무서운 것은 검찰이나 판사나 헌법재판소에 대한 감찰권과 수사권과 기소권을 가지고 있다는 것이 우리는 더 무서운 것입니다.

어떤 사건에 대해서 경찰에, 검찰에 수사를 지시하라고 했고 수사를 지시를 안 하더라도 하고자 하는 마음을 내세웠는데도 불구하고 제대로 수사하지 않는 사람에 대해서는 엄정하게 공수처에서 그들을 감찰하고 그들을 수사하게 될 것입니다. 그리고 판사들이 권력자가 원하지 않는 방법으로 영장을 발부하거나 영장을 기각하거나 재판을 했을 때 그들은 바로 수사와 기소, 감찰을 당할 것이다, 이것이 더 무서운 것입니다.

우리들이 진정 걱정하는 것은 직접적으로 공수처가 수사를 하고 지금 검찰과 같이 하는 것을 무서워하는 것이 아니라 검찰과 경찰 그리고 헌법재판소로 하여금 자기들이, 국가 권력자들이 원하는 대로 수사와 기소와 재판과 판결을 하지 않는 것에 대해서 언제든지 시비를 걸 수 있는 국가기관을 만든다는 점에서 우리가 더 걱정을 하고 있는 것입니다.

만약에 실제 공수처가 만들어졌을 때 가장 먼저 구속되는 사람이 누구겠습니까? 여러분, 한번 상상해 보십시오.

아마 제 생각에는, 여러분도 똑같이…… 윤석열 현 검찰총장이 구속 1호가 될 것입니다. 죄는 수사기밀 누설죄 이것일 겁니다. 그리고 또 아까 누가 이야기했듯이 패스트트랙에 대해서 국회선진화법 제대로 수사 안 했다, 그것 바로 직권남용에 해당된다고 해서 구속 수사할 겁니다. 그리고 만약에 윤석열 총장에 대해서 구속영장을 발부했는데 어느 눈치 없는 영장판사가 그것을 기각했다, 바로 그 판사가 그러면 두 번째로 구속될 것입니다.

그리고 윤석열 총장이 아마 첫 번째 처벌받을 것이고, 두 번째가 누구겠습니까? 저는 당연히, 이 정부 입장에서는 드루킹 김경수 경남지사를 구속한 성창호 판사가 직권남용으로 처벌받을 것입니다. 지금도 벌써 재판받고 있지요. 지금도 성창호 판사가 이 정부에 밉보여 가지고 적폐 청산의 이름으로 기소되어 있습니다만 공수처가 있었다면 드루킹 판결하고 바로 다음 날 바로 압수수색 들어가고 그다음 날 바로 성창호 판사가 구속됐을 것입니다. 바로 이것이 공수처인 겁니다.

우리 공수처가 지금 검찰과 같이 저렇게 무지막지하게 수사를 많이 하는 기관이라서, 할 수 있는 기관이라서 무서운 것이 아니라 검찰과 경찰과 헌법재판소가 자기들의 마음에 맞지 않는 판결을 하거나 재판을 하거나 수사를 하거나 감찰을 하는 것에 대해서 그 뒤에서 지켜보고 있다는 점에서 우리들이 무섭다고 이야기하는 것이 바로 그런 것입니다.

그러면 여섯 번째, 공수처의 해외 사례를 참 많이 법을 발의할 때 주워 섬겼습니다. 그들이 주워 섬긴 외국의 사례가 홍콩의 염정공서나 싱가포르의 탐오조사국 같은 것을 이야기를 합니다. 지금 백혜련 의원이 발의한 정부 여당 법안에도 그것을 기록하고 있습니다.

그런데 여러분들, 싱가포르와 홍콩이 우리가 본받아야 될 모범적인 국가입니까? 싱가포르는 경제적으로는 좀 우리보다 앞서 있지만 조그마한 도시국가이고 결코 제대로 민주화가 이루어진 나라라고 이야기할 수가 없는 나라입니다. 그리고 홍콩, 우리가 본받기에는 너무나 규모도 작은 나라입니다. 어떻게 그렇게 조그마한 도시국가, 우리로 치면 부산시만 한 그런, 부산시보다 훨씬 작은 그런 도시국가와 대한민국을 같이 비교합니까? 그리고 싱가포르와 비교할 수도 없습니다. 그러나 그것조차도……

싱가포르의 탐오조사국이나 홍콩의 염정공서를 한번 보겠습니다. 이 두 개 기관 둘 다 기소권은 없습니다. 수사권만 가지고 있습니다. 그리고 수사대상이 이렇게 어느 특정 신분을 가진 사람들에 한해서 주어지지 않습니다. 제가 아까 말씀드렸듯이 수사기관이, 그러니까 신분은 사회적인 신분, 그 사람의 사회적인 지위에 따라 가지고 수사기관이 다른 것은 명백하게 헌법상으로 평등권에 어긋나는 것입니다. 있을 수가 없는 일입니다. 이 조그마한 민주화가 덜 된 나라조차도 그런 짓은 하지 않는 겁니다. 그리고 또 이들에게는, 기소권 자체가 이들 나라에는 없습니다. 특별 수사, 수사로 전담을 하고 있는 것입니다.

그렇지만 싱가포르 같은 경우에는 탐오조사국조차도 권한 오남용 문제가 항상 제기돼 왔습니다. 한 예로 싱가포르대의 교수가 정부에 비판적이었습니다. 그래서 성 상납 혐의로 조사했지만 대법원의 무죄 판결을 받아 가지고 정치 탄압이라는 오명을 뒤집어쓴 적이 있습니다. 그리고 또 차기 총리 출마가 유력시되는 집권 여당 정치인들의 뇌물 스캔들은 봐주기 의혹으로, 바로 우리가 공수처가 정부 여당 측근 세력들의 비리를 덮는 것으로 악용될 것이라 걱정하는 그런 사건들이 있어 왔습니다.

그리고 1974년에 설치된 홍콩의 염정공서 역시 정치경찰로 변질되었다는 지적을 여러 차례 받아 왔습니다. 전직 행정회의 의장 등 고위인사에 대한 도청, 야당 정치인, 정·재계 인사 사찰로 권력을 악용한 사례를 쉽게 찾아볼 수 있습니다.

그런데 모범적인 나라라고 이야기하고 모범적인 제도라고 하는 이 나라에서도 권한 남용 그리고 집권 여당 세력들에 대한 덮기 수사, 이런 것이 문제가 되고 있는데 그들과 비교할 수 없을 정도로 더 강력하고 엄청난 초헌법적인 권한을 가지고 있고 외국에도 사례가 없는 공수처는 그 부작용을 꼭 시행을 하고 난 다음에, 겪어 보고 난 다음에 그것을 해야 되겠습니까? 그렇지 않지 않습니까? 지금부터 그 문제를, 아예 근본적으로 이 공수처법을 철회하고 새로 해야 되는 이유인 것입니다.

그런데도 불구하고 지금 정부와 여당은 공수처에 대해서 마치 검찰개혁이라는 명분으로 해 가지고 의지가 활활 타고 있습니다. 마치 역사적인 소신이라도 가진 양 입에 거품을 품으면서 선전하고 있습니다. 부끄러운 줄을 알아야 됩니다.

정권의 충신들로 그리고 이념적으로 자기들과 초록이 동색인 사람들로 공수처를 완전히 장악하고 권력을 제어하기 위해서 입맛대로 수사와 고발을 활용하고 그리고 또 자신들에 대한 수사와 고발을 차단하겠다는 이런 것으로서 마이웨이하게 한다는 기관입니다.

그래서 공수처법은 살아 있는 권력을 보호하는 법이고 정적에 대한 탄압법이고 브레이크 없는 권력 폭주기관이라 하지 않을 수가 없는 것입니다. 그래서 나치 정권의 정치경찰이었던 게슈타포 같은 초헌법적 괴물로 변질될 것이 개탄스럽습니다.

아까 송영길 의원께서 이런 이야기를 했습니다. '공수처 다 합쳐 봐야 직원이 수백 명밖에 되지 않을 것이다. 그런데 게슈타포는 전국에 100만 명 있다' 이렇게 했습니다. '그것 비교할 수가 없다' 그런 이야기를 했습니다.

지금 공수처의 가장 큰 문제점은 모든 검찰, 모든 경찰, 모든 사법부, 모든 헌법재판소를 전부 다 게슈타포와 같은 역할을 하도록 만드는 기관이라는 점이 가장 큰 문제인 것입니다. 자기들이 의도한 대로 재판하지 않고 수사하지 않고 기소하지 않고 판결하지 않고 그랬을 때 그들에 대해서 감찰을 하겠다는 겁니다. 정말 개탄스러운 상황이 아니라고 할 수 없습니다.

그러면 이런 조그마한 작은 나라 외에 선진 민주주의 국가를 한번 봅시다. 미국, 영국, 독일, 프랑스 등 주요 선진국 어디에도 부패 범죄만을 전담하는 특별 수사기구를 설치한 사례가 없습니다. 부패 범죄를 특별히 설치하지 않는 이유는 오히려 수사기관이 권력의 눈치를 보지 않고 살아 있는 권력에 대해서 제대로 수사하기 때문인 것입니다.

구체적으로 나가 보겠습니다. 특히 특정 신분을 가진 자만을 수사대상으로 하고 기소권을 두 개 이상 기관으로 분리해서 별도 소추기관을 설치한 나라가 없습니다.

미국은 법무부 산하 연방수사국, 보통 우리가 FBI라고 부르지요. 연방 사건에 대해서 수사 관할권을 가지고 460명의 특별부패수사반을 운영하고 있습니다. 부패범죄에 대한 수사는 FBI 특별부패수사반이 담당하고 공소 제기와 유지 임무는 법무부 소속 연방검찰청 담당이 합니다.

권력형 부패 문제가 미국에도 끊임없이 일어나지만 큰 문제가 없는 것은 바로 권력으로부터 독립해서 수사가 이루어지기 때문에, 대통령의 권력에 대해서 언제든지 수사할 수 있는 그런 사회·문화적인 그리고 정치적인 기풍이 있기 때문에 가능하게 된 것입니다. 우리같이 공수처와 같은 희한한 국가권력기관이 있었기 때문에 미국이 국가권력에 대해서도 예리하게 수사가 되는 것이 아닌 겁니다.

영국 보십시다. 영국 또한 경찰 조직 내에 수사 전담조직을 운영하고 기소와 공소는 검찰이 하도록 되어 있습니다. 수사권과 기소권이 분리되어 있습니다.

프랑스에도 별도 반부패수사기구가 없고 각 지방검찰청 산하에 거점 수사부를 설치해 가지고 재정과 경제 관련 범죄를 전담 수사하고 기소합니다.

독일 역시 검찰 내 특수부 형태의 부패범죄 수사 전담조직을 운영하고 기소와 공소도 검찰이 담당하고 있는 것입니다.

　자, 또 우리들이 이야기하는 것이 공수처가 만들어지면 그들이 제일 먼저 할 일이 무엇인가? 바로 조국 수사나 유재수 사건이나 또는 청와대 하명 사건, 선거 개입 부정 의혹 사건 이런 권력형 비리를 덮을 거라고 우리가 예측하는 그 이유를 지금부터 제가 설명드리고자 합니다. 그것을 우리가 법 24조, 27조 거기에 따라 가지고 한번 이야기를 하겠습니다.

　첫 번째, 이번에 당초 지난 4월에 패스트트랙에 올릴 때만 해도 없던 조항이 법 24조에 만들어졌습니다. '다른 수사기관과의 관계'라 해 가지고 '다른 수사기관이 범죄를 수사하는 과정에서 고위공직자범죄 등을 인지한 경우 그 사실을 즉시 수사처에 통보해야 된다'고 했습니다. 이런 말도 안 되는 조항을 넣은 겁니다. 예를 들어 검찰이나 경찰이나 그리고 또 여러 가지 부패 관련 수사를 하는 기관이 있겠지요. 이런 기관에서 범죄사실을 인지를 하면, 알기만 하면 통보를 하라고 그럽니다.

　자, 이 조항과 그다음의 조항에 보면, 27조에 보면 강제 이첩권이라는 것이 있습니다. 지금 제안된 공수처법 27조에 '관련인지 사건의 이첩'이라는 것이 있습니다. '처장은 고위공직자범죄에 대하여 불기소 결정을 하는 때에는 제2조제4호에 의하여 인지된 사건을 검찰총장에게 이첩하여야 한다' 이렇게 되어 있습니다. '이첩할 수 있다'가 아니라 '하여야 한다'고 되어 있습니다. 강제 이첩권을 이야기합니다.

　사건을 인지하자마자 공수처에 통보를 해야 되고 통보하면, 공수처에서 요구하면 그것을 당장 가지고 가야 됩니다. 그렇다고 하면 이 권력이 정부 권력과 관계된 수사가 있다고 한다면 이것을 공수처가 낚아챕니다. 낚아채 가지고 수사하는 척할 겁니다. 처음 얼마 동안에는 하겠지요. 수사하는 척하겠지요. 기자들이 물으면 '수사한다', '수사상 기밀이다' 이렇게 이야기하고 시간을 끌겠지요. 한 한 달 정도 되면 언론이 관심이 없어지고 그러면 틈하면 별일 없는 걸로 해 가지고 그냥 뒷방으로 밀어 버립니다. 묵혀 버립니다, 사건을. 그 사건이 무마되는 겁니다, 권력형 비리 사건에 대해서는. 그리고 또 똑같이 자기들에게 미운 사람, 정적에 대해서, 전 정권의 사람에 대해서, 이 부분에 대해서는 인지하자마자 그것을 가져와 가지고 죄가 될 때까지 끝까지 수사를 하게 될 것입니다.

　지금 현재 공수처가 그러면 결국에는 검찰·경찰 위에 있는 컨트롤타워가 되겠다는 겁니다. 말이 안 되는 일이지요. 지금 현재는 검찰은 주요 사건에 대해서 청와대에도 제대로 보고하지 않는 것이 많이 있습니다. 그리고 수사가 어느 정도 되었을 때 보고하고 있습니다. 그런데 사건을 수사도 하기 전에 인지하였을 때 바로 통보를 해야 된다는 이런 말도 안 되는 제도가 어디 있습니까?

　경찰과 검찰은 헌법과 법률에 정한바 대로 수사를 하고 제 역할을 하면 됩니다. 그런데 헌법상 근거도 없는 기관을 만들어 가지고 모든 헌법과 법에 근거해 있는 검찰과 경찰이 보고하게 한다는 것은 공수처를 옥상옥이고 수사기관에 대한 컨트롤타워이고 수사기관에 대한 감찰 기관이 아니라고 할 수 없는 겁니다.

이러한 조항을 통해 가지고 사건 이첩을 더욱 신속하게 하려고 하고 입맛에 맞는 사건은 받아다가 신속하게 악랄하게 파헤치고 조국·김경수·황운하 이런 사건에 대해서는 사건을 통보받자마자 가로채 가지고 묵혀 버리겠다는 야심을 그대로 드러낸 것이 바로 수사 착수 시 통보제도입니다.

그리고 이첩권, 공수처법 27조에 있는 강제적 이첩권은 검찰·경찰이 수사하다가도 공수처가 이 사건을 우리가 수사할 테니까 넘겨 달라, 처음 수사 착수 시에 통보하는 것은 별, 자기들이 그냥 가만히 두고 있다가 조금 이상하게 자기들한테 불리하게 돌아가겠다 이러면 이첩 받는 겁니다. 아니면 중대한 범죄 혐의가 있어 가지고 막 수사가 진행되고 있을 때 그것을 가로채는 것입니다. 이래서 되겠습니까?

만약 윤석열 검찰총장이 조사하고 있는 조국 가족의 건도 공수처로 넘기라고 하면 넘겨야 됩니다. 그리고 '조사해 보니까 뭐 별것 아니네'라고 이렇게 순진하게 하는 것이 아니라 '아, 조사가 진행 중이다' 또 '진행 중이다' 또 '진행 중이다' 하고 계속 시간을 끌다 보면 공소시효가 지나 가지고 묵혀 버릴 겁니다. 그리고 내사종결 시킬 겁니다. 조국과 그 가족 사건, 울산시장선거 불법개입 사건 이런 소위 권력형 사건에 대해서 수사 자체가 불가능하도록 만들 겁니다.

그와 반대로 미운 놈이 있다면 파고 또 파고 또 팔 겁니다. 미운 놈은 좌파 시민단체 시켜 가지고 고발도 하게 할 것이고 또 그보다 중대하다고 생각하면 야당 의원들이나 전 정권 사람들 같으면 아예 여당 30명이 수사하라고 요구를 하게 되면 하게 될 겁니다. 그러면 일단 검찰에게 수사를 맡기겠지요. 검찰이 수사를 하다가 방향을 봐 가지고 자기들에게 유리한 방향으로, 자기들이 원하는 방향대로 수사가 진행되면 가만두고 있지만 만약에 자기들이 원하지 않는 방향이거나 뜻하지 않는 방향으로 가면 그것을 이첩 받아서 자기들이 수사할 것입니다.

우리 대표적인 사례를 하나 봅시다. 드루킹 사건, 처음에 댓글 사건이 나타났을 때 이것을 누가 수사하라고 이야기했는지 아십니까? 추미애 당시 민주당 당대표가 사건 수사하라고 길길이 뛰어 가지고 수사된 사건입니다. 그런데 수사를 하다 보니까 오히려 문재인 대통령 당선을 위해서 온갖 불법과 편법과 무리한 행동이 드러난 것이 드루킹 사건의 핵심이고 아직도 그 실체가 완전히 드러나지 않았습니다.

그런데 어떤 사건이 자기들이 문제가 있다 싶어 가지고 수사를, 예를 들어 시민단체를 통해 고소를 시키거나 또 정부 여당이 국회에서 의결을 통해 가지고 30명이 요구해 가지고 수사를 시켜 가지고 경찰이나 검찰이 수사를 하는데 자기들이 의도하는 방향으로 되지 않을 때는 공수처를 시켜 가지고 그 사건을 가로채게 할 겁니다. 그래서 그걸 무마시킬 겁니다. 만약 공수처가 있었다 하면 드루킹 사건도 영원히 역사 속에서 조용히 묻혀질 수밖에 없는 사건이 되는 것입니다. 이렇게 무서운 음모를 꾸미고 있는 것이 바로 이 공수처법인 것입니다. 이 공수처는 현행 검찰과 경찰제도 그 자체를 근본적으로 무너뜨리는 그러한 역할을 할 것이라는 걸 이야기합니다.

그다음 또 문제는 감시기구와 수사기관이 과다하다는 겁니다. 지금 우리 국민들은 먹고살기가 굉장히 힘들다고 합니다. 기업은 문을 닫고 자영업자들은 폐업을 하고 청년들은 알바 자리도 못 하고 길거리로 몰려나오고 있습니다. 그런데 이 정부는 끊임없이 커지는 것은 국가 권력기관들이 끊임없이 커지는 겁니다. 지금 현재도 수사하고 감시하는 국가기관들이 너무 많아 갖고 정말 미칠 지경입니다.

제가 있는 지역구에 대구 3공단이 있고 검단공단이 있고 이런 작은 공단들이 많이 있습니다. 지금 현재에도 검찰, 경찰, 국세청, 중기부, 공정위, 고용노동부, 감사원, 인권위, 권익위, 이뿐만이 아니라 세월호·가습기를 비롯한 사회적참사위원회, 검찰 과거사진상조사단, 경찰청 인권침해사건진상조사위원회 등 현 정부가 만드는 수많은 특별위원회나 국가기관들이 하는 일이 뭡니까? 전부 다 과거를 파헤치고 기업들을 못 살게 굴고, 기업 운영하거나 자영업 하는 사람들은 하도 고소 고발이 많아서 죽겠다고 이야기를 하는 겁니다.

제가 리더십에 대해서 정말 좋아하는 책이 하나 있습니다. 1980년대 초에 나온 책인데 서울대학교 이면우 교수가 쓴 'W이론을 만들자'라는 책입니다, 'W이론을 만들자'.

W이론이란 뭐냐? 우리 경영학에서는 사람을 어떻게 보느냐에 따라서 경영 기법을 X이론과 Y이론으로 나눕니다. X이론은 인간을 보는 시각이 원래 인간은 책임지기 싫어하고 작은 경제적인 이익에 몰두하고 그리고 또 남으로부터 지시와 감독을 받아야 일을 잘한다 그렇게 생각을 합니다, 사람을 보는 시각이. 그래서 X이론에 따른 경영이론은 사람을 엄격하게 감시하고 감독하고 그리고 그 목표를 달성했을 때는 상을 주고 목표를 달성하지 못할 때는 엄격하게 페널티를 부여할 때 경영 효율이 올라간다는 것이 X이론입니다.

그런데 거기에 대해서 반대되는 이론이, 서구에서 아주 인기 있는 이론이 Y이론입니다. 인간은 자율이 주어지고 자유가 주어지면 일을 자기가 아주 열심히 잘한다 이렇게 생각합니다. 그렇기 때문에 감시, 감독도 좀 느슨하게 하고 권한도 많이 부여해 주고 자율이 많이 주어지면 경영 효율이 올라갈 것이다, 이것이 Y이론입니다.

이 X이론과 Y이론은 기본적으로 서구에서 일어난 경영학 이론인데 이면우 교수가 한국 사람은 X이론과 같이 사람을 엄격하게 지시, 감독, 통제하면 제대로 안 따른다는 거예요. Y이론 같이 자율을 많이 줘 놔 놓으면 열심히 일할 것 같은데 잘 안 듣는다는 겁니다. 도급제로 한 달 만에 일을 해라 하면 한국 사람은 이면우 교수 말에 의하면 한 달 동안 27일은 일 안 하고 있다가 마지막 3일을 벼락같이 해 가지고 그냥 대충한다는 겁니다.

그런데 한국 사람이 일을 잘하는 것은 신바람이 났을 때, 흥이 났을 때, 흥이 나고 신바람이 났을 때 제대로 일을 한다는 겁니다. 그 신바람과 흥이 나는 조건이 뭐냐? 지도자와 그를 따르는 사람 간에 인간적인 신뢰가 있고 믿음이 있고 지도자가 솔선수범할 때에 이익을 떠나 가지고 정말 흥이 나고 신바람이 나 가지고 일을 한다고 그렇게 얘기를 합니다.

그런데 지금 우리 사회는 제가 이야기했듯이 감시기구, 수사기관이 너무 많습니다. 조그마한 자영업 하는 공장, 제가 아는 사람도 제 나이 또래 정도 되는데 아들하고 자기 부인하고 직원 한 두어 명 해서 온 가족이 해 가지고 5명이 이용하는 공장에 허구한 날 각종 조사하고 뭐 하고 뭐 하고 서류 떼고 그렇게 처벌이 많습니다.

뭡니까, 임금 체불시켰느냐, 일하다가 아무래도 중소기업이니까 임금 주는 데 다툼이 많겠지요. 끊임없이 노동부에 고발을 하면 거기 가 가지고 소명을 하고 기계 깎는 공장을 하니까 거기에 대해서 폐수 처리 문제 허구한 날 문제되고 있고, 지금 우리 국민들은 감시기구, 수사기관이 너무 많은 것이 문제지 수사기구, 감시기구가 적어서가 문제가 아닙니다.

제가 아까 이면우 교수 이야기했듯이 우리 국민들은 신바람이 나야 일을 합니다. 예전에 88올림픽 때, 2002년 월드컵 때 우리 국민들이 하나로 똘똘 뭉쳐 가지고 '아! 대한민국'을 외치고…… 그때의 우리 국민들은 정말 행복했습니다, 지금보다 훨씬 못살았지만. 지금 우리 국민들이 경제적으로는 그때보다 더 잘살지도 모르지만 지금 아무도 행복해하지 않는 이유는 바로 이와 같이 사회 전체적으로 너무 공포에 휩싸여 있고 서로가 서로를 감시하고 감독하기 때문인 것입니다.

지금 이 정부가 들어선 이후에 하도 적폐 청산 많이 하고 압수수색이 많고 그렇게 하다 보니까 이제는 모든 사람들이 통화하면 자동적으로 다 녹음합니다. 그리고 어떤 조직 안에 있는 사람들은 몰래 수첩에다가 자기네 사장, 자기네 부장, 자기네 과장, 자기네 회장이 무엇을 잘못하는지를 깨알같이 그냥 기록하는 이런 나쁜 사회 풍조가 만연하고 있는 것입니다.

우리 사회에 수사하고 감독하고 처벌하는 기관이 부족해서 문제가 아닙니다. 그런데 이번에 다시 공수처를 만드는 겁니다. 공수처를 만들면 한 300~400명짜리 국가기관 하나 만드는 게 대수냐, 지금 국가 공무원이 100만 명이나 되는데. 아닙니다. 약 한 300~400명짜리 공수처가 하나 만들어짐으로 인해 가지고 온 국가기관을 휘저어 놓을 수 있습니다.

그리고 경찰, 검찰 비롯해 가지고 국세청, 중기부, 공정위, 고용노동부, 감사원, 인권위, 권익위 이런 것을 전부 다 처벌할 수 있다고 해 보십시오. 이들이 열심히 일하게 될 겁니다. 공무원이 열심히 일하는 것은 좋겠지만 그 열심히 일하는 대가는 전부 다 우리 국민들과 기업들이 온갖 서류를 만들어야 되고 온갖 준비를 해야 됩니다. 그 사회가 활성화될 수 있겠습니까? 불신과 증오와 분노에 가득 찬 그런 사회가 과연 행복한 사회가 되겠습니까? 정말 그래서는 되지 않는다고 생각을 합니다.

정말 이 문제는 기존 제도를 보완해 가지고 얼마든지 할 수 있는 일을 권력기관의 총량만, 단순히 공무원을 300~400명 늘리는 문제가 아니라 국가 권력기관의 총량을 엄청나게 늘리는 겁니다.

제가 아까 했듯이 이와 같이 공수처가 뒤에서 바라보고 있다고 하면, 사나운 개가 뒤에서 지키고 있다 하면 그 앞에 있는 양들은 더 열심히 풀을 뜯고 난리를 치지 않을 수가 없겠지요. 바로 그겁니다.

각 국가기관은 실적을 내려 할 겁니다. 공수처는 공수처가 실적을 내려고 국회의원, 판검사, 고위공무원, 헌법재판소에 대해서 계속해서 정보를 수집하게 될 겁니다. 그렇다고 하면 그 수사를 받는 판검사들이나 공무원들은 또 가만있지 않고 정권의 눈치를 봐 가지고 부지런히 뭔가를 수사하고 일을 만들 겁니다.

그렇게 된다면 그 나라가 정상이 됩니까? 그들이 열심히 일하면 좋은데 그들이 일하는 방향이 뭐겠습니까? 국가 정책과 제도를 설계하는 공무원들 그들이 열심히 일한다는 것은 권력자인 대통령의 사상과 신념을 염두에 두고 일할 겁니다.

교육감도 공수처 수사대상이 되면 대한민국 교육 현장이 대통령과 정권의 입맛에 맞는 사상 주입이나 정치 편향으로 얼룩질 것입니다. 예를 들어서 지금 인헌고 사건에서 보다시피 학교 안에서 사상적인 좌편향 교육을 엄청나게 시킬 겁니다. 만약 그중에 소신 있는 어느 선생님이나 학생이 거기에 반대한다고 했을 때 아마 그들은 곧바로 경찰이나 검찰로부터 수사를 받을 겁니다.

거꾸로 그야말로 역사책에 나오는 지록위마의 세상이 될 겁니다. 옛날 진나라 진시황의 둘째 아들인 호해라는 황제가 하도 나쁜 짓을 많이 하니까 혹시 자기한테 역심을 품은 사람이 있는지 없는지를 알아보기 위해 가지고 사슴을 한 마리 조정에 가져오게 합니다. 그리고 사슴을 말이라고 이야기를 합니다. 그러니까 신하 중에 '아, 저것은 말이 아니라 사슴이다' 이렇게 이야기하니까 호해가 그 사람들을 '아, 저놈은 바른 말 하는 놈이다', 다 잡아 죽이게 됩니다. 이것을 우리가 지록위마라고 이야기합니다.

이와 마찬가지로 이제 세상이, 모든 국가 권력기관을 감시하는 기관이 특정 이념적인 방향이나 특정 권력 편을 들 때에 그것이 어떻게 되겠습니까? 그렇게 되면 우리 사회가 전반적으로 특정 이념 방향으로 끊임없이 달려갈 겁니다.

우리 보수 정권에서는 그래도 어느 정도 사회의 다양성을 인정했습니다. 어제 문희상 의장이 이번에 하는 행태에서 우리가 특히 분노하는 부분이 그겁니다. 의장은 일단 의장으로 당선되면 당직을 떠나서 국회의 여야의 의장인 것입니다.

우리 보수 정당 출신 의장들은 그래도 공정하게 하려고 많은 노력을 했습니다. 그런데 문희상 의장은 아예 노골적으로 한쪽 편을 드는 것이, 우리가 문희상 의장에게 정말 나쁜 의장이라고 이야기하는 이유가 그것인 것입니다. 지금 우리 사회가 모든 국가 권력기관이 어느 한쪽 편을 들도록 공수처가 몰아세운다고 했을 때 그것이 어떻게 되겠습니까?

한 나라가 잘되려고 하면 좌우가 균형이 맞아야 됩니다. 새도 멀리 가려고 하면 두 날개로 날았을 때에 멀리 가는 겁니다. 그런데 오른쪽 날개는 아예 부러뜨려 버려서 없고 왼쪽 날개로 아무리 힘차게 많이 휘젓는다고 해서 그 새가 오래 날아갈 것 같습니까? 결코 오래 가지 못하고, 제가 아까 처음 이야기했듯이 오만에 빠지게 되고 당장은 승리의 환호를 올리고 오만에 빠지는 휘브리스(hubris)에 빠질지 모르지만 그러나 역사의 신인 네메시스는 그에 대해서 정의의 심판, 복수의 심판을 반드시 하게 되는 겁니다. 이와 같이 지금 애꿎은 수많은 국민들을 수사대상으로 하고 수사기관을 특정 방향으로 몰아붙이는 이러한 공수처가 만들어져서는 안 되는 일인 것입니다.

그다음 우리가 특정기관을 만들지 말자라는 것이 제가 이제까지 이야기한 것은 감시기구, 수사기관이 과다하다는 문제였습니다마는 이번에는 이제까지의 문제에 비해서는 조금 쪼잔한 이야기를 하나 하겠습니다.

예산 문제입니다. 국가기관이 하나 만들어지면 실제 하는 일과 관계없이 끊임없이 국가기관은 늘어나고 팽창될 수밖에 없습니다. 이번에 공수처법에 보면 예산에 대한 비용추계서가 제출되지 않았어요. 이번에 20대 국회에서 발의된 법안이 2300여 개이고 본회의에 통과된 법안이 7216개였습니다.

그런데 예산이 수반되는데도 불구하고 비용추계서가 첨부되지 않은 유일한 법이 바로 이 공수처법입니다.

비용추계서를 제출하지 않은 미첨부사유서를 보면 참 가관입니다. 설치와, 수사처를 설치하고 처장추천위원회와 인사위원회 설치·운영에 대해서 재정소요가 변화하기 때문에 추계를 할 수가 없다 이렇게 이야기합니다. 희한한 법입니다. 그러니까 정확하게 내라는 것이 아닌데 추계조차도 못 한다는 겁니다. 이게 말이 되는 것입니까?

그리고 이러한 비용추계서라고 하는 실무적인 이야기를 하려고 하는 것이 아니라 국가기관이 하나 만들어진다고 해 보십시오. 그 기관이 들어가야 될 국가건물 하나가 번듯하게 만들어지려면 기본적으로 몇천억대의 건물이 만들어질 겁니다. 그리고 또 거기에 있는 공무원들, 기관운영비……

기관 운영을 위해서 처장 한 명 있으면 기본적으로 비서가 네다섯 명 있어야 될 것이고 운전기사가 있어야 될 거고 차장도 있어야 될 거고 공수처검사들도 각종 비서 줘야 될 거고 행정요원이 만들어져야 될 겁니다. 지금 당장 출범할 때는 건물 하나 만드는 데 한 1000억 원 정도 들 거고 그다음에 연간 운영비가 한 삼사백 정도 들겠지요. 그러나 그것이 계속 운영되면 끊임없이 그 규모가 늘어날 것입니다.

그래서 이 기관을 처음 아예 만들지를 말아야지 한번 만들면 그 비용이 어디서 납니까? 이 공수처가 만들어진다고 해서 우리 사회의 생산이 늘어나고 경제에 도움이 되는 겁니까? 전혀 되지 않습니다. 제가 아까 말씀드렸듯이 오히려 경제에 방해되고 경제활동에 지장만 되고 국민의 부담만 가중될 것입니다. 그러나 국가기관이 한 번 늘어날 때마다 비용이 늘어나고 국가기관은 또 계속 늘어나는 경향이 있습니다.

사회학자이자 행정학자 중에 파슨스 법칙이라는 것이 있습니다. 파슨스 법칙이라고 하는 건 어떤 이야기냐 하면 국가기관은 업무량과 관계없이 공무원이 계속 늘어난다는 것이 파슨스 1법칙입니다. 그리고 파슨스 2법칙은 그 늘어난 공무원들은 자기네끼리 일을 만들어 가지고 결국에 가서는 그 일을 다 채운다는 겁니다.

그 구체적인 사례를 파슨스는 어떤 예를 드냐 하면 영국의 해군입니다. 영국 해군이, 1918년에서부터 1928년까지 약 10년 동안에 영국 해군의 함정 수는 40%가 줄어들었는데 영국 해군 군무원 수는 80%가 늘어났다는 겁니다.

그리고 또 영국 이민청이, 1945년 되면 영국이 2차 세계대전이 끝나서 어지간한 영국의 해외 식민지는 다 독립을 했습니다. 그런데 1945년 영국 이민청의 직원이 200명이었는데 1960년이 됐을 때 영국 식민청의 공무원 숫자는 450명으로 두 배 이상이 늘어났다는 겁니다.

그러면 파슨스가 이렇게 가 보니까 영국 해군성이나, 해군성의 군무원이나 또 영국 식민지청의 공무원들을 보면 식민지는 80%나 줄어들고 20%밖에 안 남았고 오히려 식민청의 공무원 숫자는 두 배가 넘게 늘어났으면 할 일이 없어야 되는데 가 보니까 여전히 엄청나게 바쁘다는 겁니다.

지금 우리가 출범할 때는 공수처법에 공무원 삼사백 명짜리 국가기관으로 출발하지만 한번 출발하면 이 국가 권력기관이면 예산과 인원이 무한정 늘어날 겁니다. 처음에는 그냥 되겠지만 이게 한 번 시작하고 나면 공수처 자체가 국회의원들 목을 잡고 있고 공수처 자체가 기획재정부 목을 잡고 있고 공수처 자체가 정원을 관리하는 행정안전부를 잡고 있으면 그 조직이 늘어나지 않겠습니까? 무한히 늘어나는 겁니다. 지금 당장 공수처가 한 300명짜리 기관, 작은 기관이라고 아까 여당 의원이 그렇게 이야기를 하지만 출범하기만 하면 파슨스의 법칙에 의하듯이 끊임없이 커지고 늘어나고 그 권한은 확대되어 갈 것입니다.

만약 공수처법이 이렇게 통과되고 공수처가 만들어졌을 때 공수처가 우리 여당·야당 국회의원을 감시 감독하고 처벌할 수 있는 권한이 있을 때, 그들이 자기의 조직과 인원을 늘리자고 했을 때 누가, 어느 국회의원이 반대를 할 수 있겠습니까, 여러분? 불가능합니다.

(「옳소!」 하는 의원 있음)

그리고 같은 국가 권력기관이 장관, 차관 그리고 3급 이상 국가기관의…… 3급 이상 같으면 국가기관의 과장급 정도밖에 안 됩니다. 그 사람들을 처벌할 수 있는 권한을 가진 기관이 있을 때 기획재정부와 행정안전부에다가 '우리 예산 좀 늘리자, 우리 조직 좀 늘려서 인원수 늘리자' 했을 때 어느 누가 그것을 반대할 수 있겠습니까? 이런 기관은 만들지 말아야 됩니다. 그 대안은 조금 이따 이야기하겠습니다.

만들지 말아야, 애초에 나오지 말아야 될, 탄생하지 말아야 될 것은 어느 여당 의원이 이야기했듯이 귀태가 바로, 이것이 바로 진짜 귀태입니다. 박정희 대통령을 폄하하기 위해서 귀태라는 말을 쓴 것이 아니라 바로 이와 같은 공수처가 귀태입니다.

원래 귀태의 뜻은 일본 사람들이 이야기할 때 애기가 엄마 뱃속에서 죽어서 태어난 태아를 귀태라고 이야기했는데 이것은 살아서, 귀신이 살아서 태어나는 것이 공수처인 것입니다. 태어나지 말아야 될 조직이 바로 이 공수처인 것입니다.

다음은 열 번째로 검찰 부패 문제에 대해서 제가 한번 이야기를 하겠습니다.

이 정부가 공수처를 만들어야 되는 이유로서 검찰개혁이기 때문에 공수처를 만들어야······ 이야기하는 것입니다, 검찰개혁.

그래서 제가 아까 두 번이나 이야기했듯이 정말 우리 국민들이 원하고 실제로 필요로 하는 검찰개혁의 핵심은 권력으로부터의 독립과 수사권과 기소권을 같이 가짐으로 인해서 무리한 수사를 하는 그와 같은 인권침해를 방지하자는 것이 가장 검찰개혁, 국민의 뜻이었습니다. 그런데도 불구하고 공수처 어디에도 권력으로부터의 독립이 강화되기는커녕 오히려 대통령으로부터 종속은 강화되는 쪽으로 가고 있습니다.

그리고 또 두 번째로는 기소권과 수사권을 분리하는 것이 검찰개혁의 핵심인데도 불구하고 오히려 수사권과 기소권을 같이 가져가는 것이 문제인 것입니다.

자, 그러면서 그 두 개는 제쳐 두고도 검찰 자체가 가지고 있는 수많은 비리 문제가 제대로 수사되지 않는 것이 문제라는 것이 검찰개혁을 이야기하는 많은 사람들의 문제였습니다, 실제로.

그런데 지금 검찰개혁을 이야기하면서 검찰의 부패 문제에 대해서 이 공수처가 제대로 대응하지 못하고 있다는 겁니다. 새로운 기관을 만드는 것이 아니라 오히려 검찰을 권력의 하수기관으로 만드는 겁니다. 이래서는 더 이상 되지 않는 겁니다. 수사의 공정성 확보를 위해서 공수처 도입이 아니라 다른 방법으로도 얼마든지 해결할 수 있다는 겁니다.

자, 그다음 또 한 가지 문제는 이와 같은 공수처에 대해서는 무소불위의 권한을 가진 기관이라는 겁니다. 한번 공수처장이 만들어지면 차장과 공수처검사와 수사관들을 공수처장이 저걸 합니다. 예산도 자기들 멋대로 편성하고 국회에서는 이를 다룰 기관도 없습니다. 무소불위입니다. 견제장치가 아예 없는 겁니다.

공수처 자체가 검찰이 과도한 권력을 행사하기 때문에 검찰개혁이란 이야기가 나왔다면 공수처가 이와 같은 무소불위의 권력을 가진 기관으로 탄생했을 때 그것이 문제가 있으면 누구에 의해서 제어가 되겠습니까? 국회에서 민주적 통제 절차가 아예 없습니다.

공수처법 17조 2항에 '처장은 국회에 출석해서 수사처의 소관 사무에 대해서 의견 진술을 하고 국회의 요구가 있을 때에는 수사나 재판에 영향을 미치지 않는 한 출석하여 보고하거나 답변하여야 한다'는 규정이 있습니다. '수사나 재판에 영향을 미치지 않는 한', 누가 판단합니까? 자기 생각으로, 자기 판단으로 하는 것 아닙니까? 이게 어떻게 되겠습니까?

국회법상에 공수처 업무에 대해서 명확한 규정을 해 가지고…… 이들의 잘못에 대해서, 공수처 직원들과 검사와 차장과 처장의 불법행위와 탈법행위에 대해서는 누가 견제할 것인지에 대한 명확한 규정이 없는 것입니다.

그래서 저는 이제 공수처법에 대해서 어느 정도 정의를 하려고 합니다. 공수처는 이와 같은 이유로 네 가지로 정의할 수 있습니다.

공수처는 좌편향된 민변 변호사와 세월호 수사관으로 구성된 권력의 앞잡이 기관을 만드는 것입니다. 공수처는 장차관, 국회의원, 판검사, 헌법재판관 등 입법부·사법부·행정부에 대하여 감찰하고 수사하고 기소할 수 있는 공포 기관을 만드는 것입니다.

공수처는 살아 있는 권력, 자기편은 무한히 봐주고 정적은 모질게 탄압할 수 있는 인권탄압 기관을 만드는 것입니다. 반헌법적이고 권력에 봉사하는 위헌 기관이 바로 공수처인 것입니다.

국민 여러분!

이러한 공수처를 과연 받아들일 수 있겠습니까? 만들어져서는 안 되는 그러한 귀태인 것입니다. 입법부·사법부·행정부의 고위직을 모두 감찰하고 수사하고 기소할 수 있는 무소불위의 권한을 가지는 역사상 사례는 세 가지 사례가 있습니다. 나치 독일의 게슈타포, 중국의 국가감찰위원회, 북한 김정은의 국가보위성밖에 없습니다. 우리 자유대한민국이 나치 독일의 게슈타포나 중국의 국가감찰위원회, 북한 김정은과 같은 그런 기관을 만들고 그런 국가가 되어야 되겠습니까? 저는 전혀 그렇게 생각을 하지 않습니다.

그리고 또 제가 한 가지 이 법의 내용과 관계없이 이 자리에 없지만 아마 이 중계를 보고 있다고 하면 정의당이나 바른미래당, 민주평화당, 대안신당에 있는 분들에게 한번 이야기하고 싶은 것이 있습니다.

어제 여당이 날치기로 통과시킨 선거법이 연동형 비례제 법입니다. 지금 소수정당, 우리가 일명 경멸하는 용어로 써 가지고 '0.4당'이라고 이야기를 합니다마는 저는 그런 말은 쓰지 않겠습니다. 친여 성향의 작은 정당들, 바른미래당 정의당 민주평화당 대안신당은 연동형 비례대표제가 선거법에 되면 많은 아쉬움이 있지만 그래도 다행이라고 표현했는데 정말 다행인지는…… 저는 생각하지 않습니다.

연동형 비례대표제의 가장 중요한 것은 지역에서 당선자를 못 낸 소수정당이 비례대표에서 더 많은 의석을 차지하자는 것이 바로 연동형 비례대표제를 추진한 사람들의 목표였을 것입니다. 그런데 만약에 이 법이 통과되면 자유한국당은 비례를 전담하는 페이퍼 정당을 만들겠다고 이야기했습니다. 그렇게 되면 친여 소수정당의 이익은 급감할 수밖에 없습니다.

그러면 이제 마지막 남은 중요한 퍼즐은 뭐냐? 민주당이 비례 전용 페이퍼정당을 만들 것인가, 이 문제가 남아 있습니다. 지금 현재 민주당에서는 아직까지는 검토하고 있지 않다고 이야기를 합니다. 언제까지 그것이 지속되리라고 여러분 생각합니까, 소수정당에 계시는 분들?

1월 중순까지 정세균 전 국회의장이 총리 인준을 받는 순간부터 바로 민주당은 비례 페이퍼 정당을 만들 겁니다. 그 이전에는 함부로 그 이야기를 못 합니다. 왜냐하면 친여 소수정당의 지지가 있어야만 지금 우리가 이렇게 목청 높여서 반대하고 있는 공수처법을 또 날치기 통과할 수 있고 그리고 또 총리 인준에 있어 가지고 친여 소수정당의 지지를 받아야 총리 인준을 받을 것입니다.

그런데 그 2개를 받아 버리고 나면 민주당은 아쉬울 것이 하나도 없습니다. 이제까지 민주당이 해 온 행태를 보십시오. 자기들의 이익을 위해서는 정말 물불을 가리지 않고 어떤 염치도 소신도 양심도 없이 행동해 왔지 않습니까? 지금 당장은 공수처법을 통과시켜야 되고 총리 인준을 받아야 되기 때문에 비례 전용 페이퍼 정당을 민주당이 안 만든다고 하지만 결국에 가서는 만들게 될 겁니다. 어제 우리 자유한국당 의원이 필리버스터 하면서 '안 만들면 손에 장을 지진다'더니 장이 아니라 몸에 분신을 한다 해도 아마 그렇게 만들 거예요.

그러면 정말 바른미래당 정의당 민주평화당 대안신당 여러분, 여러분들은 민주당에 이용만 당하고 결과는 황이 되는 겁니다. 언제까지 여러분들이, 민주당이 여러분들 편 돼 가지고 한국당이 비례 전용 페이퍼 정당 만드는데 자기들은 여러분들과 같이 약속을 지키기 위해서 비례정당을 안 만든다고 생각할 수 있습니까? 전혀 불가능하다고 생각합니다.

그러면 비례한국당과 비례민주당이 만들어지면 오히려 연동형 비례대표는 이 소수정당에 대해서 현재보다도 훨씬 불리해지는 겁니다. 왜 불리해지느냐? 자유한국당과 민주당은 비례 전용 페이퍼 정당을 만들 만큼 당세가 크고 그만한 홍보능력이 있습니다. 그러나 소수정당은 페이퍼 정당을 만드는 것 자체가 거의 불가능해집니다. 만든다고 하더라도 그만한 홍보능력이 없습니다.

예를 들어서 비례정당을 만들면 지금 예상으로 돼 있는 것만 해도, 지금 나와 있는 정당만 해도 약 서른 개 정도가 기성 정당이 있고 그리고 창당준비위원회에 등록돼 있는 것도 약 50여 개가 있습니다. 그러면 그것 중에 다 정당이 된다고 하면 비례대표를 뽑는 투표지에는, 팔십 몇 개가 넘는 정당이 용지에 기재돼야 됩니다. 그렇다면 실제로 의미가 있는 비례정당은 1번부터 다섯 번째 안에 들거나 기본적으로 열 번째 안에 들어야 의미가 있습니다.

열 번째 안에 드는 기호를 만드는, 추첨하는 순서가 어떻게 돼 있느냐? 지금 선거법에 보면 지역구 국회의원 5명 이상이거나 직전 총선에서 3% 이상 득표를 한 정당에 대해서 우선적으로 기호를 주도록 돼 있습니다. 그렇다면 현실적으로 소수정당은 페이퍼 정당을 만들어 가지고 기호의 우선순위에 드는, 다섯 손가락 안에 드는 정당 기호를 받는 것이 현실적으로 불가능해집니다.

그렇다면 자유한국당과 민주당만 페이퍼 정당 만들고 나머지 정당은 안 만들게 되면 나머지 정당이 아무리 비례대표 득표율과 지역 득표율에 차이가 난다 하더라도 지역에서 소수는 당선될 것입니다.

예를 들어서 정의당 같은 경우에 지난 20대 총선 때 지역에서 2명 되고 비례대표로 4명 돼서 6명인 정당입니다. 그런데 지역에서 2명 당선됐으면 연동형 비례대표에서 2명이 깎이게 됩니다. 그러면 오히려 자유한국당이나 민주당은 페이퍼 정당이기 때문에 한 석도 손해 없이 오롯이 다 가져가고 정의당이나 바른정당 같은 경우는 지역에서 당선되는 사람 숫자만큼이나 비례 정당에서, 비례 득표에서 깎이게 되는 겁니다. 오히려 더 불리해지는 겁니다. 여러분들이 민주당과 같이 계속해서 들러리 서 줄 이유는 전혀 없다고 생각을 합니다.

그런 의미에서 어제 저는 자유한국당 소속 의원이지만 개인적으로는 바른미래당의 권은희 의원의 수정안에 동의하고 공동발의에 합류했습니다. 그 이유는 이렇습니다. 공수처 자체를 만들지 말아야 되는 것이 저의 소신이고 자유한국당의 기본 방침입니다. 만들지 말아야 된다. 태어나지 말아야 된다. 왜 그러냐? 제가 이제까지 공수처법에 대해서 열 가지의 반대하는 이유를 들었습니다.

그러면 그 대안이 뭐냐? 거기에 대해서 제가 이야기를 한다면 대안이, 제가 공수처법을 만들자고 하는 것의 가장 큰 이유를, 지금 정부 여당에서 들고 있는 것이 과도하게 비대화한 검찰권을 제어하기 위해서 공수처를 만들어야 된다는 것이 이유입니다.

제가 아까 처음 발언을 할 때 했습니다마는 우리나라 검찰이 과도하게 비대화된 가장 근본적인 이유는, 우리나라는 일제시대를 통한 독특한 경험 때문이었습니다. 일제시대 때의 우리 국민들을, 우리 조선 백성들을 다스린 일본의 방법이 고등경찰이라 해 가지고 과도하게 비대화되고 정치적인 사찰 위주의 경찰제도를 운영했습니다. 그리고 해방 이후에 그 경찰이 상당히 온전한 세력으로 남아 있었고 실질적인 정치권력으로나 사회적인 세력으로서 경찰이 비대화되어 있었기 때문에 제1공화국이 만들어지고 거기에서 형사소송법이 만들어지고 검찰청법이 만들어질 때 너무 경찰의 권력이 비대화되어 있고 일제시대 때와 같은 저렇게 비대화된 경찰이 있어서는 안 되겠다, 견제하겠다 그렇게 해서 검찰에다가 과도한, 다른 나라에 유례가 많지 않은 수사권과 기소권에 더불어서 경찰에 대한 수사지휘권까지 줘 왔기 때문에 경찰이 비대화되어 왔습니다. 그것이 현재의 검찰청법과 현재의 형사소송법의 내용인 겁니다.

그러면 과대하게 비대화된 검찰의 문제는 검경의 수사권 조정을 함으로 인해 가지고 얼마든지 해소가 가능하다는 겁니다. 과도하게 수사권을 가진 검찰의 권한을 경찰에 어느 정도 분배하고 그리고 검사가 비리를 저지른 것에 대해서는 다시 재정신청제도를 활성화시켜 가지고 한다면 얼마든지 지금 검찰의 문제를 해결할 수 있다고 생각합니다.

오히려 검찰의 문제는, 국가권력으로부터 독립시키는 문제는 또 바로 검사의 인사권이나 검찰총장 임명에 대해서 국가권력으로부터 좀 더 독립하는 방법으로 한다면, 약간의 법률 몇 개만 손질한다면 얼마든지 검경수사권 조정과 법원조직법을 바꿔 가지고 재정신청 전담 재판부를 만든다라든지 그리고 또 검찰청법을 바꿔 가지고 검찰의 인사권에 대해서, 검찰총장의 임명 절차에서 국가권력으로부터 조금은 독립을 시키면 이와 같이 무소불위의 엄청난 권력인, 수천억을 들여 가지고 건물을 짓고 수백 명의 공수처 처장·차장, 공수처검사 그리고 또 공수처수사관을 만들 이유가 없는 것입니다.

그럼에도 불구하고 저는 아까 이야기했듯이 제 개인적으로는 우리 당도 아닌, 우리 당의 당론도 아니지만 권은희 의원의 수정안에 동의하고 공동발의에 제가 나선 이유를 설명드리고자 합니다.

자료를 안 가져와 가지고 그냥 제가 있는 대로 이야기하겠습니다.

바른미래당의 권은희 의원안은 그래도 제가 가지고 있는 소신이나 자유한국당의 당론과 같이 공수처를 설치하지 않는 것은 아니고 설치는 하지만 독소조항은 상당히 완화시킨 내용입니다.

첫 번째, 범죄수사처의 이름을 공직자비리수사처가 아니라 공직자부패수사처로 했습니다. 부패 문제에 한정했습니다. 이 문제는 뭘 이야기하느냐 하면 이름 자체가…… 제가 공수처의 가장 큰 문제점 중에 하나가 수사대상이 공무원에 대한 부패 범죄 이외에 공무원에 대한 일반 범죄조차도 다 처벌할 수 있도록 하는 게 과도하다라는 것이 가장 큰 문제인데 부패 문제만으로 한정해 가지고 뇌물 수수, 알선 수재 그리고 부정처사후 뇌물죄와 같은 부패 문제에 한정해서 수사를 한다라는 것에 대해서 한정적…… 부패수사처가 원래 우리 국민들이 원하는 고위공직자의 비리에 대해서 수사하라는 목적과 비교적 일치한다는 것입니다.

그리고 두 번째, 수사처장, 이 처장을 임명하는 데 있어 가지고 여당 3명, 야당 4명 해서 5분의 3의 동의를 받도록 했습니다. 그렇다면 비교적 국회에서 처장 임명을 받기 위해서는 결코 특정 이념에 편향된 사람이 임명되기가 힘든 구조가 되어 있습니다. 비교적 여야가 동의하는 사람이 될 수 있도록 구조를 만들었습니다.

그리고 세 번째, 수사권과 기소권을 같이 주는 것이 현재 공수처법의 문제인데 거기에 대해서는 기소권을 주지 않고 수사권만 주는 것으로 했습니다. 기소권에 대해서는 특별히 문제가 되는 것에 대해서 기소심의위원회를 거쳐서 기소할 수 있도록 이렇게 많이 완화시켰습니다.

이런 내용이기 때문에 기본적으로 공수처는 만들지 않는 것이 가장 좋기는 합니다마는 그러나 많은 독소조항를 줄였기 때문에 권은희 의원안에 대해서 제가 찬성을 했다는 것을 말씀드립니다.

지금 우리나라는 매우 어렵습니다. 경제적으로 성장이 멈춰지고 민생이 파탄 나고 또 외교는 어렵다고 늘 이야기를 하고 있습니다. 이러한 여러 가지 문제점이 있습니다마는 가장 근본적인 문제가 무엇인가에 대해서 한번 생각하게 됩니다.

저는 그 근본적인 문제의 핵심은 자유민주주의의 가치, 자유민주주의와 직접적인 연관이 되어 있는 시장경제·자본주의 제도 자체에 대해 이 정부가 근본적으로 흔들고 있기 때문에 지금 우리 사회에 닥치고 있는 수많은 문제점이 출발하고 있다고 생각을 합니다.

그래서 저는 이와 같은 이 정부의 많은 문제점의 핵심인 자유민주주의적 가치, 시장경제의 가치에 대해서 제 견해를 조금 설명드리고자 합니다.

프랜시스 후쿠야마, 그보다도 자유가 왜 중요하냐? 이 이야기에 대해서 요즘 인기 있는 베스트셀러 작가 중에 유발 하라리가 자유에 대한 가치, 이것을 보면 '21세기를 위한 제언'이라는 책 속에서 21세기를 이렇게 정의합니다.

'자유주의 질서하에서 인류 역사상 최고의 평화와 번영을 누리고 있다. 그 구체적으로 21세기는 인류 역사상 처음으로 전염병에 의해서 사망한 사람이 늙어 죽는 사람보다 적은 첫 세기'라는 겁니다. 두 번째, '21세기에는 인류 역사상 처음으로 배고파 죽는 사람이 비만이나 배가 너무 불러서 죽는 사람보다 적어진 첫 세기'라고 그럽니다. 세 번째, '21세기는 전쟁과 폭력에 의해서 죽는 사람 수가 사고로 인해서 죽는 사람 수보다 적어진 첫 세기'라 했습니다.

그러면 이와 같이 21세기가 인류 역사상 최고의 평화와 번영을 누리게 된 이유는 뭐냐? 자유주의라는 겁니다. 자유가 있기 때문에 경쟁이 있고 자유와 경쟁이 있기 때문에 창의가 있고, 그러면 인류 역사는 자유와 창의와 경쟁에 의해서 끊임없이 성장한다는 겁니다. 성장해 왔기 때문에 인류가 가졌던 수많은 갈등조차도 해결하는 것이 바로 자유와 창의와 경쟁 때문에 풍요에 의해서 인류의 수많은 문제점이 해결되었다고 유발 하라리가 이야기를 합니다.

빈곤에 관한 문제도 인류 역사에서 부자 것을 뺏어 가지고 가난한 이에게 나누어 주는 수많은 시도가 있었지만 한 번도 성공하지 못했지만 성장 자체, 부유함 자체 파이가 커졌기 때문에 빈곤의 문제도 해결되었고, 수많은 정치적·사상적·종교적·사회적 갈등조차도 자유와 창의와 경쟁이 사회에 주어졌을 때 그 사회가 해결되었고 그 사회가 바로 21세기로 나아간다고 그렇게 이야기를 했고, 저는 이 자유의 가치를 참 잘 설명했다고 생각을 합니다.

그런 의미에서 프랜시스 후쿠야마는 '역사의 종말'이라는 책에서 이런 표현을 씁니다. 인류 역사에는 수많은 정치 체제가 있었다. 가장 대표적인 정치 체제라 하면 당연히 군주제고, 그 속에는 독재 체제라고 하는 권위주의 체제 그리고 신정 체제, 여러 가지 체제가 있었겠지요.

역사의 종말에 직접 문제가 되고 있는 마르크스와 엥겔스가 이야기한 사회주의 체제, 공산주의 체제가 있지만 그러나 결국에 가서는 인류 역사 발전의 최종적인 상태는 바로 시장경제를 바탕으로 하는 자유민주주의가 인류 발전의 가장 발전된 최후의 형태가 될 거다, 그렇게 이야기를 했습니다.

그러면 여기서 프랜시스 후쿠야마가 이야기하는, 왜 그러면 마르크스가 예언하기는 인류 역사 발전의 최종적인 형태는 공산주의라고 했는데, 공산주의가 아니라 오히려 그들의 입장에서는 망하고 결국에는 없어져야 될 자본주의에 바탕한 자유민주주의가 왜 어떻게 마르크스가 예언한 사회주의·공산주의 체제보다도 더 역사 발전의 최종적인 형태가 되었는가? 여기에 대해서 프랜시스 후쿠야마의 답은 간단합니다. 자유, 인간이 자유를 추구하는 절대의지가 있다는 겁니다. 그것 때문에 된다는 겁니다.

구체적으로 이야기해 봅시다.

프랜시스 후쿠야마 이전에 역사 발전 단계를 인류 역사에서 처음 이야기한 사람은 1700년대 이야기한 헤겔입니다. 헤겔 이전에는 인류 역사는 발전한다는 개념이 없었고 끊임없이 순환한다는 개념만 있었습니다. 인류 역사가 발전한다는 개념을 학자로서 제대로 이야기한 사람은 헤겔입니다. 인류 역사가 발전하는 것은 바로 자유의 확대사가 인류 역사가 발전하는 것이라 했습니다.

자유가 어떻게 확대되어 왔느냐? 고대 노예사회 그리고 그리스·로마 사회, 현대 게르만 사회로 인류 역사가 발전해 왔는데 자유가 발전되어 왔다. 고대 노예사회에서는 왕만이 자유롭고 아무도 자유롭지 못한 사회였다가 그리스·로마 사회가 되면 소수 귀족이 자유로운 세상이다가 게르만 사회가 되면—헤겔 입장에서 현대 게르만이겠지요—모든 자유 시민이 자유를 누리는 세상이 된다고 그렇게 이야기를 합니다. 그러다가 이와 같은 자유가 마르크스와 엥겔스는……

그리고 헤겔이 자유가 이렇게 발전해 오는 원동력은 인간이 자유를 추구하는 절대의지가 있기 때문에, 자유는 끊임없이 발전해 왔기 때문에, 확대되어 왔기 때문에 발전한다고 했는데 마르크스는 인류 역사는 이렇게 3단계로 발전하지 않고 5단계로 발전한다 했습니다. 원시사회에서 고대 노예사회 그리고 중세 봉건사회, 근대 자본주의사회 그리고 미래 공산사회로 인류 역사가 발전해 오는데 헤겔이 이야기했듯이 인류의 역사가 인간의 자유의지로, 확대되는 방법으로 발전되고 그 인류 역사가 발전돼 오는 과정이 헤겔은 변증법적으로 발전해 오는데, 변증법의 원동력은 인간이 자유를 추구하는 절대의지에서 인류 역사가 발전해 온다고 했는데, 마르크스는 인류 역사가 발전해 오는 것은 헤겔과 같이 변증법적으로 발전해 오지만 그 역사 발전의 원동력은 물질에 의해서, 포이에르바하가 이야기했습니다만 유물론에 의해서 발전한다고 그랬습니다.

유물의 핵심 개념이 뭐냐? 생산요소와 생산관계에 의해 가지고 인류 역사가 발전, 이 관계가 틀어질 때 새로운 한 단계의 역사가 발전한다고 그랬습니다. 고대 노예사회에서 생산요소는 노예입니다. 생산관계는 노예주와 노예와의 관계입니다. 봉건사회에서 생산요소는 봉건 영토가 생산요소이고 봉건 영주와 그 농노들과의 관계가 생산관계입니다. 자본주의사회에서는 생산요소가 자본이고 생산관계는 자본주의 체제 그 자체라고 이야기를 합니다. 그런데 이 생산요소와 생산관계를 결정짓는 것에 문제가 생기면 결국 혁명이 일어나 가지고 자본주의사회가 공산주의사회 혁명으로 가기 때문에 마르크스는 인류 역사 발전의 최종적인 형태는 공산주의사회가 된다고 그렇게 이야기를 합니다.

그런 데 비해 가지고 후쿠야마는 그렇지 않다, 인류 역사는 아까 제가 이야기했듯이 발전돼 오는 수많은 방법이…… 군주제, 사회주의, 권위주의 체제—독재 체제를 이야기하지요—공산체제가 다 있었지만 결국에 가서는 자유민주주의, 시장경제를 바탕으로 한 자유민주주의가 바로 인류 역사가 발전하는 최종적인 단계라고 이야기를 했습니다.

그러면 왜 프랜시스 후쿠야마는 인류 역사가 이렇게 발전하는 단계에서 자유민주주의가 인류 발전의 최종적인 형태가 되느냐? 이것은 인간의 본성과…… 인간이 자유를 추구하게 되고 자유를 추구하게 되면 경쟁을 가져오기 때문에 그렇게 발전한다고 했습니다.

인간의 본성이 뭐냐? 헤겔이 이야기한 것을 프랜시스 후쿠야마가 그대로 받아들여 가지고 인간의 가장 타고난 본능은 인정받고 싶어 하는 욕구 때문이라고 했습니다, 인정받고 싶어 하는 욕구. 내가 남과 비교해 가지고 결코 내가 남 밑에 들어가기 싫다, 남에게 인정받고 싶다 그렇게 됐을 때 인간은 동물과 달리, 동물과 같은 경제적인 목적 외에 인간 존엄성에 대한 욕구가 있다는 겁니다. 이것이 역사가 발전해 오는 과정에서 사회적인 불평등에 대해서 인간은 본질적으로 저항하게 되어 있다는 겁니다.

그래서 개인은 남들과 비교해서 내가 열등한 지위나 사회적으로 남들보다 못하게 될 때는 동등하게 나아가고자 하는 대등욕구가 발생한다는 겁니다. 그 대등욕구가 발생하게 되면 현실적인 사회적 지위가 거기에 어울리지 못할 때에는 투쟁이 일어나고 헤겔은 그 투쟁을 인간 본능인…… 자기에게 인정받고 싶어 하는 욕구가 충족되지 않을 때 투쟁하고 도전한다는 것을 '패기'라고 표현합니다. 패기에 의해 가지고 도전하게 되고 결국 쟁취해 가는 과정이 역사에 발전되어 왔는데, 그러면 왜 자본주의를 바탕으로 하는 자유민주주의 체제가 인류 역사의 마지막 단계가 되느냐? 거기에 대해서는 이렇게 이야기를 합니다.

인간은 사회적인 불평등은 있지만 사회가 발전할수록 그 인습적인 불평등이 끊어져 간다는 겁니다. 가문이나 세습적 특권이 끊어지고 교육이 확대되고 읽고 쓰는 능력이 확대되고 그리고 사회적인 유동성과 정보가 확대되면 중산계급이 확대되어 가지고 그 중산계급들이 확대되는 중산계급 위주로 되는 사회, 이것이 마르크스가 공산사회에서 이야기하게 되는 궁극적인 공산사회가 자유의 왕국이 되는 것이 바로…… 자유민주주의 체제에서 중산층이 누리는 자유가 바로 마르크스가 이야기하는 자유의 왕국이 된다고 그렇게 표현한 것입니다.

그러면 이 사회에서 마르크스가 이야기하는 자유의 왕국이라는 인류 역사의 가장 마지막 종점인 세대가 실제로 자유민주주의 체제, 시장경제 체제하에서 중산층이 누리는 자유가 바로 자유의 왕국이라는 겁니다.

왜 그렇게 되느냐? 오히려 마르크스가 이야기하는 자유의 왕국은 인위적으로 국가권력에 의해서 개인을 평등하게 하려고 하기 때문에 거기에서 수많은 억지와 무리수가 일어나는 데 비해 가지고 중산층이 지배하는 자유민주주의 국가하에서는 근본적으로 인간에 대해서는 인습적인 불평등은 깨어지고 인간의 본연적인 불평등은 어느 정도 서로가 용인하는 수준에서 존재하기 때문에 근본적인 갈등이 되지 못하기 때문에 마르크스가 이야기하는 절대적인 평등을 가져오는 자유의 왕국이 아니라 중산층이 충분히 그 사회의 주류가 되어 가지고 누리는 자유, 그것이 바로 자유민주주의 체제이고 그것이 바로 인류가 가장 행복하고 역사 발전의 가장 최종적인 단계라고 이야기했습니다.

이때 프랜시스 후쿠야마가 이야기한 자유의 개념에 시장경제, 사유재산제가 왜 중요한가에 대해서는 이렇게 설명합니다.

개인이 자유를 누리기 위해서는 국가권력으로부터 자유를 누려야 되는데 내 생계나 직업이 국가권력에 의존할 때는 자유를 누리기 힘들다는 겁니다. 양심 없는 일도 해야 되고 소신 없는 일도 해야 되고, 문희상 의장같이 자기 아들 하려고 소신 없는 짓도 해야 될 수밖에 없다는 겁니다. 그런데 사유재산이 있다면 자기 소신껏 자기의 양심에 따라 행동을 할 수 있다는 겁니다.

그리고 그것만 있는 것이 아니라 또 한 가지, 자유를 누리기 위해서는 언론의 자유가 있어야, 자기의 동지를 만들어야 된다고 합니다. 언론의 자유를 누리기 위해서는 혼자 광야에서 떠드는 그러한 언론의 자유가 아니라 자기의 소신을 이야기할 수 있고 남들에게 전달할 수 있는 매체가 필요합니다. 신문이 필요하고 방송이 필요합니다. 그것도 신문과 방송을 다 국가가 장악한 나라에서는 절대 자유가 주어질 수가 없다고 했습니다.

그렇기 때문에 자유민주주의체제는 바로 사유재산제가 보장되고 그 사유재산은 개인의 존엄을 보장하고 개인의 정서적인 자유를 보장하고 개인의 정서적인 존엄을 보호하고 그리고 언론의 자유가 주어지고 그럴 때, 국가권력으로부터 언론의 자유가 주어질 때 그 사회가 발전할 수 있는 나라다, 그것이 바로 중산층이 확대되었기 때문에 그것이 바로 인류의 역사가 발전할 수 있는 최고의 상황이다 그렇게 이야기를 한 것이 바로 이겁니다.

그렇다고 해서 여기서 이야기하는 역사의 종말에 대해서 모든 세상이 평화롭고 모든 물질적인 욕구가 충족되는 그러한 의미에서 역사의 종말이라는 것은 아니라는 겁니다. 수많은 부분적인 사건사고는 여전히, 프랜시스 후쿠야마도 이야기했습니다. 수많은 사건사고와 문제점과 갈등은 여전히 있고 그 상황에서도 인간에 대한 여러 가지 불평등 사태가 없을 수는 없다는 겁니다. 실업, 공해, 마약, 범죄 이런 문제는 언제든지 있지만 그러나 인류 역사의 체제경쟁에서는 자유민주주의체제, 시장경제체제가 최종적인 형태다 이렇게 이야기를 합니다.

그러면 자유민주주의체제를 왜 뜬금없이 정태옥이 이야기하느냐, 여기에 대해서 의문을 가질 겁니다.

지금부터 70년 전 우리 대한민국은 전 세계에서 가장 가난한 나라였습니다. 70년 전에는 아프리카의 어느 나라보다도 더 가난한 것이 우리나라였습니다. 그리고 지금부터 120년 전에 우리나라는 누구라도 흔들 수 있는 나라였습니다. 청나라가 그랬고 러시아가 그랬고 일본이 우리를 병탄했습니다.

그런데 지금 현재 우리나라는 그렇지 않습니다. 세계 10대 경제대국이고 7대 무역강국입니다. 우리가 5000년 금수강산이라 하지만 실제로는 가난에 찌들어 있었고 무척 힘이 없는 약소국이었지만 지금 이 정도 먹고살고 심지어 역설적이게도 세계에서 가장 부유한 나라 대통령인 트럼프조차도 '한국은 부자인데 왜 우리가 이렇게 방위비를 많이 내느냐?'라고 이야기할 정도로 그들의 부러움을 살 정도로 되었습니다.

그 이유는 정확하게 지금부터 72년 전 대한민국이 건국된 데서부터 5000년 가난의 한이 풀리기 시작한 것입니다. 대한민국 건국의 역사적인 의미가 무엇이냐? 바로 제가 이제까지 이야기했듯이 유발 하라리가 이야기한 자유의 가치, 프랜시스 후쿠야마가 이야기한 자유민주주의와 시장경제의 가치를 바로 대한민국 5000년 역사에서 처음으로 대한민국이 받아들였다는 겁니다.

그때 당시, 1948년 대한민국이 건국될 당시에 미군정에서 여론조사한 바에 의하면 우리 국민의 80%는 사회주의가 더 좋다 그런 여론조사가 있었습니다. 그럼에도 불구하고 이승만 대통령이 정말 혜안을 가지고 우리 대한민국을 자유민주주의, 시장경제 그리고 미국과 자유세계에 대한 우방국가로 만듦으로 인해서 5000년 가난의 한, 120년 전의 굴욕과 100년 전의 일본의 병탄의 한을 극복하게 되는 출발점이 바로 자유민주주의와 시장경제라는 것입니다.

그 당시 우리가 똑같은, 오히려 우리보다 1.5배 더 GNP가 많았던 북한이 채택했던 것은 반대의 길을 갔습니다. 공산주의·사회주의 경제체제 그리고 소련, 중국과 같은 공산세계와 동맹을 갖습니다. 그들이 지금부터 70년이 지난 후에 역사적인 승패가 어떠한지는 여러분들이 잘 알 겁니다.

그런데도 불구하고 지금 우리 사회가 이렇게 어려운 가장 큰 이유는 바로 이런 대한민국의 건국 자체를 부정하고 대한민국의 건국정신을 부정하고 대한민국을 발전시킨 역사의 원동력인 자유민주주의와 시장경제를 부정하는 데서부터 지금 우리 사회가 가지고 있는 수많은 문제점의 출발점이라는 것을 제가 이야기하고자 하는 것입니다.

건국 대통령 이승만 대통령에 대해서는 저는 세 가지 측면에서, 저뿐만이 아니라 많은 분들이 인정하는 세 가지입니다. 첫 번째는 대한민국의 설계도를 작성한 분이다. '대한민국이 앞으로 나아갈 바는 자유민주주의와 시장경제와 자유세계와의 유대다' 이렇게 설계를 했습니다.

그리고 두 번째 중요한 것은 6·25를 성공적으로 극복함으로 인해 가지고 그리고 통일은 이루지 못했지만 휴전을 하면서 한미동맹을 맺음으로써 우리가 그 이후에 안정적인 경제성장을 이룩할 수 있었던 것입니다.

한미동맹에 대해서 많은 사람들은 미국이 공산세계와 대응하기 위해서 저절로 맺어 준 것이다 그렇게 얘기하는데 실제 미국 역사를 읽어 보면 전혀 그렇지 않습니다. 이승만의 특별한 노력과 그의 국제정치적인 감각이 있었기 때문에 가능했습니다.

6·25전쟁이 어떻게 해서…… 트루먼 대통령이 6·25가 발발했을 때 개입을 했습니다마는 6·25 때 4만 5000명의 미군이 죽고 6·25에 들인 전비는 2차 세계대전 때 미국이 들인 전비보다 더 많은 돈이 들었습니다. 그렇기 때문에 미국에서는 아이젠하워 대통령이 당선될 때는 한국전쟁이 워낙 염증이 났기 때문에 휴전을, 미국이 전쟁에 승리하지 않고 전쟁을 끝낸 유일한 첫 전쟁이 되는 것이 바로 6·25전쟁인 겁니다.

그런데 그때 미국 사람들은 원하지 않는 전쟁에 또 끌려 들어가는 것을 극도로 싫어했기 때문에 한미동맹은 정상적으로 미국 조야나 상원의 인준을 받기가 어려웠습니다. 그럼에도 불구하고 이승만 대통령이 만약 한미군사동맹을 맺어 주지 않는다면 휴전을 받아들일 수 없다고 끝까지 버틴 결과로 인해 가지고 우리가 한미군사동맹을 받아들인 겁니다. 그것이 우리가 경제발전을 하기 위한 중요한 초석이 된 것입니다.

그리고 또 우리가 이승만 대통령에 대해서 간과할 수 없는 정말 중요한 것이 저는 농지개혁이라고 생각을 합니다. 보통 우리가 식민지 지배 체제에서 독립을 하게 됐을 때 그것이 근대국가, 산업화를 가져올 때 가장 중요한 것이 농지개혁의 문제입니다. 우리가 의외로 순수하게 스무드하게 이끌어 간 것이 농지개혁의 문제입니다.

그리고 아까 이승만 대통령의 중요한 업적이 6·25를 잘 극복한 것이다 이야기를 했습니다마는 6.25를 잘 극복한 가장 중요한 원인 중의 하나가 성공적인 농지개혁이다 그렇게 생각합니다.

왜 그러냐? 6·25전쟁을 일으킬 때 6·25전쟁 전후사에 보면 그때 당시 북한에서는 수상이 김일성이었고 부수상이 박헌영이었습니다. 박헌영은 남로당 출신이었기 때문에 6·25전쟁을 일으키자고 김일성에게 강력히 주장하면서 '만약 이북 군대가 남한을 침공만 하면 한 달 이내에 남조선의 인민들이 무장봉기가 일어나 가지고 완전히 공산화가 될 거다' 그렇게 이야기를 했습니다.

그런데 실제 인민군이 쳐내려왔지만 단 1건의 무장봉기도 없었습니다.

가장 큰 이유는 바로 이승만 대통령이 당시 농지개혁을 완수했던 것입니다. 그리고 이 농지개혁은 이승만 대통령뿐만이 아니라 그때 당시 실제 농림부장관을 했던 조봉암 선생, 조봉암 장관이 그것을 했습니다.

그리고 거기에 대해서는 좌파 지식인들 입장에서 봤을 때는 매우 못마땅하고 불완전하고 토지를 갈라준 양이 적었고 그리고 그것이 많은 문제점이 있었다고 이야기를 합니다마는 그러나 우리 사회에서는 이 농지개혁이 있었기 때문에 6·25 전쟁 때에 농민 반란을 가져오지 않게 되었고 그리고 그 방법이 유상몰수, 유상분배였기 때문에 유상몰수된, 유상몰수로 주로 채권을 받은 것이지요. 그것을 받은 지주들이 산업자본가로 변신하게 되었습니다. 그래서 지금도 우리가 중요하게 생각하는 기업들, 삼성 LG 효성그룹 이런 그룹들도 다 농지개혁 때 받은 채권을 가지고 적산재산을 인수해 가지고 산업자본가로 변신하게 된 중요한 원인이 된 것입니다.

폄하하려고 하면 한없이 폄하될 수 있지만 긍정적으로 본다면 결과론적으로 우리 사회가 6·25라는 전쟁을 통해 해방을 하고 난 다음에 지주계급이라는 봉건지주세력들을 무너뜨리고 산업화를 할 수 있는 기반을 마련한 것이 바로 이승만 정권 때입니다. 실제 이것을 주관한 것은 조봉암 선생이라는 것도 있지만 그것을 가능하게 해 준 것도 바로 이승만 정권 때 있었던 것이고 그것도 우리의 자랑스러운 역사 중의 한 페이지라고 우리는 인정을 해야 되는 것이라고 생각을 합니다.

그리고 이승만 대통령은 보통교육을 실시해서 해방 이후 때보다도 학생수를 약 2배 정도 늘려 놨습니다. 그것이 박정희 대통령 때 산업화의 중요한 계기가 된 것입니다.

박정희 대통령은 우리가 보통 이야기할 때에 '5000년 가난의 한을 극복하게 만들었다' 그렇게 이야기를 합니다. 그런데 우리 좌파 지식인들은 '그렇지 않다. 박정희가 없었더라도 장면 정부에 의해 가지고 경제개발 5개년 계획이 이미 성안되었고 박정희의 5·16혁명이 없었더라도 충분히 발전할 수 있었다' 그렇게 이야기를 하고 있습니다. 그러나 그렇게 세상을 단순히 봐서는 안 된다고 생각합니다.

박정희의 경제개발계획은 정말 탁월합니다. 왜 그러냐? 그 당시 1960년대 초에 박정희가 취한 수출주도형 경제발전이라는 이론적인 것은 전 세계에 아무 데도 없었습니다. 그때 당시에 전 세계의 경제발전이론은 수입대체형산업이라는 허쉬만 같은 사람이 만든 이론밖에 없었습니다.

그 내용은 뭐냐 하면 2차 세계대전이 1945년에 끝나고 나니까 미국은 소련 공산주의의 확산을 방지하기 위해 가지고 유럽, 기존 선진국가인데 전쟁의 폐허 때문에 무너져 있는 유럽을 살리기 위해서는 마셜 플랜이라고 해서 엄청난 재정적인 지원을 해 줌으로 인해 가지고 경제를 살릴 수가 있었습니다마는 남미국가와 같은 나라에 대해서는 경제를 발전시킬 수 있는 이론이 전 세계의 경제학사에 전혀 없었습니다. 그래서 알프레드 허쉬만 교수, 그때 당시의 프린스턴 교수한테 트루먼 대통령이 용역을 줬습니다. '저렇게 남미 같이 농업국가가 왔는데 저것을 경제발전시키는 이론을 만들라' 이렇게 했을 때 만든 것은 수입대체산업 이론인 것입니다. 그 수입대체산업 이론은 외국으로부터 관세장벽을 높이 쌓아 가지고 국내 수요를 산업화시켜 가지고 그것을 일으키면 산업화시켜서 발전시키는 것이, 그러다 보면 경제가 발전할 거다…… 그 이론, 아주 단순한 이론이었습니다.

그러나 그 당시에 수출주도형 산업이라는 것은 허쉬만 같은 사람들이나 남미 학자들, 종속이론을 냈던 알프레드, 오도넬 같은 학자들은 상상도 못 한 일이었습니다. 왜 그러느냐, 세상에 제국주의・신제국주의라 하는 미국이나 영국이나 프랑스와 같은 발전된 산업국가와 경쟁해 가지고 산업을 일으켜 가지고 그들과 경쟁을 한다는 것이 말이 되느냐, 그렇기 때문에 관세를 높이 쌓아 가지고 국내에서 유치산업을 보호하자, 그것이 바로 수입대체산업이론이었습니다.

그런데 박정희는 전 세계에서 문재인 대통령이 좋아하듯이 평생 역사상 한 번도 가지 않은 길인 수출주도산업이라는 것을 일으킵니다. 외국으로부터 자본을 많이 끌어들여 가지고 국가가 보증해 가지고 빚을 많이 가져와 가지고 그래도 돈이 모자라니까 대일청구권자금을 가져오고 월남전 참전해 준 대로 많은 외화를 가져오고 중동에 가서 가지고 노동자들이 고생한 돈으로 돈을, 달러를 가져오고 서독에 광부가 가고 간호사가 간 돈을 산업을 일으켜 가지고 국제적인 경쟁력이, 경쟁이 가능한 공장을 짓도록 했습니다.

그때 당시에 전 세계 사람들만이 아니라 대한민국의 야당, 지금 여당 사람들이 그때 신주처럼 내세우는 사람들도 거기에 대해서 끝까지 반대를 했습니다, 세상에 그런 것은 있을 수가 없는 일이다. 그리고 세계에, 미국에 있는 주요 경제학자들도 다 대한민국 박정희의 수출주도산업을 비웃었습니다, 있을 수가 없는 일이라고. 그러나 성공을 시켰습니다. 그 성공을 시킨 것이 바로 우리가 이야기하는 1963년부터 시작한 경제개발 5개년 계획인 것입니다.

그러면 1963년 경제개발 5개년 계획에 대해서 지금 좌파 지식인들은 엄청나게 폄하를 하고 있습니다. 장면 정부가 경제개발 5개년 계획을 해서 가만 놔둬도 잘할 수 있고 노동자, 농민들을 수탈하지 않아도 됐을 것인데 공연히 박정희 대통령이 혁명을 일으키는 바람에 파쇼체제가 들어섰다고 합니다.

그러나 그것도 또 일부입니다. 실제 경제개발 5개년 계획은 정확하게 이야기하면 장면 정부 것도 아니고 박정희 정부 것도 아니고 스탈린의 경제개발 5개년 계획입니다. 스탈린이 1924년 레닌이 죽고 난 다음에 정권을 잡고 난 다음이니까 미국이나 영국에 비해서, 독일에 비해서 너무나 후진적인 산업을 일으키기 위해서 전, 그렇다고 해서 그 나라로부터 원조를 받을 수가 없으니까 자력갱생을 하기 위해서 국가적인, 국가에 의해서 총력으로 자본을 집중해 가지고 중화학공업을 일으키고 군사적인 무기를 일으키고 그리고 농업생산을 2배, 4배, 8배로 늘리는 배가운동을 하는 것이 경제개발 5개년 계획이었습니다.

그 경제개발 5개년 계획을 받아들인 데가 누구냐, 장면 정부가 아니라 바로 요즘 집권여당 사람들이 그렇게 미워하는 기시 노부스케입니다. 기시 노부스케는 아베 일본 수상의 외할아버지입니다. 그 사람이 만주국의 경제청 차관이었습니다. 자기네 밑에 있는 국장을 시켜서, 러시아 모스크바 유학생이었습니다. 그 사람으로부터 스탈린의 경제개발 5개년 계획을 가져와라, 그것을 만주국에 가져와 가지고 만주국에서 경제개발 5개년 계획이 시작되었습니다. 그것을 가져온 것이 장면 정부였고 그것을 이어받은 것이 박정희 대통령입니다. 전 정부가 하던 것을 계승 발전시킨 것에 대해서 박수를 쳐야 될 것이라고 저는 생각을 합니다.

그리고 그러면 스탈린의 국가주도형 경제개발 5개년 계획과 박정희의 경제개발 5개년 계획의 근본적인 차이가 어디 있느냐, 얼마 전에 우리 자유한국당 당 지도자 중의 한 분이 서울대학교 학생한테 강의를 하니까 '민부론에서 이야기하는 국가와 박정희 대통령이 이야기하는 국가와의 차이점이 뭐냐?' 그렇게 이야기하는 것을 똑같이 저는 답을 한다면 스탈린의 경제개발 5개년 계획에 있어 가지고 국가의 역할과 박정희 대통령의 경제개발 5개년 계획에 있어서 국가의 역할의 차이라고 저는 생각을 합니다.

스탈린은 경제개발 5개년 계획을 하면서 중화학공업을 일으켰지만 그것이 국가주도형이고 국가가 경영하는 기업이, 그러니까 국영기업에 의해서 산업을 일으켰습니다. 그렇기 때문에 그 한계가 왔고 결국에는 1970년대 프랜시스 후쿠야마가 했듯이 역사의 종말, 공산주의의 종말, 사회주의의 종말을 가져온 겁니다.

그런데 박정희 대통령이 일으킨 산업화의 핵심은 그렇게 외국으로부터 자본을 끌어들이고 국내에서 자본을 집중해서 일으킨 산업을 국가가 독점하는 것이 아니라 개개 기업들을 일으키고 개개 기업들이 수출주도형 산업으로 갈 수 있었기 때문에 국제적인 경쟁력을 취할 수 있었습니다. 그렇기 때문에 대한민국은 발전해 온 겁니다. 그것이 바로, 민주화를 가져온 것도 바로 그 영향인 것입니다.

어느 정도 경제발전을 할 때는 많은 사회적인 불평과 불만을 억누를 필요가 있는 것입니다. 그러나 국영기업에 의해서 국가가 소득배분이나 자원배분을 독점할 때에 그것이 바로 사회주의체제 내지 공산주의체제인 것입니다. 스탈린이 한 체제인 것입니다. 사회주의체제인 것입니다.

그런데 박정희는 그렇게 모아 놓은 자금과 대일청구권자금을 비롯해서 많은 자금을 민영기업이 국제적인 경쟁력을 가지도록 만들었기 때문에 대한민국은 발전해 온 것입니다.

그래서 저는 박정희 대통령이 인권을 침해한 것에 대해서 옹호할 생각은 아닙니다. 그러나 우리 정부, 집권 여당세력이 온 모든 민주의 가치를 혼자 독점하는 것은 절대 아니라고 생각을 합니다. 잘못된 것이라고 생각합니다.

왜 그러냐? 민주주의를 가능하게 한 것은 물론 김대중 선생이나 김영삼 대통령같이 정말 아스팔트 위에서, 감옥에서 피와 눈물로 싸움도 필요했겠지만 그러나 민주주의를 가능하게 한 수많은 조건을 만드는 것도 매우 중요하다고 생각합니다. 그것이 바로 중산층을 확대시키고, 그 중산층을 확대시키는 것이 경제개발에 의해서 가능한 것입니다. 교통·통신을 발전시키고 그리고 또 보통교육을 보급함으로써 민주화를 위한 초석을 다지게 된 것입니다. 그렇기 때문에 우리가 모든 가치를 독점해서는 안 된다고 생각하는 것입니다.

그러면 제가 일방적으로 이승만 대통령과 박정희 대통령을 칭송만 할 것이 아니라 제가 이야기하는 것은 대한민국이 지금 이렇게 어려워진 이유가 제가 아까 이야기한 대한민국의 건국이념인 자유민주주의와 시장경제와 한미동맹의 뿌리가 흔들리기 때문이라고 이야기했습니다.

이와 같은 뿌리가 흔들리는 중요한 이유가 무엇이냐 하면 우리 사회에 좌파와 우파로 갈라져서 도저히 화해가 되지 않는 근본적인 갈등이 있기 때문이라고 저는 생각을 합니다. 이 갈등의 뿌리에 대해서 지금부터 저는 이야기하고자 합니다.

원래 좌파와 우파는 프랑스혁명 시기에 국민의회가 만들어졌을 때에 그 국민의회에서 의장석을 중심으로 자코뱅당을 중심으로 하는 급진개혁세력들이 왼쪽에 앉고 그리고 지롱드당을 비롯한 온건합리세력, 그러니까 '루이 16세를 처형하지 말자. 그리고 입헌군주제로 가자' 그런 세력들이 오른쪽에 앉음으로 해서 좌파·우파가 갈라져 왔습니다. 그리고 또 그 이후에 유럽에서는 좌파와 우파가 갈라지는 것은 경제정책에 있어 가지고 좀 더 평등을 지향할 것인가, 자유를 지향할 것인가에 따라서 좌파와 우파를 나누게 된 것입니다.

그런데 우리나라에서는 이 근현대사에서 있는 사회갈등이 어디서 되느냐? 바로 한국의 근현대사를 어떻게 바라보느냐에 따라서 좌파·우파, 보수와 진보, 진보도 아니지요. 좌파·우파가 이렇게 갈라지는 겁니다.

여기에 대해서 좌파가 바라보는 대한민국 근현대사, 아주 구체적으로 이야기하면 '해방전후사의 인식' '전환시대의 논리' '8억인과의 대화' 이런 책에서 보여 주는 수많은 대한민국의 근현대사를 바라보는 시각이 매우 편협되고 왜곡되어 있다는 생각을 저는 합니다.

'해방전후사의 인식'에 보면, 송건호 교수를 비롯해 여러 사람들이 썼지요. 거기 보면 '우리 대한민국이 이렇게 문제가 많다. 왜 문제가 많으냐? 근본적인 출발점이 바로 미군정 3년에서부터 모든 악의 출발이다' 그렇게 이야기를 하고 있습니다. 미군정 3년이 이들이 바라보는 해방전후사의 인식에 그대로 녹아나 있습니다.

기본적으로 첫 번째, 미국은 한국인을 해방민이 아닌 피점령민으로 봤다 이렇게 그들은 바라보고 있습니다. 실제로 그런 면이 없지 않아 있습니다. 하지 중장이지요. 우리 한국을, 대한민국 점령군사령관이었는데 이 하지 중장이 총사령부 포고 1호, 조선인민에게 고함 1호 자체가 북위 38도 이남 조선영토를 점령한다, 정부의 전 공공 그리고 명예 직원, 사용인, 고용인, 유급·무급 직원들은 현재 하던 일을 그대로 해라 이렇게 이야기합니다.

그 말은 뭐냐? 대한민국을 해방민으로 보지 않고 일본과 똑같은 피점령민으로 바라보고 있고 일본 관리들이 그대로 미군이 오더라도 통치를 허락한 이 지시를 내린 것에서 출발했다고 합니다. 그다음 두 번째, 이와 관련해서 상해임시정부와 건국준비위원회 같은 것을 건국 이전에 일체의 단체를 인정하지 않았다, 그리고 그 연장선상에서 세 번째로는 친일파를 미군정 3년 하는 동안에 대거 도입했다, 그리고 네 번째, 이승만이라는 지독하게 권력 지향적이고 나쁜 인간을 보호했다, 이 네 가지 이유로 대한민국 모든 근현대사의 악의 출발이 미군정 3년 때문이라고 그렇게 바라보고 있는 것입니다.

거기에서 '해방전후사의 인식'에 보면 이승만 대통령을 권력에 굶주린 늑대같이 묘사하고 있습니다. 그가 프린스턴대학에서 박사학위를 받고 정말 탁월한 외교관으로서의 모습 그리고 또 상해임시정부에서나 해방 정국에서나 탁월한 지도로, 6·25전쟁에서 보낸 리더십 이런 것에 대해서는 어떠한 이야기도 하지 않습니다. 그저 권력에 굶주린, 친일파를 등용한 나쁜 인간으로만 서술하고 있는 것입니다.

그리고 '해방전후사의 인식'을 비롯해서 여러 책에서 박정희 대통령 시절과 이승만 대통령, 이런 것은 우리 국민들이, 노동자와 농민의 인권이 침해되고 착취가 됨으로 인해 가지고 식민지 종속국가로 전락된 시기였다, 그렇기 때문에 좌파들은 해방전후사를 태어나지 말아야 될 정부다 그러면서 이들은 북한 김일성 정부에 대해서는 한없는 애정을 보이고 있습니다.

그 뿌리가 지금 문재인 대통령이 북한 김정은이라고 하면 껌벅 죽고 어떠한 잘못이나 어떠한 욕을 해도 눈을 감는 것이, 이들의 출발점이 바로 한국 근현대사를 바라보는 시각에서 대한민국 이승만 정부나 박정희 정부는 태어나지 말아야 될 정부고 지금 여당 의원들도 귀태라고 이야기를 했지 않습니까? 그런데 김일성 제국은 친일파를 제대로 숙청한 정당성 있는 정부이고 그리고 남한 대통령이 남한 정부를 말할 때 남쪽 정부라고 이야기하는 이런 사태가 벌어지고 있는 것입니다.

이런 시각이 반영돼 가지고 대한민국을 불행하고 부끄러운 역사라고 했습니다. 불행하고 부끄러운 역사, 누가 언제 어느 때에 이야기한지 아십니까? 노무현 대통령의 취임사에 나오는 이야기입니다. 대한민국헌법에 의해서 대통령이 되고 대한민국 국민들이 뽑아 준 노무현 대통령의 취임사에서 대한민국을 불행하고 부끄러운 역사라고 이야기를 했습니다.

그러나 제가 이승만 대통령과 박정희 대통령에 대해서 이야기한 바와 같이 우리나라는 지금부터 70년 전에는 전 세계에서 가장 가난한 나라, 아프리카의 그 어떤 나라보다도 가난한 나라, 지금부터 120년 전에는 세계 어느 나라라도 우리를 흔들 수 있는, 겨우 무관 몇 명밖에 없는 외국 공관에 왕과 황제가 도망을 가는, 파천을 하는 그런 형편없는 나라를 10대 경제대국을 만든 이런 대한민국을 불행하고 부끄러운 역사라고 이야기를 하고 전 세계에서 가장 인권유린이 심하고 가장 가난한 나라인 북한을 끝없이 칭송하는 그러한 역사관, 이런 것이 우리가 제대로 극복되지 않는다면 우리는 영원히 갈등과 반목이 계속될 뿐 아니라 지난 70년 동안 자랑스럽게 쌓아 온 경제발전과 민주화도 모든 것이 역으로 갈 것이라고 저는 생각합니다.

우리가 자유민주주의를 지키기 위하여 많은 일이 있었습니다. 경제발전만 한 것이 아닙니다. 자유민주주의를 지키기 위해서 1950년 8월 10일 포항지구전투·낙동강전투가 한창 중일 때에 학도병 71명이 포항지구전투에 참여해서 48명이 전사했습니다. 그 전사자 시신이 수습될 때에 성동중학교 2학년 학생, 이우림 학생의 유서가 가슴속에 있는 교복에서 발견되었습니다.

그 유서에는 '어머니, 저는 많은 사람을 죽였습니다. 수류탄이라는 무기가 있는데 이것을 적에게 던져 그들이 팔과 다리가 찢어지면서 죽었습니다. 저는 무섭습니다. 죽는 것이 무서운 것이 아니라 다시 어머니를 볼 수 없을까 봐, 다시 나의 형제들을 볼 수 없을까 봐 무섭습니다. 그리고 지금 어머니가 만들어 준 상추쌈이 먹고 싶습니다. 집 앞에 맑은 샘물의 시원한 냉수를 마시고 싶습니다. 적이 몰려옵니다. 어머니 안녕. 아니, 살아서 다시 어머니를 보고 싶습니다' 하고 그 유서는 끝이 납니다.

피를 흘려서 지킨 대한민국입니다. 월남전에서 많은 한국의 젊은이들이 자유라는 이름으로, 조국이라는 이름으로 죽어 나갔습니다. 우리들의 많은 산업 일꾼들과 당시의 젊은이들이 서독에 가서 광부로 간호사로, 중동에 가 가지고 40도, 50도가 넘는 사막에서 일을 해서 일으킨 것이 이 자유 대한민국입니다.

저는 결코 민주화 세력이라고 하는 사람들을 폄하할 생각은 없습니다. 그러나 이 대한민국이 만들어질 때 결코 민주화 세력이라는 사람들의 노력만으로 만들어진 것도 아니고, 전 정부 사람들이 모두 적폐와 청산의 대상이 되지 않는다는 것을 이야기하는 것입니다.

이제 우리가 다시 한번 대한민국이 발전할 수 있도록 그렇게 하려면 상대방을 인정하고, 힘과 권력이 있다고 해서 무리하게 전 정부 사람들을 전부 다 적폐로 몰아붙이고, 대한민국이 지난 70년 동안 가져왔던 수많은 가치를 다 무너뜨리고 그렇게 해서는 안 됩니다.

왜 역사에서, 인간에 있어 가지고 장점과 단점과 문제점이 없겠습니까? 대한민국의 불행한 부분도 많이 있습니다. 저는 그 불행한 부분을 몇 가지만 꼽으라고 한다면 가장 먼저 광주민주화운동에서 너무나 많은 분들이 아깝게 희생된 것이 있습니다. 그리고 친일파가 해방 정국에서 재득세한 것, 맞습니다. 그리고 산업화 과정에서 많은 노동자·농민이 희생을 당한 것,

인정합니다. 그렇다고 해서 대한민국의 발전이 그렇게 부끄럽고 불의한 역사라고, 태어나지 말아야 될 역사는 아니라고 생각합니다.

균형된 감각을 가질 때에 우리의 역사는 바로 설 것이고 또 지금 북한 3000만 동포들, 그들을 다시 끌어안을 수 있는 준비가 되는 것은 바로 자유민주주의와 시장경제와 한미동맹이 굳건할 때에 비로소 그것이 굳건하게 될 수 있는 것입니다.

그런 의미에서 본다면, 지금부터 저는 경제에 대해서 문제를 이야기하겠습니다.

제가 아까…… 대한민국이 70년 전에는 전 세계에서 가장 가난한 나라, 아프리카의 어느 나라보다 가난한 나라, 1인당 국민소득 63달러밖에 되지 않는 그런 가난한 나라가 지금 3만 불이 넘는 나라, 세계 10대 경제대국이 되었습니다. 자랑스러운 역사입니다.

그러나 우리 국민들에게 지금 물어보면, 지금이 행복하냐고 물어봤을 때 행복하다고 생각하는 사람이 아무도…… 아니, 아무도는 아니겠지요. 문재인 대통령과 권력을 가진 사람들은 희희낙락하니까 아무도는 아니지만 대부분의 사람들은 별로 행복하지 않습니다.

저는 1960년대에 태어났습니다. 우리나라가 초근목피의 시절이었습니다. 그렇지만 한 가지 확신이 있었습니다. 우리들 세대는 우리 아버지 세대보다, 할아버지 세대보다는 더 잘살 수 있다는 믿음이 있었고 실제로 그 믿음은 실현이 되었습니다.

그런데 지금 우리 국민들에게, 아주 많은 사람들에게 물어보십시오. 당신보다 당신의 아들딸, 손자·손녀의 세대가 더 행복할 것이라고 생각하느냐고 물었을 때 과연 내 아들딸과 내 손자·손녀는 나보다 더 잘살 것이라고 자신 있게 대답하는 사람이 몇 명이나 되겠습니까? 이것이 바로 우리 사회의 가장 근본적인 문제입니다.

문재인 정부 들어서 가지고 촛불 혁명이 되어 가지고 정의와 공정을 독점하고 세상에 천년 왕국이 된 듯하게 하면서도 왜 우리 국민들은 이렇게 행복해하지 않고 불행해야 합니까? 한때 우리는 행복한 시절이 있었습니다.

제가 아까 이야기를 했듯이 우리 국민들은 88올림픽을 할 때, 2002년 월드컵을 할 때 온 국민들이 정말 자랑스럽게 '아, 대한민국'을 외치고 자기가 이 대한민국에 태어난 것이 자랑스럽고 대한민국의 미래와 나의 미래가 밝을 것이라는 희망이 있었는데 왜 이렇게 되었습니까? 수많은 이유가 있겠지요. 저는 바로 우리 대한민국의 발전에는 근본적인 가치인 자유민주주의와 시장경제와 한미동맹의 가치가 무너졌기 때문에 그렇다고 생각합니다.

그 문제를 지금부터 저는 경제체제에서 한번 살펴보고자 합니다.

긴 경제 이론을 설명하기 전에 지난번에, 며칠 전이지요. 문희상 의장이 512조에 달하는 예산안을 날치기시켰습니다. 그 예산이 많은 문제점을 가지고 있는데 가장 근본적인 문제점을 저는 희망이라는 관점에서 이야기합니다.

왜 512조라는 이렇게 전년도 대비해 가지고 9.1%, 이 정부 들어서 가지고 예산을 만들 때

2018년 예산에는 7.2% 그리고 또 2019년 예산에는 9.7%, 이번에는 9.1% 이렇게 엄청난 액수를 증가시켜 왔습니다. 그렇게 예산을 증가시킨 가장 큰 이유는 경제를 활성화시키기 때문이다 이렇게 이야기합니다. 말도 안 되는 소리를 하고 있습니다.

구체적인 예를 하나 들어 보겠습니다.

최저임금을 인상시킵니다, 최저임금. 예전에 문재인 대통령이 집권하기 전까지만 해도 맥도날드나 롯데리아에 가면 아주 귀엽게 옷을 차려입은 아르바이트 하는 종업원들이 실제 가격은 보통 한 100만 원 내외 정도 받았습니다. 그리고 점장급 정도 되는 사람이 한 달에 월급으로 150만 원 정도 됐습니다. 아르바이트였지만 나름대로 아르바이트 중에서는 괜찮은 아르바이트였습니다. 그런데 올해 최저임금이 8350원입니다. 8350원을 주 52시간 근무하고 한 달로 치면 174만 원이 됩니다.

자, 그러면 자본주의 체제하에서 월 174만 원을 벌지 못하는, 그러니까 매장 가게 입장에서 174만 원의 부가가치를 생산하지 않는 종업원들은 전부 다 해고시켜야 됩니다. 실제 해고가 됩니다, 그렇지요? 그래 되는데 전부 다 해고를 시키면, 그러면 올해 예산이 정부가 예산을 많이 뿌려 가지고 미래세대가 감당해야 될 것조차도 빚을 내 가지고 예산을 퍼부으면 경제가 살아나느냐? 그렇지 않다는 것을 이야기하는 겁니다. 최저임금을 높여 놓으니까 수많은 이제까지 100만 원 정도에서 아르바이트 하거나 150만 원 정도 받고 점장으로서 나름대로 행복하게 살았던 그 젊은이들이 모두 다 해고가 됩니다. 그러니까 거기에 따르는 예산이 뭐냐, 일단은 174만 원 되지 않는 사람들한테도 정부가 일자리 안정자금이라 해 가지고 내년도에 2조 1640억을 들여 가지고 해고시키지 말라고 합니다. 174만 원의 노동가치가 안 되는 사람들도 정부가 일자리 안정자금이라 해 가지고 수십만 원 보태줘 가지고 일자리를 유지하게 합니다.

그러면 두 번째, 그래도 해고되는 사람이 있습니다. 그러니까 그 사람들을 위해 가지고 고용보험, 실업수당이지요, 실업자에 대해서 세금이 나가야 됩니다. 그리고 이제까지 100만 원이나 150만 원 받고 아르바이트 하던 사람들이, 해고된 젊은이들이 할 일이 없으니까 50만 원짜리 알바하게 됩니다. 예를 들어서 굴뚝의 미세먼지가 나는지 안 나는지 이것 감시한다 하면서 한 달에 한 오육십만 원 받는 이런 자리들 많이 만들어진 것 있지 않습니까?

그렇게 하게 되면 정부 예산으로는 엄청나게 예산이 듭니다. 일자리 안정자금 2조 1600억, 실업수당 15조 5400억, 그다음 국민취업지원제도, 뭐 일자리 알아 봐 준다 해서 2800억. 그리고 또, 그래도 해고되어 버리니까 먹고살지 못하는 사람들은 기초생활수급자가 됩니다, 사회적으로. 그러면 그 사람들에 대해서도 엄청난 예산을 줘야 됩니다. 그것이 13조 9900억입니다. 그리고 직접 일자리를 만드는 것이 2조 9000억입니다. 이런 예산이 전부 다 보면 32조 7466억입니다.

이것이 2016년도에는 소위 나쁜 말로 이런 짓거리를 하지 않을 때는 예산이 20조 4500억

밖에 되지 않습니다. 자그만치 62.4%나 증가합니다. 그러면 이것은 무엇을 의미하느냐, 최저임금 인상이라고 하는 잘못된 정책을 바꾸지 않는 상황에서 그것을 국민들에게 옳다고 자꾸 주장을 하니까 여기에 예산이 드는 겁니다. 여기에서부터 이 정부가 가지고 있는 경제정책의 근본적인 문제점이 출발하는 겁니다.

그러니까 최저임금이라는 잘못된 정책을 무마하기 위해 가지고 엄청난 예산이 드는데 그게 실제로는 경제발전에는 아무런 도움이 되지 않습니다. 그 정책을 폐기하는 단순한 정책 하나만 쓰면 이제까지 그 많은 수십억 예산이, 수십조 원의 예산이 드는 것이 들지 않게 되는 겁니다.

탈원전이라고 하는 형편없이 잘못된 정책 하나만 바꿔도 전기료가 저렇게 천정부지로 앞으로 오르게 되지 않습니까? 올리지 않아도 되고, 그리고 한전이 수십조 적자 보는 것도 보지 않게 되는 겁니다. 그리고 실제로 원자력발전소를 없애다 보니까 석탄이나 LNG나 석유를 때야 되는 화력발전소가 늡니다. 그렇기 때문에 미세먼지가 엄청나게 늘어나는 겁니다. 미세먼지가 늘어나니까 미세먼지 대책이라 해서 또 엄청난 예산을 들이붓게 됩니다. 이와 같이 이 정부의 잘못된 경제 정책을 바꿈으로 인해 가지고 할 수 있는 수많은 일들을 우리가 하지 않는다는 겁니다.

그러면 이번 정부 예산에서 60조 원이라는 돈을 빚을 냅니다. 그러면서 우리나라는 부채 비율이 40% 정도밖에 안 되기 때문에 아주 양호하다 그렇기 때문에 앞으로 빚을 더 내도 좋고, 일본 같은 경우는 빚이 국가 100% 정도, 200% 정도 돼도 괜찮다 그렇게 이야기를 합니다. 이건 국민을 속이는 일입니다.

구체적으로 이야기를 한번 해 보겠습니다.

지금 우리나라 부채는 수준이 다릅니다. 정부부채라고 이야기할 때 첫 번째 중앙정부, 대한민국과 지방자치단체가 가지고 있는 부채를 기준으로 하면 보통 우리가 정부부채라고 이야기하는데 그걸 D1이라고 합니다, 부채 1. 부채 1은 2018년 기준으로 38% 정도 됩니다, 38%. 그런데 여기 이 D1에다가 국민연금공단이나 건강보험공단, 이와 같은 비영리공공기관의 부채까지 합치면 이것을 D2라고 이야기합니다, 부채 2지요. 그렇게 하면 약 42% 정도 됩니다.

그런데 여기에다가 외국에는 없는 한전이나 LH공사 그리고 또 한국공항공사, 인천공항공사 이런 국가가 운영하는 공기업 이들의 부채도 정부가 법적으로 최종적으로 다 책임지도록 되어 있습니다. 이것을 D3라고 이야기를 합니다. 이 D3까지 하면 우리나라는 벌써 이미 현재 국가부채는 60%에 달합니다.

그러면 이 문제에 대해서 현 정부 사람들에게 야, 지금 현재 너희들 이야기하듯이 국가부채가 40%밖에 되지 않는 것이 아니라 실제로 한전이나 LH공사 같은 공기업 부채까지 합치면 60% 아니냐 하면 국제적인 통계가 원래 국가공기업은 없고 정부부채하고 그리고 또 비영

리공공기관, 국민연금공단이나 건강보험공단 같은 것까지 합쳐 가지고 우리가 42%니까 우리 부채 비율은 42%밖에 되지 않는다, 그렇게 이야기를 합니다. 그것은 하나만 알고 둘은…… 국민을 속이는 것입니다.

미국 같은 나라에 한국전력이나 LH공사나 한국공항공사나 인천공항공사같이 정부가 부채에 대해서 지급보증을 하는 그런 공공기관이 있는 것 봤습니까? 없습니다. 유럽에도 그런 국가 공공기관이 없습니다. 그렇기 때문에 그들은 D3라고 하는 국가 공공기관의 부채를 잡지 않는 것입니다.

그런데 여기에 또 하나 더 있습니다. 우리나라는 또 공공금융기관이 있습니다. 산업은행, 기업은행, 주택금융공사, 수출입은행, 신용보증기금, 기술보증기금 이와 같은 금융공기업에 대한 최종적인 부채에 대해서도 정부가 책임을 져야 됩니다. 그렇다고 하면 지금 현재 우리나라 부채는 벌써 70%, 80%가 넘고 있는 그런 상태입니다.

그런데 이렇게 현재 우리나라 부채가 결코 정부가 설명하듯이 40%가 아니라 실제로 60~70% 되는데 그 자체도 문제지만 부채의 증가 속도도 매우 문제가 되고 있습니다.

IMF가 1998년에 있었는데 IMF 3년 전인 1995년에는 우리나라 부채 비율이 8%밖에 되지 않았어요. 그리고 IMF 직전 해에 11%였습니다. 그러던 것이 지금 현재 국가부채 기준으로 42% 됐습니다. 증가율이 엄청 빠릅니다. 매년 1%씩 증가됩니다. 지금부터 30년 후에는 국가부채만 약 70%, D2 D3까지 합하면 200%, 300%가 넘게 됩니다.

특히 문제는 이제까지 비교적 보수정권이 집권해 왔을 때를 포함해 가지고 국가 빚이 늘어난 것이 1년에 1% 증가했는데 문재인 정부는 아예 대놓고 빚을 내 가지고 경기 부양을 한다고 합니다. 그런데 그것 경기 부양을 하는 것이 아니라 실제로는 잘못된 국가 경제사회적인 정책 때문에 엄청난 국가 부담을 가지는 것입니다.

한전 같은 경우에는 2016년에 12조 원의 영업이익을 내냈습니다, 12조 원의 영업이익을. 그런데 탈원전정책을 시행하자마자 2019년 올 1분기에 벌써 6300억 원의 적자를, 영업손실을 냈어요.

지금 현재 이 정부의 통계 방법에 의하면 한전이 1년에 12조씩 흑자를 내던 것을 적자로 돌아섰는데도 이것은 국가통계 부채에 잡히지 않습니다. 이런 것까지 합하면 우리나라의 부채 비율은 엄청난 것입니다.

그리고 또 문재인 정부가 이런 이야기를 합니다. 자기가 한 일 중에 가장 자랑스럽게 생각하는 것이 문재인케어를 성공시켜 가지고 아주 기쁘다, 그러면서 그것을 자화자찬까지 합니다.

국민건강보험공단에 3조 원이라는 적자를 안겨 주었습니다. 물론 많은 혜택을 주면 좋지요. 그러나 국민건강보험공단의 적립금 자체를 근본적으로 까먹어 가고 있는 것 아닙니까? 그것

다 정부 빚이 되는 것입니다.

그리고 특히 이 정부가 경기를 살린다고 하면서도 적자 재정을 그렇게 많이 편성을 하면서도 국민건강보험공단에 대한 적자에 대해서는 나 몰라라 하고 있습니다. 올해 예산에 조금 더 넣었습니다. 이와 같이 지금 우리나라의 부채에 대해서는 이 정부가 엄청나게 부채의 증가 속도를 키우고 있다는 것입니다.

이렇게 이야기하면 또 이들은 이야기합니다. 미국 같은 경우에는 국가부채 비율이 107%이고 일본은 220%이고 경제 개발, 그리고 OECD 국가 평균이 113%인데 우리나라는 40%밖에 되지 않기 때문에 매우 양호하다 그렇게 이야기합니다. 그 자체가 거짓말인 것입니다.

제가 아까 설명했듯이 우리나라도 공기업 부채까지 해 가지고 정부가 정말 책임져야 될 부채로 따지면 벌써 60%가 넘습니다. 그러나 그것보다 더 큰 문제는 일본과의 비교에 있어 가지고 일본은 220% 빚이다, 우리에 비해서 높다고 하지만 일본의 국가부채는 거의 100% 일본 국민이 가지고 있습니다. 이자율도 거의 0%입니다. 일본의 국가부채는 GDP 대비 220%일지언정 실제로 일본 정부가 몇 년의, 일본 GDP의 220%가 되는 빚에 대한 이자는 현실적으로 거의 없는 상태입니다. 그런 것과 우리가 엄청난 예산으로 빚에 대한 이자를 갚아야 되는 이런 나라를 단순비교하는 것은 국민을 속이는 일인 것입니다.

그리고 또 전 세계에서 미국, 일본, 영국, EU와 같이 기축통화 국가들은 대부분 OECD 국가 평균이듯이 112%가 맞습니다. 그런데 우리나라와 같이 기축통화 국가가 아닌 나라에서는 대부분 30~60% 수준을 오고가고 있습니다. 그런데 우리나라와 같이 이렇게 고령화가 급격하게 진행되는 나라……

그리고 또 근본적인 문제점은 지금 우리나라는 노동가능인구가 대한민국 건국 이래 가장 많은 시기입니다. 이렇게 노동가능인구가 많은 시절에 국가 빚이 늘어나고 있다면 앞으로 출산율이 거의 1%나 0%로 떨어졌을 때 그때 오히려 빚을 물려주면 그 나라가 어떻게 되겠습니까?

지금 많은 흑자를 물려줘도 우리들의 아들딸 세대에는 우리들 세대가 늙어 가지고 노동을 못 하게 될 때는 엄청나게 부담이 많을 텐데 지금 벌써 올해도 내년 당장 60조 원을 빚을 내 가지고 경제정책을 펼친다, 그것도 제대로 된 경제정책을 펼치는 것이 아니라 소득주도성장, 최저임금 인상, 근로시간 단축, 탈원전, 4대강 보 파괴 이런 잘못된 정책을 하기 위해서 돈을 퍼부어 가지고 전혀 생산적이지 않은 곳에다가 돈을 퍼붓고 있는 것입니다.

돈을 쓰는 것 자체도 굉장히 걱정스럽지만 생산적이지 않은 곳, 경제학적인 용어로 부가가치가 별로 생산되지 않는 곳에 오히려 잘못된 국가정책에 대해서 그것을 만회하기 위해서 돈을 퍼붓는 것이 근본적인 문제인 것입니다.

자, 그러면 이 정부가 가지고 있는 경제정책이 뭐 때문에 이렇게 많은 문제점을 가지고 오느냐, 근본적인 문제점 크게 나눠 가지고 두 가지 때문인 것입니다. 소득주도성장론과 좌파

이념 경제 때문에 이 정부가 가지고 있는 근본적인 문제점을 노정시키는 것입니다.

소득주도성장론은 원래 엄격하게 이야기하면 포스트 케인지언 경제학이다 이렇게, 케인지언 경제학의 후신인 사람들이 정부의 적극적인 재정금융정책을 통해서 국가 경제, 경기 변동을 완화하자는 것이 원래 케인지언 경제학의 이론입니다. 그런데 포스트 케인지언 경제학은 국가가 재정금융정책뿐만 아니라 사회적인 정책을 해서…… 소득주도성장론은 국가가 중산층을 확대시켜서 빈부 격차를 줄이자라는 그런 조셉 스티글리츠나 로버트 블레커 같은 교수들에 의해서 나온 이론입니다.

자, 그러면 왜 이런 포스트 케인지언 경제학이 나왔느냐 거기에 대해서 우리가 처음부터 한번 다시 경제학사를 이야기해 볼 필요가 있을 것입니다.

경제학이 학문적으로 제대로 성숙되게 된 것은 애덤 스미스가 고전파 경제학이라고 해 가지고 그 사람 자체는 고전파 경제학이라는 그런 소리는 안 하고 '국부론'이라는 책을 쓰게 되면서부터 경제학이 출발합니다.

그러면 이 애덤 스미스가 이야기한 국부론의 비판의 대상은, 그 이전의 경제정책은 뭐냐, 경제학은 없었지만 경제정책은 절대왕정 시절에 절대왕정 군주가 중상주의정책으로 인해 가지고 외국으로부터 내 물건은 많이 팔고 외국의 물건은 수입을 적게 해 가지고 금과 은을 국가 창고에 가득 쌓아 놓는 것 그게 바로 중상주의입니다.

그렇게 가득 쌓아 놓은 금화와 은화를 가지고 뭘 하느냐, 군대를 상비군을 만들고 대포를 만들고 그렇게 또 식민지를 개척하고 그렇게 함으로 인해 가지고 또 더 많은 금과 은을 가져오는 것이, 그래서 국가 전체가 부유해진다 이것이 바로 그 이전 애덤 스미스의 국부론이 나오기 전의 기본적인 경제정책이었습니다, 경제이론도 아니고 중상주의정책이었습니다. 그러다가 애덤 스미스의 국부론이 나오면서 국부론에서 아주 재밌는 이야기를 합니다.

애덤 스미스는 한 나라가 부유해지는 것은 쇄국정책을 해 가지고 중상주의정책을 통해서 경제가 발전하는 것이 아니라 분업과 분업에 따른 효율과 국제적인 분업, 국제적인 무역을 통해서 모든 나라가 잘살 수 있다는 것을 인정하는 것이 바로 애덤 스미스의 이론입니다.

애덤 스미스는 구체적인 사례를 들고 있습니다. 핀을 만드는 한 직공이 하루에 만들 수 있는 핀은 10~18개라는 겁니다. 쇠를 자르고 뾰족하게 만들고 그것을 담금질하고 구멍을 뚫고 그렇게 하면 한 사람의 숙련공이 하루에 핀을 만드는 게 10~18개를 만든다고 합니다.

그런데 애덤 스미스는 핀을 만드는 공정을 18개의 공정으로 나눠 가지고 10명으로 하여금 분업을 시키면 하루에 4만 8000개를 만든다고 했습니다. 원래 같으면 혼자 수작업으로 계속 작업을 한다고 하면 10명이 해 봐야 100개 또는 180개밖에 핀을 못 만드는데 10명이 핀 만드는 공정을 18개 공정으로 나눠 가지고 만들면 하루에 4만 8000개, 1인당 4800개씩 만든다고 했습니다. 특별히 제조기술이, 공법이 발전하지 않아도 분업과 효율, 분업과 효율에 의해서 그렇게 된다고 합니다.

그러면 이렇게 10명이 하루에 핀을 4만 8000개씩 만들려면 뭐가 필요하냐, 한 달에 최소한 14만개의 핀을 소화시킬 수 있는 시장이 필요하다고 그랬습니다. 그래서 애덤 스미스는 이렇게 이야기했습니다. 한 나라의 국부는 중상주의에 의해서, 관세에 의해서 발전하고 식민지를 개척하면서 발전하는 것이 아니라 분업과 효율과 국제분업을 통해서 발전하는 것이라고 했습니다.

이것을 애덤 스미스의 분업론, 국제무역론을 하나 발전시킨 것이 리카도의 비교우위론입니다. 상대적으로 덜 우위가 있더라도 비교우위에 있는 것을 서로 더 많이 생산해 가지고 교환하면 국가가 발전한다고 그랬습니다.

그리고 또 세이의 법칙이란 것이 있습니다, 세이의 법칙. 책에 따라, 번역하는 것에 따라 세의 법칙이라고도 하는데 이것은 뭐냐, 우리가 물건을 만들기만 하면 되지 이것 사 줄 것 걱정할 필요가 없다는 겁니다, 사 줄 걱정할 필요 없다.

물건을 만든다는 것 자체가 뭘 의미하느냐, 이미 자본가 자본을 갖다 대, 자본을 누군가 은행에서 빌렸기 때문에 이자가 지급될 것이고, 물건을 만든다는 것 자체가 누군가가 임금을 받아 갈 것이고, 물건을 만든다는 것은 공장을 이미 짓기 때문에 토지대금이 나갈 것이라는 겁니다.

그러니까 토지·노동·자본에 대한, 물건을 만든다는 것 자체가 토지·노동·자본에 대한 대가가 나가기 때문에 대가가 나가면 사람들이, 누군가는 그 물건을 사 주기 때문에 수요는 걱정하지 말고 물건만 열심히 만들면 결국에 가서는 보이지 않는 손에 의해 가지고 국가가 잘 돌아갈 거다, 그것이 바로 고전파 경제학은 국부론이라고 하기도 하고 그다음에 자유무역론이라고 하기도 하고, 그것이 바로…… 그렇게 하려면 국가의 역할이라 하는 것은 적극적인 역할을 하지 말고 야경국가, 그냥 도둑놈이나 잡고 사기꾼이나 잡아 가지고 처벌하고 이 정도만 하라는 겁니다.

국가가 경제정책도 열심히 하지 마라, 국가가 경제정책에 자꾸 개입하면 안 되니까 아예 금융정책도 금본위제를 해라, 금으로 딱 묶어 놓으면 경제가 호황이 되면 이자율이 올라가고 노동자의 임금이 올라가고 땅값, 지대가 올라가기 때문에 경제가 불황이 올 거고 불황이 오면 이자, 인건비, 토지 지대가 떨어지면 다시 호황이 올 거다 이렇게 이야기를 합니다.

이렇게 돼 가지고 실제로 전 세계는 비교우위론 그리고 또 분업 그리고 또 거기에 대해서 이론과 관계없이 산업의 발전으로 해서 엄청나게 발전하게 됩니다. 이것이 무너지는 것이 바로 유명한, 세계적인 경제대공황이 일어나는 겁니다. 세계적인 경제대공황, 특히 1929년 9월 13일가요, 그때 미국에서 경제대공황이 일어나는 이유는 1차 세계대전이 일어나는 동안에 미국은 1차 세계대전에 뒤늦게 참전해 가지고 엄청난 전쟁특수로 경제가 성장을 했습니다.

1919년에 1차 세계대전이 끝나고 난 다음에도 미국은 엄청나게 호황을 누리기 시작합니다.

그때 20세기가 처음 출발할 때지요, 1차 세계대전이 1914년에 시작해서 1919년에 끝나지요. 그렇게 되고 나니까 미국은 경제 호황이 일어납니다.

왜 일어나느냐, 새로운 산업 생산이 엄청나게 증가합니다. 전기가 비로소 보급되기 시작하고 자동차가 보급되기 시작하고 냉장고가 보급되기 시작하니까 미국의 생산량이 엄청나게 늘어나기 때문에 경제가 엄청나게 호황을 누리니까 주식이 수십 배, 수백 배씩 늘어납니다.

그러나 그것이 어느 정도 한계에 달했을 때에 미국 경제가 대폭락을 하게 됩니다, 증권이. 증권이 대폭락을 하게 되니까 처음에는 그냥 증권이 조금 폭락하고 끝날 일들을 이번에는 은행들이 예금을 받아 가지고 상당히 많은 돈을 주식에 투자를 했는데 주식이 갑자기 다운되니까 은행에 예금해 놓은 사람들이 예금을 다 찾아갑니다. 그것을 뱅크 런(Bank Run)이라 그럽니다.

뱅크 런을 하고 나니까 멀쩡한 은행이 대대적으로 파산해 버립니다. 대대적으로 파산하니까 은행들은 빌려줬던 돈을 또 갚으라고 이야기를 합니다. 그렇게 받으려고 하니까 멀쩡한 기업들이 또 파산하게 됩니다. 처음에는 주식시장의 주식 폭락이 은행의 대규모 부도로, 은행의 대규모 부도는 기업들의 대규모 부도로 그리고 기업들이 부도가 나면 일자리가 대대적으로 사라지는 형태로 전개되는 것입니다.

그래서 이렇게 되고 나니까 그때 당시 미국의 후버 대통령이었지요, 후버 대통령은 고전파 경제학 이론에 따라 가지고 더 이상 손을 대지 않고 금리를 그냥 그대로 다운시켜 놓으면 경제가 다시 호황이 될 거다 해서 그냥 둡니다. 그래서 1929년에 대공황이 일어났는데 1932년이 될 때까지 오히려 경제공황이 계속 깊어지는 것입니다.

그래서 1932년에 바로 대통령이 바뀌지요. 미국의 루즈벨트 대통령이 뉴딜 정책을 가져옵니다. 뉴딜 정책은 이제까지 고전파 경제학의 이론을 근본적으로 뒤엎는 것입니다. 어떻게 뒤엎느냐, 고전파 경제학에서는 공급이 있으면 수요는 걱정하지 말고 가만 놔두고 금본위제로 가만 묶어 놓으면 저절로 시장의 자동 조절 기능에 의해서 경기가 회복될 거다 이야기했는데 루즈벨트 대통령은 그렇게 안 된다는 것입니다.

그러면 경제를 살리는 것은, 아무리 불황이 닥쳐도 물가가 떨어지고 이자율이 떨어져도 물건을 살 사람이 없기 때문에 경기가 살아나지 않는다는 것입니다. 그래서 물건을 살 사람을 만들기 위해서 해야 된다, 그것이 바로 뉴딜 정책입니다.

가장 간단하게 이야기를 하면 일단 금본위제를 폐지해 버립니다. 그래서 루즈벨트 대통령은 종이하고 잉크 가져와라, 종이하고 잉크를 가져와 가지고 달러를 마구 찍어 냅니다. 달러를 마구 찍어 가지고 돈을 뿌립니다. 가장 먼저 농산물 가격지지정책이라 그래서 일정 생산 이상 된 농산물을 정부가 사 가지고 전부 다 폐기시켜 줍니다.

그리고 개인 가정에 있어 가지고, 우리나라도 마찬가지입니다마는 모기지로 산 집이 갑자기 부도가 나 가지고 전부 다 경매 처분될 것을 국가가 공사를 만들어 줍니다. 주택안정기금 같은 공사를 만들어 가지고 국가가 그 집을 대신 사 줘 가지고 유지하게 합니다. 그리고 또 국가가 찍어 낸 달러를 가지고 테네시 유역 개발이라 해 가지고 엄청나게 많은 댐을 만들고 도로를 만들고 교량을 만들고 항만을 만들어 정부가 합니다. 그래서 국가가 인위적으로 재정·금융정책을 써 가지고 경기 변동을 막아낸 것이 바로 케인즈 경제학인 겁니다. 그리고 이와 같이 케인즈 경제학의 가장 중요한 것은 국가가 경기 변동이 있는 것에 대해서는 국가가 재정정책과 금융정책을 씀으로 인해 가지고 경기 변동을 조율할 수 있다 이것이 바로 케인즈 경제학인 것입니다.

그런데 지금 우리가 이야기하고자 하는 것은 이 소득주도성장론을 우리가 비판할 때는 듣도 보도 못 하고 세계의 이상한 이론이라고 하지만 그러나 실제로 듣도 보도 못 한 이론까지는 아니고 포스트 케인즈라는 경제학 이론 중에 스티글리츠나 또 로버트 브레너 같은 교수들이 주장안을 낸 건데 임금주도성장론인 것입니다.

지금 케인즈 경제학 이론이 일어나고 난 다음에는 어떤 일어났느냐? 그때 2차 세계대전이 일어나고 난 다음에 미국에서는 골든 에이지(golden age)라 해 가지고 세계적인 대경제 호황이 1950년대와 60년대 미국 경제의 호황을 이끕니다.

그런데 1970년대가 되면 거기에서 소위 스태그플레이션이라 해 가지고 문제가 일어나는 겁니다. 경기침체와 물가상승이라는 원래 경제정책에서는 도저히 있지도 않은 현상이 일어나는 것이 바로 스태그플레이션이 1970년에 일어나게 됩니다. 이러한 스태그플레이션을 가져온 것에 대한 이론적인 처방을 한 것이 바로 소위 신고전주의 내지 신자유주의라 해 가지고 지금 정부 여당 사람들이 그렇게 비판하고 있는 신자유주의가 나타난 겁니다.

신자유주의는 크게 나눠 가지고 기본적으로 케인즈 경제학같이 정부가 인위적으로 재정·금융정책으로 경제정책에 대해서 자꾸 개입하지 말고 고전파 경제학과 같이 시장이 어느 정도 실패하고 문제가 있더라도 정부가 개입하지 말라는 겁니다. 그래서 다시 금본위제로 돌아갈 수는 없지만 금융정책의 일정한 화폐 수준을 묶어 가지고 더 이상 인위적으로 줄이거나 늘이지 말라는 것과 그리고 또 한 가지는 정부가 재정·금융정책을 합의해서 과도하게 세금 거두는 것을, 세금을 줄이라는 겁니다. 그것이 나타난 것이 미국에서는 감세정책으로 일어나고 영국 같은 경우에는 국영기업들을 민영화시키는 것으로 나타나는 겁니다.

그러면 왜 국영기업을 민영화시키느냐? 이것 보면 원래 자본주의 사회에서는 경기가 나빠지면 실업이 늘어나고 실업이 생기면 인건비가 떨어져 가지고 다시 호황을 가져와야 되는데 노동조합에 의해서 딱 묶어 버리면, 루즈벨트 대통령이 그랬지요. 루즈벨트 대통령 이전에는 노동조합에 가입할 것인가 말 것인가는 자기 개인 노동자와 기업인들 간의 계약이다 이렇게 됐는데 루즈벨트는 대통령은 클로즈드 숍 제도라 해서 노동조합에 가입한 사람만이 채용할 수 있도록 법을 바꿔 버립니다. 그 노동조합에다가 지금으로 치면 민노총 같은 엄청난 권력을 만들어 줍니다. 이런 세상이 되니까 아무리 불황이 와도 인건비가 떨어지지 않는 거예요. 그러면서 그들이 국영기업이나 이런 데서는 턱없는 요구를 계속하게 되니까 유럽에서는 국영기업들이 많기 때문에 국영기업이 민영화로 나타난 겁니다. 그래서 대처 수상 같은 경우는 여러분들이, 우리 국민들이 영국 가면 거의 매일 이용하는 히드로 공항 같은 경우 대처가 민영화시켜 버렸습니다. 그리고 거기에 대해서 반발하는 런던시의회를 아예 해산시켜 버립니다. 그리고 국영 석탄회사 아예 그냥 문 닫아 버리고 하게 합니다.

그런데 미국에는 기본적으로 제가 아까 이야기했듯이 국영기업이 별로 없습니다. 그러니까 별로 그렇게 민영화시킬 게 없지요. 그래서 미국에서는 레이건 대통령 같은 경우는 감세정책을 시작한 겁니다. 그래서 이 감세정책과 노동조합이 과도한 영향력을 미치는 것에 대해서 민영화로 대응한 것이 신자유주의인 겁니다. 이 신자유주의가 결국 스태그플레이션이라는 케인스 경제학자들이 주장했던 정책의 문제점을 극복한 것입니다.

그런데 여기서 나타난 그다음의 문제점이 무엇이냐? 바로 빈부격차가 문제가 된 겁니다. 빈부격차가 문제가 되니까 스티글리츠 같은 사람은, 노벨 경제학상을 받은 사람인데 이제까지 신자유주의는 낙수효과, 부자들이 투자를 하고 돈을 많이 벌면 중산층에 이익이 번져 나가기 때문에 돈을 많이 벌고 전체적으로 확산될 거다 했는데 낙수효과는 없어졌다. 그렇기 때문에 전 세계에 빈부격차가 매우 확산되었다. 그렇기 때문에 신자유주의는 잘못된 정책이다 해 가지고 지금 이 정부가 입각하고 있는, 신자유주의라 하면 무슨 괴물처럼 생각하는 것이 바로 그런 이유 때문인 것입니다.

그래서 조셉 스티글리츠 같은 사람은 중산층을 키우기 위해 가지고 공정한 과세, 공정한 과세라 하는 건 세금 증세를 이야기하는 거지요. 최저임금 인상, 공공일자리 확대, 공교육 강화, 독점자본 규제, 비정규직에 대한 노조 확대, 이렇게 이야기 하는 것이, 로버트 블레커 아메리카대 교수 같은 사람이 이야기하는 것이 바로 소득주도성장론의 원조인 임금주도성장인 것입니다.

이것을 이 정부가 들어서 가지고 '한국경제론' 같은 책이나 '왜 분노하지 않는가'를 장하성 교수 같은 사람이 그 글을 써 가지고 소득주도성장론으로 바꿨습니다.

왜 임금주도성장이 소득주도성장으로 되었느냐? 우리나라는 자영업자 비중이 너무 높습니다. 서구 같은 경우는 기본적으로 임노동자가 전체 노동자 중의 상당수를 차지하고 있습니다. 그런데 우리나라는 자영업자 비율이 전체 고용 인원의 23%나 되고 있습니다. 이러다 보니까 임금주도성장이라 해 봐야 해당되는 사람들이 별로 없습니다. 그래서 바로 임금주도성장론이 한국적인 소득주도성장론이 된 것입니다.

그러면 이 소득주도성장론의 기본 골격 구도는 이렇습니다.

가계 소득을 증대시키면, 가계 소득을 증대시키는 방법은 두 가지이지요. 정부가 복지정책을 통해 가지고 현금을 마구 나눠 주는 방법 그리고 또 최저임금을 올려 가지고 임금을 많이 받게 되면 개인소득이 늘어날 거다. 개인소득이 늘어나면 사회 전체적인 총유효수요가 늘어날 거다. 총유효수요가 늘어나면 기업이 투자를 할 거다. 투자가 늘어나면 다시 경제가 성장할 거다. 이렇게 소득주도성장에 의한 선순환 구조를 예상한 것이 바로 이 소득주도성장론인 것입니다.

그런데 그것이 잘못된 근본적인 이유는 우리나라는 기본적으로 개방경제체제라는 겁니다. 우리의 대외무역의존도가 80%, 90%가 넘습니다. 우리나라가 수출하고 수입액을 합쳐 보면 GDP의 80% 정도 되는 나라입니다.

그런데 미국 같은 경우에는 대외의존도가 20% 미만입니다. 일본 같은 경우도 30%밖에 되지 않습니다. 중국 같은 경우도 이삼십 %밖에 되지 않습니다.

그런데 우리나라 같은 경우는, 대외무역의존도가 이렇게 높은 나라에서 소득을 증대시켜 주면 그 소득이 국내의 유효수요가 늘어나기보다는 해외로부터 수입이 엄청나게 늘어나 버립니다. 유효수요가 늘어나지 않습니다. 우리나라는 개방경제라는 겁니다.

그리고 또 두 번째로는 한국사회는 이중구조가 되어 있습니다. 이중구조가 또 어려운 이야기인데 한국은 기업이나 고용 형태도 대기업이나 수출기업이나 정규직과 같은 부류가 있고 그 반대되는 중소기업, 내수기업, 비정규직 이런 부류가 쫙 갈라져 있습니다.

최저임금을 이렇게 올리면, 대기업, 수출기업, 공기업, 공무원들, 정규직 이런 사람들은 최저임금 대상자가 없습니다. 그러면 최저임금 올리면 중소기업, 내수기업, 비정규직들한테 최저임금 올려 버리면 이들은 임금을 올려 줄 돈이 없습니다. 그래서 나타난 현상이 바로 고용 자체를 줄여 버리는 겁니다. 이게 두 번째 이유입니다.

그다음 최저임금을 올려 줘 가지고 가계소득을, 원래 스티글리츠나 로버트 블레커와 같은 이런 임금주도성장론은 기업으로 하여금 임금을 많이 나눠 주게 해 가지고, 그리고 세금을 많이 거기에 줌으로 인해 가지고 중산층의 소득을, 중산층을 늘리자는 것이 목적이었는데 지금 우리나라에서는 세 번째 현상은 국가가 복지정책을 한다고 이야기를 하면서 현금 뿌리기를 하게 됩니다. 이 현금 뿌리기를 하는데 또 뭘 하느냐면 증세를 동시에 해 버립니다, 증세.

소득주도성장의 가장 중요한 목적은 가계소득을 증대시켜 가지고 사회적인 총유효수요를 늘려서 그 유효수요가 기업 투자가 되고 그것이 사회에 선순환구조를 일으키자는 것이 소득주도성장이론인데 가계소득을 늘려 주기 위해서, 복지 재원을 마련하기 위해서 정부가 세금을 많이 걷어 버립니다. 문재인 정부 들어서서 기업으로 하여금 법인세 인상시키고 소득세 인상시키고 또 지금 이 달에는 중산층 이상들이 폭탄을 맞고 있는, 종부세 폭탄, 재산세 폭탄을 맞습니다.

그러면 소득을 증대시키기 위한 재원이 국민으로부터 나와 버립니다. 그러면 사회적인 총유효수요가 늘어날 거냐? 정상적인 폐쇄경제체제하에서는 부자로부터 세금을 많이 걷어 가지고 가난한 사람한테 많이 주면 사회적인 총유효수요가 늘어나는 것은 경제이론에 맞습니다. 그런데 한국에는 맞지 않습니다.

완벽한 폐쇄경제하에서는 정부가 세금을 많이 걷어 가지고 가난한 사람한테 돈을 주면 소득이 늘어납니다. 왜냐? 사회 전체적인 유효수요가 늘어나는 이유는 부자들은 돈을 가지고 있으면 가난한 사람보다 저축을 상대적으로 많이 하는 데에 비해서 가난한 사람은 소득이 생기면 소비를 많이 하는 겁니다.

그렇기 때문에 원래 폐쇄경제학에서는 국가가 세금을 많이 걷어서 가난한 사람들한테 많이 주면 그것이 경제에 유효수요가 창출이 되는데 우리나라 같은 경우에는 부자한테 세금을 많이 걷어 가지고 가난한 사람들한테 나눠 주면 가난한 사람한테 소득은 외국으로부터의 수입품이 늘어나는 것이 20%~30%가 됩니다.

우리 가전용품이나 가정에서 소비하는 것 중의 이삼십 %가 전부 다 수입 물품인 겁니다. 세금을 많이 걷어 가지고 다시 가난한 사람한테 나눠 줬을 때 국가경제에서는 총유효수요가 조금도 늘어나지 않습니다. 법인세가 늘어나면 기업들이 투자할 돈이 줄어듭니다. 그래서 우리나라에 있어 가지고 소득주도성장은 세 가지 이유로 되지 않는 겁니다. 개방경제체제하에서 소득이 늘어나면 유효수요가 외국으로 빠져 나가기 때문에.

두 번째, 정부가 세금을 걷으면 결국에는 가계나 기업들이 투자를 하면서, 소비를 하면서 만들어야 될 유효수요를 뺏어 가지고 가난한 사람한테 나눠 준다는 겁니다.

그런데 여기에서 또 중요한 문제는 어려운 경제 용어로 자원 배분의 효율성이라는 것이 나타납니다. 똑같은 시기에, 박정희 시절에는 국가가 특정 자본이 있거나 예산이 있으면 국가 자체가 사회적인 자본을 축적하는 데 굉장히 앞장섰습니다.

대표적인 것으로 국가가 예산을 줄이고 절약해 가지고 고속도로를 놓고 포항제철을 만들고 그리고 우리나라가 농업 생산을 배가시키기 위해서 만든 것이 제1비, 제2비, 제3비 비료공장을 증설했습니다. 시멘트공장을 증설했습니다. 그래서 돈을 빌려줬습니다.

국가가 직접 예산으로 빌려주는 것이 아니라 산업은행, 수출입은행, 중소기업은행 이런 국책기관, 그때는 뭐 사실 민간은행조차도 실질적으로 대부분 국영기업이나 마찬가지입니다. 그렇게 해 가지고 산업적인 데에 투자를 하니까 국가가 자원 배분의 효율성이 있었습니다. 그런데 지금은 자원 배분의 효율성이 없는 곳에 투자하는 겁니다.

제가 아까 말씀드렸듯이 최저임금을 올린다는 잘못된 정책, 탈원전이라는 잘못된 정책으로 경기가 불황에 빠지니까 정부가 돈을 푸는데 엄청나게 512조라는 예산이 드는데 그 돈이 어디로 나가느냐, 최저임금을 이렇게 올리면……

홍철호 의원님,[2] 옛날에 보통 아르바이트생들, 문재인 정부 들어서기 전까지 일반적으로 100만 원 내지 150만 원 정도 이렇게 주면 애들 뭐 나름대로 해피하게 생활했지 않습니까? 그런데 지금 최저임금이 올해 8350원 돼 버리니까 월 봉급으로 174만 원을 줘야만이 되는 거예요, 그렇지요?

(■홍철호 의원 의석에서 ― 사업주가 그 비용이 더 커지게……)

그렇지요. 174만 원을 줘야 되니까 사업주 입장에는 그 아르바이트 하는 학생을 둘 중의 하나를 해고를 해 가지고 뭡니까, 키오스크로 해 가지고 물건을 주문하게 만든다든지, 아니면 아예 그냥 뭡니까, 하루에 영업시간을 줄여 버린다든지 이렇게 하게 됩니다. 그렇게 돼 버리면, 원래 소득주도성장론이라는 것은 사회적인 총유효수요를 늘려야 되는데 해고가 늘어나니까 거기에 정부 예산이, 아까 제가 말씀드렸듯이 일자리안정자금이라 해 가지고 사업주한테 돈을 줘야 되는 겁니다. 그리고 해고되는 직원들한테 고용보험기금, 그러니까 실업수당을 주게 되는 겁니다.

그리고 또 국민취업지원 예산이라 해 가지고 1년에 약 1조 2000억씩 같은 일자리 알아주는 데에다가 돈을 쓰는 겁니다. 그리고 또 기초생활 수급자, 일자리가 도저히 없는 사람한테는 기초생활 수급자가 될 것 아닙니까? 거기에 또 돈을 나누어 줘야 됩니다.

그리고 아르바이트생들, 정부가 인위적으로 아르바이트생 만드니까, 예를 들어 가장 대표적인 정책이 그것 아닙니까? 강사 지위 향상법, 시간강사들이 열악한 지위에 있으니까, 조건을 대폭 강화시켜 버리니까 대학 입장에서는 시간강사들에게 임금을 더 주는 것이 아니라 해고시켜 버립니다. 해고시키는 것을 막기 위해 가지고 정부가 예산을 엄청나게 퍼붓지만 그러나 그 혜택을 보는 시간강사들은 소수입니다. 나머지는 최저임금 이하로 실업자로 전락하게 되고 그것도 안 되면 기초생활 수급자가 됩니다. 이런 데에 돈을 쓰는 겁니다, 국가 예산이.

내년도에 512조가 나가고 내년도에 엄청난 슈퍼예산을 하지만 그것이 실제로 국가에 도움이 되고 경제성장에 도움이 되고 박정희 시절과 같이 철로를 놓고 항만을 놓고 또 공항을 놓고 산업 생산에 도움이 되는 쪽으로 가는 것이 아니라 잘못된 정책에 돈을 쓰게 되는 겁니다. 그런 것이 바로 이 소득주도성장론인 겁니다.

그래서 이 정부가 가지고 있는 수많은 문제점을 지적하고 그 지적을 한 것을 우리 자유한국당에서 만든 이론이, 이론이 아니라 책이 두 가지가 있습니다. 징비록, 징비록을 만들어 가지고 대한민국 징비록을 처음에 만들었고 그리고 다시 그래서 어떻게 할 것인가? 그것이 바로 민부론인 것입니다. 이 민부론의 핵심은 문재인 정부의 잘못된 경제정책을 바로잡자는 것입니다.

---

2 홍철호 의원: 자유한국당(경기 김포시을) http://www.assembly.go.kr/assm/memPop/memPopup.do?dept_cd=9770913

이 민부론의 기본 가치는 이런 것입니다. 결국 경제가 발전하는 것은 부자들한테 뺏어서 가난한 사람한테 나눠 줘 가지고 부자 된 나라는 인류 역사에 아무 곳도 없습니다.

제가 아까 이야기를 했듯이 유발 하라리가 자유의 가치에 대해서 이야기할 때 바로 그 이야기를 했습니다. 자유가 있으면 경쟁이 일어나고 경쟁이 일어나면 창의가 일어난다는 것입니다. 그 창의의 우수성에 의해서 생산이 증대되는 것입니다. 그것이 바로 자유의 가치이고 그 자유의 가치에서 21세기가 어느 세기 못지않게 발전해 왔다고 이야기를 했습니다.

여기에서 우리가 무엇을 이야기하는 것이냐. 경제적인 것도 어떠한 상황에서든 가진 사람 것을 뺏어서 가난한 사람한테 나누어 줘 가지고 그 사회적인 갈등이 근본적으로 해결된 적은 없다는 것을 제가 말씀드렸습니다.

그러면 무슨 문제가 있었느냐. 결국 그 문제를 해결하는 것은 모든 사람들이 만족할 수 있을 만큼 성장이 이루어졌을 때, 그것을 서로 나누어 가졌을 때 모든 사람이 행복할 수 있었다는 것이 바로 자유의 가치이고 시장의 가치이고 발전의 가치이고 경쟁의 가치인 것입니다.

그래서 우리 이 민부론의 가장 핵심 정신은 바로 결국 생산이 있어야 경제가 발전한다는 것입니다. 아무리 세금을 많이 걷어서 가난한 사람한테 나눠 줘 봐야 생산이 없기 때문에 발전이 없다는 것입니다.

그리고 두 번째, 그 생산은 누가 하느냐. 기업이 한다는 것입니다. 기업은 본질적으로 이윤을 추구합니다. 이윤을 추구하기 때문에 그들이 활발하게 기업할 의욕이 있어야만 인류 역사는 발전하고 경제가 발전하는 것입니다.

여러분들, 바스쿠 다가마가 1600년대 희망봉을 돌아 가지고 인도 갔다 왔습니다. 대단한 역사적인 발견이라고 이야기를 합니다. 그 바스쿠 다가마가 왜 희망봉을 돌았는지에 대해서 우리 교과서는 가르쳐 주지 않습니다.

돈 때문이었습니다. 일반인들은 유럽 사람들이 아주 모험심과 탐험가 정신이 많아 가지고 용감하게 170명이 배 두 척에 갈아타고 리스본을 출발해 가지고 희망봉을 보고 인도 가 가지고 갔다 왔다……

탐험 때문인 줄 아십니까? 아닙니다. 그 사람들은 투자고 한편으로는 투기였습니다. 그들이 인도 갔다 와 가지고 많은 사람이 죽었습니다. 돌아왔을 때는 그들이 투자한 돈의, 투자한 자본가 계급에게 60배의 이윤을 남겨 주었습니다. 이윤의 동기가 있었기 때문에 그들은 목숨을 걸었고 미지의 세계에 도전한 것입니다. 자본가 정신이란 것이 바로 그런 것입니다.

기업가들에게 사회적인 기여를 해라, 사회적인 공헌을 해라 이렇게 이야기하는 것이 아니라 기업들은 본질적이고 동물적인 감각으로 기업 활동을 열심히 할 수 있도록 사회가 만들어 줄 때, 그들이 열심히 일할 수 있을 때 그럴 때 경제가 발전한다는 그 근본정신으로 되돌아가자는 것이, 제가 다시 한번 이야기하면 민부론의 핵심은 생산은 분배에 의해서가 아니라 경제가 성장해야만 이루어진다는 겁니다. 파이가 커져야 된다는 겁니다. 그리고 그 생산은 기업에 의해서 만들어진다는 것입니다. 그리고 국가의 역할은 그 기업이 경제활동을 하는 장애요인들을 줄여 나갈 때 비로소 그 역할에 맞다는 겁니다. 국가 자체가 기업을 경영해서는 안 된다는 그 세 가지 근본적인 정신입니다.

이렇게 이야기해서 우리는 이것을 경제학사에서 보통 슘페터형의 투자혁신경제정책이라고 그럽니다. 기업가가 동물적인 감각으로 모험에 대해서 도전하고 자기의 자본을 투자해 가지고 모험적으로 투자를 해서 성과를 이루었을 때, 많은 이윤을 차지하는 그런 기업가 정신이 활성화되었을 때 지금의 미국 경제를 살리고 있는 바로 그 실리콘밸리, 중국의 중관촌인가 그런 데서, 그리고 우리 판교의 밸리 이런 것들이 활성화되어 가지고 정말 열심히 할 때……

미국 서부가 개척된 여러 가지 이유 중에 그 사람들이 원래 낭만을 좋아해서 한 것이 아닙니다. 서부 캘리포니아에 가면 그리고 캐나다의 로키산맥 북쪽에 가면 금이 발견되었기 때문에, 그 금광을 찾기 위해서 목숨을 걸고 그렇게 갔기 때문에 서부가 개척된 겁니다.

그리고 낭만을 좋아해서 카우보이들이 그렇게 목숨을 걸고 인디언과 싸우고 그 험난한 생활을 한 것이 아닙니다. 중서부지역을, 양 떼를 몰고 기차가 있는 기차역까지 가기만 하면 엄청난 돈을 벌기 때문에 그 카우보이들이 죽음을 무릅쓰고 양 떼를 몰고 소 떼를 몰고 그렇게 가는 겁니다. 돈을 벌기 위해서…… 서부를 개척하기 위해서, 낭만을 위해서, 임을 보기 위해서 간 게 아닙니다. 기업을 하기 위해서입니다. 본질적인 그러한 열정이 넘칠 때 대한민국 경제가 발전하는 겁니다.

예를 하나 들겠습니다.

지금 우리 부의 상징이라고 이야기하는 반포, 잠실, 압구정동 그것이 어떻게 만들어진지 아십니까? 원래 우리나라는 여름과 겨울에 비가 오는 양이 약 300 대 1입니다. 겨울에 1이 오면 여름에 300배가 내리는 그런 나라입니다. 이런 나라의 기본적인 강의 구조는 아주 넓은 강면적을 가지고 있습니다. 그래서 평상시에는 물이 거의 흐르지 않다가 한여름철이 되면 엄청난 홍수가 주어지는 그런 구조를 가지고 있는 것이 바로 한국을 비롯해서 몬순 기후,—우리나라를 보통 온대 몬순이라고 그러지요—열대 몬순, 온대 몬순 기후의 특징입니다. 넓은 강폭을 가지고 있습니다.

그런데 그것이 자연재해를 많이 일으키고 나니까 박정희 대통령이 소양강댐을 지어야 된다고 합니다. 그런데 그때 당시에 우리나라에서는 시멘트가 생산되지 않고 시멘트가 굉장히 비싸기 때문에 정주영 회장을 불러 가지고 내가 댐을 만들어야 되겠는데 돈은 없는데 어떻게 할까, 이랬을 때 정주영 회장이 '걱정하지 마십시오, 내가 댐 지어 주겠다' 이렇게 한 것이 바로 소양강댐입니다. 그 소양강댐을 인류 역사에서 처음으로 나오는 사력댐, 뭐 사력댐 하면 엄청난 건 줄 알지요. '사' 자는 모래 사(砂)에 '력(礫)' 자 바위 암(巖) 자입니다. 시멘트가 비싸니까 모래와 자갈, 돌들을 산더미처럼 쌓아 가지고 거기에 약간의 시멘트만 발라서 만든 것이 지금 소양강댐입니다. 그것을 정주영 회장은 몇 푼 받지도 않고 만들어 줬어요, 박정희한테. 그 전에는 그런 공법이 없었어요. 그런데 그러면 정주영 회장이 박정희 대통령한테 그렇게 자선사업을 해 가지고 그것 만들어 준 줄 아십니까? 아닙니다.

정주영 회장은 그래서 압구정동이나 이런 데 있는, 그때 당시에는 배밭밖에 안 되는 모래밭을 거의 공짜로 사들였습니다. 왜냐? 소양강댐이 만들어지고 팔당댐이 만들어지면 한강 폭이 저렇게 넓을 필요 없으면 한강변들이 전부 다 알짜배기 택지로 개발될 것을 정주영 회장이 인식한 거지요. 그래서 압구정동 아파트들이 전부 다 만들어졌고 아마…… 정확하게, 저는 구체적인 기업 내부의 일은 모르지만 현대건설은 소양강댐에서, 사력댐 지어 주고, 소양강댐 지어 주고 적자 아마 봤을 거예요, 상당히. 그 적자를 압구정 현대아파트 지어 가지고 싹 다 뽑았을 겁니다. 그게 바로 기업가의 동물적인—동물적이라는 말을 이렇게 합니다—감각이고 투자 의욕이고 승부 근성인 것입니다. 그것을 국가가 장려해야지 그 나라 경제가 발전하는 겁니다.

그런데도 불구하고 지금 우리 사회에서는 어떻게 합니까? 기업의 사회적인 책임이라 해 가지고 온갖 규제를 하고 이럽니다. 이런저런 이유로 해 가지고 허구한 날 감옥에 잡아넣을 생각만 하고 있습니다. 그런 나라에 과연 경제가 발전할 수 있겠습니까?

그래서 민부론의 핵심은 세 가지입니다. 다시 한번 이야기합니다. 생산이 있어야 경제가 성장하는 것이다. 분배로써는 성장이 이루어지지 않고 국가 발전이 없다는 것을 전제로 하고.

두 번째, 그 생산은 기업이 하는 것이다. 기업은 이윤을 추구하도록 만들어 줘야 된다는 겁니다. 그리고 국가는 기업이 활동하도록 도와줬을 때 경제가 발전하고 그 기업은 어떻게 하느냐? 창조적 혁신의 과정, 창조적인 혁신의 과정입니다.

이 정부는 그것을 바로 비난을 하고 있습니다만 이 정부 사람들도…… 처음에 소득주도성장 잘 안 되니까 한 1년 있다가 나온 말이 뭡니까? 혁신성장이라 그럽니까? 소득주도성장, 혁신성장, 공정경제 이게 바로 자기들의 경제정책이라고 이 사람들이 이야기하는 것, 그것 다 똑같은…… 슘페터가 이야기한 혁신성장, 투자의 혁신성장 이론을 그대로 가져갑니다.

그래서 민부론을 발표하고 나니까 첫 번째 비판이 이런 게 있었습니다. '아니, 그것 이명박 때 이야기한 747이나 박근혜 때 창조경제하고 뭐가 다르냐? 그것하고 똑같지 않느냐? 결국 낡은 이론을 리바이벌한 것 아니냐? 신자유주의의 부활이 아닌 것이냐?' 그렇게 이야기를 합니다.

저는 그렇게 생각합니다, '맞다. 딱 맞는 이야기다'. 원래의 원칙대로 돌아가자는 겁니다. 경제 원칙은 제가 아까 이야기했듯이 생산은…… 경제가 성장한다는 것은 생산이 있어야 되고, 생산은 기업이 하는 것이고, 기업의 활동이 자유로워야 국가의 부가 늘어난다는 이 세 가지 원칙으로 돌아가자는 겁니다.

그런데도 불구하고 왜 그러면 이명박 때의 747이 성공하지 못했고, 박근혜 때의 창조경제가 성공하지 못했느냐? 이명박 때는…… 저는 이명박 경제가 좀 더 지속되었다 하면 성공할 수 있었다고 생각을 합니다. 그런데 그때 당시에 세계적인 금융위기가 와 버렸지 않습니까? 그것 극복하느라고 온 기간 다 보냈지 않습니까? 그래서 너무나 성공적으로 보였기 때문에 우리 국민들은, 세계적으로는 금융위기가 엄청난 재난이었는 데 비해서 거기에 대해서 별로 그렇게 위기답지 않게 성공적으로 넘어간 겁니다. 그렇기 때문에 우리가 747이 안 된 겁니다. 상당히 좀 더 진행됐고…… 실제로 아쉽게도 이명박 정부 시절에 우리 사회가 이미 중국이 부상하고, 경제적으로 부상했기 때문에 산업 구조조정에 들어갔어야 되는 것을 못 한 겁니다. 했어야 되는 것이지요.

토건 국가로 망한 것이 아니라 금융위기를 극복하느라고 산업 구조조정을 제대로 못 하고 신산업을 제대로 발굴할 시간을 가지지 못한 것이 가장 중요한 문제입니다.

박근혜 대통령 창조경제 실패한 이유…… 실패한 이유보다도 사실 제대로 된 기업가 정신을 살려 주고 생산에 전념할 수 있는 구조를 별로 만들지 못했던 것이 문제입니다.

그래서 민부론의 핵심은 바로, 창조적이고 혁신적인 기업들이 마음껏 활동할 수 있도록 하자는 것이 민부론의 핵심인 것입니다.

그래서 이번에, 아까 제가 잠시 이야기했는데 '민부론에서 이야기하는 국가와 박정희 시대 때 국가의 개념이 뭐가 다르냐'라고 학생이 물었다고 합디다. 아주 좋은 질문이라고 저는 생각을 합니다. 국가의 개념에도…… 세상에 다 똑같은 의미가 있는 것은 아니지만 국가에 대한 개념도 다릅니다. 우리가 민부론에서 이야기하는 국가의 개념하고 또 박정희 시절의 국가의 개념이 나는 다르다고 봅니다.

저는 아까 박정희 대통령 시절의 국가 주도 경제성장과 스탈린의 국가 주도 경제개발 5개년 계획과의 차이점을 이야기했습니다. 스탈린은 국가가 주도해서 경제성장을 했는데 그 경제성장의 주도 세력들을 바로 국영기업들을 중심으로 해서 국가가 획책한 겁니다. 그런데 박정희 대통령 때의 경제개발 계획은 민이 주도하도록, 민이 할 수 없는 것을 국가가 하도록 만들었습니다. 수출주도형 산업을 일으키기 위해서, 민간 기업에서는 도저히…… 민간 기업으로서는 영세해서 세계적인 경쟁력을 가진 공장을 지을 돈이 없기 때문에 국가가 산업은행이나 기업은행이나 민영 은행을 통해 가지고 자원 배분을 그리로 해 줬습니다. 그렇게 해 준 것은 민간 기업들의 활력과 규모를 키우기 위한 국가의 역할이었습니다.

그런데 민부론에 있어 가지고 우리가 민에 대칭되는 개념으로서 국가의 개념은 뭐냐? 스탈린의 국가와 같은 개념입니다. 국가가 모든 자원 배분을 대신하겠다, 사회적인 가치를 다 결정하겠다. 기업 경영권에 있어 가지고도, 기업 경영권도 민간 기업이 가지고 있는 경영권을 뺏겠다는 것 아닙니까? 이 정부의 궁극적인 목적은 삼성전자와 대한항공 같은 경우 오너 일

가족으로부터 경영권을 뺏어 가지고 포스코나 KT같이 주인 없는 조직 만들고, 실질적으로는 서문어치나 가지고 있는 국민연금공단이 실질적인 주인 행세를 하고 그리고 권력을 가진 사람이 마음대로 주무르겠다는 바로 그런 정책이, 국가가 그런 사고방식을 가지고 있으니까 우리 경제가 안 된다는 것을 이 민부론에서 이야기하는 것입니다. 그러지 말고 민간 기업이 적극적으로 활동할 수 있도록 열심히 도와주라는 것이 바로 이 민부론의 핵심인 것입니다.

지금 우리가 토론하고 있는 가장 중요한 것은 연동형…… 지금 이렇게 토론하는 가장 중요한 논점은 공수처를 만들지 마라, 철회하라는 것을 위해서 이야기를 하고 있습니다. 이것과 밀접한 나쁜 쌍둥이 같은 것이 바로 연동형 비례제 선거법입니다. 연동형 비례대표제 자체는 전 세계에서 아주 유례가 드문 독일에서 나온 제도입니다. 이것을 뜬금없이 우리나라에 가져오겠다는 것 자체가 굉장히 난센스인 것입니다.

독일은 우리하고 역사적인 경험이 다른 나라입니다. 1차 세계대전이 1914년에 시작해서 '18년에 끝나고 났을 때 독일의 빌헬름 2세가 퇴위하고 그 당시로는 상당히 민주 국가에 민주 정부였던 바이마르 공화국이 시작됐습니다. 바이마르 공화국이 되고 나니까 그 사회의 정치·경제적인 체제가 불안해 가지고 히틀러 체제가 들어섰습니다. 히틀러가 이야기하는 것들도, 어떠한 것도 법률에 어긋나게 한 짓은 별로 없습니다. 전부 다 합법적으로 했습니다. 그런데 그 각종 정당들이 종속되는 것이 문제가 된 것입니다.

그래서 독일의 어느 특정 정파가 권력을 완전히 장악하는 것을 막기 위해서 2차 세계대전이 만들어지고—본 기본법이라 하지요—지금의 독일의 연방 통일헌법이 만들어졌을 때, 그때 채택된 제도가 철저한 다당제입니다. 그 다당제를 보장하는 중요한 정책적인 수단이 바로 연동형 비례대표제인 겁니다. 아무리 소수라도 일정 액수 이상 지지만, 비율만 받으면 누구나 없이 국회의원을 발생시킬 수 있도록 그렇게 해 가지고 더 이상 히틀러와 같이 헤게모니 정당이 온 나라를 휘저을 수 있도록 만들지 말아야 되겠다, 이렇게 만든 것이 바로 독일의 본 기본법, 지금의 독일 연방 통일, 연방 헌법이 되는 거지요.

그런데 거기는 철저한 의원내각제 국가입니다. 의원내각제에서는 다당제와 어울리는 제도입니다. 그런데 우리나라는 의원내각제 국가가 아닙니다. 대통령중심제 국가입니다. 헌법상으로 대통령중심제 국가 정도가 아니라 아주 강력하다 못 해 제왕적인 대통령중심제 국가입니다. 대통령은 행정부를 전부 다 장악합니다. 총리를 지명하고 행정 각부의 장관을 다 임명합니다. 그리고 또 권력의 가장 기반이 되고 있는 검찰과 경찰과 국세청과 감사원, 국정원 이런 것을 다 장악해서 무소불위의 권한을 행사하는 것이 우리나라 헌법제하에서의 대통령제입니다.

그렇다면 거기에 이론적으로 부합하는 제도가 양당제를 기반으로 해서 강력한 야당이 있어 가지고 대통령에 대해서 어느 정도 견제하는 것입니다. 그런데 이 제도로는, 강력한 대통령제는 남겨 놓은 상태에서 국회를 다당제로 하는 것 그 자체가 문제가 있습니다.

그리고 또 한 가지 비례대표는 우리 자유한국당의 당론, 폐지하는 것과 같이 근본적으로 직접민주주의 정치에 맞지 않습니다. 국민들은 자기의 대표를 자기 손으로 뽑아야 되는데, 실제로 비례대표는 정당 권력자들이 임명하는 자리입니다. 국민에 대한 의무감도 없습니다. 어떻게든 정당 권력자에 대해서, 자기에게 공천을 준 사람에 대해 충성하게 됩니다. 그러니까 만약 이런 어떤 정치적인 사안이 있으면 권력자의 눈치를 보고 돌격 앞으로 가는 문제가 나타나는 겁니다.

오히려 진정한 정치개혁은 바로 연동형 비례대표제를 할 것이 아니라, 연동형 비례대표제를 하고 싶으면 개헌을 통해서 대통령중심제를 완화하는 개헌과 같이 해야 되는 것입니다. 그리고 비례대표제를 그렇게 하고 싶다고 한다면 정당 민주주의처럼 해서 선거법 체제하에서 비례대표제를 뽑는 과정도 공천 과정에서부터 더 민주화를 하는 과정을 겪어야 됩니다.

독일 연방선거법과 독일 정당법을 보면 정당의 공천 과정도 철저하게 법에 의해서 규율되도록 했습니다. 어떠한 경우에도 경선을 통하도록 되어 있습니다. 그런 제도가 마련되고 난 다음에 비례대표가 민주성이 있지 그렇지 않은 상황에서 지역대표를 줄이고 비례대표를 늘린다는 것은 민주주의의 직접선거 원칙에도 어긋나는 많은 문제점을 가지고 있는 것입니다.

이런 연동형 비례대표제를 통과시키기 위해 가지고 무리한 무리수를 둬 가지고 지금 소위 말해서 0.4당이라고 얘기하는 군소 친여 정당들이 또 이번에는 무리수를 둬서 도저히, 위헌적이고 불법적이고 수많은 문제점을 가지고 있는 공수처법을 통과시키려고 하는 것은 이것은 근본적으로 잘못된 것입니다.

제가 아까 이야기했던 말을 한번 다시 반복하도록 하겠습니다.

지금 이 연동형 비례대표제, 공수처가 여기까지 오게 된 것은 소위 친여성 소형 정당들이 연동형 비례대표제를 통과시키기 위해서 집권 여당들이 이야기하는 그 위헌적이고 불법적인 공수처법을 서로 쌍으로 묶어 가지고 가져왔습니다.

그런데 지금 나타난 현상은 어떠합니까? 자유한국당은 연동형 비례대표제가 된다면 반드시 비례 전용 페이퍼 정당을 만든다고 공언을 했습니다. 지금 현재 민주당은 만든다는 것에 대해서 가타부타 이야기를 하지 않습니다. 현재로서는 검토하지 않는다고 했습니다. 현재로서는, 제가 다시 한번 이야기하면 그 현재는 아마 1월 10일 정도 될 겁니다. 1월 10일 정세균 전 의장이 국무총리로 인준되는 순간부터 이들은 페이퍼 정당, 전용 정당을 만들 것입니다. 왜 그러느냐? 지금 민주당은 당장 공수처법 통과시켜야 되고 총리 국회 인준을 받아야 됩니다. 그렇기 때문에 지금은 비례 전용 정당을 만든다는 소리 하지 않지만 그러나 자기들이 할 것 다 하고 나면, 민주당 이제까지 하는 행태를 보십시오. 이익을 위해서는 물불을 가리지 않고 어떠한 수단과 방법도 가리지 않는 이들의 행태를 봤을 때 이들은 분명히 비례 정당을 만들게 될 겁니다. 그렇게 되면 한국당과 민주당이 비례민주, 비례 전용 페이퍼 정당을 만들어 버리면 다른 정당은 말짱 도루묵이고 오히려 더 손해 봅니다. 왜냐? 한국당과 민주당이 만드는 비례 전용 페이퍼 정당에는 지역구 당선자가 한 석도 없기 때문에 오로지 다 가져가는데 비해서, 정의당이나 다른 정당 같은 경우에는 지역구 당선자가 분명히 있을 겁니다, 많지는 않을지라도. 그러면 그만큼 손해를 보게 되면, 그들이 손해를 보게 되는 겁니다.

더 이상 민주당에 이용되지 마시고 이것에 대해서는 더 이상, 편법·불법·위법·위헌적인 공수처법을 부결시켜 주실 것을 간곡히 부탁드립니다.

제가 아까 이 토론을 시작할 때 했던 이야기를 한번 다시 이야기를 하겠습니다. 가장 처음에 이야기했던 것, 이언 커쇼 역사학자가 만든 '히틀러' 평전 책이 1권과 2권이 있습니다. 독일어 이름으로 1권 책 이름은 '오만', 2권의 책 이름은 '복수'입니다. 이 두 가지 용어가 나온 것은 그리스 신화에 오만, 히브리스였습니다. 그리고 두 번째 책 복수는 정의의, 복수의 여신이라고 하는 네메시스입니다.

문재인 정부가 촛불로서 정권을 잡았고 촛불로서 성공을 했기 때문에 모든 정의와 공정의, 평등의 가치를 독점했다고 생각을 합니다. 자기들에 반대되는 것은 모든 것이 적이라고 생각을 합니다. 오만에 빠져 있는 것입니다. 히브리스에 빠져 있는 것입니다. 거기에 대해서는 그리스 사람들이, 고대 그리스 사람이 이야기했듯이 정의의 신, 복수의 신이 복수를 하는 것이 네메시스라 했습니다. 역사가, 대한민국 국민이 문재인 정부의 이 독선과 독주와 오만에 대해서는 정의의 이름으로, 역사의 이름으로 반드시 심판할 것이라 생각합니다.

토론을 마치겠습니다.

고맙습니다.


■**의장 문희상**  정태옥 의원님 아주 수고가 많으셨습니다.

다음은 송기헌 의원 나오셔서 토론해 주시기 바랍니다.

토론 12

# 송기헌 의원

## 12

■**송기헌 의원**[1]  존경하는 국민 여러분!

문희상 국회의장님과 선배·동료 의원 여러분!

더불어민주당 소속 강원 원주을 국회의원 송기헌 의원입니다.

드디어 오늘 우리가 역사적인 첫발을 내딛고 있습니다. 검찰개혁의 완수를 위해서 고위공직자범죄수사처 설치 및 운영에 관한 법안이 국회 본회의에 상정됐습니다. 이제 며칠 뒤면 국민들이 20년 넘게 기다려 온 공수처법이 국회의 문턱을 넘게 됩니다. 오늘 상정한 공수처 법안은 검찰개혁이라는 큰 목표를 완성하는 첫 단계라고 생각합니다.

저희 당을 비롯한 4+1 협의체가 추진하고 있는 검찰개혁의 최종 목표는 무소불위의 검찰 권력, 비정상적으로 과도하게 비대해진 사법 권력을 견제와 균형을 통해 국민들에게 돌려주는 것입니다. 오늘 공수처 법안 상정까지 검찰과 일부 정치권의 거센 저항이 있었습니다. 지금 국민들께서 보시는 바와 같이 그 저항도 현재 진행 중에 있습니다.

우선 국회법상의 무제한토론에 관해서 먼저 말씀을 드리고 싶습니다. 국회법상의 무제한토론이 미국의 필리버스터와 혼동이 되면서 반대토론의 경우에만 허용되는 것이 아닌가 이런 주장이 있습니다.

하지만 현행법, 국회법 제106조의2는 무제한토론의 개시와 종결 조건 등을 명시하고 있고 무제한토론이 종결된 안건은 다음 회기에 바로 표결하도록 돼 있습니다. 찬성 또는 반대 등 토론 내용을 따로 규정한 조항은 없습니다. 따라서 찬성 측의 토론 참여를 막을 근거가 없습니다. 또 해당 안건에 대하여 무제한토론을 요구하지 아니한 의원도 시간의 제한을 받지 않고 발언할 수 있습니다. 이것은 국회법 해설서에 나와 있는 부분입니다.

다만 국회법에 명시하고 있는 것은 안건에 관한 토론을 하도록 되어 있습니다. 그럼에도

---

1  송기헌 의원: 더불어민주당(강원 원주시을) http://www.peacesong1.blog.me

불구하고 지난번 선거법의 경우에도 그렇고 이번에도 그렇고 안건과 관련 없는 내용이 토론 내용으로 나오고 있습니다. 저는 이 부분에 대해서 그동안에 국회 관례가 그렇다고 하더라도 앞으로는 정상적인 국회법이 시행되기 위해서는 법의 취지에 따라서 안건에 관한 토론이 이루어져야 하고 그 경우에 찬반이 공히 무제한으로 참여할 수 있는 것이 정착되어야 된다고 생각합니다.

자유한국당은 저희 당이 찬성토론하는 것에 대해서 이의를 제기했습니다마는 2016년 테러 방지법 의결 저지를 위해 무제한토론을 실시할 때 물론 당시 새누리당에서는 찬성토론자가 없었습니다. 하지만 새누리당 내부에서도 '우리도 찬성토론을 해 보자, 국민들에게 찬성 내용을 좀 알려 보자' 이런 취지로 찬성토론을 하자는 의견이 나왔습니다.

하지만 그 당시 새누리당 당 내에서 '민주당만 도와주는 꼴이다'라는 의견 때문에 하지 않았다고 합니다. 그 당시에 김정훈 새누리당 정책위의장은 '야당이 고의적인 방해 행위를 하고 있기 때문에 저기에 우리가 동참해서 찬반토론을 할 이유가 없다, 그래서 저희들은 야당이 그냥 방해 행위를 하도록 놔두고' 이런 내용을 발언한 바도 있습니다.

이후에 새누리당이 발간한 국회 백서를 살펴보면 '정부 여당이 테러방지법 통과를 원했다면 최소한 몇 명 정도는 법안의 필요성을 당당히 설명했어야 했다' 이렇게 기술함으로써 당시에 새누리당도 찬성토론의 필요성이 있었다 이렇게 새누리당 자체 백서에서 밝히고 있습니다. 따라서 지금의 저희 민주당이 공수처법과 지난번 선거법에 관한 찬성토론을 하는 것을 비난하는 것은 자가당착이다 이런 생각을 하지 않을 수 없습니다.

이제 얼마 남지 않은 것 같습니다. 오늘 자정까지 무제한토론이 진행되고 있습니다. 자유한국당 의원님들께서는 대부분 나가셨고 방금 토론했던 정태옥 의원님께서도 자리를 뜨셨지만 정태옥 의원님 말씀 잘 들었습니다. 여러 가지로 저희들도 수긍할 부분도 있다고 생각합니다. 하지만 너무 단편적인 한쪽의 이야기만 하셨다는 것은 정태옥 의원님께서도 인정하셔야 될 것 같습니다.

저희도 자유를 존중합니다. 저희도 시장경제를 존중합니다. 우리 대한민국이 시장경제 위에 서 있어야 된다는 것 또한 우리는 다 인정하고 있습니다.

하지만 저희들은 자유한국당에서도 시장경제의 남용과 시장경제의 왜곡 그리고 시장에서의 대기업의 패권을 이용한 약자 착취에 대해서 대답을 하지 않고 지금과 같은 지적을 한다는 것은 원리에도 맞지 않는다는 말씀을 드리겠습니다.

또한 저희들이 여러 가지 시장경제에 관한 부분에 대해서도 항상 말씀드리는 게 있습니다. 저희들이 늘 항상 얘기해 왔습니다. '소상공인을 보호하자', 그러면 자유한국당에서는 곁에서는 소상공인 보호하겠다는 표현을 하시지만 막상 법안 심사에 들어가면 반대합니다. 대·중소기업 상생에 관한 법률 등 이런 법을 통해서 중소기업을 보호하고 골목상권을 보호하는 일에 저희들이 매번 어려움을 겪고 있습니다. 저희들이 시장경제를 당연히 존중하고 있고 시장경제를 통해서 대한민국을 발전시키고자 말하고 있습니다.

하지만 그 시장을 통해서 해결되지 않는 구조적인 부분, 약자의 부분, 강자의 시장제도 남용 이것에 대해서는 저희 국가가 반드시 해결해야 될 것이라는 것은 아마도 자유한국당 또 보수 정치세력들도 인정하실 것입니다. 그런 부분에 대해서 정확하게 언급하지 않으시고 저희들이 마치 자유를 부정하고 시장경제를 부정하는 것처럼 그렇게 하는 것은 정치적인 선동이라고밖에 볼 수가 없습니다.

제가 준비한 것 하기 이전에, 이전에 나왔던 공수처에 대한 몇 가지 지적에 대해서 먼저 설명을 하고 저도 넘어가도록 하겠습니다.

저도 오늘 앞서 여러 야당 의원들의 발언을 들었습니다. 그런데 야당 의원들의 발언 내용이 사실 색다른 것은 아닙니다. 저희가 1년 이상, 사실 1년이 아니라 20대 국회 처음 시작하면서부터 공수처를 설치하자고 논의할 때부터 계속해서 반복되어 왔던 그런 사항입니다. 아마도 저 같은 경우에는 여러 경로를 통해서 정말 수백 번은 들었을 것 같다는 생각이 듭니다.

첫째, 다른 것보다는 정말 저는 아쉬움을 좀 말씀드리고 싶습니다. 방금 토론하셨던 정태옥 의원께서 말씀하신 권은희 의원의 수정안에 동의했다는 말씀을 듣고서 더욱 그런 생각이 들었습니다.

저도 후반기 사개특위를 함께 하면서 정말 이해할 수 없었던 것은 사개특위 논의하는 내내 당론이 제시되지 않았습니다. 특히 공수처에 대해서 처음부터 반대한다는 입장만 이야기했었고 자유한국당에서 문제가 되는 우려하는 피해에 대해서 어떻게 하면 수정을 할 수 있고 그것이 잘 운영될 수 있는 제도가 될 수 있는가에 대한 논의는 전혀 이루어지지 않았습니다.

방금 정태옥 의원님께서도 권은희 의원님의 수정안에 대해서 같이 참여했다고 했습니다. 그 안은 아마 공수처장에 대해서 국회의 동의를 얻는 그런 법안이었을 것입니다. 그러한 법안을 제안했다고 하면 양쪽 법안을 가지고 충분히 협상할 수 있었다고 생각합니다. 하지만 거의 지난 4년 동안 전혀 협상을 하지 않았습니다. 오늘의 주제는 아니지만 검경수사권 조정에 관해서도 거의 같은 행태는 반복됐습니다.

회의를 해서 일정한 협의점에 이를 것 같으면 당론을 구해야 된다고 하고 다음 회의를 요구했습니다. 그리고 심지어 다음 회의 때는 어느 정도 협의를 했던 의원님이 바뀌시는 그런 상황이 생겼습니다. 그러한 것이 계속 반복됐습니다.

그래서 저희들은 결국 패스트트랙이라는 마지막 수단을 택할 수밖에 없었습니다. 그런데 그 마지막까지도 전혀 정당 차원에서 협의가 이루어지지 않았습니다. 그리고 지금에서야 반대 의견만 얘기하는 것은 이 의회제도에 대한 기능 자체를 거부한 것이라 생각합니다.

우선 말씀하신 위헌 문제에 대해서 말씀드리겠습니다.

검사가 아닌데 어떻게 영장을 청구하느냐? 그동안 우리 특검 정말 많이 실시했습니다. 특검은 검찰청법의 검사가 아닙니다. 그렇게 얘기한다면 지금까지 특검을 통해 이루어졌던 그 모든 것은 다 헌법을 위반한 것이 됩니다. 지난 오랜 기간 동안 여야 합의로 여러 특검이 이루어졌고 그 특검을 통해서 이루어진 수사와 기소는 법원에 의해서 확정판결을 받았고 집행까지 됐습니다.

이제 와서 단순히 검찰청법에 기재된 검사가 아니라는 이유로 공수처검사가 영장을 청구하는 것은 위헌이다 이야기하시는 것은 지금까지 국회가 오랫동안 노력해 왔던 것을 부정하는 것이라고 생각합니다.

또 하나는 정부조직법상에 일치되지 아니한 기관을 설치하는 것 그것도 위헌이라고 말씀하셨지만 말씀하신 것처럼 국가인권위원회는 정부조직법에 되어 있지 않지만 정부기구로 활용되고 있습니다.

'국가인권위원회가 국민의 인권을 보호하는 것을 목적으로 하기 때문에 아무런 문제가 없다' 이렇게 말씀하시겠지만 국가인권위원회는 국민의 인권을 보호하기 위해서 실질적으로 법을 집행하는 기관과 공무원에 대해서 공권력을 행사하고 있습니다.

공수처가 수사하는 것과 본질에서는 다르지 않다고 생각합니다. 따라서 이 부분도 오랫동안 저희들이 이러한 사례를 들어서 위헌의 소지가 없다 이렇게 설명을 드려왔습니다. 저 또한 이런 설명을 여러 차례 드렸습니다. 하지만 똑같이 찬반의 입장만 반복되는 이런 사태가 되는 것은 참으로 안타깝습니다.

우리 국회 또 우리 대한민국의 발전을 위해서 이런 식의 반복이 더 이상 진행되지 않아야 된다고 생각합니다. 이제는 결론을 내려야 할 때다 생각합니다.

또 한편으로는 공수처가 무소불위의 권력을 행사하지 않느냐 이렇게 말씀하십니다. 하지만 공수처는 검찰에 의해서 견제를 받습니다. 공수처는 기본적으로 검찰이 갖고 있는 기소권과 수사권을 분리해서 일부분을 공수처가 갖고 나머지는 검찰이 갖는 것입니다.

지금 상정이 되어 있는 공수처법을 보더라도 공수처의 검사나 공수처의 직원이 범죄를 저질렀을 때는 검사가 수사를 할 수 있도록 돼 있습니다. 공수처보다 훨씬 검찰의 견제를 받고 있는데 공수처가 검사의 직무유기나 직권남용을 수사할 수 있다고 하면 공수처보다 훨씬 큰 엄청난 조직 검찰은 공수처의 직권남용과 직무유기를 수사하지 않겠습니까? 이것은 마치 큰 형이 있는데 작은 동생이 큰형을 좌지우지하고 무소불위의 권력을 갖고 있다 그렇게 하는 거하고 똑같습니다.

저는 깜짝 놀랐습니다. 공수처가 정부 고위공직자들을 다 수사할 수 있기 때문에 조직이나 예산을 마음대로 할 수 있다? 지금 공수처가 가지려고 하는 그 권한을 검찰이 갖고 있습니다. 저는 법제사법위원회 간사로서 또 예결소위 위원장으로서 지난 정기국회 때 법무부 예산을 심사했습니다. 법무부 예산에는 검찰청 예산도 들어가 있습니다. 저희들이 검찰청이 요구한 대로 다 주겠습니까? 현실과 너무 다른 말씀을 하시는 겁니다.

제가 아직 초선이라서 많은 경험을 하지 못해서 그런지 모르겠지만 이 20대 국회에 들어와서 제가 느낀 첫 번째 느낌은 너무 일방적인 한쪽 면만 가지고 자기의 주장을 한다는 것입니다. 극단적인 것을 예를 들어서 주장한다는 것입니다. 이것도 마찬가지입니다.

그리고 지금 공수처가 국회의 견제를 받지 않는다? 물론 지금은 아직 설치가 되지 않았기 때문에 소관 상임위가 없습니다. 하지만 국가기관으로 설치가 되면 이제 운영위원회를 통해서, 국회운영위원회의 의결을 통해서 소관 상임위를 정하게 될 것입니다. 아마도 기존의 관례를 보면 법제사법위원회나 아니면 정무위원회에 속하게 될 것으로 저는 예상합니다. 그렇게 법제사법위원회나 정무위원회에 소속이 되면 그때부터는 국회의 통제를 받는 것입니다. 그런데도 불구하고 공수처가 아무런 국회의 견제를 받지 않는다고 주장하는 것은 어떻게 보면 이것은 주장을 떠나서 사실을 호도하는 것이라 할 수밖에 없습니다.

그리고 또 인원을 마음대로 늘린다고 말씀하시더라고요. 잘 아시면서 이런 말씀을 하시는 건 참으로 안타깝습니다. 법무부나 검찰청도 인원 늘리려고 하면 행안위에서 허락 안 해 줘서 인원 못 늘리고 있습니다.

우리 야당 의원님들 잘 알지 않습니까? 지역구의 조그마한 기관, 법무부 기관 하나 만들려고 해도 인원 배정이 안 돼서 행안부에서, 기재부에서 허락하지 않아서 늘리지 못하는 경우를 누누이 보지 않았습니까? 그런데 어떻게 공수처가 되면 기재부장관, 행안부장관, 차관들을 조사할 수 있기 때문에, 기소할 수 있기 때문에 늘려 달라고 하면 다 늘려 주고 예산도 다 마음대로 쓸 수 있다 이렇게 얘기할 수 있는지 저는 이해할 수가 없습니다. 국회가 이런 식으로 논의가 되어서는 안 된다고 생각합니다.

특히 말씀을 많이 하시는 부분이 대통령 마음대로 하지 않느냐. 저는 정말 첫 번째, 마음대로 임명할 수 있지 않느냐부터 납득이 되지 않습니다. 7명 중에 6명인데요. 변협회장은 또 특히 늘 보시면 알겠지만 정부와 반대되는 분들도 많이 뽑혔는데요. 그리고 법원행정처장은 독립된 대법관이고요. 게다가 그 7명 중에서 야당 추천 몫이 2명인데요. 그중에서 6명이 찬성을 해야지만 공수처장후보를 추천할 수 있는데 어떻게 대통령이 마음대로 한다 그렇게 표현할 수 있는지 모르겠습니다.

저는 사실 이런 구조로 한다고 하면 공수처장을 뽑지 못할까 봐 오히려 걱정입니다. 7명 중에서 6명의 찬성을 받아서 뽑는다? 사실 20대 국회의 관행을 봐서는 저는 정말 어렵다고 생각합니다. 7명 중에서 6명이 찬성을 해서 공수처장을 뽑기 위해서는 그야말로 여당이든 야당이든, 보수든 진보든 '아, 이 정도는 충분히 수용할 만하다'라는 정도가 돼야 7명 중에서 6명의 동의를 받지 않겠습니까?

저는 이것은 어떻게 보면 저희들이 저희 당 입장에서는 너무 양보한 것이라고 생각합니다. 공수처를 실제로 출범하는 데까지 굉장히 큰 어려움이 있겠다 그런 예상이 되기 때문에 너무 큰 양보를 했다고 생각합니다. 저희들은 최소한 야당에서 1명이라도 반대한다고 하면 그 경우에는 공수처장 후보를 추천할 수 없는 그런 제도를 만든다는 점에 동의하고 이번 법안에 저희들은 동의했습니다.

그리고 또 하나, 공수처장이 임명되고 공수처검사들이 임명되고 나서 공수처가 조직이 되고 나면 공수처가 정권의 입맛에 따라서 수사를 할 것이다, 현 정권 실세, 현 정권의 살아 있는 권력에 대해서 손을 대지 못할 것이다, 그런 말씀을 많이 하셨습니다. 하지만 이런 부분은 그동안의 수사의 생리를 잘 모르고 하는 말씀입니다. 우리 역사를 한번 돌아보시기 바랍니다.

예전에 살벌했던 시기에도 살아 있는 권력들이 검찰에서 구속되고 처벌받은 사례가 매번 있었습니다. 범죄라는 것이 드러나면 사법기관은 더 이상 어찌할 수 없는 그런 속성이 있습니다. 공수처가 살아 있는 권력이라고 해서 봐 준다? 저는 오히려 반대입니다. 거꾸로 되지 않을까 걱정하고 있습니다.

공수처가 세워지면 공수처의 조직을 위해서, 공수처라는 신생 조직을 위해서 과도하게 수사가 이루어지지 않을까 오히려 그것이 걱정입니다. 그것이 수사하는 사람들의, 수사기관의 거의 본능과 같은 것이기 때문에 저는 그것이 오히려 걱정될 뿐이고 살아 있는 권력을 수사하지 못한다는 우려는 전혀 기우에 불과하다는 말씀을 드릴 수밖에 없습니다.

그것은 또한 무엇 때문에 그러냐? 지금 상정되어 있는 공수처법상 대통령이 공수처에 관여할 수 있는 방법이 전혀 없습니다. 아예 이번 수정안에서는 관여하지 못하도록 조항도 추가해 놨습니다. 당연한 건데도 하여튼 다른 야당 측의 요구가 있어서 추가를 해 놨습니다. 이제 만일에 청와대나 아니면 권력 쪽에서 권력의 실세들이 공수처에 어떤 관여를 한다고 하면 명백한 현행법 위반이기 때문에 그것은 분명히 문제가 될 수 있고 그렇게까지 할 수 없다는 것은 당연합니다.

또 하나는 기존에 우리 검찰에서 상부의, 권력의 눈치를 본 이유를 보면 알 수 있습니다. 사실 검사들은 변호사 자격이 있기 때문에 검사를 그만둔다고 하더라도 여러 가지 다른 직종에 비해서는 다른 걱정이 없는 직업입니다. 그래서 본인들이 정말 소신을 갖고 하고자 한다면 윗사람들의, 상사의, 정권 실세의 말을 전혀 들을 필요가 없습니다. 그럼에도 불구하고 지금까지 검사들이, 그렇게 유능한 검사들이 권력의 눈치를 보고 또 권력에서 지시한 대로 수사를 해 왔던 것은 거대한 조직 안에 있기 때문입니다.

검사들에게 승진과 출세는 거의 지상 목표와 같습니다. 그것은 꼭 출세하고자 하는 그런 목적 때문이 아니라 검찰이라는 특수한 조직의 특성 때문입니다. 최고의 엘리트끼리만 모였다는 그런 자부심 때문에 그 안에서 낙오되는 것에 대한 수치심이 굉장히 큽니다. 그래서 그것을 회복하기 위해서 그 안에서 뒤처지지 않기 위해서 승진에 굉장한 집착을 갖고 있습니다. 지금까지 검찰이 권력의 입맛대로 움직였던 것은 바로 그 점에 있습니다.

그런데 공수처는 어떻습니까? 공수처 안에서 승진이라는 것은 없습니다. 공수처검사는 그냥 공수처검사입니다. 처장은 처장이고 차장은 차장입니다. 각자 독자적인 임명 절차로 임명되는 그런 구조를 가지고 있습니다.

공수처검사는 임기제로 되어 있습니다. 경력을 가지고 있는 사람들이 들어가는 것입니다. 굳이 공수처검사가 승진에 목을 맬 필요가 없습니다. 다시 말해서 공수처검사가 누구의 눈치도 볼 필요가 없다는 것입니다.

특별히 또 공수처검사의 경우에는 그만두고 난 다음에 다른 직책으로 가는 것을 제한해 놓고 있습니다. 더 출세하기 위해서 잘 보인다, 알아서 잘 보인다, 공수처에 반대하시는 분들의 취지는 '대통령이 말을 하지 않더라도 알아서 기지 않겠느냐' 이런 말씀입니다. 그런데 알아서 길 이유가 없다는 것입니다. 그럼에도 불구하고 왜 '대통령의 입맛대로 수사할 것이다' 이렇게 말씀하시는지 저희는 납득을 할 수가 없습니다.

그리고 국민 여러분들께서, 우리 의원 여러분들께서도 잘 아시겠지만 지금은 굉장히 정부가 공개된 사회입니다. 공수처 안에만 해도 공수처검사 이삼십 명, 차장, 처장, 수사관들, 엄청난 조직입니다. 만일 여기서 어떤 검사 한 명이 사건을 은폐한다, 그게 얼마나 가겠습니까? 특히 이번 정부가 들어선 이후에 사법농단 사법 처리되는 이런 것을 보는 상태에서 그것을 어떻게 묵과하고 갈 수 있고 넘길 수 있겠습니까? 이런 부분에 대해서 걱정한다는 것은 반대를 위한 반대일 수밖에 없다고 생각합니다.

지금까지 어떤 것보다도 검사가 소신 있게 수사할 수 있고 소신 있게 처리할 수 있는 그런 제도를 만들어 놓은 것입니다. 지금까지 어떤 법률보다도, 어떤 제도보다도 정치권력이 관여할 수 없도록 만들어 놓은 법안입니다. 지금까지 어떤 법률보다도 대통령이 관여할 수 없도록 만들어 놓은 그런 법안입니다. 저는 공수처가 권력으로부터 독립되어서 작동할 것이라는 것에 대해서는 100% 확신합니다.

저희들 처음에 헌법재판소가 출범했을 때 헌법재판소의 역할에 대해서 굉장히 많은 걱정을 했습니다. 하부조직이 없고 9명의 헌법재판관만 계신 헌법재판소가 어떤 역할을 할 것인가? 하지만 세월이 지나가는 동안 이제 헌법재판소는 우리 대한민국 헌법에 굉장히 큰 역할을 하고 있습니다. 중추적인 기관이 되었습니다.

공수처가 당장은 그 역할을 다하지 못할지라도 정착되면서 검찰을 견제하고, 그럼으로써 검찰이 제대로 작동할 수 있도록 하는 그런 역할을 반드시 할 것입니다.

또 하나는 이것이 가장 많이 실무적으로 말씀하시는 부분입니다. 검경수사권 조정을 통해서 해결할 수 있지 않느냐? 얼핏 생각하면 그렇습니다. 그렇다 이렇게 볼 수도 있습니다. 아마

이 부분에 대해서는 의견이 좀 다를 수도 있습니다.

하지만 저로서는 지금 현행 헌법하에서 검사가 강제수사에 대한 전권을 가지고 있는 한 검사에 대한 견제는 불가능하다고 생각합니다. 검경수사권 조정을 통해서 검사가 실질적으로 수사를 거의 하지 않는다고 하더라도 강제수사에 대한 최종적인 권한을 검사가 가지고 있는 우리 헌법 체계하에서는 경찰이 검찰의 강제수사권 남용에 대해서 견제할 수가 없습니다.

일단 기소를 하게 되면 법원의 통제를 받게 되고 법원의 심사를 받게 되겠지요. 하지만 법원으로 가기 전까지는 검사에게 전권이 있습니다. 경찰이 아무리 중요한 사건을 파악을 해서, 굉장히 큰 중요한 사건이라고 의심을 해서 강제수사를 해야 되겠다 이렇게 생각을 하고 압수수색 영장을 청구하더라도 검사가 거부하면 방법이 없습니다.

저희들 잘 알고 있지 않습니까, 최근에 문제되고 있는 울산 사건 그리고 임은정 검사 고발한 사건들, 아무리 실질적인 수사를 하려고 해도 이루어지지 않습니다. 아시지만 계좌 추적이 이루어지지 않거나 문서가 압수수색 되지 않으면 실질적인 수사를 할 수가 없습니다. 진술만 가지고는 전혀 수사가 이루어지지 않습니다. 그런데 그 입구에서부터 봉쇄해 버리니까 이 사건들은 전혀 수사가 진행되지 않고 있습니다.

그렇기 때문에 검경수사권 조정을 통해서 검찰의 수사권한 상당 부분을 경찰에 넘긴다고 하더라도 검찰의 강제수사권을 견제하기 위해서 공수처가 꼭 필요합니다. 특히 어떤 경우에도 독점하고 있는 기소권을 견제하기 위해서는 공수처가 꼭 필요합니다.

잠시 후면 제가 여러 가지 사건을 한번 예를 들어 보겠습니다. 예를 들어 보면 그 여러 사건에서 검사의 기소권 남용으로 인해서 전혀 기소가 안 된, 굉장히 중대한 범죄임에도 불구하고 사법처리가 안 된 사례가 너무나 많습니다. 이런 부분은 검경수사권 조정을 통해서 경찰이 수사권을 갖고 있다고 하더라도 해결되지가 않습니다.

사실 이런 것은 우리 신문지상을 통해서, 방송을 통해서 굉장히 많이 보시지 않았습니까? 이런 경우 어떻게 처리하자고, 이걸 어떻게 바로잡아야 한다고 생각하시는지 저는 이해할 수가 없습니다.

또 사소한 문제 하나인데요. 어떤 분들은 수사관이나 검사의 임용 조건에 조사경력이 들어가 있는 것에 근거해서 세월호조사위원회나 과거사진상조사위원회 이런 데서 활동한 경력도 경력에 들어갈 수 있지 않겠느냐 그렇게 말씀하십니다. 문안 자체로 보면 아마 혹시 그러지 않을까 생각할 수 있습니다.

하지만 그 내용을 보면 조사권한이 있는 어떤 부분에 대해서는 수사준칙을 정하도록 되어 있습니다. 이 조사라는 것은 공정거래위원회나 증권선물위원회 또 감사원 이와 같이 정부기관으로서 조사를 할 수 있는 직책에 있는 분들을 그 경력을 인정해서 수사관으로 하겠다 이런 취지의 이야기입니다. 흔히 말씀하시는 것처럼 한시적인 위원회 활동 그 자체만 가지고 조사

경력이 있다, 공수처검사나 공수처수사관으로서의 자격이 있다, 그렇게 얘기해서 하는 것은 아니다 이런 말씀을 드리겠습니다.

저는 공수처에 대해서 야당 쪽에서 지나친 공포심을 조장하는 방식을 통해서 반대한다고 생각합니다. 공수처 얘기가 처음 얘기가 아닙니다. 지난 대선 때 자유한국당의 홍준표 후보를 제외한 나머지 모든 분은 공수처에 대해서 다 찬성하셨습니다.

지금 말씀하시는 분들 중에서는 4+1 그것이 마치 선거법을 위해서 어떤 거래 한 것이다 이렇게 말씀하시지만 그렇지 않습니다. 4+1에 참여하고 있는 모든 정파들은 지난번 대선 때 공수처에 대해서 다 찬성했던 정치세력들입니다. 기존에 표명한 바에 따라서, 본인들의 정치적 선택에 따라서 공수처를 설립하고자 찬성한 것이지 결코 거래가 아니라고 봐야 되지 않겠습니까?

그리고 사실 공수처가 지금 말씀하시는 것처럼 그렇게 위험하고 그렇다고 하면 대선 때 왜 그 부분을 본격적으로 얘기하지 않고 이제 와서, 다 지나와서, 20대 국회 마지막에 와서 그런 말씀을 하시는지 저는 이해할 수가 없습니다.

(「우리는 반대했습니다」 하는 의원 있음)

저는 다시 한번 말씀드립니다.

정책이나 법률에 대해 찬반이 있을 수 있습니다. 하지만 한쪽만을 가지고 극단적으로 해석하면서 공포를 조장하는 형식으로 해서 논의를 하는 것은 정말 우리 대의민주주의 체제에 맞지 않는, 정말 그 취지를 망가뜨리는 행태라고 저는 말씀드려야 될 것 같습니다.

제가 준비한 것이 있었는데 앞서 말씀하신 의원님들께서 여러 가지 말씀을 하셨기 때문에 먼저 그 말씀을 좀 드렸습니다.

지금 다시 한번 말씀드리지만 검찰은 기소권과 수사권, 특히 강제수사권을 독점함으로써 절대 견제할 수 없는 권력이 되어 있습니다. 그것은 지금 아마 잘 보고 계실 겁니다.

찬반을 떠나서 지금 검찰의 여러 수사가 일반적인 수사와 같이 진행된다고 생각하시는 분은 아마 없을 것입니다. '우리가 제기한 여러 가지 사건에 대해서 지금처럼 수사했다고 하면' 이런 생각이 듭니다.

제가 지난 10월 2일 정기국회 때 대정부질문에서 분명히 말씀드렸습니다. 정경심 교수에 대한 사문서 위조 공소, 그것 절대 공소장 변경이 안 될 거다. 그 당시에 일시나 장소 방법도 전혀 특정되지 않은 상태에서 기소를 한 그런 공소였습니다. 그래서 그 이후에 수사를 해서 다시 '언제쯤, 누가 어떻게 했고' 이렇게 나온다고 하더라도 그런 쪽으로는 절대로 공소장 변경이 안 될 것이다. 제가 지난 10월 2일 날 바로 이 자리에서 분명히 말씀드렸습니다. 아마 국민들께서는 그때 제가 드린 말씀이 맞는 말씀이었다는 것을 잘 알고 계실 것입니다.

그렇게 기소하는 법은 없습니다. 예단을 갖고 기소하는 법은 없습니다. 예단을 갖고 기소하는 것은 공소권 남용이라고 합니다. 그 당시의 기소는 분명히 공소권 남용이었습니다. 그리고 그 이후에, 기소된 이후에 강제수사가 이루어졌습니다. 기소된 이후에 이루어진 강제수사에 의해서 취득된 증거는 증거능력이 없습니다.

저는 앞으로 재판 진행 과정에서 그때 압수수색을 통해서 취득한 증거가 어떻게 인정될 것인지는 제가 국회의원을 떠나서 한 사람의 법률가로서 굉장히 관심이 많습니다. 그 부분은 앞으로 우리나라 증거법에 굉장히 큰 이정표를 그을 것이라고 생각합니다.

아마 모르긴 몰라도 제가 지난 10월 2일 날 '공소장 변경이 절대 안 될 것이다' 이렇게 말씀드린 것처럼 그 상당 부분은 증거능력이 없는 것으로 판명될 것입니다. 법원은 그것 증거로 받아들이지 않을 것 같습니다.

도대체 왜 이렇게 수사하는 겁니까? 지금까지 검찰이 우리 국민을 위해서, 국가를 위해서, 우리 사회의 부정부패를 척결하고 기강을 바로잡기 위해서 해 온 노력이 얼마나 많습니까? 그리고 검사들은 신사라고 해 왔습니다, 룰을 지키고. 그런데 왜 이렇게 무리하게 수사합니까? 그리고 왜 그렇게 지적을 하는데도 언론플레이를 하는 겁니까? 조용하고 치밀하게 수사해서 결과로 보여 줘야 되는 것 아니겠습니까? 왜 이렇습니까? 그것은 바로 절대권력이 되어서 오만하기 때문입니다.

그래서 검찰의 기소권과 강제수사권을 분할해서 공수처와 검찰이 나누어 갖고 서로 견제와 균형을 갖도록 해야 된다는 것입니다.

공수처가 굉장한 고위직들, 사실 우리나라의 최고 고위직들만 대상으로 해서 수사를 하고 기소를 하기 때문에 이것이 검찰을 완전히 압도하지 않을까 그렇게 말씀하시는 분들이 많다는 것은 제가 앞서도 말씀드렸습니다. 하지만 기관의 힘은 기관의 규모와 절대 비례한다고 할 수 있습니다. 그 막대한 검찰 조직하고 불과 몇 명 안 되는 공수처하고 어떻게 견제가 되겠습니까?

그리고 마치 반대하시는 분들은, 특히 야당 의원님들께서는 공수처검사나 공수처 직원에 대해서는 검사가, 검찰이 아무것도 못 하는 것처럼 말씀하십니다. 그런데 분명히 아까도 말씀드렸지만, 조금 전에도 말씀드렸지만 공수처검사나 공수처 직원에 대한 잘못에 대해서는 검찰이 수사를 할 수가 있습니다. 그러니까 공수처는 검찰이 견제하고 검찰은 공수처가 견제하는 것입니다. 상호 견제를 통해서 권력의 민주적 행사를 확보하는 것은 민주주의의 기본적인 원칙 아닙니까?

사실 우리 대한민국 검찰은 세계적으로 유례가 없을 정도로 강력합니다. 공수처라는 제도가 세계적으로 많은 예를 찾기 어려운, 유사한 기구들은 몇몇 나라에 있고 또 앞으로도 그런 것이 새로 설치될 것이다라는 예측도 되기는 하지만 솔직하게 말씀드려서 많은, 일반적인 것이 아니라는 것은 사실입니다.

그렇지만 왜 그런 공수처가 필요했는지를 한번 우리는 돌아봐야 됩니다. 그만큼 대한민국 검찰이 세계적으로 유례가 없기 때문입니다. 과거 일제시대 때, 우리나라가 일제 식민 치하에 있을 때는 검사도 재판기관에 소속돼서 법원하고 같은 조직 안에 있었고 그때는 검사에게 체포와 관련된, 지금 현재 판사한테 권한이 있는 부분에 대해서도 상당 부분 있었고, 특히 1941년도 이후 치안법 등등이 시행되면서는 검사나 사법경찰관에게 거의 일방적으로 강제수사에 관한 권한이 주어졌던 그런 연혁에 따라서 지금도 아마 검찰이 굉장히 큰 권력을 행사하게 된 것 같습니다. 이러한 역사적 특수성 때문에 지금 우리 검찰이 강력한 권한을 갖고 있습니다. 특히 강제수사권을 전유하게 된 데 따라서 아마 더 강력한 권한을 갖게 된 것 같습니다.

잘 아시는 것처럼 1954년도 2대 국회 때 영장청구권을 어떻게 할 것인지에 대해서 논의가 있었습니다. 그 당시 2대 국회의원들은 원칙적으로는 수사와 기소를 분리하는 것이 맞지만 그 당시까지 일제시대 때 경찰이 했던 여러 가지 때문에, 그리고 여러 가지 또 수사에 관련된…… 그 당시에는 구속영장 기각률 같은 것이 경찰이 신청한 게 굉장히 높고 그랬던 것 때문에 그 상태에서 경찰에게 구속영장에 관한 권한을 주는 것이, 영장에 관한 권한을 주는 것이 어렵다고 판단을 하고 헌법에 영장에 관해서는 검사의 전속적 권한에 속하도록 규정을 해 왔습니다. 하지만 그때도 나중에는, 장차 우리나라가 다양화되면 예전의 그 부분도 바꿔야 된다 이러한 이야기가 있었습니다.

그런 연유 때문에 우리나라 검찰이 세계적으로 유례없이 막강한 기관이 돼 있고, 그래서 지금과 같은 검찰개혁에 대한 필요성이 대두가 된 것입니다. 그래서 다른 나라에는 없는, 다른 나라에 많지 않은, 흔하지 않은 공수처를 우리는 설치하고자 하는 것입니다.

만일에 우리나라 검찰이 다른 외국의 검찰처럼 그런 정도의 권한을 갖고 있었고 그렇게 해 왔다고 한다면 공수처에 대한 논의는 없었을 수도 있습니다. 이 점에서 보면 다른 나라에 유례가 없다고 해서 이 제도가 안 된다, 그렇게 얘기해서는 맞지 않는다는 생각입니다.

제도나 법률이나 그 사회의 특성에 따라서 다양하게 있을 수 있습니다. 같은 제도라고 하더라도 나라마다 동일하지 않습니다. 공수처가 바로 그런 것입니다. 지금 우리나라에 우리나라 검찰을 바로잡기 위해서 우리나라 사법체계를 바로잡기 위해서 반드시 필요한 그러한 기구가 되어 있습니다.

제가 그동안 공수처가 논의되어 왔던 과정을 다시 한번 점검해 봤습니다. 지금처럼 갑자기 전국적으로 국민들이 이렇게 찬반으로 나누어지리라고 생각을 못 했어요. 왜냐하면 지금 패스트트랙에 올라오기 전까지는 국민의 80%가 공수처 설치에 찬성했습니다. 그러면 그 대다수 국민들께서 그동안 공수처를 몰라서 찬성했습니까? 저는 그렇지 않다고 생각합니다. 그 이면에 정치적인 목적이 있다고 생각합니다. 그렇지 않다고 하면 80%가 넘던 국민들께서 어떻게 갑자기 입장을 바꾸셔 가지고 50% 정도 후퇴되어 있습니다. 하지만 지금도 50%가 넘는 국민들께서 공수처를 원하고 계십니다.

처음에 공수처가 논의된 것이 아마 1999년이었던 것 같습니다. 그때 아마 국민의정부 시절에 시작이 되면서 그 이후로 계속 논의가 되어 왔습니다. 그 당시 공직비리수사처를 추진했었고 또 2004년도에는 공직부패수사처 법안을 입법예고했었습니다. 처음에 반부패특위 쪽으로해서 설치하려고 했었던 적도 있었고, 부패방지위원회 쪽에 하려고 했었던 적도 있었고 여러가지 논의가 있었습니다.

저희 당은 1999년부터 지금까지 꾸준히 공수처 설치를 추진해 왔습니다. 그래서 저는 이번에 공수처 설치를 저희들이 추진하는 그 목적에 다른 것이 있다는 그런 주장에 동의할 수가없습니다.

정세의 변화에 따라서 정치적 지형의 변화에 따라서 갑자기 추진하는 것 같은 그런 것이라면 그러한 비판도 '아, 그럴 수 있다' 생각하겠지만 1999년부터 추진돼서 이제 20년 된 사안을 가지고 어떤 목적이 있다, 그렇게 얘기하는 것은 납득을 할 수가 없습니다. 특히 2010년경에는 그 당시 여당이었던 지금 자유한국당의 전신인 한나라당에서도 이러한 부분이 논의가됐었습니다.

그리고 다 아시는 부분이기 때문에 더 이상 논급하지 않는 것이 좋겠다 생각할 수 있지만혹시나 이 부분도 명확히 할 필요가 있어서 제가 말씀을 다시 드리겠습니다. 그 당시 2010년도에 검사 스폰서 사건이 아마 문제가 됐었을 것 같습니다. 그래서 운영위원회에서 이 부분에대해서 아마 굉장히 큰 질타가 있었고요.

2010년 5월 4일에는 당시 한나라당 진수희 의원이 '공수처는 검찰 등 권력기관 부패 유혹에 취약한 대통령 친인척, 국회의원 등 고위공직자를 대상으로 비리를 수사하는 기관이 되어야 한다. 대상 범죄는 부패행위로 한정하고 정치적 중립성, 직무상 독립성 확보를 위한 공수처장 인사청문회 도입이 선행되면 공수처에 단독수사권을 부여할 수 있다', 그 당시 지금 자유한국당의 전신인 한나라당의 진수희 의원이 이렇게 이야기를 했습니다.

또 이틀 후인 2010년 5월 6일에는 여의도연구원에서 고위공직자비리수사처 신설을 추진했습니다. '그 당시 한나라당 부설 여의도연구소는 고위공직자 비리 전담수사처(약칭 공수처)신설을 골자로 한 법안 마련을 추진키로 했다. 한나라당은 지난 17대 국회부터 제기됐던 공수처 도입에 대해 부정적이었지만 최근 스폰서 검사 의혹과 한명숙 전 총리에 대한 수사 논란이불거지면서 검찰개혁을 본격 검토키로 한 것으로 알려졌다'.

그리고 그 당시에 그다음 날인 2010년 5월 7일에는 그 당시 한나라당 대표이던 정몽준 대표가 '검사 스폰서 의혹 특검 도입 및 고위공직자 비리 수사처(약칭 공수처) 설치 방안과 관련해서 당내에서 신중하지만 적극 검토하자는 의견이 있다' 이렇게 여러 의견이 지금 자유한국당의 전신인 한나라당에서도 집계가 됐었습니다.

제가 이 말씀을 드리는 것은 이것이 어제오늘 논의된 것이 아니라는 말씀을 드리는 것입니다. 그리고 결국은 이 연장선상에서 중수부를 폐지하는 그런 결론에 이르렀습니다. 갑자기 야당 쪽에서는 이 공수처가 무슨 악의 도구가 된 것처럼 그렇게 비난하십니다. 과거 추진하셨던, 말씀하셨던 그런 내용을 본다면 그렇게 얘기해서는 안 된다, 저는 그렇습니다.

이 점에 대해서도 안타깝습니다. 지난 3년 동안, 거의 4년 동안 공수처 논의가 공전되어 온 것이 안타깝습니다. 자유한국당에서 의지를 가지고, 진정성을 가지고 공수처 설치에 대해서 협의를 하셨다면 이렇게 국민을 양쪽으로 나누지 않고 여야가 다 합의할 수 있는 공수처 법안이 만들어질 수 있었을 것이라 저는 생각합니다.

'지금 왜 공수처가 필요하냐' '공수처가 다른 목적이 있는 것이 아니냐' 그런 말씀을 지금도 하시는 분들이 계셔서 또다시 말씀을 드릴 수밖에 없을 것 같습니다. 그동안 검찰에 기소권이 독점되어 있던 것 때문에 제대로 안 된 사건들, 도저히 있을 수가 없는 사건들, 그걸 다시 한번 말씀드려야 될 수밖에 없을 것 같습니다.

저는 다른 것보다는 우선 지난번에 서울시청 공무원이었던 탈북자 유우성 사건, 그 사건에서 명백하게 조작된 증거가 재판정에 제출이 됐고 그것이 법원을 통해서 확인됐고 이제는 확실한 사실인데도 불구하고 그 당시에 그 증거를 만들고 제출했던, 거기에 관련됐던, 그 사건을 수사했던 검사들에 대해서 아무런 조사가 이루어지지 않는 것이 납득할 수 없습니다. 유우성 씨 같은 경우는 거의 인생 자체가 망가진 것 아니겠습니까? 한 사람의 인생을 그렇게 망가뜨려 놓고 거기에 대한 책임을 아무도 지지 않는다, 수사와 기소에 관해서? 저는 그 부분이 지금도 납득이 되지 않습니다.

얼마 전에 뉴스타파에 나왔던 김 모 부장검사 사건, 분명히 성매매를 했다고 기재가 되어 있는데, 기록이 되어 있는데 성매매 사실이 전혀 조사가 안 되고 있습니다. '양쪽이 부인하면 인정될 수 없다' 그런 이유로 하는데요, 조사가 제대로 이루어졌는지 모르겠습니다. 조사 자체가 제대로 이루어지지 않았다고 생각합니다. 그리고 그 사건에서 그 사건이 불거지기 전까지, 드러나기 전까지 있었던 과정에 대해서는 국민들이 굉장히 잘 알지 않습니까?

그리고 진 모 검사장 사건 같은 경우 어떻습니까? 한참을 지나서 수사가 되고 그것이 나중에 문제가 되지 않았습니까? 사실 김 모 부장검사 사건 같은 경우도 대검에 진정서가 접수된 이후에 한동안 수사가 이루어지지 않았다고 합니다. 사실 그 구체적인 과정에 대해서 이제는 확인할 수 없기 때문에 어느 것이 맞는지는 모르겠지만 몇 달에 걸쳐서 그냥 처박아 놓고 있다가 신문에 보도가 나니까 그때부터 수사를 시작했다는 것 아니겠습니까?

그리고 성폭행을 했던 진 모 검사, 전혀 사건 처리되지 않고 사표 내지 않았습니까? 대기업에 취업했었지요? 그 사건을 알고서 수사하지 않고 기소하지 않은 당시 사건 관련된 담당 검사들과 지휘 라인들은 직무유기 아닙니까?

여러 의원님들께서 아마 이 자리에서 말씀을 하셨을 거라고 생각합니다. 그럼에도 불구하고 다시 한번 말씀을 드리는 이유는 이렇게 드러난 사건들 외에도, 드러나지 않은 경우는 또 어떨지 모르겠습니다. 없다고 어떻게 단정하겠습니까?

울산 고래 사건의 고래 해체업자 변론을 맡았던 울산지검 검사 출신의 변호사, 보도된 바로는 비위 때문에 사표를 냈다고 합니다. 그것이 사표 낼 정도 수준에서 끝날 사건이었는지, 저는 그렇게 생각하지 않습니다.

그러면 그 당시에 입건해서 수사하고 처벌해야 됨에도 불구하고 사표 받는 수준에서 마무리하고 내보내고 그 이후에 나가서 개업하고 엄청난 수임료를 받고 치부할 수 있는 이런 것을 마련해 준 것이 아닙니까? 일일이 사건을 거론하자고 하면 더 많지요.

전 검찰국장, 검사 여러 명 있는 데서 성추행했는데 그냥 넘어갔지 않습니까? 그 이후에 관련돼서 진행된 내용을 보면, 지금 진행되고 있는 여러 사건들을 보면 직권남용이나 직무유기라고 안 할 수가 없을 겁니다. 그럼에도 불구하고 수사가 이루어지지 않고 있지 않습니까?

저는 어제 모 언론에 공개된 음성 파일을 들었습니다. 울산지검 수사관이고요. 지금은 울산 사건 관련해서 아마 서울중앙지검에 파견되어 있다고 얘기하는 수사관이었는데요. 수사관이 전화를 해서 그런 식으로 민간인한테 얘기해도 되는 건가요?

제가 86년도에 사법시험에 합격하고 89년도에 수료했으니까 국회의원 된 걸 빼면 26년 법조 생활을 했습니다. 제가 길지 않은 기간이지만 몸담았던 기관이기 때문에 말씀드리기 굉장히 어렵기는 하지만 그런 식의 문제가 굉장히 많습니다. 비일비재합니다. 피해자인지 피의자인지 모르는……

제가 지난번에도 국정감사 때 말씀드렸지만 수사기관은 소환할 수 있는 권한이 없습니다. 형사소송법상 소환은 법원만이 할 수 있게 되어 있습니다. 검찰이든 경찰이든 수사기관이 피의자든 참고인이든 '검찰청에 나와라', '경찰청에 나와라' 얘기하는 것은 출석 요청입니다, 출석 요구.

그런데 녹취된 것을 보니까 '출석하지 않으면 거기에 따른 책임을 져야 되겠다' 이런 식으로 얘기한 게 나오는 것 같습니다. 그것 참…… 일반적인 수사가, 그런 게 한두 번이 아니라는 거지요, 문제는. 그리고 그것은 실제로 그 상대방이 피고발인이 아니라 고발인 측이라는 게 문제라는 거예요, 고발인 측이라는 게.

이렇게 강제수사권과 기소권을 독점하고 있는 검찰이기 때문에 이런 것이 가능해졌고 이러한 검찰이 70년을 이어 왔기 때문에 그런 것에 대한 문제의식이 없이 바로 그러한 행동이 이루어진 것이다, 저는 그렇게밖에 볼 수가 없습니다.

그래서 지금 이 시점에도 검찰이 제대로 기능하기 위해서 저는 공수처가 필요하다고 생각합니다. 누가 뭐래도 대한민국에서 검찰이 형사사법의 중심이 되는 것입니다. 검찰이 중심이 돼서 인권을 보호하고 범죄자를 제대로 처리하고 죄에 상응하는 벌을 집행하고 그런 것이 제대로 돼야 우리 사회가 잘 굴러가고 그만큼 부가적 비용이 경제적으로 안 생기는 것 아니겠습니까? 그렇게 검찰이 기능할 수 있도록 하자는 것이 바로 검찰을 견제하고자 하는 공수처라고 저는 생각합니다.

저는 최근에 여러 지인들로부터 이런저런 문자를, 전화도 많이 받고 직접 만나서도 말씀을 많이 듣습니다. 전에 저를 지지했던 사람인데, '공수처는 아니지 않느냐?'…… 저는 그렇게 말씀드립니다. '공수처야말로 검찰을 제대로 기능하게 하기 위해서 하는 것이다. 그렇게 하지 아니하면 지금까지 10년 동안 이루어진 이런 것을 바꿀 수가 없다. 그리고 공수처가 그렇게 무소불위의 기관이 아니다. 지금 무소불위의 기관인 것처럼 포장해서 그렇게 반대하는 말씀을 하시는 것은 이 자체를 다른 목적으로 반대하는 것이다. 지금 올라온 공수처 법안의 경우에는 어느 때보다도 남용되지 않는 충분한 장치가 마련되어 있고 또 검찰의 견제를 받아야 되는 그런 기관이기 때문에 우려하는 바와 같은 위험한 기관 아니다' 그렇게 말씀을 드리고 있습니다.

그런 것이 좀 잘 진행이 돼서 했으면 좋겠다는 생각이 드는데 이렇게 정말 극단적인 대립이 이루어져서 참으로 안타깝습니다. 지금이라도 그런 부분에 대해서는 우리 서로 간에 합리적인 이야기를 해야 되지 않느냐, 저는 그렇습니다.

이제 아마 이 회기가 끝나면 그 다음번에는 검경수사권 조정에 관련된 형사소송법과 검찰청법이 상정될 것으로 저는 예상하고 있습니다. 그 경우에도 지금까지 우리가 형사사법을 통해서 국민들의 권리를 지키고 또 국민들이 제대로 생활할 수 있도록 하는 그런 데 목적이 있다는 것을 꼭 말씀을 드리고 싶습니다.

지금까지 경찰과 검찰이 수사를 해 오면서 검찰이 지나치게 기소를 목적으로 하는 수사가 이루어졌기 때문에 그래 왔다고 생각합니다. 우리가 지금 검찰개혁을 하면서 흔히들 말씀하시는 그런 사건들 있습니다. 정권의 입맛에 따라서 처리됐던 사건들 그리고 경제권력의 요구에 따라서 처리됐던 사건들, 지금까지는 검찰이 이 모든 권한을 갖고 있었기 때문에 이런 것이 제대로 밝혀지거나 또는 처리될 수 없었다고 생각합니다.

지금 이미 시간이 굉장히 오래 지나서 검찰과거사위원회 활동 등을 통해서 더 이상 해결할 수 없고 밝혀지지 않는 사건들이 너무나 많습니다. 저희들이 과거사법을 통해서 해결하고자 한 형제복지원 사건 그것 지금도 진행 중입니다. 지난해 문제가 됐음에도 이루어지지 않은 남산 3억 원 제공 등 신한금융 사건 또 그동안의 수사과정에서 무고한 피해자가 있었던 약촌오거리 사건 또 최근에 있었던 이춘재 사건 삼례 나라슈퍼 사건, 유우성 증거조작 사건, 이런 사건들, 지금 상태에서 처벌할 사건이 남아 가지고 수사를 한다고 하더라도 지금 같은 법제에서는 이것이 정상적으로 진행될 가능성이 없습니다.

제가 누누이 말씀드린 것처럼 강제수사권을 검찰이 독점하고 있는 한은 진실을 밝히는 것이 사실상 불가능합니다. 이것이 여러 사건 중의 하나다 그렇게 생각하시겠지만 당사자 한 사람 한 사람한테는 거의 인생이 걸린 게 아니겠습니까?

이춘재 관련된 사건 같은 경우는 몇 년이 들어갔었지요? 그 몇 년 동안 징역 살고 지금도 다 회복이 안 되지 않습니까? 지금도 해결되지 않은 이런 사건들, 앞으로 또 반복되지 않아야 되지 않겠습니까?

지금 우리가 공수처를 설치하고, 그래서 공수처로 하여금 검찰을 견제할 수 있도록 하지 않는다고 하면 제가 금방 말씀드렸던 이런 사건들이 반복되는 경우라고 하더라도 진상이 밝혀지기는 어렵습니다.

저는 지금 가장 논란이 많이 되고 있는 울산사건의 경우에 현재의 상태로는 도저히 진상을 파악하기 어렵다고 생각합니다. 지금도 검찰이 압수수색에 관한 권한을 꽉 쥐고 있는 상태에서 진상을 밝히기 어렵다는 것입니다. 누구 말이 맞고 틀리고를 떠나서 그 사건에 관해서 지금 검찰이 수사한다고 하면 그것을 국민들이 그대로 신뢰하겠습니까? 어차피 당사자 본인의 문제는 다른 쪽에서 수사를 해야지만 신뢰할 수가 있는 겁니다.

그런데 지금도 현행법하에서 검찰이 압수수색을 독점하고 있기 때문에 경찰이 수사를 하려고 해도 그것이 제대로 이루어지기는 어렵습니다. 예를 들어 이런 경우에 공수처가 있었다고 하면 공수처에서 충분히 수사를 할 수도 있는 그런 사안이라고 생각합니다. 그러면 경찰, 검찰 어느 쪽도 다 수긍할 수 있는 그런 수사가 이루어지지 않겠습니까?

우리는 지금 대한민국 경찰과 검찰 사이에 공수처가 왜 필요한지에 대한 가장 대표적인 예를 보고 있는 것입니다. 수사가 이루어지지 않은 상태에서 그리고 제가 증거를 보지 못한 상태에서 '누구 말이 맞다' 이렇게 대답을 드릴 수는 없습니다. 하지만 분명한 것은 어느 쪽으로 결론이 나든 다른 쪽은 그것을 수용을 안 할 거란 겁니다. 저는 그것은 확신합니다.

지금 상태라면 영원한 골로 남을 것입니다. 검찰과 경찰의 영원한 깊은 골로 남아서 깊은 상처가 될 것입니다. 그런 수사권 조정에 대해서 경찰에서 수사를 할 수 있다고 하더라도 마찬가지라는 것은 제가 누누이 말씀드린 것입니다. 그런 경우에 왜 공수처가 우리한테 필요한지를 우리는 분명히 알 수 있다 이러한 생각이 저는 확실하게 들었습니다.

어쩌면 지금이 검찰개혁이나 공수처 설치에 정말 적절한 시기라고 생각을 합니다. 그 적절한 시기에 맞게 여러 가지 사건들도 발생을 했습니다. 국민들께서도 어떤 경우가 공수처가 필요한 것인지에 대해서 또 어떤 경우가 수사권 조정이 필요한 것인가에 대해서 잘 이해를 하셨으리라, 잘 납득을 하셨으리라 생각이 됩니다.

지금 우리가 이번에 결심하지 않으면 이제는 영원히 할 수 없을지도 모릅니다. 지금 같은 국민적인 여건을 만들기가 쉽지 않다는 생각이 듭니다. 저는 이것은 우리나라를 위한 기회라고 생각합니다. 또 우리나라 검찰을 위한 기회라고 생각합니다. 우리나라 국민을 위한 기회라고 생각합니다.

구체적인 조항에 대해서 여러 가지 걱정을 하시는 분들의 걱정은 제가 충분히 이해합니다. 하지만 우리 의원들께서는 다 아시겠지만 법에 모든 것을 일일이 하나하나 다 넣을 수 없다는 것은 잘 알고 있지 않습니까? 법에 하나하나 넣을 수 없는 부분은 이제 수사준칙을 통해서 준비하면 가능한 것이 될 수 있습니다.

제가 말씀드린 조사에 관련된 경우에, 조사 경력의 경우에 어떠한 기관의 어떤 기관에서 조사를 했던 경력이 있는 경우를 인정할 것인가 이런 부분들 그것은 수사준칙을 통해서 명백하게 규정하겠습니다. 만일에 그때 수사준칙에 세월호특조위라든지 과거사진상조사위원회라든지 이러한 특별, 정말 한시적인 위원회 경력을 그 외의 경력으로 인정한다고 하면 여기 계신 우리 야당분들께서 그것을 수용하시겠습니까? 그렇게 되는 것을 만들겠습니까, 정부가?

그리고 또 최근에 검찰이 또는 경찰이 수사를 하던 가운데 고위공직자수사처의 관할에 속한 사건이 인지되었을 때 공수처에 통보하는 그러한 조항을 가지고 검찰에서 걱정한다는 언론보도가 있었습니다. 이 부분은 종전의 규정에 따르면 다른 수사기관에서 그냥 사건을 가져올 수 있기 때문에 그런 경우에 기존의 수사를 진행하던 것에 영향을 미칠 수 있어서 어느 정도 제한을 두자는 취지에서 수정안에 삽입을 한 것입니다. 통보한 이후에 그것을 어떻게 어떤 기간 안에 어떤 절차를 통해서 공수처에 이첩할 것인지는 별도의 수사준칙으로 정해야 될 그런 사안일 것 같습니다.

그렇게 수사준칙을 정할 때 공수처에서 일방적으로 정할 수는 없는 것입니다. 그런 수사준칙을 정하게 되면 그때에는 공수처와 검찰청이, 검찰이 협의를 해서 가장 합리적인 방안으로 그 규정을 정하게 될 것입니다. 일방적으로 어느 쪽에서 요구하는 대로 되지는 않는다는 그런 원칙이 당연히 지켜질 것입니다.

그리고 또 통보한다는 것에 대해서 의문을 제기하는 분들이 있었습니다. 수사를 담당하는 국가기관에서 범죄를 인지했을 때 그 범죄가 자기의 관할에 속하지 않는다고 하면 그 관할을 갖고 있는 기관에 이러한 사건이 있었다는 것을 통지하는 것은 국가기관으로서 당연한 의무가 아니겠습니까?

(문희상 의장, 주승용 부의장과 사회교대)

특히 검찰과 같은, 경찰과 같은 수사기관으로서는 당연한 의무라고 생각합니다. 그것이 마치 상하기관 간의 어떤 그런 것은 아니지 않겠습니까? 그런데 그것을 가지고 마치 검찰이 공수처에 보고하는 것 같은 그런 뉘앙스를 가지고 반대한다, 문제가 있다 이렇게 얘기하는 것은 본질과는 전혀 동떨어진 그런 이야기라고 할 수 밖에 없습니다.

통보라는 것은 다른 경우가 종종 있었습니다. 지금도 경찰이나 검찰에서 수사를 하다가 피의자가 공무원인 경우에는 소속기관에 수사개시 통보를 합니다. 그러면 그 경우에 검찰이 상급기관이라서 아래 기관에 통보를 하는 것인지 아니면 검찰이 그 소속기관이 상급기관이라서 거기에 통보를 하는 것인지 이런 것은 아니지 않겠습니까? 국가기관 간의 대등한 관계에서 업무상 필요가 있으면 그것에 따른 정보를 공유하는 것은 당연한 것이고 그것은 국가의 한 기관으로서 당연한 의무입니다. 그런데 이 조항이 문제되는 것 자체에 대해서 저희들은 깜짝 놀랐고 이제는 그런 점에 대해서 충분히 해명이 됐으리라 저는 생각합니다.

제가 모두에 무제한토론이 무제한 찬성토론이나 무제한 반대토론이 아니다, 찬성이든 반대든 토론할 수가 있다, 현행 국회법은 그렇게 되어 있다, 미국의 필리버스터 같은 경우는 필리버스터라는 단어 자체가 의사 방해라는 의미가 있지만 우리는 국회법에 명백히 '무제한토론' 이렇게 되어 있다, 만일에 우리가 찬성토론을 허용하지 않는 취지라고 하면 '무제한 반대토론' 그렇게 규정이 되었을 것이다, 저는 그렇게 생각합니다. 저는 제 해석이 틀리지 않다고 생각합니다. 그리고 국회법에 명백하게 해당 안건에 대한 토론을 하도록 되어 있기 때문에 해당 안건에 해당하는 내용이 아닌 다른 토론을 하는 것은 사실은 그 국회법 규정에 맞지 않는다 그렇게 생각합니다.

하지만 그동안 해당 안건에 관한 토론이 아닌 다른 안건도 토론이 이루어져 왔고 심지어 선거법에 관한 토론도 지금 공수처에 관한 토론이 이루어졌기 때문에 그것이 이제는 하나의 국회의 관행으로 정립되었다, 저는 그렇게 인정을 하겠습니다.

그래서 선거법에 관해서 말씀하신 것도 다시 한번 또 말씀을 드리겠습니다.

저희들은 굉장히 안타깝습니다, 그동안. 선거법에 관한 협상과정을 보면 전혀 협상의 여지가 없이 내 의견이 아니면 안 된다는 취지로 한다고 하면 그것은 대의제 기구인 국회를 거부하는 게 아니겠습니까? 연동제에 대해서 찬반이 있을 수 있고 유불리가 있을 수 있겠습니다. 그런데 300명의 국회의원 중에 과반수 이상에 해당하는 의원들이 그 의제를 가지고 이야기를 하면 반대하는 분들도 거기에 대해서 논의를 해야 되는 것 아니겠습니까? 저는 이 점이 20대 국회의 굉장히 아쉬운 점입니다.

연동제에 대해서 그 이후로 어떻게 될지는 저보다는 경험이 많은 우리 동료의원들께서 더 잘 아시리라 생각합니다. 하지만 한 가지만 말씀드리고 싶습니다. 각자 당의 입장이 있다고 해서, 각자 당을 생각한다고 해서 다른 당도 똑같이 할 것이다, 그렇게 속단하는 것만은 하지 않아야 된다고 생각합니다. 각자 정당이 각자 추구하는 이념이 있고 가치가 있습니다. 저는 적어도 이 점에 대해서는 우리 야당 의원들께서 말씀하신 것에 대해서 전혀 수긍을 할 수 없습니다.

그리고 이 자리에 제가 나온 김에 또 한 가지만 더 말씀을 드리고 저도 토론을 마무리해야 될 것 같습니다.

제가 지난번 정기국회 때에도 그리고 국정감사 때에도 수사기관의 피의사실 누설에 대해서, 이것은 피의사실 공표가 아닙니다, 누설입니다. 피의사실 누설에 대해서 누누이 얘기했습니다. 전혀 바뀌지 않고 있습니다. 심지어 수사기관의 표현도 굉장히 더 아주 노골적이 되고 있습니다. 그렇게 거의 옷 벗고 얘기하는 듯이 그런 내용의 표현을 쓰면서, 단어를 쓰면서 하는 것이 이전에 있었는지 저는 돌아봐도 기억이 없습니다. 지난가을부터 이런 사태가 발생했습니다.

지금 법무부에서는 인권보호를 위한 수사공보준칙을 마련해서 시행하겠다고 합니다. 하지만 저는 이 준칙이 얼마나 실효성 있을지 참 신뢰는 가지 않습니다. 결국은 그 기관 자체에 책임을 지우는 길밖에 없다는 생각을 합니다. 그 기관의 책임자가 책임을 질 수밖에 없습니다. 확실히 책임을 지우는 그런 제도를 마련해야지만 이렇게 피의사실이 누설되는, 수사기밀이 누설되는 이런 것이 반복되지 않으리라고 생각합니다.

지금은 최근에도 1명 있어서 통계로 어떻게 될지 모르겠습니다만 예전 통계를 보면 2004년부터 2014년까지 총 아흔세 분, 그래서 한 해 평균 8명에서 9명이 검찰수사 도중에 자살하셨습니다. 참 이게 분명히 지금의 검찰의 수사 관행을 돌아봐야 하는 것임에도 불구하고 실질적으로 그걸 돌아보는 그러한 모습이 보이지 않는다는 점이 안타깝습니다.

이것은 공수처나 검경수사권 조정이나 다 떠난 문제라고 생각합니다. 장차 공수처가 설치가 되면 공수처에서도 마찬가지일 거고요, 또 검경수사권 조정을 통해서 수사권이 많이 행사되는 경찰의 경우에도 마찬가지라고 생각합니다. 경찰의 경우도 실제 이런 사건이 되어 있어서 여러 가지 사법 처리가 되고 있는, 진행 중인 것도 있다고 저는 알고 있습니다만 수사기관이면 모두 해당되는 문제입니다. 그동안 수사를 하면 사람을 일단 나쁜 사람으로 만들어 놓고 거기에 따른 여론재판을 하고 난 다음에 그다음에 절차를 진행하는 그런 관행이 뿌리박게 되었기 때문입니다. 우리나라 사회가 이제 세계 10위 안에 드는 세계의 모범국가가 되지 않았습니까? 이런 부분도 우리가 더 이상 반복되지 않아야 되지 않겠습니까?

저는 이 시간에도 저의 토론을 듣고 있는 수사기관에 계신 분들께 다시 한번 말씀드립니다. 수사는 절차가 적법해야 정당성을 인정받을 수 있습니다. 그렇지 않으면 예전에 고문하면서 죄를 물었던 경우와 뭐가 다르겠습니까?

예전에 마녀사냥할 때는, 마녀재판할 때는 사람을 돌에 묶어서 물에 던진 다음에 떠오르면 마녀가 아니고 그냥 가라앉으면 마녀다 이런 식으로 재판했다는 얘기가 있습니다. 실제로 지금과 같이 이렇게 자의적으로 수사권 행사한다고 하고 또 사람을 나쁜 사람으로 몰아서 마녀사냥을 하면서 그다음에 그걸 통해서 협조하도록 한다고 하면 과거의 마녀사냥과 같은, 고문을 통해서 자백을 받는 그런 관행과 뭐가 다르겠습니까?

이제는 우리도 과학기술이 많이 발전했습니다. 증거에 의한 재판이 이루어져야 되지 않겠습니까? 증거를 위해서, 과학적인 분석을 위해서 필요한 예산과 시설과 인원이라면 우리 국회가 최대한 지원을 해 줘야 됩니다.

그래서 이제는 수사가 사람을 윽박지르고 사람을 회유하고 그럼으로써 재판이 이루어지는 게 아니라, 처벌이 이루어지는 게 아니라, 그리고 자백을 하지 않고 인정을 하지 않으면 그 이야기를 흘려서 더 이상 견딜 수 없게 해 가지고 인정하게 하는, 다른 사람한테는 그것 때문에 두려움에 떨게 하는 그런 방식을 통해서 수사가 이루어지는 것은 이제 없어야 되지 않겠습니까? 이 점에 대해서 근본적인 개혁이 있어야 됩니다.

존경하는 국민 여러분!

그리고 문희상 국회의장님과 선배·동료 의원 여러분!

지금 저희들이 추진하고자 하는 공수처법이 하나 하나의 규정에 있어서 완벽하다고는 할 수가 없습니다. 그것은 어느 제도나 어느 법률이나 마찬가지입니다. 하지만 본질적으로 지금의 법이 독점적인 검찰을 견제할 수 있는 가장 효과적인 개혁방안이라는 데 대해서는 확신합니다.

그리고 그것은 검찰 위에 또 다른 검찰을 세우는 것이 아니라 기존의 검찰을 검찰의 기소권과 강제수사권을 분단을 해서 작은 부분을 공수처에 주고 나머지는 검찰에 맡긴 다음에 공수처와 검찰이 상호 견제를 하게 하는 방식으로 지금까지 국민들께서 불안해 해 오셨던, 불만을 가지셨던, 아쉬움을 가졌던 부분에 대한 검찰의 문제점을 개혁하는 길이라고 생각합니다.

그리고 그 법에서 부족한 점이 있다고 하면 집행하는 과정에서 그리고 그걸 준비하는 과정에서 수사준칙과 또 협의를 통해서 충분한 방안을 마련할 수 있다고 생각합니다. 그러한 자세는 충분히 되어 있고 그 부분에 관한 논의도 되어 있습니다.

이제는 더 이상 미룰 수가 없습니다. 지금이야말로 마지막 시점이라고 생각합니다. 지금 우리나라를 뒤흔들고 있는 여러 가지 사건은 바로 그러한 필요성을 보여 주고 있습니다.

국민 여러분들께서 다양한 의견을 갖고 계시지만 적어도 이 공수처법이 70년 이상 되어 왔던 검찰을 다시 한번 제대로 기능할 수 있게 하는 검찰개혁법안이라는 점에 대해서 충분한 이해를 해 주시고 이것을 찬성해 주시기를 부탁을 드리겠습니다.

아울러 동료 의원 여러분들께서도 이 점에 대해서 충분한 이해를 하시고 부족한 점이 있다고 하면, 의문이 있다고 하면 다음 표결까지라도 여러 가지 의견을 나누신 이후에 이것을 찬성하셔서 20년을 끌어온 공수처법에 관한 국민의 열망을 꼭 실현해 주시기를 간곡하게 요청 드리겠습니다.

경청해 주셔서 고맙습니다.


■**부의장 주승용** 송기헌 의원님 수고하셨습니다.

다음은 강효상 의원님 나오셔서 토론해 주시기 바랍니다.

토론 13

강효상 의원

## 13

■ **강효상 의원**[1]  존경하는 국민 여러분!

선배·동료 의원 여러분!

자유한국당 대구 달서병 당협위원장 강효상 국회의원입니다.

돌이켜보면 우리는 1948년 건국된 이후 대한민국이라는 국호 아래 어떠한 위기와 시련도 디딤돌 삼아 도약해 왔던 위대한 국민입니다.

살인마 김일성의 불법 남침 때도 백두산까지 반격해 올라갔고 공산주의 물결의 최전방에서 태평양을 지켜냈습니다.

구호 식량으로 연명하던 극빈국에서 반세기만에 한강의 기적을 이룩해 세계 10대 경제대국, G20 의장국을 만들어 냈습니다.

IMF 구제금융을 받고 파산하는 지경에 이르렀어도 세계에서 가장 빨리 탈출하고 재도약하기도 했습니다. 고비 때마다 우리 국민들은 기적처럼 이겨내 왔던 것입니다.

정권이 극단으로 치우칠 때마다 분연히 떨쳐 일어나 중심을 잡아 주셨던 위대한 국민들입니다. 그렇기에 자신들만이 절대선이라는 전체주의적 폭정에 국민들은 절대로 동의하지 않을 것입니다.

국민들 사이에 한때 자조적으로 회자됐던 한 기업 총수의 말이 있었습니다. 대한민국 기업은 이류, 행정은 삼류, 정치는 사류라는 말입니다.

상대를 인정하지 않는 정치권의 편협함과 옹졸함은 대한민국을 갈등과 반목으로 몰아넣었습니다. 국민들은 사상, 이념, 지역, 세대, 소득, 성별, 종교 등 분야를 가리지 않고 극단적으로 쪼개져 싸우고 있습니다.

박정희 대통령 동상에 페인트칠을 하고 노무현 대통령의 묘소에 인분을 투척하는 세태는

---

1  강효상 의원: 자유한국당(비례대표) http://khsstory.com

시스템이나 체제가 만든 것이 아니라 수십 년 동안 벼랑 끝 대치만을 일삼고 있는 정치 행태가 야기한 것입니다.

세계 선진 민주국가들은 하나같이 당파를 초월해 전직 대통령의 업적을 기리고 함께 추모하며 국민이 공동으로 공유하는 가치를 함께 확립해 나아갑니다.

미국의 경우도 의사당 내의 내셔널 스태추어리홀에 전직 대통령들의 동상을 빠짐없이 세워놓고 그들의 업적을 기리고 있습니다.

PPT 한번 띄워 주십시오.

(영상자료를 보며)

여기에 조지 워싱턴, 링컨, 로널드 레이건, 빌 클린턴 등 각 정파의 지도자들이 다 놓여져 있습니다.

미국이라고 모든 전직 대통령이 훌륭했을 리 없습니다. 성추문으로 탄핵 위기에 몰린 대통령부터 상대 당 캠프를 불법 감청하다 사퇴한 대통령, 대공황을 맞은 대통령 등 긴 민주주의 역사만큼이나 온갖 사건들이 다 있었습니다. 하지만 미국은 전직 대통령의 업적은 업적대로 기리고 발전적으로 계승하겠다는 정파를 떠난 일치된 인식이 있습니다. 극단적인 상대 혐오가 쉽게 나타나지 않는 것입니다.

사진을 한번 보십시오. 미국 대통령들이 어울리는 사진들입니다. 부럽지 않습니까?

그렇다고 대한민국의 역대 모든 대통령들이 다 형편없었습니까? 아닙니다. 건국 대통령이신 이승만 대통령도 세계사에 길이 남을 위대한 대한민국의 국부입니다. 2차 대전 직후 공산주의의 불길이 번져 가던 시절 이름도 생소한 자유민주주의를 대한민국에 이식했고 한미상호방위조약을 따내 세계 최강대국인 미국을 한반도 평화의 감시자로 만들었습니다. 그렇게 지켜낸 자유와 안보를 토대로 대한민국이 지금의 번영을 누릴 수 있었던 것입니다.

박정희 대통령의 업적도 마찬가지입니다. 대한민국 산업화를 이끌었습니다. 새마을운동, 포항제철 건설, 경부고속도로 건설, 산림녹화, 중동 진출, 의료보험 확립, 통일벼 보급 등을 포함해 경제개발 5개년 계획의 눈부신 성공으로 세계사의 유례없는 한강의 기적을 만들어 냈습니다.

전두환 대통령은 서울올림픽을 유치하고 임기 내내 높은 경제성장률을 유지하며 대한민국 중산층 확대의 공을 세웠습니다.

노태우 대통령 또한 언론 자유화를 이끌어 냈고 인천공항과 KTX 건설 등 국가기간시설 수준을 크게 확충했습니다. 조폭 등 생활범죄도 많이 줄였습니다.

김영삼 대통령 역시 고위공직자 재산 공개와 금융실명제를 밀어붙여 대한민국 지도층의 부패 척결과 정치 투명성에 큰 공헌을 세우셨으며 한일 월드컵을 유치하는 등 큰 업적을 남겼습니다.

김대중 대통령도 반일주의에 매몰되지 않고 거국적으로 한일 관계를 동맹으로 격상했으며 일본 문화 개방으로 초기 한류의 물꼬를 트셨습니다. 또 역사적인 남북 정상회담을 이끌어 냈고 외환위기 IMF 관리체제에서 조기 탈출하고 대한민국을 IT 강국으로 만든 초석을 다졌습니다.

이명박 대통령은 글로벌 경제위기 속에서 적절한 경제 조치로 이를 극복했습니다. OECD 국가 중 유일하게 플러스 성장을 기록한 나라가 됐고 G20 의장국이 됐으며, 세계에서 손꼽히는 원전 수출국이 되었으며 4대강 정비 사업으로 치적을 남겼습니다.

박근혜 대통령은 공무원연금 개혁 등 미래 세대를 위한 불가피한 사회개혁을 이뤄 냈습니다. 국제사회의 대북제재 공조를 이끌어 냈으며 이적집단들을 해산시키고 사드와 테러방지법을 통해 국가 안보를 튼튼히 했습니다.

좌우를 떠나 이처럼 우리에게도 과보다 공이 많은 존경할 만한 지도자들은 많았습니다. 단지 이념 논쟁과 아귀다툼 속에서 공과를 깡그리 무시하고 정치 이념과 정파에 따라 일방적인 공격에만 매진했던 것은 우리 정치의 큰 비극입니다.

경제적으로 명실공히 선진국 수준에 오른 대한민국이 정신적, 이념적으로 세계를 선도하는 선진 민주국가로 발돋움하기 위해서는 행복한 전직 대통령을 만들어 내야 됩니다. 그렇게 되면 국민 통합은 자연스럽게 따라올 것입니다. 저는 충심으로, 진심으로 문재인 대통령이 그런 행복한 최초의 전직 대통령이 되기를 바랍니다.

저는 우리 대통령들이 이제 화해를 해야 된다고 생각합니다. 이제 정치적 경쟁자를 배려하고 존중하는 문화를 만들어 내야 됩니다. 아름다운 정치 문화가 필요합니다. 지금처럼 공수처 같은 괴물을 만들어 강제적이고 초법적인 권력기구를 방패막이로 삼아서 노후를 보장하는 대통령이 되어서는 안 된다는 말씀을 간곡히 드립니다.

저번주에 이어 오늘도 우리 당 의원님들께서는 필리버스터 투쟁을 이어가고 계십니다. 또 다른 당 의원님들도 일부는 반대, 일부는 찬성을 하는 이상한 필리버스터를 진행하고 계십니다.

저는 1981년에 대학에 입학했습니다. 그때는 권위적인 군부정권이 들어서서 우리 학생들 사이에서 민주화 운동에 대한 열기와 논쟁이 뜨거웠던 시절입니다. 그때 제가 다니던 대학에는 아크로폴리스라고 불리는 광장이 하나 있었습니다. 그리스 대의민주주의처럼 저희 학생들이 그 광장에 모여서 작게는 오늘 시위에 참여해야 하느냐 아니냐, 또 크게는 우리 대학과 우리 사회 또 나아가 우리 대한민국이 어떻게 나아가야 하는지 방향에 대해서 열띤 토론을 벌이기도 했습니다. 저는 오늘 이 자리가 1981년으로 돌아가 아크로폴리스에서 열띤 논쟁을 하던 학생이 된 듯합니다.

저는 초선의원이 된 이후 국회에서 참으로 시간 제약에 대한 갈증과 한계를 많이 느꼈습니다. 상임위나 국회 본회의에서는 5분 제한이라는 시간제한, 5분, 7분, 15분 등 한정된 시간 때문에 충분히 발언하지 못했던 때가 한두 번이 아니었습니다.

저는 제가 국회를 개혁해야 하는 그런 기회가 주어진다면 국회 개혁의 첫걸음으로 무제한 토론을 365일 회기 내내 국회 상임위나 본회의에서 개최할 것을 제안합니다. 무제한토론을 상시 도입해서 우리 국회의원들이 충분히 자기의 소신과 논리를 발표하고 그것을 토대로 토론해서 합의를 이루는 이런 문화가, 정치문화가 저는 필요하다는 생각을 합니다.

수직적인 당론 그리고 수직적인 정당문화를 과감히 혁파해서 그야말로 헌법에 나와 있는 문자 그대로 우리 국회의원들 한 사람 한 사람이 헌법기관으로서 자신의 소신대로 정치를 펴고 투표를 할 수 있는 그런 미래를 꿈꿉니다.

지난 두 번의 필리버스터 동안 우리 여야 의원님들이 치열하게 토론을 벌였습니다. 하지만 또 이틀 뒤면, 30일이면 이런 토론은 공중에 다 사라지고 합의 처리의 가능성은 전혀 없는 가운데 또다시 몸싸움과 경호권이 발동된 입법 강행, 입법 쿠데타가 또 재현될 것입니다. 저는 이런 국회 문화를 저주합니다. 대한민국의 민주주의를 무너뜨리는 국회의장과 집권여당의 입법 쿠데타, 패악질을 막지 못해 국민 여러분께 매우 송구할 따름입니다.

지난 몇 차례 필리버스터 발언에서 그래도 경청할 대목도 있었습니다. 조금 전 송기헌 의원님 발언에서 지난 대선에서 공수처를 공약한 후보들 중에 유일하게 우리 자유한국당 후보는 공수처 공약에 반대했다는 사실을 말씀해 주셔서 얼마나 반가운지 몰랐습니다.

그러나 공수처를 찬성한 문재인 대통령을 제외한 나머지 두 후보, 아마 안철수 후보와 유승민 후보가 아닌가 싶습니다마는 이 두 분들도 지금의 공수처의 모습을 보고는 아마 경악하셨을 거라 저는 그렇게 믿습니다. 검찰을 무력화시키고 검찰 수사를 형해화하고 검찰 수사를 검열하고 헌법을 무시한 옥상옥의 이런 괴물 공수처를 저는 안철수 후보나 유승민 후보가 찬성했을 리가 없다 확신합니다.

바른미래당의 권은희 의원께서 보다 합리적인 안을 내놓으신 바 있습니다. 그 안에 대해서 저희 자유한국당 내에서도 일부 찬성하는 의원님들도 계셨습니다. 왜 이런 보다 합리적인 안은 도외시되고 마치 군사작전 하듯이 밀실에서 1+4인지 4+1인지 이름도 모를 괴상한 괴물 집단, 밀실 집단에서 하루아침에 있지도 않은 법안이 들어가고 빠지는 이런 괴상한 상황을 우리 국민들이 지켜보고만 있어야 하겠습니까. 그것을 막지 못하는 국회의원의 한 사람으로서 정말 국민들에게 부끄럽고 무력감을 느낍니다. 국회의원이라는 것이 부끄럽습니다.

오늘 재미있는 기사도 봤습니다. 박범계 의원께서 어제입니까, 오늘입니까? 사법연수원 동기인 윤석열 총장에게 과거에 내가 당신을 얼마나 아끼고 보호하려 하고 지지했는데 지금에 와서 이게 뭐냐, 이렇게 뒤통수를 때릴 수 있느냐, 이런 발언을 하신 것 같습니다.

여기에 대해서 진중권 교수가 이렇게 얘기했다고 합니다. 왜 지금 그 얘기를 이제 와서 하느냐, 무슨 의도가 있는 게 아니냐, 지금 언론 기사에 수많은 친문 인사들, 국정을 농단하고 권력을 비호하는 불법 청탁을 한 사람들의 명단이 언론에 수시로 보도가 되고 검찰이 이제 수사에 착수하는 이 마당에 왜 그런 발언을 하셨나요? 윤석열 총장은 바로 이 현 권력의 암을 도려내려고 하는 것이다, 이렇게 일갈했습니다.

진중권 교수의 양심적인 발언은 정말 감동적입니다. 이런 양심적인 사람이 좌파 우파를 떠나서 많이 나와야 이 대한민국이 바로 선다는 말씀을 드립니다. 이제 이런 권력이 권력을 남용하는 가운데 이 좌파 권력을 만들어 낸 좌파들도 이제는 생계형 세력형 좌파들과 진중권 교수 같은 양심적 좌파들로 분화되는 것을 저희가 보고 있습니다.

제가 며칠 전 민의의 전당에서 독재 지옥문이 열리고 있다, 이렇게 말씀드린 바 있습니다. 독재 지옥문이 열렸습니다. 가장 큰 책임자는 불법 입법 쿠데타를 막아야 할 사람인 문희상 국회의장입니다. 과거 민주화운동을 해 왔다는 문희상 국회의장이 아수라장이 된 국회의사당에서 선거법을 날치기 처리했습니다. 우리 원내대표를 밀치고 방망이를 휘둘렀습니다. 민주화운동권 출신이 민주주의에 사망선고를 내린 것입니다.

우리는 이런 현상을 역사에서 많이 봐 왔습니다. 이미 여러 차례 여러분들이 언급하고 있는 프랑스 자코뱅당의 로베스피에르가 그 대표입니다. 이렇게 대놓고 집권 여당의 시녀 노릇을 하는 국회의장은 제가 언론인 시절이나 지금 국회에서 보지를 못했습니다.

문희상 의장은 패스트트랙에 반대하는 의원들의 불법 사·보임을 승인한 것을 비롯해 지금까지 중립적 운영과는 전혀 반대의 행보로 비난받아 왔습니다.

자, 불법 사·보임 문제 한번 보겠습니다.

이미 문희상 의장이 저지른 사·보임은 불법이라는 것이 명백히 드러났습니다. 회기 중 사·보임을 허용하지 않는 국회법이 엄연히 드러나 있습니다.

지난 운영위에서 저희가 그 문제를 제기하자 민주당 의원님들과 국회사무처는 '관행이었다' 이렇게 이야기했습니다. 그리고는 '지금까지 각 정당 원내대표들이 사·보임을 신청하면 모두 다 허용해 왔다' 이렇게 말했습니다.

거짓말입니다. 정세균 의장 때 저희 당 김현아 의원[2] 등 두 차례에 걸쳐 사·보임이 거부된 적이 있습니다. 제발 거짓말은 좀 안 했으면 좋겠습니다. 왜 금방 드러날 거짓말을 그렇게 뻔뻔스럽게 하는지……

그래도 각 분야의 가장 권위자들이고 지역에서 존경을 받는 분들이라는 국회의원들이 국회에서 공개적으로 이렇게 거짓말을 하는 것을 보면 어느 국민들이 우리 국회의원을 보고 존경하겠습니까? 그래서 우리 국민들이 우리 국회의원들을 보고 국개의원이라 그러지 않습니까?

---

2 김현아 의원: 자유한국당(비례대표) https://blog.naver.com/dposhyun

개보다 못한……

　자유한국당의 반대토론과 수정법안 제안설명조차 문희상 의장은 묵살하고 방망이를 두드
렸습니다. 날치기의 주범임을 자인한 것입니다.

　이미 여러 차례 이야기가 나왔습니다마는 국회의장 아들이, 현직 국회의장의 아들이 아버
지 지역구를 물려받겠다고 공개 선언했습니다. 그래도 양식이 있는 집안이라면 아버지의 금배
지를 같은 정당에서 이렇게 물려받는 것은 좀 아니지 않습니까?

　　　（「좀 아닌 것이 아니라 완전히 아니지요」 하는 의원 있음）

　　　（「전혀 아닙니다」 하는 의원 있음）

　전혀 아니지요?

　　　（「말도 안 됩니다, 이것은」 하는 의원 있음）

　정말 해도 너무합니다.

　그것이 바로 공천 뇌물 아니겠습니까? 국가예산 날치기, 도둑질하고 누더기 선거법 날치기
하고 이제 자신들의 비리은폐처 그리고 검찰사찰처 그리고 정적들에 대한 공포처인 공수처법
을 이제 모레면 날치기하겠다고 합니다.

　국회법 20조의2에 따라 국회의장이 당적을 내려놓는 이유가 무엇입니까? 중립적으로 국회
를 이끌라는 뜻입니다.

　그런데 문희상 의장은 집권 여당의 청부업자 노릇을 하고 있습니다. 의장석에 앉아 있을
자격이 없습니다. 그 사람이 가야 할 곳은 따로 있습니다. 직권남용에 대한 형사처벌을 받아
야 합니다. 더 이상 국회의장이라고 부르기조차 부끄럽습니다.

　사실 문희상 의장은 과거 여러 차례 부패 문제로 논란이 된 적이 있습니다. 우리 야당 의원
들이 그런 추문과 과거에도 불구하고 그래도 많은 다수가 문희상 의장을 국회의장으로 뽑았
습니다. 저도 사실 찬성투표를 했습니다. 오랜 경륜 그리고 집권 여당의 의장후보로 선출된
것을 존중해 줬던 것이지요. 이렇게 무도하고 무지막지한 권력과 아들에 눈에 멀어 민주주의
를 파괴하는 자인지는 미처 몰랐습니다.

　2018년 1월 그의 처남은 문희상 의장에 대해서 직접 기자회견을 했습니다. 한집안에서 이
렇게 콩가루 싸움이 벌어지기도 참 쉽지는 않습니다.

　제가 무슨 내용인지 한번 읽어보겠습니다.

　'저는 문희상 더불어민주당 의원의 처남인 김 모 씨입니다―문희상 의원의 부인 김 모 씨
의 동생입니다. 저는 지난 2015년 화제가 됐던 이른바 문희상 처남 대한항공 취업청탁 사건
의 당사자입니다. 많은 기자분들이 연락을 해 왔지만 증거가 확실했고 검찰 수사가 시작됐기
때문에 제가 나설 필요가 없다고 생각했습니다. 당연히 문희상 의원이 처벌을 받을 줄 알았습
니다. 민사재판 1심에서 문희상 의원이 조양호 대한항공 회장에게 취업청탁을 했다는 점이 인

정됐음에도 검찰은 납득할 수 없는 이유로 기소조차 하지 않았습니다'

이런 검찰을 집권 민주당은 뭐라고 하겠습니까? 자신들에게 유리한 문제는 검찰이 덮어 주기를 바라고 자신들의 정적, 정적 수사는 촉구하고 것이 있는 것이 지금 민주당의 현실 아닙니까?

자, 이번 필리버스터에도 민주당 의원님들께서 우리 전 원내대표인 나경원 의원에 대해서 또 모함을 하면서 수사를 촉구했습니다. 백혜련 민주당 의원은 나경원 의원을 겨냥해 조국 전 법무부장관 자녀에 대한 수사는 전광석화처럼 진행된 반면 나경원 전 원내대표에 대한 수사는 더디게 진행된다며 검찰 수사의 공정성에 국민들이 의문을 가지고 있다 얘기했습니다.

그 뒤에 나온 의원님도 왜 나경원 전 한국당 원내대표의 아들딸 특례입학 문제는 눈감고 수사하지 않느냐, 제한된 검찰권이 어떠한 가치에 따라 힘이 배분되는 것이냐, 담배꽁초를 버리러 가는 사람을 잡으러 갈 것이냐 이렇게 목소리를 높이셨습니다.

나경원 전 원내대표에 대한 이 의혹이 왜 갑자기 이렇게 나왔겠습니까? 조국 전 수석에 대한 온갖 비리가 터져 나오고 검찰이 여기에 수사에 착수하자 집권 여당이 물타기를 위해서 있지도 않은 허위사실을 유포하면서 시민단체를 시켜 고발까지 한 것 아니겠습니까?

이것은 조국과는 전혀 차원이 다른 사안입니다. 그야말로 친문 무죄, 반문 유죄를 말해 주고 있는 꼴입니다. 있는 죄는 덮고 없는 죄를 만들겠다는 의도입니다. 제1 야당의 원내대표라는 이유만으로 이렇게 막무가내 의혹 제기와 허위 사실 유포를 일삼아서야 되겠습니까? 지켜보고 있는 동료 의원으로서 나경원 의원이 그동안 장애인 딸을 키우면서 가졌던 온갖 어려움을 왜 이런 식으로 모함하고 비난하고 공격을 하는지 저는 참 우리 사회가 너무 각박하다 그런 생각을 합니다.

예일대학 입학이 그야말로 그렇게 엉터리로 이루어진다고 생각하십니까? 미국 고등학교는 컨닝만 하면 바로 그 학생을 제적 처리하는 곳입니다. 리포트를 다른 사람 것을 베껴도 큰일이 납니다. 거짓말하는 것은 미국 사회는 용납하지 않습니다. 조국 전 수석의 딸처럼 무슨 표창장을 위조했다, 이것은 미국 사회에서는 있을 수 없는 일입니다.

일류 고등학교에서의 성적과 SAT 점수가 조작됐을 리가 있겠습니까? 자랑스러운 한국인의 대접을 받으며 예일대학에 합격한 아들은 일순간에 입시 비리의혹 당사자가 됩니다. 엄연한 대한민국 국적임에도 터무니없는 원정출산, 이중국적 논란에 시달려야 했습니다. 이런 모함과 공격을 받는 것이 우리 정치인들이 겪어야 할 일입니까?

온갖 허위 사실들이 유포됐습니다. 장애인 딸을 위한 맞춤형 전형을 신설했다는 둥, 엄마 신분을 밝혀서 부정 입학이라는 둥, 대학 재학 시 부당하게 성적을 정정했다는 둥 모두 터무니없는 허위 주장들입니다. 더 이상 자녀들을 조국 수사의 물타기 희생양으로 이용하지 말기 바랍니다. 나라 망신은 더 이상 안 시켰으면 좋겠습니다.

문희상 의장 처남 문제로 돌아가겠습니다.

이분이, 이 처남이 격분한 것은 문희상 의원이 그 당시에 곧 국회의장 선거에 나간다는 소식을 들었기 때문이라고 합니다. 유력한 후보라고 합니다. 처남이 그렇게 얘기합니다, '그런 분이 국회의장이 되면 안 되지 않겠습니까'.

제 얘기가 아닙니다. 문희상 의장의 처남의 얘기입니다.

'벌써 3년 전의 일이지만 이제라도 진실을 밝히려고 나선 이유입니다. 당시 사건에 대해 말씀드리자면 문희상 의원의 부인 김 모 씨는 동생인 제가 소유하고 있던 건물을 담보로 돈을 빌렸다가 제때 갚지 못해 지난 2001년 건물 소유권을 채권자에게 빼앗겼습니다. 저는 건물 임대료를 더 이상 받을 수 없게 되어 생활이 어려워졌습니다. 그래서 처음에는 누나에게 문 의원한테 말해서 대한항공에 납품을 할 수 있도록 해 달라고 부탁했습니다. 문희상 의원과 조양호 대한항공 회장은 고등학교 선후배 사이입니다. 얼마 후 누나가 문희상 의원이 조양호 회장에게 부탁해 놨다면서 대한항공 간부들과 자리를 만들어 줬습니다. 그런데 대한항공 측은 납품은 어렵다며 난색을 표했고 납품 대신 취업을 역제안해 온 것입니다.

저는 2004년 대한항공과 연관이 있는 미국 회사인 브리지 웨어하우스 아이엔씨(Bridge Warehouse Inc)의 컨설턴트로 취업됐습니다. 이후 2001년까지 총 미화 74만 7000달러, 약 8억 원을 급여 명목으로 받았습니다.

문희상 의원과 조양호 회장은 이 사실이 발각되자 자신들은 모르는 일이고 측근들이 몰래 한 일이라고 주장했습니다. 제가 그 회사에서 실제 컨설턴트로 일을 하고 돈을 받았다는 주장도 했습니다. 하지만 문희상 의원은 최소한 저의 취업 사실을 분명히 알고 있었습니다. 대한항공 관련사에 취업이 됐다는 사실을 누나가 제게 알려 줬습니다. 누나가 매형한테 고맙다고 인사하라고 했습니다. 그래서 취업이 된 직후 문희상 의원 집에 직접 찾아가 감사 인사를 했습니다.

일은 하지 않고 돈만 받게 된다는 취업 조건도 그 자리에서 상세히 설명했습니다. 당연히 제가 그 회사에서 일을 했다는 주장도 거짓말입니다. 저는 절대 그 회사 일을 해 본 적이 없습니다. 컨설턴트라 말하는 직업인지도, 컨설턴트가 뭐 하는 직업인지도 모르고 그 회사 근처에 가 본 적도 없습니다. 회사에서 연락 온 적도 없었고 제가 연락한 적도 없습니다.

조양호 회장은 자신은 몰랐던 일이고 밑에서 알아서 한 일이라고 합니다. 그러나 저는 조양호 회장이 이번 일을 직접 지시했다는 결정적인 증거를 가지고 있습니다. 그 증거는 향후 추가로 공개할 예정입니다.

이 사건은 단순 취업청탁 사건이 아닙니다. 문희상 의원은 제가 일은 하지 않고 돈만 받게 된다는 사실을 분명히 알고 있었습니다. 문희상 의원은 자신의 빚을 탕감하기 위해 대기업의 돈을 갈취한 것입니다.

저는 법은 잘 모르지만 문희상 의원이 무죄라는 것을 이해할 수가 없습니다. 문희상 의원은 지난 2016년 검찰이 무혐의 처분을 내리자 진실이 밝혀졌다고 했습니다. 하지만 진실은 아직 밝혀지지 않았습니다. 언론인 여러분들이 진실을 꼭 밝혀 주시길 간곡히 부탁드립니다'.

이렇게 권력을 이용해 기업에게 청탁과 압력을 가하고 아무렇지 않게 채용, 금품수수 비리를 저질렀다는 처남의 양심선언이 정말 사실이라면 문희상 국회의장이 아들 공천으로 공천 뒷거래, 공천 뇌물 거래로 독재법들을 통과시키려 하고 있다는 비판도 전혀 무리가 아닐 것입니다.

이제 문희상이라는 이름 석 자는 세계 10위권의 경제대국과 자유민주주의 모범국을 망국의 길로 몰아넣은 매국노의 이름으로 세계 정치사에 오래도록 기록될 것입니다. 공천 뇌물을 제공한 민주당도 마찬가지입니다. 민의의 전당에서 민주주의를 논할 자격이 없습니다.

선거법 문제 간단하게 언급하겠습니다.

우리 민주주의 역사에서 선거의 규칙인 선거법이 선거 주요 참여자가 반대하는데도 강제로 통과된 것은 처음 있는 일입니다. 두고두고 역사에 오점으로 남을 것입니다. 세계 민주주의 국가에서 유례를 찾기 어렵습니다. 애초에 이번 패스트트랙 사건은 선거법만이 핵심목표도 아니었습니다. 공수처법을 꼭 통과시키겠다는 민주당이 군소정당 표를 끌어들이기 위해 미끼를 던진 것입니다. 민주제도가 한낱 협상도구와 미끼로 전락했습니다. 제대로 아시고 이해하는 국민이 드문 누더기 선거제도라는 것이 어떻게 이 지구상에 존재할 수 있겠습니까? 그 자체가 참으로 후진적이고 반민주적입니다.

전문가들은 벌써부터 위헌 소지를 제기하고 있습니다. 헌법재판소는 과거 지역구 투표에 따라 비례대표를 선출하는 선거제도는 직접선거 원칙에 어긋나 위헌이라고 결정한 바 있습니다. 그 때문에 정당득표제가 도입된 것입니다. 1인 2표제가 도입된 것입니다. 지역구선거와 비례대표선거는 별개라는 취지인데 연동형 비례제는 지역구선거 결과가 비례대표 배분에 영향을 미치게 돼 헌재 결정에 위배됩니다. 지역구에서 일정 의석을 얻으면 비례투표에서 아무리 많은 표를 받아도 1석도 가져오지 못합니다. 비례투표에서 사표가 대량 발생하기 때문에 표의 등가성을 헤쳐 평등선거 원칙에도 어긋납니다. 일부 전문가는 70~80%의 표가 사표로 처리될 우려도 있다고 분석했습니다. 민주당과 그 위성정당들이 짬짜미한 선거법 처리과정도 탈법과 위법의 연속이었습니다. 패스트트랙에 올린 법안과 통과된 수정안은 틀 자체가 바뀌었습니다. 패스트트랙 제도 자체를 농락한 것입니다. 만약 선거를 치르고 난 뒤 헌재에서 선거법 개정 무효결정이라도 나오면 이 사태를 어떻게 감당할 것입니까?

1988년 만들어진 현행 선거법은 30년이 지나도록 그 골격을 유지해 왔습니다. 그런데 이번 선거법은 민주당과 그 위성정당들이 순전히 자신들의 잇속을 챙기기 위해 제1 야당을 무시하고 강행처리했습니다. 불순한 의도에서 일회용 선거법의 운명이 읽혀집니다. 이런 선거법으로 선거를 치르고 나면 패배한 쪽에서 승복하겠습니까?

국민과 나라의 통합은 물 건너갈 것입니다. 이런 무도한 폭거를 집권세력이 저지르고 있다는 사실에 개탄을 금할 수 없습니다.

아직도 스스로를 운동권 투사로 착각하는 민주당과 오로지 제 밥그릇 챙기기, 제 세력 확장에만 여념이 없는 정의당은 선거법 날치기 쿠데타와 같은 비정상적인 방법을 써야만 정권을 유지할 수 있을지 모릅니다.

그러나 독이 든 나무에서 독이 든 과일이 열린다는 독수독과의 법칙처럼 불법적인 선거법 날치기 처리는 자유민주주의 국가의 근간을 흔드는 맹독입니다.

우리 자유한국당은 대한민국 보수정치를 대표하는 수권정당으로서 민주당, 정의당 등 위성정당과는 달리 정정당당하고 합법적인 방법으로 불법적 선거법 쿠데타에 맞서겠습니다.

민주당 선거법 쿠데타의 피해자인 한국당은 이미 예고한 대로 비례한국당을 창당할 것입니다. 편법에 대응한 정당방위이자 당연히 진행해야 될 대처방안입니다.

정의당도 똑바로 들어야 할 것입니다. 민주당이 원래 목적인 공수처법만 통과시키고 나도 비례민주당을 창당하지 않을 것 같습니까? 정의당, 대안신당과 손학규 당권파 등 민주당의 위성세력들은 단물만 빨린 채 그대로 토사구팽 당할 것입니다. 비열한 정치세력이 받게 될 당연한 결과물입니다.

비례한국당에 이어 비례민주당이 만들어지면 이 누더기 선거법을 창피해서 어떻게 국민들에게 찍으라고 호소해야 될지 참으로 부끄럽습니다. 연동형 제도를 도입했던 다른 여러 나라에서 실제 벌어졌던 일입니다. 그래서 많이 사라졌습니다. 선거법을 다시 원위치시키자는 주장이 나올 수밖에 없습니다. 이 엉터리 제도는 결국 폐기가 불가피합니다. 그렇게 될 것입니다.

이렇게 대한민국 정치와 선거제도가 희화화되는 전적인 책임은 문재인 정권에 있음을 분명히 경고합니다.

민주당과 부하 정당들은 앞서 정치개혁, 사표 방지, 민의 반영 등 온갖 거창한 미사여구, 거짓말을 동원해 부정한 선거법을 날치기하는 정당성을 강변했습니다. 하지만 광화문과 서울역을 가득 메운 국민들과 자유한국당의 저항으로 이들의 시도는 반드시 실패로 돌아갈 것입니다.

우리 자유한국당은 민주당의 더러운 협잡에 굴하지 않겠습니다. 민주당과 국회의장 그리고 그 뒤에서 입법부를 사실상 조종하려는 문재인 청와대의 음모대로 국회를 좌파 독재정권의 손아귀에 떨어뜨리지 않겠습니다. 끝까지 막아 낼 것입니다. 우리 국민들이 4월 총선에서 압도적인 지지로 저희 자유한국당을 이 좌파 정권을 막는 책임자로 뽑아 주실 것으로 저는 확신을 합니다.

우리 자유한국당은 문재인 정권의 영구 독재야욕으로부터 자유민주주의와 삼권분립을 지켜 내고 대한민국이 걸어온 성공의 역사를 이어갈 것입니다. 우리 자유한국당 의원들의 수고를 수많은 국민들께서 지켜보고 계시다는 사실을 늘 명심하면서 끝까지 국민의 목소리에 부응하겠다는 다짐을 해 봅니다.

지금 우리 자유한국당만 홀로 낙동강 방어선의 최전선에 서 있습니다. 김일성의 불법 남침으로 대한민국이 함락당하기 직전까지 몰린 절체절명의 순간에서 끝까지 방어선을 사수했던 우리 순국선열들같이 우리는 절대로 져서는 안 되는 싸움을 하고 있습니다.

탄핵 사태 이후 조기 선거로 정권을 장악한 문재인 정권은 행정부는 물론 김명수 등 특정 법원 사조직을 동원해 법원을 정권의 시녀로 만들었습니다. 그것도 모자라 문희상 의장을 공천 뇌물로 매수하고 더불어민주당의 위성정당인 정의당과 1+4라는 사설 밀실 협의체를 만들었습니다. 자유한국당의 의석을 빼앗기 위해 괴상한 방식의 선거법을 날치기로 강탈해 갔습니다. 도대체 이런 선거제도에 무슨 명분이 있다는 말입니까? 자중지란이 일어나서 괴물을 낳은 것입니다.

삼권분립은 민주주의의 핵심입니다. 그런데 문재인 정권은 기어이 행정부와 사법부 그리고 입법부를 모두 장악했고 장악하려 하고 있습니다. 대한민국 삼권의 수장이 모두 문재인 정권 아래에서 시중을 들고 있습니다.

현재 세계에는 많은 국가들이 있습니다. 여기에 많은 독재자들이 있습니다. 그런데 이 시대 독재자들의 특징은 스스로를 독재자라고 칭하지 않습니다. 민주주의자라고 합니다. 파시즘이나 공산주의 혹은 군부독재처럼 독재를 표방하지는 않습니다. 그러나 뒤로는, 그리고 교묘하게 민주주의를 죽이고 독재를 자행하고 있는 것이 오늘날의 정치 현실입니다.

현대 민주주의제도의 약점, 허점을 이용해 교묘히 파고들어 현대 민주주의를 죽이고 있습니다. 민주주의제도를 악용해서 민주주의를 무너뜨리고 있습니다. 민주주의를 죽이는 도구로 민주주의가 사용되고 있는 것입니다. 솔직히 민주주의도 아니지요. 불법 사·보임, 국회법을 제멋대로 해석해서 날치기하고 살라미 회기 만들고 온갖 불법적인 창의적인 아이디어를 다 고안해서 힘으로, 경호권으로, 경찰을 동원해 강행하는 이것을 누가 막겠습니까? 어떻게 막겠습니까?

국회의원들, 그리고 자기들은 선진화법이니 온갖 법을 내세워서 거기에 저항하는, 국민 저항권을 행사하는 야당 의원들을, 국민들을 잡아넣고 있습니다. 전광훈 목사도 지금 잡아넣겠다고 하는 것 아닙니까? 다 감옥에 보내겠다는 겁니다. 이것이 공포정치가 아니고 뭡니까?

자신들은 법을 제멋대로 해석하고, 완전히 거꾸로 해석하고, 모든 법학자들의 다수의견과 양심적인 의견을 다 묵살하고 자신들의 편, 몇몇 생계형 아부하는 지식인들 앞세워 가지고 해괴한 논리를 만들어내서 불쌍한 국회사무처 직원들을 겁박해서 사인하게 하고 논리를 만들어

내게 해서 이렇게 불법을 자행하고 있습니다.

이게 민주주의입니까? 이런 나라에 살고 싶겠습니까, 우리 후손들이? 사실 이번 총선에서 자유한국당이 참패하면 이민 가겠다는 분들도 많습니다.

얼마 전 일본 아베 총리는, 오늘입니까? 문재인 대통령을 가리켜 언행이 매우 부드러운 신사라고 말했습니다. 프랑스의 르 피가로지가 얼마 전에 유럽을 방문하는 문재인 대통령을 앞두고 해리포터 같은 얼굴 뒤에 강철 같은 의지가 있다고 표현했습니다.

아베 총리의 발언은 외교적인 수사라고 생각합니다. 프랑스 르 피가로지의 평가는 상당히 뼈가 있는 표현입니다. 해리포터 안경을 낀, 얼마나 순진한 얼굴입니까? 그러나 그 뒤에 강철 같은 의지가 있다, 조금 더 나쁘게 표현하면 무서운 생각을 갖고 있다, 무서운 계획, 음험한 계획, 무서운 음모를 갖고 있다 이런 뜻으로 저는 읽힙니다. 대통령은 언론과 대중에는 한없는 인자한 모습과 정치적 올바름과 또 충실한 말만 하면서 이미지메이킹으로 국민들을 현혹합니다.

한 일간지 칼럼을 보니까 우리 문재인 대통령이 예능 쇼를 잘한다 이렇게 표현했습니다. 우리 국민들은 그 예능 쇼하는 문재인 대통령을 보면서 박수치고 환호하고 즐거워합니다. 잠시의 고통을 잊어버립니다.

청년들이 직장을 못 구해서 실업수당 몇십만 원 받으면서 거리를 전전하면서도, 대구 성서 공단의 공장이 하나둘씩 문을 닫고 땅값이 평당 100만 원씩 떨어져도, 식당에 손님이 없어서 식당들이 하나둘씩 폐업하고 피를 토하고 절규를 하면서도 텔레비전 앞에서 우리 대통령께서 예능 쇼하고 큰절하고 웃고 상냥한 미소, 인자한 미소, 인자한 표정, 그것 보고 우리 국민들은 위안을 얻습니다.

이래서 되겠습니까? 이러려고 집권하셨습니까? 문재인 대통령님, 한번 답을 좀 해 주십시오. 이러려고 집권하셨어요? 이렇게 쉽게 대통령 하시려고 하셨습니까?

조국이 문재인 대통령이 잘 아는 동생 같은 유재수의 비리를 덮고 감찰을 중단시키고 사표 받고 그다음에는 더 좋은 자리로 영전시킬 때 우리 문재인 대통령께서는 언제 그걸 아셨습니까? 설마 신문 보고 알았다고 말씀하시지는 않지 않겠습니까? 어느 시점에 이 사실을 아셨는지 좀 답해 주시기 바랍니다. 기자회견을 좀 해 주세요. 대통령후보 때, 취임 초기 때만 해도 기자회견 자주 하겠다고 하시지 않았습니까? 제 기억이 잘못됐나요? 답을 좀 해 주세요.

탈북 어민 둘이 한국에 귀순하겠다는 의사 표현을 문서로 남겼는데도 꽁꽁 묶어 가지고 결박하고 눈을 가려서, 탈북 과정에서 불미스러운 사건이, 살인 사건이 있었다는 이유로 자세한 조사도 하지 않고 며칠 만에 판문점으로 끌고 가서 사지로 몰고 가도록 결정한 사람이 누구입니까? 문재인 대통령 아닙니까? 국방부·통일부 간부들이 다 얘기하고 있습니다, 'NSC 책임자가 결정했다'.

그 NSC 책임자가 누구입니까? 대통령께서 말씀 좀 해 주세요. 안보실장입니까? 대통령께서는 모르셨습니까? 무슨 사고만 나면, 무슨 교통사고나 해상사고 나면 실시간으로 대통령께 몇 시 몇 분에 보고하고 있다고 자랑하는 게 청와대 아닙니까?

그런 사건이 나면, 탈북 어민들 북송 사건을 그리고 탈북 어민들이 귀순했을 때 대통령께서는 언제 아셨습니까? 언제 알고 어느 정도로 논의를 하고 어느 정도 결정에 관여하셨나요? 우리 국민들은 알고 싶습니다. 좀 말씀해 주세요.

송철호 울산시장 당선에는 어느 정도 개입하셨습니까? 그 VIP는 누구입니까? 이번 울산 부정선거 사건도 문제인 대통령께서는 신문 보고 아셨습니까? 말씀을 좀 해 주세요.

무슨 지상파 방송에 나가서 수많은 질문들이 화면에 떠오르는데 거기의 답할 수 있는 질문에만 답을 하고 답하기 싫은 곤란한 질문들은 그냥 넘어가시더라고요. 이런 대통령 저는 원치 않습니다. 진실해지세요. 대통령이라는 헌법기관의 책무를 엄중하게 생각해 주십시오. 예능 쇼의 주인공이 아닙니다, 우리나라 대통령은요. 대한민국 대통령은 그렇게 해 오지 않았습니다.

나라 경제를 어떻게 건설하고 우리 자손들이 어떻게 하면 더 취직을 하고 훌륭한 사람을 만들 수 있을까, 우리 기업을 어떻게 하면 해외로 더 진출시킬 수 있을까, 사막으로 다니고…… 이런 대통령을 원합니다, 우리 국민들은. 그리고 역대 대통령들이 그렇게 해 왔습니다.

우리 대통령께서 이런 입법 쿠데타, 난장판된 국회를 보면서 우리 대통령께서는 어떤 생각을 하십니까? '잘하고 있다' 이렇게 생각하십니까? '자유한국당 저 나쁜 놈들이다' 이렇게 생각하십니까? '민주당 잘하고 있다' 이런 생각이십니까?

마키아벨리 같습니다. 겉으로는 온화한 얼굴, 이런 것을 그리스신화의 야누스라고 그러지요. 겉으로 인상이 험상궂으면 사람들은 긴장을 하고 방어를 합니다. 그런데 우리 문재인 대통령은 그 부드럽고 인자한 미소, 저도 몇 번 뵀지요. 그 부드럽고 인자한 미소, 친절한 태도, 사람들이 다 무장해제 당합니다. 그 진심을 믿게 돼요. 그러나 돌아오는 것은 급소를 찌르는 칼입니다.

공수처법 24조 2항에 그동안, 몇 달 동안 전혀 논의되지 않던 '범죄를 인지하면 지체 없이 통보해야 된다', 왜 그런 독소조항을 이제야 넣으셨어요? 왜 날치기 처리하기 하루이틀 전에 이렇게 처리하느냐는 말입니다. 이것이 신사가 할 일입니까? 아베 총리가 '언행이 부드러운 신사'라고 했는데 이것이 신사가 할 짓입니까? 이것이 신사가 할 짓입니까? 이것이 신사가 할 짓입니까?

이것은 신사가 아닙니다. 신사답지 못한 행동입니다. 신사는 이렇게 하지 않습니다. 신사는 정직합니다. 투명합니다. 미리 예고합니다. 믿을 수 있습니다. 저는 이제 문재인 대통령 못 믿겠어요. 무슨 말을 하셔도 믿지 않습니다. 불행하지 않습니까? 저도 대한민국 국민입니다, 비록 야당 의원이지만. 문재인 대통령과 반대편에 서 있는 야당이지만 제가 대통령을 믿지 않는 다 하면 대통령 마음이 어떠세요?

편하십니까? 안타까우십니까? 제가 너무 순진합니까?

국민 하나가 이렇게 마음이 떨어져 나가는데 문재인 대통령께서 어떠세요? 오늘도 아무렇지 않게 하루를 그렇게 보내고 계십니까?

악마는 디테일에 있다는 유명한 서양 속담처럼 민주주의가 형식만 갖추었다고 다 민주주의가 아닙니다. 100% 찬성표가 나오는 북한의 선거를, 북한의 민주주의를 아무도 민주적이라고 말하지 않습니다.

1930년, 40년대 유럽을 쑥대밭으로 만든 무솔리니의 파시스트당과 히틀러의 나치 독일 그리고 공산주의자들이 장악한 나라들 모두가 처음부터 권위주의적인 독재정치 국가였던 것은 아닙니다. 히틀러와 같은 독재 세력들도 처음에는 민주적인 선거에서 합법적으로 정권을 얻었습니다. 하지만 정권을 잡은 이후 살라미 전술을 동원했습니다. 지금 국회를 살라미 국회로 열듯이 하나하나, 특정 이슈별로 각개격파식으로 기존 제도를 붕괴시켜 나갔습니다. 국민들은 점차 혼란에 빠졌고 반대파들은 투옥되거나 압제에 굴복했습니다.

민주주의는 향유자들이 지키려는 의지가 없으면 언제든 사멸하게 됩니다. 그 대표적인 비극적 사례가 1933년 3월 24일 모든 법률의 제정·개정·폐지 권한을 독일 행정부에 일임한 수권법을 통과시킨 히틀러입니다. 수권법은 히틀러 독재의 헌법적 장애물을 깨끗이 치워 버린 독일 민주주의의 자살이었습니다.

여러분 한번 생각해 보십시오. 지금 대명천지에 우리 국회에서 모든 법률의 개정·제정·폐지 권한을 행정부에, 청와대에 주는 법안을 패스트트랙으로 올렸다고 생각해 보십시오. 국민 여러분들, 많은 지식인들이 이것이 말이 되느냐 그러시겠지요. 그러나 이것도 통과됩니다. 문희상 같은 비열한 국회의장과 그리고 맹목적으로 돌격, 돌진하는 권력에 눈이 먼 155명, 160명의 국회의원만 있으면 남자를 여자로 만드는 것, 여자를 남자로 만드는 것 외에는 무엇이든지 할 수 있는 것이 지금 바로 우리 국회입니다.

수권법이 어떻게 통과됐느냐? 사회민주당과 그 당시 이미 의원들이 체포돼 의회에 출석할 수 없었던 독일 공산당을 제외한 모든 정당이 찬성표를 던졌습니다. 특히 나치당, 사민당, 공산당에 이은 원내 4당인 가톨릭중앙당의 찬성은 뼈아팠습니다. 이 당이 반대표를 던졌더라면 수권법은 통과될 수 없었을 것입니다. 지금 상황과 똑같지 않습니까?

소위 중도를 표방하는 정당의 의원님들께서 이 패스트트랙에 반대하셨다면 오늘 같은 이런 난장판은 없었을 겁니다. 의석 몇 석 늘려 보겠다고, 그것도 결국 실패할 것이 불을 보듯 뻔한 이 선거제도를 권력이 원하는 공수처와 엿 바꿔 먹은 우리나라의 위성정당들은 역사의 죄인으로 기록될 것입니다.

거기에 많은 원로 정치인들이 이름을 올렸습니다. 그중에는 제가 한때 존경했던 분들도 계세요.

어떤 한 분은 보수 정당에서 도지사를 하셨어요. 제가 그때 경제부장이었습니다, 언론사. 해외 외국 기업들을 그 지역으로 유치하려고 백방으로 해외 출장을 다니셨던 분이에요. 저는 정말 애국자처럼 느껴졌습니다, 그분이. 매일 신문에 '어디에 외자 유치 얼마, 얼마. 일자리 몇천 개가 늘어난다' 그런 신문 기사들이 많이 나왔습니다. 우리 국부를 살찌우고 우리 청년들에게 일자리를 주는, 저는 그분이 정말 열심히 하는, 정말 몸이 부서져라 해외 출장을 다니는 그분이 저는 정말 존경스럽고 정말 대단하다고 여겼습니다.

그런데 그분은 지금 어디서 뭘 하고 있습니까? 몇 차례 대통령선거에서 떨어진 이후로는 도대체 그분의 미래, 정체성, 생각을 알 수가 없습니다. 도대체 뭘 하시겠다는 것인지 저는 알 수가 없습니다. 또 남은 대권의 꿈이 있습니까? 왜 이러시는 겁니까, 도대체? 왜 이러세요? 나라를 망해 먹겠다고 작정을 하신 겁니까? 누가 더 존경을 하겠습니까?

주호영 의원은 이제 더 이상, 인사할지 고민된다 그러지만 저는 더 이상 정말 마주치고 싶지 않습니다, 그런 분들. 이렇게 사람이 변할 수가 있는가…… 저도 이렇게 변할까 두렵습니다.

권력이 사람을 이렇게 바꾸는구나. 권력이 사람을 이렇게 괴물로, 민주주의의 적으로 만드는구나. 한줌도 안 되는 권력입니다. 지금 무슨 권력을 누리고 계세요, 솔직히? 세비 1억 5000이 그게 권력입니까? 국민의 존경이 권력입니다. 저 같은 사람이 존경할 때 그때 권력을 누리시는 거예요. 존경은 다 날려 보내고 뭘 하시겠다는 겁니까, 도대체?

독일 민주주의의 자살은 여기서 그치지 않았습니다. 수권법 통과 후에 중앙당을 시작으로 모든 정당이 자진 해산했습니다. 사민당과 공산당은 그 전에 불법화됐습니다. 정당들이 자발적으로 나치 일당 독재의 길을 열어 준 것입니다. 슬프게도 정당들은 이를 편안해했습니다.

바이마르공화국의 정치적 혼란이 야기한 민주주의에 대한…… 잘못된 민주주의이지요. 불법, 날치기, 몸싸움 이런 난장판에 대한 염증이 바로 그 배경이었습니다.

정치 혐오, 청와대가 정치 혐오를 지금 부추기고 있습니다. 히틀러도 그랬습니다. 히틀러를 피해 영국으로 간 언론인 제바스티안 하프너는 그 패배적인 심리를 이렇게 기술했습니다. '이것은 매우 광범위하게 퍼져 있던 감정, 잘못된 민주주의에서 구원되고 해방되었다는 감정이었다. 국민 대다수가 원치 않은 민주주의라는 게 대체 무엇인가? 당시 대부분의 정치가들은 다음과 같은 결론을 내렸다. 우리가 권좌에서 물러나자. 우리가 정치적 삶에서 물러나자. 우리가 없어져야 된다' 이렇게 말했다고 합니다.

저희 자유한국당이나 많은 국민들 그리고 나라를 걱정하는 양심적인 정치인들…… 여기 민주당에도 계실 것이라고 생각합니다. 위성정당에도 계시고요. 공수처에 공개적으로 반대하신 주승용 부의장님을 비롯한 의로운 의원님들도 몇 분 계십니다. 그 소속 정당 내에서 이렇게 용기 있게 독자적인 목소리를 내셨습니다. 양심의 소리입니다.

그런데 이런 양심적인 정치인들이 다 사라진다는 것은 너무 무책임하지 않습니까? 저도 힘 듭니다. 저희도 힘들지만 물러나지 않겠습니다. 너무 무책임하기 때문입니다. 저희가 물러나서 이 대한민국이 독재의 길을 걷는다면 베네수엘라가 되고 나치 히틀러의 나라가 된다면 저희는 그 죄에서 벗어날 수가 없습니다. 이를 악물고 저희가 버티겠습니다. 저희가 쉽게 좌절한다고 그렇게 생각하지 마시기 바랍니다.

문재인 정권의 공수처법 수정안을 밀실에서 짬짜미한 민주당의 위성정당들의 행위도 민주주의 자살의 동참자이고 방조자들입니다. 무엇이 옳고 그르며 무엇을 하고 하지 말아야 하는지를 모르는 정치 좀비라고 할 수밖에 없습니다. 민주주의와 국민의 뜻을 더 이상 입에 올리지 마십시오. 부끄러운 줄 알아야 합니다.

홀로코스트 역사학자인 티머시 스나이더는 그의 저서 '폭정'에서 이렇게 적었습니다, '두 차례 세계대전 이후 각국에서 등장한 민주주의 체제들은 특정 정당이 선거와 쿠데타를 결합해 권력을 장악하자 너무나도 쉽게 무너져 내렸다'.

실제로 1932년 선거에서 나치당에 압도적인 지지를 보낸 독일 국민 대다수는 독일이 패망할 때까지 자유로운 선거는 그게 마지막일 거라고는 감히 생각하지 못했습니다. 1990년 선거를 치른 러시아인들도 그것이 사실상의 마지막 자유선거였음을 몰랐을 것입니다. 하지만 30년이 흐른 지금까지 러시아는 푸틴과 메드베데프가 번갈아 정권을 차지하는 사실상의 독재 체제로 작동되고 있고 이제는 인접한 다른 나라의 영토와 민주주의를 파괴하는 지경에 이르렀습니다. 앞서 나치 독일이 인류에 끼친 패악은 언급할 가치도, 필요도 없습니다.

문재인 정권 집권 이후 더불어민주당이 하는 행태가 이것과 비슷하지 않습니까? 소름 끼칩니다.

사법부는 이미 9명의 헌법재판관 중 과반이 좌파 성향 재판관들로 채워져 어떤 법이라도 위헌으로 만들어 버릴 수 있게 됐습니다. 저는 헌법재판소를 창설할 당시에 출입기자였습니다. 첫 출입기자였습니다. 그때 독일에서 공부하신 이시윤 헌법재판관이, 우리나라 민사법, 민사소송법의 대가이시지요. 이시윤 헌법재판관이 독일의 헌법재판소를 토대로 우리나라 헌법재판소의 기초를 세우는 데 큰 공을 세운 분입니다. 저는 그분과 많은 날 밤을 새면서 우리 헌법재판소의 앞날에 대해서 걱정하고 또 기사들을 쓰고, 때로는 비판, 때로는 격려하는 기사를 아끼지 않았습니다. 그러나 더 이상 이제 헌법재판소를 저는 믿지 않습니다. 정치 괴물로 전락했기 때문입니다. 더 이상 거기에는 양심적인 법률가를 찾아보기 어렵습니다.

입법부의 집권 여당 대표가 100년 집권 운운할 만합니다. 이제는 자신의 말을 실현시키기 위해 선거법을 날치기로 통과시키는 데 성공까지 했습니다.

하버드대 정치학과 교수 스티븐 레비츠키도 그의 저서 '어떻게 민주주의는 무너지는가'에서 이렇게 역설한 바 있습니다, '냉전이 끝난 후 민주주의의 붕괴는 대부분 군인이 아니라 선출된 지도자의 손에 이루어졌다'. 민주주의의 투표로, 민의에 의해 선출된 지도자가 독재자의 길로 가고 있다는 얘기입니다.

'선출된 독재자는 사법부를 비롯한 중립 기관들을 자신의 입맛대로 바꾸거나 무기로 활용하고 언론과 민간 영역이 목소리를 내지 못하도록 하고 정치 게임의 규칙을 바꿔 정적에게 불리하게 운동장을 기울인다', 우리나라 같지 않습니까? 이 레비츠키는 아마 우리나라는 예상을 못 했을 겁니다.

미국 민주주의를 가장 모범적으로 이식한 나라, 공산주의와 싸워서 영토를 지킨 자유민주주의 국가 그리고 선진 경제제도를 도입해서 한강의 기적을 이룬, 1960년대 70달러의 케냐보다 못 살았던 나라가 바로 우리나라입니다.

제가 십여 년 전에 케냐를 방문한 적이 있었습니다. 케냐 국립대학교의 경제학 교수와 제가 인터뷰를 한 적이 있습니다. 그 케냐 경제학과 교수는 캘리포니아의 유명한 대학에서 박사를 받은 엘리트입니다. 그때 한국전쟁이 일어났을 때 그 당시에 미국에서 그 사람이 공부를 하고 있었답니다. 그때 상당한 한국 유학생들이 북한이 남침을 하자 이 전쟁을 이기기 위해서 우리 고국 대한민국, 남한으로 돌아가겠다고 하는 것을 보고 자기는 굉장히 충격을 받았다고 저한테 그렇게 얘기를 했습니다. 국가를 사랑하고 민주주의를 사랑하는 그런 대한민국 젊은 유학생들을 보고 이 사람이 정말 탄복을 한 겁니다. 자신의 안위를 버리고 그 전쟁터로, 사지로 뛰어들겠다는 대한민국 국민들이 자기로서는 이해가 가지 않았다는 겁니다. 그 사람은 돌아와서 케냐 국립대학교의 교수가 됐습니다.

지금 케냐와 우리나라는 어떻습니까? 그 당시 케냐가 우리나라보다 더 잘살았답니다. 그런데 지금 우리나라는 케냐와 어떻습니까, 여러분?

제가 그분과 인터뷰를 1시간 이상 했습니다. '케냐, 아프리카는 왜 이렇게 못사냐?' 제가 질문했습니다. 돌아온 답이 참으로 안타까웠습니다. '이 국제사회가 아프리카의 자원을 제대로 대접해 주지 않는다' 이렇게 저한테 답을 했습니다. '케냐의 풍부한 철광석 또 농산물 이런 것을 국제 선진국들이 너무 가격을 쳐주지 않는다', 참으로 참담한 대답이었습니다.

우리도 과거에 그랬는지 모릅니다. 우리는, 우리 대한민국은 팔 원자재도 없습니다. 제대로 팔 철광석도 없고 석유도 없는 나라 아닙니까? 그런데 살아 보겠다고, 잘살아 보겠다는 그 새마을정신으로 농산물도 없고 원자재도 없고 석유도 없는 이 나라가 지금 어떻게 탈바꿈했습니까?

지금 우리 70대, 80대 어른들 폄하하지 마십시오. 그분들이 우리나라 이렇게 살린 겁니다. 그분들은 지금 통탄하고 있습니다, 대한민국의 이 현실을 두고.

지난주 크리스마스 때 제가 교회를 가니까 몇 달 동안 못 본 제 모습을 보고 연로하신 어른들이 와서, 원로 장로님들이 와서 저한테 손을 붙들고 '나라를 제발 좀 지켜 달라' 이렇게 하셨습니다.

정말 제가 부끄러웠습니다. 무력감을 느끼고 도대체 어떻게 해야 될지 모르겠습니다. 어떻게 해야 될지, 무슨 답을 드려야 될지 몰랐습니다. 어떻게 해야 이 폭정의 기차에서, 이 폭정의 기차를 멈출 수 있을지 저는 그분들에게 답을 드릴 수가 없었어요.

세계적으로 가장 익히 알려진 사례가 바로 베네수엘라의 우고 차베스입니다. 민주적으로 대통령에 선출된 그는 당선 직후 돌변하여 독재자의 길로 들어섰습니다. 그 첫 단추가 바로 언론과 사법부를 장악하는 것이었습니다. 이후 야당의 선거 보이콧 전략, 이것 실패한 것이지요. 선거 보이콧으로 입법권까지 손에 넣은 차베스는 자신들의 측근들을 앞세워 언론을 장악하고 극단적인 포퓰리즘 정책으로 베네수엘라를 생지옥으로 만들었습니다.

제가 몇 달 전 유럽 출장을 갔는데요, 잘사는 선진국이겠지요. 거기에서 가장 난민, 가장 많은 난민들이 유입되는 국가가 바로 베네수엘라였습니다. 제가 거짓말을 하고 있는 것 같지요? 사실입니다. 베네수엘라 국민들이, 그 잘살던 베네수엘라가 보따리를 싸고 스페인으로 프랑스로 포르투갈로 난민으로 전락해서 유럽으로 도피를 하고 있습니다.

문재인 정권이 제일 먼저 착수한 것이 바로 언론 장악입니다. 멀쩡한 KBS 사장, MBC 사장을 다 쫓아냈지요. MBC 사장은 특별근로감독이라는 정말 듣보잡 제도를 끄집어내 가지고, 언론사에는 거의 시행되지 않았던 그런 칼을 꺼내 들어 가지고 근로감독을 잘 못했다는 이유로, 노사관계를 잘 못했다는 이유로 사장을 기소하고 지금 재판을 받게 하고 있습니다.

그 이유는 우리 국민들이 다 잘알지 않습니까? 전 정권의, 보수 정권에서 임명된 사장이기 때문입니다. 그 이유 외에는 없습니다. 보수적인 논조를 또 표방했겠지요. 자신들의 입맛에 맞는 보도를 안 했겠지요. 그래서 별건수사가 따로 있습니까? 노사관계 문제를 끄집어내서 법정에 세웠습니다. KBS도 비슷합니다.

탄핵 때 정말 온갖 무차별적인 저주에 가까운 보도로, 세상에 그런 보도는 아마 역사상 잘 없을 겁니다. 그런 융단폭격식의 보도로 박근혜 전 대통령의 지지율을 4%까지 떨어뜨렸던 우리 언론입니다. 지상파 방송들이에요. 그래도 뭐 합니까? 그래도 토사구팽 당했습니다.

이처럼 현대의 독재자는 형식적으로 민주주의 제도를 참칭하면서 합법적으로 민주주의를 무너뜨립니다. 시민들은 정부를 비판하다가는 세무조사를 받거나 소송을 당하는 식으로 보복을 당합니다.

그래도 계엄령이나 쿠데타나 국회 해산과 같이 선을 넘어서는 명백한 순간이 없기 때문에 크리티컬한 순간까지는 가지 않기 때문에 나라가 독재로 치닫더라도 국민들은 의식을 잘하지 못합니다. 마치 뜨거워지는 물 속의 개구리처럼 점점 뜨거워져서 자신이 죽고 있다는 것을 모르는 것입니다. 여전히 우리는 민주국가에 살고 있으려니 이렇게 착각들을 하면서 살아가는 것입니다. TV를 보고 예능을 보면서 잠시 현실에서 도피하는 겁니다.

인헌고 사태를 보십시오. 그 전교조 교사들이 무지막지하게 이념적·정치적인 교육을 학생들에게 주입시키다가 거기에 의로운 학생들 몇몇이 저항했다고 해서 징계를 하는 것이 이것이 교육입니까? 학생들이 오죽했으면 선생들에게 반기를 들었겠습니까?

정말 무섭고 정말 두렵습니다. 전교조가 두려운 것이 아니라 이 대한민국이 무너질까 봐 두렵습니다. 헝가리, 체코, 우크라이나, 폴란드, 러시아 등지에서도 비슷한 방법으로 민주정이 무너졌습니다. 냉전 이후 민주주의가 몰락한 모든 사례와 지금 대한민국의 사례가 판박이처럼 똑같이 흘러가고 있습니다.

지금 민주당 정권이 하는 것을 보십시오. 공영방송은 물론이고 언론환경 전반과 사법부를 포함해 교육, 문화 등 사회의 전 분야가 좌파정권을 위시하는 세력에 사실상 점령당했습니다. 불법 사슬, 괴물 밀실 협의체인 1+4와 문희상 의장은 민주주의의 원칙을 아무 의미 없는 형식적인 절차로 전락시켜 민주주의를 형해화시켰습니다.

이제는 어디로 가자는 겁니까, 도대체? 민주주의는 선출된 지도자에 의해 많은 나라가 붕괴되어 오고 있음을 지금 역사는 말해 주고 있습니다. 문재인 정권처럼 삼권분립을 부정한 정권은 예외 없이 독재로 흘러갔습니다.

윤석열 검찰총장도 문재인 정권의 국정농단에 맞서 고군분투하고 있지만 법원의 정경심 편파재판 그리고 온갖 궤변으로 법치주의를 후퇴하고 죄질이 나쁜 범죄임에도 불구하고 구속할 사유가 아니라는 등 부인이 감옥에 있다는 등 친절한 궤변으로 조국의 영장을 기각하는 사례에서 보듯 법원이 이미 장악된 상태에서 검찰의 힘만으로는 문재인 독재를 저지하기에는 한계가 있습니다.

조국의 영장 기각은 사실 숨은 의미가 큽니다. 몸통 수사를 막은 겁니다. 법원이 해괴한 논리로 온 국민의 비난을 무릅쓰고 몸통 수사를 저지한 겁니다. 육탄으로 저지한 것입니다. 이 판사는 아마 문재인 정권에서 반드시 출세의 길이 보장될 겁니다.

헌정사에 유례없는 위선자이자 범법자인 조국의 구속영장이 기각됐습니다. 법원은 말씀드렸다시피 몸통 수사를 저지함으로써 조국의 윗선을 겨냥하는 검찰의 영장을 기각함으로써 권력의 시녀임을 자인했습니다.

법원은 유재수의 감찰을 중단하고 사건을 은폐하도록 지시한 조국의 범행에 그 죄질이 좋지 않다고 했습니다. 죄질이 좋을 리가 있겠습니까?

청와대 민정수석실의 밀실에서 그 더러운 협잡과 음모 끝에 자신들의 가까운 사람은 봐주고 자신들의 정적은 무차별 고발하는…… 저도 고발당했습니다, 저도. 저도 대통령과의 통화 내용의 극히 일부 1만 분의 1, 1000분의 1을 공개했다고 해서 제가 고발되고 서울중앙지검에서 계속 전화를 받고 있습니다.

제가 무슨 불법을 저질렀습니까? 국회의원으로서 너무나 상식적이고 정상적인 방법을 통해서, 저의 여러 소스를 통해서 얻은 정보를 저 혼자 갖고 있기가 안 되겠다고 생각해서 우리 국민들도 아셔야 된다고 생각해서 공개했을 뿐입니다. 이런 야당 의원의 의정활동을 무자비하게도 형사법을 걸어서 고발·고소하는 것이 현 정부의 민낯입니다.

그런데 이 판사는 '죄질이 나쁜 범죄자이지만 증거인멸의 우려는 없다'는 궤변도 함께 늘어놓으며 영장을 기각했습니다. 과거 전 정권에서 비위 의혹에 눈감은 우병우 수석은 구속되었습니다. 그런데 진행 중인 비위 감찰을 중단시킨 조국의 영장은 기각된 것입니다. 조국의 혐의가 훨씬 무거움에도 법원은 판례까지 뒤집고 이중 잣대의 극치를 보였습니다.

이번 사건의 가장 중요한 포인트는 유재수 감찰무마 청탁이 과연 어느 윗선에까지 보고되었는가 하는 것입니다. 윤건영 상황실장, 김경수 경남지사, 천경득 비서관 등 현 정권 최고의 실세들이 감찰을 은폐하라고 지시 혹은 청탁했다는 증거가 확보된 상황입니다.

언론 보도에 이들 실세들이 텔레그램 단톡방을 운영했다고 하니까 청와대가 그런 사실이 없다고 했습니다. 단톡방은 없었다고 합니다. 개별적인 텔레그램이 있었지요. 청와대가 하는 것이 지금 이것 말꼬리 잡는 겁니다. 말꼬리 잡아서 부인하는 거예요. 그리고 국민들을 호도하고 있습니다.

유재수는 문재인 대통령을 '재인이 형'이라고 부를 만큼 절친한 사이입니다. 저는 유재수를 잘 압니다. 제가 과거 재정기획부 출입기자를 할 때 유재수를 자주 만났습니다. 장관의 수행 비서였지요. 아주 재치가 있고 우수한 그런 관료였습니다.

유재수 이야기는 나중에 제가 따로 또 말씀드리겠습니다.

유재수가 노무현 대통령의 사실상 문지기 역할을 했습니다. 머리 문지기 역할을 했어요, 사람을 출입시키는 문지기가 아니라 머리 문지기. 노무현 대통령이 무슨 책을 읽을지, 어떤 보고서를 읽을지를 결정해 주는 사람이 유재수였습니다. 1부속실에서 노무현 대통령의 눈과 귀가 됐던 겁니다.

그러니 당시 민정수석이고 비서실장인 문재인 대통령을 재인이 형이라고 부르는 것은 저는 너무나 자연스러웠다고 생각합니다. 언론에서 유재수가 문재인 대통령을 재인이 형이라고 불렀다고 보도한 바 있는데 저는 이것은 100% 사실일 거다 그렇게 믿습니다.

그러니 이 청탁이 조국뿐만 아니라 문재인 대통령에게까지 들어갔는지 우리 국민들은 궁금한 겁니다. 대통령이 그 청탁 단계에서 아셨는지, 아니면 또 이런 구명청탁을 받고 조국 수석을 불러서 대통령이 만약 은폐하도록 지시를 했거나 혹은 백번을 양보해 조국 수석이 '제가 알아서 처리했습니다'라는 보고를 받고 묵인했다면 문재인 대통령 역시 공범에서 벗어나지 못하는 것입니다.

따라서 중간고리인 조국에 대한 구속 수사가 반드시 필요했던 것입니다. 그러나 영장 기각으로 윗선 수사에 차질이 불가피해졌습니다. 청와대 내부에서 증거인멸이나 말 맞추기가 이루어질 공산이 큽니다. 검찰은 조국에게 제기된 모든 혐의를 다시 검토해 몇 번이고 구속영장을 재신청해야 할 것입니다.

어둠은 빛을 이길 수 없습니다. 이번 유재수 감찰무마 사건 외에도 울산시장 선거개입 사건, 우리들병원사건, 탈북어민 강제북송 사건 등 문재인 정권의 민낯을 만천하에 드러낼 온갖 문제들이 산더미처럼 쌓여 있습니다. 정권게이트입니다.

무소불위의 권력의 칼을 휘두르던 문재인 정권도 결국 내부로부터 무너질지 모릅니다. 문재인 정권 곳곳에서 자행된 그리고 지금 자행되고 있는 온갖 국정농단 사건들의 진상은 반드시 명명백백히 밝혀내야 합니다. 과거 박근혜 정권을 무자비하게 단죄했던 이 정권은 과연 얼마나 도덕적인지 우리 국민들은 똑똑히 알고 싶습니다.

윤석열 총장은 한 언론에서 '경계인'이라고 썼더라고요. 경계인은 어느 쪽에도 속하지 않은 겁니다. 그런데 어느 쪽에…… 한때는 이쪽에 속했다가 한때는 또 저쪽에 속했다가, 어느 진영 사람인지 불분명한 거지요.

많은 사람들은, 많은 보수 인사들은 윤석열 총장을 엄청나게 비난했습니다. 자신이 댓글수사 팀장에서 좌천된 이후에 불이익을 받아 한직을 떠돌다가 전 대통령을 둘러싼 국정농단 사건 특별검사의 팀장으로 보직을 받아 무자비한 수사를 한 것으로 많은 사람들은 기억하고 있습니다. 그래서 이 정권이 윤석열 총장을 얼마나 칭찬을 했습니까? 경찰·검찰개혁의 적임자다, 이렇게 입에 침이 마르도록 칭찬했습니다.

청문회 때 보십시오. 그래도 양심적인 한두 분의 여당 위원님들을 제외하고 대부분의 여당 위원님들은 윤석열 총장 칭찬하기에 아낌이 없었습니다.

저희 야당 위원들은 기자회견을 열어서 윤석열 총장 임명 반대 회견을 했습니다. 임명을 반대한다고 밝혔습니다. 그런데 지금은 어떻습니까? 완전히 반대 아닙니까? 민주당은 입에 거품을 물고 윤석열 총장과 윤석열 검찰을 욕을 하고 있습니다.

윤석열 총장은 스스로를 헌법인이라고 그랬지요. 헌법에 충실한 사람이다, 자신은. 경계인인 겁니다, 어느 진영에 속하지 않은 사람.

그리스 로마 신화의 정의의 신은 눈을 감고 있지 않습니까? 눈을 가리고 있지 않습니까? 쳐다보면 안 되는 거지요, 내 편인지 아닌지. 저는 윤석열 총장이 그런 형국이라고 생각합니다.

언제는 검찰개혁의 적임자라고 칭찬하더니 이제는 그를 검찰개혁의 저항자라고 매도하고 있습니다. 너무 뻔뻔하지 않습니까?

이 정부가 공수처를 몰아붙이는 이유는 뻔합니다. 정권에 저항하는 검찰을, 이 검찰의 팔다리를 잘라 문재인 정권에 대항했다는 괘씸죄를 뒤집어씌워 처단하려고 하는 겁니다.

지금 대한민국 권력의 규모가 100이라면 저희 자유한국당이 갖고 있는 권력은 약 5 내지 10 정도일 겁니다. 그나마 입법부에 3분의 1 정도의 권력, 그것도 패스트트랙도 막지 못하는 이런 숫자의 권력을 갖고 있습니다. 그래도 여기가 최후의 보루입니다. 마지막 남은 제도적 권력은 우리 자유한국당뿐입니다. 여기서 자유한국당이 주저앉는다면 더 이상 누구도 문재인 정권에 대항할 수 없습니다.

저희가 금배지가 부러워서가 아니고, 좋아서가 아니라, 금배지 한 번 더 다는 게 저희 인생의 목표여서가 아니라 이 문재인 정권을 견제하고 이 정권의 폭정을 막아 내기 위해서 저희는 반드시 총선에서 승리해야 합니다. 저희가 총선에서 패배하면 이제 바른말하는 사람은 사라질 것입니다.

저도 이렇게 여기에서 쉰 목소리로 버티고 서 있는 것은, 약해지는 저의 마음을 추슬러서 독한 언사로 문재인 정권을 비판하는 이유가 바로 저희가 이 나라와 국민들을 포기할 수 없기 때문입니다. 저희가 총선에서 패배하면 남은 표현의 자유는, 그나마 이 국회에서 면책특권의 보호를 받으며 이렇게 부르짖고 있는 절규는 이제 더불어민주당과 정의당을 비롯한 위성정당, 민주노총과 참여연대, 전교조를 비롯한 좌파 세력들의 전유물로 전락하게 될 것입니다.

저는 언론인 출신으로서 우리 후배 언론인들이 참으로 안타깝고 가슴이 아픕니다. 민노총 소속에 줄을 서지 않으면 이제는 승진도, 앵커도 될 수 없는 현실입니다.

제가 환경노동위에서 KBS에 자료를 요청했습니다. KBS의 시사프로 11개 중에 민노총 소속이 아닌 사람이 누가 있느냐? 놀라지 마십시오. 아니, 당연하다고 말씀하실지 모릅니다. 전원이 민주노총 소속입니다. 전원이 민주노총의 노조원입니다. 11개 뉴스 프로그램의 약 20여 명의, 21명 내지 22명의 앵커들이 모두 민노총 소속 언론인들입니다.

지금 우리나라 언론, 지상파들은 민노총 산하 언론노조에 장악이 되어 있습니다. 우리 지상파 언론은 죽었습니다. 적자를 1000억 내고도 사장이 안 잘리는 나라입니다. 그저 정권의 입맛에 맞는 방송만 하면 되는 것입니다. 자리보전을 하는 거예요, 시청률이 아무리 반토막이 나도.

옛날에 20%를 넘나들던 시청률이 절반으로 추락하고, 요즘 MBC는 아무도 안 보지 않습니까? 저도 MBC 안 본 지 한 몇 달 된 것 같습니다. JTBC는 탄핵 때 재미를 좀 보더니 요즘 조국 사태를 맞아서 시청률이 반토막 났다고 하지요? 많은 JTBC를 아끼는 분들이 직언을 했다고 합니다. 이제 독자도, 시청자도 다 잃게 됐다…… 손석희가 왜 잘렸겠습니까? 가면을 쓰고 언론인 행세를 하는 것도 한계가 있습니다.

대한민국의 기업도 걱정입니다. 우리나라의 entrepreneurship(기업가정신), 건전한 시장경제 시스템 역시 적폐로 매도당한 채 사회주의 경제체제로 강제로 개조당할 것입니다.

하버드의 배로 교수인가요? 소득주도 빈곤이라 그랬지요. 소득주도 성장이 아니고 소득주도 빈곤(poverty driven by income). 창피하지 않습니까? 하버드대학 경제학 교수가 우리나라에 무슨 원수가 졌겠습니까? 문재인 대통령에게 무슨 억하심정이 있겠습니까? 객관적으로 보니 그런 겁니다.

왜 멀쩡한 최저임금을 20%, 30% 올려서 이 경제를 망가뜨립니까? 체질에 맞게 약을 써야지요. 지금은 80년대 후반 고도 경제, 두 자릿수 경제성장 시대가 아닙니다. 그때는 10%, 20% 최저임금 막 올려도 우리 경제가 감당이 됐습니다.

제가 작년 10월 이 자리에서 국회 5분발언을 통해서 최저임금 동결을 제안한 바 있습니다. 물가상승률 정도만 올리자, 우리 경제가 감당할 수 없다, 이 체질에 이런 강한 약을 쓰면 환자가 죽는다. 처음에는 콧방귀도 안 뀌었습니다. 반응들도 없고 언론도 제대로 보도를 안 했습니다.

그런데 몇 달 뒤에 어떻게 됐습니까? 민주당 최고위원들이 최저임금 동결 제안했습니다. 그리고 결국 최저임금 2, 3%로 사실상 동결로 바뀌었습니다. 왜? 감당이 안 되기 때문 아닙니까? 왜 그렇게 미사여구를 늘어놓고 무슨 족보가 있는 정책이라는 둥 온갖 말도 안 되는 무지몽매한, 경제의 기역 자도 모르는 그런 헛소리들을 늘어놓는 정권을 보고 우리 기업인들이 얼마나 속이 터졌겠습니까? 속에 천불이 나지 않았겠습니까?

제가 아는 대구의 식당도 종업원이 처음에는 서너 명이었습니다. 그 뒤에 갔더니 한 명도 없습니다. 다 식구들이 와서 그 일을 채우고 있더라고요. 밤 10시 되면 종업원이 없습니다. 10시 지나서 식당에 가면 이제는 사장의 가족들이 나와서 서빙을 해야 돼요.

한반도 유일의 합법 정부인 대한민국의 정체성을 부정하고 대한민국이 걸어온 성공의 역사를 말살하는 자들이 승리하게 저희 자유한국당은 그대로 놔둘 수는 없습니다. 더 늦기 전에 민주당의 영구집권 야욕을 저지하는 것은 자유한국당에게 주어진 시대적 책임입니다.

민주당에게 묻겠습니다. 한번 가정해 보십시오. 만일 지금 대통령이 이명박 대통령 또는 박근혜 대통령인데 여당이 범여권의 안정적 과반수를 보장하는 선거법 개정을 단독으로 패스트트랙으로 강행처리 했다면 민주당은 어떻게 했을 것 같습니까? 송기헌 의원님 말씀처럼 대화와 타협을 했을 것 같습니까? 여러분 어떻게 하셨을 것 같아요?

또 가정해 봅시다. 만일 한국당 출신 대통령이 자신의 핵심 지지단체 출신들로 책임자와 검사를 뽑고 검찰과 경찰 등 다른 사법기관이 정권 핵심과 관련된 사안을 인지해 파헤치려 할 경우에 이를 즉시 보고하도록 하고 사안을 다 이첩하라고 언제든 명령할 수 있는 초법적인 막강한 권력을 가진 대통령 보위기관을 창설하겠다고 나서면 민주당은 어쩌시겠습니까? 지금 이 정권의 대통령이 한국당이라면 여러분들은 동의하시겠습니까? 검찰개혁을 빌미로, 검찰개혁을 이유로 동의해 주시겠냐 이거예요.

공수처 법안을 보니까 처장을 뽑는 위원 7명 중에 2명을, 집권당이라고 되어 있어요, 1당도 아니고.

(■주광덕 의원[3] 의석에서 — 여당.)

예, 1당도 아니고 대통령이 소속됐거나 소속된 정당, 맞지요?

(■주광덕 의원 의석에서 — 여당 2명.)

그러니까 정권과 같이하는 당이라는 것 아닙니까?

(■주광덕 의원 의석에서 — 몇 석이 됐든 관계없이.)

몇 석이 됐든지 관계없이, 10석으로 쪼그라들어도……

(■주광덕 의원 의석에서 — 그런 게 다 위헌이야.)

맞습니다, 주광덕 의원님. 위헌입니다, 위헌. 꼼수입니다. 저열한, 비열한 수작입니다.

(■주광덕 의원 의석에서 — 어떻게 여당이 의석과 관계없이…… 추천합니까?)

우리 국민들이 다음 선거에서 민주당 의석을 5석, 10석만 주셔도 다음에 공수처 처장 뽑는 위원을 2명을 추천할 수 있겠습니까? 부끄러운 줄 아세요.

(■주광덕 의원 의석에서 — 위헌이다 이 말이에요.)

또 가정해 봅시다.

(영상자료를 보며)

만일 청와대 실세들이 이명박·박근혜 대통령과 친한 인사의 시장 당선을 위해 경쟁 후보 탈락 공작을 벌였다는 의혹이 불거진 상황을, 그리고 대통령과의 인연을 등에 업고 경제부처에서 제왕 행세를 하던 고위공무원이 비리를 저지르다 발각됐는데 청와대 실세들이 이를 덮어 줬다면 민주당은 가만히 계셨을 겁니까? 특검 하자고 난리치지 않았겠습니까?

이게 내로남불이다 이렇게 그냥 넘어갈 수 있는 겁니까? 만약 전 정권에서, 보수 정권에서 이런 일들이 벌어졌다면 수많은 좌파단체들이 범국민투쟁본부를 조직해 연일 광화문 광장을 가득 메우고 횃불을 들고 대통령을 처형하는 퍼포먼스를 벌이면서 온 나라를 붉게 물들였을 겁니다.

또 상상해 봅시다. 만약 김영삼·김대중·노무현 대통령과 같은 전 정권이 지금과 같은 상황에 처했다면 이들 대통령의 최종 결정은 어땠을까요? 김영삼·김대중·노무현 대통령은 다 민주화 운동에 앞장섰고 민주주의를 부르짖었던 분들입니다. 지금 문재인 대통령과는 결이 다르다고 저는 생각합니다. 달랐을 거라고 생각합니다.

YS·DJ·노무현 대통령은 이런 상황이 오면, 이런 3대 정권 게이트가 터진 상황에서, 그리고 경제가 어렵고 숫자가 부족한데도 불법 사·보임을 통해서 억지로 숫자를 꿰맞춰서, 이렇게

---

3 주광덕 의원: 자유한국당(경기 남양주시병)http://www.assembly.go.kr/assm/memPop/memPopup.do?dept_cd=9770992

355

경호권을 발동해서 이런 법을 일방적으로 강행 처리하지는 않았을 것입니다.

어느 나라, 어느 시대든 통치자는 민중궐기에 대한 공포를 갖고 있습니다. 차우셰스쿠 공포라고 불러도 좋습니다. 그래서 여론이 강하게 반대하고 거리를 시위대가 메우면 움찔하며 멈춰 서기 마련입니다. 그런데 우리 문재인 대통령은 좀 다르신 것 같아요. 노조를 비롯한 확고한 좌파 조직을 갖고 있다고 생각하시는 것 같습니다.

문재인 대통령은 우리 지지층만 결집시켜 놓으면 아무리 국민적 반대가 거세도 능히 돌파할 수 있다, 이렇게 생각하시는 것 같습니다. 이는 보수층이 민중궐기 방식으로 조직화되기 어렵고 만약 위기에 처하면 좌파 정권이 제공하는 수많은 이권을 누려 온 좌파단체의 네트워크 종사자들이 나서 맞불을 놓아줄 것이라는 확신이 있는 듯합니다.

제가 앞서 미국 전직 대통령들이 모여서 골프를 치고 백악관에서 어울리는 사진을 보며 너무나 부러워하고, 속으로 눈물을 흘리면서 부러워했던 것을 기억하실 것입니다. 제1 야당의 당수가 그렇게 원수 같습니까? 8일, 9일간 단식을 하고 쓰러져서, 정신을 잃어서 병원에 실려 가고, 구급차가 와서 실려 가고, 또 국회 로텐더 시멘트 바닥에서 전기장판도 없이 십여 일을 자면서 농성을 하는데, 우리 대통령은 휴대폰도 안 가지고 계십니까? 어떻게 위로…… 건강은 어떠냐고 전화 한 통 못 합니까? 그렇게 원수 같습니까? 저희 자유한국당 당수, 의원들은 다 민주당이 보기에는 죽어야 할 대상입니까!

민주당은 선거법 날치기, 1+4 등등 온갖 불법적이고 변칙적인 방법을 동원하면서 대의를 위해서는 절차나 과정의 하자는 불가피하다는 80년대 운동권적 사고방식을 갖고 있는 듯합니다. 어떠한 가책도 느끼는 분을 못 봤습니다. 선거에서 이기기만 하면 된다는 편협 속에는 가진 자 대 덜 가진 자라는 대립 프레임이라는 막강한 무기가 있습니다. 민주당은 계층 간 대립과 갈등을 부추겨 이를 이용하려고 하고 있습니다. 이것은 정치 지도자들이 해서는 안 될 짓입니다.

민주당의 좌파 정책이 가난한 사람을 실제로는 훨씬 더 가난하게 만들고 있지만 이것이 대중들에게는 먹히는 경향이 있기 때문에 이를 아랑곳하지 않고 강행하는 것입니다. 베네수엘라를 보고 나쁜 것만 배우는 것입니다. 문재인 정부는 그런 대립 프레임을 확산시키는 데 상당한 성공을 거두었습니다.

저는 문재인 대통령이 여론조사에서 40%의 지지율이 나오는 것을 보면서 이것은 바로 대한민국을 쪼개서 계급을 나누고 지역 간, 세대 간, 계층 간 대립을 조장해서 프레이밍하고 선전 선동한 영향이 크다, 저는 이렇게 분석을 합니다. 지지층만 바라보는 민주당의 통치에 국가의 미래는 전혀 염두에 없습니다. 정략적 계산을 하고 있는 민주당이 과연 우리 선열들이 피 흘려 세운 대한민국을 이끌어 갈 자격이 있는지 한번 스스로 자문해 보십시오.

과거 김대중 대통령과 노무현 대통령은 지지 세력의 반대에 정치적으로 손해를 보면서까지 국익을 위해 해야 할 것은 했습니다. 일본 문화를 개방하고 한미 **FTA**를 체결하고 이라크에 파병을 결정하기도 했습니다. 심지어 전두환 군사독재 정권 때도 학원안정법을 강행하려다가 반대가 거세지자 거두어들인 적도 있습니다.

정적에 대한 보복은 그 측면에서 노무현 대통령이 가장 모범적이었다, 저는 이렇게 봅니다. 저도 30년 언론 인생을 하면서 수많은 대통령을 겪어 봤습니다. 김대중 대통령은 사실 만델라처럼 추앙받을 수 있는 기회가 있었습니다, 언론사 세무조사만 하지 않으면 말이지요. 중앙일보·조선일보 차례대로, 동아일보·국민일보 사주들을 모두 감옥에 넣었습니다. 그러나 겉으로는 평화의 사도처럼 마치 정치 보복을 안 한 지도자로 포장되어 있습니다.

그런 데 비해 노무현 대통령은 참으로 말씀은 많으셨지만 그래도 칼을 들이밀지는 않았습니다. 언론인들 기자실에 몰아넣고 많은 비판은 하셨지만 그래도 배려와 관용을 하는 그런 분이셨어요. 노무현 대통령이 정치적으로 누구를 탄압해서 구속시켰다는 말은 제가 잘 기억이 안 납니다.

문재인 대통령은 선배 노무현 대통령, 자신이 민정수석으로 있으면서 대통령으로 모셨던 노무현 대통령을 좀 상기하시기 바랍니다.

최고 권력자가 국민의 저항을 받고 물러서는 것은 공동체 분열을 우려하기 때문이고, 다수로 밀어붙이는 것을 자제하는 이유는 다수의 폭정이 민주주의의 근간을 파괴하기 때문입니다.

그러나 뭐든 밀어붙이면 된다는 문재인 정권의 그릇된 자신감은 대한민국을 둘로 쪼개 놓고 있습니다. 공수처법이 바로 그 좋은 예입니다. 지금 1+4에도 양심적인 의원님들이 속속 이탈하고 있습니다.

검찰권 견제와 권력층 부패 청산이라는 목적에 충실한 공수처의 그림을 순수하게 그리면 우리 자유한국당도 공수처 문제를 진지하게 논의했을지 모릅니다. 하지만 처음부터 공수처를 대통령의 홍위병 조직처럼 만들어 놓고 따라 와라……

문재인 대통령 시절에 반드시 우리가 처장과 검사와 수사관들을 모두 임명시켜 놓고 출범해야 된다는 그런 아집, 그런 의도, 권력의 속셈을 노골화했기 때문에 저희가 반대하는 것입니다. 차라리 시차를 두고 다음 정권에서, 다음 정권의 총선과 대통령 결과를 두고 검찰개혁 문제, 공수처 문제를 논의하자고 하면 그 순수성은 저희가 인정하겠습니다.

공수처장 인선에서 대통령의 영향을 철저히 배제하고 인적 구성과 활동의 중립성·독립성을 보장해도 공수처 설립 목적 달성에는 아무 지장이 없을 겁니다. 정권의 충견처럼 사용하겠다는 욕심 때문에 스스로 내세웠던 개혁의 본뜻 자체를 훼손시키고 있는 겁니다. 사실 개혁이라는 말도 저는 참 가당치 않다고 생각합니다.

미국을 한번 보십시오. 지금 미국은 트럼프 대통령 때문에 난리입니다. 제가 문재인 대통령과 트럼프 대통령의 통화 내용을 공개하니까 5공 때 외교를 배운 원로 외교관들이 저를 비판하더라고요. 정상 간의 통화는 공개되면 안 된다나요? 5공식 발상입니다, 5공식 발상. 지금 이 외교가 얼마나 국민 참여하고 투명하고 공개되는 마당에, 결국은 모든 언론에 통화 내용이 다 보도가 됩니다.

트럼프 대통령은 우크라이나 대통령과 말실수했다가, 말실수가 아니지요. 정적을 제거하려는 음모를 통화 내용으로 발설하고 그것이 본인의 의도와 상관없이 누군가에 의해 공개되고 지금 탄핵 절차에 들어가 있습니다. 하원에서는 탄핵이 통과됐습니다. 물론 상원에서는 통과되긴 어렵겠지만 얼마나 큰 망신을 당하고 있습니까? 그러나 그 통화 내용을 공개했다는 미국의 공무원을 고발하고 처벌했다는 뉴스를 저는 듣지 못했습니다. 이러면 안 됩니다. 민주주의를 죽이는 겁니다.

트럼프 대통령은 충동적이고 독선적인 대통령입니다. 협박도 서슴지 않는 사람입니다. 하지만 그 트럼프 대통령 밑의 미국 공무원들은 트럼프 대통령의 협박에 굴하지 않고 탄핵청문회의 증언대에 당당히 서서 대통령을 고발하고 있습니다. 미국이 부럽습니다. 이렇기 때문에 미국은 언론이 살아 있고 의회가 살아 있고 민주주의가 살아 있습니다. 관료들이 살아 있습니다. 정치적 중립성을 지키고 관료의 프라이드, 관료의 자존심을 갖고 있는 그런 공무원들이 있습니다. 우리처럼 영혼도 없는 공무원들, 나라를 망치는 겁니다.

이런 환경 때문에, 이것은 제도뿐만 아니라 인간의 결단입니다. 인간이 '나는 더 이상 무릎 꿇고 살지 않겠다. 무릎 꿇고 연명하느니 서서 죽겠다. 서서 죽임을 당하겠다'라는 사람들이 늘어나야 민주주의가 성장하는 겁니다. 이런 용기 있는 관료들 때문에 트럼프의 독주는 극단으로 치닫지 않고 자제되고 결과적으로 트럼프의 패망과, 트럼프의 폭망과 국가적 재앙이 예방되는 것입니다. 트럼프 대통령 집권 초기에 수많은 트럼프 대통령을 둘러싼 많은 원로그룹들이 미국이 잘못 가는 것을 막은 겁니다. 그때 트럼프 대통령이 정말······

트럼프 대통령이 한국 문제를 어떻게 알겠습니까? 빌딩 짓던 사람 아닙니까? 리조트 짓던 사람입니다. 한국 문제, 이 대한민국의 엄중함을, 남북이 대치돼서 휴전선에 수천만의 사람들의 목숨이 경각에 달린 이 위중한 상황을 어떻게 알았겠습니까? 그러니까 트럼프 대통령도 '북폭을 하겠다' 이렇게······ 그런 책들이 나오고 있지 않습니까? 그것을 누가 막았습니까? 국방부장관, 원로그룹들이 막은 겁니다. 경솔하게 나서서는 안 된다고 막은 겁니다.

우리도 그런 사람이 필요합니다. 대통령에게 충언하고, 앞서 말한 좌파 교수가 문재인 대통령 주변에 간신들이 너무 많다고 하지 않았습니까? 트럼프 대통령을 둘러싸고 충언을 하고 직언을 하고 세계정세를 제대로 알려 주는 참모들이 있기 때문에 미국이 버티는 겁니다.

문재인 대통령은 지금 검찰이 밉고 싫고 성가실 겁니다. 문재인 정권의 비리를 파고드는 보수 언론들이 밉고 짜증날 겁니다. 하지만 결국 이들에게 문재인 대통령은 훗날 감사해야 할지 모릅니다.

만약 현재의 위법 행위들이 정권 막바지에 터져 나왔다면 대통령도 수사에 직면하고 실세들이 줄줄이 감옥으로 갔을지 모릅니다. 박근혜 전 정권의 전철을 그대로 답습했을지 모릅니다.

박근혜 전 대통령 당시 정윤회 사건을 제대로 수사했더라면 박근혜 대통령도 이런 참담한 사태는 피했을 겁니다. 문재인 대통령은 지금 문재인 대통령 주변을 도려내고 있는 윤석열 검찰총장에게 감사해야 할 겁니다.

문재인 대통령이 이렇게까지 공수처에 욕심을 내는 이유는 짐작하기 어렵지 않습니다. 저는 정신 문제를 공부한 사람은 아닙니다마는 그러나 문재인 대통령을 지켜보면서, 문재인 대통령이 걸어가는 길을 보면서 문재인 대통령이 스스로 퇴임 후에 전직 대통령들처럼 잘못될 수 있다는 트라우마에서 벗어나지 못하고 있는 것이 아닌가 하는 우려를 저는 하고 있습니다. 저는 이 트라우마가 대통령을 초조하게 만들고 잘못된 방향으로 이끌고 있다라고 보고 있습니다.

사실 대통령이 구중궁궐에 앉아서 측근들이 무슨 잘못을 하는지, 무슨 축재를 하는지 알 리가 있겠습니까? 청와대 구중궁궐에 들어가 있으면 정말 깜깜이가 된다고 하더라고요. 그러나 온갖 기관에서 정보들은 올라오기 때문에 마치 대통령이 온 세상을 다 아는 것처럼 하지만 그것은 정말 단편에 불과한 것입니다. 측근들이 농단을 하고 권력을 사유화하고 향유하고, 그런 것을 대통령이 아무리 하지 말라고 한들 그것을 들을 사람이 몇이나 되겠습니까?

때문에 저는 문재인 대통령이 이런 범죄가 터져 나와도 자신의 방어막이 되어 줄 공수처가 필요하고 따라서 또 선거법을 날치기로 처리해 야당의 견제를 무력화시킴으로써 퇴임 후 문재인 대통령 스스로의 안전을 보장받으려 하는 것 아니냐라는 강한 의심을 합니다.

문재인 대통령이 초조하고 권력을 남용하고 있다는 칼럼 하나 제가 소개를 합니다. 올봄인가요, 조선일보 '김대중 칼럼'을 소개합니다.

'집권 4년 차 된 것 같다'

집권 초기 나름의 좌파적 이념에 충실한 듯했던 문재인 정부가 그들 스스로 진단한 대로 집권 4년 차의 정권 말기적 현상을 보이기 시작했다. 그들은 공무원의 이완 현상을 개탄했지만 정권 자체가 대내외 전반적으로 초조함과 조급증을 드러내고 있다. 총선거가 10개월 남짓 남아서인가. 문 정권은 누가 뭐라고 하든 나의 길을 가겠다는 식이다.

가장 단적인 것이 노조의 불법과 폭력을 방치하는 것이다. 현대중공업의 대우조선 인수 합병은 정부가 추진한 것이다. 이것을 민노총이 막아서자 문 정부는 마치 남의 일인 양 발을 빼고 있다. 민노총과 등을 졌다가는 노조의 표를 잃고 정권을 내주게 될 것이 두려워서일까? 이제 노조는 이 정권의 주인인 양 행세하게 됐다.

또 다른 징후는 민주연구원장 양정철과 국정원장 서훈의 몰래 만남이다. 대한민국 국민이라면 삼척동자도 그 만남이 무엇 때문인지 다 안다. 그런 시각을 무릅쓰고도 면대해야 했던 시급한 이유는 무엇일까? 북한 김정은의 서울 답방을 논의했을 것으로 정치를 좀 아는 사람들은 짐작한다. 답방이 총선에서 얼마나 폭발력이 있을까? 그의 답방이 가능한가? 답방을 이끌어 낼 방도는 있는 것인가? MBC 기자를 중간에 끼워 넣었다는 것 자체가 그 만남의 부적절성을 말해 준다.

또 있다. 한국당이 주최한 강원도 산불 피해 후속조치 대책회의에 정부 측 관계자를 전원 불참시킨 것은 역대에 없는 처사다. 정부의 여섯 부처 차관급이 회의 5분 전에 불참을 통보한 것은 정부 여당 최고위층의 지시가 없었다면 일어날 수 없는 일이다. 야당을 깔아뭉개겠다는 집권세력의 안면몰수형 폭거다.

야당의 존재 자체를 무시하는 것을 넘어 공세로 나가겠다는 정부 여당의 의도는 강효상 기밀누설 고발로 두드러진다. 강 의원의 행위가 기밀누설이냐 아니냐는 별개로 치고 대통령까지 나설 일은 아니다. 대통령이 직접 야당을 독재자의 후예라고 지칭하는 등 살수로 나서는 일은 드물었다. 이제 대통령 손에 피를 묻혀서라도 야당 척결에 나서겠다는 의사표시다.

최근의 청와대 인사를 보면 안면몰수의 전형이다. 엊그제까지 판사 했던 사람을 청와대로 끌어가고, 이 자리 저 자리 바꿔 가며 돌려막기 하는 것을 보면 이제 다른 쪽 사람은 못 믿겠다는 것을 공공연히 시인하는 것이나 다름없다. 어쩌면 이 정부와 함께하겠다는 사람이 없다는 현상을 역으로 반영하는 것이다.

나라 밖을 보면 대한민국은 지금 왕따 수준으로 가고 있다. 우리 머리 위로 미국·일본·중국·북한·러시아의 수뇌들이 뻔질나게 오가면서 제각각 짝짓기에 골몰하고 있는데 대한민국의 문 정권은 멀거니 손놓고 구경하는 신세다. 지금 진행되고 있는 미중 무역전쟁에 우리는 어떻게 대처할 것인지 아무런 전망이 없다. 강대국들은 머지않아 우리에게 어느 줄에 설 것인지 선택을 강요할 것이다. 북한은 손사래 치는데 우리는 못 껴서 난리다.

그래도 의문이 있다. 문 대통령이라고 해서 우리 역사에 마이너스로 남고 싶겠는가? 자신의 치하에서 자국의 경제가 남미의 어느 나라처럼 몰락하거나 국제사회에서 웃음거리가 되거나 나라의 안보가 허물어지는 사태가 오는 것을 방치하는 대통령은 세계에 없을 것이다.

이 정권의 성격을 잘아는 한 인사는 문 정권의 좌파 일로매진은 노무현을 따라 하면 정권이 망하더라고 믿기 때문이라고 말했다. 저들은 노 전 대통령의 퇴로가 순탄치 않았던 것은 그가 좌파 일변도에서 벗어나 때로 우파적 방향과 타협했기 때문으로 본다는 것이다.

노무현 대통령은 생전에 문 대통령에게 '당신은 정치하지 말라'고 했다고 한다. 아마도 문재인 대통령에게서 타협과 조정이 없는 좌파의 외골수를 읽었기 때문이 아닐까?

우리가 보기에 문 대통령은 지금 여기서 밀리거나 타협하는 것으로 보여서는 안 된다고 여기는 것 같다. 여기저기서 뛰쳐나오는 대내외적인 이완 현상에 망치 대신 몽둥이로 대처하는

360

그의 대응은 한편으로는 불안감과 초조함의 징후다. 자신이 가는 길에 대한 자신감이 충만하면 웬만한 시비와 반대에는 관대한 것이 지도자의 길이다.

역사적으로 자신의 안위만을 생각하는 폭군은 늘 불행했습니다. 자신의 퇴임 이후를 보전하겠다는 그 단 한 가지 목적으로 이런 일을 벌인다면 오히려 역설적으로 퇴임 후에 문재인 대통령에게 바로 이것이 부메랑이 되어 돌아올 것이라고 저는 말씀을 드립니다.

지금 우리나라는 대통령은 청와대에 들어가는 순간 권력을 누리고 일을 하기보다 불법과 합법의 경계선에서 결국 검찰과 법원의 심판을 받을 수 없는 길로 갈 수밖에 없는 구조다, 저는 이렇게 봅니다.

이것은 역대 어느 대통령도 다 마찬가지입니다. 제왕적 대통령제를 내려놓아야 됩니다. 우리 여야가, 정세균 총리후보까지 말씀하지 않았습니까, 개헌해야 된다고? 왜 뜬금없이 그러십니까? 왜 지난번의 그 좋은 기회를 다 날려 버리고 여야가 다 합의해서 제왕적 대통령제 뜯어고치자, 다 내려놓자, 포기하자, 다 합의하지 않았습니까? 다만 그 방법이 오스트리아형으로 가느냐, 이원집정부제로 가느냐, 순수 내각제로 가느냐, 프랑스식으로 조금 낮추는 식으로 가느냐, 총리의 힘을 더 싣는 쪽으로 가느냐, 방법은 여러 가지입니다.

그러나 지금과 같이 민주당 의원 여러분들이 검찰에게 수사권, 기소권 다 가졌다고 욕을 할 그런 입장이 못 됩니다. 개헌을 해야지요, 개헌을. 지금 그 막강한 검사들 인사권을 누가 갖고 있습니까? 청와대가 갖고 있지 않습니까?

어제도 보니까 홍영표 전 원내대표가 장차관 자리에 찾아가니까 법무차관이라는 자가 고개를 90도로 숙이고 절하는 모습을 저는 똑똑히 봤습니다. 이게 뭡니까, 이게? 법무차관은 장관을 대신해서 나온 사람입니다. 법무차관 아래에는 수천 명의 검사들이 그 사람을 지켜보고 있어요. 여당의 전직 원내대표에게 법무차관이 그렇게 고개를 숙이면서 인사하는 모습을 TV로 검사들이 봤을 때 얼마나 굴욕감을 느끼겠습니까?

왜 그렇습니까? 검사의 인사권을 청와대가 갖고 있기 때문입니다. 청와대가 윤석열을 시켜놓고 이제 와서 자신들의 뜻에 맞지 않는다고 해서 이런 비난과 이런 흔들기가 어디 있습니까? 너무나 이율배반입니다. 제 상식으로는 이해가 안 갑니다.

이미 정권이 2년 반 이상 흘러서 여러 가지 사건이 터져 나오고 있습니다. 그동안 한 차례 큰 지방선거가 있었습니다. 부정선거가 여기저기에서 터져 나오지 않습니까? 청와대가 직접 개입했어요. 청와대가 직접 만나서, 청와대 비서관들이 직접 만난 것이 지금 나오고 있지 않습니까? 청와대가 나서는 게 아니었지요. 부정선거는 일어나서는 안 되지만 더욱 청와대가 개입해서는 안 되는 겁니다. 왜? 대통령이 알았느냐, 지시했느냐가 관건이 되면 바로 대통령에 대한 문제로 불거져서 대통령 탄핵사유가 되는 겁니다. 박근혜 전 대통령은 선거 개입했다고 해서 2년 실형을 받지 않았습니까?

저는 그런 것을 목격한 청와대가 지방선거에서 그런 선거 개입을 했다는 사실에 입을 다물 수가 없습니다. 어떻게 과거의 교훈에 하나도 배우지 못하는가? 자신들은 들키지 않을 거라고 생각했습니까? 인간이 그럴 수 있습니까? 누구나 다 비밀은 발설하게 돼 있어요. 이해관계가 다 다릅니다. 어떻게 그렇게 안이하게…… 용감합니까, 그게? 어떻게 청와대가 나서서 부정선 거에 개입을 합니까? 바로 1~2년 전에, 아니, 바로 몇 달 전에 전직 대통령이 재판을 받고 실형을 받는데 그것을 보면서 그런 생각을 할 수 있습니까? 너무 끔찍합니다. 이게 깜찍한 겁 니까, 끔찍한 겁니까? 경악이 맞습니다. 정말 경악할 일입니다. 정신에 문제가 있는지 사고에 문제가 있는 건지 도무지 이해가 가지 않습니다.

대통령 탄핵 문제로 비화될 수 있는 사안은 이것뿐만 아닙니다. 유재수 감찰무마 사건, 제 가 이미 말씀드렸지요. 그 아끼는 동생 같은 유재수 비위가 걸려서 조국이 무마할 때 대통 령에게 보고 안 했을까요? 제가 운영위에서 노영민 비서실장께 질문했습니다. 그런 사소한 문 제는 보고하지 않는다…… 사소한 문제일까요, 동생이라고, 형·동생 사이인데?

금융위원회 금융정책국장은 막강한 자리입니다. 옛날 우리나라에 행정부의 5대 권력 국장 이 있었어요. 과거 이재국장이 지금 금융국장 아닙니까? 금융정책국장 아닙니까? 금융계의 수 천조의 돈을 쥐락펴락하는 금융정책을 결정하는 사람이 금융정책국장입니다. 옛날 재무부 이 재국장 방에는 은행장들이 벌벌 기어들어갔습니다. 그 막강한…… 이번에도 텔레그램으로 금 융계 인사를 다 요리했다 하지 않습니까? 쥐락펴락했다고 하지 않습니까? 그것이 문재인 대 통령의 묵인이나 허락하에 되지 않았다고 말할 수 있습니까?

금융계를 이렇게 주무른 사람, 대통령의 뜻을 헤아려서 금융계 요직에 인사들을 박아 넣을 수 있는 그런 막강한 사람이 비리로 하루아침에 수사를 받든 어떻게 되든지 목이 잘린다는 사실을 민정수석이 대통령에게 보고하지 않았을까요? 이게 그냥 평범한 인사입니까?

대통령은 무슨 보고를 받는 겁니까, 도대체 그러면? 신문 보고 아시나요? 대통령 참모들이 있을 필요가 있습니까? 사전에 지시나 허락하지 않으셨다면 사후에 보고는 받으셨을 것 아닙 니까? 언제 받으셨냐 이거예요, 저는. 받으셨나, 안 받으셨나, 언제 받으셨나 좀 말씀해 주세 요, 대통령님.

탈북어민 북송사건 이것 살인행위입니다. 공권력이요…… 우리 대한민국 국민입니다, 탈북 자들. 그 사람들을 꽁꽁 묶고 눈을 가려서 판문점 북한 병사에게 호랑이 굴에 던져 넣은 이런 참혹한 사건이 이 백주 대한민국, 21세기 대한민국, 민주정권, 민주공화국에서 이게 벌어진 일입니다! 대한민국으로 데려와서 재판받아야지요. 사형 선고하면 될 것 아닙니까, 혐의가 입 증이 되면? 대한민국 국민은 대한민국에서 재판을 받을 권리가 있습니다.

유재수 얘기가 나왔으니까 조금 더 얘기하겠습니다.

유재수는 행시를 하고 과거 홍재형 전 경제부총리 비서관이었습니다. 홍재형 부총리는 훗날 지금 현재 여권의 국회의원도 하신 분이지요.

저는 유재수 전 국장에 대한 기억이 상당히 강하게 남아 있습니다. 상당히 유능하고 민첩한 엘리트 공무원이었습니다. 누가 추천했는지는 모르지만 아마 홍재형 부총리가 아꼈으니까 여권의 홍재형 부총리가 추천하셨는지도 모르지요. 모르지만 어찌됐거나 유재수는 일약 청와대로 들어가게 됩니다. 참여정부에서 대통령을 지근거리에서 보좌하는 청와대 1부속실 행정관으로 발탁됩니다.

경제학과를 졸업해 행정고시에 합격한 유재수는 운동권 주사파들과는 달리 실물경제와 국제경제에 밝아 노무현 대통령의 눈에까지 들었다고 합니다. 노 대통령이 경제 관련 회의에 유재수를 임의배석시키기까지 했다는 일화는 유명합니다.

언론보도에 따르면 당시 민정수석이었던 문재인 대통령도 유재수가 사석에서 재인이 형으로 문 대통령을 부를 정도로 친한 사이였다고 하지요. 노무현 청와대에서 참모를 겸한 유능한 문지기였다고 합니다.

저는 그 당시에 유재수 비서관을 몇 차례 만난 적이 있습니다. 노 대통령이 읽을 서적을 골라 주는 역할을 했다고 저한테 털어놓은 적이 있습니다. 노 대통령에게 이런저런 책을 추천해 줬다, 권해 드렸다 이런 말을 제가 직접 들었습니다.

그는 미국 미주리주립대 경제학박사입니다. 세계경제의 거시적 흐름과 세계 시장경제의 메커니즘을 잘 아는 사람이었으니까 후에 '세계를 뒤흔든 경제 대통령들' '다모클레스의 칼' 등의 경제서를 집필하기도 했습니다. 이 책을 좀 팔다가 또 이번에 검찰에 적발이 됐다고 하지요.

실제로 참여정부의 경제정책에서는 한미 FTA 체결을 비롯해 실용적인 측면도 엿보입니다. 이라크 파병으로 한미동맹 강화를 꾀하기도 했습니다. 맹목적인 사회주의 좌파 경제정책을 추진하는 문재인 정권과는 달리 참여정부의 경제정책은 꼭 극단으로 치닫지만은 않았습니다. 균형 잡힌 경제정책에 저는 유재수 국장이 어느 정도 일조하지 않았나 이런 생각을 합니다.

문재인 대통령은 참 걱정입니다. 대통령이 휴가 중에 읽었다는 책의 수준이 참으로 기가 막힙니다. 대한민국 건국의 정당성과 성공의 역사를 모두 부정하는 도올과 같은 극단적 비주류 좌파의 책들뿐입니다. 책 3권이 전부 도올 책입니다. 대한민국 국민들이 도올 책만 읽으라는 겁니까?

책의 내용도 가관입니다. '남북이 같이 도망가서 애를 낳으면 된다', 이게 정말 애들한테도 참 읽히기 민망스러운 책 아닙니까? '김정은은 내가 사랑하는 사람' '김정은은 너무 순진하다' 등의 상식 이하의 망상을 담고 있습니다.

더구나 도올은 이승만을 국립묘지에서 파내 버려야 한다고 주장했던 사람입니다. 이승만이 아니었다면 지금 도올은 어디에 있었겠습니까? 북한의 어디에 있지 않았겠습니까? 북한의 어느 대학에서 강의를 하고 있었을까요, 아니면 바른말하다가 어디 가서 탄압받고 있었을까요?

대통령이 신간을 일일이 다 뒤져 볼 만한 한가한 자리가 아니니 이런 책을 추천해 준 비서도 있을 겁니다. 참으로 이런 비서가 있다는 것이 참 개탄스러울 뿐입니다. 도올 책이나 추천하는, 유재수보다 훨씬 못한 참모들이 대통령 주변을 에워싸고 있으니 나라가 이 지경인 것이 무리가 아닙니다.

대통령에게 제발 '노'라고 말하는 참모가 있어야 됩니다. 대통령이 '공수처 그것 좋지 않아? 왜 반대하나, 야당은? 설득해서 좀 밀어붙여 봐' 이렇게 얘기하더라도 '대통령님, 안 됩니다. 이것은 안 되는 겁니다' 이렇게 직언하는 참모가 있어야 되는 겁니다. 예스맨만 있으니까 지금 이 지경이 난 것 아닙니까? 이 원망과 분노, 이 한을 대통령이 나중에 혼자 어떻게 다 감당하시려 합니까? 대통령 참모들 중에는 대통령의 눈과 귀를 가리고 현실과 동떨어진 판단을 내리도록 몰아가는 간신배들밖에 없는 현실입니다.

공수처법은 얘기 안 해도 위헌입니다. 헌재를 믿지 않으니까…… 위헌 판결은 미루겠지요. 헌법재판소 재판관들 임기 6년 동안 아마 결정 안 할 겁니다. 그러나 속으로는 부끄러울 겁니다.

지금 주승용 부의장님과 바른미래 박주선·김동철 의원[4]도 공수처 반대에 동참하셨습니다. 옥상옥이 불필요하다, 검찰수사, 여권에 대한 수사 잘하고 있는데 공수처가 있으면 그런 수사가 가능하겠느냐 이런 말씀입니다. 박주선 의원께서는 검경수사권 조정이 되는데 공수처를 굳이 설치할 필요가 없다, 공수처에 동의할 수 없다고 말씀하셨습니다.

검경수사권 조정만 해도 이것은 큰 역사적인 변화입니다. 우리 여당은 여기에 자족하실 줄 알아요. 너무 스윙이 크면 부러집니다. 체력에 맞게 바꾸어야지요.

동기가 불순합니다. 왜 하필 조국 수사, 정권 스캔들이 터져 나오니까 개혁, 개혁 하면서 이 난리를 치는 겁니까? 왜 정권 초기에 하지 그랬어요? 동기의 순수성이 의심받는 겁니다. 불순한 겁니다. 동기가 불순하니까 국민들이 못 믿는 겁니다. 저희가 못 믿는데 어떻게 국민들이 믿겠습니까? 아까 송기헌 의원님께서 믿어 달라 그러는데 믿을 수가 없어요. 믿을 만한 근거를 저희가 찾지를 못하겠습니다.

박주선 의원님은 아주 유능한 검사셨지요. 검사의 비리를 찾겠다면 상설특검제도가 이미 있다, 이를 한 번도 이용하지 않았으면서 옥상옥 수사기관이 왜 더 필요하냐? 지금도 청와대와 여당이 윤석열, 검찰을 코너로 몰고 있다, 공수처가 있었으면 이미 수사검사들 다 뒷조사 시켰을 거다……

김동철 의원께서도 무능하고 독선적인 문재인 정권에 현재 검찰 혼자 맞서는 상황, 공수처

---

4 김동철 의원: 바른미래당(광주 광산구갑) http://www.kdc2000.com

가 있다면 검찰수사가 진행될 수 있었겠느냐? 김동철 의원님은 이런 사안을 통과시키려면 어떻게 하든 야당과 합의하고 합의가 안 되면 기다려야 한다, 표결로 밀어붙이는 건 잘못된 거다……

이번 국회에서 통과시키면, 안 되는 이유를 좀 한 가지라도 알려 주세요. 이게 다음 총선, 총선 끝나고 하면 안 됩니까? 나라가 뒤집어집니까?

(「정권 비리 무마해야지요」 하는 의원 있음)

정권 비리 무마해야 되는 게 정답이지요?

주승용 부의장님, '너무 강하면 부러질 수 있다', 제 생각과 똑같습니다.

검찰은 지금 많은 걸 양보했습니다. 경찰에 많은 걸 양보했어요. 민주당이 주장하는 개혁의 방향이 맞다면, 그것이 개악이 아니고 진정한 개혁이라면, 저는 지금 방향은 개악이라고 봅니다. 개혁이 맞다면 서서히 가야지요. 이렇게 급진적으로 가면 이런 민주당을 급진좌파라고 그럽니다. 좌로 100m 달리기하듯이 달려가는 급진좌파, 그 말을 들어도 무방한 거지요.

(영상자료를 보며)

위헌에 대해서 제가 이미 지난 운영위에서 지적한 바가 있습니다. 경희대 법학전문대학원 헌법학 석좌교수이신 허영 교수님이라고 있습니다. 여러분 다 아실 거예요. 우리나라 헌법의 아주 권위자십니다. 아주 중립적이시고 과거에 어떤 정치적 스캔들이나 정치적 편향성을 보이신 분이 아니에요. 이런 분이 신문에 공개적으로 공수처가 위헌이라고 지적하셨습니다.

우리 헌법에 국무회의 심의를 거쳐 임명하는 수사기관의 장은 검찰총장이 유일합니다. 검찰총장은 헌법에 근거를 둔 법률상의 기관이다, 국무회의 심의를 거치는데 이게 헌법에 나와 있습니다, 검찰총장이. 89조.

공수처를, 공수처장을 임명하려면 개헌을 해야 돼요. 그런데 검찰총장은 법에 검사의 총책임자이며 헌법상 범죄수사와 기소의 총책임자로 되어 있는데 헌법에 근거도 없이 검찰총장보다 상위 슈퍼 수사기관을 두는 것이 이게 말이 됩니까? 이것은 명백한 위헌입니다.

게다가 24조 2항에 인지하면 바로 갖고 와라, 바로 보고해라, 이게 말이 됩니까? 이런 몰상식한…… 뭐 1+4인지 4+1에서, 거기에 법조인도 참여했다고 하는데 참으로 개탄스럽습니다. 법률가들이 아닙니다.

어떻게 헌법에 근거도 없는 공수처가 검찰총장의 수사권까지 제한할 수 있습니까? 게다가 수사권과 기소권을 갖는 검찰과 공수처를 함께 두는 것은 정부조직의 기본 원칙인 효율성과 중복 설치 금지 원칙에도 위반합니다.

아까 처장의 임명 문제점은 지적한 바 있고, 논의되던 국회 임명 절차도 다 빼 버리고 그냥 강행하겠다는 거지요. 총선해서 여당 둘하고 야당 쪼개 가지고 7명 중 6명 해 가지고 그냥 우리 입맛에 맞는 꼭두각시 하나 임명하겠다, 누가 봐도 이런 것 아닙니까? 국민이 개돼지가 아닙니다. 우리 국민들 다 이승만 대통령 때문에 초등학교 의무교육 받은 사람들입니다. 국민들을 졸로 보지 마세요.

(「공수처검사 비리는 누가 수사하는지 한번 물어보십시오」 하는 의원 있음)

공수처를 감시할 수 있는 제도도 없고 공수처가 부패하면 또 공공수사처를 만들겠지요.

자, 우리 민주당의 조응천[5]·금태섭 의원도 다 반대하고 권은희 의원님도 다 반대하는 게 지금 현재 모습의 공수처입니다. 괴물 된, 개혁이 아니라 후퇴, 개혁의 후퇴라고 얘기하고 있습니다.

문재인 대통령께서는 전에 TV 쇼에서 대통령 친인척도 수사하는 게 공수처라고, 그러면 특별감찰관 빨리 임명하세요. 특별감찰관도 임명 안 하면서 왜 그런 엉터리 선전을 하십니까?

공수처는 위헌이고 외국의 모범적인 사례도 없을 뿐더러 사실상 판검사 잡아넣겠다, 현 정권에 불리한 수사·재판 막겠다, 협박해서 조국 풀어 주듯이 판검사들 다 옭아 넣겠다, 판검사 사찰하겠다, 판검사사찰처, 검찰수사검열처, 수사은폐처, 정적공포처입니다. 문재인 대통령의 훗날 안위만을 보전하기 위한 참 어처구니없는 제도입니다.

피의 숙청 작업을 벌여 전직 대통령 2명을 포함한 고위공직자 100여 명을 사법 처리했던 문재인 정권입니다. 형량이 130년이 넘습니다. 이재수 장군을 비롯해 수많은 분들이 특검의 조사과정에서 스스로 목숨을 끊었습니다. 그 잔인한 폭압 정권이, 폭압 정치가 공수처를 정적 말살과 측근 비리 은폐에 악용하리라는 것은 불 보듯 뻔한 일입니다. 삼척동자도 다 압니다.

특별감찰관은 정권 4년 차가 다 될 동안 임명하지 않고 있습니다. 백번을 양보해 문재인 정권이 공수처를 악용하지 않는다고 수없이 약속을 하더라도 사람을 믿을 수 없습니다. 기본 적으로 제도는 사람의 선의에 기대서 설계되어서는 안 됩니다. 어떤 사람이든지 악용할 수 있 다라는 가정하에 제도를 만들어야 됩니다. 왜? 권력을 주는 거기 때문에, 국민의 인권을 침해 하고 국민의 혈세를 모아서 만드는 제도이기 때문입니다. 그 권력기관에 대한 제동장치는 아 무리 철저하게 두더라도 지나치지 않는 겁니다.

아까 송 의원님께서 불완전하지만 일단 출범시키자는 그런 취지로 말씀하셨는데 저는 거기 에 동의할 수 없습니다. 완벽하게 만들고 출범시켜야지요.

(「나라가 시험 대상이냐」 하는 의원 있음)

대한민국은 막강한 권력을 가진 제왕적 대통령을 지닌 국가입니다. 역대 정권들은 검찰 하 나만 가지고도 사실상 무소불위의 막강한 권력을 행사해 왔습니다. 그런데 공수처라는 권력기 관이 하나 더 생기면 이제 양손에 검찰과 공수처의 칼을 들고 휘두르게 될 것이 자명합니다. 공수처는 검찰개혁을 위한 것이 아니라 청와대와 문재인 정권의 비리를 덮기 위함입니다.

---

5 조응천 의원: 더불어민주당(경기 남양주시갑) http://blog.naver.com/chopros

이번 24조 2항은 참 어처구니가 없는 조항입니다. 또 이첩하라고 하면 즉시 이첩토록 한 조항도 참 말도 안 되는 독소조항인데 그것도 모자라서 하룻밤 사이에 밀실에서 뚝딱 집어넣었습니다.

중요한 법은 국회에서, 상임위에서 법안소위를 거치고 법제사법위원회를 거치고 또 필요하면 본회의에서 토론을 하고 그렇게 결정이 됩니다. 지금 이게 됩니까? 이렇게 날치기, 벼락치기…… 학생들은 시험을 당일치기한다는 말도 있지만 이렇게 법을 뚝딱, 무슨 공장에서 뭐 찍어내듯이 이렇게……

(「여러분들이 안 해서 패스트트랙에 들어온 것 아니에요?」 하는 의원 있음)

그러면 어저께 만든 거는 뭐예요, 도대체? 처음부터 넣었어야지, 패스트트랙 처음에 넣어야지. 말 같은 소리하지 말고 입 다물어요!

(「무슨 소리 하는 거예요, 지금!」 하는 의원 있음)

(장내 소란)

자, 검경이 살아 있는 권력의 범죄를 수사하면 공수처가 사건을 이첩받아 깔아뭉개 버리는 등 멋대로 할 수 있게 한 것도 심각한 문제인데 그에 대해 검경의 범죄 인지 단계부터 공수처가 보고받고 통제하겠다는 발상은 참으로 어처구니가 없습니다. 처음부터 공수처가 검찰과 경찰의 수사를 사전 검열하고 주무르겠다는 것입니다. 이런 제도가 있다면 지금 대통령의 형, 동생, 친구들이 다 문제가 되고 있는데 이런 비리들을 과연 누가 수사할 수 있겠습니까?

검찰개혁은 바로 청와대가 검찰 인사에서 완전히 손을 떼는 겁니다. 미국 대통령이 검사 인사하고 검찰총장 임명한다는 얘기는 못 들어 봤습니다. 검찰의 정치적 중립을 보장하고 윤석열 검찰총장 같은 사람을 발탁하고 키우는 것이 우리 검찰을 바로 세우는 것입니다.

최근에 저는 검찰의 견제는 일본식으로 가야 된다 이렇게 주장합니다. 평소에 그런 생각을 하고 과거 사개특위에서 문무일 총장께도 제가 질의한 바 있습니다. 민생수사는 경찰에 맡기고 거대악, 대기업, 정치인 이런 특수수사는 검찰이 하도록 하자. 일본은 얼마나 지금 검경이 서로 경쟁적으로 합리적으로 수사를 잘 하고 있지 않습니까?

최근에 아, 몇 년 됐네요. 일본을 뒤흔든 록히드 사건 주임검사, 지휘검사가 나란히 영면했습니다. 이 사람이 다나카라는 천하의 거물 정치인을 구속시킨 사람입니다. 일본 항공 ANA에 록히드 항공을 구입하도록 영향력을 행사하는 대가로 다나카 전 수상이 5억 원의 뇌물을 받은 혐의로 구속이 됐어요. 이 주임검사, 이 검찰총장이 바로 일본 검찰의 상징입니다.

국민에게 친절한 민생수사는 경찰에 맡기고 그리고 좀 더 법률적인 지식이 있는 검사들이 법률적인 조언 그리고 수사를 잘할 수 있는 수사지휘를 하고, 거대악은 검찰이 직접 하는 방향으로 수사권, 검경수사권을 조정한 것만 해도 저는 큰 진전이라고 생각합니다. 그런데 또 여기에 공수처라는 괴물을 만든다면 그것을 누가 진정성을 믿어 주겠습니까?

지금 대통령이 직접 임명하는 검찰총장도 모자라서 또 대통령이 직접 임명하는 공수처장을, 공수처를 또 두겠다고 합니다. 공수처가 있었다면 지금의 유재수 감찰무마 사건, 우리들병원 사건, 울산 부정선거 사건들이 수사가 제대로 되었겠습니까? 모두 덮였을 것이 불문가지입니다.

집권 여당이 바라는, 민주주의가 형식적으로만 존재하는 좌파의 세상이 만들어지는 것입니다. 민주당이 급조해서 만들어낸 수정안은 공수처를 이렇게 권력의 하수인으로 더욱더 강화시키겠다는 것입니다. 그것을 검찰개혁이라는 미명하에 포장해서 국민이 속아 넘어갈 것으로 생각하고 있습니다.

일본의 경우 검경수사권 조정과 관련해 경찰에 1차 수사권을, 검찰에 2차적 보충적 수사권을 부여하고 검찰의 경찰수사 지휘는 제한적으로 인정하고 있습니다. 일본은 경찰은 제1차적 수사기관으로 하고 검사에게도 필요한 경우 수사권을 부여하고 있으므로 양자의 관계는 원칙적으로 협력 관계가 되는 것입니다.

일본 경찰은 판사에게 체포영장을 청구할 수 있는 권리를 인정하고 체포영장에 따라 경찰은 피의자의 신변을 48시간 확보할 수 있고 이어서 정식 영장신청을 검사가 함으로써 경찰수사의 독자성과 검사의 수사지휘를 효율적으로 조화시키고 있는 것입니다.

그러나 공소권 행사는 검사의 전속에 속하고 공소제기 적부가 수사에 의존하고 있으므로 검사에게 사법경찰 직원에 대한 지시권과 지휘권을 부여하고 있습니다. 사법경찰 직원의 복종 의무도 인정하고 있습니다. 이 지휘권을 보장하기 위해 일정한 경우 사법경찰에 대한 징계 발의 및 교체 임용 요구 권한을 검사에게 인정하고 있습니다.

대통령이 지명하는 공수처장 후보자에 대해 국회가 총리 후보자처럼 임명동의안을 표결로 처리해 대통령이 야당을 조금이라도 의식하도록 하자는 내용의 바른미래당 법안은 묵살되었습니다. 기소권 행사에 앞서 기소심의위원회 심의를 거치는 등 공수처 수사의 문제를 한 번 정도 스크린하는 시스템을 만들어 놓자는 제안도 외면당했습니다. 민주당이 공수처 법안을 패스트트랙에 태울 때는 바른미래당의 동조를 얻기 위해 그들 법안도 함께 올려놓았을 뿐 여측 이심, 즉 화장실 갈 때와 나올 때가 다른 이중성을 보인 겁니다. 그런데도 바른미래당 당권파의 태도는 참으로 추할 뿐입니다. 문재인 권력이 조금이라도 불편할 수 있는 그 어떤 것들도 사전에 배제하겠다는 겁니다. 이중 삼중으로 공수처의 권한을 강화하고 검찰의 권력을 형해화 시키는 그런 제도적 장치를 급조해서, 아니면 오래전부터 준비했다가 패스트트랙 막바지에 급행열차에 태워서 강행처리하겠다는 그런 의도를 드러낸 것입니다.

공수처장 임명은 인사청문회를 거치게 되어 있지만 지금 인사청문회가 효율적으로 되고 있습니까? 조국 장관을 보세요. 인사청문회 통과했지 않습니까? 그런데 지금 영장실질심사를 받는 처지에 놓여 있었습니다. 이것이 인사청문회가 제대로 작동하고 있는 겁니까? 여당이 꼭 필요한 증인조차 부르기를 거부하고, 그때는 어떻게 또 여야 합의, 간사 간 합의는 또 그렇게 잘 지켰습니까. 그래 놓고 지금 국회 본회의에 교섭단체 간 합의가 지금 말뿐이지 그것이 실천이 되고 있습니까?

지금도 방송통신위원회 등 이루 말할 수 없는 위원회, 부처 장관들을, 자격미달의 장관을 코드가 맞다면 무조건 밀어붙이는 정권인데 공수처장이라고 다르겠습니까? 정권의 시녀를 앉혀 놓을 것이 뻔합니다. 공수처검사 자격도 원안보다 훨씬 완화해서 권력이 좌파의 숙주격인 민변의 젊은 변호사들을 대거 공수처검사로 임명할 수 있는 공간을 터놓았습니다. 정권이 코드·이념이 같은 좌파 변호사들을 공수처검사로 변신시켜 그들에게 수사를 맡길 게 분명한데 그때 무슨 일이 일어날지 불문가지입니다.

현 정권 측의 범죄 봐주기, 과거 정권과 맥이 닿은 야당, 즉 먼지털이가 일어날 것입니다. 이것은 권력이 검찰을 사유화하는 것이지, 검찰 개악이지 어떻게 검찰개혁입니까? 진정한 검찰개혁이 무엇입니까? 검찰 등 수사기관이 권력의 눈치를 보지 않고 독립적으로 수사를 진행하는 것, 수사에 있어서 어떤 성역도 두지 않고 철저히 수사하는 것, 그리고 그들 수사기관이 정치적으로 중립을 지킬 수 있도록 보장하는 것, 그것이 참된 개혁입니다.

문재인 정권이 만들려고 하는 공수처는 이 원칙에 정면으로 어긋나는 것입니다. 그것은 개혁이 아니고 개악입니다. 청와대와 민주당이 말하는 검찰개혁은 겉 포장이고 속내는 모든 수사기관의 장악이고 검찰의 무력화입니다.

공수처는 세계 어느 곳에도 비슷한 예가 없습니다. 딱 하나 비슷한 조직이 소설에 등장합니다. 조지 오웰의 소설 '1984'에서 빅 브라더는 진리부라는 것을 둡니다. 말이 좋아 진리이지 사실은 세상에 존재하는 모든 정보를 빅 브라더 입맛에 맞게 왜곡하고 통제하는 일을 맡는 것입니다. 청와대와 민주당이 만들려는 공수처가 빅 브라더의 진리부와 무엇이 다르겠습니까? 공수처는 정권을 비호하고 야당을 탄압하는 도구가 될 것이, 사법부를 탄압하는 도구가 될 것이 뻔합니다.

선거법을 강탈해 21대 국회를 장악해 운동권 주사파 이념으로 가득 찬 이들로 국회를 채우고 사회주의적 법률을 양산해서 자유민주주의와 시장경제에 족쇄를 채우려는 민주당의 야욕을 자유한국당은 막아낼 것입니다.

반대 세력, 견제 세력이 국회에서 수의 열세에 놓여 있습니다. 지금 상황은 저희가 아무리 어떤 비판을 해도 소용이 없습니다. 국민들께서 막아 주셔야 됩니다.

선거법은 이미 강행 처리했고 앞으로 내일모레면 공수처법안을 또 패스트트랙에 태워서 강행 처리할 것입니다. 21대 국회에서도 이런 동물국회가 계속 연출될 것입니다. 비판과 견제는 유명무실해지고 매일 사회주의적 법안이 공장에서 제품 찍어 나오듯이 매일매일 생산되는 국회가 될 것입니다. 의회민주주의는 종말을 고하게 될 것입니다. '1984'의 빅브라더 세상이 21세기 대한민국에서 펼쳐질 것입니다. 민주주의의 생명인 자유와 비판과 견제가 억압당할 겁니다.

이 정권이 얼마나 집요하게 자신들이 미운 사람들을 공격하는지 제가 하나 예를 들까 합니다.

과거에 저는 조선일보 편집국장 시절 검찰총장인 채동욱 검찰총장의 혼외자 문제를 특종 보도한 바 있습니다. 저희 특별취재부 수 명의 취재부 기자들이 오륙 개월 동안 발로 뛰어서 바닥을 훑어서 찾아낸 쾌거였습니다. 한국언론상을 2개나 받았습니다.

그러나 당시에 민주당 태도는 어땠습니까? 본회의에서 면책특권을 빙자해서 조선일보의 특종 보도가 청와대에서 나온 것이라고 모함하고 거짓 선동을 했습니다. 그 뒤에 어땠습니까? 그 뒤에 두 차례, 세 차례나 검찰에서 이 채동욱 사건을 뒤지고 또 뒤졌습니다. 박근혜정부 때도 검찰이 뒤졌고 결국은 검찰에서 조선일보의 보도가 사실이며 그리고 어떤 권력기관으로부터도 조선일보 기자들이 정보를 받은 것이 없다는 사실이 명명백백히 드러났습니다. 에도 불구하고 이 정권 들어서도 두 차례에 걸쳐서 무슨 조사위원회를 만들어서 이 기자들을 뒤지고 언론 보도를 또 캐고 또 캤습니다.

그러나 드러난 게 저희가 처음부터 주장한 대로 채동욱 혼외자 문제는 정권 어떤 기관으로부터도 손톱만한 정보도 받지 않은 순수한 우리 취재 기자들의 땀과 눈물로 만든 특종입니다.

인사청문회를 거친 검찰총장이지만 혼외자 문제 하나 밝히지 못하는 이런 엉터리 청문회가 지금 현재 우리 국회 청문회입니다. 그때, 지금은 여권이지만 당시 야당에서는 채동욱 총장을 놓고 파도 파도 미담만 나온다고 얘기했습니다. 저는 그때 당시 몇몇 야당 의원들은 채동욱 총장의 혼외자 문제를 알고 있었다고 그렇게 생각하고 있습니다. 약점을 가진 총장은 그 약점에 끌려가게 됩니다. 자신이 마치 무슨 권력의 피해자라고 호도하고 있지만 진실은 하나입니다.

사법개혁 검찰개혁과 관련해서 한 가지 아이디어를 제가 던집니다.

외국…… PPT를 한번 보여 주십시오.

(영상자료를 보며)

지금 우리나라의 사법부, 법원이 얼마나 정치적 영향력에 좌우됩니까?

지금 스위스, 독일, 네덜란드는 다 대법원과 정치 수도를 분리해 놓고 있습니다. 그 이유는 간단합니다. 정치의 중심지에서 대법원을 분리시켜야 정치적 영향력에서 법원이 독립될 수 있다는 논리입니다. 물론 지역 균형발전도 한몫을 하고 있습니다.

법원을 이제 정치적인 정쟁에서 우리가 놓아줘야 됩니다. 여든 야든 제발 판사, 검찰에 이런 저런 비난, 호도 이런 것 이제 그만해야 됩니다.

우리 국회의원들 스스로 실천해야 될 일들이 많습니다. 왜 이런 것은 하지 않고 엉뚱한 공수처를 만들어서…… 도대체 저는 그 발상이 참으로 기이하고 참으로 불손할 따름입니다.

서초동이 매일 시위대의 공격을 받고 헌법재판소도 마찬가지고 판검사들이 자신의 안위를 걱정할 이런 영향이면 거기에 어떻게 사법의 독립, 검찰 수사의 독립성이 확보될 수 있겠습니까?

이런 제도적인 제안도 제가 한번 해 봅니다.

지금 우리가 화제가 되고 있는 윤석열 총장 이야기로 마무리를 하겠습니다.

(주간지를 들어 보이며)

최근에 한 주간지에 올해의 인물로 윤석열을 이렇게 등장시켰습니다.

윤석열이야말로 정말 온 진영의 욕을 한몸에 받은 사람 아닙니까? 박근혜 전 정부를 수사할 때는 얼마나, 대한민국의 절반으로부터 가장 많은 욕을 먹고 지금은 또 반대가 되었습니다.

본인 스스로 지난 10월 17일 대검찰청에서 열린 국회 법사위 국정감사에서 '윤석열이라고 인터넷에 쳐 보면 이런 사건 할 때는 이쪽 진영 또 이런 사건을 수사할 때는 이쪽 진영 해서 입에 담을 수 없는 그런 비난을 했지만……' 이렇게 이야기했습니다.

며칠 전에는 한겨레신문에서 윤 총장이 건설업자 윤 모 씨로부터 별장 접대를 받았다는 사실을 암시하는 기사를 보도했는데 윤 총장이 즉각 이 쓴 기자를 고소했습니다. 이것 오보지요. 왜? 검찰총장이 아직도 안 쫓겨나고 있지 않습니까?

이런 대형 오보를 낸 신문의 편집국장이 아직도 건재하고 사장이 아직도 독자들과 국민들에게 사과하지 않는다는 것이 저는 정말 상식적으로 납득이 가지 않습니다.

제가 채동욱 총장 특종보도를 할 때 그때 담당 부장이 그날 밤에 저한테 찾아왔습니다. 보도를 결정하기 전입니다. 제가 그랬습니다, 정권현 특별취재부장에게. '이 보도가 만약 오보면 우리는 둘 다 사표를 써야 된다' 이렇게 얘기했습니다. 그랬더니 정권현 부장이 저한테 이렇게 얘기했습니다. '국장, 사표가 아니고요 우리는 둘 다 감옥에 가게 됩니다' 이렇게 얘기했습니다. 그러나 사실임을 저는 확신했기 때문에 그 보도를 실을 수가, 그 기사를 실을 수가 있었던 겁니다. 조선일보는 이런 오보를 하는 신문은 아닙니다.

지금 올해의 인물로 등장할 정도로 윤석열 총장은 온 국민의 관심사가 되고 있습니다. 본인은 얼마나 힘들겠습니까? 그 막강한 권력에 맞서서 박근혜 정부에 대한 수사 이후 정권이 교체돼 문재인 대통령이 된 이후에 그가 서울중앙지검장으로 파격 임명되었을 때는 한쪽에서는 보수를 궤멸시키려는 문재인 정권의 코드인사라고 비난했습니다. 그랬던 보수 측은 지금은 윤 총장을 향해 절대 물러서지 말라고 응원의 메시지를 보냅니다. 지금은 완전히 반대가 됐습니다. 이런 사람이야말로 진정한 검찰개혁의 적임자입니다. 정치적 중립을 지켜 낼 수 있는 사람입니다. 이런 사람을 우리가 보호해야 됩니다.

조선일보가 보도한 채동욱 혼외자 특종보도로 채동욱 총장이 옷을 벗고 그 뒤에 댓글수사

팀장을 맡은 윤석열 총장만 외롭게 남았습니다. 그때 그는 국정감사장에서 수사 외압을 폭로하며 검찰 선배인 서울중앙지검장과 설전을 벌였습니다.

지금 윤석열은 정권의 칼잡이에서 이제는 정권의 대항마로 떠올랐습니다. 윤 총장에 비판적인 이들은 그가 오로지 검찰만 생각하는 검찰주의자가 아니냐라고 비난을 합니다. 그러나 윤 총장을 잘 아는 인사들은 그를 원칙주의자라고 합니다. 윤 총장은 스스로 헌법주의자라고 표현합니다.

누가 뭐라든 검찰은 검찰의 길을 가고 있는 것입니다. 우리 사회가 한 단계 진화하고 있다고 저는 생각합니다. 이 윤석열표 수사가, 박범계 의원께서는 윤석열표 수사가 섭섭하다고 하셨지만 저는 윤석열표 수사야말로 우리 검찰개혁의 진정한 개혁의 길로 가고 있다, 진정한 검찰개혁의 방향을 보여 주고 있다, 정말 실로 오랜만에 보여 주고 있다 저는 이렇게 생각을 합니다.

이제 똑같은 말씀을 드립니다. 상식으로 좀 돌아갔으면 좋겠습니다. 공수처, 이것은 아니지 않습니까. 여권 내에서도 지금 이탈이 생기고 있습니다. 이런 분들의 목소리를 좀 귀담아들어 주세요. 이것 좀 안 하면 안 됩니까?

여당 의원님들, 이것 꼭 해야 됩니까?

(「예」 하는 의원 있음)

30일 날 꼭 그렇게 몸싸움해서 강행 처리하고 경호권 발동해서 야당 의원들 끌어내고 그렇게 통과시켜야만 직성이 풀리시겠습니까?

(「몸싸움 하지 않으면 되잖아」 하는 의원 있음)

(「누가 몸싸움했던 거예요?」 하는 의원 있음)

(「표결해요, 표결, 싸움하지 말고」 하는 의원 있음)

패스트트랙까지 온 것 자체가 불법입니다.

(「그 당시 대표가 2012년도에 공동 발의한 겁니다」 하는 의원 있음)

(「야당들 생각은 안 해?」 하는 의원 있음)

(「반성해!」 하는 의원 있음)

(「영원한 집권당 아니야?」 하는 의원 있음)

마무리하겠습니다.

정부 여당은 헌법에 주어진 권력인, 권한인 검찰총장직이 마치 무소불위의 권력을 휘두르는 것처럼 국민들을 선동하고 있습니다. 개혁의 상징에서 하루아침에 개혁의 대상으로 전락시켰습니다. 우리 헌법에는 각 분야 기관마다 기능과 전문성을 고려해 여러 형태와 절차를 거쳐 권력을 구성하고 있습니다. 대법원장, 장관, 국무총리 모두 마찬가지입니다.

그 정당한 권한을 깔아뭉개겠다고 박근혜 전 정권의 비리를 수사할 때는 박수를 치다가 그리고 2년 동안 침묵하고 있다가 이제 그 검찰의 칼이 자신들의 목을 향하자 정당한 검찰을 깔아뭉개겠다고 지지자들에게 총동원령을 내려 수사 중인 검찰을 협박하고 있는 것이 민주당과 문재인 정부입니다.

민주당과 문재인 정부야말로 반헌법적인 처사가 아닐 수 없습니다. 정말 도둑이 수사하는 경찰을 바꾸려 드는 격입니다. 법치주의를 무시해도 정도가 있습니다. 사람을 향해 충성하지 않는다는 윤석열 검사에게 기어이 사람에게 충성하라고, 문재인에게 충성하라, 당신을 검찰총장으로 지명해 준 문재인에게 충성하라고 강요하고 있는 것이 바로 이 정부 여당입니다. 중국 문화혁명 때의 홍위병 때와 다름이 없습니다.

윤석열 검사는 전 정권의 대통령을 감옥에 보내고, 그것도 두 명이나 보냈습니다. 현재는 온갖 고초를 겪으면서도 살아 있는 권력의 심장부를 겨누고 있습니다. 이런 윤석열이야말로 사법개혁의 최종 진화형이라고 저는 생각합니다.

조국 장관을 임명하면서 청와대와 민주당은 뭐라고 그랬습니까? 검찰개혁을 할 사람이다, 검찰개혁의 적임자다. 조국도 그랬지 않습니까? 내가 며칠을 하든지 검찰개혁을 하겠다, 그래서 한 게 언론 통제입니까? 기자들 검찰에 못 들어가게 하고 막고 그것이 정말 치졸한 이 정권의 대책입니까? 그게 검찰개혁입니까? 조국을 포토라인에 세우지 않으려고 그게 검찰개혁입니까?

수사 리크(leak) 한다고 개탄하셨다는데 박근혜 특검 때는 1일 브리핑을 했어요, 1일 브리핑을. 기자들이 수사하고 나오는 피의자들, 변호사들……

■**부의장 주승용** 강효상 의원님, 제가 마무리할 시간을 갖기 위해서 발언을 좀 마무리해 주십시오.

■**강효상 의원** 몇 분 남았습니까?
(「한 시간만 더 줘요, 한 시간」 하는 의원 있음)

■**부의장 주승용** 지금 2분 남았습니다. 제가 마무리를 해야 되는데……

■**강효상 의원** 예, 알겠습니다.
(「한 시간만 더 줘요」 하는 의원 있음)

■**부의장 주승용** 자동으로 끝나 버려요. 제가 마무리할 시간을 줘야지, 저도……

(「인간미가 없어요」하는 의원 있음)

(「일침을 날리세요, 일침을 날려」하는 의원 있음)

■**강효상 의원** 그 사법개혁의 주체는 온갖 편법과 불법을 넘나들면서 더러운 방법으로 출세와 가족의 영달을 도모한 조국이 아니지요. 조국이 아니지 않습니까? 여러분 동의하시지요?

(「맞아요, 맞아」하는 의원 있음)

개혁의 주체는 사람에게 충성하지 않고 정치 논리에 휘둘리지 않고 자유민주 파괴와 시장경제 질서 교란 그리고 권력을 이용한 사익 추구에 대해서 철퇴를 내리는 바로 윤석열 검찰총장입니다.

(「마이크 끄세요!」하는 의원 있음)

(「시간 다 됐습니다」하는 의원 있음)

윤석열이 사법개혁의 적임자라는 말은 정확히 두 달 전……

■**부의장 주승용** 강효상 의원님……

■**강효상 의원** 대통령을 비롯한 정부 여당 인사들이 윤석열 총장을 지지하면서 해 왔던 말입니다.

■**부의장 주승용** 강효상 의원님……

■**강효상 의원** 제발 지금이라도 문재인 대통령과 민주당은……

(「의장님, 나가시면 됩니다」하는 의원 있음)

바른말에, 올바른 말에 나라를 걱정하는 말에 귀를 기울이시기 바랍니다.

(「그만 해!」하는 의원 있음)

(「마이크 끄세요!」하는 의원 있음)

(「계속하세요」하는 의원 있음)

■**부의장 주승용** 강효상 의원님, 토론을 중지하여 주시기 바랍니다.

■**강효상 의원** 알겠습니다.

■**부의장 주승용** 의원님, 자정이 넘었습니다.

■**강효상 의원** 공수처는……

(「마무리하세요, 준비한 것, 국민들이 지켜보고 있어요!」 하는 의원 있음)

■**부의장 주승용** 국회법에 따라서 임시회 회기가 종료되었기 때문에 더 이상 회의를 진행할 수가 없습니다.

(「여당이 방해했잖아요, 필리버스터는 야당을 위한 건데 왜 여당이 끼어들고 그래!」
하는 의원 있음)

그래서 여기서 마치고, 늦은 시간까지 계신 의원님들께 감사드리면서 저도 산회 선포도 못 합니다, 제가.

■**강효상 의원** 경청해 주셔서 감사드립니다.

■**부의장 주승용** 그러니까 자동으로……

(「뺏긴 시간 좀 씁시다!」 하는 의원 있음)

수고 많으셨습니다.

(12월 28일 24시 경과로 자동 산회)

# 수정안 의결 및 의사진행발언: 김정재, 고용진, 김재경 의원

374회 국회(임시회), 12월 30일(월) 18시 34분

**■의장 문희상** 다음은 의사진행발언 신청이 있으므로 의사진행발언을 듣도록 하겠습니다. 김정재 의원 나오셔서 발언해 주시기 바랍니다.

(「문희상 사퇴!」 연호하는 의원 있음)

5분입니다, 의사진행발언. 5분.

(「독재 타도!」 연호하는 의원 있음)

(「현장 질서유지권은 발동되어 있는 겁니까?」 하는 의원 있음)

예, 발동했습니다.

(「의회 독재자 문희상은 사퇴하라!」 연호하는 의원 있음)

(「내려갑시다」 하는 의원 있음)

(「부끄러운 줄 아시오, 부끄러운 줄!」 하는 의원 있음)

(「민주주의 파괴자!」 하는 의원 있음)

미안합니다, 미안합니다.

(「경호원 다 퇴장시켜!」 하는 의원 있음)

(「회기 결정도 없는 이런 회의가 어디 있어!」 하는 의원 있음)

김정재 의원 발언해 주시기 바랍니다.

(「패스트트랙 다 무효야!」 하는 의원 있음)

(「쓰레기야, 쓰레기!」 하는 의원 있음)

(「대한민국국회를 더럽힌 문희상은 사퇴하라!」 연호하는 의원 있음)

의사진행발언을 포기하시겠습니까?

(장내 소란)

빨리 시작해 주세요.

■ **김정재 의원**[1] 예.

(「40분이나 늦게 들어오고 뭐 하는 짓이야!」하는 의원 있음)

(■김학용 의원[2] 단하에서 — 의사국장, 의장님한테 말씀드려서 경위들 빼라고 해.)

(「2시에 개의해야 되는데 멋대로 6시에 개의하고, 40분 늦게 들어오고, 당신이 의장이야!」하는 의원 있음)

(■김학용 의원 단하에서 — 왜 저 젊은 경위들 고생시켜!)

■ **의장 문희상** 의사진행발언 안 하시겠습니까?

■ **김정재 의원** 예.

■ **의장 문희상** 안 하시려면 포기하세요.

■ **김정재 의원** 합니다, 합니다.

■ **의장 문희상** 하세요? 그러면 하세요. 어서 진행을 하셔야 돼요.

(「경호원 내보내!」하는 의원 있음)

안 하시겠습니까?

■ **김정재 의원** 합니다.

■ **의장 문희상** 그러면 어서 하세요. 안심하고 하세요.

(장내 소란)

(「날치기도 모자라서 의원 협박까지 합니까?」하는 의원 있음)

■ **김정재 의원** 존경하는 국민 여러분!

자유한국당 포항 북구 출신 김정재 의원입니다.

먼저 공수처법 무기명 투표방식 변경 요청에 대해 한 말씀 드리고자 합니다.

문희상 의장님을 비롯한 여기 계신 모든 의원님들이 임기가 시작될 때 본회의장에서 선서를 하셨습니다. 국가 이익을 우선으로 하여 국회의원의 직무를 양심에 따라 수행한다고 국민

---

1 김정재 의원: 자유한국당(경북 포항시북구) http://www.assembly.go.kr/assm/memPop/memPopup.do?dept_cd=9771023

2 김학용 의원: 자유한국당(경기 안성시) http://www.ansung365.com/

앞에 선서했습니다. 모두들 기억하고 계시리라 생각합니다.

（「뭣들 하는 거야!」 하는 의원 있음）

문희상 국회의장님 그리고 민주당 의원님들!

지금 국가 이익을 우선으로 하고 계십니까?

지금 진정 양심에 따라 직무를 수행하고 계십니까?

（「예!」 하는 의원 있음）

행여 의장님은 아들의 공천을 우선으로……

（일부 의원 야유）

민주당 의원님들은 본인의 공천을 우선으로 양심이 아닌 청와대의 하명에 따라 직무를 수행하고 계시지는 않습니까?

（「아니야!」 하는 의원 있음）

의원님들은 모두 아니라고 하시겠지만 지난 예산안과 선거법을 날치기했던 여러분들의 행동을 보면 그 속에서 국가 이익이나 양심 따위는 눈곱만큼도 찾아볼 수 없었습니다.

（「누가 할 소리야!」 하는 의원 있음）

민주당이 기명투표를 고집하는 이유는 오직 하나입니다. 나는 청와대의 하명에 잘 따르고 있다, 청와대와 당 지도부에 눈도장을 찍기 위한 것입니다.

우리의 사법체계를 말살시키는 공수처법이 청와대 눈도장 용도로 쓰인다는 현실이 그저 비참할 뿐입니다.

민주당 의원님들 고충을 모르는 바가 아닙니다. 선거가 코앞에 닥친 상황에서 청와대가 그리도 바라던 공수처법에 반대하기가 쉬운 일만은 아닐 것입니다.

법조 전문가들이, 언론이 그리고 국민이 아무리 안 된다 안 된다 해도 공천권을 쥐고 있는 청와대와 당 지도부의 뜻을 거역하기란 쉬운 일이 결코 아닐 것입니다.

하지만 우리는 정권의 이익이 아닌 국가의 이익을 우선하겠다고 선서했습니다. 또 청와대의 하명이 아닌 양심에 따라 일하겠노라고 선서했습니다.

（「의사진행발언하세요!」 하는 의원 있음）

때문에 청와대를 향한 여러분의 눈도장에 집착하지 말고 국가 이익을 위한 양심을 발휘해 달라는 것입니다. 여러분의 양심이 공수처법을 진정 원한다면 무기명투표에서도 공수처법 찬성을 누르면 될 것입니다. 그것이 그리도 어려운 일입니까? 여러분의 양심을 청와대의 하명으로부터 해방시키기 위해서라도 공수처법은 반드시 무기명투표로 처리되어야 할 것입니다.

다음으로 홍남기 부총리 한 명 때문에 우리 국회의 본회의 일정이 좌우되는 현실에 대해 한 말씀 드리겠습니다.

뭐가 그렇게 비겁하십니까? 왜 그렇게 떳떳하지 못하십니까? 홍남기 부총리는 지난 예산안 날치기의 주역이자 행동대장이었습니다. 정치적 중립 의무가 있는 기재부 공무원들을 동원해 특정 정파를 위한 수정안을 작성하는 데 앞장섰습니다. 헌법 제7조 공무원의 정치적 중립 의무를 위반했고, 형법 제123조 직권남용죄에 해당됩니다. 명백한 탄핵 대상입니다.

그런 홍남기 부총리 탄핵소추안의 표결을 피하기 위해 지난 26일 본회의를 고의적으로 열지 않았습니다. 27일 밤늦게야 도둑 본회의를 열었습니다. 오늘도 제 시간을 훌쩍 넘긴 저녁 6시 이후에 본회의를 열고 있습니다. 이게 뭐 하는 짓입니까?

（장내 소란）

국민 보기에 부끄럽지도 않습니까? 예산 날치기할 용기가 있다면 탄핵소추안 상정시키셔야 합니다. 너무나 부끄럽습니다.

이뿐만이 아닙니다.

무제한토론은 법률이 보장한 소수당의 저항 수단입니다. 그런데 민주당이 무제한토론에 숟가락을 얹었습니다. 헌정 사상 초유의 일입니다. 헌정 사상 초유의 3일짜리, 이틀짜리, 하루짜리 임시회 쪼개기가 계속되고 있습니다. 옹졸하기 짝이 없습니다. 이게 대한민국국회의 현주소입니다.

문희상 국회의장님께 국민을 대신해 다시 한번 진심으로 호소드립니다. 집권 여당과 문희상 의장이 꿍짝이 돼서 반복하고 있는 이 작태를 지금 당장 멈춰 주십시오. 제발 정상적인 의사진행을 해 주십시오. 의장님의 아들이 민주당 소속이지 의장님은 분명 대한민국국회 소속입니다. 부디 중심을 잡고 대한민국국회를 이끌어 주십시오.

감사합니다.


■**의장 문희상** 김정재 의원 아주 수고 많으셨습니다.
다음은 고용진 의원 나오셔서 발언해 주시기 바랍니다.

（「국회를 유린한 문희상은 사퇴하라!」 하는 의원 있음）

（장내 소란）


■**고용진 의원**[3] 존경하는 국민 여러분!
문희상 국회의장님 그리고 선배·동료 의원 여러분!
더불어민주당 노원갑 국회의원 고용진입니다.
저는 지난 27일 설마 설마 했던 그런 장면을 목격하고 참담함을 금할 수 없었습니다. 국회의장의 의장석 진입을 육탄으로 저지하고 의장석에 피켓과 홍보물을 투척하는 상상할 수 없

---

3 고용진 의원: 더불어민주당(서울 노원구갑) http://blog.naver.com/kohyj64

는 장면이 국민 앞에 부끄럽게 펼쳐졌습니다. 그 일이 얼마 만입니까? 국회 선진화법이 만들어진 이후 처음으로 본회의장에서 국회의장의 의사진행을 방해하는, 물리력으로 막는 그러한 폭거가 벌어졌습니다.

국회 선진화법이 왜 만들어졌습니까? 자유한국당 의원 여러분께 묻습니다. 그 법을, 국회 선진화법을 누가 주도해서 만들었습니까? 바로 여러분의 전신인 새누리당이 주도해서 만든 법입니다. 자유한국당 의원 여러분들께서는 국회 선진화법을 활용해서 국회를 식물국회로 만든 것도 모자라서 이제는 동물국회로까지 만드는 그러한 행위를 벌이신 것입니다.

(「부끄러운 줄 알아라!」 하는 의원 있음)

'누구든지 국회의 회의를 방해할 목적으로 회의장이나 그 부근에서 폭력행위 등을 하여서는 아니 된다', 국회법 165조에서 명시한 이 조항은 누가 만들었습니까?

(「국회법은 이미 문희상이 죽였어. 국회법은 이미 죽었어. 문희상이 국회법을 죽인 거야!」 하는 의원 있음)

(「문희상이 의장이야?」 하는 의원 있음)

자유한국당은 의장석을 점거하고 피켓을 던지는 그러한 행위를 하면서도 또 경호원들과 몸싸움을 하면서도 전혀 부끄러움과 죄의식을 느끼지 않고 있습니다.

(「여당이 부끄러워해야지」 하는 의원 있음)

자신이 만든 법 하나 제대로 지키지 못하면서 어떻게 국민들에게 법을 지키라고 얘기할 수 있겠습니까? 부끄럽지도 않습니까? 법과 질서를 존중하는 보수의 품격은 도대체 어디로 갔습니까?

(「의장이 먼저 법을 지켜야지!」 하는 의원 있음)

지난 본회의에서 의장석 주변을 가로막은 분들은 모두 국회 선진화법 위반에 따라 처벌을 피할 수 없을 것입니다.

자유한국당의 폭력행위로 말미암아 국회사무처 의회경호담당관실 모 경위는 경호업무 수행 도중 오른쪽 무릎을 뒤에서 가격당해 전방십자인대가 파열되는 전치 12주의 부상을 입어 수술을 앞두고 있습니다. 국회 선진화법에 따라 국회사무처는 자유한국당의 회의 방해와 폭력행위에 대해 수사당국에 고발해 엄중히 책임을 물 것을 정중히 요청합니다.

(「고발해라. 고발하고 처벌해라!」 하는 의원 있음)

오늘 본회의에서 또다시 자유한국당의 위법행위가 되풀이된다면 위반사항을 분명히 채증하고 기록해서 국회 선진화법에 따라 고발할 것입니다. 자유한국당 의원님들께서는 제발 자중하시고 국민들께 정중히 사과하시기 바랍니다.

(「치사하다, 치사해. 정치인한테 얘기해, 사무처에다 얘기하지 말고」 하는 의원 있음)

(「그만해!」 하는 의원 있음)

자유한국당은 표결방법에 대해서 얘기하십니다. 그러나 국회법에서는 정책에 관한 법안은 소신에 따라 전자투표로 떳떳하게 표결하게 돼 있습니다. 설사 무기명 비밀투표를 원한다면 그것은 그 동의안에 따른 표결에 따라서 처리하면 될 일입니다.

（「창피하다, 창피해」 하는 의원 있음)

（「무기명으로 해라, 무기명으로」 하는 의원 있음)

자유한국당은 회기결정의 건을 먼저 처리하지 않고 공직선거법을 먼저 처리한 것이 위법이라고 주장합니다. 국회법 제7조 2항에 따르면 국회의 회기는 집회 후 즉시 이를 정해야 한다고 규정하고 있습니다. 그런데 국회법 106조의2를 보면 무제한토론에 해당하는 안건은 바로 다음 회기에서 지체 없이 표결하여야 한다고 명시하고 있습니다.

（「무제한토론은 소수당한테 주는 거야. 다수당이 무슨 무제한토론이야」 하는 의원 있음)

（장내 소란)

（발언시간 초과로 마이크 중단)

（마이크 중단 이후 계속 발언한 부분)

회기결정의 건을 먼저 처리할지 무제한토론이 끝난 공직선거법을 먼저 처리할지 또는 공수처법을 처리할지 이것은 당연히 의사일정 작성에 관한 의장의 권한입니다.


**■의장 문희상**  고용진 의원님, 의사진행발언이 초과됐어요.


**■고용진 의원**  마지막입니다.

이제 공수처 설치에 대한 국민의 명령을 집행할 시간입니다. 지난 4월 30일 고위공직자범죄수사처 설립 및 운영에 관한 법률안이 신속처리 대상 안건에 지정되고 벌써 7개월이 훌쩍 지났습니다. 우리 당은 공수처법을 비롯한 검찰개혁법에 대해서 논의하자고 토론하자고 자유한국당에 수없이 요청했습니다. 이제 더 이상 기다리고 지체할 시간이 없습니다. 이제 국민의 명령을 집행할 시간입니다. 공수처의 신설로 수사기관 간 삼각 균형을 이루어야 합니다.

（「독재자 하수인들이다. 내려가라!」 하는 의원 있음)


**■의장 문희상**  고용진 의원님, 이제 그만하세요.


**■고용진 의원**  예, 알겠습니다. 오늘은 무소불위의 검찰 권력을 민주적 통제를 받는 국민의 검찰로 다시 태어나게 해야 할 날입니다.

■**의장 문희상** 고용진 의원님, 발언시간이 너무 초과되고 있어요.

■**고용진 의원** 역사의 대열에 여러분들 동참을 호소합니다. 고맙습니다.

■**의장 문희상** 의사일정 제1항 고위공직자범죄수사처 설치 및 운영에 관한 법률안을 계속하여 상정합니다.

이 안건에 대해서 무제한토론 중에 수정안 1건이 추가로 제출되어 수정안은 모두 2건입니다. 기 제출된 수정안과 마찬가지로 추가로 제출된 수정안에 대한 제안설명도 단말기의 회의자료로 대체토록 하겠습니다.

다음은 의결할 순서입니다마는 이 안건의 표결방법과 관련하여 심재철·권은희 의원 등 61인으로부터 무기명투표 방식으로 실시하자는 요구와 이원욱 의원 외 128인으로부터 기명투표 방식으로 실시하자는 요구가 각각 제출되었습니다.

한 가지 표결방법 변경요구가 가결되는 경우에는 다른 요구에 대해서는 의결하지 않도록 하겠습니다.

(■김한표 의원[4] 발언대 옆에서 — 의장님, 회기결정의 건부터 먼저 하셔야 될 것 아닙니까?)

표결방법 변경요구가 모두 부결되는 경우에는 국회법 제112조제1항에 따라 전자투표 방식으로 의결하도록 하겠습니다. 그러면 먼저 무기명투표 방식으로 표결하자는 요구에 대해서 의결하도록 하겠습니다. 투표해 주시기 바랍니다.

(■김재경 의원 발언대 옆에서 — 의사진행발언 기회를 주십시오.)

투표를 다 하셨습니까?

(장내 소란)

투표를 마칩니다.

(■김재경 의원 발언대 옆에서 — 의장님, 표결방법에 대한 의사진행발언 기회를 주세요.)

예, 드릴게요. 잠깐만 기다려요.

투표 결과를 말씀드리겠습니다.

재석 287인 중 찬성 129인, 반대 155인, 기권 3인으로서 고위공직자범죄수사처 설치 및 운영에 관한 법률안을 무기명투표 방식으로 표결하자는 요구는 부결되었음을 선포합니다.

다음은 기명투표 방식으로 표결하자는 요구에 대해서 의결하도록 하겠습니다.

---

4 김한표 의원: 자유한국당(경남 거제시)http://www.assembly.go.kr/assm/memPop/memPopup.do?dept_cd=9770744

투표해 주시기 바랍니다.

(「문희상은 물러가라!」 하는 의원 있음)

(「사퇴하라!」 하는 의원 있음)

투표를 다 하셨습니까? 그러면 투표를 마치겠습니다.

(일부 의원 퇴장)

투표 결과를 말씀드리겠습니다.

재석 164인 중 찬성 3인, 반대 157인, 기권 4인으로서 고위공직자범죄수사처 설치 및 운영에 관한 법률안을 기명투표 방식으로 표결하자는 요구는 부결되었음을 선포합니다.

2건의 표결방법 변경요구가 모두 부결되었으므로 국회법 제112조제1항에 따라 전자투표 방식으로 의결하겠습니다.

(「독재 공범들!」 하는 의원 있음)

■**의장 문희상** 다음은 의사진행발언 신청이 있으므로 의사진행발언을 듣도록 하겠습니다. 김재경 의원 나오셔서 발언해 주시기 바랍니다.

안 계십니까?

(「공수처를 반대할 거면 기록에 남겨야지. 역사에 남기세요, 반대했다고. 왜 나가십니까?」 하는 의원 있음)

■**김재경 의원** 존경하는 국민 여러분! 선배·동료 의원 여러분!

경남 진주 출신 자유한국당 김재경 의원입니다.

저는 원래 공수처법을 무기명투표로 표결하려는 그런 발언을 준비를 했었습니다. 그런데 이미 공수처법 표결방법에 대해서 결정이 되고 난 후가 되어서 취지를 조금 바꾸어서 말씀을 드리겠습니다.

공수처법은 상대를 탄압하고 죽이는 법이고 자기편 비리는 숨기고 은폐하는 법입니다. 문명국가에서는 그 유례를 찾아볼 수 없는 국민 편가르기법, 옥상옥의 국력 낭비법입니다. 정권 말기에 꼭 필요한 정권 호위무사이자 퇴임 후 신변 보호법일 뿐입니다. 그런 연유로 그 도입 여부에서부터 첨예한 입장 차가 있고 설계된 내용도 현재 4건의 법안이 제출될 만큼 여론과 의원들 소신의 스펙트럼이 다양한 사건입니다.

언론 보도에 따르면 여당과 정의당 등 4당에서도 공수처법에 반대하는 의원이 다수 있고, 태어나서는 안 될 괴물이기는 하지만 최악보다는 차악을 선택할 수밖에 없다는 고육지책에서 자유한국당 의원 10여 명은 권은희 의원 수정안에 공동발의를 하기도 했다고 합니다. 그래서 소속 정당이나 정치적인 입장보다는 국가와 국민의 관점에서 고민하고 의원들이 자유롭게 각자의 소신과 철학에 따라서 표결할 수 있도록 무기명투표로 처리되어야 할 필요성이 매우 큰 사안이었습니다.

최근 의장께서는 향후 국회 운영의 암흑사를 장식할 나쁜 선례를 너무 많이 남기셨습니다. 정부 예산안에서 어떤 항목이 증액되고 감액되는지 또 그 사유는 무엇인지조차 제1 야당에게 알려 주지 않는 깜깜이 예산이 날치기로 통과되었고 게임의 룰로 여야 합의 처리가 관행이던 선거법조차도 일방 강행 처리되고 말았습니다.

소수당에게 합법적으로 보장된 무제한토론도 깍두기 또는 살라미라는 비아냥까지 받아 가면서 임시회를 토막 내서 그 효과를 원천 봉쇄하는 무도한 운영을 하였습니다. 그 와중에 홍남기 경제부총리 탄핵소추안을 기간 도과시키기 위해서는 와병을 핑계 대는 묘책까지 발휘하셨습니다.

지난번 선거법처럼 또다시 표결 방법에 대해서 찬반을 물을 것이 아니라 자유로운 소신 투표를 보장하기 위한 무기명 표결 처리를 함으로써 이러한 과오를 조금이라도 상쇄시키기를 바랐습니다. 외국에서는 자유로운 투표를 보장하기 위해서 일정 수 이상의 무기명투표 제안이 있으면 곧바로 무기명투표 절차로 돌입하는 예도 있습니다.

오늘 표결에 부쳐질 공수처법은 태어나서는 안 될 괴물입니다. 공수처법은 탄압법이요 죽이기법입니다. 대통령으로부터 임명된 임기 3년의 공수처장은 40여 명의 검사와 수사관을 지휘하면서 대통령의 입맛에 맞는 야당과 반대편을 집중적으로 사찰하고 감시해서 필요한 경우에는 언제든지 사법 처리를 할 수 있도록 설계된 법입니다.

이 정부가 그러한 DNA를 가졌다는 것은 울산시장선거 개입 사건, 변창훈 검사, 이재수 기무사령관, 청와대 파견 수사관 사망 등 일련의 사건에서 분명히 나타납니다. 만약 공수처가 출범하게 되면 그보다 더 강력한 방법으로 수많은 피해자를 양산하게 될 것임은 불문가지입니다.

공수처법은 자기편 비리 은폐·감싸기 법입니다. 그러한 기능을 보다 완벽하게 하기 위해서 최종 수정안까지 만들었는데 검찰이나 경찰이 인지 단계에서 공수처에 보고를 하게 하고 공수처장은 그 사건에 대해서 '하라, 하지 마라', '보내라, 중단하라' 지휘 권한까지 갖게 되었습니다.

더구나 수사 중인 사건을 하시라도 빼앗아 직접 처리할 수 있는 권한까지 가졌으니 유재수나 조국의 예처럼 보호해 줄 자기편이 있다면 언제든지······

(발언시간 초과로 마이크 중단)

(마이크 중단 이후 계속 발언한 부분)

중단시키거나 직접 가져가서 장기간 방치함으로써 결과를 왜곡할 제도적 장치가 완벽한 법이 되었습니다. 제가 아는 한 문명국가에서는 이런 강력하고 무모한 권한을 가진 수사기구는 없다고 확신합니다.

공수처법이 시행되면 야당은 항상 탄압을 받았다고 주장할 것이고 여당 비리는 묻혔다고 상반된 주장을 하지 않겠습니까? 국정 운영이 극히 혼란스러워질 것입니다. 현재 대한민국 법대로 하더라도 대통령, 대법원장, 국정원장, 장관, 고위공직자 중 죄를 짓고 법을 피해 갈 수 있는 사람이 있습니까? 그런데 왜 이렇게 무모한 법을 꼭 통과시켜야 되는지……

정권 말기 연이어 터질 비리로부터 보호받고자 하는 정권 호위무사가 필요하고 대통령 퇴임 후 본인과 그 주변의 범죄 등으로부터 수사를 피해 보려는 퇴임 후 보험법이 아니라면 공수처법은 선의로는 도무지 그 필요성을 이해할 수 없는 법이라고 하겠습니다.

이처럼 그 필요성도 의문일 뿐만 아니라 운영의 순수성마저도 의심받는 법, 그 내용에 대해서 여당 내부에서조차 다양한 의견과 입장이 존재하는 법……

(「김재경 의원님, 이제 그만하세요」 하는 의원 있음)

다 돼 갑니다.

그럼에도 불구하고 공수처법을 처리하면서 기명투표를 하게 된다면 21대 총선을 앞두고 있는 국회의원으로서는 각자의 소속 정당과 그 주변의 시선을 의식하지 않을 수 없을 것이고 결국은 본인의 소신과 철학보다는 정치적 이해에 발이 묶여서 국가와 국민에게 이익이 되는 결정을 할 수 없게 될 것입니다. 이런 불행을 미연에 방지할 수 있는 길은 무기명투표로써 의원들이 소신과 철학에 따라 자유롭게 의사 결정을 할 수 있도록 보장해 주는 것이라 하겠습니다.

다시 한번 공수처법 무기명투표 표결 처리를 호소합니다.


■**의장 문희상** 수고하셨습니다.

그러면 국회법 제96조에 따라 나중에 제출된 수정안부터 먼저 표결하도록 하겠습니다.

그러면 권은희 의원이 발의하고 30인이 찬성한 고위공직자범죄수사처 설치 및 운영에 관한 법률안에 대한 수정안을 의결하도록 하겠습니다.

투표해 주시기 바랍니다.

투표를 다 하셨습니까?

그러면 투표를 마치겠습니다.

투표 결과를 말씀드리겠습니다.

재석 173인 중 찬성 12인, 반대 152인, 기권 9인으로서 권은희 의원이 발의하고 30인이 찬성한 고위공직자범죄수사처 설치 및 운영에 관한 법률안에 대한 수정안은 부결되었음을 선포합니다.

다음은 윤소하 의원5이 발의하고 155인이 찬성한 고위공직자범죄수사처 설치 및 운영에 관한 법률안에 대한 수정안을 의결하도록 하겠습니다.

투표해 주시기 바랍니다.

투표를 다 하셨습니까?

투표를 마치겠습니다.

투표 결과를 말씀드리겠습니다.

재석 176인 중 찬성 159인, 반대 14인, 기권 3인으로서 윤소하 의원이 발의하고 155인이 찬성한 고위공직자범죄수사처 설치 및 운영에 관한 법률안에 대한 수정안은 가결되었음을 선포합니다.

윤소하 의원이 발의하고 155인이 찬성한 수정안이 가결되었으므로 원안은 표결하지 않겠습니다.

그러면 고위공직자범죄수사처 설치 및 운영에 관한 법률안은 수정한 부분은 윤소하 의원이 발의하고 155인이 찬성한 수정안대로, 기타 부분은 원안대로 가결되었음을 선포합니다.

---

5 윤소하 의원: 정의당 원내대표(비례대표) http://www.yunsoha.kr/

부록 1

공수처 법률안 원안:
백혜련 의원 발의안

# 고위공직자범죄수사처 설치 및 운영에 관한 법률안

## (백혜련의원 대표발의)

|  | |
|---|---|
| 의 안<br>번 호 | 20029 |

발의연월일 : 2019. 4. 26.

발 의 자 : 백혜련 · 박범계 · 송기헌
이종걸 · 표창원 · 박주민
이상민 · 채이배 · 안호영
김종민 · 임재훈 · 김정호
의원(12인)

## 제안이유 및 주요내용

고위공직자의 직무 관련 부정부패를 엄정하게 수사하기 위한 독립된 수사기구의 신설 필요성이 제기되고 있음.

실제 이런 취지와 기조로 설치된 홍콩 염정공서, 싱가포르 탐오조사국은 공직자 비위 근절과 함께 국가적 반부패 풍토 조성에 성과를 거두고 있는 것으로 나타나고 있음.

고위공직자의 직무 관련 부정부패를 독립된 위치에서 엄정수사하고 판사, 검사, 경무관급 이상 경찰에 대해서는 기소할 수 있는 기관인 고위공직자범죄수사처를 설치하여 고위공직자의 범죄 및 비리행위를 감시하고 이를 척결함으로써 국가의 투명성과 공직사회의 신뢰성을 높이려는 것임.

법률 제  호

# 고위공직자범죄수사처 설치 및 운영에 관한 법률안

## 제1장 총칙

제1조(목적) 이 법은 고위공직자범죄수사처의 설치와 운영에 관하여 필요한 사항을 규정함을 목적으로 한다.

제2조(정의) 이 법에서 사용하는 용어의 정의는 다음과 같다.

1. "고위공직자"란 다음 각 목의 어느 하나의 직(職)에 재직 중인 사람 또는 그 직에서 퇴직한 사람을 말한다. 다만, 장성급 장교는 현역을 면한 이후도 포함된다.

　　가. 대통령

　　나. 국회의장 및 국회의원

　　다. 대법원장 및 대법관

　　라. 헌법재판소장 및 헌법재판관

　　마. 국무총리와 국무총리비서실 소속의 정무직공무원

　　바. 중앙선거관리위원회의 정무직공무원

　　사. 「공공감사에 관한 법률」 제2조제2호에 따른 중앙행정기관의 정무직공무원

　　아. 대통령비서실·국가안보실·대통령경호처·국가정보원 소속의 3급 이상 공무원

　　자. 국회사무처, 국회도서관, 국회예산정책처, 국회입법조사처의 정무직공무원

　　차. 대법원장비서실, 사법정책연구원, 법원공무원교육원, 헌법재판소 사무처의 정무직공무원

　　카. 검찰총장

　　타. 특별시장·광역시장·특별자치시장·도지사·특별자치도지사 및 교육감

　　파. 판사 및 검사

　　하. 경무관 이상 경찰공무원

　　거. 장성급 장교

　　너. 금융감독원 원장·부원장·감사

　　더. 감사원·국세청·공정거래위원회·금융위원회 3급 이상 공무원

2. "가족"이란 배우자, 직계존비속을 말한다. 다만, 대통령의 경우에는 배우자와 4촌 이내의 친족을 말한다.

3. "고위공직자범죄"란 고위공직자로 재직 중에 본인 또는 본인의 가족이 범한 다음 각 목

의 어느 하나에 해당하는 죄를 말한다. 다만, 가족의 경우에는 고위공직자의 직무와 관련하여 범한 죄에 한정한다.

가. 「형법」제122조부터 제133조까지의 죄(다른 법률에 따라 가중처벌되는 경우를 포함한다)

나. 직무와 관련되는 「형법」제141조, 제225조, 제227조, 제227조의2, 제229조(제225조, 제227조 및 제227조의2의 행사죄에 한정한다), 제355조부터 제357조까지 및 제359조의 죄(다른 법률에 따라 가중처벌되는 경우를 포함한다)

다. 「특정범죄 가중처벌 등에 관한 법률」제3조의 죄

라. 「변호사법」제111조의 죄

마. 「정치자금법」제45조의 죄

바. 「국가정보원법」제18조, 제19조의 죄

사. 「국회에서의 증언·감정 등에 관한 법률」제14조제1항의 죄

아. 가목부터 마목까지의 죄에 해당하는 범죄행위로 인한 「범죄수익은닉의 규제 및 처벌 등에 관한 법률」제2조제4호의 범죄수익등과 관련된 같은 법 제3조 및 제4조의 죄

4. "관련범죄"란 다음 각 목의 어느 하나에 해당하는 죄를 말한다.

가. 고위공직자와 「형법」제30조부터 제32조까지의 관계에 있는 자가 범한 제3호 각 목의 어느 하나에 해당하는 죄

나. 고위공직자를 상대로 한 자의 「형법」제133조, 제357조제2항의 죄

다. 고위공직자범죄와 관련된 「형법」제151조제1항, 제152조, 제154조부터 제156조까지의 죄 및 「국회에서의 증언·감정 등에 관한 법률」제14조제1항의 죄

라. 고위공직자범죄 수사 과정에서 인지한 그 고위공직자범죄와 직접 관련성이 있는 죄로서 해당 고위공직자가 범한 죄

5. "고위공직자범죄등"이란 제3호와 제4호의 죄를 말한다.

제3조(고위공직자범죄수사처의 설치와 독립성) ① 고위공직자범죄등에 관하여 다음 각 호에 필요한 직무를 수행하기 위하여 고위공직자범죄수사처(이하 "수사처"라 한다)를 둔다.

1. 고위공직자범죄등에 관한 수사

2. 제2조제1호다목, 카목, 파목, 하목에 해당하는 고위공직자로 재직 중에 본인 또는 본인의 가족이 범한 고위공직자범죄 및 관련범죄의 공소제기와 그 유지

② 수사처는 그 권한에 속하는 직무를 독립하여 수행한다.

제4조(처장·차장 등) ① 수사처에 처장 1명과 차장 1명을 두고, 각각 특정직공무원으로 보한다.

② 수사처에 수사처검사와 수사처수사관 및 그 밖에 필요한 직원을 둔다.

제5조(처장의 자격과 임명) ① 처장은 다음 각 호의 직에 15년 이상 있던 사람 중에서 제6조에 따른 고위공직자범죄수사처장후보추천위원회가 2명을 추천하고, 대통령이 그 중 1명을 지명한 후 인사청문회를 거쳐 임명한다.

1. 판사, 검사 또는 변호사

2. 변호사 자격이 있는 사람으로서 국가기관, 지방자치단체, 「공공기관의 운영에 관한 법률」 제4조에 따른 공공기관 또는 그 밖의 법인에서 법률에 관한 사무에 종사한 사람

3. 변호사 자격이 있는 사람으로서 대학의 법률학 조교수 이상으로 재직하였던 사람

② 제1항 각 호에 규정된 둘 이상의 직에 재직한 사람에 대해서는 그 연수를 합산한다.

③ 처장의 임기는 3년으로 하고 중임할 수 없으며, 정년은 65세로 한다.

④ 처장이 궐위된 때에는 제1항에 따른 절차를 거쳐 60일 이내에 후임자를 임명하여야 한다. 이 경우 새로 임명된 처장의 임기는 새로이 개시된다.

제6조(고위공직자범죄수사처장후보추천위원회) ① 처장후보자의 추천을 위하여 국회에 고위공직자범죄수사처장후보추천위원회(이하 "추천위원회"라 한다)를 둔다.

② 추천위원회는 위원장 1명을 포함하여 7명의 위원으로 구성한다.

③ 위원장은 제4항 각 호의 위원 중에서 호선한다.

④ 국회의장은 다음 각 호의 사람을 위원으로 임명하거나 위촉한다.

1. 법무부장관

2. 법원행정처장

3. 대한변호사협회장

4. 대통령이 소속되거나 소속되었던 정당의 교섭단체가 추천한 2명

5. 전 호의 교섭단체 외 교섭단체가 추천한 2명

⑤ 추천위원회는 국회의장의 요청 또는 위원 3분의 1 이상의 요청이 있거나 위원장이 필요하다고 인정할 때 위원장이 소집하고, 재적위원 5분의 4 이상의 찬성으로 의결한다.

⑥ 추천위원회 위원은 정치적으로 중립을 지키고 독립하여 그 직무를 수행한다.

⑦ 추천위원회가 제5조제1항에 따라 처장 후보자를 추천하면 해당 위원회는 해산된 것으로 본다.

⑧ 그 밖에 추천위원회의 운영 등에 필요한 사항은 국회규칙으로 정한다.

제7조(차장) ① 차장은 10년 이상 제5조제1항 각 호의 직위에 재직하였던 사람 중에서 처장

의 제청으로 대통령이 임명한다.

② 제5조제2항은 차장의 임명에 준용한다.

③ 차장의 임기는 3년으로 하고 중임할 수 없으며, 정년은 63세로 한다.

제8조(수사처검사) ① 수사처검사는 변호사 자격이 있고 10년 이상 재판, 수사, 조사업무의 실무경력이 있는 사람 중에서 제9조에 따른 인사위원회의 추천을 거쳐 처장의 제청으로 대통령이 임명한다. 이 경우 검사의 직에 있었던 사람은 제2항에 따른 수사처검사 정원의 2분의 1을 넘을 수 없다.

② 수사처검사는 특정직공무원으로 보하고, 처장과 차장을 포함하여 25명 이내로 한다.

③ 수사처검사의 임기는 3년으로 하고, 3회에 한하여 연임할 수 있으며, 정년은 63세로 한다.

④ 수사처검사는 직무를 수행함에 있어서 검찰청법 제4조에 따른 검사의 직무 및 군사법원법 제37조에 따른 군검사의 직무를 수행할 수 있다.

제9조(인사위원회) ① 처장과 차장을 제외한 수사처검사의 임용, 전보, 그 밖의 인사에 관한 중요 사항을 심의하기 위하여 수사처에 인사위원회를 둔다.

② 인사위원회는 위원장 1명을 포함한 7명의 위원으로 구성하고, 인사위원회의 위원장은 처장이 된다.

③ 인사위원회 위원 구성은 다음 각 호와 같다.

1. 처장

2. 차장

3. 법무부차관

4. 법원행정처 차장

5. 국회의장과 각 교섭단체대표의원이 협의하여 추천한 3명

④ 제3항제5호에 의하여 추천된 위원의 임기는 3년으로 한다.

⑤ 인사위원회는 재적위원 과반수의 찬성으로 의결한다.

⑥ 그 밖의 인사위원회의 구성과 운영 등에 필요한 사항은 수사처규칙으로 정한다.

제10조(수사처수사관) ① 수사처수사관은 5년 이상 변호사 실무경력이 있거나 조사, 수사, 재판업무에 5년 이상 종사하였던 사람 중에서 처장이 임명한다.

② 수사처수사관은 일반직공무원으로 하며, 30명 이내로 한다. 다만, 검찰청으로부터 검찰수사관을 파견받은 경우에는 이를 수사처수사관의 정원에 포함한다.

③ 수사처수사관의 임기는 6년으로 하고, 연임할 수 있으며, 정년은 60세로 한다.

제11조(그 밖의 직원) ① 수사처의 행정에 관한 사무처리를 위하여 필요한 직원을 둘 수 있다.

② 제1항에 따른 직원의 수는 20명 이내로 한다.

제12조(보수 등) ① 처장의 보수와 대우는 차관의 예에 준한다.

② 차장의 보수와 대우는 고위공무원단 직위 중 가장 높은 직무등급의 예에 준한다.

③ 수사처검사의 보수와 대우는 검사의 예에 준한다.

④ 수사처수사관의 보수와 대우는 4급 이하 7급 이상의 검찰직공무원의 예에 준한다.

제13조(결격사유 등) ① 다음 각 호의 어느 하나에 해당하는 사람은 처장, 차장, 수사처검사로 임명될 수 없다.

1. 대한민국 국민이 아닌 사람

2. 「국가공무원법」 제33조 각 호의 어느 하나에 해당하는 사람

3. 금고 이상의 형을 선고받은 사람

4. 탄핵결정에 의하여 파면된 후 5년이 지나지 아니한 사람

5. 대통령비서실 소속의 공무원으로서 퇴직 후 2년이 지나지 아니한 사람

② 검사의 경우 퇴직한 후 3년이 지나지 아니하면 처장이 될 수 없고, 퇴직한 후 1년이 지나지 아니하면 차장이 될 수 없다.

제14조(신분보장) 처장, 차장, 수사처검사는 탄핵이나 금고 이상의 형을 선고받은 경우를 제외하고는 파면되지 아니하며, 징계처분에 의하지 아니하고는 해임·면직·정직·감봉·견책 또는 퇴직의 처분을 받지 아니한다.

제15조(심신장애로 인한 퇴직) 수사처검사가 중대한 심신상의 장애로 인하여 직무를 수행할 수 없을 때 대통령은 처장의 제청에 의하여 그 수사처검사에게 퇴직을 명할 수 있다.

제16조(공직임용 제한 등) ① 처장과 차장은 퇴직 후 2년 이내에 헌법재판관(헌법 제111조제3항에 따라 임명되는 헌법재판관은 제외한다), 검찰총장, 국무총리 및 중앙행정기관·대통령비서실·국가안보실·대통령경호처·국가정보원의 정무직공무원으로 임용될 수 없다.

② 처장, 차장, 수사처검사는 퇴직 후 2년이 지나지 아니하면 검사로 임용될 수 없다.

③ 수사처검사로서 퇴직 후 1년이 지나지 아니한 사람은 대통령비서실의 직위에 임용될 수 없다.

④ 수사처에 근무하였던 사람은 퇴직 후 1년 동안 수사처의 사건을 변호사로서 수임할 수 없다.


## 제3장 직무와 권한

제17조(처장의 직무와 권한) ① 처장은 수사처의 사무를 통할하고 소속 직원을 지휘·감독한다.

② 처장은 국회에 출석하여 수사처의 소관 사무에 관하여 의견을 진술할 수 있고, 국회의 요구가 있을 때에는 수사나 재판에 영향을 미치지 않는 한 출석하여 보고하거나 답변하

여야 한다.

③ 처장은 소관 사무와 관련된 안건이 상정될 경우 국무회의에 출석하여 발언할 수 있으며, 그 소관 사무에 관하여 법무부장관에게 의안(이 법의 시행에 관한 대통령령안을 포함한다)의 제출을 건의할 수 있다.

④ 처장은 그 직무를 수행함에 있어서 필요한 경우 대검찰청, 경찰청 등 관계기관의 장에게 고위공직자범죄등과 관련된 사건의 수사기록 및 증거 등 자료의 제출과 수사활동의 지원 등 수사협조를 요청할 수 있다.

⑤ 처장은 제8조에 따른 수사처검사의 직을 겸한다.

⑥ 처장은 수사처의 예산 관련 업무를 수행하는 경우에 「국가재정법」 제6조제2항에 따른 중앙관서의 장으로 본다.

제18조(차장의 직무와 권한) ① 차장은 처장을 보좌하며, 처장이 부득이한 사유로 그 직무를 수행할 수 없는 때에는 그 직무를 대행한다.

② 차장은 제8조에 따른 수사처검사의 직을 겸한다.

제19조(수사처검사 직무의 위임·이전 및 승계) ① 처장은 수사처검사로 하여금 그 권한에 속하는 직무의 일부를 처리하게 할 수 있다.

② 처장은 수사처검사의 직무를 자신이 처리하거나 다른 수사처검사로 하여금 처리하게 할 수 있다.

제20조(수사처검사의 직무와 권한) ① 수사처검사는 제3조제1항 각 호에 따른 수사와 공소의 제기 및 유지에 필요한 행위를 한다.

② 수사처검사는 처장의 지휘·감독에 따르며, 수사처수사관을 지휘·감독한다.

③ 수사처검사는 구체적 사건과 관련된 제2항의 지휘·감독의 적법성 또는 정당성에 대하여 이견이 있을 때에는 이의를 제기할 수 있다.

제21조(수사처수사관의 직무) ① 수사처수사관은 수사처검사의 지휘·감독을 받아 직무를 수행한다.

② 수사처수사관은 고위공직자범죄등에 대한 수사에 관하여 「형사소송법」 제196조제1항에 따른 사법경찰관의 직무를 수행한다.

제22조(정치적 중립 및 직무상 독립) 수사처 소속 공무원은 정치적 중립을 지켜야 하며, 그 직무를 수행함에 있어 외부로부터 어떠한 지시나 간섭을 받지 아니한다.

# 제4장 수사와 공소의 제기 및 유지

제23조(수사처검사의 수사) 수사처검사는 고위공직자범죄의 혐의가 있다고 사료하는 때에는 범인, 범죄사실과 증거를 수사하여야 한다.

제24조(다른 수사기관과의 관계) ① 수사처의 범죄수사와 중복되는 다른 수사기관의 범죄수사는 처장이 수사의 진행정도 및 공정성 논란 등에 비추어 수사처에서 수사하는 것이 적절하다고 판단하여 이첩을 요청하는 경우 해당 수사기관은 이에 응하여야 한다.

② 처장은 피의자, 피해자, 사건의 내용과 규모 등에 비추어 다른 수사기관이 고위공직자범죄 등을 수사하는 것이 적절하다고 판단될 때에는 해당 수사기관에 사건을 이첩할 수 있다.

제25조(수사처검사 및 검사 범죄에 대한 수사) ① 처장은 수사처검사의 범죄 혐의를 발견한 경우에 관련 자료와 함께 이를 대검찰청에 통보하여야 한다.

② 수사처 외의 다른 수사기관이 검사의 고위공직자범죄 혐의를 발견한 경우 그 수사기관의 장은 사건을 수사처에 이첩하여야 한다.

제26조(수사처검사의 관계 서류와 증거물 송부 등) ① 수사처검사는 제3조제1항제2호에서 정하는 사건을 제외한 고위공직자범죄등에 관한 수사를 한 때에는 관계 서류와 증거물을 지체 없이 서울중앙지방검찰청 소속 검사에게 송부하여야 한다.

② 제1항에 따라 관계서류와 증거물을 송부받아 사건을 처리하는 검사는 처장에게 해당 사건의 공소제기여부를 신속하게 통보하여야 한다.

제27조(관련인지 사건의 이첩) 처장은 고위공직자범죄에 대하여 불기소 결정을 하는 때에는 제2조제4호에 의하여 인지한 사건을 검찰총장에게 이첩하여야 한다.

제28조(형의 집행) ① 수사처검사가 공소를 제기하는 고위공직자범죄등 사건에 관한 재판이 확정된 경우 제1심 관할지방법원에 대응하는 검찰청 소속 검사가 그 형을 집행한다.

② 제1항의 경우 처장은 원활한 형의 집행을 위하여 해당 사건 및 기록 일체를 관할 검찰청의 장에게 인계한다.

제29조(재정신청에 대한 특례) ① 고소・고발인은 수사처검사로부터 공소를 제기하지 아니한다는 통지를 받은 때에는 서울고등법원에 그 당부에 관한 재정을 신청할 수 있다.

② 제1항에 따른 재정신청을 하려는 사람은 공소를 제기하지 아니한다는 통지를 받은 날부터 30일 이내에 처장에게 재정신청서를 제출하여야 한다.

③ 재정신청서에는 재정신청의 대상이 되는 사건의 범죄사실 및 증거 등 재정신청을 이유 있게 하는 사유를 기재하여야 한다.

④ 제2항에 따라 재정신청서를 제출받은 처장은 재정신청서를 제출받은 날부터 7일 이내에 재정신청서・의견서・수사 관계 서류 및 증거물을 서울고등법원에 송부하여야 한다.

다만, 신청이 이유 있는 것으로 인정하는 때에는 즉시 공소를 제기하고 그 취지를 서울고등법원과 재정신청인에게 통지한다.

⑤ 이 법에서 정한 사항 외에 재정신청에 관하여는 「형사소송법」제262조 및 제262조의2부터 제262조의4까지의 규정을 준용한다. 이 경우 관할법원은 서울고등법원으로 하고, "지방검찰청검사장 또는 지청장"은 "처장", "검사"는 "수사처검사"로 본다.

제30조(처장의 재정신청에 대한 특례) ① 처장은 제26조 제2항에 따라 검사로부터 공소를 제기하지 아니한다는 통보를 받은 때에는 그 검사 소속의 지방검찰청 소재지를 관할하는 고등법원(이하 "관할 고등법원"이라 한다)에 그 당부에 관한 재정을 신청할 수 있다.

② 처장은 공소를 제기하지 아니한다는 통보를 받은 날부터 30일 이내에 지방검찰청검사장 또는 지청장에게 재정신청서를 제출하여야 한다.

③ 재정신청서에는 재정신청의 대상이 되는 사건의 범죄사실 및 증거 등 재정신청을 이유 있게 하는 사유를 기재하여야 한다.

④ 제2항에 따라 재정신청서를 제출받은 지방검찰청검사장 또는 지청장은 재정신청서를 제출받은 날부터 7일 이내에 재정신청서·의견서·수사 관계 서류 및 증거물을 관할 고등검찰청을 경유하여 관할 고등법원에 송부하여야 한다. 다만, 신청이 이유 있는 것으로 인정하는 때에는 즉시 공소를 제기하고 그 취지를 관할 고등법원과 처장에게 통지한다.

⑤ 이 법에서 정한 사항 외에 재정신청에 관하여는 「형사소송법」제262조, 제262조의2 및 제262조의4의 규정을 준용한다. 이 경우 "지방검찰청검사장 또는 지청장"은 "처장", "검사"는 "수사처검사"로 본다.

제31조(재판관할) 수사처검사가 공소를 제기하는 고위공직자범죄등 사건의 제1심 재판은 서울중앙지방법원의 관할로 한다. 다만, 범죄지, 증거의 소재지, 피고인의 특별한 사정 등을 고려하여 수사처검사는 「형사소송법」에 따른 관할 법원에 공소를 제기할 수 있다.


## 제5장 징계

제32조(징계사유) 수사처검사가 다음 각 호의 어느 하나에 해당하면 그 수사처검사를 징계한다.

1. 재직 중 다음 각 목의 어느 하나에 해당하는 행위를 한 때

   가. 국회 또는 지방의회의 의원이 되는 일

   나. 정치운동에 관여하는 일

   다. 금전상의 이익을 목적으로 하는 업무에 종사하는 일

라. 처장의 허가 없이 보수를 받는 직무에 종사하는 일

2. 직무상의 의무를 위반하거나 직무를 게을리하였을 때

3. 직무 관련 여부에 상관 없이 수사처검사로서의 체면이나 위신을 손상하는 행위를 하였을 때

제33조(수사처검사징계위원회) ① 수사처검사의 징계 사건을 심의하기 위하여 수사처에 수사처검사징계위원회(이하 "징계위원회"라 한다)를 둔다.

② 징계위원회는 위원장 1명을 포함한 7명의 위원으로 구성하고, 예비위원 3명을 둔다.

제34조(징계위원회 위원장의 직무와 위원의 임기 등) ① 징계위원회의 위원장은 차장이 된다. 다만, 차장이 징계혐의자인 경우에는 처장이 위원장이 되고, 처장과 차장이 모두 징계혐의자인 경우에는 수사처규칙으로 정하는 수사처검사가 위원장이 된다.

② 위원은 다음 각 호의 사람이 된다.

1. 위원장이 지명하는 수사처검사 2명

2. 위원장이 변호사, 법학교수 및 학식과 경험이 풍부한 사람 중에서 위촉하는 4명

③ 예비위원은 수사처검사 중에서 위원장이 지명하는 사람이 된다.

④ 제2항 제2호의 위원 임기는 3년으로 한다.

⑤ 위원장은 징계위원회의 업무를 총괄하고, 회의를 소집하며, 그 의장이 된다.

⑥ 위원장이 부득이한 사유로 직무를 수행할 수 없을 때에는 위원장이 지정하는 위원이 그 직무를 대리하고, 위원장이 지정한 위원이 부득이한 사유로 직무를 수행할 수 없을 때에는 위원장이 지명하는 예비위원이 그 직무를 대리한다.

제35조(징계위원회의 사무직원) ① 징계위원회에 간사 1명과 서기 몇 명을 둔다.

② 간사는 위원장이 지명하는 수사처검사가 되고, 서기는 수사처 소속 공무원 중에서 위원장이 위촉한다.

③ 간사 및 서기는 위원장의 명을 받아 징계에 관한 기록과 그 밖의 서류의 작성 및 보관에 관한 사무에 종사한다.

제36조(징계의 청구와 개시) ① 징계위원회의 징계심의는 처장(처장이 징계혐의자인 경우에는 차장을, 처장 및 차장이 모두 징계혐의자인 경우에는 수사처규칙으로 정하는 수사처검사를 말한다. 이하 이 조 및 제38조제1항, 제39조, 제40조제2항, 제43조제1항에서 같다)의 청구에 의하여 시작한다.

② 처장은 수사처검사가 제33조 각 호의 어느 하나에 해당하는 행위를 하였다고 인정할 때에는 제1항의 청구를 하여야 한다.

③ 징계의 청구는 징계위원회에 서면으로 제출하여야 한다.

제37조(징계부가금) ① 제37조에 따라 처장이 수사처검사에 대하여 징계를 청구하는 경우 그

징계 사유가 금품 및 향응 수수, 공금의 횡령·유용인 경우에는 해당 징계 외에 금품 및 향응 수수액, 공금의 횡령액·유용액의 5배 내의 징계부가금 부과 의결을 징계위원회에 청구하여야 한다.

② 제1항에 따른 징계부가금의 조정, 감면 및 징수에 관하여는 「국가공무원법」 제78조의2 제2항 및 제3항을 준용한다.

제38조(재징계 등의 청구) ① 처장은 다음 각 호의 어느 하나에 해당하는 사유로 법원에서 징계 및 제38조에 따른 징계부가금 부과(이하 "징계등"이라 한다) 처분의 무효 또는 취소 판결을 받은 경우에는 다시 징계등을 청구하여야 한다. 다만, 제3호의 사유로 무효 또는 취소 판결을 받은 감봉·견책 처분에 대해서는 징계등을 청구하지 아니할 수 있다.

1. 법령의 적용, 증거 및 사실 조사에 명백한 흠이 있는 경우
2. 징계위원회의 구성 또는 징계등 의결, 그 밖에 절차상의 흠이 있는 경우
3. 징계양정 및 징계부가금이 과다한 경우

② 처장은 제1항에 따른 징계등을 청구하는 경우에는 법원의 판결이 확정된 날부터 3개월 이내에 징계위원회에 징계등을 청구하여야 하며, 징계위원회에서는 다른 징계사건에 우선하여 징계등을 의결하여야 한다.

제39조(퇴직 희망 수사처검사의 징계 사유 확인 등) ① 처장은 수사처검사가 퇴직을 희망하는 경우에는 제33조에 따른 징계 사유가 있는지 여부를 감사원과 검찰·경찰, 그 밖의 수사 기관에 확인하여야 한다.

② 제1항에 따른 확인 결과 해임, 면직 또는 정직에 해당하는 징계 사유가 있는 경우 처장은 지체 없이 징계등을 청구하여야 하며, 징계위원회는 다른 징계사건에 우선하여 징계등을 의결하여야 한다.

제40조(징계혐의자에 대한 부본 송달과 직무정지) ① 징계위원회는 징계청구서의 부본을 징계혐의자에게 송달하여야 한다.

② 처장은 필요하다고 인정할 때에는 징계혐의자에게 직무 집행의 정지를 명할 수 있다.

제41조(징계의결) ① 징계위원회는 사건심의를 마치면 재적위원 과반수의 찬성으로 징계를 의결한다.

② 위원장은 의결에서 표결권을 가지며, 찬성과 반대가 같은 수인 경우에는 결정권을 가진다.

제42조(징계의 집행) ① 징계의 집행은 견책의 경우에는 처장이 하고, 해임·면직·정직·감봉의 경우에는 처장의 제청으로 대통령이 한다.

② 수사처검사에 대한 징계처분을 한 때에는 그 사실을 관보에 게재 하여야 한다.

제43조(다른 법률의 준용) 이 장에서 정하지 아니한 사항에 대하여는 「검사 징계법」 제3조, 제9조부터 제17조, 제19조부터 제21조, 제22조(다만 제2항의 "제23조 "는 "제41조"로 본

다), 제24조부터 제26조를 각 준용한다. 이 경우 "검사"는"수사처검사"로 본다.


## 제6장 보칙

제44조(파견공무원) 수사처 직무의 내용과 특수성 등을 고려하여 필요한 경우에는 타 행정기관으로부터 공무원을 파견받을 수 있다.

제45조(조직 및 운영) 이 법에 규정된 사항 외에 수사처의 조직 및 운영에 관하여 필요한 사항은 대통령령으로 정한다.

제46조(정보제공자의 보호) ① 누구든지 고위공직자범죄등에 대하여 알게 된 때에는 이에 대한 정보를 수사처에 제공할 수 있으며, 이를 이유로 불이익한 조치를 받지 아니한다.

② 수사처는 내부고발자에게 「공익신고자 보호법」에서 정하는 보호조치 및 지원행위를 할 수 있다. 내부고발자 보호에 관한 세부적인 사항은 대통령령으로 정한다.

제47조(다른 법률의 준용) 그 밖에 수사처검사 및 수사처수사관의 이 법에 따른 직무와 권한 등에 관하여는 이 법의 규정에 반하지 아니하는 한 「검찰청법」(다만, 제4조제1항제2호, 제4호, 제5호는 제외한다), 「형사소송법」을 준용한다.


## 부 칙

제1조(시행일 등) ① 이 법은 공포 후 6개월이 경과한 날부터 시행한다.

② 수사처 소속 공무원의 임명 등 수사처의 설립에 필요한 행위는 이 법 시행일 이전부터 할 수 있다.

부록 2

공수처 법률안에 대한 수정안:
권은희 의원 발의안(부결)

# 고위공직자범죄수사처 설치 및
# 운영에 관한 법률안에 대한 수정안

발의연월일 : 2019. 12. 28.

발 의 자 : 권은희 의원

찬 성 자 : 이동섭·김경진·박주선
　　　　　 김동철·이용호·이용주
　　　　　 정인화·오신환·김삼화
　　　　　 유의동·신용현·김수민
　　　　　 이태규·하태경·유승민
　　　　　 정병국·김중로·지상욱
　　　　　 정운천·권성동·이현재
　　　　　 홍일표·장제원·이진복
　　　　　 이채익·박인숙·정점식
　　　　　 윤한홍·김학용·정태옥
　　　　　　　　　　 의원(30인)

## 수정이유

　고위공직자의 부패에 대해 현행 검찰이나 특별검사 제도는 실체적 진실을 규명하는데 한계를 보이고 있습니다. 이에 독립적인 수사기관인 고위공직자등부패수사처를 설치하여, 고위공직자의 직무 관련 부패를 예방하고 부패범죄를 전문적으로 수사하도록 함으로써 공직사회의 부정부패를 척결하고, 국가의 투명성을 강화, 신뢰도를 제고하고자 합니다.

　그러나 현행 제도의 한계를 고려하여 고위공직자의 부패예방·부패범죄수사를 위한 독립적인 수사기관을 설치할 필요성이 있더라도, 입법권자는 이 독립적인 수사기관을 설치함에 있어서 우려되는 헌법적인 문제를 해결하여야 하는 과제가 있습니다.

　고위공직자수사처 설치를 위한 법률안인 일명 권은희안, 백혜련안은 모두 고위공직자수사처를 독립적인 기관으로 설치하여 행정각부에 소속시키지 않고 있습니다.

| 구 분 | 백혜련의원안 | 권은희의원 수정제안 |
|---|---|---|
| 수사처 조직 | 국무총리의 통할을 받지 않고, 행정각부에 소속하지 않는 독립적인 수사조직 | |

헌법재판소는 89헌마221 결정에서 "모든 행정기관은 헌법상 예외적으로 열거된 경우 등 이외

에는 반드시 국무총리의 통할을 받아야 한다고는 말할 수 없다 할 것이다.", "다만 이 경우에도 자유민주적 통치구조의 기본이념과 원리에 부합되어야 할 것인데 그 최소한의 기준으로서 ㄱ) 우선 그 설치·조직·직무범위 등에 관하여 법률의 형식에 의하여야 하고, ㄴ) 그 내용에 있어서도 목적·기능 등이 헌법에 적합하여야 하며 ㄷ) 모든 권한이 기본권적인 가치실현을 위하여 행사되도록 제도화하는 한편 ㄹ) 권한의 남용 내지 악용이 최대한 억제되도록 합리적이고 효율적인 통제장치가 있어야 할 것이다" 고 판시하고 있습니다.

| | 고위공직자수사처 신설시 헌법상 과제 |
|---|---|
| 헌법재판소89헌마221 결정 | 자유민주적 통치구조의 기본이념과 원리에 부합되어야 할 것인데① 설치·조직·직무범위 등에 관하여 법률의 형식에 의하여야 하고, ② 그 내용에 있어서도 목적·기능 등이 헌법에 적합하여야 하며 ③ 모든 권한이 기본권적인 가치실현을 위하여 행사되도록 제도화하는 한편 ④ 권한의 남용 내지 악용이 최대한 억제되도록 합리적이고 효율적인 통제장치가 있어야 할 것이다 |

이에 자유민주적 통치구조의 기본이념과 원리에 부합하기 위하여 특히 권한의 남용 내지 악용이 최대한 억제되도록 합리적이고 효율적인 통제장치를 보완하였습니다.

### 수정주요내용

### 가. 수사대상범죄

| 구 분 | 백혜련의원안 | 권은희의원 수정안 |
|---|---|---|
| 대상범죄 | 직무유기, 직권남용, 피의사실공표, 뇌물죄, 공문서 위조등 모든 직무범죄 | 뇌물죄, 부정청탁 및 금품등 수수 등 부패범죄 |
| 관련범죄 | 수사과정에서 인지한 고위공직자범죄 | 고위공직자 부패범죄와 관련성이 있는 직무유기, 직권남용 등 직무범죄 |

백혜련(안)이 공무원의 직무상의 범죄를 모두 수사대상으로 하고 이 과정에서 인지한 범죄도 수사대상으로 하고 있음에 반하여, 수정안은 수사대상을 부패범죄로 한정하고, 부패범죄와 관련성이 인정되는 직무범죄만 수사할 수 있도록 함(안 제2조).

### 나. 처장·차장 임명

| 구 분 | 백혜련의원안 | 권은희의원 수정안 |
|---|---|---|
| 임용 | 공수처장: 추천→인사청문회→ 대통령임명 | 공수처장: 추천→인사청문회→대통령임명<br>공수처차장: 추천→대통령임명 |

| | 공수처검사: 추천→대통령임명<br>공수처수사관:추천→대통령임명 | 공수처검사: 추천→처장임명<br>공수처수사관:추천→처장임명 |
|---|---|---|
| 처장<br>차장<br>추천<br>위원회 | 법무부장관, 법원행정처 처장, 대한변호사협회 회장, 국회에서 추천한 4명(여당 2명, 그 외 교섭단체 2명) | **국회에서 추천한 7명(여당 3명, 그 외 교섭단체 4명)** |
| 공수처검사 · 수사관인사 위원회 | 처장, 차장, 법원행정처 차장, 대한변호사협회 회장, 교섭단체 대표의원이 협의하여 국회의장이 추천한 3명 | 처장, 차장, **국회에서 추천한 5명 (여당 2명, 그 외 교섭단체 3명)** |

백혜련(안)은 처장추천위원회를 법무부장관, 법원행정처장, 대한변호사협회 회장, 국회에서 추천한 4명으로 구성하고, 추천위가 처장을 추천한 후 인사청문회를 거쳐 대통령이 임명할 수 있도록 하고 있음에 반하여, 수정안은 처장·차장추천위원회를 전부 국회에서 구성하고, 추천위가 처장을 추천한 후 인사청문회를 거쳐 대통령이 임명할 수 있도록 하고 있음. 또한 차장에 대해서도 추천위의 추천 후 대통령이 임명할 수 있도록 하고 있음.

공수처검사 및 공수처수사관은 수사처장, 수사차장, 국회추천위원으로 구성한 인사위원회에서 추천 후 처장이 임명하도록 하고 있음(안 제5조, 제6조부터 제9조).

### 다. 재임용적격심사

| 구 분 | 백혜련의원안 | 권은희의원 수정안 |
|---|---|---|
| 임기 | **공수처장: 3년<br>공수처검사: 3년, 3회 연임가능<br>공수처수사관: 6년, 연임가능** | **수사처장: 2년, 중임가능<br>수사처검사: 2년, 연임가능<br>수사처수사관: 2년, 연임가능** |
| 재임용 | 공수처장: 인사위원회<br>공수처검사: 인사위원회<br>공수처수사관: 인사위원회 | 수사처장: 2년 후 추천위원회 중임심사<br>수사처검사: 2년마다 적격심사<br>수사처수사관: 2년마다 적격심사 |

백혜련(안)은 공수처검사는 임기 3년, 3회 연임가능하고, 공수처 수사관은 임기 6년, 제한 없이 연임가능하도록 규정하고, 재임용은 인사위원회에서 결정하도록 하고 있으나, 수정안은 공수처검사와 공수처수사관 임기 2년 후 적격심사위원회의 적격심사 후 재임용을 할 수 있도록 함(안 제9조).

### 라. 다른 수사기관과의 관계

| 구 분 | 백혜련의원안 | 권은희의원 수정안 |
|---|---|---|
| 수사<br>우선권 | 공수처 | 각 수사기관 |
| 동일 | 공수처가 다른 수사기관에게 사건 이첩을 요구 | 공수처가 다른 수사기관에게 사건 이첩을 요 |

| | | |
|---|---|---|
| 유사<br>수사시 | → 다른 수사기관의 장은 이에 응하여야 함<br>공수처가 다른 수사기관으로 사건을 이첩할 수<br>있음 | 구 → **다른 수사기관의 장이 수사의 효율성,<br>진행경과등을 판단하여 이첩이 필요하다고<br>인정되면 이첩**<br>공수처가 다른 수사기관으로 사건을 이첩할<br>수 없음 |

백혜련(안)은 공수처에 수사우선권을 주고 있음에 반하여, 수정안은 공수처와 다른 수사기관의 장이 수사의 효율성, 진행경과등을 판단하여 협의하여 조정할 수 있도록 함(안 제18조 및 제19조)

## 마. 수사권과 기소권의 분리

| 구 분 | 백혜련의원안 | 권은희의원 수정안 |
|---|---|---|
| 기소권 | 공수처: 판사, 검사, 경무관 이상 경찰<br>검찰: 그 외 수사대상자 | 검찰 |
| 불기소처분에 대<br>한 불복 | 공수처가 불기소시:<br>  고소·고발인 →서울고등법원<br>검찰 불기소시:<br>  처장→서울고등법원 | 공수처검사→기소심의위원회<br>15명 이상 20명 이하 국민<br>고소·고발인→재정신청 |

백혜련(안)은 판사, 검사, 경무관 이사의 경찰의 경우에 공수처가 수사와 기소를 모두 할 수 있도록 함에 반하여, 수정안은 수사는 공수처가, 기소는 검찰이 하여 공수처의 수사권한을 견제할 수 있도록 하고, 검찰이 불기소처분을 한 경우 국민으로 구성된 기소심의위원회에서 기소적당결정을 할 수 있도록 하여 검찰의 기소권행사의 적부를 국민이 견제할 수 있도록 함 (안 제15조)


# 고위공직자범죄수사처 설치 및 운영에 관한 법률안에 대한 수정안

고위공직자범죄수사처의 설치 및 운영에 관한 법률안 일부를 다음과 같이 수정한다.

안 제1조 중 "이 법은"을 "이 법은 고위공직자등의 부패행위를 수사하고 근절하기 위한"으로 한다.

안 제2조제1호 각 목 외의 부분 본문 중 "하나의 직(職)에 재직 중인 사람 또는 그 직에서 퇴직한 사람을"을 "하나에 해당하는 공직자를 말한다."로 하고, 같은 호 각 목 외의 부분 단서를 삭제하며, 같은 조에 제2호의2을 다음과 같이 신설하고, 제3호를 다음과 같이 한다.

  2의2. 제1호와 제2호를 "고위공직자등" 이라고 한다.

  3. "부패범죄"란 고위공직자가 재직 중에 범한 다음 각 목의 어느 하나에 해당하는 범죄행

위를 말한다.

가. 「형법」 제129조부터 제133조까지의 죄(다른 법률에 따라 가중처벌되는 경우를 포함한다)

나. 「특정범죄 가중처벌 등에 관한 법률」 제3조의 죄

다. 「특정경제범죄 가중처벌 등에 관한 법률」 제4조의 죄, 제8조의 죄

라. 「정치자금법」 제45조의 죄

마. 「부패방지 및 국민권익위원회의 설치와 운영에 관한 법률」 제86조의 죄

바. 「부정청탁 및 금품등 수수의 금지에 관한 법률」 제22조의 죄

사. 가목부터 바목까지의 죄에 해당하는 범죄행위로 인한 「범죄수익은닉의 규제 및 처벌 등에 관한 법률」 제2조제4호의 범죄수익등과 관련된 같은 법 제3조 및 제4조의 죄

안 제2조제4호 나목 중 "제357조제2항의 죄"를 "제357조제2항의 죄 및 「특정경제범죄 가중처벌 등에 관한 법률」 제6조의 죄"로 하고, 같은 호 다목 중 "고위공직자범죄와 관련된"을 "고위공직자등의 부패범죄와 관련성이 있는"으로 하며, 같은 호 라목을 다음과 같이 하고, 같은 호에 마목부터 사목까지를 다음과 같이 신설한다.

라. 고위공직자등의 부패범죄와 관련성이 있는 「형법」 제122조부터 제128조까지의 죄

마. 고위공직자등의 부패범죄와 관련성이 있는 「형법」 제141조, 제225조, 제227조, 제227조의2, 제229조(제225조, 제227조 및 제227조의2의 행사죄에 한정한다)

바. 고위공직자등의 부패범죄와 관련성이 있는 「형법」 제355조부터 제357조까지 및 제359조의 죄(다른 법률에 따라 가중처벌되는 경우를 포함한다)

사. 고위공직자등의 부패범죄와 관련성이 있는 「국가정보원법」 제18조, 제19조의 죄

안 제2조제5호를 다음과 같이 한다.

5. "부패관련범죄"란 제3호와 제4호의 죄를 말한다.

안 제3조를 다음과 같이 한다.

제3조(고위공직자범죄수사처의 설치와 독립성) 제3조(고위공직자범죄수사처의 설치와 독립성) ① 이 법에서 정하는 고위공직자와 그 가족의 범죄행위 또는 관련범죄 등에 관한 수사를 관장하기 위하여 고위공직자범죄수사처(이하 "수사처"라 한다)를 둔다.

② 수사처는 고위공직자등의 부패관련범죄에 대한 수사에 필요한 행위를 한다. 다만 수사처장·차장, 수사처검사 및 수사처수사관 그 밖의 직원이 고위공직자등의 부패관련범죄에 해당하는 경우는 수사할 수 없다.

③ 수사처는 그 권한에 속하는 직무를 독립하여 수행한다.

④ 수사처는 고위공직자등의 부패관련범죄에 대한 검사의 불기소처분의 적부를 심사하기 위해 기소심의위원회를 요청할 수 있다.

⑤ 수사처는 기소심의위원회에서 기소적당으로 의결한 사건의 재판에서 공소를 유지한다.

안 제5조제1항 및 제3항을 각각 다음과 같이 한다.

① 처장은 다음 각 호의 직에 15년 이상 있던 사람 중에서 제6조에 따른 처장·차장추천위원회가 추천하고, 인사청문회를 거쳐 대통령이 임명한다.

1. 판사, 검사 또는 변호사

2. 변호사 자격이 있는 사람으로서 국가기관, 지방자치단체, 「공공기관의 운영에 관한 법률」 제4조에 따른 공공기관 또는 그 밖의 법인에서 법률에 관한 사무에 종사한 사람

3. 변호사 자격이 있는 사람으로서 대학의 법률학 조교수 이상으로 재직하였던 사람

③ 처장의 임기는 2년으로 하고 1차에 한하여 중임할 수 있으며, 정년은 65세로 한다.

안 제6조의 조 제목을 "처장·차장추천위원회"로 하고, 같은 조 제1항 및 제4항을 각각 다음과 같이 하며, 같은 조 제7항을 삭제하고, 안 제6조제8항을 제7항으로 한다.

① 처장·차장후보자의 추천·중임심사를 위하여 국회에 추천위원회를 둔다.

④ 국회의장은 다음 각 호의 사람을 위원으로 임명하거나 위촉한다.

1. 대통령이 소속되거나 소속되었던 정당의 교섭단체가 추천한 3명 (이 경우 국회 의석비율을 초과할 수 없다.)

2. 그 외 교섭단체 4명(이 경우 국회 의석비율에 따라 4명 이상 7명 이내에서 추가로 추천할 수 있다.)

안 제7조제1항 중 "처장의 제청으로"를 "처장·차장 추천위원회의 제청으로"로 하고, 같은 조 제3항 중 "3년"을 "2년"으로 한다.

안 제8조제1항을 다음과 같이 하고, 같은 조 제3항 중 "3년으로 하고, 3회에 한하여 연임할 수 있으며"를 "2년으로 하고, 연임할 수 있으며"로 한다.

① 수사처검사는 변호사 자격이 있고 10년 이상 판사, 검사, 사법경찰관(특별사법경찰관을 포함한다), 국가공무원 또는 지방공무원법상 공무원으로 재판·수사·조사업무의 실무경력이 있는 사람 중에서 제9조에 따른 인사위원회의 추천을 받아 처장이 임명한다.

안 제9조제1항 중 "임용"을 "임용(재임용 제외)"으로 하고, 같은 조 제3항, 제4항, 제6항 및 제7항을 각각 다음과 같이 한다.

③ 인사위원회의 위원 구성은 다음 각 호와 같다.

1. 처장

2. 차장

3. 대통령이 소속되거나 소속되었던 정당의 교섭단체가 추천한 2명

4. 그 외 교섭단체가 추천한 3명

④ 인사위원회는 재적위원 과반수의 찬성으로 의결한다.

⑥ 임기가 끝난 수사처검사(처장과 차장을 제외한다)·수사처수사관의 연임에 관한 사항을 심사하기 위하여 인사위원회 내에 적격심사위원회를 둔다.

⑦ 그 밖에 인사위원회 및 적격심사위원회의 구성과 운영 등에 필요한 사항은 수사처규칙으로 정한다.

안 제10조제1항부터 제3항까지를 다음과 같이 하고, 같은 조에 제4항을 다음과 같이 신설한다.

① 수사처수사관은 변호사의 자격이 있는 자로서 5년 이상 재판·수사·조사의 실무경력이나 변호사 실무경력이 있거나 7년 이상 조사·수사의 실무경력이 있는 사람 중에서 인사위원회의 추천을 받아 처장이 임명한다.

② 수사처수사관은 특정직공무원으로 하며, 40명 이내로 한다.

③ 수사처수사관의 임기는 2년으로 하며, 연임할 수 있다.

④ 수사처수사관은 직무의 범위 안에서 사법경찰관의 직무를 수행한다.

안 제12조를 삭제한다.

안 제13조를 다음과 같이 한다.

제12조(결격사유) ① 다음 각 호의 어느 하나에 해당하는 사람은 처장, 차장, 수사처검사, 수사처수사관으로 임명될 수 없다.

1. 대한민국 국민이 아닌 자

2. 「국가공무원법」 제33조 각 호의 어느 하나에 해당하는 자

3. 정당의 당원

4. 「공직선거법」에 따라 실시하는 선거에 후보자로 등록하였거나

제16조제2항 각호에 해당하는 행위를 한 자

5. 대통령비서실 소속의 공무원으로서 퇴직 후 2년이 지나지 아니한 사람

② 처장이 제1항 제1호부터 제4호까지의 규정에 해당하게 된 때에는 당연히 퇴직된다.

③ 검사 또는 국가경찰공무원의 직에 있었던 자는 퇴직 후 2년이 경과하지 아니하면 처장으로 임명될 수 없다.

안 제14조를 다음과 같이 한다.

제13조(신분보장) 처장은 탄핵이나 금고 이상의 형을 선고받은 경우를 제외하고는 파면되지 아니하며, 징계처분에 의하지 아니하고는 해임·면직·정직·감봉·견책 또는 퇴직의 처분을 받지 아니한다.

안 제15조를 삭제한다.

안 제16조를 다음과 같이 한다.

제14조(공직임용 제한) 처장은 퇴직 후 3년 이내에 대통령이 지명하는 헌법재판관, 국무총리, 중앙행정기관 및 대통령비서실, 대통령경호처, 국가안보실, 국가정보원의 정무직 공무원,

검찰청 소속 검사로 임용될 수 없다.

안 제17조를 다음과 같이 한다.

제15조(처장의 직무) ① 처장은 고위공직자범죄수사처의 사무를 통할하고 소속 직원을 지휘·감독한다.

② 처장은 국회에 출석하여 위원회의 소관 사무에 관하여 의견을 진술할 수 있고, 국회의 요구가 있을 때에는 출석하여 보고하거나 답변하여야 한다.

③ 처장은 국무회의에 출석하여 발언할 수 있으며, 그 소관 사무에 관하여 대통령에게 의안(이 법의 시행에 관한 대통령령안을 포함한다)의 제출을 건의할 수 있다.

④ 처장은 그 직무를 수행함에 있어서 필요한 경우에는 대검찰청, 경찰청 등 관계 기관의 장에게 고위공직자등 부패관련범죄 사건의 내사, 수사기록 및 증거 등 자료의 제출과 수사 활동의 지원 등 수사협조를 요청할 수 있다.

⑤ 처장은 고위공직자등 부패관련범죄 사건의 수사에 필요한 경우에는 대검찰청, 경찰청 등 관계 기관의 장에게 소속 공무원의 파견근무 및 수사편의를 위한 지원을 요청할 수 있다. 다만, 검찰청으로부터 검찰수사관을 파견받은 경우 및 경찰청으로부터 사법경찰관을 파견받은 경우에는 이를 수사처수사관의 정원에 포함한다.

⑥ 처장은 고위공직자범죄수사처의 예산 관련 업무를 수행하는 경우에 「국가재정법」 제6조에 따른 중앙관서의 장으로 본다.

안 제18조부터 제21조까지를 각각 삭제한다.

안 제22조를 다음과 같이 한다.

제16조(정치 관여 금지) ① 고위공직자등범죄수사처의 처장·차장, 수사처검사 및 수사처수사관 및 그 밖의 직원은 정당이나 정치단체에 가입하거나 정치활동에 관여하는 행위를 하여서는 아니 된다.

② 제1항에서 정치활동에 관여하는 행위란 다음 각 호의 어느 하나에 해당하는 행위를 말한다.

1. 정당이나 정치단체의 결성 또는 가입을 지원하거나 방해하는 행위

2. 그 지위를 이용하여 특정 정당이나 특정 정치인에 대하여지지 또는 반대 의견을 유포하거나 그러한 여론을 조성할 목적으로 특정 정당 이나 특정 정치인에 대하여 찬양하거나 비방하는 내용의 의견 또는 사실을 유포하는 행위

3. 특정 정당이나 특정 정치인을 위하여 기부금 모집을 지원하거나 방해하는 행위 또는 국가·지방자치단체 및 「공공기관의 운영에 관한 법률」에 따른 공공기관의 자금을 이용하거나 이용하게 하는 행위

4. 특정 정당이나 특정인의 선거운동을 하거나 선거 관련 대책회의에 관여하는 행위

5. 「정보통신망 이용촉진 및 정보보호 등에 관한 법률」에 따른 정보통신망을 이용한 제1호부터 제4호까지에 해당하는 행위

6. 소속 직원이나 다른 공무원에 대하여 제1호부터 제5호까지의 행위를 하도록 요구하거나 그 행위와 관련한 보상 또는 보복으로서 이익 또는 불이익을 주거나 이를 약속 또는 고지하는 행위

안 제23조를 다음과 같이 한다.

제17조(수사의 개시) ① 고위공직자범죄수사처는 다음 각 호의 어느 하나에 해당하는 때에는 수사에 착수하여야 한다.

1. 고위공직자 또는 그 가족의 부패범죄 등을 인지한 때

2. 감사원, 국민권익위원회의 수사의뢰가 있는 때

3. 고위공직자의 소속 기관에서 수사의뢰가 있는 때

4. 피해신고, 진정, 고발·고소 등에서 범죄혐의가 있다고 사료하여 수사의 필요성이 있는 때

② 공무원은 그 직무 수행 중 고위공직자등의 부패관련범죄 등을 알게 된 때에는 고위공직자범죄수사처에 이를 고발하여야 한다.

안 제24조를 다음과 같이 한다.

제18조(다른 수사기관과의 관계) ① 처장은 고위공직자등의 부패관련범죄 수사와 수사대상자가 동일한 다른 수사기관의 사건에 대해 고위공직자범죄수사처로 이첩할 것을 서면으로 요청할 수 있다.

② 처장은 고위공직자등의 부패관련범죄 수사와 범죄혐의 사실이 동일하거나 유사한 다른 수사기관의 사건에 대해 고위공직자범죄수사처로 이첩할 것을 서면으로 요청할 수 있다.

③ 처장은 처장·차장, 수사처검사 및 수사처수사관 그 밖의 직원이 고위공직자등의 부패관련범죄에 해당한 때 사건을 검찰청으로 이첩하여야 한다.

④ 다른 수사기관의 장은 사건의 동일·유사성, 수사진행의 정도, 수사의 효율성 등을 고려하여 고위공직자범죄수사처로 이첩하는 것이 적절하다고 판단한 경우 사건을 이첩하여야 한다. 필요한 경우 다른 수사기관의 장은 고위공직자범죄수사처장과 협의할 수 있다.

⑤ 다른 수사기관의 장이 사건을 고위공직자범죄수사처로 이첩하지 아니하는 결정을 하는 경우 이유를 기재하여 서면으로 통보하여야 한다.

안 제25조를 삭제한다.

안 제26조를 다음과 같이 한다.

제19조(사건송치) ① 수사처검사는 고위공직자등의 부패관련범죄를 신속히 수사하여 사건을 서류와 증거물과 함께 검사에게 송치하여야 한다. 이 경우 수사처검사는 해당 사건의 공소제기에 관한 의견을 제시하여야 한다.

② 수사처검사는 사건이 군사법원의 재판권에 속하는 때에는 사건을 서류와 증거물과 함께 재판권을 가진 관할 군검찰부 군검사에게 송치하여야 한다. 이 경우 수사처검사는 해당 사건의 공소제기에 관한 의견을 제시하여야 한다.

③ 제1항 또는 제2항의 송치를 받은 검사와 군검사는 사건에 관하여 공소를 제기하거나 제기하지 아니하는 처분, 공소의 취소 또는 「형사소송법」 제256조의 송치를 한 때에는 그 처분한 날로부터 7일이내에 서면으로 수사처검사에게 그 취지와 이유를 통보하여야 한다.

④ 처장은 수사처검사가 제3항에 따라 검사로부터 공소를 제기하지 아니한다는 통보를 받고, 수사처검사가 이의를 신청하는 때에는 기소심의위원회의 개시를 요청할 수 있다.

안 제27조, 안 제28조 및 안 제29조를 각각 삭제한다.

안 제30조를 다음과 같이 한다.

제20조(기소심의위원회) ① 처장은 기소의견으로 검찰에 송부한 사건을 검찰이 불기소처분한 경우에 불기소처분의 적부를 심의·의결하기 위하여 법원에 기소심의위원회를 요청한다.

② 법원은 『국민의 형사재판참여에 관한 법률』이 정하는 바에 따라 검사의 불기소처분의 상당여부를 심의·의결하기 위해 기소심의위원회를 구성·운영한다.

③ 기소심의위원회는 15명 이상 20명 이하의 위원으로 구성한다.

④ 기소심의위원은 만 20세 이상의 대한민국 국민 중에서 법원이 『국민의 형사재판참여에 관한 법률』이 정하는 바에 따라 위촉한다.

⑤ 기소심의위원회는 위원의 3분의 2이상의 동의로 기소적당의결을 할 수 있다.

⑥ 기소심의위원회의 기소적당의결은 기소의 효력을 갖는다. 법원은

공소제기와 유지를 위하여 수사처검사를 지정한다.

안 제31조 및 안 제32조를 각각 삭제한다.

안 제33조를 다음과 같이 한다.

제21조(수사처직원의 징계) ① 수사처직원의 징계사건을 심사·의결하기 위하여 고위공직자범죄수사처에 징계위원회를 둔다.

② 징계위원회의 구성·권한 및 심사절차, 그 밖에 필요한 사항은 고위공직자범죄수사처의 규칙으로 정한다.

안 제34조부터 안 제43조까지를 각각 삭제한다.

안 제44조를 다음과 같이 한다.

제22조(파견공무원) 처장은 이 법이 정하는 직무를 수행하기 위하여 필요하다고 인정하는 경우에는 관련 기관에 공무원의 파견을 요청할 수 있다. 파견 공무원의 규모는 30명을 넘지 않아야 한다.

안 제45조를 다음과 같이 한다.

제23조(위임) 이 법에 규정된 사항 외에 고위공직자범죄수사처의 운영에 관하여 필요한 사항은 고위공직자범죄수사처의 규칙으로 정한다.

안 제46조를 삭제한다.

안 제47조를 다음과 같이 한다.

제24조(다른 법률의 준용) 그 밖에 수사처검사 및 수사처수사관의 권한, 의무, 직무수행 등에 관하여는 이 법의 규정에 반하지 아니하는 한 「검찰청법」, 「군사법원법」, 「형사소송법」, 「사법경찰관리의 직무를 수행할 자와 그 직무범위에 관한 법률」을 준용한다.

안 부칙을 다음과 같이 한다.

이 법은 공포 후 6개월이 경과한 날부터 시행한다.

# 수정조문대비표

| 현 행 | 개 정 안 |
|---|---|
| 제1조(목적) <u>이 법은</u> 고위공직자범죄수사처의 설치와 운영에 관하여 필요한 사항을 규정함을 목적으로 한다. | 제1조(목적) <u>이 법은 고위공직자등의 부패행위를 수사하고 근절하기 위한</u> -------------- ------------------ |
| 제2조(정의) 이 법에서 사용하는 용어의 정의는 다음과 같다. | 제2조(정의) --------------------------------- ----------- |
| 1. "고위공직자"란 다음 각 목의 어느 <u>하나의 직(職)에 재직 중인 사람 또는 그 직에서 퇴직한 사람을 말한다. 다만, 장성급 장교는 현역을 면한 이후도 포함된다.</u> | 1. ------------------------------ <u>하나에 해당하는 공직자를 말한다. <단서 삭제></u> |
| 가.~더. (생 략) | 가.~더. (생 략) |
| 2. (생 략) | 2. (원안과 같음) |
| <신 설> | <u>2의2. 제1호와 제2호를 "고위공직자등" 이라고 한다.</u> |
| 3. <u>"고위공직자범죄"란 고위공직자로 재직 중에 본인 또는 본인의 가족이 범한 다음 각 목의 어느 하나에 해당하는 죄를 말한다. 다만, 가족의 경우에는 고위공직자의 직무와 관련하여 범한 죄에 한정한다.</u> | 3. <u>"부패범죄"란 고위공직자가 재직 중에 범한 다음 각 목의 어느 하나에 해당하는 범죄행위를 말한다.</u> |
| 가. 「형법」 제122조부터 제133조까지의 죄(다른 법률에 따라 가중처벌되는 경우를 포함한다) | 가. 「형법」<u>제129조부터</u> 제133조까지의 죄(다른 법률에 따라 가중처벌되는 경우를 포함한다) |
| 나. 직무와 관련되는 「형법」 제141조, 제225조, 제227조, 제227조의2, 제229조(제225조, 제227조 및 제227조의2의 행사죄에 한정한다), 제355조부터 제357조까지 및 제359조의 죄(다른 법률에 따라 가중처벌되는 경우를 포함한다) | 나. <u>「특정범죄 가중처벌 등에 관한 법률」 제3조의 죄</u> |
| 다. 「특정범죄 가중처벌 등에 관한 법률」 제3조의 죄 | 다. <u>「특정경제범죄 가중처벌 등에 관한 법률」 제4조의 죄, 제8조의 죄</u> |
| 라. 「변호사법」 제111조의 죄 | 라. <u>「정치자금법」 제45조의 죄</u> |
| 마. 「정치자금법」 제45조의 죄 | 마. <u>「부패방지 및 국민권익위원회의 설치와 운영에 관한 법률」 제86조의 죄</u> |
| 바. <u>「국가정보원법」 제18조, 제19조의 죄</u> | 바. <u>「부정청탁 및 금품등 수수의 금지에 관한 법률」제22조의 죄</u> |
| 사. <u>「국회에서의 증언·감정 등에 관한 법률」 제14조제1항의 죄</u> | 사. <u>가목부터 바목까지의 죄에 해당하는 범죄행위로 인한 「범죄수익은닉의 규제 및 처벌 등에 관한 법률」 제2조제4호의 범죄수익등과 관련된 같은 법 제3조 및 제4조의 죄</u> |
| 아. <u>가목부터 마목까지의 죄에 해당하는 범죄행위로 인한 「범죄수익은닉의 규제 및 처벌 등에 관한 법률」 제2조제4호의 범죄수익등과 관련된 같은 법 제3조 및 제4조의 죄</u> | <삭 제> |
| 4. "관련범죄"란 다음 각 목의 어느 하나에 해당하 | 4. ----------------------------------------- |

는 죄를 말한다.

가. (생 략)

나. 고위공직자를 상대로 한 자의 「형법」 제133
조, 제357조제2항의 죄

다. 고위공직자범죄와 관련된 「형법」 제151조제1
항, 제152조, 제154조부터 제156조까지의 죄
및 「국회에서의 증언·감정 등에 관한 법률」
제14조제1항의 죄

라. 고위공직자범죄 수사 과정에서 인지한 그 고
위공직자범죄와 직접 관련성이 있는 죄로서
해당 고위공직자가 범한 죄

<신 설>

<신 설>

<신 설>

5. "고위공직자범죄등"이란 제3호와 제4호의 죄
를 말한다.

제3조(고위공직자범죄수사처의 설치와 독립성) ①
고위공직자범죄등에 관하여 다음 각 호에 필
요한 직무를 수행하기 위하여 고위공직자범죄
수사처(이하 "수사처"라 한다)를 둔다.

1. 고위공직자범죄등에 관한 수사

2. 제2조제1호다목, 카목, 파목, 하목에 해당하는
고위공직자로 재직 중에 본인 또는 본인의 가족
이 범한 고위공직자범죄 및 관련범죄의 공소제
기와 그 유지

<신 설>

② 수사처는 그 권한에 속하는 직무를 독립하여 수
행한다.

<신 설>

---------------

가. (원안과 같음)

나. --------------------------------------
--- 제357조제2항의 죄 및 「특정경제범죄
가중처벌 등에 관한 법률」제6조의 죄

다. 고위공직자등의 부패범죄와 관련성이 있는 --
--------------------------------------
--------------------------------------
---------------

라. 고위공직자등의 부패범죄와 관련성이 있는
「형법」제122조부터 제128조까지의 죄

마. 고위공직자등의 부패범죄와 관련성이 있는
「형법」제141조, 제225조, 제227조, 제227조
의2, 제229조(제225조, 제227조 및 제227조
의2의 행사죄에 한정한다)

바. 고위공직자등의 부패범죄와 관련성이 있는
「형법」제355조부터 제357조까지 및 제359조
의 죄(다른 법률에 따라 가중처벌되는 경우를
포함한다)

사. 고위공직자등의 부패범죄와 관련성이 있는
「국가정보원법」 제18조, 제19조의 죄

5. "부패관련범죄"란 제3호와 제4호의 죄를 말한다.

제3조(고위공직자범죄수사처의 설치와 독립성) ①
이 법에서 정하는 고위공직자와 그 가족의 범
죄행위 또는 관련범죄 등에 관한 수사를 관장
하기 위하여 고위공직자범죄수사처(이하 "수
사처"라 한다)를 둔다.

② 수사처는 고위공직자등의 부패관련범죄에 대한
수사에 필요한 행위를 한다. 다만 수사처장·차
장, 수사처검사 및 수사처수사관 그 밖의 직원
이 고위공직자등의 부패관련범죄에 해당하는
경우는 수사할 수 없다.

③ (원안과 같음)

④ 수사처는 고위공직자등의 부패관련범죄에 대한
검사의 불기소처분의 적부를 심사하기 위해 기

416

<신 설>

제4조(처장·차장 등) ①~② (생 략)

제5조(처장의 자격과 임기) ① 처장은 다음 각 호의 직에 15년 이상 있던 사람 중에서 제6조에 따른 고위공직자범죄수사처장후보추천위원회가 2명을 추천하고, 대통령이 그 중 1명을 지명한 후 인사청문회를 거쳐 임명한다.

1.~3. (생 략)

② (생 략)

③ 처장의 임기는 3년으로 하고 중임할 수 없으며, 정년은 65세로 한다.


④ (생 략)

제6조(고위공직자범죄수사처장후보추천위원회) ① 처장후보자의 추천을 위하여 국회에 고위공직자범죄수사처장후보추천위원회(이하 "추천위원회"라 한다)를 둔다.

② 추천위원회는 위원장 1명을 포함하여 7명의 위원으로 구성한다.

③ 위원장은 제4항 각 호의 위원 중에서 호선한다.

④ 국회의장은 다음 각 호의 사람을 위원으로 임명하거나 위촉한다.

1. 법무부장관

2. 법원행정처장

3. 대한변호사협회장

4. 대통령이 소속되거나 소속되었던 정당의 교섭단체가 추천한 2명

5. 전 호의 교섭단체 외 교섭단체가 추천한 2명

⑤ 추천위원회는 국회의장의 요청 또는 위원 3분의 1 이상의 요청이 있거나 위원장이 필요하다고 인정할 때 위원장이 소집하고, 재적위원 5분의 4 이상의 찬성으로 의결한다.

⑥ 추천위원회 위원은 정치적으로 중립을 지키고 독립하여 그 직무를 수행한다.

⑦ 추천위원회가 제5조제1항에 따라 처장 후보자를 추천하면 해당 위원회는 해산된 것으로 본다.

⑧ 그 밖에 추천위원회의 운영 등에 필요한 사항은 국회규칙으로 정한다.


제7조(차장) ① 차장은 10년 이상 제5조제1항 각 호

---

소심의위원회를 요청할 수 있다.

⑤ 수사처는 기소심의위원회에서 기소적당으로 의결한 사건의 재판에서 공소를 유지한다.

제4조(처장·차장 등) ①~② (원안과 같음)

제5조(처장의 자격과 임기) ① 처장은 다음 각 호의 직에 15년 이상 있던 사람 중에서 제6조에 따른 처장·차장추천위원회가 추천하고, 인사청문회를 거쳐 대통령이 임명한다.

1.~3. (생 략)

② (원안과 같음)

③ 처장의 임기는 2년으로 하고 1차에 한하여 중임할 수 있으며, 정년은 65세로 한다.

④ (원안과 같음)

제6조(처장·차장추천위원회) ① 처장·차장후보자의 추천 및 중임 심사를 위하여 국회에 추천위원회를 둔다.

② (원안과 같음)

③ (원안과 같음)

④ ------------------------------------------------------------

1. 대통령이 소속되거나 소속되었던 정당의 교섭단체가 추천한 3명 (이 경우 국회 의석비율을 초과할 수 없다.)

2. 그 외 교섭단체 4명 (이 경우 국회 의석비율에 따라 4명 이상 7명 이내에서 추가로 추천할 수 있다.)

⑤~⑥ (원안과 같음)


<삭 제>


⑦ (원안과 같음)


제7조(차장) ① ------------------------------------

의 직위에 재직하였던 사람 중에서 <u>처장의 제</u>
<u>청</u>으로 대통령이 임명한다.

② 제5조제2항은 차장의 임명에 준용한다.

③ 차장의 임기는 <u>3년</u>으로 하고 중임할 수 없으며,
정년은 63세로 한다.

제8조(수사처검사) ① <u>수사처검사는 변호사 자격이</u>
<u>있고 10년 이상 재판, 수사, 조사업무의 실무</u>
<u>경력이 있는 사람 중에서 제9조에 따른 인사</u>
<u>위원회의 추천을 거쳐 처장의 제청으로 대통</u>
<u>령이 임명한다. 이 경우 검사의 직에 있었던</u>
<u>사람은 제2항에 따른 수사처검사 정원의 2분</u>
<u>의 1을 넘을 수 없다.</u>

② 수사처검사는 특정직공무원으로 보하고, 처장과
차장을 포함하여 25명 이내로 한다.

③ 수사처검사의 임기는 <u>3년</u>으로 하고, <u>3회에 한하</u>
<u>여 연임할 수 있으며,</u> 정년은 63세로 한다.

④ 수사처검사는 직무를 수행함에 있어서 「검찰청
법」 제4조에 따른 검사의 직무 및 「군사법원법」
제37조에 따른 군검사의 직무를 수행할 수 있다.

제9조(인사위원회) ① 처장과 차장을 제외한 수사처
검사의 <u>임용</u>, 전보, 그 밖의 인사에 관한 중요
사항을 심의하기 위하여 수사처에 인사위원회
를 둔다.

② 인사위원회는 위원장 1명을 포함한 7명의 위원
으로 구성하고, 인사위원회의 위원장은 처장이
된다.

③ 인사위원회 위원 구성은 다음 각 호와 같다.

1. 처장

2. 차장

3. 법무부차관

4. 법원행정처 차장

5. <u>국회의장과 각 교섭단체대표의원이 협의하여 추</u>
<u>천한 3명</u>

④ <u>제3항제5호에 의하여 추천된 위원의 임기는 3년</u>
<u>으로 한다.</u>

⑤ 인사위원회는 재적위원 과반수의 찬성으로 의결
한다.

<신  설>

⑥ 그 밖의 인사위원회의 구성과 운영 등에 필요한
사항은 수사처규칙으로 정한다.

---

-------------------------------- <u>처장·차</u>
<u>장 추천위원회의 제청으로</u> --------------

② (원안과 같음)

③ ------------ <u>2년</u>-------------------
-------------------

제8조(수사처검사) ① <u>수사처검사는 변호사 자격이</u>
<u>있고 10년 이상 판사, 검사, 사법경찰관(특별</u>
<u>사법경찰관을 포함한다), 국가공무원 또는 지</u>
<u>방공무원법상 공무원으로 재판·수사·조사업</u>
<u>무의 실무경력이 있는 사람 중에서 제9조에</u>
<u>따른 인사위원회의 추천을 받아 처장이 임명</u>
<u>한다.</u>

② (원안과 같음)

③ -------------------- <u>2년으로 하고, 연임할 수</u>
<u>있으며,</u> --------------------

④ (원안과 같음)

제9조(인사위원회) ① ---------------------------
------- <u>임용(재임용 제외),</u> ----------------
-------------------------------------------
--------

② (원안과 같음)

③ ----------------------------------------

1. (원안과 같음)

2. (원안과 같음)

<삭  제>

<삭  제>

3. <u>대통령이 소속되거나 소속되었던 정당의 교섭단</u>
<u>체가 추천한 2명</u>

4. <u>그 외 교섭단체가 추천한 3명</u>

④ <u>위원의 임기는 2년으로 하며, 중임할 수 없다.</u>

⑤ (원안과 같음)

⑥ <u>임기가 끝난 수사처검사(처장과 차장을 제외한</u>
<u>다)·수사처수사관의 연임에 관한 사항을 심사</u>
<u>하기 위하여 인사위원회 내에 적격심사위원회</u>
<u>를 둔다.</u>

⑦ <u>그 밖에 인사위원회 및 적격심사위원회의 구성</u>
<u>과 운영 등에 필요한 사항은 수사처규칙으로 정</u>

| | 한다. |
|---|---|
| 제10조(수사처수사관) ① 수사처수사관은 5년 이상 변호사 실무경력이 있거나 조사, 수사, 재판업무에 5년 이상 종사하였던 사람 중에서 처장의 임명한다. | 제10조(수사처수사관) ① 수사처수사관은 변호사의 자격이 있는 자로서 5년 이상 재판·수사·조사의 실무경력이나 변호사 실무경력이 있거나 7년 이상 조사·수사의 실무경력이 있는 사람 중에서 인사위원회의 추천을 받아 처장이 임명한다. |
| ② 수사처수사관은 일반직공무원으로 하며, 30명 이내로 한다. 다만, 검찰청으로부터 검찰수사관을 파견받은 경우에는 이를 수사처수사관의 정원에 포함한다. | ② 수사처수사관은 특정직공무원으로 하며, 40명 이내로 한다. |
| ③ 수사처수사관의 임기는 6년으로 하고, 연임할 수 있으며, 정년은 60세로 한다. | ③ 수사처수사관의 임기는 2년으로 하며, 연임할 수 있다. |
| <신 설> | ④ 수사처수사관은 직무의 범위 안에서 사법경찰관의 직무를 수행한다. |
| 제11조(그 밖의 직원) ① 수사처의 행정에 관한 사무처리를 위하여 필요한 직원을 둘 수 있다.<br>② 제1항에 따른 직원의 수는 20명 이내로 한다. | 제11조(그 밖의 직원) (원안과 같음) |
| 제12조(보수 등) ① 처장의 보수와 대우는 차관의 예에 준한다.<br>② 차장의 보수와 대우는 고위공무원단 직위 중 가장 높은 직무등급의 예에 준한다.<br>③ 수사처검사의 보수와 대우는 검사의 예에 준한다.<br>④ 수사처수사관의 보수와 대우는 4급 이하 7급 이상의 검찰직공무원의 예에 준한다. | <삭 제> |
| 제13조(결격사유 등) ① 다음 각 호의 어느 하나에 해당하는 사람은 처장, 차장, 수사처검사로 임명될 수 없다.<br>1. 대한민국 국민이 아닌 사람<br>2. 「국가공무원법」 제33조 각 호의 어느 하나에 해당하는 사람 | 제12조(결격사유) ① 다음 각 호의 어느 하나에 해당하는 사람은 처장, 차장, 수사처검사, 수사처수사관으로 임명될 수 없다.<br>1.~2. (원안과 같음) |
| 3. 금고 이상의 형을 선고받은 사람 | <삭 제> |
| 4. 탄핵결정에 의하여 파면된 후 5년이 지나지 아니한 사람 | <삭 제> |
| <신 설> | 3. 정당의 당원 |
| <신 설> | 4. 「공직선거법」에 따라 실시하는 선거에 후보자로 등록하였거나 제16조제2항 각호에 해당하는 행위를 한 자 |
| 5. 대통령비서실 소속의 공무원으로서 퇴직 후 2년이 지나지 아니한 사람 | 5. (원안과 같음) |
| ② 검사의 경우 퇴직한 후 3년이 지나지 아니하면 처장이 될 수 없고, 퇴직한 후 1년이 지나지 아 | ② 처장이 제1항 제1호부터 제4호까지의 규정에 해당하게 된 때에는 당연히 퇴직된다. |

니하면 차장이 될 수 없다.

<신　설>

제14조(신분보장) 처장, 차장, 수사처검사는 탄핵이
나 금고 이상의 형을 선고받은 경우를 제외하
고는 파면되지 아니하며, 징계처분에 의하지
아니하고는　해임·면직·정직·감봉·견책
또는 퇴직의 처분을 받지 아니한다.

제15조(심신장애로 인한 퇴직) 수사처검사가 중대한
심신상의 장애로 인하여 직무를 수행할 수 없
을 때 대통령은 처장의 제청에 의하여 그 수
사처검사에게 퇴직을 명할 수 있다.

제16조(공직임용 제한 등) ① 처장과 차장은 퇴직
후 2년 이내에 헌법재판관(헌법 제111조제3
항에 따라 임명되는 헌법재판관은 제외한
다), 검찰총장, 국무총리 및 중앙행정기관·
대통령비서실·국가안보실·대통령경호처·
국가정보원의 정무직공무원으로 임용될 수
없다.
② 처장, 차장, 수사처검사는 퇴직 후 2년이 지나지
아니하면 검사로 임용될 수 없다.
③ 수사처검사로서 퇴직 후 1년이 지나지 아니한
사람은 대통령비서실의 직위에 임용될 수 없다.
④ 수사처에 근무하였던 사람은 퇴직 후 1년 동안
수사처의 사건을 변호사로서 수임할 수 없다.

제17조(처장의 직무와 권한) ① 처장은 수사처의 사
무를 통할하고 소속 직원을 지휘·감독한다.

② 처장은 국회에 출석하여 수사처의 소관 사무에
관하여 의견을 진술할 수 있고, 국회의 요구가
있을 때에는 수사나 재판에 영향을 미치지 않는
한 출석하여 보고하거나 답변하여야 한다.
③ 처장은 소관 사무와 관련된 안건이 상정될 경우
국무회의에 출석하여 발언할 수 있으며, 그 소
관 사무에 관하여 법무부장관에게 의안(이 법의
시행에 관한 대통령령안을 포함한다)의 제출을
건의할 수 있다.
④ 처장은 그 직무를 수행함에 있어서 필요한 경우
대검찰청, 경찰청 등 관계기관의 장에게 고위공
직자범죄등과 관련된 사건의 수사기록 및 증거
등 자료의 제출과 수사활동의 지원 등 수사협조
를 요청할 수 있다.

③ 검사 또는 국가경찰공무원의 직에 있었던 자는
퇴직 후 2년이 경과하지 아니하면 처장으로 임
명될 수 없다.

제13조(신분보장) 처장은 탄핵이나 금고 이상의 형
을 선고받은 경우를 제외하고는 파면되지 아
니하며, 징계처분에 의하지 아니하고는 해임
·면직·정직·감봉·견책 또는 퇴직의 처분
을 받지 아니한다.

<삭　제>

제14조(공직임용 제한) 처장은 퇴직 후 3년 이내에
대통령이 지명하는 헌법재판관, 국무총리, 중
앙행정기관 및 대통령비서실, 대통령경호처,
국가안보실, 국가정보원의 정무직 공무원, 검
찰청 소속 검사로 임용될 수 없다.

제15조(처장의 직무) ① 처장은 고위공직자범죄수사
처의 사무를 통할하고 소속 직원을 지휘·감
독한다.
② -----------------------------------------
--------------------------- 국회의 요구가
있을 때에는 ------------------------------
-------------------------------------
③ 처장은 국무회의에 출석하여 발언할 수 있으며,
그 소관 사무에 관하여 대통령에게 의안(이 법
의 시행에 관한 대통령령안을 포함한다)의 제출
을 건의할 수 있다.
④ 처장은 그 직무를 수행함에 있어서 필요한 경우
에는 대검찰청, 경찰청 등 관계 기관의 장에게
고위공직자등 부패관련범죄 사건의 내사, 수사
기록 및 증거 등 자료의 제출과 수사 활동의 지
원 등 수사협조를 요청할 수 있다.

⑤ 처장은 제8조에 따른 수사처검사의 직을 겸한다.
<신　설>

　⑥ (생　략)

제18조(차장의 직무와 권한) ① 차장은 처장을 보좌하며, 처장이 부득이한 사유로 그 직무를 수행할 수 없는 때에는 그 직무를 대행한다.
② 차장은 제8조에 따른 수사처검사의 직을 겸한다.

제19조(수사처검사 직무의 위임·이전 및 승계) ① 처장은 수사처검사로 하여금 그 권한에 속하는 직무의 일부를 처리하게 할 수 있다.
② 처장은 수사처검사의 직무를 자신이 처리하거나 다른 수사처검사로 하여금 처리하게 할 수 있다.

제20조(수사처검사의 직무와 권한) ① 수사처검사는 제3조제1항 각 호에 따른 수사와 공소의 제기 및 유지에 필요한 행위를 한다.
② 수사처검사는 처장의 지휘·감독에 따르며, 수사처수사관을 지휘·감독한다.
③ 수사처검사는 구체적 사건과 관련된 제2항의 지휘·감독의 적법성 또는 정당성에 대하여 이견이 있을 때에는 이의를 제기할 수 있다.

제21조(수사처수사관의 직무) ① 수사처수사관은 수사처검사의 지휘·감독을 받아 직무를 수행한다.
② 수사처수사관은 고위공직자범죄등에 대한 수사에 관하여 「형사소송법」 제196조제1항에 따른 사법경찰관의 직무를 수행한다.

제22조(정치적 중립 및 직무상 독립) 수사처 소속 공무원은 정치적 중립을 지켜야 하며, 그 직무를 수행함에 있어 외부로부터 어떠한 지시나 간섭을 받지 아니한다.

<삭　제>

　⑤ 처장은 고위공직자등 부패관련범죄 사건의 수사에 필요한 경우에는 대검찰청, 경찰청 등 관계 기관의 장에게 소속 공무원의 파견근무 및 수사편의를 위한 지원을 요청할 수 있다. 다만, 검찰청으로부터 검찰수사관을 파견받은 경우 및 경찰청으로부터 사법경찰관을 파견받은 경우에는 이를 수사처수사관의 정원에 포함한다.

　⑥ (원안과 같음)

<삭　제>

<삭　제>

<삭　제>

<삭　제>

제16조(정치 관여 금지) ① 수사처의 처장·차장, 수사처검사 및 수사처수사관 및 그 밖의 직원은 정당이나 정치단체에 가입하거나 정치활동에 관여하는 행위를 하여서는 아니 된다.
② 제1항에서 정치활동에 관여하는 행위란 다음 각 호의 어느 하나에 해당하는 행위를 말한다.
1. 정당이나 정치단체의 결성 또는 가입을 지원하거나 방해하는 행위
2. 그 지위를 이용하여 특정 정당이나 특정 정치인에 대하여 지지 또는 반대 의견을 유포하거

나 그러한 여론을 조성할 목적으로 특정 정당이나 특정 정치인에 대하여 찬양하거나 비방하는 내용의 의견 또는 사실을 유포하는 행위

3. 특정 정당이나 특정 정치인을 위하여 기부금 모집을 지원하거나 방해하는 행위 또는 국가·지방자치단체 및 「공공기관의 운영에 관한 법률」에 따른 공공기관의 자금을 이용하거나 이용하게 하는 행위

4. 특정 정당이나 특정인의 선거운동을 하거나 선거 관련 대책회의에 관여하는 행위

5. 「정보통신망 이용촉진 및 정보보호 등에 관한 법률」에 따른 정보통신망을 이용한 제1호부터 제4호까지에 해당하는 행위

6. 소속 직원이나 다른 공무원에 대하여 제1호부터 제5호까지의 행위를 하도록 요구하거나 그 행위와 관련한 보상 또는 보복으로서 이익 또는 불이익을 주거나 이를 약속 또는 고지하는 행위

---

제23조(수사처검사의 수사) 수사처검사는 고위공직자범죄의 혐의가 있다고 사료하는 때에는 범인, 범죄사실과 증거를 수사하여야 한다.

제17조(수사의 개시) ① 수사처는 다음 각 호의 어느 하나에 해당하는 때에는 수사에 착수하여야 한다.
1. 고위공직자 또는 그 가족의 부패범죄 등을 인지한 때
2. 감사원, 국민권익위원회의 수사의뢰가 있는 때
3. 고위공직자의 소속 기관에서 수사의뢰가 있는 때
4. 피해신고, 진정, 고발·고소 등에서 범죄혐의가 있다고 사료하여 수사의 필요성이 있는 때
② 공무원은 그 직무 수행 중 고위공직자등의 부패관련범죄 등을 알게 된 때에는 수사처에 이를 고발하여야 한다.

---

제24조(다른 수사기관과의 관계) ① 수사처의 범죄수사와 중복되는 다른 수사기관의 범죄수사는 처장이 수사의 진행정도 및 공정성 논란 등에 비추어 수사처에서 수사하는 것이 적절하다고 판단하여 이첩을 요청하는 경우 해당 수사기관은 이에 응하여야 한다.
② 처장은 피의자, 피해자, 사건의 내용과 규모 등에 비추어 다른 수사기관이 고위공직자범죄등을 수사하는 것이 적절하다고 판단될 때에는 해당 수사기관에 사건을 이첩할 수 있다.
<신 설>

제18조(다른 수사기관과의 관계) ① 처장은 고위공직자등의 부패관련범죄 수사와 수사대상자가 동일한 다른 수사기관의 사건에 대해 고위공직자범죄수사처로 이첩할 것을 서면으로 요청할 수 있다.
② 처장은 고위공직자등의 부패관련범죄 수사와 범죄혐의 사실이 동일하거나 유사한 다른 수사기관의 사건에 대해 고위공직자범죄수사처로 이첩할 것을 서면으로 요청할 수 있다.
③ 처장은 처장·차장, 수사처검사 및 수사처수사관 그 밖의 직원이 고위공직자등의 부패관련범죄에 해당한 때 사건을 검찰청으로 이첩하여야 한다.

<신　설>

<신　설>

④ 다른 수사기관의 장은 사건의 동일·유사성, 수
사진행의 정도, 수사의 효율성 등을 고려하여
수사처로 이첩하는 것이 적절하다고 판단한 경
우 사건을 이첩하여야 한다. 필요한 경우 다른
수사기관의 장은 수사처장과 협의할 수 있다.

⑤ 다른 수사기관의 장이 사건을 수사처로 이첩하
지 아니하는 결정을 하는 경우 이유를 기재하
여 서면으로 통보하여야 한다.

제25조(수사처검사 및 검사 범죄에 대한 수사) ①
처장은 수사처검사의 범죄 혐의를 발견한 경
우에 관련 자료와 함께 이를 대검찰청에 통보
하여야 한다.

② 수사처 외의 다른 수사기관이 검사의 고위공직
자범죄 혐의를 발견한 경우 그 수사기관의 장은
사건을 수사처에 이첩하여야 한다.

<삭　제>

제26조(수사처검사의 관계 서류와 증거물 송부 등)
① 수사처검사는 제3조제1항제2호에서 정하
는 사건을 제외한 고위공직자범죄등에 관한
수사를 한 때에는 관계 서류와 증거물을 지체
없이 서울중앙지방검찰청 소속 검사에게 송
부하여야 한다.

② 제1항에 따라 관계서류와 증거물을 송부받아 사
건을 처리하는 검사는 처장에게 해당 사건의 공
소제기여부를 신속하게 통보하여야 한다.

제19조(사건송치) ① 수사처검사는 고위공직자등의
부패관련범죄를 신속히 수사하여 사건을 서
류와 증거물과 함께 검사에게 송치하여야 한
다. 이 경우 수사처검사는 해당 사건의 공소
제기에 관한 의견을 제시하여야 한다.

② 수사처검사는 사건이 군사법원의 재판권에 속하
는 때에는 사건을 서류와 증거물과 함께 재판권
을 가진 관할 군검찰부 군검사에게 송치하여야
한다. 이 경우 수사처검사는 해당 사건의 공소
제기에 관한 의견을 제시하여야 한다.

③ 제1항 또는 제2항의 송치를 받은 검사와 군검사
는 사건에 관하여 공소를 제기하거나 제기하지
아니하는 처분, 공소의 취소 또는 「형사소송법
」제256조의 송치를 한 때에는 그 처분한 날로
부터 7일이내에 서면으로 수사처검사에게 그 취
지와 이유를 통보하여야 한다.

④ 처장은 수사처검사가 검사로부터 제3항에 따라
공소를 제기하지 아니한다는 통보를 받고, 수사
처검사가 이의를 신청하는 때에는 기소심의위
원회의 개시를 요청할 수 있다.

제27조(관련인지 사건의 이첩) 처장은 고위공직자범
죄에 대하여 불기소 결정을 하는 때에는 제2
조제4호에 의하여 인지한 사건을 검찰총장에
게 이첩하여야 한다.

< 삭　제>

제28조(형의 집행) ① 수사처검사가 공소를 제기하
는 고위공직자범죄등 사건에 관한 재판이 확

< 삭　제>

정된 경우 제1심 관할지방법원에 대응하는
검찰청 소속 검사가 그 형을 집행한다.

② 제1항의 경우 처장은 원활한 형의 집행을 위하
여 해당 사건 및 기록 일체를 관할 검찰청의 장
에게 인계한다.

제29조(재정신청에 대한 특례) ① 고소·고발인은
수사처검사로부터 공소를 제기하지 아니한다
는 통지를 받은 때에는 서울고등법원에 그 당
부에 관한 재정을 신청할 수 있다.

② 제1항에 따른 재정신청을 하려는 사람은 공소
를 제기하지 아니한다는 통지를 받은 날부터
30일 이내에 처장에게 재정신청서를 제출하여
야 한다.

③ 재정신청서에는 재정신청의 대상이 되는 사건의
범죄사실 및 증거 등 재정신청을 이유 있게 하는
사유를 기재하여야 한다.

④ 제2항에 따라 재정신청서를 제출받은 처장은 재
정신청서를 제출받은 날부터 7일 이내에 재정신
청서·의견서·수사 관계 서류 및 증거물을 서
울고등법원에 송부하여야 한다. 다만, 신청이 이
유 있는 것으로 인정하는 때에는 즉시 공소를 제
기하고 그 취지를 서울고등법원과 재정신청인에
게 통지한다.

⑤ 이 법에서 정한 사항 외에 재정신청에 관하여는
「형사소송법」 제262조 및 제262조의2부터 제
262조의4까지의 규정을 준용한다. 이 경우 관할
법원은 서울고등법원으로 하고, "지방검찰청검
사장 또는 지청장"은 "처장", "검사"는 "수사처
검사"로 본다.

< 삭  제>

제30조(처장의 재정신청에 대한 특례) ① 처장은 제
26조 제2항에 따라 검사로부터 공소를 제기하
지 아니한다는 통보를 받은 때에는 그 검사 소
속의 지방검찰청 소재지를 관할하는 고등법원
(이하"관할 고등법원"이라 한다)에 그 당부에
관한 재정을 신청할 수 있다.

② 처장은 공소를 제기하지 아니한다는 통보를 받
은 날부터 30일 이내에 지방검찰청검사장 또는
지청장에게 재정신청서를 제출하여야 한다.

③ 재정신청서에는 재정신청의 대상이 되는 사건의
범죄사실 및 증거 등 재정신청을 이유 있게 하
는 사유를 기재하여야 한다.

④ 제2항에 따라 재정신청서를 제출받은 지방검찰
청검사장 또는 지청장은 재정신청서를 제출받은

제20조(기소심의위원회) ① 처장은 기소의견으로 검
찰에 송부한 사건을 검찰이 불기소처분한 경
우에 불기소처분의 적부를 심의·의결하기
위하여 법원에 기소심의위원회를 요청한다.

② 법원은『국민의 형사재판참여에 관한 법률』이
정하는 바에 따라 검사의 불기소처분의 상당여
부를 심의·의결하기 위해 기소심의위원회를 구
성·운영한다.

③ 기소심의위원회는 15명 이상 20명 이하의 위원
으로 구성한다.

④ 기소심의위원은 만 20세 이상의 대한민국 국민
중에서 법원이『국민의 형사재판참여에 관한

남부터 7일 이내에 재정신청서·의견서·수사
관계 서류 및 증거물을 관할 고등검찰청을 경유
하여 관할 고등법원에 송부하여야 한다. 다만,
신청이 이유 있는 것으로 인정하는 때에는 즉시
공소를 제기하고 그 취지를 관할 고등법원과 처
장에게 통지한다.
⑤ 이 법에서 정한 사항 외에 재정신청에 관하여는
「형사소송법」제262조, 제262조의2 및 제262
조의4의 규정을 준용한다. 이 경우 "지방검찰
청검사장 또는 지청장"은 "처장", "검사"는
"수사처검사"로 본다.

제31조(재판관할) 수사처검사가 공소를 제기하는 고
위공직자범죄등 사건의 제1심 재판은 서울중
앙지방법원의 관할로 한다. 다만, 범죄지, 증
거의 소재지, 피고인의 특별한 사정 등을 고
려하여 수사처검사는 「형사소송법」에 따른
관할 법원에 공소를 제기할 수 있다.

제32조(징계사유) 수사처검사가 다음 각 호의 어느
하나에 해당하면 그 수사처검사를 징계한다.
1. 재직 중 다음 각 목의 어느 하나에 해당하는 행
위를 한 때
가. 국회 또는 지방의회의 의원이 되는 일
나. 정치운동에 관여하는 일
다. 금전상의 이익을 목적으로 하는 업무에 종사
하는 일
라. 처장의 허가 없이 보수를 받는 직무에 종사하
는 일
2. 직무상의 의무를 위반하거나 직무를 게을리하였
을 때
3. 직무 관련 여부에 상관 없이 수사처검사로서의
체면이나 위신을 손상하는 행위를 하였을 때

제33조(수사처검사징계위원회) ① 수사처검사의
징계 사건을 심의하기 위하여 수사처에 수
사처검사징계위원회(이하 "징계위원회"라
한다)를 둔다.
② 징계위원회는 위원장 1명을 포함한 7명의 위원
으로 구성하고, 예비위원 3명을 둔다.

제34조(징계위원회 위원장의 직무와 위원의 임기
등) ① 징계위원회의 위원장은 차장이 된다.
다만, 차장이 징계혐의자인 경우에는 처장이
위원장이 되고, 처장과 차장이 모두 징계혐의
자인 경우에는 수사처규칙으로 정하는 수사
처검사가 위원장이 된다.

법률」이 정하는 바에 따라 위촉한다.

⑤ 기소심의위원회는 위원의 3분의 2이상의 동의
로 기소적당의결을 할 수 있다.
⑥ 기소심의위원회의 기소적당의결은 기소의 효력
을 갖는다. 법원은 공소제기와 유지를 위하여
수사처검사를 지정한다.

< 삭   제>

< 삭   제>

제21조(수사처직원의 징계) ① 수사처직원의 징계
사건을 심사·의결하기 위하여 수사처에 징
계위원회를 둔다.

② 징계위원회의 구성·권한 및 심사절차, 그 밖에
필요한 사항은 수사처의 규칙으로 정한다.

< 삭   제>

② 위원은 다음 각 호의 사람이 된다.

1. 위원장이 지명하는 수사처검사 2명

2. 위원장이 변호사, 법학교수 및 학식과 경험이 풍
   부한 사람 중에서 위촉하는 4명

③ 예비위원은 수사처검사 중에서 위원장이 지명하
   는 사람이 된다.

④ 제2항 제2호의 위원 임기는 3년으로 한다.

⑤ 위원장은 징계위원회의 업무를 총괄하고, 회의
   를 소집하며, 그 의장이 된다.

⑥ 위원장이 부득이한 사유로 직무를 수행할 수 없
   을 때에는 위원장이 지정하는 위원이 그 직무를
   대리하고, 위원장이 지정한 위원이 부득이한 사
   유로 직무를 수행할 수 없을 때에는 위원장이
   지명하는 예비위원이 그 직무를 대리한다.

| | |
|---|---|
| 제35조(징계위원회의 사무직원) ① 징계위원회에 간<br>사 1명과 서기 몇 명을 둔다.<br>② 간사는 위원장이 지명하는 수사처검사가 되고,<br>서기는 수사처 소속 공무원 중에서 위원장이 위<br>촉한다.<br>③ 간사 및 서기는 위원장의 명을 받아 징계에 관<br>한 기록과 그 밖의 서류의 작성 및 보관에 관한<br>사무에 종사한다. | < 삭 제> |
| 제36조(징계의 청구와 개시) ① 징계위원회의 징계<br>심의는 처장(처장이 징계혐의자인 경우에는<br>차장을, 처장 및 차장이 모두 징계혐의자인<br>경우에는 수사처규칙으로 정하는 수사처검사<br>를 말한다. 이하 이 조 및 제38조제1항, 제39<br>조, 제40조제2항, 제43조제1항에서 같다)의<br>청구에 의하여 시작한다.<br>② 처장은 수사처검사가 제33조 각 호의 어느 하나에<br>해당하는 행위를 하였다고 인정할 때에는 제1항의<br>청구를 하여야 한다.<br>③ 징계의 청구는 징계위원회에 서면으로 제출하여<br>야 한다. | < 삭 제> |
| 제37조(징계부가금) ① 제37조에 따라 처장이 수사<br>처검사에 대하여 징계를 청구하는 경우 그 징<br>계 사유가 금품 및 향응 수수, 공금의 횡령·<br>유용인 경우에는 해당 징계 외에 금품 및 향<br>응 수수액, 공금의 횡령액·유용액의 5배 내<br>의 징계부가금 부과 의결을 징계위원회에 청<br>구하여야 한다.<br>② 제1항에 따른 징계부가금의 조정, 감면 및 징수<br>에 관하여는 「국가공무원법」 제78조의2제2항 | < 삭 제> |

및 제3항을 준용한다.

제38조(재징계 등의 청구) ① 처장은 다음 각 호의      < 삭  제>
    어느 하나에 해당하는 사유로 법원에서 징계
    및 제38조에 따른 징계부가금 부과(이하
    "징계등"이라 한다) 처분의 무효 또는 취소
    판결을 받은 경우에는 다시 징계등을 청구하
    여야 한다. 다만, 제3호의 사유로 무효 또는
    취소 판결을 받은 감봉 · 견책 처분에 대해서
    는 징계등을 청구하지 아니할 수 있다.
1. 법령의 적용, 증거 및 사실 조사에 명백한 흠이
    있는 경우
2. 징계위원회의 구성 또는 징계등 의결, 그 밖에
    절차상의 흠이 있는 경우
3. 징계양정 및 징계부가금이 과다한 경우
② 처장은 제1항에 따른 징계등을 청구하는 경우에
    는 법원의 판결이 확정된 날부터 3개월 이내에
    징계위원회에 징계등을 청구하여야 하며, 징계
    위원회에서는 다른 징계사건에 우선하여 징계
    등을 의결하여야 한다.

제39조(퇴직 희망 수사처검사의 징계 사유 확인 등)      < 삭  제>
    ① 처장은 수사처검사가 퇴직을 희망하는 경
    우에는 제33조에 따른 징계 사유가 있는지
    여부를 감사원과 검찰 · 경찰, 그 밖의 수사기
    관에 확인하여야 한다.
② 제1항에 따른 확인 결과 해임, 면직 또는 정직에
    해당하는 징계 사유가 있는 경우 처장은 지체
    없이 징계등을 청구하여야 하며, 징계위원회는
    다른 징계사건에 우선하여 징계등을 의결하여야
    한다.

제40조(징계혐의자에 대한 부본 송달과 직무정지)      < 삭  제>
    ① 징계위원회는 징계청구서의 부본을 징계
    혐의자에게 송달하여야 한다.
② 처장은 필요하다고 인정할 때에는 징계혐의자에
    게 직무 집행의 정지를 명할 수 있다.

제41조(징계의결) ① 징계위원회는 사건심의를 마치      < 삭  제>
    면 재적위원 과반수의 찬성으로 징계를 의결
    한다.
② 위원장은 의결에서 표결권을 가지며, 찬성과 반
    대가 같은 수인 경우에는 결정권을 가진다.

제42조(징계의 집행) ① 징계의 집행은 견책의 경우      < 삭  제>
    에는 처장이 하고, 해임 · 면직 · 정직 · 감봉
    의 경우에는 처장의 제청으로 대통령이 한다.

427

② 수사처검사에 대한 징계처분을 한 때에는 그 사실을 관보에 게재 하여야 한다.

제43조(다른 법률의 준용) 이 장에서 정하지 아니한 사항에 대하여는 「검사 징계법」 제3조, 제9조부터 제17조, 제19조부터 제21조, 제22조 (다만 제2항의 "제23조 "는 "제41조"로 본다), 제24조부터 제26조를 각 준용한다. 이 경우 "검사"는"수사처검사"로 본다.

< 삭 제>

제44조(파견공무원) 수사처 직무의 내용과 특수성 등을 고려하여 필요한 경우에는 타 행정기관 으로부터 공무원을 파견받을 수 있다.

제22조(파견공무원) 처장은 이 법이 정하는 직무를 수행하기 위하여 필요하다고 인정하는 경우에는 관련 기관에 공무원의 파견을 요청할 수 있다. 파견 공무원의 규모는 30명을 넘지 않아야 한다.

제45조(조직 및 운영) 이 법에 규정된 사항 외에 수사처의 조직 및 운영에 관하여 필요한 사항은 대통령령으로 정한다.

제23조(위임) 이 법에 규정된 사항 외에 고위공직자범죄수사처의 운영에 관하여 필요한 사항은 고위공직자범죄수사처의 규칙으로 정한다.

제46조(정보제공자의 보호) ① 누구든지 고위공직자 범죄등에 대하여 알게 된 때에는 이에 대한 정보를 수사처에 제공할 수 있으며, 이를 이유로 불이익한 조치를 받지 아니한다.
② 수사처는 내부고발자에게 「공익신고자 보호법」 에서 정하는 보호조치 및 지원행위를 할 수 있다. 내부고발자 보호에 관한 세부적인 사항은 대통령령으로 정한다.

< 삭 제>

제47조(다른 법률의 준용) 그 밖에 수사처검사 및 수사처수사관의 이 법에 따른 직무와 권한 등에 관하여는 이 법의 규정에 반하지 아니하는 한 「검찰청법」(다만, 제4조제1항제2호, 제4호, 제5호는 제외한다), 「형사소송법」을 준용한다.

제24조(다른 법률의 준용) 그 밖에 수사처검사 및 수사처수사관의 권한, 의무, 직무수행 등에 관하여는 이 법의 규정에 반하지 아니하는 한 「검찰청법」, 「군사법원법」, 「형사소송법」, 「사법경찰관리의 직무를 수행할 자와 그 직무범위에 관한 법률」을 준용한다.

부 칙

제1조(시행일 등) ① 이 법은 공포 후 6개월이 경과한 날부터 시행한다.
② 수사처 소속 공무원의 임명 등 수사처의 설립에 필요한 행위는 이 법 시행일 이전부터 할 수 있다.

부 칙

이 법은 공포 후 6개월이 경과한 날부터 시행한다.

법률 제   호

## 고위공직자범죄수사처 설치 및 운영에 관한 법률안

## 제1장 총칙

제1조(목적) 이 법은 고위공직자등의 부패행위를 수사하고 근절하기 위한 고위공직자범죄수사처의 설치와 운영에 관하여 필요한 사항을 규정함을 목적으로 한다.

제2조(정의) 이 법에서 사용하는 용어의 정의는 다음과 같다.

  1. "고위공직자"란 다음 각 목의 어느 하나에 해당하는 공직자를 말한다.

    가. 대통령

    나. 국회의장 및 국회의원

    다. 대법원장 및 대법관

    라. 헌법재판소장 및 헌법재판관

    마. 국무총리와 국무총리비서실 소속의 정무직공무원

    바. 중앙선거관리위원회의 정무직공무원

    사. 「공공감사에 관한 법률」 제2조제2호에 따른 중앙행정기관의 정무직공무원

    아. 대통령비서실·국가안보실·대통령경호처·국가정보원 소속의 3급 이상 공무원

    자. 국회사무처, 국회도서관, 국회예산정책처, 국회입법조사처의 정무직공무원

    차. 대법원장비서실, 사법정책연구원, 법원공무원교육원, 헌법재판소 사무처의 정무직공무원

    카. 검찰총장

    타. 특별시장·광역시장·특별자치시장·도지사·특별자치도지사 및 교육감

    파. 판사 및 검사

    하. 경무관 이상 경찰공무원

    거. 장성급 장교

    너. 금융감독원 원장·부원장·감사

    더. 감사원·국세청·공정거래위원회·금융위원회 3급 이상 공무원

  2. "가족"이란 고위공직자의 배우자, 직계존비속을 말한다. 다만, 대통령의 경우에는 배우자와 4촌 이내의 친족을 말한다.

  2의2. 제1호와 제2호를 "고위공직자등" 이라고 한다.

3. "부패범죄"란 고위공직자가 재직 중에 범한 다음 각 목의 어느 하나에 해당하는 범죄행위를 말한다.

   가. 「형법」제129조부터 제133조까지의 죄(다른 법률에 따라 가중처벌되는 경우를 포함한다)

   나. 「특정범죄 가중처벌 등에 관한 법률」제3조의 죄

   다. 「특정경제범죄 가중처벌 등에 관한 법률」제4조의 죄, 제8조의 죄

   라. 「정치자금법」제45조의 죄

   마. 「부패방지 및 국민권익위원회의 설치와 운영에 관한 법률」제86조의 죄

   바. 「부정청탁 및 금품등 수수의 금지에 관한 법률」제22조의 죄

   사. 가목부터 바목까지의 죄에 해당하는 범죄행위로 인한 「범죄수익은닉의 규제 및 처벌 등에 관한 법률」제2조제4호의 범죄수익등과 관련된 같은 법 제3조 및 제4조의 죄

4. "관련범죄"란 다음 각 목의 어느 하나에 해당하는 죄를 말한다.

   가. 고위공직자등과 「형법」제30조부터 제32조까지의 관계에 있는 자가 범한 제3호 각 목의 어느 하나에 해당하는 죄

   나. 고위공직자등을 상대로 한 자의 「형법」제133조, 제357조제2항의 죄 및 「특정경제범죄 가중처벌 등에 관한 법률」제6조의 죄

   다. 고위공직자등의 부패범죄와 관련성이 있는 「형법」제151조제1항, 제152조, 제154조부터 제156조까지의 죄 및 「국회에서의 증언·감정 등에 관한 법률」제14조제1항의 죄

   라. 고위공직자등의 부패범죄와 관련성이 있는 「형법」제122조부터 제128조까지의 죄

   마. 고위공직자등의 부패범죄와 관련성이 있는 「형법」제141조, 제225조, 제227조, 제227조의2, 제229조(제225조, 제227조 및 제227조의2의 행사죄에 한정한다)

   바. 고위공직자등의 부패범죄와 관련성이 있는 「형법」제355조부터 제357조까지 및 제359조의 죄(다른 법률에 따라 가중처벌되는 경우를 포함한다)

   사. 고위공직자등의 부패범죄와 관련성이 있는 「국가정보원법」제18조, 제19조의 죄

5. "부패관련범죄"란 제3호와 제4호의 죄를 말한다.

제3조(고위공직자범죄수사처의 설치와 독립성) ① 이 법에서 정하는 고위공직자와 그 가족의 범죄행위 또는 관련범죄 등에 관한 수사를 관장하기 위하여 고위공직자범죄수사처(이하 "수사처"라 한다)를 둔다.

   ② 수사처는 고위공직자등의 부패관련범죄에 대한 수사에 필요한 행위를 한다. 다만 수사처장·차장, 수사처검사 및 수사처수사관 그 밖의 직원이 고위공직자등의 부패관련범죄에 해당하는 경우는 수사할 수 없다.

   ③ 수사처는 그 권한에 속하는 직무를 독립하여 수행한다.

④ 수사처는 고위공직자등의 부패관련범죄에 대한 검사의 불기소처분의 적부를 심사하기 위해 기소심의위원회를 요청할 수 있다.

⑤ 수사처는 기소심의위원회에서 기소적당으로 의결한 사건의 재판에서 공소를 유지한다.


# 제2장 구성

제4조(처장·차장 등) ① 수사처에 처장 1명과 차장 1명을 두고, 각각 특정직공무원으로 보한다.

② 수사처에 수사처검사와 수사처수사관 및 그 밖에 필요한 직원을 둔다.

제5조(처장의 자격과 임기) ① 처장은 다음 각 호의 직에 15년 이상 있던 사람 중에서 제6조에 따른 처장·차장추천위원회가 추천하고, 인사청문회를 거쳐 대통령이 임명한다.

1. 판사, 검사 또는 변호사

2. 변호사 자격이 있는 사람으로서 국가기관, 지방자치단체, 「공공기관의 운영에 관한 법률」 제4조에 따른 공공기관 또는 그 밖의 법인에서 법률에 관한 사무에 종사한 사람

3. 변호사 자격이 있는 사람으로서 대학의 법률학 조교수 이상으로 재직하였던 사람

② 제1항 각 호에 규정된 둘 이상의 직에 재직한 사람에 대해서는 그 연수를 합산한다.

③ 처장의 임기는 2년으로 하고 1차에 한하여 중임할 수 있으며, 정년은 65세로 한다.

④ 처장이 궐위된 때에는 제1항의 절차에 따라 60일 이내에 후임자를 임명하여야 한다. 이 경우 새로 임명된 처장의 임기는 새로이 개시된다.

제6조(처장·차장추천위원회) ① 처장·차장후보자의 추천·중임심사를 위하여 국회에 추천위원회를 둔다.

② 추천위원회는 위원장 1명을 포함하여 7명의 위원으로 구성한다.

③ 위원장은 제4항 각 호의 위원 중에서 호선한다.

④ 국회의장은 다음 각 호의 사람을 위원으로 임명하거나 위촉한다.

1. 대통령이 소속되거나 소속되었던 정당의 교섭단체가 추천한 3명 (이 경우 국회 의석비율을 초과할 수 없다.)

2. 그 외 교섭단체 4명(이 경우 국회 의석비율에 따라 4명 이상 7명 이내에서 추가로 추천할 수 있다.)

⑤ 추천위원회는 국회의장의 요청 또는 위원 3분의 1 이상의 요청이 있거나 위원장이 필요하다고 인정할 때 위원장이 소집하고, 재적위원 5분의 4 이상의 찬성으로 의결한다.

⑥ 추천위원회 위원은 정치적으로 중립을 지키고 독립하여 그 직무를 수행한다.

⑦ 그 밖에 추천위원회의 운영 등에 필요한 사항은 국회규칙으로 정한다.

제7조(차장) ① 차장은 10년 이상 제5조제1항 각 호의 직위에 재직하였던 사람 중에서 처장·차장추천위원회의 제청으로 대통령이 임명한다.

② 제5조제2항은 차장의 임명에 준용한다.

③ 차장의 임기는 2년으로 하고 중임할 수 없으며, 정년은 63세로 한다.

제8조(수사처검사) ① 수사처검사는 변호사 자격이 있고 10년 이상 판사, 검사, 사법경찰관(특별사법경찰관을 포함한다), 국가공무원 또는 지방공무원법상 공무원으로 재판·수사·조사업무의 실무경력이 있는 사람 중에서 제9조에 따른 인사위원회의 추천을 받아 처장이 임명한다.

② 수사처검사는 특정직 공무원으로 하며, 인원은 25명 이내로 한다.

③ 수사처검사의 임기는 2년으로 하고, 연임할 수 있으며, 정년은 63세로 한다.

④ 수사처검사는 직무를 수행함에 있어서 「검찰청법」 제4조에 따른 검사의 직무 및 「군사법원법」 제37조에 따른 군검사의 직무를 수행할 수 있다.

제9조(인사위원회) ① 수사처검사 및 수사처수사관의 임용(재임용 제외), 전보, 그 밖의 인사에 관한 중요 사항을 심의하기 위하여 고위공직자범죄수사처에 인사위원회를 둔다.

② 인사위원회는 위원장 1명을 포함한 7명의 위원으로 구성하고, 위원장은 처장으로 한다.

③ 인사위원회의 위원 구성은 다음 각 호와 같다.

1. 처장

2. 차장

3. 대통령이 소속되거나 소속되었던 정당의 교섭단체가 추천한 2명

4. 그 외 교섭단체가 추천한 3명

④ 인사위원회는 재적위원 과반수의 찬성으로 의결한다.

⑤ 위원의 임기는 2년으로 하며, 중임할 수 없다.

⑥ 임기가 끝난 수사처검사(처장과 차장을 제외한다)·수사처수사관의 연임에 관한 사항을 심사하기 위하여 인사위원회 내에 적격심사위원회를 둔다.

⑦ 그 밖에 인사위원회 및 적격심사위원회의 구성과 운영 등에 필요한 사항은 수사처규칙으로 정한다.

제10조(수사처수사관) ① 수사처수사관은 변호사의 자격이 있는 자로서 5년 이상 재판·수사·조사의 실무경력이나 변호사 실무경력이 있거나 7년 이상 조사·수사의 실무경력이 있는 사람 중에서 인사위원회의 추천을 받아 처장이 임명한다.

② 수사처수사관은 특정직공무원으로 하며, 40명 이내로 한다.

③ 수사처수사관의 임기는 2년으로 하며, 연임할 수 있다.

④ 수사처수사관은 직무의 범위 안에서 사법경찰관의 직무를 수행한다.

제11조(그 밖의 직원) ① 수사처의 행정에 관한 사무처리를 위하여 필요한 직원을 둘 수 있다.

② 제1항에 따른 직원의 수는 20명 이내로 한다.

제12조(결격사유) ① 다음 각 호의 어느 하나에 해당하는 사람은 처장, 차장, 수사처검사, 수사처수사관으로 임명될 수 없다.

1. 대한민국 국민이 아닌 자

2. 「국가공무원법」 제33조 각 호의 어느 하나에 해당하는 자

3. 정당의 당원

4. 「공직선거법」에 따라 실시하는 선거에 후보자로 등록하였거나

제16조제2항 각 호에 해당하는 행위를 한 자

5. 대통령비서실 소속의 공무원으로서 퇴직 후 2년이 지나지 아니한 사람

② 처장이 제1항제1호부터 제4호까지의 규정에 해당하게 된 때에는 당연히 퇴직된다.

③ 검사 또는 국가경찰공무원의 직에 있었던 자는 퇴직 후 2년이 경과하지 아니하면 처장으로 임명될 수 없다.

제13조(신분보장) 처장은 탄핵이나 금고 이상의 형을 선고받은 경우를 제외하고는 파면되지 아니하며, 징계처분에 의하지 아니하고는 해임·면직·정직·감봉·견책 또는 퇴직의 처분을 받지 아니한다.

제14조(공직임용 제한) 처장은 퇴직 후 3년 이내에 대통령이 지명하는 헌법재판관, 국무총리, 중앙행정기관 및 대통령비서실, 대통령경호처, 국가안보실, 국가정보원의 정무직공무원, 검찰청 소속 검사로 임용될 수 없다.


# 제3장 직무와 권한 등


제15조(처장의 직무) ① 처장은 고위공직자범죄수사처의 사무를 통할하고 소속 직원을 지휘·감독한다.

② 처장은 국회에 출석하여 위원회의 소관 사무에 관하여 의견을 진술할 수 있고, 국회의 요구가 있을 때에는 출석하여 보고하거나 답변하여야 한다.

③ 처장은 국무회의에 출석하여 발언할 수 있으며, 그 소관 사무에 관하여 대통령에게 의안(이 법의 시행에 관한 대통령령안을 포함한다)의 제출을 건의할 수 있다.

④ 처장은 그 직무를 수행함에 있어서 필요한 경우에는 대검찰청, 경찰청 등 관계 기관의 장에게 고위공직자등 부패관련범죄 사건의 내사, 수사기록 및 증거 등 자료의 제출과

수사 활동의 지원 등 수사협조를 요청할 수 있다.

⑤ 처장은 고위공직자등 부패관련범죄 사건의 수사에 필요한 경우에는 대검찰청, 경찰청 등 관계 기관의 장에게 소속 공무원의 파견근무 및 수사편의를 위한 지원을 요청할 수 있다. 다만, 검찰청으로부터 검찰수사관을 파견받은 경우 및 경찰청으로부터 사법경찰관을 파견받은 경우에는 이를 수사처수사관의 정원에 포함한다.

⑥ 처장은 고위공직자범죄수사처의 예산 관련 업무를 수행하는 경우에 「국가재정법」 제6조에 따른 중앙관서의 장으로 본다.

제16조(정치 관여 금지) ① 고위공직자범죄수사처의 처장·차장, 수사처검사, 수사처수사관 및 그 밖의 직원은 정당이나 정치단체에 가입하거나 정치활동에 관여하는 행위를 하여서는 아니 된다.

② 제1항에서 정치활동에 관여하는 행위란 다음 각 호의 어느 하나에 해당하는 행위를 말한다.

1. 정당이나 정치단체의 결성 또는 가입을 지원하거나 방해하는 행위

2. 그 지위를 이용하여 특정 정당이나 특정 정치인에 대하여 지지 또는 반대 의견을 유포하거나 그러한 여론을 조성할 목적으로 특정 정당이나 특정 정치인에 대하여 찬양하거나 비방하는 내용의 의견 또는 사실을 유포하는 행위

3. 특정 정당이나 특정 정치인을 위하여 기부금 모집을 지원하거나 방해하는 행위 또는 국가·지방자치단체 및 「공공기관의 운영에 관한 법률」에 따른 공공기관의 자금을 이용하거나 이용하게 하는 행위

4. 특정 정당이나 특정인의 선거운동을 하거나 선거 관련 대책회의에 관여하는 행위

5. 「정보통신망 이용촉진 및 정보보호 등에 관한 법률」에 따른 정보통신망을 이용한 제1호부터 제4호까지에 해당하는 행위

6. 소속 직원이나 다른 공무원에 대하여 제1호부터 제5호까지의 행위를 하도록 요구하거나 그 행위와 관련한 보상 또는 보복으로서 이익 또는 불이익을 주거나 이를 약속 또는 고지하는 행위

제17조(수사의 개시) ① 고위공직자범죄수사처는 다음 각 호의 어느 하나에 해당하는 때에는 수사에 착수하여야 한다.

1. 고위공직자 또는 그 가족의 부패범죄 등을 인지한 때

2. 감사원, 국민권익위원회의 수사의뢰가 있는 때

3. 고위공직자의 소속 기관에서 수사의뢰가 있는 때

4. 피해신고, 진정, 고발·고소 등에서 범죄혐의가 있다고 사료하여 수사의 필요성이 있는 때

② 공무원은 그 직무 수행 중 고위공직자등의 부패관련범죄 등을 알게 된 때에는 고위공직

자범죄수사처에 이를 고발하여야 한다.

제18조(다른 수사기관과의 관계) ① 처장은 고위공직자등의 부패관련범죄 수사와 수사대상자가 동일한 다른 수사기관의 사건에 대해 고위공직자범죄수사처로 이첩할 것을 서면으로 요청할 수 있다.

② 처장은 고위공직자등의 부패관련범죄 수사와 범죄혐의 사실이 동일하거나 유사한 다른 수사기관의 사건에 대해 고위공직자범죄수사처로 이첩할 것을 서면으로 요청할 수 있다.

③ 처장은 처장·차장, 수사처검사 및 수사처수사관 그 밖의 직원이 고위공직자등의 부패관련범죄에 해당한 때 사건을 검찰청으로 이첩하여야 한다.

④ 다른 수사기관의 장은 사건의 동일·유사성, 수사진행의 정도, 수사의 효율성 등을 고려하여 고위공직자범죄수사처로 이첩하는 것이 적절하다고 판단한 경우 사건을 이첩하여야 한다. 필요한 경우 다른 수사기관의 장은 고위공직자범죄수사처장과 협의할 수 있다.

⑤ 다른 수사기관의 장이 사건을 고위공직자범죄수사처로 이첩하지 아니하는 결정을 하는 경우 이유를 기재하여 서면으로 통보하여야 한다.

제19조(사건송치) ① 수사처검사는 고위공직자등의 부패관련범죄를 신속히 수사하여 사건을 서류와 증거물과 함께 검사에게 송치하여야 한다. 이 경우 수사처검사는 해당 사건의 공소제기에 관한 의견을 제시하여야 한다.

② 수사처검사는 사건이 군사법원의 재판권에 속하는 때에는 사건을 서류와 증거물과 함께 재판권을 가진 관할 군검찰부 군검사에게 송치하여야 한다. 이 경우 수사처검사는 해당 사건의 공소제기에 관한 의견을 제시하여야 한다.

③ 제1항 또는 제2항의 송치를 받은 검사와 군검사는 사건에 관하여 공소를 제기하거나 제기하지 아니하는 처분, 공소의 취소 또는 「형사소송법」 제256조의 송치를 한 때에는 그 처분한 날로부터 7일 이내에 서면으로 수사처검사에게 그 취지와 이유를 통보하여야 한다.

④ 처장은 수사처검사가 제3항에 따라 검사로부터 공소를 제기하지 아니한다는 통보를 받고, 수사처검사가 이의를 신청하는 때에는 기소심의위원회의 개시를 요청할 수 있다.

제20조(기소심의위원회) ① 처장은 기소의견으로 검찰에 송부한 사건을 검찰이 불기소처분한 경우에 불기소처분의 적부를 심의·의결하기 위하여 법원에 기소심의위원회를 요청한다.

② 법원은 「국민의 형사재판 참여에 관한 법률」이 정하는 바에 따라 검사의 불기소처분의 상당여부를 심의·의결하기 위해 기소심의위원회를 구성·운영한다.

③ 기소심의위원회는 15명 이상 20명 이하의 위원으로 구성한다.

④ 기소심의위원은 만 20세 이상의 대한민국 국민 중에서 법원이 「국민의 형사재판 참여에 관한 법률」이 정하는 바에 따라 위촉한다.

⑤ 기소심의위원회는 위원의 3분의 2 이상의 동의로 기소적당의결을 할 수 있다.

⑥ 기소심의위원회의 기소적당의결은 기소의 효력을 갖는다. 법원은 공소제기와 유지를 위하여 수사처검사를 지정한다.


# 제4장 보칙


제21조(수사처직원의 징계) ① 수사처직원의 징계사건을 심사·의결하기 위하여 고위공직자범죄수사처에 징계위원회를 둔다.
  ② 징계위원회의 구성·권한 및 심사절차, 그 밖에 필요한 사항은 고위공직자범죄수사처의 규칙으로 정한다.
제22조(파견공무원) 처장은 이 법이 정하는 직무를 수행하기 위하여 필요하다고 인정하는 경우에는 관련 기관에 공무원의 파견을 요청할 수 있다. 파견 공무원의 규모는 30명을 넘지 않아야 한다.
제23조(위임) 이 법에 규정된 사항 외에 고위공직자범죄수사처의 운영에 관하여 필요한 사항은 고위공직자범죄수사처의 규칙으로 정한다.
제24조(다른 법률의 준용) 그 밖에 수사처검사 및 수사처수사관의 권한, 의무, 직무수행 등에 관하여는 이 법의 규정에 반하지 아니하는 한 「검찰청법」, 「군사법원법」, 「형사소송법」, 「사법경찰관리의 직무를 수행할 자와 그 직무범위에 관한 법률」을 준용한다.


# 부 칙


이 법은 공포 후 6개월이 경과한 날부터 시행한다.

부록 3

공수처 법률안에 대한 수정안:
윤소하 의원 발의안(가결)

# 고위공직자범죄수사처 설치 및
# 운영에 관한 법률안에 대한 수정안

발 의 연 월 일 : 2019. 12. 24.

발 의 자 : 윤소하 의원

찬 성 자 : 이원욱 의원 외 154인

## 수정이유

국회는 고위공직자의 직무 관련 부정부패를 엄정하게 수사하기 위한 독립된 수사기구를 신설하기 위해 「고위공직자범죄수사처 설치 및 운영에 관한 법률안」을 신속처리안건으로 지정한 바 있음. 공직자의 부정부패는 국민의 정부에 대한 신뢰를 훼손하고 공공부문의 투명성과 책임성을 약화시키는 중요한 원인이 되고 있음.

실제 이런 취지와 기조로 설치된 홍콩 염정공서, 싱가포르 탐오조사국은 공직자 비위 근절과 함께 국가적 반부패 풍토 조성에 성과를 거두고 있는 것으로 나타나고 있음.

고위공직자의 직무 관련 부정부패를 독립된 위치에서 엄정수사하고 판사, 검사, 경무관급 이상 경찰에 대해서는 기소할 수 있는 기관인 고위공직자범죄수사처(이하 "수사처"라 함)를 설치하여 고위공직자의 범죄 및 비리행위를 감시하고 이를 척결함으로써 국가의 투명성과 공직사회의 신뢰성을 높이려는 것임.

그러나 지난해 발의된 동 법안 원안은 수사처의 독립성과 대통령의 관여금지, 고위공직자범죄수사처장후보추천위원회의 의결요건, 수사처 검사의 자격요건 및 인사위원회, 수사처 수사관의 자격요건, 결격사유 그리고 공수처와 다른 수사기관과의 관계, 관련사건의 처리, 징계사유, 조직·운영 등 필요한 사항을 정하는 자율적인 규칙제정권 등과 관련하여 원안에 대한 일부 수정이 반드시 필요한 상황임. 이에 여야 간 협의와 피해당사자의 의견 수렴을 통해 수정안을 마련하여, 수사처를 합리적으로 설치하여 운영하고자 함.

## 수정주요내용

가. 고위공직자범죄수사처의 독립성을 보장하기 위해 대통령, 대통령비서실의 공무원은 수사처의 사무에 관하여 업무보고, 자료제출 요구, 지시, 의견제시, 협의 그 밖의 직무수행에 관여하는 일체의 행위를 하여서는 안 됨(안 제3조제3항).

나. 고위공직자범죄수사처장후보추천위원회의 의결요건을 보다 명확하게 7명의 위원 중 6인 이상의 찬성으로 의결하도록 규정함(안 제6조제5항).

다. 수사처검사의 자격요건을 보다 명확하게 규정하고 '조사'업무의 구체적 내용을 수사처 규칙으로 정하도록 함(안 제8조제1항).

라. 수사처검사의 임용, 전보 그밖의 인사에 관한 중요 사항을 심의하기 위해 수사처에 설치하는 인사위원회의 구성위원 및 위원의 임기 등을 명확하게 규정함(안 제9조제3항, 제4항).

마. 수사처 수사관의 자격요건을 명확하게 세부적으로 규정하고, 그 정원을 30명에서 40명으로 확대함(안 제10조).

바. 수사처 처장, 차장 및 검사에게만 적용되던 결격사유를 수사관에게도 확대적용하여 수사처는 고도의 청렴성과 도덕성을 갖춘 인력으로 구성되도록 함(안 제13조제1항).

사. 수사처 이외의 다른 수사기관이 범죄를 수사하는 과정에서 고위공직자범죄 등을 인지한 경우에는 그 사실을 즉시 수사처에 통보하여야 하고, 고위공직자범죄사실을 통보받은 수사처장은 수사처규칙으로 정한 기간과 방법으로 수사개시여부를 회신하여야 함(안 제24조).

아. 수사처장은 고위공직자범죄에 대하여 불기소 결정을 하는 때에는 해당 범죄의 수사과정에서 알게 된 관련 범죄사건을 대검찰청에 이첩하여야 함(안 제27조).

자. 수사처검사의 징계사유를 합리적으로 조정함(안 제32조제1호).

차. 수사처의 조직 및 운영에 관하여 필요한 사항을 수사처규칙으로 정할 수 있는 근거규정을 두어 자율적인 규칙제정권을 부여함으로써 제도적 독립성을 보장함(안 제45조).


## 고위공직자범죄수사처 설치 및 운영에 관한 법률안에 대한 수정안

고위공직자범죄수사처의 설치 및 운영에 관한 법률안 일부를 다음과 같이 수정한다.

안 제3조에 제3항을 다음과 같이 신설한다.

　③ 대통령, 대통령비서실의 공무원은 수사처의 사무에 관하여 업무보고나 자료제출 요구, 지시, 의견제시, 협의 그 밖에 직무수행에 관한 일체의 행위를 하여서는 아니 된다.

안 제6조제5항 중 "재적위원 5분의 4 이상의 찬성"을 "위원 6인 이상의 찬성"으로 한다.

안 제8조제1항 중 "변호사 자격이 있고 10년 이상 재판, 수사, 조사업무의 실무경력"을 "변호사 자격을 10년 이상 보유한 자로서 재판, 수사 또는 수사처규칙으로 정하는 조사업무의 실무를 5년 이상 수행한 경력"으로, "처장의 제청으로 대통령이"를 "대통령이"로 한다.

안 제9조제3항제3호부터 제5호까지를 각각 다음과 같이 하고, 같은 조 제4항을 다음과 같이 한다.

3. 학식과 덕망이 있고 각계 전문 분야에서 경험이 풍부한 사람으로서 처장이 위촉한 사람 1명

4. 대통령이 소속되거나 소속되었던 정당의 교섭단체가 추천한 2명

5. 제4호의 교섭단체 외 교섭단체가 추천한 2명

④ 제3항제3호부터 제5호까지에 규정된 위원의 임기는 3년으로 한다.

안 제10조제1항을 다음과 같이 하고, 같은 조 제2항 중 "30명"을 "40명"으로 한다.

① 수사처수사관은 다음 각 호의 어느 하나에 해당하는 사람 중에서 처장이 임명한다.

1. 변호사 자격을 보유한 사람

2. 7급 이상 공무원으로서 조사, 수사업무에 종사하였던 사람

3. 수사처규칙으로 정하는 조사업무의 실무를 5년 이상 수행한 경력이 있는 사람

안 제13조제1항 중 "수사처검사"를 "수사처검사, 수사처수사관"으로 한다.

안 제24조제2항을 제3항으로 하고, 같은 조에 제2항 및 제4항을 각각 다음과 같이 신설한다.

② 다른 수사기관이 범죄를 수사하는 과정에서 고위공직자범죄등을 인지한 경우 그 사실을 즉시 수사처에 통보하여야 한다.

④ 제2항에 따라 고위공직자범죄등 사실의 통보를 받은 처장은 통보를 한 다른 수사기관의 장에게 수사처규칙으로 정한 기간과 방법으로 수사개시 여부를 회신하여야 한다.

안 제27조 중 "제2조제4호에 의하여 인지한 사건을 검찰총장에게"를 "해당 범죄의 수사과정에서 알게 된 관련범죄 사건을 대검찰청에"로 한다.

안 제32조제1호가목을 삭제하고, 같은 조 나목부터 라목까지를 각각 가목부터 다목까지로 한다.

안 제36조제2항 중 "제33조"를 "제32조"로 한다.

안 제37조제1항 중 "제37조"를 "제36조"로 한다.

안 제38조제1항 중 "제38조"를 "제37조"로 한다.

안 제39조제1항 중 "제33조"를 "제32조"로 한다.

안 제45조 중 "대통령령"을 "수사처규칙"으로 한다.

안 부칙 제1조를 다음과 같이 한다.

제1조(시행일) 이 법은 공포 후 6개월이 경과한 날부터 시행한다.

안 부칙 제2조를 다음과 같이 신설한다.

제2조(수사처 설립에 관한 준비행위) 수사처 소속 공무원의 임명 등 수사처의 설립에 필요한 행위 및 그 밖에 이 시행을 위하여 필요한 준비행위는 이 법 시행 전에 할 수 있다.

# 수정안조문대비표

| 현 행 | 수 정 안 |
|---|---|
| 제3조(고위공직자범죄수사처의 설치와 독립성) ① · ② (생 략)<br><br><신 설> | 제3조(고위공직자범죄수사처의 설치와 독립성) ① · ② (원안과 같음)<br>③ 대통령, 대통령비서실의 공무원은 수사처의 사무에 관하여 업무보고나 자료제출 요구, 지시, 의견제시, 협의, 그 밖에 직무수행에 관여하는 일체의 행위를 하여서는 아니 된다. |
| 제6조(고위공직자범죄수사처장후보추천위원회) ⑤ 추천위원회는 국회의장의 요청 또는 위원 3분의 1 이상의 요청이 있거나 위원장이 필요하다고 인정할 때 위원장이 소집하고, 재적위원 5분의 4 이상의 찬성으로 의결한다. | 제6조(고위공직자범죄수사처장후보추천위원회) ⑤ ------------------------------------------------------------------------------ 위원 6인 이상의 찬성------------- |
| 제8조(수사처검사) ① 수사처검사는 변호사 자격이 있고 10년 이상 재판, 수사, 조사업무의 실무경력이 있는 사람 중에서 제9조에 따른 인사위원회의 추천을 거쳐 처장의 제청으로 대통령이 임명한다. 이 경우 검사의 직에 있었던 사람은 제2항에 따른 수사처검사 정원의 2분의 1을 넘을 수 없다. | 제8조(수사처검사) ① ----------- 변호사 자격을 10년 이상 보유한 자로서 재판, 수사 또는 수사처규칙으로 정하는 조사업무의 실무를 5년 이상 수행한 경력------------------ 대통령이 ------------------------------------------------------------------------------------------------------ |
| 제9조(인사위원회) ① · ② (생 략)<br>③ 인사위원회 위원 구성은 다음 각 호와 같다.<br>1. · 2. (생 략)<br>3. 법무부차관<br><br>4. 법원행정처 차장<br><br>5. 국회의장과 각 교섭단체대표의원이 협의하여 추천한 3명<br>④ 제3항제5호에 의하여 추천된 위원의 임기는 3년으로 한다. | 제9조(인사위원회) ① · ② (원안과 같음)<br>③ 인사위원회 위원 구성은 다음 각 호와 같다.<br>1. · 2. (원안과 같음)<br>3. 학식과 덕망이 있고 각계 전문 분야에서 경험이 풍부한 사람으로서 처장이 위촉한 사람 1명<br>4. 대통령이 소속되거나 소속되었던 정당의 교섭단체가 추천한 2명<br>5. 제4호의 교섭단체 외 교섭단체가 추천한 2명<br>④ 제3항제3호부터 제5호까지에 규정된 위원의 임기는 3년으로 한다. |
| 제10조(수사처수사관) ① 수사처수사관은 5년 이상 변호사 실무경력이 있거나 조사, 수사, 재판업무에 5년 이상 종사하였던 사람 중에서 처장이 임명한다.<br><br><br><br><br><br>② 수사처수사관은 일반직공무원으로 하며, 30명 | 제10조(수사처수사관) ① 수사처수사관은 다음 각 호 중 어느 하나에 해당하는 사람 중에서 처장이 임명한다.<br>1. 변호사 자격을 보유한 사람<br>2. 7급 이상 공무원으로서 조사, 수사업무에 종사하였던 사람<br>3. 수사처규칙으로 정하는 조사업무의 실무를 5년 이상 수행한 경력이 있는 사람<br>② ------------------------------------ 40명 |

| | |
|---|---|
| 이내로 한다. 다만, 검찰청으로부터 검찰수사관을 파견받은 경우에는 이를 수사처수사관의 정원에 포함한다. | ------------------------------------------------------------------------------------------------------------- |
| ③ (생 략) | ③ (원안과 같음) |
| 제13조(결격사유 등) ① 다음 각 호의 어느 하나에 해당하는 사람은 처장, 차장, <u>수사처검사로</u> 임명될 수 없다. | 제13조(결격사유 등) ① ------------------------------------------------ <u>수사처검사, 수사처수사관으로</u> -------------- |
| ② (생 략) | ② (원안과 같음) |
| 제24조(다른 수사기관과의 관계) ① (생 략) | 제24조(다른 수사기관과의 관계) ① (원안과 같음) |
| <u><신 설></u> | <u>② 다른 수사기관이 범죄를 수사하는 과정에서 고위공직자범죄등을 인지한 경우 그 사실을 즉시 수사처에 통보하여야 한다.</u> |
| ② (생 략) | ③ (원안 제2항과 같음) |
| <u><신 설></u> | <u>④ 제2항에 따라 고위공직자범죄등 사실의 통보를 받은 처장은 통보를 한 다른 수사기관의 장에게 수사처규칙으로 정한 기간과 방법으로 수사개시 여부를 회신하여야 한다.</u> |
| 제27조(관련인지 사건의 이첩) 처장은 고위공직자범죄에 대하여 불기소 결정을 하는 때에는 <u>제2조제4호에 의하여 인지한</u> 사건을 검찰총장에게 이첩하여야 한다. | 제27조(관련인지 사건의 이첩) ------------------------------------------------ <u>해당 범죄의 수사과정에서 알게 된 관련범죄</u> 사건을 대검찰청에 -------------- |
| 제32조(징계사유) 수사처검사가 다음 각 호의 어느 하나에 해당하면 그 수사처검사를 징계한다. | 제32조(징계사유) --------------------------------------------------------------------- |
| 1. 재직 중 다음 각 목의 어느 하나에 해당하는 행위를 한 때 | 1. --------------------------------------------------------------- |
| <u>가.</u> 국회 또는 지방의회의 의원이 되는 일 | <u><삭 제></u> |
| <u>나.</u> 정치운동에 관여하는 일 | <u>가.</u> (원안 나목과 같음) |
| <u>다.</u> 금전상의 이익을 목적으로 하는 업무에 종사하는 일 | <u>나.</u> (원안 다목과 같음) |
| <u>라.</u> 처장의 허가 없이 보수를 받는 직무에 종사하는 일 | <u>다.</u> (원안 라목과 같음) |
| 제36조(징계의 청구와 개시) ① (생 략) | 제36조(징계의 청구와 개시) ① (원안과 같음) |
| ② 처장은 수사처검사가 <u>제33조</u> 각 호의 어느 하나에 해당하는 행위를 하였다고 인정할 때에는 제1항의 청구를 하여야 한다. | ② ------------------- <u>제32조</u> ------------------------------------------------------------------------------- |
| ③ (생 략) | ③ (원안과 같음) |

제37조(징계부가금) ① 제37조에 따라 처장이 수사처검사에 대하여 징계를 청구하는 경우 그 징계 사유가 금품 및 향응 수수, 공금의 횡령·유용인 경우에는 해당 징계 외에 금품 및 향응 수수액, 공금의 횡령액·유용액의 5배 내의 징계부가금 부과 의결을 징계위원회에 청구하여야 한다.

② (생 략)

제38조(재징계 등의 청구) ① 처장은 다음 각 호의 어느 하나에 해당하는 사유로 법원에서 징계 및 제38조에 따른 징계부가금 부과(이하 "징계등"이라 한다) 처분의 무효 또는 취소 판결을 받은 경우에는 다시 징계등을 청구하여야 한다. 다만, 제3호의 사유로 무효 또는 취소 판결을 받은 감봉·견책 처분에 대해서는 징계등을 청구하지 아니할 수 있다.

1.·3. (생 략)

② (생 략)

제39조(퇴직 희망 수사처검사의 징계 사유 확인 등) ① 처장은 수사처검사가 퇴직을 희망하는 경우에는 제33조에 따른 징계 사유가 있는지 여부를 감사원과 검찰·경찰, 그 밖의 수사기관에 확인하여야 한다.

② (생 략)

제45조(조직 및 운영) 이 법에 규정된 사항 외에 수사처의 조직 및 운영에 관하여 필요한 사항은 대통령령으로 정한다.

**부 칙**

제1조(시행일 등) ① 이 법은 공포 후 6개월이 경과한 날부터 시행한다.
② 수사처 소속 공무원의 임명 등 수사처의 설립에 필요한 행위는 이 법 시행일 이전부터 할 수 있다.

<신 설>

---

제37조(징계부가금) ① 제36조에 따라 ----------------------------------------------------------------------------------------------------------------------------------------------------------------------------------------------------------------------------------------------

② (원안과 같음)

제38조(재징계 등의 청구) ① ----------------------------------제37조----------------------------------------------------------------------------------------------------------------------------------------------

1.·3. (원안과 같음)

② (원안과 같음)

제39조(퇴직 희망 수사처검사의 징계 사유 확인 등) ① -------------------------------------------제32조----------------------------------------------------------------------------------

② (원안과 같음)

제45조(조직 및 운영) -------------------------------------------------------------------- 수사처규칙-----------

**부 칙**

제1조(시행일) 이 법은 공포 후 6개월이 경과한 날부터 시행한다.

제2조(수사처 설립에 관한 준비행위) 수사처 소속 공무원의 임명 등 수사처의 설립에 필요한 행위 및 그 밖에 이 시행을 위하여 필요한 준비행위는 이 법 시행 전에 할 수 있다.

법률 제　호

# 고위공직자범죄수사처 설치 및 운영에 관한 법률안

## 제1장 총칙

제1조(목적) 이 법은 고위공직자범죄수사처의 설치와 운영에 관하여 필요한 사항을 규정함을 목적으로 한다.

제2조(정의) 이 법에서 사용하는 용어의 정의는 다음과 같다.

1. "고위공직자"란 다음 각 목의 어느 하나의 직(職)에 재직 중인 사람 또는 그 직에서 퇴직한 사람을 말한다. 다만, 장성급 장교는 현역을 면한 이후도 포함된다.

   가. 대통령

   나. 국회의장 및 국회의원

   다. 대법원장 및 대법관

   라. 헌법재판소장 및 헌법재판관

   마. 국무총리와 국무총리비서실 소속의 정무직공무원

   바. 중앙선거관리위원회의 정무직공무원

   사. 「공공감사에 관한 법률」 제2조제2호에 따른 중앙행정기관의 정무직공무원

   아. 대통령비서실·국가안보실·대통령경호처·국가정보원 소속의 3급 이상 공무원

   자. 국회사무처, 국회도서관, 국회예산정책처, 국회입법조사처의 정무직공무원

   차. 대법원장비서실, 사법정책연구원, 법원공무원교육원, 헌법재판소 사무처의 정무직공무원

   카. 검찰총장

   타. 특별시장·광역시장·특별자치시장·도지사·특별자치도지사 및 교육감

   파. 판사 및 검사

   하. 경무관 이상 경찰공무원

   거. 장성급 장교

   너. 금융감독원 원장·부원장·감사

   더. 감사원·국세청·공정거래위원회·금융위원회 3급 이상 공무원

2. "가족"이란 배우자, 직계존비속을 말한다. 다만, 대통령의 경우에는 배우자와 4촌 이내의 친족을 말한다.

3. "고위공직자범죄"란 고위공직자로 재직 중에 본인 또는 본인의 가족이 범한 다음 각 목의 어느 하나에 해당하는 죄를 말한다. 다만, 가족의 경우에는 고위공직자의 직무와 관련하여 범한 죄에 한정한다.

　　가. 「형법」 제122조부터 제133조까지의 죄(다른 법률에 따라 가중처벌되는 경우를 포함한다)

　　나. 직무와 관련되는 「형법」 제141조, 제225조, 제227조, 제227조의2, 제229조(제225조, 제227조 및 제227조의2의 행사죄에 한정한다), 제355조부터 제357조까지 및 제359조의 죄(다른 법률에 따라 가중처벌되는 경우를 포함한다)

　　다. 「특정범죄 가중처벌 등에 관한 법률」 제3조의 죄

　　라. 「변호사법」 제111조의 죄

　　마. 「정치자금법」 제45조의 죄

　　바. 「국가정보원법」 제18조, 제19조의 죄

　　사. 「국회에서의 증언·감정 등에 관한 법률」 제14조제1항의 죄

　　아. 가목부터 마목까지의 죄에 해당하는 범죄행위로 인한 「범죄수익은닉의 규제 및 처벌 등에 관한 법률」 제2조제4호의 범죄수익등과 관련된 같은 법 제3조 및 제4조의 죄

4. "관련범죄"란 다음 각 목의 어느 하나에 해당하는 죄를 말한다.

　　가. 고위공직자와 「형법」 제30조부터 제32조까지의 관계에 있는 자가 범한 제3호 각 목의 어느 하나에 해당하는 죄

　　나. 고위공직자를 상대로 한 자의 「형법」 제133조, 제357조제2항의 죄

　　다. 고위공직자범죄와 관련된 「형법」 제151조제1항, 제152조, 제154조부터 제156조까지의 죄 및 「국회에서의 증언·감정 등에 관한 법률」 제14조제1항의 죄

　　라. 고위공직자범죄 수사 과정에서 인지한 그 고위공직자범죄와 직접 관련성이 있는 죄로서 해당 고위공직자가 범한 죄

5. "고위공직자범죄등"이란 제3호와 제4호의 죄를 말한다.

제3조(고위공직자범죄수사처의 설치와 독립성) ① 고위공직자범죄등에 관하여 다음 각 호에 필요한 직무를 수행하기 위하여 고위공직자범죄수사처(이하 "수사처"라 한다)를 둔다.

1. 고위공직자범죄등에 관한 수사

2. 제2조제1호다목, 카목, 파목, 하목에 해당하는 고위공직자로 재직 중에 본인 또는 본인의 가족이 범한 고위공직자범죄 및 관련범죄의 공소제기와 그 유지

② 수사처는 그 권한에 속하는 직무를 독립하여 수행한다.

③ 대통령, 대통령비서실의 공무원은 수사처의 사무에 관하여 업무보고나 자료제출 요구, 지시, 의견제시, 협의, 그 밖에 직무수행에 관여하는 일체의 행위를 하여서는 아니 된다.

# 제2장 조직

제4조(처장·차장 등) ① 수사처에 처장 1명과 차장 1명을 두고, 각각 특정직공무원으로 보한다.

② 수사처에 수사처검사와 수사처수사관 및 그 밖에 필요한 직원을 둔다.

제5조(처장의 자격과 임명) ① 처장은 다음 각 호의 직에 15년 이상 있던 사람 중에서 제6조에 따른 고위공직자범죄수사처장후보추천위원회가 2명을 추천하고, 대통령이 그 중 1명을 지명한 후 인사청문회를 거쳐 임명한다.

1. 판사, 검사 또는 변호사

2. 변호사 자격이 있는 사람으로서 국가기관, 지방자치단체, 「공공기관의 운영에 관한 법률」 제4조에 따른 공공기관 또는 그 밖의 법인에서 법률에 관한 사무에 종사한 사람

3. 변호사 자격이 있는 사람으로서 대학의 법률학 조교수 이상으로 재직하였던 사람

② 제1항 각 호에 규정된 둘 이상의 직에 재직한 사람에 대해서는 그 연수를 합산한다.

③ 처장의 임기는 3년으로 하고 중임할 수 없으며, 정년은 65세로 한다.

④ 처장이 궐위된 때에는 제1항에 따른 절차를 거쳐 60일 이내에 후임자를 임명하여야 한다. 이 경우 새로 임명된 처장의 임기는 새로이 개시된다.

제6조(고위공직자범죄수사처장후보추천위원회) ① 처장후보자의 추천을 위하여 국회에 고위공직자범죄수사처장후보추천위원회(이하 "추천위원회"라 한다)를 둔다.

② 추천위원회는 위원장 1명을 포함하여 7명의 위원으로 구성한다.

③ 위원장은 제4항 각 호의 위원 중에서 호선한다.

④ 국회의장은 다음 각 호의 사람을 위원으로 임명하거나 위촉한다.

1. 법무부장관

2. 법원행정처장

3. 대한변호사협회장

4. 대통령이 소속되거나 소속되었던 정당의 교섭단체가 추천한 2명

5. 전 호의 교섭단체 외 교섭단체가 추천한 2명

⑤ 추천위원회는 국회의장의 요청 또는 위원 3분의 1 이상의 요청이 있거나 위원장이 필요하다고 인정할 때 위원장이 소집하고, 위원 6인 이상의 찬성으로 의결한다.

⑥ 추천위원회 위원은 정치적으로 중립을 지키고 독립하여 그 직무를 수행한다.

⑦ 추천위원회가 제5조제1항에 따라 처장 후보자를 추천하면 해당 추천위원회는 해산된 것으로 본다.

⑧ 그 밖에 추천위원회의 운영 등에 필요한 사항은 국회규칙으로 정한다.

제7조(차장) ① 차장은 10년 이상 제5조제1항 각 호의 직위에 재직하였던 사람 중에서 처장

의 제청으로 대통령이 임명한다.

② 제5조제2항은 차장의 임명에 준용한다.

③ 차장의 임기는 3년으로 하고 중임할 수 없으며, 정년은 63세로 한다.

제8조(수사처검사) ① 수사처검사는 변호사 자격을 10년 이상 보유한 자로서 재판, 수사 또는 수사처규칙으로 정하는 조사업무의 실무를 5년 이상 수행한 경력이 있는 사람 중에서 제9조에 따른 인사위원회의 추천을 거쳐 대통령이 임명한다. 이 경우 검사의 직에 있었던 사람은 제2항에 따른 수사처검사 정원의 2분의 1을 넘을 수 없다.

② 수사처검사는 특정직공무원으로 보하고, 처장과 차장을 포함하여 25명 이내로 한다.

③ 수사처검사의 임기는 3년으로 하고, 3회에 한하여 연임할 수 있으며, 정년은 63세로 한다.

④ 수사처검사는 직무를 수행함에 있어서 검찰청법 제4조에 따른 검사의 직무 및 군사법원법 제37조에 따른 군검사의 직무를 수행할 수 있다.

제9조(인사위원회) ① 처장과 차장을 제외한 수사처검사의 임용, 전보, 그 밖에 인사에 관한 중요 사항을 심의·의결하기 위하여 수사처에 인사위원회를 둔다.

② 인사위원회는 위원장 1명을 포함한 7명의 위원으로 구성하고, 인사위원회의 위원장은 처장이 된다.

③ 인사위원회 위원 구성은 다음 각 호와 같다.

1. 처장

2. 차장

3. 학식과 덕망이 있고 각계 전문 분야에서 경험이 풍부한 사람으로서 처장이 위촉한 사람 1명

4. 대통령이 소속되거나 소속되었던 정당의 교섭단체가 추천한 2명

5. 제4호의 교섭단체 외 교섭단체가 추천한 2명

④ 제3항제3호부터 제5호까지에 규정된 위원의 임기는 3년으로 한다.

⑤ 인사위원회는 재적위원 과반수의 찬성으로 의결한다.

⑥ 그 밖에 인사위원회의 구성과 운영 등에 필요한 사항은 수사처규칙으로 정한다.

제10조(수사처수사관) ① 수사처수사관은 다음 각 호의 어느 하나에 해당하는 사람 중에서 처장이 임명한다.

1. 변호사 자격을 보유한 사람

2. 7급 이상 공무원으로서 조사, 수사업무에 종사하였던 사람

3. 수사처규칙으로 정하는 조사업무의 실무를 5년 이상 수행한 경력이 있는 사람

② 수사처수사관은 일반직공무원으로 하며, 40명 이내로 한다. 다만, 검찰청으로부터 검찰

수사관을 파견받은 경우에는 이를 수사처수사관의 정원에 포함한다.

③ 수사처수사관의 임기는 6년으로 하고, 연임할 수 있으며, 정년은 60세로 한다.

제11조(그 밖의 직원) ① 수사처의 행정에 관한 사무처리를 위하여 필요한 직원을 둘 수 있다.

② 제1항에 따른 직원의 수는 20명 이내로 한다.

제12조(보수 등) ① 처장의 보수와 대우는 차관의 예에 준한다.

② 차장의 보수와 대우는 고위공무원단 직위 중 가장 높은 직무등급의 예에 준한다.

③ 수사처검사의 보수와 대우는 검사의 예에 준한다.

④ 수사처수사관의 보수와 대우는 4급 이하 7급 이상의 검찰직공무원의 예에 준한다.

제13조(결격사유 등) ① 다음 각 호의 어느 하나에 해당하는 사람은 처장, 차장, 수사처검사, 수사처수사관으로 임명될 수 없다.

1. 대한민국 국민이 아닌 사람

2. 「국가공무원법」 제33조 각 호의 어느 하나에 해당하는 사람

3. 금고 이상의 형을 선고받은 사람

4. 탄핵결정에 의하여 파면된 후 5년이 지나지 아니한 사람

5. 대통령비서실 소속의 공무원으로서 퇴직 후 2년이 지나지 아니한 사람

② 검사의 경우 퇴직한 후 3년이 지나지 아니하면 처장이 될 수 없고, 퇴직한 후 1년이 지나지 아니하면 차장이 될 수 없다.

제14조(신분보장) 처장, 차장, 수사처검사는 탄핵이나 금고 이상의 형을 선고받은 경우를 제외하고는 파면되지 아니하며, 징계처분에 의하지 아니하고는 해임·면직·정직·감봉·견책 또는 퇴직의 처분을 받지 아니한다.

제15조(심신장애로 인한 퇴직) 수사처검사가 중대한 심신상의 장애로 인하여 직무를 수행할 수 없을 때 대통령은 처장의 제청에 의하여 그 수사처검사에게 퇴직을 명할 수 있다.

제16조(공직임용 제한 등) ① 처장과 차장은 퇴직 후 2년 이내에 헌법재판관(헌법 제111조제3항에 따라 임명되는 헌법재판관은 제외한다), 검찰총장, 국무총리 및 중앙행정기관·대통령비서실·국가안보실·대통령경호처·국가정보원의 정무직공무원으로 임용될 수 없다.

② 처장, 차장, 수사처검사는 퇴직 후 2년이 지나지 아니하면 검사로 임용될 수 없다.

③ 수사처검사로서 퇴직 후 1년이 지나지 아니한 사람은 대통령비서실의 직위에 임용될 수 없다.

④ 수사처에 근무하였던 사람은 퇴직 후 1년 동안 수사처의 사건을 변호사로서 수임할 수 없다.

# 제3장 직무와 권한

제17조(처장의 직무와 권한) ① 처장은 수사처의 사무를 통할하고 소속 직원을 지휘·감독한다.

② 처장은 국회에 출석하여 수사처의 소관 사무에 관하여 의견을 진술할 수 있고, 국회의 요구가 있을 때에는 수사나 재판에 영향을 미치지 않는 한 국회에 출석하여 보고하거나 답변하여야 한다.

③ 처장은 소관 사무와 관련된 안건이 상정될 경우 국무회의에 출석하여 발언할 수 있으며, 그 소관 사무에 관하여 법무부장관에게 의안(이 법의 시행에 관한 대통령령안을 포함한다)의 제출을 건의할 수 있다.

④ 처장은 그 직무를 수행함에 있어서 필요한 경우 대검찰청, 경찰청 등 관계기관의 장에게 고위공직자범죄등과 관련된 사건의 수사기록 및 증거 등 자료의 제출과 수사활동의 지원 등 수사협조를 요청할 수 있다.

⑤ 처장은 제8조에 따른 수사처검사의 직을 겸한다.

⑥ 처장은 수사처의 예산 관련 업무를 수행하는 경우에 「국가재정법」 제6조제2항에 따른 중앙관서의 장으로 본다.

제18조(차장의 직무와 권한) ① 차장은 처장을 보좌하며, 처장이 부득이한 사유로 그 직무를 수행할 수 없는 때에는 그 직무를 대행한다.

② 차장은 제8조에 따른 수사처검사의 직을 겸한다.

제19조(수사처검사 직무의 위임·이전 및 승계) ① 처장은 수사처검사로 하여금 그 권한에 속하는 직무의 일부를 처리하게 할 수 있다.

② 처장은 수사처검사의 직무를 자신이 처리하거나 다른 수사처검사로 하여금 처리하게 할 수 있다.

제20조(수사처검사의 직무와 권한) ① 수사처검사는 제3조제1항 각 호에 따른 수사와 공소의 제기 및 유지에 필요한 행위를 한다.

② 수사처검사는 처장의 지휘·감독에 따르며, 수사처수사관을 지휘·감독한다.

③ 수사처검사는 구체적 사건과 관련된 제2항의 지휘·감독의 적법성 또는 정당성에 대하여 이견이 있을 때에는 이의를 제기할 수 있다.

제21조(수사처수사관의 직무) ① 수사처수사관은 수사처검사의 지휘·감독을 받아 직무를 수행한다.

② 수사처수사관은 고위공직자범죄등에 대한 수사에 관하여 「형사소송법」 제196조제1항에 따른 사법경찰관의 직무를 수행한다.

제22조(정치적 중립 및 직무상 독립) 수사처 소속 공무원은 정치적 중립을 지켜야 하며, 그

.직무를 수행함에 있어 외부로부터 어떠한 지시나 간섭을 받지 아니한다.


## 제4장 수사와 공소의 제기 및 유지

제23조(수사처검사의 수사) 수사처검사는 고위공직자범죄의 혐의가 있다고 사료하는 때에는 범인, 범죄사실과 증거를 수사하여야 한다.

제24조(다른 수사기관과의 관계) ① 수사처의 범죄수사와 중복되는 다른 수사기관의 범죄수사는 처장이 수사의 진행정도 및 공정성 논란 등에 비추어 수사처에서 수사하는 것이 적절하다고 판단하여 이첩을 요청하는 경우 해당 수사기관은 이를 응하여야 한다.

② 다른 수사기관이 범죄를 수사하는 과정에서 고위공직자범죄등을 인지한 경우 그 사실을 즉시 수사처에 통보하여야 한다.

③ 처장은 피의자, 피해자, 사건의 내용과 규모 등에 비추어 다른 수사기관이 고위공직자범죄등을 수사하는 것이 적절하다고 판단될 때에는 해당 수사기관에 사건을 이첩할 수 있다.

④ 제2항에 따라 고위공직자범죄등 사실의 통보를 받은 처장은 통보를 한 다른 수사기관의 장에게 수사처규칙으로 정한 기간과 방법으로 수사개시 여부를 회신하여야 한다.

제25조(수사처검사 및 검사 범죄에 대한 수사) ① 처장은 수사처검사의 범죄 혐의를 발견한 경우에 관련 자료와 함께 이를 대검찰청에 통보하여야 한다.

② 수사처 외의 다른 수사기관이 검사의 고위공직자범죄 혐의를 발견한 경우 그 수사기관의 장은 사건을 수사처에 이첩하여야 한다.

제26조(수사처검사의 관계 서류와 증거물 송부 등) ① 수사처검사는 제3조제1항제2호에서 정하는 사건을 제외한 고위공직자범죄등에 관한 수사를 한 때에는 관계 서류와 증거물을 지체 없이 서울중앙지방검찰청 소속 검사에게 송부하여야 한다.

② 제1항에 따라 관계서류와 증거물을 송부받아 사건을 처리하는 검사는 처장에게 해당 사건의 공소제기여부를 신속하게 통보하여야 한다.

제27조(관련인지 사건의 이첩) 처장은 고위공직자범죄에 대하여 불기소 결정을 하는 때에는 해당 범죄의 수사과정에서 알게 된 관련범죄 사건을 대검찰청에 이첩하여야 한다.

제28조(형의 집행) ① 수사처검사가 공소를 제기하는 고위공직자범죄등 사건에 관한 재판이 확정된 경우 제1심 관할지방법원에 대응하는 검찰청 소속 검사가 그 형을 집행한다.

② 제1항의 경우 처장은 원활한 형의 집행을 위하여 해당 사건 및 기록 일체를 관할 검찰청의 장에게 인계한다.

제29조(재정신청에 대한 특례) ① 고소·고발인은 수사처검사로부터 공소를 제기하지 아니한다는 통지를 받은 때에는 서울고등법원에 그 당부에 관한 재정을 신청할 수 있다.

② 제1항에 따른 재정신청을 하려는 사람은 공소를 제기하지 아니한다는 통지를 받은 날부터 30일 이내에 처장에게 재정신청서를 제출하여야 한다.

③ 재정신청서에는 재정신청의 대상이 되는 사건의 범죄사실 및 증거 등 재정신청을 이유 있게 하는 사유를 기재하여야 한다.

④ 제2항에 따라 재정신청서를 제출받은 처장은 재정신청서를 제출받은 날부터 7일 이내에 재정신청서·의견서·수사 관계 서류 및 증거물을 서울고등법원에 송부하여야 한다. 다만, 신청이 이유 있는 것으로 인정하는 때에는 즉시 공소를 제기하고 그 취지를 서울고등법원과 재정신청인에게 통지한다.

⑤ 이 법에서 정한 사항 외에 재정신청에 관하여는 「형사소송법」 제262조 및 제262조의2부터 제262조의4까지의 규정을 준용한다. 이 경우 관할법원은 서울고등법원으로 하고, "지방검찰청검사장 또는 지청장"은 "처장", "검사"는 "수사처검사"로 본다.

제30조(처장의 재정신청에 대한 특례) ① 처장은 제26조 제2항에 따라 검사로부터 공소를 제기하지 아니한다는 통보를 받은 때에는 그 검사 소속의 지방검찰청 소재지를 관할하는 고등법원(이하 "관할 고등법원"이라 한다)에 그 당부에 관한 재정을 신청할 수 있다.

② 처장은 공소를 제기하지 아니한다는 통보를 받은 날부터 30일 이내에 지방검찰청검사장 또는 지청장에게 재정신청서를 제출하여야 한다.

③ 재정신청서에는 재정신청의 대상이 되는 사건의 범죄사실 및 증거 등 재정신청을 이유 있게 하는 사유를 기재하여야 한다.

④ 제2항에 따라 재정신청서를 제출받은 지방검찰청검사장 또는 지청장은 재정신청서를 제출받은 날부터 7일 이내에 재정신청서·의견서·수사 관계 서류 및 증거물을 관할 고등검찰청을 경유하여 관할 고등법원에 송부하여야 한다. 다만, 신청이 이유 있는 것으로 인정하는 때에는 즉시 공소를 제기하고 그 취지를 관할 고등법원과 처장에게 통지한다.

⑤ 이 법에서 정한 사항 외에 재정신청에 관하여는 「형사소송법」 제262조, 제262조의2 및 제262조의4의 규정을 준용한다. 이 경우 "지방검찰청검사장 또는 지청장"은 "처장", "검사"는 "수사처검사"로 본다.

제31조(재판관할) 수사처검사가 공소를 제기하는 고위공직자범죄등 사건의 제1심 재판은 서울중앙지방법원의 관할로 한다. 다만, 범죄지, 증거의 소재지, 피고인의 특별한 사정 등을 고려하여 수사처검사는 「형사소송법」에 따른 관할 법원에 공소를 제기할 수 있다.

# 제5장 징계

제32조(징계사유) 수사처검사가 다음 각 호의 어느 하나에 해당하면 그 수사처검사를 징계한다.

1. 재직 중 다음 각 목의 어느 하나에 해당하는 행위를 한 때

    가. 정치운동에 관여하는 일

    나. 금전상의 이익을 목적으로 하는 업무에 종사하는 일

    다. 처장의 허가 없이 보수를 받는 직무에 종사하는 일

2. 직무상의 의무를 위반하거나 직무를 게을리하였을 때

3. 직무 관련 여부에 상관 없이 수사처검사로서의 체면이나 위신을 손상하는 행위를 하였을 때

제33조(수사처검사징계위원회) ① 수사처검사의 징계 사건을 심의하기 위하여 수사처에 수사처검사징계위원회(이하 "징계위원회"라 한다)를 둔다.

② 징계위원회는 위원장 1명을 포함한 7명의 위원으로 구성하고, 예비위원 3명을 둔다.

제34조(징계위원회 위원장의 직무와 위원의 임기 등) ① 징계위원회의 위원장은 차장이 된다. 다만, 차장이 징계혐의자인 경우에는 처장이 위원장이 되고, 처장과 차장이 모두 징계혐의자인 경우에는 수사처규칙으로 정하는 수사처검사가 위원장이 된다.

② 위원은 다음 각 호의 사람이 된다.

1. 위원장이 지명하는 수사처검사 2명

2. 변호사, 법학교수 및 학식과 경험이 풍부한 사람으로서 위원장이 위촉하는 4명

③ 예비위원은 수사처검사 중에서 위원장이 지명하는 사람이 된다.

④ 제2항제2호의 위원 임기는 3년으로 한다.

⑤ 위원장은 징계위원회의 업무를 총괄하고, 회의를 소집하며, 그 의장이 된다.

⑥ 위원장이 부득이한 사유로 직무를 수행할 수 없을 때에는 위원장이 지정하는 위원이 그 직무를 대리하고, 위원장이 지정한 위원이 부득이한 사유로 직무를 수행할 수 없을 때에는 위원장이 지명하는 예비위원이 그 직무를 대리한다.

제35조(징계위원회의 사무직원) ① 징계위원회에 간사 1명과 서기 몇 명을 둔다.

② 간사는 위원장이 지명하는 수사처검사가 되고, 서기는 수사처 소속 공무원 중에서 위원장이 위촉한다.

③ 간사 및 서기는 위원장의 명을 받아 징계에 관한 기록과 그 밖의 서류의 작성 및 보관에 관한 사무에 종사한다.

제36조(징계의 청구와 개시) ① 징계위원회의 징계심의는 처장(처장이 징계혐의자인 경우에는 차장을, 처장 및 차장이 모두 징계혐의자인 경우에는 수사처규칙으로 정하는 수사처검사를

말한다. 이하 이 조 및 제38조제1항, 제39조, 제40조제2항, 제43조제1항에서 같다)의 청구에 의하여 시작한다.

② 처장은 수사처검사가 제32조 각 호의 어느 하나에 해당하는 행위를 하였다고 인정할 때에는 제1항의 청구를 하여야 한다.

③ 징계의 청구는 징계위원회에 서면으로 제출하여야 한다.

제37조(징계부가금) ① 제36조에 따라 처장이 수사처검사에 대하여 징계를 청구하는 경우 그 징계 사유가 금품 및 향응 수수, 공금의 횡령·유용인 경우에는 해당 징계 외에 금품 및 향응 수수액, 공금의 횡령액·유용액의 5배 내의 징계부가금 부과 의결을 징계위원회에 청구하여야 한다.

② 제1항에 따른 징계부가금의 조정, 감면 및 징수에 관하여는 「국가공무원법」 제78조의2 제2항 및 제3항을 준용한다.

제38조(재징계 등의 청구) ① 처장은 다음 각 호의 어느 하나에 해당하는 사유로 법원에서 징계 및 제37조에 따른 징계부가금 부과(이하 "징계등"이라 한다) 처분의 무효 또는 취소 판결을 받은 경우에는 다시 징계등을 청구하여야 한다. 다만, 제3호의 사유로 무효 또는 취소 판결을 받은 감봉·견책 처분에 대해서는 징계등을 청구하지 아니할 수 있다.

1. 법령의 적용, 증거 및 사실 조사에 명백한 흠이 있는 경우

2. 징계위원회의 구성 또는 징계등 의결, 그 밖에 절차상의 흠이 있는 경우

3. 징계양정 및 징계부가금이 과다한 경우

② 처장은 제1항에 따른 징계등을 청구하는 경우에는 법원의 판결이 확정된 날부터 3개월 이내에 징계위원회에 징계등을 청구하여야 하며, 징계위원회에서는 다른 징계사건에 우선하여 징계등을 의결하여야 한다.

제39조(퇴직 희망 수사처검사의 징계 사유 확인 등) ① 처장은 수사처검사가 퇴직을 희망하는 경우에는 제32조에 따른 징계사유가 있는지 여부를 감사원과 검찰·경찰, 그 밖의 수사기관에 확인하여야 한다.

② 제1항에 따른 확인 결과 해임, 면직 또는 정직에 해당하는 징계 사유가 있는 경우 처장은 지체 없이 징계등을 청구하여야 하며, 징계위원회는 다른 징계사건에 우선하여 징계등을 의결하여야 한다.

제40조(징계혐의자에 대한 부본 송달과 직무정지) ① 징계위원회는 징계청구서의 부본을 징계혐의자에게 송달하여야 한다.

② 처장은 필요하다고 인정할 때에는 징계혐의자에게 직무 집행의 정지를 명할 수 있다.

제41조(징계의결) ① 징계위원회는 사건심의를 마치면 재적위원 과반수의 찬성으로 징계를 의결한다.

② 위원장은 의결에서 표결권을 가지며, 찬성과 반대가 같은 수인 경우에는 결정권을 가진다.

제42조(징계의 집행) ① 징계의 집행은 견책의 경우에는 처장이 하고, 해임·면직·정직·감봉의 경우에는 처장의 제청으로 대통령이 한다.

② 수사처검사에 대한 징계처분을 한 때에는 그 사실을 관보에 게재 하여야 한다.

제43조(다른 법률의 준용) 이 장에서 정하지 아니한 사항에 대하여는 「검사징계법」제3조, 제9조부터 제17조, 제19조부터 제21조, 제22조(다만 제2항의 "제23조 "는 "제41조"로 본다), 제24조부터 제26조를 각 준용한다. 이 경우 "검사"는"수사처검사"로 본다.


# 제6장 보칙

제44조(파견공무원) 수사처 직무의 내용과 특수성 등을 고려하여 필요한 경우에는 타 행정기관으로부터 공무원을 파견받을 수 있다.

제45조(조직 및 운영) 이 법에 규정된 사항 외에 수사처의 조직 및 운영에 관하여 필요한 사항은 수사처 규칙으로 정한다.

제46조(정보제공자의 보호) ① 누구든지 고위공직자범죄등에 대하여 알게 된 때에는 이에 대한 정보를 수사처에 제공할 수 있으며, 이를 이유로 불이익한 조치를 받지 아니한다.

② 수사처는 내부고발자에게 「공익신고자 보호법」에서 정하는 보호조치 및 지원행위를 할 수 있다. 내부고발자 보호에 관한 세부적인 사항은 대통령령으로 정한다.

제47조(다른 법률의 준용) 그 밖에 수사처검사 및 수사처수사관의 이 법에 따른 직무와 권한 등에 관하여는 이 법의 규정에 반하지 아니하는 한 「검찰청법」(다만, 제4조제1항제2호, 제4호, 제5호는 제외한다), 「형사소송법」을 준용한다.


# 부 칙

제1조(시행일) 이 법은 공포 후 6개월이 경과한 날부터 시행한다.

제2조(수사처 설립에 관한 준비행위) 수사처 소속 공무원의 임명 등 수사처의 설립에 필요한 행위 및 그 밖에 이 시행을 위하여 필요한 준비행위는 이 법 시행 전에 할 수 있다.